从经典作家进入历史

“浪漫星云”题解

当我在夜晚繁星如织的面庞
看到巨大的云符乃浪漫的表征
想到我永远无法用命运的神掌
趁有生之年追寻它们的踪影
（济慈，《当我害怕人生将尽》）

浪漫主义并不浪漫。这是后人的命名。“浪漫星云”之说偶然得之，倒也十分贴切。因为，以英国浪漫主义文学为例，这一时期恰是群星闪耀时，大诗人们共同造就了英国诗歌史上的巅峰。他们不仅拥有超越地心引力的璀璨壮美，更有一双始终凝视尘世的眼睛，既超然物外，又时常感到生存的“秘密重压”，听到“那沉静而永在的人性悲曲”。

这些诗人们并不知道自己被称为“浪漫主义诗人”。虽然他们的作品中偶尔出现“浪漫”一词，但到底何为浪漫，亚瑟·拉夫乔伊教授列出的定义至少有二十多种。一言难尽。简单来说，首先，浪漫主义作家们不仅具有瑰丽的想象，创新的诗论，独特的审美，而且也是“自我书写”的先锋，华兹华斯的《序曲，或一位诗人心灵的成长》即是一部诗歌体自传。柯尔律治的《文学生涯》侧重梳理诗学思想。拜伦的《恰尔德·哈洛尔德游记》则记录了诗人壮游中的见闻和思考。这些带有自传色彩的作品与后人为他们所写的传记相互映照，值得探索。其次，法国大革命作为“时代的精神”是英国浪漫主义的宏大背景。两代诗人或亲历了这一历史事件，或诞生于它的历史余波，他们的经历也由此丰富、厚重。别的作家编织梦想，他们本身就是传奇，最终认识到无论世事的体系经历了多少风云变幻，人类的心灵有着“更神妙的材质与织体”，“比其居住的大地美妙千百倍”。此外，这些作家的生活方式与艺术创作高度融合，比如隐居湖畔思索自然与人性的华兹华斯，游历四方、投身希腊独立战争的拜伦，等等。研读他们的传记，我们感佩他们将生活与理想合而为一的勇气；吟诵他们的诗歌，我们珍惜这诗语与诗思表里如一的真诚。

浪漫主义的许多思想传统至今值得我们借鉴。他们热爱自然，但更关注与自然交流的心灵。他们重视生态，但深知生态实乃心态的反映。他们往往被贴上“自我”的标签，但对自我的反省与探索最终引向对人类的普遍同情。他们被称为叛逆者、反动派，但没有谁比他们更敬畏习俗与传统。他们对想象力的重视，对精神完美的追求，对唯理性主义的担忧，对视觉中心文化的反思，对“进步”与“速度”的怀疑，对“朴素生活，高贵思考”的信念……都拥有恒星般久远光明的价值。

第一代浪漫主义诗人的两大巨匠都曾为我们的心灵状态忧虑。华兹华斯认为，“在我们的时代里，众多因素正以一股联合之势钝化着心智的鉴赏力，使心灵不能发挥任何主动性，乃至陷入愚钝。”这股使心灵钝化的合力包括工业的发展、城市人口的激增和信息的高速传播——如今，有过之而无不及。他的好友柯尔律治也警示我们，在忙忙碌碌的世界里，“由于熟视无睹或者私心牵掣，我们视而不见，听而不闻，有心灵，却既不善感受，也不能理解”。他们认为，在任何时期，作家最重要的职责都是要提高人们心灵的灵敏度——“啊，灵魂自身必须焕发出／光芒、辉煌和美妙明亮的云章”。

艾布拉姆斯教授曾通过镜与灯的对比来阐明浪漫主义的特征。我们看到，这些伟大的诗人不是灯盏，是星辰。

浪漫主义的细腻文思和作家们的忧患意识，使得“浪漫星云”子系列绵延着“文学纪念碑”丛书的深厚关切。同时，作为一个欧洲现象，浪漫主义跨越文学、美术和音乐等多重领域，也让未来搭建更多的丰碑成为可能。我们希冀“浪漫星云”系列以一碑一契汇聚为一座巨石阵，浪漫之中不乏沉重，星云之下脚踏实地、悯念苍生。

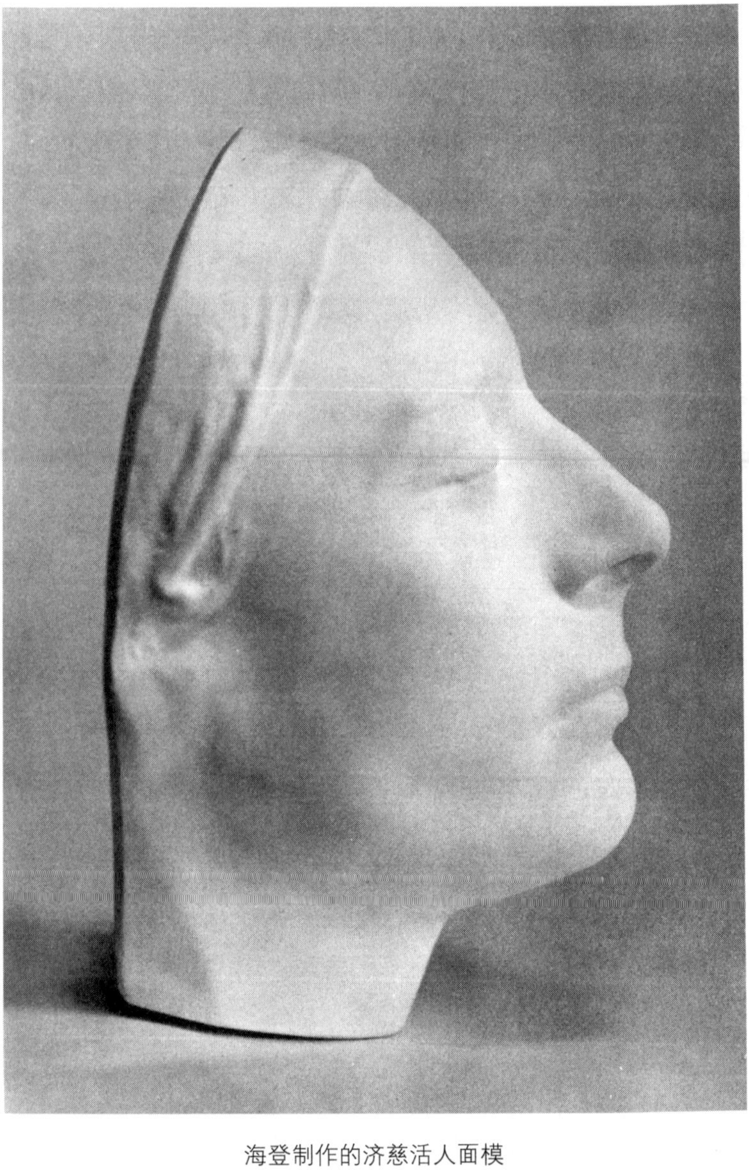

海登制作的济慈活人面模

John Keats

by W. Jackson Bate

约翰·济慈传

（美）沃尔特·杰克逊·贝特 著 程汇涓 译

广西师范大学出版社
·桂林·

著作权合同登记号桂图登字:20－2019－117号

图书在版编目(CIP)数据

约翰·济慈传/(美)沃尔特·杰克逊·贝特著;程汇涓译. —桂林:广西师范大学出版社,2022.8
(文学纪念碑)
ISBN 978－7－5598－2803－3

Ⅰ. ①约… Ⅱ. ①沃… ②程… Ⅲ. ①济慈(Keats, John 1795-1821)－传记 Ⅳ. ①K835.615.6

中国版本图书馆CIP数据核字(2020)第069903号

约翰·济慈传 | YUEHAN JICI ZHUAN

出 品 人:刘广汉　　策　　划:魏　东
责任编辑:魏　东　　装帧设计:赵　瑾

广西师范大学出版社出版发行
(广西桂林市五里店路9号　　邮政编码:541004
网址:http://www.bbtpress.com)
出版人:黄轩庄
全国新华书店经销
销售热线:021－65200318　021－31260822－898
山东韵杰文化科技有限公司印刷
(山东省淄博市桓台县桓台大道西首　邮政编码:256401)
开本:690mm×960mm　1/16
印张:62.5　插页:22　字数:750千字
2022年8月第1版　2022年8月第1次印刷
定价:198.00元

献给

道格拉斯·布什

To

Douglas Bush

前　言

济慈的一生为我们提供了一个独特的脚本，来研究文学的伟大性，以及准许或鼓励它成长的动因。这种兴趣带有深刻的“人性”与“道德”印记，且表现出这两个词的极致广度意义。因为，首先我们要面对的是一种诗性天才——不管济慈最初带有怎样的缺陷或局限——他很快便与众多不同的读者建立起了个人相关性。在他身上，我们发现心智和性格都稳步成长，这种成熟同样适用于其他形式的成就，且在济慈从二十一岁到短暂生命尽头之间的日常经历中，得到了实际且戏剧性的检验。他的诗歌技巧也是同步精进的，这种成长更令我们着迷，因为它不是孤立的现象，而是某种程度上的副产品——至少是一种有机关联起来的伴生物——是他更广阔的、富于同情心的人性成长的副产品。这就是为什么一个多世纪以来，济慈一直吸引着众多读者和作家，成为自莎翁本人以降，所有诗人中最具莎翁风格的人。

济慈的成长故事还有一个引人关注之处，就是它发生于一个相对现代的环境。因此，我们至少能从中发现一些线索，来思考两个困扰了许多人的问题。第一个问题（又可以对比莎士比亚，关于莎翁的生活状况我们知之甚少）是其早年获得的资源相当匮乏——假如从教育和人们通常所说的“有利条件”两方面来看,仅一八〇〇年以来这一相对较短的时间内,已有数百万人(其中许多人天分极高)享受到这些资源,但济慈早年获得的资源确实少得可怜。我们自然想知道,他是如何取得那些成就的:为何他能够以如此缤纷的方式写下那么多不朽的诗篇——是什么驱策了他,又是什么阻碍了他?除了这种普遍的有关成长教育的兴趣之外,人们对济慈还怀有一种特殊的好奇,这种好
viii 奇随着每一代人的成长变得益发强烈。在过去的两百五十年间,尤其是在二十世纪,诗歌和所有艺术似乎变得越来越专业化,越来越小众,人们早就不以为奇。我们现在得更加直接地面对济慈出生前五十年就被广泛讨论的问题,而关于此问题的讨论也贯穿于他的一生:那就是,属于这个时代的荷马和莎士比亚在哪里?那些“伟大的文类”——史诗和悲剧——或者至少是说得过去的等价物在哪里?我们在多大程度上可以用原创性的现代溢价来解释这些问题——用人们对过去伟大艺术成就的强烈意识来解释,或是以诗人或艺术家在前人宏伟成就面前的局促不安来解释。因这种焦虑而产生的压力和对它的各色反应,构成了自一七五〇年以来,艺术史上最缺乏研究的关键要素之一。现代时期伊始,没有哪个大诗人比济慈更加直接地遭遇这一问题。二十二岁之后的济慈是如何对抗并超越这一困境的,这个问题吸引了自济慈去世以后每一位使用英语创作的大诗人,也吸引了自维多利亚时代以降的每一位大评论家。

最后,如果我们想要充分利用材料的话,济慈年满二十二岁之后的人生轨迹保留了大量可用的信息,其详尽程度与任何一个语种的大诗人在相近年龄所留下的信息相比都毫不逊色。事实上,在他最富创造力的时期开始之后,假如我们真的想追踪其轨迹,有些时段是可以详细至每一周的情况的。虽然关于他早年生活的材料相对匮乏,但在这种情况下,我们仍保有一个优势。因为至少他的早期诗歌被完整地保存了下

来，而与之相比，更长寿的诗人却有机会封存或处理掉自己的试笔之作。很少有人愿意向自己或他人展示青春期时的笨拙。诚然，济慈的大多数早期诗歌只对风格心理学方面的专家有吸引力，如常用表达的风格研究等，或者是会吸引同行作家，使他们得到一种健康的心理宽慰，那就是如此具有想象力和精神天赋的诗人，最开始写诗时竟也像我们许多人悄悄所做却不肯承认的那样，下笔磕磕绊绊。但情况很快就有了起色，就在济慈年满二十二岁之后不久（第十章和第十一章），我们就发现他的思维水平（包括一年之后，他的表达水平）达到了只在最伟大作家身上常见的高度。

即便得到的讨论多么不充分，这些整体层面的问题一直是本传记关 ix
注的焦点。此外，我认为，即便只是将第二次世界大战以来新出炉的传记材料汇集到一起，也有足够的理由再出版一本济慈传了。上一本真正达到标准长度的济慈传是由艾米·洛厄尔撰写的，距今已相隔一个世代（1925 年出版），尽管自那之后，其他的著作，包括多萝西·休利特那本更精简的传记，都吸纳了更多与济慈相关的细节。另外，在艾米·洛厄尔的济慈传出版之后的这些年里，关于济慈的讨论和反思常常反映出我们这一代“专业化人士”令人遗憾的特点：关注传记细节的人往往对作家主要作品的批评不太感兴趣。反之，有关济慈创作的专门研究——事实上，几乎所有大作家作品的研究——往往对传记乃至人类成就的整体演进感到兴味索然，它们更关注某部作品的特定方面（例如创作起源、反复出现的主题、精神分析的视角或各种形式的文体分析）。无论本书作者如何看重广度和多样性，也无法面面俱到地展示前人对济慈诗歌的分析，或是对每个阶段的可能推论展开论证。但是我仍然尽力对这些分析和推论保持合理的开放态度，特别是在论及济慈伟大创作期开始之后的那个阶段，更是如此。

当讨论到特定诗歌的时候，我可能会添加注释——这里所说的情况不包括对早期诗歌的简短介绍，一般可以大致认定探讨早期诗歌的篇幅必然较短（有时可能不够短），但到了《海伯利安》及之后的主要诗作，特别是从颂歌到《海伯利安的覆亡》这个阶段的诗作，论述都会配有注释。这些诗多年来是重要的研究主题，得到了最为深入细致的分析。假如热爱某样事物，人们便总是不由自主地想要充分讨论它，尤其是其吸引力的本质源于它的广度、争议性、多样性和丰富的隐含意义。尽管这些诗是过去二十五年来我最感兴趣的诗，但是，要在传记的范围内讨论它们，就不得不受到一些限制。这些诗无法得到全面的阐释，因为不能让某一
x 首诗或是一组诗成为本书唯一的焦点。与济慈每一首主要诗歌最为相关的人生经历和创作背景，在传记中必然已经按照时间顺序分别作了处理。若考察每一部重要作品时都再次总结，就会导致过量的重复。尽管如此，在考察一首主要诗歌或是某个人生特殊阶段之时，我无疑还是没能避免重复。唯一的借口——或者说解释——只能是：济慈的成长，无论多么迅速，绝对不是线性的。线性发展只存在于这样一种认识中，其间，争论的激烈程度使结论下得更匆忙，或者因手头只掌握了少量明显的事实而缺乏其他信息使结论变得很简单。济慈的成长发展自然是盘旋往复、缠绕涌动的。即便在短暂的生命中，他也不断回溯到一年前或两三年前的假设和观念中去，或是回到以前的疑议和印象中去，然后再重新思考、衍化、开始新生，就像我们所有人的经历一样，只不过我们的进阶通常较为缓慢。

为了减少脚注的数量，只要条件允许，我仅在文本中标注济慈信件的日期。每封信件的日期都使用了海德·罗林斯权威版中的信息，读者可以通过日期迅速查找到罗林斯版本中对应的信件。所有引用都保留济慈那匆忙而独特的拼写方式和标点符号。诗歌文本基本上都使用 H. W. 加罗德标准版，从信件中直接引用的诗歌除外。

如果一个作者想要坦率地从前人研究中使用或提取一些材料,那么致谢页就会写得很长。自西德尼·科尔文爵士一九一七年和艾米·洛厄尔一九二五年出版的两本公认的优秀传记问世以来,又有大量新材料涌现。其中,极具特殊价值的研究是我已故同事海德·罗林斯的《济慈社交圈》(*The Keats Circle*, 1948),该书影印了哈佛大学霍顿图书馆、摩根图书馆以及其他藏品中迄今未出版的手稿。罗林斯后来的书中,以他去世后不久出版的《济慈书信集》(*The Letters of John Keats*, 1958)最为出类拔萃。这本书有助于进一步充实济慈的完整图景,尤其是重新确定部分信件的撰写时间。我希望用好这份材料,同时使用霍顿图书馆和其他地方保留的罗林斯原始资料作为补充。

由于本传记计划作为罗林斯的《济慈书信集》配套出版物,而后者的封页提供了济慈时期伦敦城和伦敦地区的一些有价值的地图,因此本书在此一并复印。 xi

我曾受益于下列人士的著作,还时常得到他们亲自给予的鼓励,我希望对他们表示衷心的感谢:佛蒙特大学的威拉德·波普教授、范德堡大学的克劳德·芬尼教授、约翰·霍普金斯大学的厄尔·瓦瑟曼教授、伊利诺伊大学的 J. C. 斯蒂林格教授、耶鲁大学的哈罗德·布鲁姆教授、多萝西·休利特小姐、牛津大学的已故教授H. W. 加罗德、密歇根大学的已故教授克拉伦斯·索普以及波士顿已故的路易斯·霍尔曼先生。霍尔曼先生收集了济慈的相关藏品,并详细整理出济慈年表,这些文献现藏于哈佛大学,过去四十年中每一位济慈生平的研究者都直接或间接地受益于此。我还要感谢伦敦大学的杰弗里·蒂洛森教授和卡罗尔·兰登小姐,感谢他们帮助我进一步了解济慈家族的财务状况;感谢哈佛大学的大卫·欧文教授和阿莱克斯·格申克龙教授以及塔夫斯大学的阿尔伯特·伊姆拉教授,感谢他们帮我估算济慈时代的生活成本并与今天的物价进行对比。感谢那不勒斯地区美术馆主席吉诺·多利亚先生为我提供了济慈在意大利最后几个月的相关细节。

济慈藏品三个主要收藏地的馆长为我提供了慷慨的帮助。他们是哈佛大学霍顿图书馆的济慈馆藏负责人梅布尔·斯蒂尔小姐、罗马济慈-雪莱纪念馆的薇拉·卡其托夫人以及汉普斯特德济慈纪念馆的威廉·R. 麦德蒙特先生。此外,我还要感谢他们以及英国国家肖像馆(the National Portrait Gallery)和戴德姆历史学会(the Dedham Historical Society)许可本书使用影印插图。

过去的二十五年里,哈佛大学的许多同事和我以前的老师都曾鼎力相助,让我更深刻地理解济慈。特别是下列诸君,更令我铭感难忘:感谢已故的约翰·利文斯顿·洛文斯教授;感谢已故的海德·罗林斯教授,我已在前文表达了对罗林斯权威版的感激和敬意,今后所有济慈研究者也都将受惠于此权威版;感谢赫歇尔·贝克教授,他关于海兹利特的权威专著已在近期出版;感谢哈利·列文教授,他是我在批评理论史方向的授业恩师;感谢阿奇博尔德·麦克里施教授和I. A. 理
xii 查兹教授,这些年来,我从他们的著述和谈话中获益匪浅;感谢大卫·铂金斯教授,他在浪漫主义主要诗人方面的研究素有建树,我于书中援引他的研究,具体情形在讨论济慈颂歌及其他问题时均有提及,此外,铂金斯教授还仔细阅读了本书的许多章节,对此我一并表示感谢;感谢道格拉斯·布什教授,当我还是一名初学者时便受到了他的提点,彼时我撰写了一篇本科小论文,最后以《消极能力》("Negative Capability", 1939)为题发表了出来,谈论济慈的诗性观。不论我当时年轻的冲劲显得多么幼稚,最初让我尝试写下这篇文章的抱负,在接下来的几年里受到布什教授的鼓励。那几年,我忙于各种事务,偶尔还会研究其他主题。如今,在将近二十五年之后,我希望能够更好地表达自己对这位人文学者的感激之情,他以渊博的学识和广阔的眼界,探究古希腊至今的文学,他对这些知识的把握之到位和精密,即便

在专注于某一时期研究的专家看来，仍具有权威的指导意义。我唯一能对他表达些微谢意的方式，便是把这本书题献给他。

沃尔特·杰克逊·贝特

于马萨诸塞州剑桥

一九六三年一月

第二版序言

一九六四年第二版纠正了书中的一些印刷错误和事实陈述方面的疏漏，本次重印又进一步修订。本书出版之后，罗伯特·基廷斯的《济慈遗产》（*The Keats Inheritance*, 1964）一书对詹宁斯和济慈家族的财务状况做出了更深入的研究。为使本书对该问题的简短讨论更加契合基廷斯先生发现的新细节，我做出了相应改动，也借此机会向读者推介他在该主题上所做的细致研究。

目 录

附录

插图目录

约瑟夫·格林

济慈时代的怀特岛尚克林丘陵(An engraving in the Holman Collection, Harvard)

牛津的米特雷旅馆和济慈乘坐的马车“挑衅号”(An engraving in the Holman Collection, Harvard)

一八一四年牛津的莫德林堂(An engraving in the Holman Collection, Harvard)

本杰明·贝利

一八二八年的查尔斯·布朗(The bust by Andrew Wilson in the Keats Memorial House, Hampstead〔photograph by Christopher Oxford, copyright Hampstead Borough Council〕)

查尔斯·迪尔克

玛利亚·迪尔克

玛丽安·雷诺兹

詹姆斯·莱斯

济慈时代的柯文特花园剧院(An engraving in the Holman Collection, Harvard)

查尔斯·兰姆

亨利·克拉布·罗宾逊

威廉·海兹利特(The drawing by William Bewick in the National Portrait Callery)

海兹利特时代的萨里学院(A print in the Holman Collection, Harvard)

约翰·泰勒

詹姆斯·海西

弗朗西斯·杰弗里

埃德蒙·基恩

约翰·吉布森·洛克哈特

约翰·威尔逊·克罗克

威廉·吉福德

巴里·康沃尔

约瑟夫·塞文,自画像

威廉·希尔顿,自画像

乔治·达令医生

威廉·尤因

济慈时代的安布尔塞德风景(An engraving in the Holman Collection, Harvard)

凯西克附近的德鲁伊石环(A print in the Holman Collection, Harvard)

阿丽沙巉岩(A print in the Holman Collection, Harvard)

斯塔法岛芬格尔洞穴的外貌(An engraving in the Holman Collection, Harvard)

温特沃斯寓所(A photograph in the Holman Collection, Harvard)

霍勒斯·史密斯

济慈在温彻斯特最喜爱的散步线路上的三景(A photograph of the cathedral and two photographs by F. Holland Day〔ca. 1890〕in the Holman Collection, Harvard)

一八一九年七月的约翰·济慈(The pencil drawing by Charles Brown in the National Portrait Gallery)

范妮·布劳恩的微型肖像(A photograph in the F. Holland Day Collection, Dedham Historical Society〔Dedham, Massachusetts〕)

范妮·布劳恩剪影(Copy by Charles Brown of an original by Auguste Edouart; in the Keats Memorial House, Hampstead)

济慈时代的罗马西班牙广场(An engraving in the Holman Collection, Harvard)

临终的济慈(The drawing by Joseph Severn in the Keats Shelley Memorial House, Rome)

范妮·济慈

范妮·布劳恩,路易斯·林登夫人,一八五〇年代初期

理查德·蒙克顿·米尔恩斯

西德尼·科尔文爵士

页 500 和页 501 之间

约翰·济慈,二十一岁(by William Hiton, after Joseph Severn, at the NPG, London)

阅读中的济慈(by Joseph Severn, 1821-1823, at the NPG, London)

济慈在汉普斯特德荒野听夜莺歌鸣(by Joseph Severn, 1845, Guildhall Art Gallery)

基督进入耶路撒冷;济慈和华兹华斯位于图中基督左手边(by Benjamin Robert Haydon, 1814-1820, Mount St Mary's Seminary, Cincinnati)

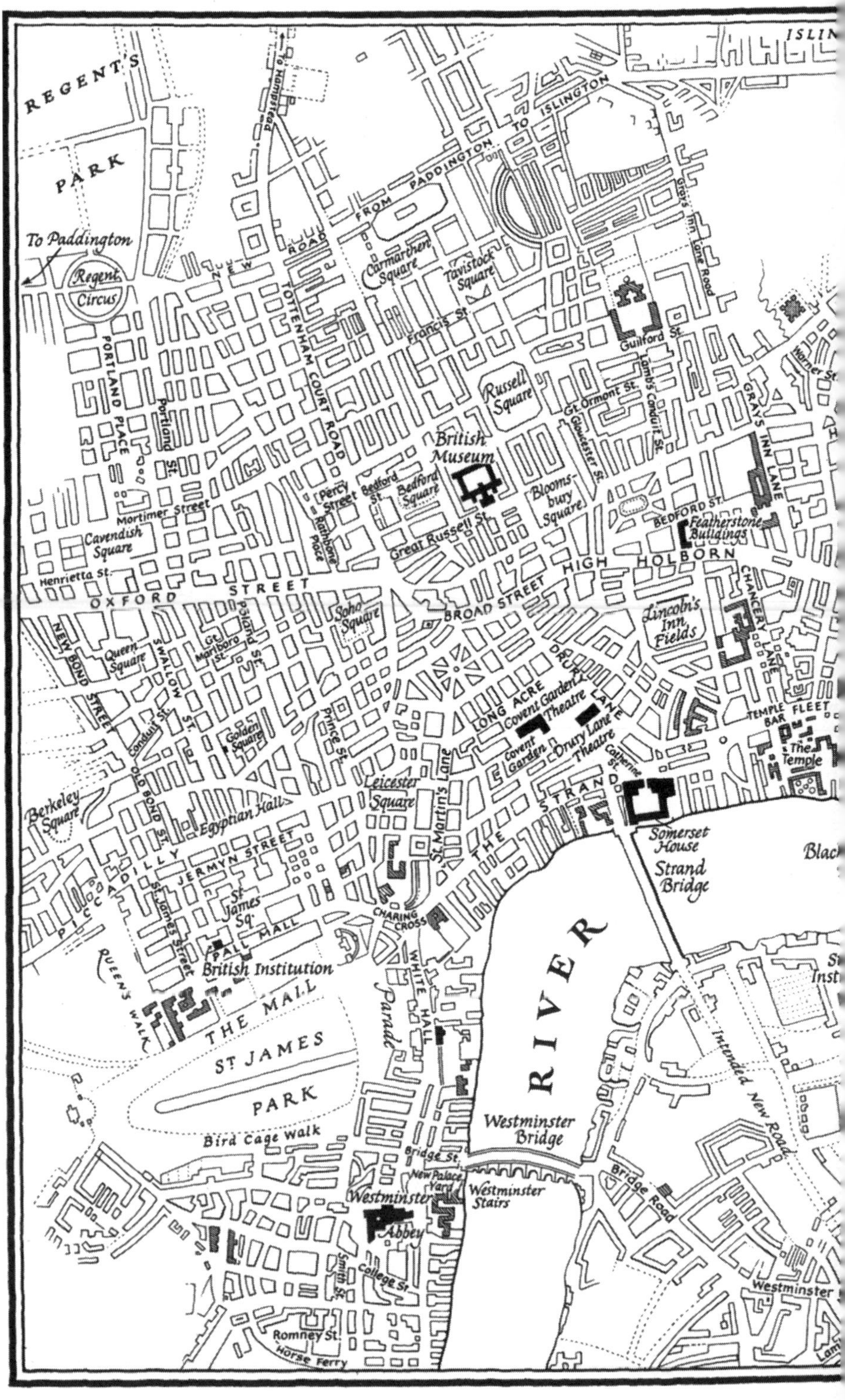
REGENT'S
PARK
To Paddington
Regent Circus
NEW ROAD FROM PADDINGTON TO ISLINGTON
To Hampstead
TOTTENHAM COURT ROAD
Carmarthen Square
Tavistock Square
Francis St.
Guilford St.
PORTLAND PLACE
Portland St.
Russell Square
Gt. Ormont St.
Lambs Conduit St.
Gloucester St.
Grays Inn Lane Road
GRAYS INN LANE
British Museum
Percy Street
Bedford St.
Bedford Square
Rathbone Place
Mortimer Street
Cavendish Square
Henrietta St.
Great Russell St.
Blooms-bury Square
BEDFORD ST.
Featherstone Buildings
HIGH HOLBORN
OXFORD STREET
BROAD STREET
Soho Square
Lincoln's Inn Fields
CHANCERY LANE
NEW BOND STREET
Queen Square
SWALLOW ST.
Gt. Marlboro St.
Poland St.
Conduit St.
Golden Square
Prince St.
LONG ACRE
Covent Garden Theatre
DRURY LANE
Covent Garden
Drury Lane Theatre
Catherine St.
TEMPLE BAR
FLEET
The Temple
OLD BOND ST.
Berkeley Square
Egyptian Hall
Leicester Square
St. Martin's Lane
THE STRAND
Somerset House
Strand Bridge
PICCADILLY
JERMYN STREET
St. James Street
St. James Sq.
PALL MALL
CHARING CROSS
British Institution
QUEEN'S WALK
THE MALL
WHITE HALL
Parade
RIVER
Intended New Road
ST JAMES PARK
Westminster Bridge
Bird Cage Walk
Bridge St.
New Palace Yard
Westminster Stairs
Bridge Road
Westminster Abbey
Smith St.
College St.
Romney St.
Horse Ferry
Westminster

Keats's London
Scale of Half a Mile
Based on Smith's New and Correct Pocket Plan of the Cities of London & Westminster and the Borough of Southwark · 1815
Drawn by Saml Hanks Bryant · 58
THE CITY ROAD
HACKNEY ROAD
BETHNAL GREEN
Craven St.
Old Street Road
SHOREDITCH
New Road
Church Street
Hare Street
SHOREDITCH
Curtain Road
Norton Fulgate
LONG ALLEY
Finsbury Sq.
Wilson Street
Finsbury St.
Finsbury Place
Moorfields
Keats's Birthplace
LONDON WALL
Brick Lane
GOSWELL ST.
White Crown Street
Golden Lane
Grub Street
Royal Row
ALDERSGATE ST.
Little Britain
Christ's Hospital
Wood Street
Aldermanbury
Basinghall St.
Coleman St.
Lad Lane
Guildhall
PAUL'S
CHEAPSIDE
Watling St.
Bucklersbury
Poultry
Pancras Lane
Throgmorton St.
Broad Street
Threadneedle St.
CORNHILL
Lombard St.
BISHOPSGATE STREET
Houndsditch
Petticoat Lane
Church St.
Montagu St.
Whitechapel Road
Whitechapel St.
Leadenhall St.
East India House
Aldgate
Goodman's Fields
Old Fish St.
Bread St.
Queen St.
STREET
Cannon St. Gt. Eastchap
Gracechurch St.
Fenchurch Street
Little Eastcheap
Mark Lane
Crutchedfriars
Tower Street
Tower of London
To Ratcliff
Queenhithe
Bank Side
London Bridge
Billingsgate
Tower Stairs
THAMES
London Dock
Keats sailed to Italy from here
St. Thomas's Hospital
Dean St.
Guy's Hospital
BOROUGH HIGH ST.
WAPPING

Enfield
Ponders End
Epping Forest
Roding R.
E
Tottenridge
Edmonton
Tottenham
Hendon
Hornsey
Walthamstow
New R.
Highgate
River Brent
Lower Forest
Hampstead
Kentish Town
Camden Town
Pancras
Islington
Hackney
Regents Park
LONDON
Paddington
Plaistow
Kensington
Hyde Park
Isle of Dogs
Southwark
Newington
Greenwich
Kennington
Deptford
Battersea
Black Heath
Black Heath Park
Clapham
Dulwich
Lewisham
Putney
River Wandle
Postan Wood
Streatham
Wimbledon
Norwood
Beckenham
Mitcham
Bromley
Ravensbourne River
Carshalton
Croydon
Addington
K

S E X
Brentwood
Romford
Hornchurch
Romford River
North Ockenden
Stanford le Hope
VER
Marsh
Purfleet River
Erith
THAMES
West Tilbury
Northumberland Heath
ckham
Bexley Heath
Greenhithe
Gravesend Reach
Gravesend
Dartford
ver Gray
London Suburbs
Scale of Eight Miles
from Mogg's 24 Miles Round London · 1817
Saml Hanks Bryant '51
ary Cray
Nutsted
River Darent
N
T
Eynesford

第一章　人生初年(1795 年–1810 年)

一

约翰·济慈出生于一七九五年十月三十一日，是家里五个孩子中的头生子。这五个孩子中的一人在出生后不久就去世了。济慈年轻的父母此时刚刚开始管理约翰·詹宁斯的马房，詹宁斯是济慈夫人的父亲，正是他把马房生意经营得红火起来。这家马房名叫“天鹅与铁环”，位于芬斯伯里(摩尔菲尔兹街 24 号)，在当时的伦敦北郊。他们为伦敦东北部和邻近的村庄服务，既出租马匹，也可能还有几辆马车。

此时伦敦的扩张速度比伊丽莎白时代之后的任何时期都快。事实上，伦敦已经进入非比寻常的增长期，在一个半世纪之内，它将吞噬周围的地区，并从一个人口约八十万的城市变成一个超过千万人口的城市。每周都有来自英格兰各地的人抵达伦敦。济慈夫人的母亲就是一例：詹宁斯夫人来自兰开夏郡的科尔内村，该村毗邻约克郡边境。托马斯·济慈，也就是济慈的父亲，同样不是伦敦本地人。济慈的妹妹范妮记得自己曾听闻父亲少年时从康沃尔郡离兰兹角不远的地方来到伦敦。[①]我们基本可以确定他出身于英格兰西南部。

---

① 参见附录一。(此种注释为原注，下同，不另标出——编者)

二

关于济慈从十七八岁到离世这段时间的生平状况，人们拥有较为详尽的信息，但是他的早年生活，特别是关于其父母和他们的出身，人们却
2 知之甚少。然而，在过去的一百五十年间，没有哪位作家的生平得到了更精细的梳理。济慈之所以会受到这般细致的研究，正在于其巨大的成就与他作为普通人的身份之间那令人振奋不已的融合。我们自然会对这样的状况产生好奇：一个人在人生起步阶段仅获得了贫瘠的资源，但到底是什么样的思想品格和秉性特征，以及怎样的经历，激励着他——或者说至少没有妨碍到他——取得如此惊人的成就。也正是出于同样的原因，林肯的一生至今仍吸引着人们不断审视和重新解读——虽然这么说仿佛凭空跳入了一个表面迥异的领域。不论我们怀揣着怎样的先入之见，在走近这类人物之时，也会对约翰逊所提出的“传记的首要目标”保持开放的心态——那就是找寻能“为我所用”之处。* 这种直接的利害关系极具感染力，至今仍吸引着职业作家去思考，他们与济慈那个时代的诗人一样，在昏暗中与恐惧抗争着，唯恐留给自己的空间已不多——已逼仄到无法像往昔那种更为自信、较少自我意识的时代那般，产出题材广泛、力量强劲的诗歌。他们也许并不希望流露出焦虑之感，但这种情绪时常盘旋在自己的脑海中。因此，尽管在过去的一百年间，诗歌品味发生了激剧的变化，但没有哪位英国或美国诗人（不论他的创

---

* 此处的约翰逊指塞缪尔·约翰逊（1709–1784），他著有《诗人列传》（*Lives of the Poets*, 1779–1781）。本书作者于1977年出版《约翰逊传》（*Samuel Johnson*），次年获得普利策奖（传记类）和美国国家图书奖（传记类）。（此种注释为译注，下同，不另标出——编者）

作如何背离了莎士比亚以降其他前辈诗人的风格）在谈到济慈时，不会放下自己惯常对诗歌用语或其他细节的抱怨，转而对济慈展开平静而密切的观察，甚至心中还可能藏着一线秘密的希望。

与此同时，即便是第一次接触济慈生平的人，也会觉得他的人生似乎被一种熟悉的感觉萦绕。他的生平事迹看起来就像是我们曾经读过并渴望再次听到的故事。至少有一种解释很容易进入我们的脑海。在任何一个语种的主要作家中，没有哪一位的早年经历比济慈的更接近于“孤儿被迫追寻自己的财富”这类传统的民间故事了。自觉地对“感伤情绪”退避三舍，或是心神不宁地躲入超然的精明世故或羞怯，这些做法都无法贬损济慈那令人感动却出人意料的人生初年。林肯再次提供了一个可资类比的案例：我们想知道，一个以极大的真诚承载了如此多现代抱负的人——一个比大多数政治家更有成就的人（或者说，放在济慈身上，就是一个比大多数作家更为出色的诗人）——是怎么像传统寓言故事中的人物那样开始自己的人生的。过去的一个半世纪中，我们一直在谈论民间传说，尝试
复兴它，叹喟它的简单质朴再难寻觅，还埋怨自己的生活在它的映 3
衬下显得多么单调和乏味。我们赞美传统神话的心理洞察力，并似乎为它在小说中的复杂运用、重复再现而欢欣鼓舞，然而，尽管说了这么多，我们却从未真诚地企盼能够在现实中与它相配。事实上，假如我们真的在现实中同它遭遇，甚至可能一瞬间会感到些许尴尬，除非在摸清自己处境的过程中，我们能够与它保持一定的距离：或许我们真的很感动，但却唯恐别人把自己想得太简单。狄更斯的早年生活与济慈很相似，所以他非常理解人们分裂的本性。人们通过某些做作而刻意的表现，将自己和他人的生活复杂化，自认为应该避开熟悉的事物，（在对待艺术和社会生活的方式中）扭扭捏捏地陷入约翰逊博士所说的两种情形，即“厌恶力量的惯性培养”和“晋

升为不耐烦焦躁的讲究”。这些矫揉造作的表现都登上了狄更斯的大型喜剧舞台。在这样的衬托下，民间传说中质朴的“孤儿”主题动机徐徐奏起，我们所有人都对之做出了回应。

随着岁月的流逝，当人们回顾济慈一生的起落沉浮时，会愈发想起狄更斯。这种联想具有一层特殊的地域关联，因为没有哪位作家比狄更斯更了解伦敦，至少没有谁像他那样，把伦敦写得如此精妙到位，而这个伦敦及其周边正是济慈家四个孩子身处的地方。不同的是，狄更斯那温暖的心让他为自己笔下的弃儿们营造了一个个未知却等待着他们的家，但济慈家的四个小孤儿却没有这样的运气。这意味着境遇的天壤之别。不过，故事的开头则弥漫着熟悉的味道。

三

人们对詹宁斯家族的情况，比对托马斯·济慈本人了解得更多，后者在相当年轻的时候就通过婚姻关系进入了詹宁斯家。弗朗西斯·詹宁斯是三个孩子中的老大。她的母亲爱丽丝·威利来到伦敦时似乎年龄已不小，因为她嫁给约翰·詹宁斯时已经三十七岁。[①] 但是，我们能找到的有关詹宁斯一家最详尽的描述，却不那么可信。提供这些信息的
4 人叫理查德·艾比，是一位古板且喜欢吹毛求疵的茶叶商人。济慈的父母英年早逝后，孩子们的外祖母，也就是老詹宁斯夫人，将这些年幼的孩

---

① 爱丽丝·威利出生于1736年11月1日，是科尔内村道蒂牧场(Doughty Pasture)的约翰和爱丽丝·威利(闺名为爱丽丝·哈沃斯〔Alice Haworth〕)的女儿。根据科尔曼街圣斯蒂芬教堂的记载，她于1774年2月15日结婚，育有三子，三个孩子的洗礼日期分别是：弗朗西斯，1775年1月29日；米奇利·约翰，1777年11月21日；托马斯，1782年1月4日。参见菲利斯·曼，《济慈-雪莱纪念公报》(*Keats-Shelley Memorial Bulletin*, Rome)，第十一期(1960)，页33。

子托付给了理查德·艾比，这简直是对人生境遇的一种近乎疯狂的讽刺。约翰·济慈于二十五岁去世，几年后，他那位性情慷慨的出版商约翰·泰勒打算为他写一本传记回忆录。自然，他立即想到了艾比，并希望后者能够提供一些反映济慈早年生活和家庭背景的线索。

同詹宁斯夫人一样，理查德·艾比是从北部来到伦敦的。早在爱丽丝·詹宁斯结婚之前，他们就认识，那时他还是科尔内村的一个小男孩。艾比在与为人传统且充满善意的泰勒交谈时，却表现出本能的警惕。令艾比吃惊的是，他眼中济慈家那个最不中用的孩子（事实上，在他看来，这孩子不是"疯了"，就是个"傻瓜"），竟然要成为一本传记的主人公。对这位已经过世的年轻人，他保留的记忆很少，情感上也很不自在。关于济慈本人，他几乎无话可谈，反而更喜欢不着边际地乱说，或者在坦率和絮叨的伪装之下，暗示济慈的家庭染上了一些不好的名声。被一位颇有身份的出版商采访，这令艾比受惊不小，他当然不希望公众知道自己曾经严厉而专制地对待济慈家的孩子们，或是知晓自己曾扣下他们本应继承的遗产。他可以搜罗各种理由为自己辩白，然而，他处理遗产的方式却受到人们的质疑。此外，当济慈已经明显奄奄一息，想要前往意大利休养之时，他却拒绝预支任何费用。无疑，艾比的念头就是在可能之处间接地为自己辩解，在不可能之处诋毁抹黑。他对济慈母亲（这位女士占据了艾比简短口述回忆的三分之一）的态度，混杂着颇为奇特的爱慕与怨恨之情。

四

迷人但又鲁莽冲动的弗朗西斯·詹宁斯，十九岁就嫁给了托马斯·济慈，他们结婚的时间（1794 年 10 月 9 日）仅比约翰·济慈的出生早一年多一点。据说约翰是个仅怀了七个月的早产儿。托马斯·济慈自己也不过二十岁。这对年轻夫妇没有在自己的街区附近结婚，而是把婚礼办在了时尚的伦敦西区汉诺威广场圣乔治教堂里。这种朝气蓬勃却略显天真的举动，是他们渴望改善自己生活的典型表现——这一渴望可能已经体现在他们那“相当出众的骏马”身上，按照艾比的说法，托马斯·济慈把这匹好马留作“自己的坐骑”[1]；这一渴望，正如乔治·济慈所提到的，还表现在他们希望把儿子送往哈罗公学读书的心愿上。十年后，弗朗西斯·济慈在丈夫过世后不久再嫁，她不太愉快的第二次婚礼也同样是在汉诺威广场圣乔治教堂里举行的。

将济慈家的儿子们送往哈罗公学读书这个想法，在托马斯·济慈和弗朗西斯的父亲约翰·詹宁斯去世之前，并不是天方夜谭。不管老詹宁斯出身如何，他的确算是一个家底殷实的人。他去世时的遗产至少价值一万三千镑，把这笔金额乘以五当作现在的估值，应该完全在合理范围之内，再算上一个比较保守的百分之三的投资收益率，相当于每年增加两千一百镑的收入。除了女儿弗朗西斯之外，詹宁斯家族还有两个儿子，都比弗朗西斯小，他们都曾在恩菲尔德的学校接受教育，后来济慈家的三个儿子也被送往那里就读。关于詹宁斯家的小儿子托马斯，我们只知道他于一七九六年去世，时年十四岁，此外则一无所知。另外一个儿子，米奇利·约翰·詹宁斯中尉（他在一八〇八年去世前不久刚获得上尉头衔）是一个高大和蔼的人，据查尔斯·考登·克拉克称，米奇利在

---

① 艾比愠怒地继续说，托马斯·济慈“还会在礼拜天带着同样的优越感，与其他人一起志得意满地前往海格特、海布里或者其他一些供人与马共同活动的公共娱乐场所”。（《济慈社交圈》，海德·E. 罗林斯编，两卷本，第一卷，页304）艾比随后对托马斯·济慈从马上摔下来致死的情况做出了不准确的描述，这表明他将这一事故看成是一种诗的正义（善恶有报）。

坎伯顿海战中服役于邓肯上将的军舰，表现卓越。[*] 不论他是否战功赫赫[①]，至少他确实是现役军人，并且在济慈家的儿子们开始上学读书后，成为他们心中的英雄。

乔治·济慈称他们的外祖父是个“极其慷慨且容易上当受骗”的人，我们似乎没有理由怀疑这一描述。詹宁斯享受自己财富的方式如果说缺乏美感，但似乎也单纯无害。依照艾比的说法，詹宁斯幻想自己是一个“彻头彻尾的美食家”，“一周中的四天”詹宁斯夫人和全家人都在忙着“准备周日的正餐”。艾比可能对詹宁斯浮夸的生活方式感到愤愤 6
不平。不过，他向泰勒喋喋不休地抱怨这些事情的直接原因，是想把话题转移到詹宁斯女儿的性感气息之上，并暗示詹宁斯家那些难以管教且不知感恩的孙辈也继承了这种血统，而他后来不得不与这些孩子们打交道。这部分叙述，虽然现在很容易找到，但还是在此处全文引用为宜，因为这些话暴露了艾比本人的品性，也让人们在解读他的话语时保持警惕。此外，艾比后来在济慈家孩子们的人生中扮演了相当重要的角色，早一些了解他的性格是有必要的。“詹宁斯的女儿在这方面”——也就是对口腹之欲的热爱——

> 跟她的父亲有点像，不过显然，她更甘愿做其他欲望的奴隶，但这些都可以追溯到那个原点以解释其诱因。她很小的时候，就曾告诉我的信息提供者艾比先生，她必须而且一定会有个丈夫；按他的话说，她的激情如此强烈，以至于同她独处都变成了一件危险的事。她是

---

* 坎伯顿海战（the Battle of Camperdown）1797 年 10 月爆发于亚当·邓肯上将领导的英国北海舰队和杨·德·温特中将领导的巴塔维亚海军舰队之间。这场战役是法国大革命期间英国和荷兰军队之间最重要的一次战斗，最终以英军获胜告终。

① 路易斯·霍尔曼在邓肯上将的军舰“尊者号”的花名册上没有找到米奇利·詹宁斯的名字。参见洛厄尔，《约翰·济慈》（*John Keats*），两卷本（1925），第一卷，页 18。

> 个漂亮的小女人——面容姣好，五官端正，只是嘴巴长得特别宽。艾比向我提了件小事，可以反映出她的性格——她以前经常去毕肖普斯盖特街上的一家杂货店，店铺在教堂对面，她时常光顾的原因可能是对店铺老板有好感——杂货店老板跟艾比先生说，詹宁斯小姐总是趁天气恶劣的时候光临，每次离开之际，就会把衣角拎得高高地穿过马路，当然，店铺老板说她的腿罕见地修长白皙。不过，杂货店老板并没有被丘比特之箭钉死。
>
> 没过多久，詹宁斯小姐就找到了丈夫，而且也没有涉猎很远——她父亲马厩里的一名帮工在她眼里就很合心意了，甚至让她忘记了两人之间条件境况的差别，不久，约翰·济慈[此处为艾比口误]幸运地与老板的女儿成婚了。他既未拥有也没表现出任何伟大的才能。也许在他的观念中，财富的突然增长提升了自己的地位，所以他应该在举手投足之间，突破业已习惯的框架，表现得像个举足轻重的人物。

艾比就这个话题越讲越起劲，还停下来颇怀恶意地谈起了托马斯·济慈的意外死亡（用他的话说，“马骑得飞快，很可能还喝了酒”），在讲的过程中他犯下了一个有趣的口误，把托马斯叫成了“约翰”，也就是托马斯
7 那不服管教的儿子的名字。他谈论济慈夫人的第二次婚姻时（“济慈夫人再次下定决心要觅个丈夫”）说道，她

> 沉迷于饮酒，在白兰地酒瓶里找到了暂时的寄托，让那些无节制的欲望得到了满足，这些欲望总是时不时地在心底怂恿着她。这种堕落的酗酒倾向，可能部分解释了她后半生出现的奇怪的背俗行为——或者更确切地说，一些道德败坏的表现。[1]

---

① 参见《济慈社交圈》，第一卷，页303-305。

假如艾比的目的是用济慈家孩子们的不良背景来动摇泰勒的话，他的确成功了。泰勒一时间有些犹豫，怀疑艾比这个充满报复意味的故事，是否暗示着艾比本人在弗朗西斯·詹宁斯结婚之前，和她有过不正当关系："当他讲到与詹宁斯小姐独处的危险时，我想要看看是否［能］从他的相貌中辨别出我们那位年轻诗人的轮廓，但假如当时我听到了他的全部故事，应该会比冒出这个想法的瞬间，更迅速地打消它。任何两个人都不可能比我们的诗人和眼前这个男人更适合用'天渊之别'来形容了。"不管泰勒觉得艾比可信与否，他心底都有些震惊。他把艾比的说法写下来，寄给了济慈的好朋友理查德·伍德豪斯，泰勒原本想和伍德豪斯一起撰写济慈的回忆录。不过，泰勒随信附了几句话："这些素材不适合出现在我们可怜朋友的传记里，他的传记是要和世界交流的……真是奇怪，这样一个妙人竟会诞生于如此粗鄙的环境。他是如何从父母那耽于酒色的俗气中脱颖而出的呢，真是令人惊奇！"艾比讲述的故事被悄悄地藏了起来，其存在几乎被人遗忘，直到一个世纪之后，人们才重新发掘了这份材料。

五

女儿结婚后不久，老詹宁斯就抓紧机会退休赋闲。他将"天鹅与铁环"的生意管理权移交给了女婿，随后与妻子一起搬到了恩菲尔德村附近的居住区"庞德角"。老詹宁斯可能正巴望托马斯·济慈能够继承马
房的生意。虽然他自己也不过六十多岁，但在人生的最后几年里，他的 8
身体一直不太好。他那位幸存下来的儿子米奇利，很显然更喜欢做一名海军军官，而不想投身于父亲的马房生意。

托马斯·济慈出色地管理了"天鹅与铁环"马房。他很可能希望最终买下这里的地产，或是获得一个更长的租约（老詹宁斯的租约两年后

就要到期了)。[1] 一开始,这对夫妇显然就住在“天鹅与铁环”马房里。他们的头两胎,甚至可能头三胎孩子都出生在这儿:一七九五年十月三十一日,约翰·济慈出生,并于十二月十八日在毕肖普斯盖特街上的圣博托尔夫教堂受洗;乔治·济慈出生于一七九七年二月二十八日,托马斯·济慈出生于一七九九年十一月十八日。第三个男孩出生前后,家庭的经济状况相当不错,他们甚至搬离了马房,住到马房以北半英里左右的一栋房子里,就在城市路不远的克雷文街上。在这处新住宅里,爱德华·济慈于一八〇一年四月二十八日出生,但是出生后没多久就夭折了。一八〇三年六月三日,弗朗西斯·玛丽·济慈出生了——这也就是可爱的范妮·济慈。

关于济慈的幼年时代,没有什么重要的趣闻轶事流传下来。画家本杰明·罗伯特·海登记录了后来广为流传的两件事。一位曾经住在孩子们附近的老妇人,几年后在街上碰到了乔治·济慈,向他问起约翰的近况。当被告知约翰想成为一名诗人时,老妇人回想说,年幼的约翰遇到别人提问时,就会用与问题最后一个词押韵的话来应答。假如这个故事在乔治和海登的转述中,没有发生任何变形的话,那么这种描述正如艾米·洛厄尔所说,只不过是“老妇人们在多年后回想起小孩子时,常会用的说法”。第二件趣事是某次济慈夫人患病,按医嘱她需要在完全安静的环境里休息,约翰当时将近五岁,他手握一把旧剑,守在母亲卧室的门口,根据海登的说法,他甚至禁止母亲离开房间。

在作为一个整体而存在的短暂时间内,济慈家似乎是一个洋溢着温馨爱意的家庭。孩子们打小便对彼此怀有强烈的忠诚感。乔治·济慈曾在一八二八年写道,关于母亲,他留下的记忆很少;但他确实记得,且强调说,“母亲用钱大手大脚,对孩子们十分溺爱,尤其对约翰宠爱有

---

① 参见罗伯特·基廷斯,《济慈遗产》,页 7。

加，因为他长得很像她”。关于济慈与母亲面容肖似的评价，似乎与查尔斯·考登·克拉克的印象有出入。克拉克曾说，“约翰是几个孩子里唯一一个从个性到外貌都像［父亲］的，他长着棕色的头发，有一双黑褐色的眼睛”，而另外两兄弟则“很像母亲，身材高大[①]，体型匀称，长着朗阔的鹅蛋脸，仪度翩翩”。然而，克拉克不太可能像乔治那样清楚地记得济慈夫人的长相。克拉克在写下这些描述时，已经是四十年之后了，他的记忆恐怕受到对约翰身高、体型等方面回忆的干扰：约翰·济慈和他的父亲一样，异常矮小，健壮结实，而他的两个兄弟则至少达到了正常身高。无论如何，从后来的肖像画观之，济慈家几个孩子长相酷肖彼此，特别是最小的两个孩子，汤姆和范妮更是如出一辙。济慈临终时，曾让他的朋友查尔斯·布朗写信给乔治和范妮，说“她就像幽灵一样总是在我的脑海中游荡——她跟汤姆长得太像了”。此外，八年后，乔治从肯塔基给范妮写信，说他的妻子刚从英国回来，“她觉得你简直就是汤姆的女性翻版”。[②] 9

六

约翰快八岁时，父母决定把家里两个大一点的男孩送到学校去读

---

① 克拉克称济慈夫人“个子高挑”，但艾比却对泰勒说她是“一个漂亮的小女人”。艾比的描述不能被视作充满感情的称谓，因为泰勒起先是这样记录的：“一个漂亮，但个头不太高的小女人”，随后他划掉了“但个头不太高”。不过，艾比可能想说的是“一个漂亮，但绝对不小的女人”；由于泰勒最早记录的“个头不太高的”似乎明显不符，他后来删除了这个令人困惑的说法。不论如何，由于艾比肯定比克拉克有更多机会见到并好好观察济慈夫人，他应该比克拉克更了解她的身高，除非在她死后这么多年，他依旧只把她当作当年的小姑娘。

② 参见海德·罗林斯编，《济慈社交圈书信及诗歌补遗》(*More Letters and Poems of the Keats Circle*, 1955)，页52。罗林斯在页53引用了1848年米尔恩斯传记中迪尔克的注释：汤姆“与拉诺斯夫人［范妮·济慈］长得很像——太像了，以至于约翰每每说起这事都显得痛心疾首”。

书。恩菲尔德村附近的一所学校离伦敦只有十英里远，似乎是个不错的选择。詹宁斯家的两兄弟曾经在那儿读过书，所以济慈家算是跟学校已有家族联系。此外，学校的校长约翰·克拉克温文尔雅，他原本打算进入法律领域工作，但现在是一名颇有造诣的教师。[①] 恩菲尔德这间规模
10 不大的学校，差不多有七十五名学生，它不是那种为了培养学者或让贵族子弟考上公学而设立的预备学校。其目的是为那些出身于做小生意或不太富裕行业家庭的学生提供比较自由开明的教育，他们未来并不一定会进入大学读书。济慈后来获得的奖品之一就是考夫曼的《会计专用商品词典》(1803)。学校教授一些数学和科学课程；拉丁语基础课的水平不错，至少按照今天的标准来看是这样；学校可能没有开设希腊语课程，否则我们就可以假设济慈在人生最后一两年疯狂阅读的时候，应该会研习希腊语。学校开设了法语课，济慈能够流畅地阅读法语。如果说恩菲尔德学校缺乏著名公学的优势，那么它也自有其他方面的长处。这里没有公学常见的高年级学生对低年级学生的呼来喝去，似乎很少或基本没有体罚。学校的规模足够小，所以约翰·克拉克开明的教育思想足以影响全校。

这所学校的建筑经常会被人提起，因为其历史背景相当复杂，且它的一部分还在一个令人意想不到的地方保存了下来。一七一七年，一位西印度商人为了自用建起这座房子，后来艾萨克·迪斯雷利在此出生。维多利亚女王统治初期，这所住宅被买下并用作恩菲尔德支线的火车

① 根据克拉克儿媳的说法，老克拉克在北安普顿一名律师手下见习时，差点“不得不绞死一名男子，因为他被派去履行法官的职责……约翰·克拉克整晚极度痛苦，努力想要找人替代他完成这令人厌恶的任务……他自此便下定决心要摆脱这个让他陷入可怕风险的行业，并立刻放弃了他从未喜欢过的法律职业，转而去做学校校长，这一工作让他感到恰得其所”。(玛丽·考登·克拉克，《我漫长的一生》〔1896〕，页 54–55）老克拉克（1757 年出生）在北安普顿他岳父约翰·C. 赖兰德开办的学校里找到了一个职位。当赖兰德于 1786 年将学校搬迁至恩菲尔德时，克拉克被委任为学校负责人——老詹宁斯家的男孩们便是他的第一批学生。1815 年左右，他退休并住到了拉姆斯盖特，他于 1820 年 12 月 22 日去世，只比他最著名的学生济慈早两个月离开人世。

站。最后，在一八七二年，房屋被拆除，但是由于它精致的建筑立面被视作同类型中的典范，因此其顶端的中央部分被保留了下来，放置于维多利亚与阿尔伯特博物馆的海量藏品之中，直到现在，人们仍然能在博物馆里见到它。这栋建筑的房间很宽敞，用作宿舍的房间可以放下六到八张床。大教室是在曾经被马厩和马车房占据的地方建造的，教室和主楼之间的院子被用作操场。按照考登·克拉克的说法，毗邻操场的地方

> 有一个一百码长的花园，其中的一个角落里有些小田圃，专门给喜欢拥有自己小花园的男孩们使用，他们可以按自己的意愿和爱好种植；再远一点是一片绿色的草坪，偏离其中心的地方有一汪池塘，有时被孩子们尊称为“湖”……在池塘的远端，一些铁栏杆将我们的房屋与远处的草地隔开，五月夜莺的歌声会在寂静的夜里从栏杆下飘入我们的耳中，那附近还立着一座简陋的凉亭。约翰·济慈离开学校之后，去外科医生托马斯·哈蒙德那里做了学徒，他时不时从埃德蒙顿回来，与我一起坐在凉亭里读斯宾塞的《仙后》(*Faerie Queene*)。房子的另一侧，有一小块圈起来的地，我们称之为“晾晒场”，那里矗立着一棵高大古老的莫利洛樱桃树，紧靠着一堵朝着阳面的墙。更远处，有一扇大门通向一个两英亩的小牧场，这地方也可以算是个小围场，里面养着两头奶牛，为整个学校提供新鲜且足量的牛奶。[①] 11

除家人之外，最早对济慈的成长产生影响的人是约翰·克拉克和他

① 参见克拉克，《关于恩菲尔德学校的记录》(“Note on the School House... at Enfield”)，摘自哈里·巴克斯顿·福尔曼编，《济慈诗歌及其他著述》(*The Poetical Works and Other Writings of John Keats*，四卷本，1883)，第四卷，页343–344。(该书修订版为莫里斯·巴克斯顿·福尔曼编，八卷本，1938–1939)

的儿子查尔斯·考登·克拉克。查尔斯比济慈大八岁，性格稳重、体面正直，充分表现出他父亲的教育影响。作为引路人或是辅助者，他后来与济慈十分相熟，并在他急需鼓励的时刻伸出了援手。多年后，当他开始把自己的回忆记录下来时，许多人都渴望了解济慈在学校生活中的每一个点滴，但不用说，克拉克几乎不太记得这个男孩八岁时的情况，“他是七八十个男生中最年幼的一个”。他甚至误以为约翰的弟弟乔治，才是两人中较为年长的那个，这可能是因为乔治的个头已经比约翰高了。很显然，克拉克并未意识到自己在这个问题上犯了错。五年后的济慈更加专注地投入学习，而这个时期的他才是克拉克描述的主要对象。不过，克拉克依然记得，托马斯·济慈经常在头几个月来学校拜访，“我记得，父亲谈起他的时候总是充满敬意，因为他举止自然，毫无粗俗或傲慢之态……我清楚地记得他那张朝气勃勃且活泼生动的脸，特别是来学校看望了儿子们之后，他坐上自己的轻便二轮马车，准备驾车送妻子回家，这时的他显得尤其有干劲、精力充沛”。

七

12 一八〇四年四月十五日这天，一场意外从天而降。托马斯·济慈遭遇致命的灾祸，当时约翰还只有八岁，在恩菲尔德学校待了不到半年。按照克拉克的说法，那天是礼拜天，托马斯到恩菲尔德学校看望儿子们，随后前往索斯盖特吃晚餐。这个地方得名“索斯盖特”（意指“南门”），是因为它是进入恩菲尔德猎场的南边门户。在离家不远的地方，托马斯的马滑倒了，马在鹅卵石上滑倒这种事可谓层见叠出，这场事故中，托马斯头骨骨折。四月十七日（周二）的《泰晤士报》对此事报道如下：

> 周日,摩尔菲尔兹的马房主济慈先生到索斯盖特吃饭;他很晚才往回走,经过城市路时,马和他一起摔倒了,济慈先生不幸头骨骨折。大约凌晨一点钟,巡夜人发现了他,当时他还活着,但已经无法发出声音。巡夜人找到人帮忙,并将他送回距离事发地不远的家中,济慈先生大约八点钟离开人世。

其他报纸也证实了这些细节。二十三年后,艾比对泰勒讲述的情况与此有很大出入,这是可以想象得到的。①

该事故带给整个家庭的冲击,只能通过对此后十五年甚至更长一段时间的详细描述来呈现。托马斯·济慈原本可以为家庭提供稳定生活,但这一切因此而化为乌有;如果他还活着的话,孩子们绝对不可能失去财产继承权;除此之外,他的死亡在接下来的数年间对其妻子产生了不幸的影响,也间接影响到了孩子们。"天鹅与铁环"马房需要积极有效的管理,不论人们如何评价济慈夫人这位寡妇,她绝不是能够独自经营这一大摊生意的类型,尽管确实有其他女性挑起了这样的重担。由于英国当时的法律对妇女财产相当不友善,伦敦城里充斥着愿意接手女人生意和财产的男人。谋得斯通(Murdstone)与大卫·科波菲尔(David Copperfield)母亲之间的婚姻*,是虚构文学对这种情形的经典呈现:寡母憔悴而死,孤儿则被敲骨吸髓。然而,济慈家的孩子们可不像大卫·

---

① 如前文所提,艾比称托马斯·济慈当时"正与他那些快活的伙伴们一起,从闹饮欢宴上回来";他"骑得很快,很可能喝了不少,他的马跳上城市路卫理公会教堂对面的石板路时,带着他一起摔倒了,他狠狠撞在了铁栏杆上,当人们把他抬回家时,他已经死了。"(《济慈社交圈》,第一卷,页304)

* 该情节出自狄更斯的小说《大卫·科波菲尔》。大卫·科波菲尔是遗腹子,其母柔弱且轻信于人,在谋得斯通的诱骗之下,大卫的母亲再嫁,失去了对家中财产的掌控权,她郁郁寡欢,最终撒手人寰。后来,大卫被继父谋得斯通送去做童工,但比济慈家孩子幸运的是,大卫获得了贝特西·特洛伍德姨婆的帮助,得以重回学校读书,并最终过上了幸福的生活。

科波菲尔那样，有贝特西·特洛伍德姨婆（Aunt Betsey Trotwood）出手相助。

13 威廉·罗林斯是一家叫"史密斯、佩恩和乔治街史密斯"银行的小职员，他很可能靠自己的商业头脑给济慈夫人留下了深刻印象。对孩子们的外祖母老詹宁斯夫人来说，罗林斯显然是个猎财者。（根据范妮·济慈的说法，罗林斯在与其母亲结婚之前，并没有自己的财产。）然而，绝望中的济慈夫人一头扎进了新的婚姻中，她与罗林斯于一八〇四年六月二十七日结婚。老詹宁斯夫人立刻就接管了济慈家的孩子们，他们自此就同外祖母住在一起了。范妮·济慈说，"我们从来没跟他们[她母亲和罗林斯]一起生活过，而是直接搬去了外祖母那儿，她完全不赞成这桩婚事"。我们无法确凿地知晓罗林斯与他娶的不幸寡妇之间发生了什么。事实上，不久之后——具体时间不详——济慈夫人就离开了罗林斯（艾比的说法是，罗林斯死了，济慈夫人后来与另外一个男人生活了一段时间）[①]，并回到了她母亲身边。生活的幻灭极大地冲击了这个情绪化且鲁莽冲动的女人。因为，离开罗林斯就意味着，她得把从前夫那里继承来的财产留给他，她当然知道自己不得不那么做。罗林斯似乎欣然接受了这一安排。自此之后，弗朗西斯·济慈·罗林斯一蹶不振，身心俱疲。关于她的情况，我们所知甚少，能确定的只有她的健康状况日不如一日。

八

在托马斯·济慈遇难后不到一年，孩子们慈祥的外祖父、"天鹅与

① 参见《济慈社交圈》，第一卷，页305。

铁环”马房最初的拥有者约翰·詹宁斯也于一八〇五年三月八日离开了人世。在去世前几周——从签名的笔迹来看，他显然已经患病——老詹宁斯立下了遗嘱。

詹宁斯遗嘱的故事以及接下来二十年中随之发生的财产纠纷，整个结果令人十分困惑和不悦，狄更斯在《荒凉山庄》(*Bleak House*)中隐隐提及这桩公案作为小说的一个插曲也全在情理之中。大法官法庭的开篇评论便流露出不祥之兆：“这份遗嘱非常模糊。”很显然，由于没有足够关心且能够胜任的人来代表济慈家的孩子们，他们在这场纠纷中几乎没有得到什么——至少在他们中的两个，即汤姆和约翰，去世后的很长一段时间里，他们仍陷在这样的困境中。

首先，由于母亲草率再婚，孩子们失去了被罗林斯收入囊中的财产。14
更严重的是，事实证明詹宁斯的遗嘱起草得很糟糕。詹宁斯先生没有聘请律师，而是天真地信任了他的邻居，土地测量员约瑟夫·皮尔森，让他来起草自己的遗嘱，这一行为证实了乔治对他外祖父的评价，“容易上当受骗”而且“很慷慨”。结果，遗嘱中含混的措辞造成了许多争议，分散了人们的注意力，反而没有人真正关心詹宁斯的孙辈们。假如情况不是这样的话，约有两千五百镑会划入济慈名下(最差也有一千二百镑)，但是他却没有拿到——如果按照当时的购买力计算，人们一年可以靠五十镑过活，一年有两百镑就可以过得相当不错。①

遗嘱的要点很容易总结。(1)詹宁斯夫人将得到每年两百镑，其个人随身物品归她所有。法庭判给她的资产比恰当的金额还要高一些(七千三百六十四镑)。这些资金后来都落入理查德·艾比的控制之下，因为詹宁斯夫人指定艾比为自己孙辈的受托人和监护人。(2)老詹

---

① 关于约翰·詹宁斯和爱丽丝·詹宁斯的遗嘱、济慈家子女继承的遗产数额，以及相关事宜的讨论，参见附录三。

宁斯的儿子米奇利·约翰·詹宁斯获得的是三千九百镑所产生的收益的终身使用权。[1] 此处遗嘱的措辞不清，但意图很明显，就是假如米奇利没有留下子嗣就死去的话，那么他死后，其遗孀只能获得五百镑，“剩下的财产要返还至我家人手中”。米奇利要求法院作出澄清。法院将裁决推迟至米奇利夫妇生下孩子之后。在米奇利去世三年后，也就是一八一一年，他已经有了三个甚至可能是四个孩子，他的遗孀和孩子们得到了全部两千九百镑的一半，剩余部分返还给了他的母亲。(3)无论出于什么原因，詹宁斯先生只留给他女儿，也就是罗林斯夫人，一年五十镑的终身年金(法院为此划拨了部分资金)。这笔钱应该在她去世后平分给她的孩子们。毫无疑问，孩子们根本未被告知这笔金额的存在[2]，而它被合法转移给孩子们之后，也一直留存在大法官法庭无人领取，直至约翰·济慈离世两年之后才被发现。(4)孩子们还应得到一笔两百镑的款项，这是他们母亲去世之前应得年金的欠款以及一八〇五至一八一〇年间的子女抚养费，这笔款项可以用他们直接收到的遗产利息抵充。这笔钱直到一八八八年仍滞留在大法官法庭，当时范妮是济慈家唯一在世的孩子，时年八十三岁，此时距离济慈本人过世已六十七年。一名叫拉尔夫·托马斯的律师发现了这笔钱，并为范妮提出了申领。(5)詹宁斯给济慈家的四个孩子留了一千镑，这些钱“将在他们成年时，算上累积的利息，在他们之间平分”。当然，问题在于老詹宁斯的想法

---

① 基廷斯先生(《济慈遗产》，页11)指出，詹宁斯高估了他留给儿子的股票数额约一千镑。因此，米奇利获得的遗赠总额为两千九百镑。

② 1810年后，除艾比之外，可能不会有人告知他们，老詹宁斯夫人已经把与孩子们相关的事务全权交给了艾比。前济慈夫人在与罗林斯经历了一段不幸的婚姻后回到了母亲家，她对于这笔钱没有特别需求，甚至可能会希望对罗林斯保密。她有生之年没有碰过这些钱。她去世后，这些累积的收入将成为罗林斯的合法财产。不论是因为不知道这笔钱的存在，还是因为改变了心意，罗林斯最终没有索要它。在乔治发现这笔钱的存在之后，他和范妮最终于1823年至1824年间拿到了这笔钱。

到底是在每个孩子成年的时候立刻发放这笔钱，还是要等孩子们全部成年之后，再进行分配。我们有充分的理由相信，他实际的想法就是字面上说的意思——当每个孩子长到二十一岁时，都应该分得一笔钱。乔治·济慈于一八二三年发现了这笔款项的存在。(6)詹宁斯给他的妹妹，玛丽·斯威廷伯格留下了一年三十镑的终身年金，若她身故则本金将返回至家族财产。(7)安排好所有遗赠后，仍剩余一笔钱。可以理解，弗朗西斯·罗林斯对这样的安排感到深受伤害，于是她与丈夫一起提起了一场失败的大法官法庭诉讼，她不仅索要剩余未指定金额的三分之一，还声称她的父亲是在未立遗嘱的状况下死亡的，所以她有权得到母亲所得部分的三分之一，假如米奇利去世的话，她还应得到米奇利所得部分的一半。这场诉讼以失败告终，连剩余的未指定款项，也在寡妇老詹宁斯夫人和她的儿子之间平分了。

九

詹宁斯夫人眼下已年近七十，她拿出了勇气和理智来面对新的情势。她现在的收入是此前与丈夫惯常收入的一半。她对女儿做生意的头脑没有太大信心，所以显然她已经开始打算为孙辈们尽力保留她所能留下的一切。几个月后，她就离开了位于庞德角的乡村住宅，搬到下埃德蒙顿教堂街上的一座房子里去，这里可能比她之前住的房子小，下埃德蒙顿在伦敦以北九英里、非常靠近恩菲尔德的地方。

詹宁斯夫人想要在这里给孩子们一个家。事实上，这也是全家人 16
最后一个真正意义上的家。汤姆现在已经七岁了，毫无疑问他应该跟自己的兄弟们一样获得教育机会，于是他被送往恩菲尔德学校与他们一同学习。汤姆离家之后，整个家庭就只剩下女性了——两个寡妇（外祖母和母亲)、时年三岁的婴儿范妮,以及一个女佣。我们可以想象,当三个男孩子放假被迎回家时,家里洋溢着怎样的兴奋。乔治说,男孩子们“总是在琢磨怎么”逗范妮开心,唯恐她“会更偏爱我们当中的任何一个”,而男孩子们也似乎同样受到宠爱。多年后,范妮十五岁时,济慈开玩笑地同她讲起自己曾给家里强行添了很多宠物。问起范妮想要什么礼物时,他接着说道:“什么都可以,除了活物。不过我现在不会那么严格了,想到我自己以前是多么地喜欢金翅雀、大山雀、米诺鱼、老鼠、刺鱼、雅罗鱼、雄鲑鱼,还有灌木丛和小溪附近的整个动物群落,但它们确实还是待在树丛和水里更好。”一八一八年,济慈在苏格兰徒步旅行时所写的诸多信件中,有一封曾为范妮编了首关于吉卜赛老妇梅格·梅瑞里斯(Meg Merrilies)的民谣,随后他突然又向她展示了一首“关于我自己的歌”。他倏地把风格变成打油诗,戏谑地写到他的不安、他的旅行、他的背包、他的“胡写乱画”,随后突然提起埃德蒙顿的岁月:

从前有个顽皮的男孩
　　顽皮的男孩就是他,
他在三个洗衣桶里
　　养小鱼
　　　　不惧
　　　　女仆
　　　　强力
　　　　也无畏
　　　　他的老奶奶——
　　　　他时常
　　　　吵哄哄,闹嚷嚷
　　　　早早爬起床

他绞尽脑汁
去小溪
带回家
杜父鱼，
小刺鱼
不太胖，　17
米诺鱼
像手套上的
小指头，
太小
不超过
可爱
宝贝的
小指头——
哦，他用鱼
这是他的小手艺
炖出一大锅
一大锅——
一大锅
用鱼炖出一大锅
一大锅！

此时，在恩菲尔德学校，济慈家的男孩子们很受欢迎，尤其是约翰，更激发了同学们的想象力。他们的描述特别强调了一种罕见的、极具吸引力的品质组合——勇敢、敏感和豪爽。正是这样的品质组合，在往后极不相同的环境中，为济慈赢得了他人的忠诚。传记常会根据早期的回

忆录展开，并总是提及他少年时的好勇斗狠。“他可能同任何一个人打斗起来，”他的校友爱德华·霍姆斯说，

> 不管是早上、中午还是晚上；他的兄弟们也在一旁。对他来说，这就是快乐之源。他们那个詹宁斯家当水手的亲戚一直都在几兄弟的心里，他们下定决心要维护“勇敢无畏”的家族声誉。乔治是用比较被动的方式，而约翰和汤姆则表现得更为激烈……他性格豪爽且十分大胆——有时激动落泪，有时大笑不止，总有些极端化的表现，而这些共同描绘出少年时的济慈。

当然，英国此时与法国的战争仍在继续，一八〇四年拿破仑加冕为皇帝，而他一直鼓吹说很快就会入侵英国。英国南部海岸加强了防御工事，伦敦及其周边都在进行军事演习。这些情况都有可能点燃了学校的气氛，至少对年轻学生来说是如此，霍姆斯便是这群学生中的一员，周遭的氛围煽起了男孩子们对血气之勇的崇拜之情。然而，我们需要记住，济慈那些血气方刚的表现并不是因为他喜欢寻衅滋事、想要掌控他人或是对群体所钦佩事物之外的无知无觉。相反，他的表现是一种迷人的无私精神的
18 副产品，当然，由于他总是意识到自己身材矮小（他最终的身高没有超过五英尺四分之二英寸），这一无我精神便时不时被强化。

也正是这种“无我”的能力，让他后来迅速成长为一名作家，这样的成长过程在文学史上可谓无出其右者。人们会跳过一段时间，想到他后期的状况——那时他已二十二岁，终于有机会见到了一些真正的“文学”人物。他一直在阅读莎士比亚，但这些人却不符合他所渴盼的模样，他们热衷于“说一些耸人听闻的话”，且有着很强的自我意识。“他们谈论时尚”，他们说的或做的每一件事，最终都不免落入某种姿态，装腔作势。他在走回家的路上想到了这些，后来在给兄弟们的信（1817 年 12 月 21 日）中写

道："我突然想到，是什么样的品质造就了一个有成就的人，尤其是在文学领域，而这种品质在莎士比亚身上显得尤为突出——我指的是**消极能力**。"他头脑中所想的正是一种否定自我身份的能力，是使之消释于比自己更大或更有意义的事物中去的能力，这个想法几乎意味着一种自我发现。其原材料，在济慈还远未到达二十二岁之前，就已经存在于他的性情之中了。正如克拉克谈及济慈早年读书生涯时所说的那样：

> 他不仅仅是因为拥有㹴犬一般的勇气，就能够像一个受宠的职业拳击手那样成为"众人的最爱"，人们喜爱他是因为他高洁的品性，他全然屏蔽任何卑劣的动机，他宽容平和，慷慨大度，这些合在一起在他身上创造出了一种整体感觉，以至于我从未自任何一个认识他的人口中，听到过一句非议他的话，不论这个人比他地位高还是地位相当。[①]

就在克拉克刚开始写回忆录之前不久，已移民到肯塔基州的乔治·济慈也在给查尔斯·迪尔克的信中强调了济慈类似的品质：

> 约翰为人坦率，慷慨大方，丝毫不会算计。一听到有关慷慨仁慈或是高尚勇敢等品质的故事，或是看到楚楚动人或痛苦危难的情形，约翰的双眼就湿润了，他的嘴唇也会因此颤抖——他从不惧怕将自己卷入他人的争斗之中，他会不惜一切代价地保护被压迫者，在此过程中他毫不算计自己的防卫能力或是考虑其所作所为的回报。[②]

---

① 查尔斯和玛丽·考登·克拉克，《作家回忆录》（*Recollections of Writers*，1978），页123。

② 《济慈社交圈》，第一卷，页325。

在这种热烈的无我之中,有一种别致如画、近乎滑稽的东西,那是随时准备纵身投入其间的激情,属于济慈早期诗歌的显著特点,后来它逐渐
19 成熟,表现为强烈的决心和理解的稳恒。克拉克说,济慈好斗的性子

> 一旦被唤醒,就是我在舞台下见过的最生动的表现之一。那位了不起的演员埃德蒙·基恩所表现出的强烈激情,与济慈的激情何其相似乃尔——顺道一句,基恩也是济慈敬慕的演员。两人在面容和身材上都有肖似之处。有一次,一位助理教员因为一些无礼行为,打了弟弟汤姆的耳光,约翰立即冲了上去,仿佛是自己受到凌辱,据说,他揍了那位助理教员——要说那人本可以压他一头。他有时一激动起来几乎无法控制;弟弟乔治,个子要高得多,也强壮得多,时常要用很大气力才能制住他,当约翰"情绪激动"时,他会大笑并试着拦住他。

济慈的同窗爱德华·霍姆斯,在济慈的声名已经确立之时,曾写到最令他感到困惑的是,孩童时期的济慈并没有表现出人们惯于在一位未来诗人身上看到的特质。济慈"是一个任谁都会觉得他未来必将有一番作为的男孩——**但多半应该是在军事才能上崭露头角,而不是在文学方面**"。霍姆斯的看法值得关注,他绝不是一个对艺术一无所知的外行:写下这段叙述时,他已经是一位杰出的音乐评论家了;此外,他对天才的传记很感兴趣,此前一年刚刚出版了一本《莫扎特传》(*Life of Mozart*, 1845)。如果说这两个男孩都喜欢嬉闹玩笑和滑稽模仿的话(霍姆斯记得济慈很喜欢那些"具有怪诞或小丑般幽默感的同学,我记得……一个叫韦德的男孩特别擅长这些,他那夸张的手势和恶作剧把济慈逗得哈哈大笑"),那么他们俩能同样为其他事物感动便不足为奇了。晚上,克拉克弹钢琴时,门会偶尔开着,楼上就可以听到

音乐声。霍姆斯从床上爬起来，穿着睡衣就冲到楼梯口站着。比他大两岁的济慈，则躺在床上静静地听。济慈和霍姆斯去世很久后，克拉克还会回想起济慈在一八一九年给他读《圣亚尼节的前夕》的情形，济慈读到波菲罗（Porphyro）在城堡大厅聆听午夜音乐的片段时，说这里的最后一行“进入我的脑海，那时我记起自己曾在学校躺在床上听你演奏乐曲”：

> 从远处，午夜的宴会不断传来
> 喧腾的笑闹声、笙箫与鼓号：
> 噢，但愿梦神的护符能隔开
> 这刺耳的杂音，尽管如此缥缈；　20
> 他关上了堂门，一切复归静悄。*

霍姆斯在一八四六年记述自己的回忆时，曾于此前一段时间阅读克拉克的简短备忘录，这份材料后来在《作家回忆录》中得到了扩充。克拉克特别描绘了济慈在学校的阅读量，但霍姆斯却说，这种主动积极的兴趣是济慈离开学校前不久才表现出来的。作为更年轻的同龄人，霍姆斯看到了济慈身上克拉克难以窥见的一面，毕竟后者比济慈年长八岁：霍姆斯想要强调，正如他在为济慈传记作家 R. M. 米尔恩斯所写的记述开头处所说，“济慈并不是在年少之时便喜欢读书的”。这个观点反复出现，指出济慈起初“以对功课漠不关心而出名”，“特别需要注意的一点是，他那时绝非文采风流之辈”，

> **他对书籍和诗歌的热爱，大约是在离开学校前一年才表现出来的。**

---

* 此处选用穆旦先生的译本。

> 在所有的运动锻炼中——他都出类拔萃。他性格豪爽,很有胆略——面庞极其美丽生动,让我记得这样一个印象——我比他小几岁,所以要努力表现才能赢得他的友谊——我最终成功了,但却是在打了几场架之后才成功的。这种狂热与澎湃——性格上的好斗与豪爽——他激动情绪上来时口沸目赤,或是爆发出阵阵大笑,这些都有助于描绘出少年儿郎时期的济慈。[①]

十

与此同时,济慈家中的情况发生了急剧变化。母亲本就已越来越经常卧病在床,她的身体状况急转直下,有可能患上了肺结核——这种病此后对济慈家的孩子们来说不啻为一场噩梦,它很可能也是济慈母亲家两个兄弟的死亡诱因。不论济慈在其他方面显得多么坦率开朗,面对如此灾难他也陷入了沉默,他讨厌怨天尤人,很少提及家庭的不幸,甚至在写给弟弟、妹妹的信中,也绝少提及此事。

至少在一八〇九年圣诞节假期期间,当三个男孩子(年龄在十岁到十四岁之间)从恩菲尔德学校回到家时,他们的母亲病得很厉害。但是,由于母亲经常卧病在床,且按照诊断病因为严重的风湿
21 病或关节炎,年纪更小的孩子们几乎没有意识到母亲景况突然大不如前,实际上她可能患上了更为严重的疾病。恐怕连他们的外祖母也没有完全意识到这一点,尽管她已经失去了好几位家人,理应对这种状况有所警惕。然而约翰——家里最大的孩子,可能也是和母亲最亲近的孩子——忧心忡忡,其焦虑之情溢于言表。他突然产生

① 《济慈社交圈》,第二卷,页164-165。

了很强的责任感，按照海登的说法，他连续几个晚上不睡，时刻陪着母亲，给她喂药，甚至试着为她做饭，还“在她感觉好一点的时候读小说给她听”。

三个男孩心里还不太明白到底发生了什么，就回到了恩菲尔德学校。不出三个月（1810 年 3 月中旬）母亲就去世了。那个时候的孩子可能会比现在的孩子更容易接受死亡。但死亡还是来得太迅猛了些。父亲走了，舅舅们死了，外祖父也过身了，现在轮到了母亲。我们不需要太多的共情就能理解济慈的感受。此外，乔治总是记着母亲曾怀有一种“偏爱”之情。小孩子确实会带着心酸的感觉铭记这种事。乔治和范妮是济慈家孩子中仅有的活过中年的人，他们后来可能不会对母亲仍怀有那么深的感情，特别是范妮，母亲过世的时候她只有六岁，但此后她一直活到了八十六岁。然而，母亲的死在约翰身上却留下了深深的烙印。他在学校的一切表现将充分证明这一点——尽管他当时只有十四岁，但他还能留在恩菲尔德学校的时光只剩下一年了。现在他所能感受到的只有令人震惊的失落。自然，他还产生了短暂的退缩情绪，这是我们每个人都曾经历过的，此外他还有一种强烈且困惑的感觉，那就是巨大的责任从此落在了他的肩头。因为他现在是家中年龄最大的男性，除了外祖母之外，他也是全家最年长的人了。爱德华·霍姆斯说，这个曾经像狸犬一般扑向世间种种不公的十四岁男孩，现在轻手轻脚地钻到恩菲尔德学校教室中“校长桌子下的一个角落里”；每一个见到他的人，都会从他身上那“强烈且漫长”的失落感中，体会到“最深沉的怜悯和同情”。从他想要掩藏悲伤的念头中，从这个小男孩躲入好心的校长约翰·克拉克桌子底下的举动中——再也没有其他人能像克拉克这样待他了——我们瞥见了一线未来的模样。他逐渐转身并投奔的家园或避难所，将与约翰·克拉克所代表的那个世界有某种关联。

十一

22 无论对济慈早年经历有何其他看法,无论我们在多大程度上能够理解接下来十年中发生的事,有一个事实的重要性是极其明显、压倒一切的:那就是济慈家四个孩子在如此年幼之时便成为遗孤所感受到的失落与困惑。这些孩子不仅仅是孤儿,而且是大城市中的孤儿。他们没有亲眷——除了年迈的外祖母——她也许能够或者将会给他们带来很大帮助。

他们失去了父母通过情感关怀所提供的安全保障,除此之外,还得面对那诱人却残酷的财产状况——诱人,是因为至少确实还有一些钱留给他们,只要他们能获批拿到这笔钱;残酷,是因为这笔钱后来原本可以为他们提供巨大的帮助,但却未能在现实中如人所愿。最后一点,就是孩子们已经从父母那里继承了雄心壮志。如果说这是一笔丰硕的遗产,想要实现它也不会那么轻而易举,因为达成雄心壮志的外部手段似乎完全无迹可寻。

至少,我们可以这样评价这几个孩子:他们身上有独立且能够承担责任的品质,如果借用早期新英格兰地区赞美人的说法,他们都是“勇于走出去的改良者”。他们的故事最终在地理上所覆盖的范围十分广阔,这又增添了一层带有象征性意味的辛酸之感。善良且富有洞察力的汤姆很早便去世了,济慈在他重病的最后阶段照顾了他,但汤姆绝非恪守成规之人。乔治二十一岁时便移民至肯塔基州,他遭遇并克服了自己从未料想过的困境。范妮嫁给了一个西班牙人,并搬到西班牙居住。约翰,也许是弥尔顿逝世后英格兰所见识到的最伟大的诗歌天才,他最终在罗马逝世,时年二十五岁。

第二章　艾比的监护(1810 年–1815 年)

一

接下来的一段时间,济慈家的孩子们至少还能彼此扶持。有一个事实,着实令人感到新奇甚至惊讶,那就是世间诗人留下的最美好的书信,里面有相当一部分(包括那些在 T. S. 艾略特看来,其间每一句关于诗歌的话语都最终被证明是真知灼见的信)不是由一个文人写给另外一个文人的,而是类似年轻的济慈写给他更为年幼的弟弟乔治和汤姆的信。就我们掌握的信息来看,乔治和汤姆对诗歌都没有明显的兴趣。他们对诗歌的关心更多源于私人情感,这其中包含了如此强烈的忠诚意味,以至于很难想象他们不试着去了解那种极度吸引他们兄长的趣味。济慈可以这般自由自在地向他们敞开心扉,也生动地说明他们之间单纯的亲密和信任。 23

但是他们那坚强的、来自英格兰北部的外祖母,现在已近七十四岁,她自然感到忧心。丈夫、儿子、女儿和女婿的去世,可能让她对四个孩子的未来深感恐惧。她一向很实际,于是立刻开始寻找办法,尽己所能地为他们提供保障。情感的慰藉和家庭的温暖恐怕是不能奢望的,但至少孩子们还能有些钱。假如能找到一个受托人,最好是两个,就能够帮他们保护好这笔钱,并为他们提供一些有益的建议。她所认识的熟人中能担起这个职责的很少,特别到了她这把年纪,认识的合适人选就更少了。她想到了兰开夏郡的小伙子理查德·艾比,他早年从詹宁斯夫人故里的村庄来到伦敦。艾比现在大约五十岁(他于一八三七年去世,也就是二十七年之后,当时济慈已去世十六年)。由于詹宁斯夫人的寿命比自己的孩子还长,她自然会觉得英格兰北部的血统更强壮。此外,艾比在某种意义上来说过得不错——在快速扩张的伦敦城中,他至少在实际生
24 活方面算是发迹了。[①] 他的办公室(艾比-考克斯公司,茶叶经销商)位于珀特利街潘克拉斯巷4号。似乎冬季的大部分时光他都在这里度过,其他季节则待在埃德蒙顿东南边四英里外的沃尔瑟姆斯托。詹宁斯夫人最终决定选艾比作为财产受托人。

詹宁斯夫人想要谨慎地选出第二位受托人,但她却几乎孤立无援。且不去细论她最终接受了谁的建议,总之,她选择了约翰·诺兰德·桑德尔作为第二位受托人,在她的遗嘱中,桑德尔被描绘为布罗德街(即宽街)楼宇里的一名商人。詹宁斯夫妇执掌"天鹅与铁环"马房的时候,桑德尔在附近拥有一间办公室。但除此之外,我们对他知之甚少。整个托管事宜中,他所起到的作用即便有,也很小。他似乎不是个难相处的人,去世的时候(1816年4月)年仅四十六岁,就在此前几个月,当时

① 詹宁斯夫人亲眼目睹了一些几乎一定会打动她的事。一个兰开夏郡小村庄的女孩来到伦敦,结了婚,之后住在埃德蒙顿。女孩被丈夫谋杀。詹宁斯夫人是她的邻居,对女孩一直不错,人们把她找去,她发现女孩留下了两个孩子——两岁的女儿和三个月大的儿子。詹宁斯夫人不知所措,只好立即联系同乡理查德·艾比帮忙。艾比收留了孩子们,詹宁斯夫人则提出贴补一些开销。后来一位年迈的祖母从科尔内过来要接走孩子。艾比夫人似乎很喜欢那个小姑娘,于是祖母主动把小女孩留在了艾比家,只带走了男孩。詹宁斯夫人自然被这家人对小女孩的爱所打动,所以毫无疑问,她觉得艾比不仅有其他优点,还可能愿意为孩子们提供一个家一般的环境。多年后,约翰·泰勒从艾比那里听到了这个故事的梗概,他在笔记中写道,女孩"正走向越来越暗淡的前景"。鉴于艾比后来是如何对待济慈家的孩子们的,这个女孩走向暗淡的前途也并不太出人意料。

十二岁半的范妮·济慈得到了艾比的允许，去看望桑德尔夫人。桑德尔给她的一张便条仍保存在汉普斯特德的济慈纪念馆，上面写着：

> 兹证明，弗朗西斯·玛丽·济慈在拜访桑德尔夫人期间，是个非常好的女孩。
>
> J. S. 一八一六年一月十四日

二

到一八一〇年七月，济慈母亲去世四个月之后，詹宁斯夫人已经将从丈夫那里继承来的大部分财产移交给了财产受托人，她在遗嘱中任命艾比和桑德尔为孩子们的监护人。[1] 尽管一般的假设是监护权只有在 25
外祖母去世之后才能生效，但詹宁斯夫人显然对艾比可能提出的任何建议都相当重视。现有状况短短维持了一段时间，三个男孩留在学校，范妮则与外祖母住在一起。但是，艾比对未来应该如何安排孩子们，显然有着自己的明确计划。

济慈在学校最后两年间那如饥似渴的阅读热情已经表现了出来。每学期结束时，约翰·克拉克都会奖励那些主动完成最多课业的男孩；

① 詹宁斯夫人至少还为米奇利·詹宁斯的孩子留了些东西，因为她的遗嘱（7 月 31 日）提到已对此作出了安排，但没有说明具体金额。关于这份财产的契据文书似乎没有留存下来。艾比和桑德尔也是这笔款项的受托人。我们可以推论出詹宁斯夫人也许觉得米奇利的孩子们远没有那么窘迫。1811 年他们将从一年半之前去世的父亲那里（参见第一章第八节）继承到一笔钱，数量可能不多。但是，显然米奇利遗孀的娘家有一些钱。不管怎么说，他们的儿子（也叫米奇利·约翰，出生于 1806 年）在受教育方面没有遇到什么困难。他后来进入剑桥大学学习（1829 年获得学士学位，1832 年获得硕士学位），此后接受神职，跟随德里传教会前往印度，最终在印度兵变中丧生。

“济慈表现出不眠不休的旺盛精力，”考登·克拉克说，“留在学校的最后两三个学期中，济慈每次都以相当明显的优势获得一等奖”。清晨第一节课是七点钟开始，济慈却远早于那之前就发奋用功了。他利用游戏时间和假期钻研拉丁语和法语翻译，几乎从不娱乐，除非克拉克或其他人把他赶出校舍去锻炼。他吃饭的时候也在看书。克拉克说：

> 就这样，他的**全部**时间都花在了阅读上。他博闻强识，读书量令人惊讶……即便现在我脑海中还能记得，他在晚饭时分（我们那时在教室里吃饭），坐在无背长板凳上，离桌子有点距离，手里拿着伯内特的《我们时代的历史》对开本，书搁在他自己与书桌之间，饭则放得比书还要远。这本书以及李·亨特的《检查者》周刊——周刊是我父亲订阅的，我曾经借给济慈——无疑奠定了他对公民自由和宗教自由的热爱。有一次他笑着跟我说，他的一个监护人听说我借给他什么书，立刻表示自己就算有五十个孩子，也决不会送任何一个到这样的学校念书。

在恩菲尔德学校的最后几个月，济慈几乎遍览学校图书馆的书籍，克拉克说，这些书主要包括

> 各种著名航海纪行和旅行见闻的节略版；马沃作品集及其《通史》；罗伯逊的苏格兰、美洲以及查理五世史；埃奇沃思小姐的所有作品，
> 26 以及其他为年轻人精心设计的书籍。不过，经常吸引他反复阅读的书是图克的《万神殿》、兰普里埃尔的《古典词典》——他似乎在**背诵**这本书，以及斯彭思的《鲍里麦提斯》。这就是他开始熟悉希腊神话的宝库……他的古典学造诣可能就到《埃涅阿斯纪》为止，事实上，这部史诗令他无比着迷，以至于他离开学校之前，**主动**翻译

了其中相当一部分文字。然而，我记得就在这样小的年纪——可能还不到十四岁——尽管受到这部作品的强烈吸引，他还是大胆向我提出了一个观点（他的表达加深了我的惊异之感），那就是这部作品的结构有些薄弱。①

济慈获得了一些不太贵重的奖品，其中至少包括两本书：一八〇九年，他得到了考夫曼的《会计专用商品词典》，我们此前已经提及；另外一本是一八一一年获得的邦尼卡瑟的《天文学导论》。② 一八一〇年他可能还赢得了另一本书，但标有当天日期的一枚银牌却可能是个赝品。③

---

① 《作家回忆录》，页123–124。

② 洛厄尔小姐（《约翰·济慈》，第一卷，页41）对济慈是否读过考夫曼的《会计专用商品词典》存疑。但是，这本书其实远不像它的标题那般令人生畏，它只不过是按照字母顺序对商品——木材、水果、谷物、香料和制成品——做出了可读的描述。考夫曼偏爱异国情调，他的描述与济慈诗歌中的某些意象和引用遥相呼应（例如，词典中关于"雪花石膏""海枣""黎巴嫩雪松"的条目；再如"珍珠"条目下关于采珠人的句子；或者，"丝绸"条目下所描述的数个世纪以来穿越亚洲一直走到叙利亚海岸边的商队）。人们基本都认可济慈曾经读过约翰·邦尼卡瑟那本更负盛名的《天文学导论》。这本引人入胜的书摘录了不少诗歌，尤其是《失乐园》，书的最后一章是"新的行星及其他发现"。正如艾弗·埃文斯爵士所指出的，书中讨论赫歇尔天文发现的部分与十四行诗《初读查普曼译荷马有感》中的著名诗句有些关联：

> 于是，我感觉自己好像观象家，
> 看见一颗新的行星游进了视野。

③ 奖牌现藏于哈佛大学济慈藏品，其照片可参见洛厄尔，《约翰·济慈》，第一卷，页42。奖牌上印有"威廉·托马斯牧师恩菲尔德学校"字样，底部标注了1810年，下边缘刻有"授予J. 济慈"字样。奖牌背面，有一圈小字围绕着拉丁文铭刻，上面写着"聆听过克拉克的教诲"。洛厄尔小姐认为托马斯牧师可能并不是这所学校的前任所有者，克拉克只是使用了一个旧版的冲模并在上面加上了"聆听过克拉克的教诲"字样。但托马斯牧师后来确实来到了这所学校，尽管我们不确定他到来的具体时间。洛厄尔小姐认为这枚奖章是真的，因为乔治·济慈的曾孙女（约翰·怀亭夫人）告诉路易斯·霍尔曼，说自己记得在祖母家看到过这枚奖章。（后来，它与其他物品一起被送到了乔治·济慈的外孙约翰·吉尔莫·斯毕德手中，他当时正准备编写一本《济慈书信集》；斯毕德此后在经济拮据的情况下出售了这些物品。）霍尔曼（见哈佛大学馆藏的手稿注释）敏锐地推测出这枚奖章可能是赝品，他指出这枚奖章的图案设计显然没有要刻上克拉克或者获奖者名字的样子。有可能在托马斯牧师接管学校之后，有人得到了这枚奖章，并在上面加刻了"1810年"字样以及克拉克和济慈的名字，然后，此人要么（转下页）

27 第一个奖项的获得日期是十分有用的提示。要是没有这条信息，我们可能会忍不住勾画出一个过分巧合、整饬可喜的脉络：那就是济慈专心苦读的时间（按照克拉克的说法，即他在学校的最后三个学期）几乎恰好是从他母亲一八一〇年三月去世后开始的。当然，母亲去世这一决定性的打击，发生在其他悲剧之后，但却很大程度上致使济慈此后长期专注于学习、阅读以及约翰·克拉克学校所代表的一切。对于一个十四五岁的少年来说，能以这样专心致志的状态沉浸于学习，就算两年也是相当长的一段时光了。在七年后（1817 年 5 月 10 日）的一封信中，济慈说了这样一番令人难忘的话："我坚信困难能够激励一个人的斗志——把我们的首要目标变成避难所和昂扬的激情。"但这番话的前提假设是，在"首要目标"或追求成为"避难所"之前，它们先已是"昂扬的激情"；从考夫曼《会计专用商品词典》这样的小奖品中已经可以看出，"首要目标"——假如这个说法能够用来描述学校活动的话——早在一年前左右就开始表露出来了。除此之外，人们把济慈于学校最后几年的奋力苦读归因于丧母之痛前，还应记住一个显而易见的事实——济慈并不是唯一承受此痛的孩子。乔治只比他小不到两岁，体格更加壮硕，两人有着相同的家世背景，遭受了同样的悲痛，面临着同样的挑战。

三

恩菲尔德学校这两年的经历中，特别引人关注的地方在于以前从未

（接上页）直接把奖章卖给了乔治安娜·济慈，因为她不可能十分了解恩菲尔德学校的情况；要么就是把它卖给了济慈或怀利家族的某个朋友，而这位朋友则出于好意将奖章当作礼物送给了乔治安娜和她的孩子们。

表现出书生气的济慈，即便到此时也并不具有传统意义上“书生气”的特质。我们现在所看到的济慈，表现出另外一类性格品质，这些特质早前我们已经提及：那就是活力、勇气和对身外事物有所迷恋的结合体。正是这种勇于献身投入、敏于想象性认同的能力，构成了霍姆斯和克拉克一直强调的济慈身上那种“崇高精神”的基础。几年后，这位刚健但绝不算早熟的年轻诗人开始迅速成熟起来，上述能力便衍化出多种形式。

整整一个世纪以来，人们对此时和接下来三四年中济慈阅读经历的每一个细节做出了精细审视，这是非常有道理的。考察任何一个作 28
家十四岁到十八岁之间的阅读经历，对理解他们后来的成长都是十分必要的，假如这位作家的寿命较短，此类做法就更是不可或缺。不过，如果济慈留在学校继续念书，且后来上了大学，那么这种考察的重要性就会降低。但是，当细节还显得如此匮乏的时候，留意他读过的书目，或是搜寻后来可能在其诗歌中回响的措辞，还不能为我们提供理解他的答案。这段时间的阅读所带来的更大收获是：一扇门被打开了——这种敞亮洞开的感受被如此强烈地感知到，以至于自此之后，敞开的门、敞开的窗便成为萦绕在济慈心头的隐喻。因为它带来了一个重要的发现（虽然济慈还要等几年后才真正意识到这一点），即我们并不完全是所处环境的产物——我们不需要被居住于其中的房间所囿，也不需要被周围人陈腐的反应所禁锢，通过我们称之为文学的大量过往书面记录，人能够找到前往更广阔空间的贯通之路。

这一发现日后将证明对塑造济慈产生了极其深远的影响。以一句司空见惯的论断为例，人们总说济慈是十九世纪伟大诗人中最具纯粹“文学性”的。这句话放在一个如此没有书生气，尤其是十五岁就辍学的诗人身上，总显得充满悖论。十九世纪和二十世纪从来不乏长期浸淫于文学、经纶满腹的诗人。但就济慈而言，他与文学的亲近并不是在不知不觉的情况下被动发生的。它是突然爆发的，是以如下方式出现的，即它部分——或很大程度上——是一种自我发现的结果。虽然济慈不久后便会被剥夺继续受教育的资源，但他却落入了一种天真无邪的心境，对任何一个只有其才华十分之一的诗人来说，这种心境能够在青年时期就出现绝对是令人震撼的。不过，至少他得到了这样一个收获，那就是在四五年的摸爬滚打之后，他变得更为自由、果敢，转向过往更伟大的文学所蕴含的纯真质朴。由此，这些文学得到了创造性的运用（也在他离开学校后的日子里，被当作“避难所和昂扬的激情”而得到缅怀）。

不过，更重要的是，济慈获得了一种具体的、实实在在将事物掌握在自己手中的经验，还领略到了一种健康有益的发现——无可替代的发现——即约翰逊曾说的，“行动”本身就带有“自我革新的种子”。有一种东西叫作无用的“忙碌”——约翰逊是第一个承认这点的人（“在乘船
29 的时候骑马”）；然而，假如套用他最喜欢的一个意象，那就是如果要朝北走，向南走的人一定比只肯坐在扶手椅里的人更有可能落脚在北方。因此，写完第一首长诗《恩底弥翁》之后，济慈可以理直气壮地说（1818年10月9日），假如他只顾着紧张，

> 每写一页都在颤抖，那么这首诗就永远不会被写出来……我独立写作，**不带任何评判**——今后我可能是独立写作，**带上了评判**……但在《恩底弥翁》中，我一头扎进海里，于是，比起待在绿色的海岸上，吹着傻乎乎的风管，喝茶之余听取人们送上的安逸建议，我一下就熟悉了如何探测海水的深度，更加熟悉了流沙和礁石。

四

到一八一一年夏天，艾比成为孩子们的财产受托人和监护人一年后，他决定让两个最年长的男孩学会如何养活自己。考虑到艾比的财产经营状况，这个决定是可以预料的。思及大多数人的情况，我们至少也能够理解这类决定。艾比没有去过恩菲尔德学校，但是他可以以自己为例——显然他也正是这么做的——炫耀遵从他所倡导的行为准则之后能取得的成就。与艾比小时候在科尔内住的小屋相比，他现在位于沃尔瑟姆斯托附近的房子十分壮观。他家有四个仆人，艾比夫人再不需要亲自做家务活，她为此感到十分自豪——这连詹宁斯夫人都没能做到。艾比还有一个马车夫和一辆马车。他们夫妇俩都喜欢炫耀一些社交礼仪上的粗浅意识。小范妮·济慈与他们住在一起后，被禁止养狗，也不许在吃饭的时候说话或大笑。艾比为自己能在账房里穿着上一代人流行的服饰而得意不已。正是这种自以为是让他显得动机不纯。他推行自己基本观念时那种不遗余力的干劲恰恰与他心底里对他人强烈的、天生的怀疑相匹配——如“凹”字和“凸”字那般匹配得严丝合缝。借用一句希腊格言：从不相信别人誓言的人，必定自己也发了假誓。

猜疑心重确实是艾比的主要特点。他憎恨中下层阶级令人压抑的习惯规约，在这些规约的压力之下，他自己靠过度劳作成功了，于是他自然会以更极端的方式将这些规约强加给别人，从而寻求平衡。他热络地和杂货店老板谈论济慈母亲的情况，闲话她撩起裙子穿过泥泞街道的样 30
子；他极其讨厌济慈母亲和她那位慷慨的“美食家”父亲，这位美食家父亲带着天真的热情喜爱一桌桌的好菜，而艾比对他们的憎恶则源于他本能地厌弃富足和率真；他还恶意散布谣言，说托马斯·济慈死的时候“很可能喝得醉醺醺的”——所有这些都暴露出艾比就像他坚持穿着的老式服装一样，虚张声势，这种人理所当然地认为只有外表才重要。毫无疑问，虚伪是他生活、成长历程中的一部分。与约翰·泰勒交谈时，他会充满淫邪意味——而且十分自以为是地——构陷济慈夫人生活放荡。但是面对乔治·济慈——他唯一觉得还算过得去的孩子，他卖好巴结并称赞其母亲的美德。很久以后，乔治写下了这样的话：“艾比先生曾经说过，除了我母亲之外，他从未见过像我外祖母那般有才华和见识的女人。”

大约在一八一一年仲夏学期结束的时候，艾比让济慈家两个年纪较大的男孩从克拉克的学校退学了。[1] 再过两个月，约翰就十六岁了。乔治此时十四岁半。汤姆只有十二岁，获准在恩菲尔德学校再待一段时间。艾比把乔治安排在他的账房里工作，他不太想让约翰待在自己的产业里。关于约翰，无论最终的决定是由艾比一个人做的，还是部分受到了詹宁斯夫人的鼓励——詹宁斯夫人可能被约翰如饥似渴读书的模样打动了，同时也许觉得他应该留在家附近，约翰最终被附近一位外科医生兼药剂师托马斯·哈蒙德收下做学徒。显然，学徒的惯例费用已经支付给哈蒙德[2]，学徒期预计也是通行的五年。

由于我们对济慈本人的感受缺少第一手资料，人们常见的推断是他欣然接受了这一变化。不论他显得如何平静、毫无抱怨，我们很难相信在克拉克学校经历了两年的学习后，他能不带一丝绝望和犹豫地离开恩
31 菲尔德。考登·克拉克的一句话经常被人引用：“［跟随哈蒙德做学徒］这一安排显然令他很满意，恐怕这是他痛苦人生中最平静的一段时光；眼下，除了在手术中必须承担的工作以外——一些绝不算繁重的工

---

① 这一日期可能更早，参见附录二。

② 乔治·济慈在写给迪尔克的一封信中（见下文页709，注释2）表示，哈蒙德得到了“两百基尼和其他费用”作为学费。本书1963年第一版中，我错误地认为这一说法有些夸张。基廷斯先生现已证明乔治说的基本上没有太大出入。（参见《济慈遗产》，页45–47）

作——他闲暇的时间都沉迷于阅读和翻译。”然而，首先，克拉克的话没有提及济慈在哈蒙德学徒期开始时的心理状态。他是在这一整体形势不得不被接受的情况下做出的考量，而且其对比的不是济慈的学生时代，而是济慈后来的悲惨历程。假如克拉克的话被当作解读济慈此时反应的依据，那么，更合适的材料应该是他对济慈经常前往恩菲尔德学校借书和谈天的描述。此外，济慈本人十分讨厌抱怨，所以他几乎不可能向克拉克或任何其他人诉苦哀号。一个十五岁的男孩会特别喜欢跟二十三岁的男青年显本事。人们可以想象一年前济慈向克拉克提及（克拉克说，“他微笑着”）艾比不喜欢他读的书时，他所带着的自信成熟和分享心得的老练。济慈不喜欢与他后来的朋友们谈起学徒期的生活，这点是在预料之中的。因此，我们手头唯一的一份较为生动的参考资料就显得十分重要了。在写给乔治的信中（1819 年 9 月 21 日），济慈提到了自己身体组织的不断变化，他写道：“七年前，不是现下的这只手紧紧抓住了哈蒙德。”①七年前这个时间点，指的正是他学徒期的第一年。

不管怎么说，做外科医生这个选择是可以理解的。至少它保障了一定的地位和收入。从社会地位的角度来看，它介于中低级行业和“内科”那种涉及大学学习的职业之间。与“内科医师”相比，“外科医生”在那个时候离理发师只有一步之遥。当时外科医生主要做的是现在全科医生和牙医工作中比较简单的事情——骨头复位，拔牙，充当药剂师和全科医疗顾问。考虑到济慈受教育的程度和家庭较为拮据的经济状况，
这似乎是一个可取的解决方案——只是他不能在学校待更长时间了。 32
食宿供给是一笔不小的开销。最终，他住在了离外祖母房子不远的地方。哈蒙德自己的居所在教堂街 7 号，也就是向南走，这栋房子到一九

① 济慈当然指的是哈蒙德两个儿子中的一个（亨利或爱德华），或者是他的侄子，而不是哈蒙德本人。参见《济慈-雪莱纪念公报》，第十二期（1961），页 25。

三一年还矗立在原地。房子后面有一个花园和果园。花园旁就是诊所，诊所上面还有一间带着外楼梯的房间,济慈就住在那里。

五

接下来的三四年里,有关济慈生活的细节就更少了,解释也很简单。跟随哈蒙德做学徒之前,济慈至少待在学校里。一些与学校相关的信息，以及记得他的人所说的话,可以拼凑出其生活的大致样貌。但是现在除了考登·克拉克之外,能经常见到济慈的人很少,所以很难留下关于他的信息。范妮·济慈尚且年幼,詹宁斯夫人一八一四年就已去世,汤姆死于一八一八年,哈蒙德一八一七年也撒手人寰。乔治在恩菲尔德学校时每天都能见到约翰,但是他现在则一直待在城中心艾比的账房里。

因此,关于这一关键时期,我们只有考登·克拉克在半个世纪之后写下的一些简短段落。从这些段落中,人们可以发现济慈试图延续他以前的生活。令人感动的是,虽然他不知道还能做些什么,但也已开始在业余时间继续翻译求学时就动笔翻译的《埃涅阿斯纪》。显然,没几个月他就译好了。此外,济慈现在如此孤独,总忍不住想回学校去看看。克拉克说,他会从埃德蒙顿的小诊所走过去:

在我闲暇的下午,他一个月过来五六次。他很少空手来,要么手里有本书要读,要么就带一本过来交换。天气好的时候,我们总是坐在宽敞花园尽头的凉亭里……

时间过去这么久,我很难记起是哪一丝火星点燃了他向往诗歌的导火索;但是他肯定已经明确表露出对精神生活的热爱;否则,在他创作生涯的早期,我是不可能给他读斯宾塞的《祝婚

> 曲》(“Epithalamion”)的;这件事我记得很清楚,在那圣洁而古老的凉亭里,还有许多平静优雅交流的场景——具体内容我记不清了。

他们读完斯宾塞的《祝婚曲》后,克拉克在济慈当晚离开之前,将《仙后》的第一卷借给了他。济慈对之作出的反应已成为传奇。克拉克说,他读 33
完了这首诗:

> 正如我以前对他那位可敬的传记作者[蒙克顿·米尔恩斯,霍顿勋爵]所说,“他就像一匹年轻的骏马,穿过春天的草地——扬蹄跃立!”也像一位真正的诗人——“天生的,而非后天锻造的”诗人,彻头彻尾的诗人,他特别挑出了诗中的表述词,因为斯宾塞在其中出色地表现出愉悦和力量感。他一下子**挺起身**,看起来健壮而魁梧,就像他自己说的,“多么美好的画面啊!——‘**肩负大海的鲸!**’”①

克拉克对这一经历的记述和济慈后来告诉朋友查尔斯·布朗的情况相吻合。② 克拉克立即注意到这种感染力本质的同时,也展现出了自己的洞察力:他发现了济慈对强烈而欢悦的表述词和意象所产生的即时反应。济慈以前在学校时,克拉克显然没有注意到这一点(按照克拉克的说法,他那时差不多十六岁了——也就是跟随哈蒙德做学徒的第一年);否则他肯定会提及这个特点。

---

① 《作家回忆录》,页125-126。

② “《仙后》唤醒了他的天才。在斯宾塞的仙境里,他感到心醉沉迷,呼吸到了一个崭新的世界,变成了另一个人;他迷恋上斯宾塞的诗节,试着模仿它,并取得了成功。关于他诗歌才能突然成长的说法,我先是从他弟弟那里听到,后来也从他自己口中听到了。”参见查尔斯·阿米蒂奇·布朗,《约翰·济慈生平》(*Life of John Keats*),多萝西·博德沙、威拉德·B.波普编(1937),页42。

克拉克所记得的两个片段①,其特别意义在于它们不仅仅是语言或意象显露出欢悦的极佳范例。无须说,世间有许多种方式可以获得语言的欢悦。但其重要之处在于,这两个片段都表现出一种共情力——一种黏附的、深具想象力的认同——这种共情力越来越清晰地成为济慈诗歌的特点,也在后来加深了他对莎士比亚的洞悉。克拉克记忆中济慈读完《仙后》后做出的反应——这个年轻的学徒走入鲸鱼的形象之中,感受着肩头分开的巨浪,“挺起身”时看起来极其“魁梧”——这让我们想起
34 另外一个描述,济慈曾讲到过一头熊,并本能地模仿它,慢慢地挪动着,爪子随着他向后转,在身两侧悬摆着。人们还会想起济慈几年后,跟他的朋友理查德·伍德豪斯所说的一句很调皮的话,他说自己可以在弹子球滚动的时候进入其中,感受到“一种从自身的圆润、平滑、流畅的旋转和运动的速度中获得的愉悦感”。

我们很容易理解济慈对克拉克抱有的感激之情。三四年后,济慈给考登·克拉克寄去了致谢信,这些早期的信使用诗歌的形式写成,措辞羞涩,还附有长长的致歉,他为自己写下这些东西而感到羞赧。没有哪位老师能收到比这更崇高的致敬了。其中最关键的一句话,当然是:

　　啊!假若我从未见过,
或感受过您的善意,我会如何总难说?

---

①　第二个片段(《作家回忆录》,页126)是这样说的:“有一次,他大声朗读《辛白林》,读到波塞摩斯将要离开的时候,我看见他眼里噙满泪水,声音也颤抖了起来,伊摩琴说她会目送波塞摩斯——

　　直至空间渐小
将他的身影削得尖如细针;
我眼光跟着他,直至他
从微末若蠛蠓,消失于空蒙;至此
我才回眸啜泣。”

但在这句之前,还有些著名的句子已经出现。它们充满青春活力,可能主要是因其产生的语境而令人难忘。但其令人难以忘怀却不能说"仅仅是因为语境":"仅仅"用在这里不合适,因为这些句子的语境是他那无与伦比的诗歌发展轨迹。假如济慈在写这封诗信时感到羞怯——这丝毫不像他——那么原因也在于其所写的东西与克拉克介绍给他的作品相比,依然望尘莫及。他试着表达自己的敬意,因为"是你第一个教会我诗歌的甜美":

> 谁为我朗读十四行诗,它汩汩上涌
> 至最高潮,随后骄傲地枯窘?
> 谁带我发现颂歌的宏伟,
> 如阿特拉斯,因肩负重担而愈发雄魁?
> 谁带我品尝那令人心潮澎湃的琼浆,
> 锋利剑尖般的隽语箴言?
> 谁指给我看,史诗是睥睨万有之国王,
> 像土星的光环,浑圆巨大,横亘苍茫?

在这封诗信的结尾处,我们几乎看到了他未来最后一封信的收尾(致查尔斯·布朗,1820 年 11 月 30 日):"即便是在一封信中,我也很难向你道别。我鞠躬的时候总是笨手笨脚。"现在,他说起与克拉克的那些次会面,自己是多么不情愿离开。他说两人的谈话一直持续到天黑,到晚饭过后,"我不情愿地拿起帽子"。有时克拉克送他一程,走到离哈蒙德诊所还有一半距离处,济慈就会在他们分 35
手后留在原地,直到克拉克踩在碎石路上的脚步声渐渐消失。"在那些静止的时刻,我内心祝愿你快乐,"他说道,并心中默念,"任何事物都不会伤害他。"

六

济慈离开恩菲尔德学校三年后,也就是他跟考登·克拉克第一次阅读斯宾塞的一两年后,这位埃德蒙顿的学徒写下了第一首诗《仿斯宾塞》。他那时是十八岁、快十九岁的年纪。在十九世纪,关于这首诗的创作时间有不同的说法,基本结论在一八一二至一八一四年之间徘徊。我们现在可以接受的习用观点是济慈于一八一四年写下了这首诗。他流传下来的诗中(我们可能已经得到了他当时写下的绝大部分作品),还有四五首也是于同年年底前完成的。[①]

这些腼腆的起步以及接下来一两年内济慈所写的诗,打从它们被发现起,就引发了作家们的兴趣。我们缺少济慈在二十岁之前的生活细节,但是相比之下,却极其幸运地得到了他最早创作的诗歌,还保留下了后续很大一部分未成熟的诗歌。比济慈更长寿的诗人有机会把早期作品扫到地毯下面藏起来:没有人喜欢看见自己的试笔之作被到处宣扬。恰恰因此,济慈的第一部作品完全不加遮掩地被暴露出来是非常有价值的,它为后世作家带来如此强烈的慰藉,以至于人们不禁想起约翰逊对埃德蒙·马龙所说的关于传记用途的著名评论里的最后一句话:

假如所有的人物除了光明的一面之外,其他都不该被展示出

① 当克拉克1816年准备将济慈介绍给李·亨特时,济慈从自己的诗中抄了几首出来,为见亨特做准备。在翻阅“前一段时间写的一两页诗”时,他发现有太多“不尽如人意,最糟糕的那些简直该扔到火里烧掉”。(海德·E.罗林斯编,《济慈书信集》,两卷本〔1958〕,第一卷,页113)但这并不意味着那些诗真的被烧掉了。除此以外,他在这里所想的是一年前写的诗,而不是最早创作的诗(他绝不会想到把那些诗拿给亨特看)。另外,他此处所说的只是“一两页”而已。

> 来,那么我们只能沮丧地坐下,叹息自己根本不可能在**任何事情**上模仿他们。值得尊敬的作家们(他观察到)讲述人们善良和邪恶的行为;而这样的讲述具有一种道德效应,使人类免于陷入**绝望**。[①]

第二个引发人们兴趣的现象是,从一八一四年到一八一五年济慈创作的起步阶段,到一八一八年至一八一九年间的伟大诗歌,他的成长只经历了短短四年的发展期。最后一个引起人们兴趣的问题是,济慈的早期诗 36
歌远没有表现出卓越的天资(不仅仅是最早的那些——这是理所当然的——而且还包括随后相当一段时期内创作的诗歌),而他开始写诗也相当之晚:济慈的晚熟可以说是令人惊异、与众不同的。

我们通常所认定的济慈早期诗歌——也就是从一八一五年和一八一六年之交的冬天开始,一直持续了两年,直到《恩底弥翁》出现之前所创作的诗歌——具有一种显著的特征,就像恩菲尔德学校的同学在他身上看到的那种活力,那种纵情不羁、随时准备投身奉献的精神。因此,他第一次开始创作时所使用的平静、克制的语气,可能会令人感到意外。构成第一首诗的四个斯宾塞诗节可能花了他相当长一段时间才完成,诗中嵌饰着来自斯宾塞、弥尔顿和这两位诗人十八世纪的模仿者所使用的措辞;诗节的结构与十八世纪斯宾塞仿诗十分相似,但却不是斯宾塞本人使用的结构。[②] 由于济慈在这些诗行中下了大功夫,他后来仍觉得它们足够好,可以收入三年后的诗集里。

---

① 鲍斯威尔,《约翰逊传》(*Life of Johnson*),希尔-鲍威尔(Hill-Powell)编(1934-1940),第四卷,页53。

② 对济慈最早期创作的诗歌最充分的讨论参见克劳德·李·芬尼的《济慈诗歌的演进》(*The Evolution of Keats's Poetry*, 1936),第一卷,页29-114,及其他各章节。关于诗体韵律,另见我的《济慈风格发展》(*Stylistic Development of Keats*,1945),页8-10,页19-20,页189-197。

第一首诗之后，至少还有五首于一八一四年底前创作的诗留存了下来，与《仿斯宾塞》一样，这些诗基本上是按照十八世纪晚期的常规风格所写的习作。其中一首十四行诗《咏和平》使用了十八世纪九十年代常见的不规则的莎士比亚体押韵格式，大致歌颂了拿破仑被流放到厄尔巴岛之后人们对和平的期望。到八月份时，济慈开始尝试用一系列八音节的对句来改变自己的风格，《给我满上一碗酒》一诗诙谐打趣地暗含了某种对女性的老练品味（“我迷醉的眼睛所见过 / 最美的模样”）。[①] 其中的一个对句吸引了人们的注意，因为它第一次表达出某种在济慈后来成熟诗歌中反复出现的思想：

我想要深吞一口
像痛饮列斯忘川的波涛。*

37 到了十二月，他写下一首十四行诗《致拜伦》，此诗值得稍作讨论。[②] 因为济慈早前创作的其他诗歌中所使用的惯常手法有助于支撑起这些诗，但是这类手法到了此处却变成不可逾越的障碍；然而，有些方面也得

---

① 然而，这些诗行的创作灵感来自济慈在现实中亲眼见到的一位女士，事实上，这个女人的形象一直萦绕在他的脑海，达数年之久。伍德豪斯在《抄本》（*Book of Transcripts*）一书中（页 222）写道：“在页 28 上会发现一首十四行诗[《时间之海》，写于 1818 年 2 月 4 日]，里面提到了同一位女士——我询问他之后，他向我讲述了在沃克斯豪尔（Vauxhall）偶见这位女士的情形——1819 年 2 月。另见页 64。”《抄本》页 64 上，有一首十四行诗《“每当我害怕”》，其中有几句写到“只有一小时之缘的丽人”。

* Lethe 是希腊神话中冥府的一条河，饮其水便忘却过往。此处按照穆旦先生在《夜莺颂》中的译法，译作“列斯”。

② 拜伦！你的歌声多么甜蜜
　　而悒郁，教人心里生出温情，
　　仿佛是“悲悯”曾弹低诉的琴，
你听到了，便把那音阶铭记，
使它得以流传。幽暗的悲伤

（转下页）

到了纠正。在此前二十多年中,挽歌或“哀怨”的十四行诗被不知名的诗人——尤其是女诗人——不加区别地运用于赞美、致哀、沉思甚至仅仅是描述。我们可以理解,孤军奋战的济慈——不论他阅读斯宾塞或其他更早的诗人时产生了怎样不同的看法——他理所当然地以为这就是时下诗歌的恰当风格:至少对指望出版的诗歌而言是如此。他自己觉得这首诗很动人。一些陈腐的说法在他看来还很新鲜;他用了不少(“哀怨的诗琴”“琥珀的光辉”“垂死的天鹅”),还使用了时下流行的温和的矛盾对立说法(“甜蜜的悲伤”“令人愉快的痛苦”)。* 他怯生生地在其间插入一例假充大胆的措辞(一个自创的副词“beamily”),他未来需要像穿过重重障碍一般,克服、超越这种写法,才能真正迈开大步:

在你的哀伤上,你给覆盖了
一轮光晕,使它灿然放光。

当人们读到这首十四行诗有些荒谬的结尾部分时(“垂死的天鹅,啁啾

(接上页)　　并没有使你的魅力减少;
　　在你的悲哀上,你给覆盖了
一轮光晕,使它灿然放光,
仿佛是遮住满月的云雾,
　　它的边缘镶着耀眼的黄金,
琥珀的光辉从黑袍下透出,
　　又似乌云石上美丽的脉纹;
垂死的天鹅呵,请娓娓地唱,
　　唱你的故事,你悦人的悲伤。

有说法认为这首十四行诗是为纪念济慈外祖母的去世而作(她是在济慈写下这首诗的同月去世的),因为里面有一行半诗句是这样开头的:“幽暗的悲伤”。但济慈此处显然不是在谈论自己,而是指拜伦的“悲哀”。

* 上一条注释中作者引用《致拜伦》诗全文,译文选用穆旦先生译本。此处正文中的短语引用,为上下文意思贯通,使用直译。

低唱!”)——略带笨拙地表达孩子气的同情和赞美,用自己在阅读中学到的方式来唱颂赞歌——不由讽刺地联想到大约五年后“玛利亚·克
38 劳瑟号”海船上的情景,那时济慈正在前往意大利的路上,他已经奄奄一息。按照塞文的说法,济慈一直在读拜伦的《唐璜》,突然间

> 他放下书,大声说道:“这让我对人性产生了最可怕的想法,像拜伦这样的人竟然会如此彻底地穷尽世间所有的快乐,以至于他除了嘲弄和幸灾乐祸地看着最庄严、最令人痛心的人间苦难之外,竟无其他事情可做……拜伦诗歌的旨趣建立在一个微末不足道的创意之上,那就是‘庄’‘艳’互替。”①

然而,如果我们把这些缺陷视作早期创作中理所当然的现象——例如对传统手法的滥用、陈旧的用词及其他——那么,这首十四行诗作为早期作品是相当简洁和紧凑的。其中的某些质地甚至会令人想起两三年后的济慈。“乌云石上美丽的脉纹”这样的诗句是恰当凝缩后的结果。更重要的是,这首诗停留在主题之上,不断回到细节,并持续强化其构思(正如《希腊古瓮颂》和《秋颂》后来以如此令人印象深刻的方式所呈现出的那样):它抓住一个思绪,在平静的停顿中沉思,并回到起点处结束,最后一行中“悦人的悲伤”回归至起始句中“甜蜜而悒郁……的歌声”。这首诗与济慈在亨特影响下创作的许多诗歌不同,它更像济慈后来的诗,以特有的方式表现出完备自足的品性。

① 《济慈社交圈》,第二卷,页134。

七

一八一四年十二月中旬，詹宁斯夫人去世了，享年七十八岁。我们可以理解，在这些年中，随着时间的推移，冬季与早春在济慈眼中变成了非常难捱的时光。他的家庭成员似乎总是在十二月至来年三月之间死去；直到济慈生命结束前，夏天对他来说比对大多数人都更加带有希望的色彩。外祖母去世几天后，济慈写下了一首十四行诗。

在极其私人的问题上，或者至少在涉及失落感和伤痛感时，他似乎总是寡言少语。多年之后，才有人知晓这首十四行诗的来历。一八一九年二月（亦即他最伟大诗作出现的一年），他的朋友理查德·伍德豪斯问起这首诗是否“因某个人的去世而作……他回答说，是因外祖母过世而写，就写于老人家去世五天后；但他从未向任何人提及此事，甚至没有告诉他的弟弟；他说自己温柔地依恋着外祖母”。挽歌的基调是适合这 39
首诗的场景的，所以它摆脱了《致拜伦》中强烈的不协调感，这种不协调感从一开始便破坏了《致拜伦》的诗句。但除此以外，这首诗的意蕴就不多了[①]，因为他没有主题，只有一个触发写诗的场景而已。把这首诗

---

①　昏暗中一只银色的鸽子
　　高高飞起，冲进东方之光，
　　飞羽上仅剩纯粹的欢畅，
你的灵魂疾驰入上空的王国，
和平与永恒之爱的城郭；
　　快乐的天使，戴着明亮的光环
　　星光熠熠，脩饰得富丽璀璨，
品尝极致的快乐，只有享天国之福的人才知。
在那里，你与永生的天使

（转下页）

献给自己的失落感实在不像是他会做的事;就算我们可以期待他从自己的阅读中联想到以更具体的方式去描绘、缅怀外祖母,但他也没有经验或是超然的态度去那么做,因为他心中对庄重得体自有考量。可供选择的方案不多:描绘外祖母置身人们惯常想象的天堂之中,或是更笼统地描写死后永生的情景。济慈显然都做了尝试。这首十四行诗本身试图完成前者:人们看到外祖母与"快乐的天使,戴着明亮的光环",唱着"不朽的圣诗",或是(济慈为了传递能量,引入了一个弥尔顿式的说法)在传达"神圣的信息"时"劈开了天空"。描绘性的润色笔触之中加入了斯宾塞式的古语:天使们"脩饰得富丽璀璨"。也许他对这首十四行诗不大满意,所以在大致同一时间,用十八世纪挽歌的诗节写下了效果更好的诗句:

若生只是场梦,死能算休憩吗,
　　幸福的场景如幽灵般走过?
转瞬即逝的快活仿若幻影虚霞,
　　我们却把死亡视作最深的痛错。

多么奇怪,尘世间的人漂泊游浪,
　　过着苦难的生活,却不肯放弃
高低崎岖的路;也不敢独自观望

(接上页)　　共唱不朽的圣诗,慈爱的天堂
充盈着无上幸福,或应和
　　全能的天父,劈开了天空
传达神圣的信息——哪还有更高的快乐?
　　我们的欢乐哪还会透出悲伤?

未来的劫数，不过是区区梦醒。[①]

八

詹宁斯夫人于十二月去世，之后济慈家的孩子们在埃德蒙顿住了将近九年的房子终于关掉了。汤姆此时十五岁，他可能在冬季学期结束时——或者最迟到一八一五年夏天——离开了恩菲尔德学校，与乔治一起住到了潘克拉斯巷艾比的账房里。约翰则待在哈蒙德的诊所，离外祖母的房子不远，他身边连家庭的假象也不复存在了。他三年前离开学校，因此恩菲尔德学校作为家庭替代物的作用也渐渐消失。 40

也许出于孤独，他在几周后开始将更多的精力扑在写作上。哈蒙德学徒生涯的最后九个月中，有四到十二首诗留存了下来[②]，其中三首标

① 这些诗行最初由 H. 巴克斯顿·福尔曼于 1833 年印出来，是在通常称为济慈-怀利剪贴簿（Keats-Wylie Scrapbook）的材料中找到的，这份材料由乔治·济慈和他的妻子保存下来。加罗德（《济慈诗集》〔*The Poetical Works of John Keats*〕，H. W. 加罗德编〔1939〕，页 xlv）对它们是否由济慈所写存疑，因为“这些诗句没有署名，册子中也没有任何信息表明或显示出济慈写下了这些无力的诗节”。当然，这些诗节的软弱无力并不能说明什么。但是，与济慈同时期的其他诗歌相比，它们以不大相同的方式显露出软弱无力，这才有所意味。然而，除了内在证据之外，我们没有其他的材料来辅助推论；不过，此时的济慈还是个远未成熟的诗人，事实上他正在尝试用多种十八世纪的传统风格来创作，鉴于此，我们没有可靠的内在证据以供使用。济慈诗集的编者通常会跟随福尔曼的做法，将这首诗当作济慈的作品，尽管他们对此很没有把握。我自己在这些平淡、不起眼的诗行中，并未发现与济慈在祖母去世后写的十四行诗（“昏暗中一只银色的鸽子”）有任何冲突的地方：事实上，两者的情绪颇为相似。

② 正文提到的《致希望》《阿波罗颂》和《写于李·亨特先生出监之日》三首诗都标记了创作日期。另外一些攻击查理二世复辟纪念日的带有自由精神的诗行也标注了创作时间（5 月 29 日）。伍德豪斯记录说十四行诗《致查特顿》创作于 1815 年。它的情绪与十四行诗《致拜伦》非常相像，所以我们有理由把它的创作时间确定在 1815 年 1 月或早春时节。《致某几位女士》和《写于收到一枚奇特的贝壳》这两段诗可能创作于 1815 年夏天，前一段写给马修家的小姐们，第二段写给她们的表弟 G. F. 马修，马修一家于这个夏天住在黑斯廷斯（Hastings）海滨。另外还有一首歌《哦，来吧，亲爱的艾玛》用了抑抑扬格，但是以对句而非（转下页）

注的创作日期是二月份。第四首诗大约是在同一时期写的：那就是十四行诗《致查特顿》，少年诗人查特顿在一七七〇年十七岁时自杀身亡，济慈也将《恩底弥翁》题献给他以作纪念。不消说，在济慈去世后的半个世纪中，感伤主义者总是忍不住将他早期对查特顿的喜爱解释为一种有预见性的认同。

41 在这些风格各异的诗中，明确标注创作于二月的诗歌最值得探讨：一首由八个诗节组成的诗，相当令人动容地致献"给希望"（《致希望》）；一首《阿波罗颂》；还有一首十四行诗，标题为《写于李·亨特先生出监之日》。它们理所当然地再次运用了典型的十八世纪风格。《致希望》那空洞乏味的诗句中，最令人感兴趣的地方在于济慈竟会在人生如此艰难的时刻，写下这么长一首（四十八行）关于某个抽象意象的诗。此外，他的一些实际状况渗透进了传统的意象中：例如，最初的几行诗（"当我坐在孤独的壁炉边"），还有他认为必须鼓足勇气去面对的事物（"夜幕降临时"的沮丧，"生命光秃秃的灌木枯槁无花"的感觉，以及为"我最珍视的人之命运"感伤）。同样在二月，为了捕捉德莱顿颂歌中铿锵有力的感觉，他写下了《阿波罗颂》（"在你西方的金色大厅中"）。在这首诗里，他第一次尝试踩高跷般的夸张，运用了华丽雄辩的风格，而非十八世纪的感伤之风。

考虑到他惯于对自己最关心的事三缄其口，很自然，他也没有告诉任何朋友——包括克拉克——他在尝试写诗。外祖母去世两个多月后，他才对朋友承认此事，他拿给克拉克看的是十四行诗（1815 年 2 月

（接上页）四行诗的形式出现的，这首歌可能创作于同年春天或夏天。从马修后来对《关于女人的三首十四行诗》的赞美来看（见后文第七章），我们可以推断出它们创作于马修与济慈交往最频繁的时期（1815 年 3 月至 12 月）。第十二首诗《留下来，红宝石胸脯的刺嘴莺》有可能是乔治·济慈写的（参见芬尼在《济慈诗歌的演进》第一卷页 69–70 的讨论）。假如这首诗是济慈创作的，那么它可能写于 1815 年秋天之前。

2日)《写于李·亨特先生出监之日》。亨特与他的哥哥约翰于一八〇八至一八一一年间,三次因在自己创办的周刊《检查者》中倡导自由改革而遭到起诉,不过三次起诉均以检方失败而告终。但最终,一八一二年,亨特兄弟因对摄政王的大胆攻击(“一个食言而肥的浪荡子”,一个活了“半个世纪却不值得国家对之感激,也不值得后世尊重”的人),被成功起诉并判诽谤罪;兄弟二人各罚五百镑,且被判处两年监禁。

即便现在,济慈拿给克拉克看的这首诗——他带着“犹豫”在分别时刻把诗交给了克拉克——仍必须是由一个特殊场合引发的,一个与克拉克自己的英雄有关的场合。克拉克说他当时正步行去伦敦,

> 看望李·亨特,这位仁兄因对摄政王不明智的诽谤,被监禁在豪斯
> 蒙格巷监狱,刚刚刑满释放。路上,济慈遇见了我;他调转方向,陪 42
> 我走了一段。在最后一扇栅栏门边,我们准备告别的时候,他递给我一首十四行诗,《写于李·亨特先生出监之日》。我觉得这是我收到的第一份他将投身于诗歌的证明;我至今都能清楚地记得他当时害羞的表情和支吾的样子![1]

九

乔治与汤姆住在艾比的账房,范妮住在他们楼上或附近——除非艾比在气候暖和的几个月里,同家人一起搬到了沃尔瑟姆斯托的乡间住宅。在这种情况下,济慈自然会被吸引到伦敦去。此外,他显然觉得,乔治和汤姆都被安排了工作,而自己作为最年长的孩子,更应该表现得

---

① 《作家回忆录》,页127。

有所起色,而不是延续在埃德蒙顿的现状。大约应济慈的恳求,哈蒙德同意将五年的学徒期缩短至四年。艾比似乎也同意了,尽管他在十二年之后又给出了不同的解释:他告诉约翰·泰勒,哈蒙德未能恪尽职守,所以他本人将济慈解救了出来。出于几方面的原因,艾比的说法在这一点上尤其站不住脚。[①]

第二年夏天,现年十九岁的济慈被安排进盖伊医院注册,作为外科
43 医生继续深造。哈蒙德似乎是一个和蔼、勤恳的人(他本人在两年后去世,时年五十三岁),他签署了济慈的申请材料。一八一五年十月一日,济慈还差一个月年满二十,他在盖伊医院注册了一个学期的学习(六个月)[②],并在那里一直待到一八一六年七月中旬,彼时他已通过考试,取得了外科医生和药剂师的执照。

---

① 艾比的故事如下(《济慈社交圈》,第一卷,页 307):“约翰在埃德蒙顿一位外科医生的手下做学徒,但医生却未能像艾比先生想象的那样对待自己的年轻学生。艾比一来想通过对抗的方式惩罚他——二来因为詹宁斯夫人在街坊邻里之间颇有名气且受人尊重,她的外孙也因此会在当地更受欢迎。出于以上种种考虑,艾比先生建议约翰开始在托特纳姆行医。他将自己的计划告诉了被监护人,但是大大出乎他的意料,约翰的回复是他不打算做医生。”接下来是第六章第六节中全文引用的一段话,在第六章中这段话才显得更有意义,济慈表示他将靠诗歌“谋生”,艾比对他嗤之以鼻。显然,前文里艾比所说的是济慈离开盖伊医院后的安排。因为济慈不可能在仅仅四年学徒期后,就以外科医生的身份安身立命。大约一年多之后,济慈才决定全身心地投入诗歌。除此之外,艾比还说到这次会面后“不久”,济慈给他带了“一本印刷的小册子”。当然,这就是 1817 年出版的《诗集》(*Poems*)。艾比将 1815 年夏天与 1816 年秋天或冬天混淆了。我们通常对艾比给哈蒙德的评价存疑,而此时这种怀疑显得更有依据了。艾比对哈蒙德的评价是一个典型的例子,既说明他对大部分人都看不顺眼,也反映出他希望自己和泰勒都相信,没人能愚弄他,他智珠在握,且热心于这些孤儿的福祉。

② 济慈支付了一点二镑的办公费,第二天又支付了二十五点四镑。艾比预支了这笔钱。就在同一天,马萨诸塞州波士顿来的约翰·怀特·韦伯斯特登记成为外科医生助手,登记时他的名字就写在济慈后面。这位韦伯斯特就是后来在哈佛大学医学院教书的韦伯斯特,他卷入了哈佛历史上最著名的一起谋杀案(1849 年韦伯斯特-帕克曼谋杀案〔Webster-Parkman murder〕)。济慈在盖伊医院期间,韦伯斯特一直留在那里,没有离开。

第三章　盖伊医院(1815 年–1816 年)

一

从宁静的埃德蒙顿乡村搬到伦敦任何一个繁华地段,都会感受到 44
巨大差异。而来到南沃克,或者说“博罗”,这种差别就更为悬殊。

盖伊医院和圣托马斯医院隔街相望,都在靠近伦敦桥南缘的地方。紧挨着它们的西边是“高街”,这是伦敦到英格兰南部的主干道。每周将近三百辆公共马车离开或抵达南沃克,这还不包括往返于伦敦城区途经此地的马车。大量运载农产品的四轮货车和两轮车也会经由高街往返。在两侧蜿蜒狭窄的街道以及邻近的小巷和庭院内,出租屋星罗棋布;博罗的某些区域是伦敦地下犯罪的主要活动场所。此处用来排污水和垃圾的露天沟渠是全英格兰最糟糕的;至少它们在数量上是压倒性的。马夏西监狱的囚犯们经常抱怨附近恶臭的沟渠,他们觉得这条沟导致自己备受发烧和“脓臭咽喉痛”的煎熬。

博罗以监狱和医院闻名。穿过伦敦桥向右走两三分钟,就是岸边区的“亡者之地”公墓,著名的科林克监狱曾伫立在那儿,它于一七八〇年暴乱中被烧毁。沿着高街向南走,圣托马斯医院和盖伊医院就位于左手边,一八一五年左右,这里仍有许多房屋带着半木结构的悬挑层。盖伊医院以南约两百码处是马夏西监狱旧址。新的马夏西监狱——也就是狄更斯的《小杜丽》中出现的那个——于一八一一年开始兴建，位于
45 白狮监狱旧址上。马夏西监狱靠近高街一侧的对面，有一个名声不太好的地方，叫作“明特”*，这里有王座法院监狱。

及至十九世纪六十年代，铁路和伦敦桥站建成时，盖伊医院与泰晤士河之间的大部分建筑被拆除，一些街道本身被拱形连起。在我们保有的济慈第一封书信中，他对这个地方做了简短的介绍。他告诉考登·克拉克(1816 年 10 月 9 日)如何找到他新搬入的住所：

> 虽然博罗到处都是拐角和岔路，脏兮兮的，但迪恩街 8 号并不难找①；假如你穿伦敦桥过来，那么过桥后先左转，再右转，接着就可以找到我家门了，它几乎正对着“礼拜堂”[一处浸礼会教堂]。你能来可就太好了。

济慈出版的第一首诗——他十月份来到盖伊医院后不久写的十四行诗——是这样开头的：

> 哦，孤独！假若我和你必须
> 同住，可别在这层叠的一片
> 灰色建筑里。**

---

* 南沃克的一个区域，之所以称为“明特”，是因为这里曾建有亨利八世特许的铸币厂(“铸币厂”在英文中是“mint”)。十七世纪末到十八世纪初，此地因其特别管辖区的法律地位而为债务人提供免于起诉的保护而闻名。

① 其中一条街道被拱形连起，剩余部分连同新的延伸段，被重新命名为斯坦纳街(Stainer Street)。

** 此处使用穆旦先生译本。

这首十四行诗的剩余部分转而描写他在埃德蒙顿熟悉的乡村风光，与前几句形成了鲜明对比。

二

然而，搬到伦敦来也有别的好处。首先，济慈住得离弟弟们不那么远了。只要走十五到二十分钟穿过伦敦桥，向珀特利街方向走，他就可以到达潘克拉斯巷艾比的账房，乔治和汤姆就在这儿工作。除此之外，他到伦敦后没几天，就交到了一个朋友，约翰·斯普尔金，这是一个与他迄今为止遇到过的人大不相同的年轻人；几个月之内，他交到了更多朋友。[①] 斯普尔金比济慈小两岁，将在一两周之后离开盖伊医院，前往 46
剑桥大学凯斯学院学习。一年前，他成为斯维登堡的信徒。两个年轻人谈论宗教：济慈对之持怀疑态度，但性情比较开放，这让性格严肃的斯普尔金觉得他有一个包容的灵魂，是有可能被触动的。斯普尔金十二月从剑桥写来了一封长信，这封信留存了下来——其内容延续了他们初次见面时聊的话题——斯普尔金试图概括出他所理解的斯维登堡思想。[②] 济慈与斯普尔金相遇的时候，谈论的都是以往的诗歌和伟大的诗人；在信中，斯普尔金说济慈懂得"为自然赋予动力和生机的生命"，所以一定

---

① 除下文提到的人以外，济慈还与查尔斯·巴特勒交好，巴特勒比他早一天来到盖伊医院，后因婚姻关系成为济慈好友约翰·汉密尔顿·雷诺兹的亲戚（《济慈书信集》，第一卷，页 235）；济慈与来自埃德蒙顿的丹尼尔·戈赛特关系不错；与弗雷德里克·莱福勒也有交情，莱福勒是 G. F. 马修的朋友；与查尔斯·塞文尤其合得来——查尔斯·塞文并不是约瑟夫·塞文的亲戚——查尔斯后来成为一名颇有声名的医生。济慈可能去过塞文家，因为查尔斯的妹妹艾玛也认识济慈。（《济慈社交圈》，第二卷，页 256）

② 斯普尔金的信（现存于哈佛大学济慈藏品）刊登在《济慈-雪莱丛刊》（*Keats-Shelley Journal*），第九卷（1960），页 15–25 E. B. 辛克利的文章中。

能更好地判断出“什么才会给诗歌之火带来最明亮、透彻的火焰，并在你非常敬仰的古老天才所走的道路上漫步”。尽管斯普尔金信中说两周后会与济慈再见，但我们没有关于两人未来关系的更多文献了。从这封信的投寄地址来看，我们知道济慈已经住在圣托马斯街，且可能自他到达伦敦之后就一直住在那里。这条街夹在盖伊医院与圣托马斯医院之间，一直向东延伸至一条名为“迷宫”的街道。

每当阿斯特利·库珀讲课时，济慈就要与三百多名学生一起挤进阶梯教室——许多人坐在台阶上或是站在过道里——这种体验对这位乡村青年来说很新鲜。盖伊医院与圣托马斯医院的医学院合并上课已有约五十年的历史；学生们去听课，或是跟着外科医生前往两家医院的不同病房，那时他们会成群结队地横穿圣托马斯街。济慈听过的讲座在药剂师公会的登记簿上有记载[①]，内容如下：

2——解剖学与生理学课程

2——医学理论与实践

2——化学

1——药物学

一本小的皮面笔记本留存了下来，里面记录着济慈去听闻名遐迩的阿斯特利·库珀医生讲座时所作的笔记，库珀此时已是行业的领头
47 羊。[②] 他性情温和，聪慧过人，极其勤奋，是十九世纪最伟大的医学教师之一。他对学生的关爱有口皆碑。即便当时他教授的学生有

① 洛厄尔，《约翰·济慈》，第一卷，页154影印了这一内容。

② 现存于汉普斯特德的济慈纪念馆。M. B. 福尔曼编写的《约翰·济慈：解剖学与生理学笔记本》(*John Keats: Anatomical and Physiological Note Book*, 1934)将之影印了出来。参见威廉·黑尔-怀特爵士，《作为医生和病人的济慈》(*Keats as Doctor and Patient*, 1938)，页20–22。

几百人之多,他还是注意到了济慈。他感觉这个年轻人有些孤独,便叫助手乔治·库珀(两人没有亲戚关系)帮忙照看济慈。乔治·库珀与弗雷德里克·泰瑞尔邀请济慈与他们合住,两人在盖伊医院的课程已近尾声,住在圣托马斯街一个名叫马克汉姆的蜡烛制造商人的房子里。

初看之下,济慈似乎是在随意翻开的一页纸上记录讲座笔记,本子被写满之后,他就在前面笔记的字里行间插入更多的笔记。我们的推论是,他要么对讲座毫无兴趣,要么就是极为困惑。梅布尔·斯蒂尔小姐将济慈的笔记与他在盖伊医院时期的同学约书亚·沃丁顿的两卷细致的笔记做了比较,阐释了其笔记杂乱无章的原因。[①]济慈首先整齐地抄写了讲座大纲。很显然他认为教学大纲非常重要——也许所有真正必要的东西都囊括在大纲中了——不过他留出了空间,以防后续需要插入重要内容。来到拥挤的阶梯教室后,他终于开始动手记笔记,因为他发现周围的人都在记。济慈甚至可能到了第四讲才开始记,因为第四讲的笔记出现在笔记本的第一页,后来,他借来其他同学的笔记,试图为之前的几讲留下一点内容。随着时间的推移,当单独的页面都写满后,他就把笔记写在教学大纲的空白处,有时甚至插于两行之间。所以他的笔记显得很乱。我们可以推断,最开始,讲课和记笔记的整个流程都令他感到困惑。后来,笔记的详略会因主题而异。他似乎觉得有关正骨的讲座枯燥乏味,所以在笔记旁画了一些花朵和水果的图案。生理学课的讲座笔记则详细得多。

---

① 参见斯蒂尔小姐一篇未发表的手稿,她好心地允许我阅读了这份手稿。另参看 G. A. R. 温斯顿的说法,《约翰·济慈与约书亚·沃丁顿,盖伊医院当时的学生》,见《盖伊医院报告》(*Guy's Hospital Reports*),第九十二卷(1943),页 101-110。

来到盖伊医院一个月后，一八一五年十月二十九日，济慈也成为
48 一名“外科医生助手”。① 在人类使用抗菌消毒剂之前，伤口几乎无一例外都会感染。外科医生助手每天需要清洗和包扎伤口，因此这个岗位责任重大。当然，这项工作并不令人愉快。外科医生助手需要带着一个装有绷带和伤口清理工具的马口铁盒子四处走动，还要在门诊部处理常规病例，比如拔牙、包扎伤口和正骨。作为助手，济慈跟随的医生是威廉·卢卡斯——至少一段时间内是这样，据济慈的同学约翰·弗林特·绍斯描述，卢卡斯其人“高大笨拙，有些驼背，走路拖着脚，耳背得几乎什么都听不见，不太聪明，但脾气很好，容易相处。他做的外科手术很少，基本上也做不太好，手术过程伴随着很多失误，有时甚至情况更糟糕”。

学生们每天目睹的手术，会令我们想起麻醉剂使用前病人的情形。绍斯本人做了生动的描述：病人被死死压住，经常痛苦地尖叫；学生们挤在手术室里观看，接踵摩肩全是人；执刀医生几乎没有做手术的空间。有一个故事讲到阿斯特利·库珀正准备给一个孩子做手术，这孩子被抬到手术台上，抬头看着库珀，笑了笑；库珀看到他的笑，转过身去，眼泪夺眶而出。

三

关于济慈在盖伊医院时的两则记述，都是三十多年之后写的，有助于我们了解他在二十岁时的情况，我们对那时所知甚少：第一则记述的

---

① 盖伊医院这个时期的记录显示，作为济慈担任外科医生助手的回报，他从之前缴纳的学费中获得了六基尼的退款。第二年 3 月 3 日（1816 年），他被列入“外科医生助手”的名单，每月收入一点一镑，为期十二个月。

作者是亨利·斯蒂芬斯[①]，他是济慈的同学，两人曾合租同住过几个月；另一则记述为乔治·菲尔顿·马修所写，他是个懒散、脾气有点急躁的年轻人，也有着文学抱负。斯蒂芬斯为人直率，精力充沛，步入中年时成长为一名成功的医生，出版了两本医学书籍。他颇有创意，甚至开发出一款流行的墨水。

斯蒂芬斯与另外一个同学乔治·威尔森·麦克雷斯一起租房，也住 49
在圣托马斯街济慈与乔治·库珀、弗雷德里克·泰瑞尔住的那栋房子里。济慈在盖伊医院前半年（1815 年 10 月至 1816 年 3 月）的某一时期，库珀与泰瑞尔完成学业，离开了医院。正如斯蒂芬斯所说，通常“两三个学生会在同一栋房子里租用一个公共的起居室和单独的卧室”。济慈“如今只有一个人，为了避免独自负担起居室的费用，他请求加入我们，我们也欣然同意了”。还有一个叫弗兰克斯的学生似乎也共租了一段时间。[②] 不论济慈身处何地，他都喜欢坐在靠窗的地方向外眺望，“所以同学们总把窗边座位称为济慈的专座”。他的两个弟弟常来看望他：“他们似乎认为哥哥约翰一定会获得声名，并提升整个家族的名望。”斯蒂芬斯自然觉得济慈太局囿于自己的兴趣——这不仅意味着济慈对文学的兴趣远胜医学，更意味着他随时都可能为捍卫自己在诗歌方面的品味而与人争吵，且很可能在这个过程中伤害了斯蒂芬斯的感情：

> 在他看来，诗歌是所有抱负的顶点——是唯一值得高贵的头脑关注的东西——因此他觉得——任何其他追求都是平庸、枯燥的。

---

① 斯蒂芬斯的叙述出现在他写给马修的信中（1847 年 3 月），马修一直在为米尔恩斯的传记收集信息。这封信在《济慈社交圈》第二卷页 206–214 全文刊出。斯蒂芬斯的其他叙述由他的朋友本杰明·理查森爵士刊登于 1884 年 4 月的《阿斯克勒庇亚德》。

② 这一说法采信了亨利·斯蒂芬斯的女儿玛莎·沃尔什夫人的说法（参见她 1913 年 4 月 20 日写给路易斯·霍尔曼的信，哈佛大学馆藏手稿）。

> 他对“声名”或“伟大”一无所知,除非它们与诗歌上的追求或诗歌成就相关。在他看来,世界上最伟大的人是诗人,跻身其间是他最主要的雄心壮志。——不难想象,济慈对诗歌的感情伴随着骄傲与自负,身处于纯粹的医学院学生之间,他说话行事就仿佛天神屈尊与凡人共处一般。可以预料,这种骄傲有时会让他遭受嘲笑和屈辱——
>
> 我自己也喜欢诗歌,有自己的品味,不过在那时没有太多鉴别力,他觉得我比其他人稍微优秀一点,所以也常给我看他写的诗句或是新想出来的观点以实现自我满足。我们常常谈论某些诗人的优点,但我俩的爱好不一致。他很崇拜斯宾塞,《仙后》被他奉为至宝,拜伦也是他喜爱的诗人,他认为蒲柏不算诗人,充其量是用韵文写作的蹩脚诗人。我喜爱大胆、刚健、慷慨激昂的诗。他则钟情于
> 50 意象,琐碎的比喻似乎让他很满意,有时我大着胆子给他看一些我写的诗句,却总是听到他否定我的写法——这让我深感困窘。事实上,他似乎认为我竟胆敢与他走同一条道路,真是放肆无礼,不管我的水平离他差得有多远。

假如从字面意义上来理解斯蒂芬斯的话,济慈此时抱有某种自我防卫意识,“除非身处与他拥有同样喜好的人之间,或者与那些喜欢奉承他的人在一起”,按照斯蒂芬斯的说法,济慈的弟弟就喜欢拍他的马屁。斯蒂芬斯后来带他去乡下做客,在自己的朋友家住了一两天,济慈显然与他们没有任何共同之处,所以也就没能留下一个“好印象”:“他很难让自己松弛下来,性格不太合群。”如果大家谈论的话题能转向诗歌以外的东西,他与人的关系就会有所改善。因为他“行为举止有绅士之风……是一个稳重、安静、彬彬有礼的人”;“当他肯屈尊谈论其他话题时,就能表现得亲切而睿智”。

如果说济慈不欣赏斯蒂芬斯写的诗，他在一个叫纽马奇（Newmarch），也可能叫纽马什（Newmarsh）的朋友身上，也得到了同样强烈的回应。纽马奇是圣巴托洛缪医院的学生，有一些古典学修养。他经常来访，会与济慈讨论古典诗人。他对济慈的反应让斯蒂芬斯有些幸灾乐祸：

> 济慈给纽马奇看他的诗，但肯定会被嘲笑、批评。纽马奇是个颇为随便且轻松愉快的家伙，不过我觉得他太喜欢折济慈面子了，尤其喜欢嘲弄他的弟弟们，因为他们对哥哥约翰的赞美近乎偶像崇拜，纽马奇时常与他们斗嘴。

在盖伊医院适应了六个月之后，讲座变得不那么令人恐惧了。斯蒂芬斯说，讲座期间，济慈偶尔会在自己或朋友的教学大纲上潦草地写下一些打油诗。至少斯蒂芬斯自己留下了这样一份样本：

> 给我女人、美酒和鼻烟
> 直到我大叫“够了”才算！
> 你可以这样做，丝毫无怨
> 直到复活节的那天；
> 愿上帝保佑我的胡子
> 它们是我心爱的三位一体。[①]

---

① 斯蒂芬斯在自己的描述中（《济慈社交圈》，第二卷，页 210）省去了几个词。此处的诗行是由加罗德刊印出来的，来源为剑桥大学三一学院收藏的一页稿纸。圣托马斯医院早前的一名学生沃尔特·库珀·登迪在 1815 年至 1816 年左右可能与医院还有联系，他在《神秘哲学》（*Philosophy of Mystery*, 1841）中写道：“圣托马斯医院的讲堂里，我看到济慈陷于诗意的梦中；他心系帕纳塞斯山的缪斯女神。有一天晚上，他在我们面前草草写下一段古怪的文字，写的时候全然没听见阿斯特利·库珀爵士的戒律箴言。”这段文字转载于西德尼·科尔文的《约翰·济慈：生平、诗歌、其友、其批评者及身后名》（*John Keats, His Life and Poetry, His Friends*, （转下页）

四

51 济慈在医院之外还结交了其他朋友。因为乔治有一项令人艳羡的天赋——擅长交友;他很快把哥哥介绍给了这些人。一八一四年底之前,乔治与怀利一家已经热络起来,他们家有这些人:海军军官詹姆斯·怀利的遗孀,两个儿子亨利与查尔斯,以及一个女儿乔治安娜。乔治·济慈在前往美国之前于一八一八年五月同乔治安娜结婚。到一八一四年底或一八一五年初左右,乔治还把约翰介绍给了卡罗琳·马修和安妮·马修,她们是酵母商人菲尔顿·马修的女儿,住在高斯维尔街。济慈很快在她们家遇见了女孩们的堂兄乔治·菲尔顿·马修(牛津街绸布商人理查德·马修的儿子,他家在摄政公园有栋房子),他至少有一两年与济慈关系密切。除此之外济慈还遇见了玛丽·弗洛格里,乔治·济慈对她颇有好感,但她似乎喜欢约翰,她还通过乔治的帮忙,拿到了济慈诗歌的抄本。最后,也正是乔治把他的哥哥介绍给了威廉·哈斯拉姆,哈斯拉姆是一位年轻的律师,后来事实证明他是济慈最可靠的朋友之一;一八一六年春,济慈通过哈斯拉姆结识了约瑟夫·塞文,他在济慈的人生故事接近尾声时扮演了重要的角色,他为济慈画的肖像画——大部分绘制于济慈逝世之后——依然广为流传。①

(接上页)*Critics and After-Fame*,第三版,1920)的附录一,是用伪中世纪拼写凑出来的散文,讲了亚历山大遇见一名印度女仆的故事。登迪经常将事实与虚构编织在一起,他后来还编造了济慈与海兹利特在黄杨山相遇的故事,所以这段文字也可能是他虚构出来的。芬尼在《济慈诗歌的演进》(第一卷,页90-91)中总结了当时的情形。

① 有的观点认为哈斯拉姆与济慈是校友。但这个假设是基于查尔斯·布朗多年后(1841年)对米尔恩斯说的一句带有臆测性的话:"我想,他们是校友。"(《济慈社交圈》,第二卷,页52)有关塞文绘制的济慈肖像画,可参见后文第六章第四节。

尽管济慈为人坦诚直率，但是至少在接下来两到三年间，他似乎一直羞于独自交友。[①] 除却少数例外，他的朋友都是直接或间接通过乔治或考登·克拉克认识的，再后来就是通过约翰·汉密尔顿·雷诺兹。比 52 如，他经克拉克介绍，结识了亨特（1816 年 10 月），然后通过亨特很快见到了海登和雷诺兹。几个月之内，雷诺兹就把他介绍给了他此后的大部分朋友——詹姆斯·莱斯、本杰明·贝利、出版商泰勒和海西，以及后来的查尔斯·布朗和查尔斯·迪尔克。尽管济慈在初次与人见面时比较腼腆，但上面提到的人都更喜欢济慈，而不是彼此，他们对济慈的喜爱也超过了其他朋友。一个必然引起我们兴趣的现象是，他最挚爱的朋友几乎无一例外都比他年长。亨特比他大十一岁，海登大他九岁，克拉克比他年长八岁；对他十分友善的出版商泰勒和海西，分别比他年长十四岁和十岁。将其他几位朋友的出生年份与济慈本人的出生年份（1795 年）相比较，便很容易看出这一差异：查尔斯·布朗出生于一七八七年，理查德·伍德豪斯出生于一七八八年，查尔斯·迪尔克出生于一七八九年，本杰明·贝利出生于一七九一年，詹姆斯·莱斯出生于一七九二年，约瑟夫·塞文出生于一七九三年，约翰·汉密尔顿·雷诺兹出生于一七九四年。所有真正与济慈关系密切的人当中，只有他的弟弟和妹妹，可能再加上威廉·哈斯拉姆和范妮·布劳恩（比济慈小五岁）是比他年轻的。菲尔顿·马修只比他大几个月，但他不能算济慈的长期密友。我们不能轻率地将此现象解释为孤儿心理上对年长者的需要，尽管这可能算部分原因。最主要的解释应该是：一八一六年夏天之后，济慈的整个创作生涯呈现出迅速发展的势头——尽管他在儿童期未见早慧之相——但他此时已拥有了“天才儿童”所为人熟知的特性之一：本能地偏好与

① 济慈给乔治写的信中有这样一句话：“不知是怎么回事，但我从未独自结交过朋友——几乎都是经你介绍我才认识他们的，我亲爱的弟弟。”（《济慈书信集》，第一卷，页 392）

年长者相处,与他们分享重要旨趣,而年长者也相应地更有能力觉察其潜力。

五

乔治·菲尔顿·马修是我们了解济慈一八一五年生活景况的关键人物,但这并不是因为他在三十年后为蒙克顿·米尔恩斯写了一则有关济慈的简短记述——这则记述与其说是关乎济慈,不如说它让我们更了解马修其人。然而,正是在马修身上,济慈第一次见到了一个自封为“诗人”的人。

53 于是,两人之间上演了一出热情的喜剧,热情的源头主要是济慈。尽管马修天资普通,济慈却立刻为他赋予了心灵与想象力的全部优点(还假想他拥有自由开明的政治情感,自从济慈与克拉克熟识以来,他一直坚信所有文人都具备这样的情感,但事实上马修却对此毫无兴致)。未见到马修自己的诗句,一切无从推断。但这个年轻人自命不凡的抱负唤起了济慈的激情,也让他对马修的诗人之路充满信心,几个月之后他给马修写了一首诗(1815 年 11 月的诗信《致乔治·菲尔顿·马修》,模仿迈克尔·德雷顿的书信体诗文),表达自己对这份因诗而起的“兄弟情谊”之欣喜:

属于诗篇的快乐甘醇甜美,
歌里的兄弟情谊加倍甜美。

他迅速联想到十七世纪剧作家博蒙特和弗莱彻的合作关系。一切“高尚、伟大和美好”都出现在“兄弟诗人”所代表的理想之中:

美妙伙伴关系的想法弥散
于热爱天才的心上，感受到
高尚、伟大、美好，如良药。

“热爱天才的心”这个说法对于理解济慈十分关键，不管他认为马修也拥有同样的理想这一念头多么错误。这首诗以恳求的口吻继续——“马修，伸出你的援手”——希望他们能一起“装点人性”，“思量查特顿”和“仁爱的莎士比亚”：“我们怀着崇敬的心谈论所有圣贤”。令马修感到厌恶的是（三十年后，马修提到，“他是……共和派，是进步革新的倡导者……对一切既有事物吹毛求疵。而我则相反，我讨厌纷争”），济慈总爱炫耀似地搬出考登·克拉克及其父亲心中的爱国英雄：

我们接着将谈及
那些为自由事业而倒下的志士；
我们自己的阿尔弗雷德和赫尔维西亚人退尔。*

他以极为宽广的胸襟在诗的结尾处，将马修描绘成“贴近比埃里亚圣泉的源头”**；诗的最后十八行赞美了马修所必然知晓的奇迹，那令人羡慕的秘密喜悦。

虽然济慈把自己的，或约翰与考登·克拉克的理想寄予马修，不过他确实有那么一瞬间捕捉到了马修的兴趣。他最初那些满怀平静和沉 54
郁忧思的诗——《仿斯宾塞》《咏和平》，甚至是《致拜伦》——都在一八

---

* 阿尔弗雷德指的是英国历史上的阿尔弗雷德大帝；赫尔维西亚人退尔（Helvetian Tell）指的是十四世纪瑞士的爱国者威廉·退尔。

** 比埃里亚圣泉（Pierian Spring）常用来指代产生诗歌灵感的源泉。

一五年春夏之际改头换面，变成了马修所说的“情感”诗，不论它们是轻快的赞美诗，还是更加诚挚热烈的类型。后者尤其吸引马修，因为他后来称赞《关于女人的三首十四行诗》，认为济慈假若没有偏离自己的影响，去写像《初读查普曼译荷马有感》这类“不成体统的夸张的”十四行诗，那么《关于女人的三首十四行诗》就应该是他原本会继续的风格范例。马修尤其被下面的诗行打动：

上帝啊！她像咩咩轻叫的乳白羔羊
惹人怜护。那无所不知的神，
欣然见我们爱怜他的馈赠奇珍，
断不会送上双翼，
给那诱捕纯洁至失贞，
恶意欺骗白鸽胸脯之人。

不过，汤姆·摩尔那充满叮当节奏的抑抑扬格四行诗节也非常吸引马修和他的堂姐妹们，济慈也很乐意为他们效劳。一八一五年夏天，马修与两个姑娘一起来到海滨，安妮和卡罗琳送给济慈一枚贝壳和摩尔的诗歌《金链》（“Golden Chain”）。济慈回赠了两首诗：一首给女孩们（《致某几位女士》），另外一首尽管标题看起来跟姑娘们相关，却是送给马修的（《写于从几位女士处收到一枚奇特的贝壳和数首诗歌之后》）。马修在诗中被唤作骑士“英勇的埃里克”，前十六行全部由修辞性问句组成：

你有鬃毛浓密蓬松的骏马吗？
　　你有令敌人痛楚的利剑吗？
你有吹响秾丽旋律的号角吗？

你带着布里托玛耳提斯的盾牌吗?[①]

之前的一个多月里,济慈一直在读德国诗人维兰德的著名诗歌《奥伯龙》(*Oberon*, 1780),他读的是威廉·索斯比翻译的版本。可能是 55
马修将这首诗介绍给他的,两人甚至有可能一起读了其中的一部分。济慈立刻被这首诗打动。正如维尔纳·拜尔所论证的那样[②],《奥伯龙》的回响从"贝壳诗节"中就可以感受到,并在济慈的诗歌里又持续了四年之久。

马修喜欢"埃里克爵士"这个具有骑士风度的角色,也很欣赏充满跳跃感的抑抑扬格,因为他自己觉得抑抑扬格比抑扬格更容易写。马修以一首《致一位诗友》("To a Poetical Friend")作出回应,里面充满从索斯比翻译的《奥伯龙》中摘取出的措辞和意象。该诗开篇抛出的一系列名词就显示出他的风格倾向:

哦你,喜爱听新奇的歌谣,
讲精灵与仙女的怪谭;
讲有强力法宝的专横巨人
最能诱惑迷途的红颜。

---

① 安妮和卡罗琳想为喜欢的曲子换上新歌词,济慈为她们另写了一些抑抑扬格的诗节(《哦,来吧,亲爱的艾玛,玫瑰已盛开》)。由于这首诗也以《送给怀利小姐的诗节》之名出现在乔治·济慈和他妻子的剪贴簿里,诗节是这样开头的:"哦,来吧,乔治安娜"。我们可以推测乔治可能后来在追求乔治安娜·怀利时使用了这首诗。次年二月,济慈确实帮乔治写了一首情诗《若你生活在往昔》(用了不同的格律)送给玛丽·弗洛格里。据理查德·伍德豪斯的说法,济慈还为这一场合写了另外两首情诗。其中一首可能是十四行诗《若我有男人的堂堂仪表》,有可能是写给玛丽·弗洛格里或两位马修小姐之一。参见芬尼,《济慈诗歌的演进》,第一卷,页97–98。

② 参见维尔纳·拜尔,《济慈与魔王》(*Keats and the Demon King*, 1947)。

讲殷勤有礼的骑士和高大耐跑的骏马，
讲着魔的森林和神奇的溪流，
讲桥梁、城堡与孤注一掷的豪侠，
讲魔法的诅咒与女郎的求救。

诗的结尾处，马修劝济慈，尽管他现在身处“自然的腐朽”之中，且没有多少机会写诗，但他无须为在医院度过的漫长时光而郁郁寡欢。夜晚总会有空闲能够写诗：

夜晚将你从自然的腐朽中遣返，
让你不再受严苛的学业掌管，
哦！幻想那生动的亮光把你温暖，
从灵魂上洗却疾病的斑点。

六

到了十九世纪四十年代，马修依然靠在济贫局工作挣来的微薄收入，艰难地养活着有十二个孩子的家庭。假如没有那种天生的自以为是，他会是个令人同情的人物，与这种自以为是比起来，其早期感伤的做作几乎显得可爱可亲了。米尔恩斯在为济慈传记准备素材时，发现了马修的下落，于是写信给他希望获取一些信息。马修在回复中请求推迟几周提供材料，他的回复流露出某种特质，这些特质在他一个月之后提供
56 的描述里也显露了出来：我们捕捉到一种自鸣得意的口吻（“我曾把他介绍给我父亲的家人，并对他表现出热情和友善，这都为他短暂的人生带来了幸福，每思及此，我都感到十分快慰”），我们还会注意到，马修能

在表达亲切友好的询问与关心之下，(至少是对他自己)掩藏起几分确信无疑的怨恨:“你是否知道乔治·济慈如今是生是死？如果他还活着，现在在世界的哪个角落呢？——他对哥哥约翰的爱，甚至比他哥哥的诗歌天才还要惹人瞩目啊。”马修的积怨或许部分是因为他意识到，考登·克拉克的再次出现以及济慈与亨特、海登和其他人的结识，让他的引领作用失去了吸引力。次年，济慈的第一本诗集出版，马修为《欧洲杂志》撰写了一篇充满怒气的评论文章，挑出其中最糟糕的诗——正是济慈与他相熟期间写的诗——称赞它们“拥有绝佳的诗律”，却抨击其余大多数诗的品味太像“李·亨特的华丽与造作”。[①]

如果我们对这些保留态度心中有数，再回顾马修的叙述，就能从中获取一些客观印象，以了解十九岁、二十岁左右济慈的性格和兴趣。首先，我们会发现济慈对语言本身——对意象和隐喻有着强烈的兴趣。马修却把诗歌等同于毫无保留的情感，特别是倦怠慵懒的情感就更合他的口味，对他来说，语言本身的想象性兴趣是寡淡无味的——他认为这种兴趣关注的是“外在装饰”，而不是“缪斯女神的深沉情感”。济慈对表达媒介的关注日渐增强，而马修却觉得这一态度“挑剔谨严，缺少温情”，除此之外，马修还间接透露出济慈的阳刚之气、招人喜欢的好脾气和某些方面的矜持——之所以称之为“间接透露”，是因为马修暗示上述特质放在诗人身上都意味着缺陷和弱点。马修在描述济慈大声朗读的情形时，我们甚至感到相当滑稽。马修认为，眼泪和哽咽的声音应该与诗歌朗诵相匹配。(克拉克曾说，济慈朗读《辛白林》的时候，“我看见[济慈]眼里噙满泪水，他的声音也颤抖了起来”。然而，他们当时诵读的是莎士比亚的作品，且与济慈共读的伙伴是克拉克，而非马修，前者的诗歌观念远不

① 参见后文第九章，第十四节。

像后者那般局限。)马修写道:

> 他的眼光挑剔谨严,缺少温情,他的思想也是如此。他更欣赏
57 外在装饰,而非感受缪斯女神的深沉情感。他很乐意带你穿过精描巧绘的迷宫,却对崇高与悲悯不甚挂怀。他曾在很多个夜晚跟我读诗,但我却从未见过他流泪或是声音哽咽,而这些都是显示一个人极度敏感的迹象。当然这些也的确不是他在诗歌上的偏好。不过,他是个善良且感情充沛的人,他的感情很少令自己感受到痛苦,但或许对周遭的人来说很有助益。
>
> 济慈与我年龄相仿,且都倾心于文学,但我们俩在许多方面有如天渊之隔。他身体健壮——龙马精神——喜爱朋友相伴左右——能借生活中的轻浮快乐来自娱自乐——对自己充满信心。而我,则倦怠又忧郁——好静懒动——喜欢与自己年龄不相称的沉思——且极度缺乏自信。但我总是乐见他人幸福快乐:所以作为一个大家庭的成员,我很高兴看到济慈和他的弟弟乔治在我们家的小型音乐会和舞会上玩得尽兴。①

最后,马修透露说,济慈在恩菲尔德学校接受的自由主义政治原则仍在其心头挥之不去。毫无疑问,济慈拥护这些原则的热情,在他反对马修的消极倦怠时得到了进一步激发。诗信《致乔治·菲尔顿·马修》中的共和主义言辞,可能是对马修的顽皮戏弄。马修说,他们两人对待

---

① 马修此处以及其他地方的引文来自他写给米尔恩斯的信(1847 年 2 月 3 日),刊印于《济慈社交圈》,第二卷,页 184-188。参见第二卷,页 180-181,页 192,页 202-204,页 214-215,页 240-247。另参考 J. M. 默里的一篇很有洞见的关于马修的文章(《济慈研究》〔*Studies in Keats*, 1930〕,第一章)。马修曾利用这个机会寻求米尔恩斯的帮助,希望用他的影响力获得一个更好的职位,马修在连续四封信件中重复了这个诉求,参见《济慈社交圈》,第二卷,页 204、215,页 240-247。

诗歌的不同，可以和如下方面的分歧相提并论：

> 人类所关注的最严肃、最关乎宏旨的话题。他不认为比起漫无目的地瞎闯，忍受眼下的困苦会是更好的选择。他属于怀疑主义和共和派，坚定地倡导那个时代正在发展的新观念、新方法。他对所有既成事物吹毛求疵。我则相反，我厌恶争端和异议——讨厌不合与混乱——喜爱我们国家的制度和习俗——相信它们建立在自然和真理之上——最适合维护宗教和道德——相信它们一方面与天堂的神权相协调，另一方面与父系家长制相协调。但是我尊重济慈的观点，因为它们是真诚的。

然而，马修“时刻准备着以某种谨慎的态度压抑性情中的锐气”；“每每 58
回想起自己在有机会的时候，总是尽最大努力帮助他，就让我感到很开心”。在给米尔恩斯的信结尾处——此后还有一些同类信件，他请求米尔恩斯帮忙找份更好的工作——马修通过讨论济慈给自己的诗信，以及解释一些更具赞美意味的话语结束了通信。①

① 马修曾写信给堂姐妹卡罗琳（1846 年末或 1847 年初），问她是否还记得有关济慈的信息，可代为转交给米尔恩斯。不过马修受到了不小的震动。卡罗琳和安妮早在 1819 年就离开伦敦。在后来的三十年中，卡罗琳的变化远比马修大。她说仍然记得是在马修家见到的济慈，接着她回复道：“我对那段日子的回忆也许同你的很不一样，我很难带着快乐或满足的心情想起那段时光，它们简直比无用还要糟糕，我们当时崇拜的偶像是自我和世界……我从不与人提及那段时光，除非为了赞美上帝的恩典……那段愚蠢的日子里，他没有放弃我们，而是在为时未晚之前，让安妮和我意识到危险。”至于济慈，假如他能够回来的话，“他当然不会把我们的注意力引向自己的作品，尽管我相信它们当中的许多都很美”，他会让我们去看“圣经……它警告我们要为那可怕的一天做准备，因为它会像夜晚的贼一般到来”。这封信的剩余部分也充满了同样的警告，最后她希望马修“在最后那个伟大的日子里，能成为少数已洗净长袍的快乐的人”。（《济慈社交圈》，第二卷，页 189–191）

七

到了一八一六年春天，尽管济慈是头一年十月才来到盖伊医院的，但他已经开始考虑参加七月份的考试了，如果考试合格，他就能够成为药剂师和外科医生。与他一同租房的乔治·麦克雷斯也打算参加考试。亨利·斯蒂芬斯显然想再等一年。如果济慈通过了考试，他也不需要马上开始行医。无论如何，他都得等到十月三十一日其二十一岁生日过后才能开始行医；在那之后，他仅靠留在医院里做一名外科医生助手来积累经验，也能够满足艾比一段时间了。与此同时，没有了考试的烦忧，学习和听课的压力也会减小（课程讲座从早上八点开始，断断续续一天都有，直到晚上八点），他就有更多时间来练习写作。

对过往的诗人念兹在兹，增强了他们在济慈想象力中的地位。当济慈开始认真写诗时，这一念头非但没有吓退他，反倒给了他莫大的鼓励。这年三月，他就该主题写了一首十四行诗，是他迄今为止最好的两三首
59 诗作之一，他对这首诗很满意，将之送给考登·克拉克。[①] 然而，正如他

---

① 有多少诗人把闲暇镀成金！
　　我的幻想总爱以诗章作为
　　食品——它平凡或庄严的美
能使我默默沉思很多时辰；
平时，每当我坐下来吟咏，
　　诗人就拥聚在我的脑海间，
　　但并不引起芜杂的骚乱，
而是合唱出悦耳的歌声。
正如黄昏容纳的无数声音，
　　树叶的低语，鸟儿的歌唱，
水流的潺潺，由暮钟的振荡
　　所发的庄严之声，和千种

（转下页）

在一年后做出的评价,"对创造力真正的考验"还在于"长诗"。这自然意味着叙事诗的创作。他写给马修的诗信尽管篇幅很长,却称不上叙事诗。如果说这首诗在接下来的一年中,成为济慈大部分作品的原型,但至少那并非出于他的主动选择。当现下的经验尚不能为他提供其他主题时,至少谈论诗歌本身是一个可行的选择。这样做的局限性显而易见,济慈后来对此做出的抗争正是他成长过程中的重要一环。克服这些局限性的尝试逐渐为他开辟了不可预知的道路,他那全神贯注的诚挚则给予他更进一步的契机。济慈想要勇敢面对叙事诗的愿望已十分强烈。而现在,寻找主题成了不可回避的问题。这个问题如此令人烦忧,他的内心不断受挫,以至于一年后他带着压抑的绝望将自己投入一个写作规划之中,这一做法无啻于在想法不清晰的情况下,"填满"一首四千行的叙事诗。

一八一六年二月,克拉克所崇拜的诗人李·亨特出版了浪漫传奇诗《里米尼的故事》(*The Story of Rimini*)。这首诗方方面面都激励着济慈去尝试模仿。他打心眼里愿意赞美亨特所写的任何东西,不管是政论还是诗歌。构想长诗时,他惯于联想起浪漫传奇,而眼下正有一首浪漫传奇诗,不过,它的格调是现代的:其用语是新的;故事进展很迅速。这首诗活力充沛,发展迅捷,语言流畅,且具有独创性,在这些方面它都远胜于玛丽·泰伊和詹姆斯·比蒂等人的诗作。与此同时,《里米尼》还具有作为仿写范例的巨大优点,那就是它看上去是可以企及的。其诗歌形式也不算陌生:济慈早在十一月写给马修的诗信中就使用了这种形式,虽然当时他的写法比亨特要谨慎得多。尽管他开始写诗还不足

(接上页)　　　　缥缈得难以辨识的音响,
　　　　它们构成绝唱,而不是喧腾。*

*　此处使用穆旦先生译本。

60 两年，且主要集中在最近的六到八个月，但他有理由相信，到目前为止，他写的诗中有四分之一到三分之一左右的诗句能够与亨特诗歌的平均质量相媲美。

八

晚春时节，他开始尝试长诗，并写下了六十八行诗句，对传奇做出了描述性介绍，但之后由于故事没有进一步发展，他只好将这些诗行命名为“诗前序言样本”。当然，在真正开始写长诗之前，他可能只打算做一次初步的练习。但这与他惯常的做法很不一样，以前他习惯于骤然全心投入一首诗中，边写边观察诗会如何发展，如果自己不满意其进展，就果断丢弃。[1] 没有人为他提出过有力的建议，告诉他提前草拟出一首长诗的大纲会有许多益处。夏末之际，他动身前往马盖特，想看看自己如果有空闲时间的话，能够做出点什么。他心中没有明确的计划，只是想仰仗场合，看看能有什么灵感。那几周他时间自由，没有别的工作，所以也就不能拿生计杂事当作精力分散的借口，恰在此时，他第一次感受到没有灵感降临的恐惧。对于后一年写出的《恩底弥翁》而言，他确实有一个寓言作为全诗的框架，但是就一首四千行的长诗来说，这个框架相当薄弱。直到他开始创作《伊莎贝拉》(1818 年春天)时，才学会在下笔之前就搭好故事的架构。

缺少题材并没有让他终止努力——确实这一情况并未发生——他的学徒生涯积累下了两个很大的优点。首先，关于写作的那些较为审慎和小心的经验，是从自我发现中主动获得的。这是后天努力习得的经

---

① 参见济慈对伍德豪斯说的话，见后文页 234。

验。除此以外,在写作的实际过程中去发展情节的需要,也会提升他总体写作的流畅度,并使他下笔迅捷,而这些都在他后来遭遇越来越强的打击和压制时,被证明是极有价值的,否则他就可能陷入不知所措的慌乱中。我们尤其会联想到他最为多产的一年——从一八一八年九月或十月开始:他的一个弟弟动身前往美国;另外一个弟弟生命垂危;济慈自己结束了北方的旅行,返程后他喉咙疼痛,从那时起,他的状况便逐渐
恶化;因《恩底弥翁》而受到的恶意人身攻击也开始出现。此时陷入自 61
怜自哀和裹足不前的可能性空前增强。而就在那段时间,他一直酝酿的伟大诗歌开始月复一月地稳步问世。

他完成的原始版《诗前序言样本》大致分为两部分,第一部分由开篇的不同变奏组成:

> 看呐!我必须要讲个骑士故事;
> 大片的白色羽毛在我眼中飞舞。
> 它们不像后来骑士头盔的饰羽:
> 而是以一千种优雅的方式蜷曲。

几行之后,他又写道:

> 看呐!我必须要讲个骑士故事;
> 因为我沉思时,长矛斜刺
> 划破清晨的空气。

意象环绕着基本的诗句——这句诗一再重复("而我必须要讲个骑士故事")——这种写法往往比别的方式更为生动:这句诗显然是意图的表达,也很可能是他开始创作之前脑海中唯一的具体细节。

当这些碎片表达过半,很显然故事不会出现了。坚定的断言让位于询问与探究,自我怀疑与充满希望和信心的瞬间交替出现,这便产生了《睡与诗》这部完成于七八个月之后的作品的主要兴味:“啊!我是不是该讲……不,不!这还很遥远……”接下来便出现了些微迹象,它们在不到两年的时间里,被证明有着不可预估的价值——以充满信任和想象力的方式来接近过去的伟大作家(这就回到了济慈写给马修诗信中的表述,“热爱天才的心”)——这种方式郎吉努斯也曾提倡过。济慈写道:“斯宾塞!你的眉毛似弯拱,稀松,和蔼。”他没有“担忧地……呼唤温柔的灵魂盘旋靠近 / 我大胆的脚步”。(我们不由联想到他一年后开始写《恩底弥翁》时对海登说的话:“假如想象莎士比亚引领着我,这个想法会不会太过大胆?”)

但是,在这些大胆自信的诗行之后,却没有进一步的内容出现,至少目前还没有。“自主神”亨特的《里米尼的故事》依然无可匹敌,甚至没有得到效仿。济慈还未能赶上亨特诗律那种快速摇曳的步子:相比之下,他的对句显得相当持重,甚至沉闷。济慈毕竟还是过于冒失了。斯宾塞可能会对下面的诗句感到惊奇:

62 别人的脚步
竟痴狂跟随你热爱的自主神
走过的光明之路;他会谈论
告诉你,我的祈祷多么温顺;
我会怀揣应有的敬仰,
惊异于自己奇特的伪装。
你将听到他的话。

《卡利多》的长度是《诗前序言样木》的两倍多,在这首诗中,济慈开始了新的征程，他可能在几天内就做出了规划。这一次，他显然打算完成一个故事——或者说，至少在诗中加入真正的情节发展。"卡利多"的名字取自《仙后》，他被描绘为一个尚未赢得骑士身份的年轻人：换句话说，冒险的旅程就在前方，并很可能会被记述下来。济慈现在决定，不要再拖延情节的发展；所以他在这首诗的第一行写道："年轻的卡利多在湖上击桨"（这会让人想起《仙后》的开篇，"一位高贵的骑士在草原上策马飞驰"）。不幸的是，卡利多击桨泛舟之余，还在欣赏风景，于是济慈立即又打开了描写的闸门。五十多行之后，诗中的行动才得以恢复。它的回归是以不可思议的速度突然迸发的。卡利多听到号角声传来，意味着他的朋友已到达湖对面的城堡，他疾驰过水面，冲进城堡，几乎跳着穿过大厅：

蜜蜂不会围着饱胀的桃子嗡叫
除非他轻舟的尖顶碰到
浸水的大理石台阶：
他走过台阶，步履轻捷，
几乎未停就开启折门：
沿着大厅与走廊的橡木地面
跳步前奔。

但就在这时，他听见外面传来马蹄声，于是又立刻跳着回到了庭院里，原来是两位女士来了。"多么美好的吻 / 他温柔地握了两位女士的手。"济慈在这里写了整整二十五行，他缓下节奏，表现出从亨特诗中捕捉到的一个特点：除了使用较为宽松且更加俗语化的对句之外，亨特喜欢将倦怠的懒散与一种急促的紧张结合起来，形成独特的组合，亨特希望用这样的方式在其创作的恋爱场景中，为情感注入生机和活力。在这二十五行诗里，卡利多帮助两位女士下马，但是“爱的低语”
63 让他“总是阻拦她们纤柔的双脚 / 触碰地面”。潮湿的水雾碰到他的脸颊：可能是露水，也可能是“惹人怜爱的泪珠”。不管如何，他都用“颤抖的嘴唇”“亲吻”了水雾，“娇柔的身躯”依偎在他的怀中。就在此时，克莱里蒙德爵士（Sir Clerimond）出现了，他把卡利多介绍给另外一位骑士——“威名远播”的冈迪伯特（Gondibert）。他们一同走进城堡，坐了下来，卡利多急切地想要“听听骑士的侠行义举”。每个人都或平静或微笑地看着彼此。夜幕很快降临：诗中用了一些笔墨来描写夜莺的歌声和月亮的初升。不过，济慈忘记给他的人物提供餐食，他突然结束道：“他们的睡梦真甜蜜。”这首诗后来被搁置下来，济慈为它取了个副标题——“片段”。这一百六十句诗十分令人泄气，因为尽管济慈极力想用行动和情节开篇，并希望能够将这种动态保持下去，但描写总是突然闯入，抑制住了行动；将行动再次带回的尝试只产生了荒唐可笑的节奏，因为这种速度只是诗中人物移动的速度，而不是诗的动态。

九

若想写出自己神往的长诗——或者任何一类长诗——他显然需要比现在更宽裕的时间。尽管这两次尝试都无果而终，五月还是带给他一些安慰。他的一首诗正要刊登出来，是由亨特本人在《检查者》周刊（5月5日）上登出的：就是那首以“哦，孤独！假如我必须和你同住”开头的十四行诗。这是他十一月初到博罗时写的，他当时带着孤独的情绪住在那里，与之相对比的，是心中所想到的开阔原野：

跳纵的鹿麋

把指顶花盅里的蜜蜂惊吓。*

到了第二年春天,这首十四行诗对济慈来说似乎还足够好,所以他才大着胆子把诗寄给了亨特,而亨特此时与他仍不相识。

现在,他自然想要写一些其他版本,来效仿自己发表的第一首诗,尤其是那首诗还强烈地表达了他心中不断浮现的某种愿望。自从来到拥挤的博罗,《失乐园》(第九卷,第445行)里的一句——"对一个长期囚禁于拥挤城市中的人",可能经常让他深感触动。将这句诗稍加改编之后,他便于六月开始撰写一首新的十四行诗。这句诗与全诗的其余部分毫无障碍地融合在一起;最后的四行有助于中和掉他对亨特的效仿——
如今他的效仿已与亨特本人十分相像——这几句去掉了亨特欢快、不拘 64
小节的随性风格("温雅而忧郁的爱情故事"——这里所说的故事,无疑是指亨特的《里米尼的故事》)。①

---

* 此处采用穆旦先生译本。

① 对于一个久居城市的人,
　　看看天空的明媚的面貌,
　　对着蔚蓝的苍穹的微小
低低发声祷告,多么怡情!
他可以满意地,懒懒躺在
　　一片青草的波浪里,读着
　　温雅而忧郁的爱情故事,
有什么能比这个更愉快?
傍晚回家了,一面用耳朵
　　听夜莺的歌唱,一面观看
流云在空中灿烂地飘过,
　　他会哀悼白天这样短暂:
它竟像天使的泪珠,滑落
　　清朗的气层,默默地不见。**

** 此处采用穆旦先生译本,根据上下文需要略有改动。

六月和七月初的另外三首诗写的也是相似的话题。他从一个叫查尔斯·威尔斯的年轻人那儿收到了玫瑰花作为礼物,威尔斯是个活力十足的十七岁红发青年,曾是汤姆·济慈的同窗,他沉迷于恶作剧。他送玫瑰花给济慈,可能是为了对一位有抱负的诗人表达顽皮的敬意,也可能是把玫瑰花作为求和的礼物,或者两者兼而有之。[①] 不论怎么说,济慈接受玫瑰花的时候心情不错,并在一首十四行诗中感谢了威尔斯(《致一位送我玫瑰的朋友》,6 月 29 日),他特别强调这份礼物意味着"不休止的友谊",另外利用这个机会更细致地描写了乡村漫步。直到汤姆死后,济慈翻阅弟弟信件时,才得知另外一个恶作剧的细节,这个恶作剧也是由早熟的威尔斯发起的,时间或许就在他给济慈本人送去玫瑰两三个月之后。威尔斯有可能在一位同谋的帮助下,给汤姆写了一系列长信,假装这些信是来自一个叫"阿曼娜·贝拉菲拉"的女孩,而这个女孩已经深深地爱上了汤姆。从留存下来的信(1816 年 9 月)来看,它一部分是用仿斯宾塞的语言写的,偶尔还会效仿济慈不那么欢快的措
65 辞。[②] 这期间济慈写的另外一首十四行诗(《哦! 我多么爱》)描写了他

---

① 按照理查德·亨吉斯特·霍恩(1843 年的长诗《俄里翁》〔*Orion*〕的作者,他也曾是恩菲尔德学校的学生,与威尔斯和济慈兄弟是同学)的说法,威尔斯冒犯了济慈之后,送去玫瑰花表示歉意;但是他可能把这件事与上文提到的争吵混淆了。需要补充的是,威尔斯后来成为海兹利特的朋友,他写过一部模仿意大利中篇小说的作品《模仿自然的故事》(*Stories after Nature*, 1822)以及一部诗剧《约瑟夫与他的兄弟》(*Joseph and His Brethren*, 1823)。这部诗剧乏人问津,直到罗塞蒂将它重新发掘出来。

② 济慈得知威尔斯的所作所为之后,坚信汤姆是发现了威尔斯搞的恶作剧,才健康恶化。从留存下来的信件看(参见多萝西·休利特,《约翰·济慈传》〔*A Life of John Keats*,第二版,1949〕,页 377–381),汤姆真正上当受骗的可能性仍存疑。他被蒙在鼓里的时间不会太长;而济慈因弟弟的死,过于悲痛,且被信中隐射他早期诗作的做法所激怒,这可能导致他过于仓促地下了结论。关于威尔斯对济慈诗句的戏仿(如:"你应配上高贵的布里托玛耳提斯曾挥舞的剑"戏仿了济慈的"你带着布里托玛耳提斯的盾牌吗",在上文引述的济慈给马修的诗信中有这一句),参见罗伯特·基廷斯,《约翰·济慈:生年》(*John Keats: The Living Year*, 1954),页 120–122。汤姆去世之前,济慈和威尔斯的关系一直很好,尽管威尔斯有些盲目自大。济慈把写给威尔斯的十四行诗收入了《诗集》(1817),并送了一本给他,上面写有一行(转下页)

从医院"暂避"回到乡村的时光,这段时光可以让他偶尔写写诗。不过,当他开始对已刊登的《哦,孤独》十四行诗做第三次改写时,他陷入了废弛的重复之中。正因此,他在第一本诗集里放入了这一时期的另外几首诗,却删去了那首改写。最后,他为第四首诗草草写下了一些描述性的诗句——大约有五十到一百行——并将之扩展成开头为"我踮起脚尖站在小山上"的诗节。李·亨特后来了解到,这些诗句是有感而发,灵感源于"一个愉快的夏日,[济慈]站在一扇大门边,门是从汉普斯特德荒野的炮台通向卡昂林地旁田野的通道"。

十

考登·克拉克在这一时期曾与济慈交谈,之前他一直以为济慈是自愿进入医院工作的。济慈迄今为止从未发过一句怨言。然而,当克拉克注意到他"将心中所有的情绪都融入想象性写作,显然写作现在已经笼罩了他的全部身心",克拉克开始更仔细地询问"他对未来是否有所倾向"。济慈这时

> 毫不掩饰他不能全心认同解剖科学、将之视作自己主要志业的想法;因为他在描述自己不适合做医生时所使用的表达,是非常典型的。为了证明自己的观点,他说道:"比如,有一天课堂上,一束阳光射进了房间,一大群造物在光线中沉浮;我跟着他们就去找奥伯龙和仙境了。"然而,尽管他自称不适合学医,我却听说他在随后的考试中表现出令同学们惊奇的造诣。[①]

(接上页)绵里藏针的题字:"约翰·济慈送给他的年轻朋友威尔斯"。

① 《作家回忆录》,页 131–132。

此外,克拉克还继续强调,假如济慈愿意,他完全有能力用清晰且“专业精确”的话语来谈论外科手术。

66 事实上,他想要离开博罗(至少一段时间)的想法越来越挥之不去。他急于逃离的念头可能表现为对乡村的怀念——正如他所写的十四行诗。这完全是可以理解的。他八岁之后的大部分时光都是在乡野或村庄附近度过。当然,假如回到乡村,他就得一个人生活了。但若他真的想要好好写作,便别无选择。与乔治和汤姆一起住在艾比的账房里,绝不是办法:那里拥挤、嘈杂,让人难以集中精神;此外,艾比还总在他附近转悠。总之,孤独不是他此刻最为挂怀的问题。

第四章　希望之旅(1816 年夏)

一

一八一六年七月二十五日,济慈来到药剂师公会参加了一系列考试,只要通过这些考试他就能够在年满二十一岁时,成为一名执业药剂师。① 67

考试结束后,他立即动身前往伦敦东南边七十英里左右的沿海城镇——马盖特。十月底他就要满二十一岁了。除了那些有机会进入大学读书的幸运儿之外,大多数与他年龄和社会地位相仿的年轻人,要么已经开始在某个行业试水,要么就是在为从事某个职业做准备。当然,济慈也已为这样的职业起点做了五年准备;他甚至提前完成了药剂师公会的考试。他几乎不太可能把诗歌当成一个真正的人生选择。他已写完的几首诗仍不值一提。不过,另一方面,他有差不多两个月左右完全自由的时间。不管如何,他都需要等到十月三十一日成年后才能

① 药剂师公会的登记条目被影印收入洛厄尔的《约翰 · 济慈》,第一卷,页 154。通过考试的考生名单也于同年年底刊登于《伦敦医学档案》,第六卷(1816),页 345。济慈是七十一个合格考生中的一员,他的考官是埃弗拉德 · 布兰德,著名化学家威廉 · 托马斯 · 布兰德的哥哥。(黑尔-怀特,《作为医生与病人的济慈》,页 32)

真正从事药剂师或外科医生的工作。艾比愿意提前支付一笔钱给他，够他在这段空档期度个假。

他无疑选择了马盖特，因为他曾听说这是一个度假胜地，且马盖特就在海边。这个经历将是一次全新的体验。不过，他肯定不知道时髦的海滨胜地是什么模样；而马盖特正是这样一个地方，尽管其人口仅略多于六千人。沿着海岸线，一共有七间“洗浴室”。按照一年前某本旅行指南上的描述，人们可以从这些洗浴室进入一台四轮“洗浴机”，洗浴机
68 会“在谨慎的引导之下向海里开两三百码。每台洗浴机上都开了一扇小门，门打开后，洗浴者就可以顺着梯子进入水中：一个伞状物会同时下降到水面，使洗浴者免于暴露在公众目光之下”。[①] 一七八七年，马盖特建了一家剧院。不论济慈住在哪里，这座城镇北部的高地——以其广阔的风景闻名——显然是他经常光顾的地方之一。

当他从行李中取出书本，第一次环顾四周后，便很快产生了思乡之情，想念起他的弟弟们。他自然提笔写信给他们，告诉他们自己身处何方，还鼓动汤姆来看望自己。也许因为汤姆差不多两周后就来了，且跟他在一起待了一段时间，所以济慈将八月份创作的两首诗（或者说，迄今为止我们仅知的两首）写给了他的弟弟乔治——一首十四行诗以及一封用对句写成的长诗信（一百四十二行）。

十四行诗《给我的弟弟乔治》可能是济慈到此时为止写出的最好的诗。他如今已不再遥寄拜伦，因为他其实从未见过拜伦，而且他那时甚至还没开始理解拜伦。他也不再就着抽象概念练笔，比如之前的《咏和平》。他的马盖特十四行诗，反而与以前的两首描述性十四行诗（《哦，

---

① 《克罗斯比袖珍地名全录》（*Crosby's Complete Pocket Gazetteer*, 1815），页324–325。更详尽的描述可参见爱德华·布雷利，《英格兰与威尔士美景》（*The Beauties of England and Wales*, 1808），第八卷，页956–966。

孤独》和《对于一个久居城市的人》)更为相近,那两首诗是在见到博罗拥挤的小巷和伦敦桥上来来往往的交通之后,触景生情而发。马盖特十四行诗的差异在于,现在打动他的不再是记忆中米德塞克斯的乡村风景,而是一种新的、即时的体验,尽管这种体验是关于有限可能性的。这首诗的第一行就很典型——"今天我看见的奇迹很多"。接下来,他用比早先的十四行诗更为简洁的语句,快速列出风景一览:马盖特的旭日和意蕴丰富的大海(它的"广阔",它的"海船、巉岩、洞穴、憧憬和忧惧",以及它指向过去和未来的"神秘"力量)。最后的六行试图与前面的八行之间划出一个平整、符合惯例的分界线,所以它们转向了他正在创作的时间——夜晚时分,一个孤独的时段——最后诗歌收束道:

> 唉,但天空和海洋的奇迹
> 算了什么,若不是联想到你?*

二

济慈在马盖特期间所写的诗中,都可以发现一种刻意寻找主题的尝试。主题并没有自动涌入他的脑海;当然,它们也没有理由就那么自发浮现。我们毫不奇怪他希望于这两个月的闲暇时光中,寻找机会磨炼自己,与此同时,他怀着一种信念,相信时空的变化能够鼓舞他努力,至少把他从惯性和陈腐的联想中解放出来。最终,他陷入这样一种境地,他很可能确实是这么想的,那就是:假如写不出东西来,他就只能怪自己。马盖特可能带来一些新的主题,但是一旦列举出所有的"奇迹"后,他便 69

* 《给我的弟弟乔治》一诗的译文选用穆旦先生译本。

发现仅靠列举性的描述还远远不够。我们不由联想到两年后(1818 年 7 月 3 日)他从苏格兰给妹妹范妮写的打油诗,其中的一部分前文已引述过。诗的结尾是这样的:

从前有个顽皮的男孩
　　顽皮的男孩就是他,
他一路跑到苏格兰
　　想看看那儿的人——
　　　　却发现
　　　　那里的土地
　　　　一样的硬;
　　　　那里的院子
　　　　一样的长;
　　　　那里的歌儿
　　　　一样的乐;
　　　　那里的樱桃
　　　　一样的红;
　　　　那里的铅块
　　　　一样的重;
　　　　那里四个二十
　　　　一样是八十;
　　　　那里的门扉
　　　　一样是木头
　　　　跟英格兰一样样——
　　　　他只好杵在
　　　　　　自己的鞋里,想啊想,

想啊想
杵在自己的鞋里
想啊想。

马盖特之行真正的任务仍未完成，随着时间的流逝，他开始心急如焚。这次勇敢的旅行被寄寓了人们都能够理解的憧憬，它对济慈来说 70
意味着特殊的紧迫性：这是决定性的时刻，或者至少有可能成为决定性的时刻。紧迫感当然能激发人的斗志，但也可以令人瘫软、无法动弹。当我们没有一个明确的目标时，紧迫感就特别容易让人束手待毙。创新不会凭空而来；特定环境和目标的摩擦通常是必要的。我们可以换个比喻，让这句话的意思更清楚一些：假如心中没有柯尔律治所说的“港湾”，那么哪个风向更适合航行便无从谈起。仅有一个关于“写诗”的大致理想，那还不能算“港湾”。它可能——也确实会——导致人漫无目的地往许多个方向走。因此，正如济慈一个月后写给考登·克拉克的诗信所云：

破碎的船，断开的桨，借来的帆
我慢慢航行，不知去向何方；
我仍在用手，一捧捧地舀水。

身处这种情形之下，济慈在马盖特期间所写的诗自然会转向诗歌本身——转向写诗的使命、理由和目的。此外，它们是关于想要写诗的诗，仿佛他在无意识中要抓紧心中的理想。特别值得注意的是，他回伦敦之前打算写的两首诗是两封书信，一首给他的弟弟乔治（写于八月），另外一首是给考登·克拉克的（写于九月）。事实上，假如心中缺少想象的读者，几乎没人能成功地写出好作品来。人类是热爱交际的群居动物，在神智正常的情况下，我们很难只对着自己谈论紧要的事。因此，还未经受过考验的青年诗人尤其需要想象的受众。所以，济慈将第一首诗写给了家中最亲密的两个成员之一——济慈家除了他本人以外年龄最大的孩子（时年十九岁的乔治）——第二封诗信写给了一个直率、亲切，还有点糊涂的人，那人在他即将离开学校之前曾给予关怀，尤其是埃德蒙顿的孤独岁月更是承蒙他的帮助才得以捱过。假如没有他们——或者说，没有像他们这样的人——在此趟勇敢的马盖特之旅中，他要么不会写作，要么就算写也不会那般积极。

三

在写给弟弟的第一首略显沉闷的十四行诗（就是那首像“奇迹”一览表的诗）之后，诗信《给我的弟弟乔治》揭示了真实的状况。这封信
71 以一个相当诚恳的坦白开篇，诗信的第一行与十四行诗的第一行（“今天我看见的奇迹很多”）恰恰相反：

> 我度过了许多沉闷的时光，
> 头晕脑胀，精神惆怅
> 沉重，浑浊。

这种迷惘、绝望的情感源自在新环境中也“未能抓住”任何思绪的恐惧。他如今远离盖伊医院旁边拥挤的小巷，能够望见天空“最深处一片片的闪电挥舞而来”，或是躺在草坪上，在星光之下，“努力像神一样思考”。但是，遗憾的是没有什么灵感跃入他的脑海，他开始焦虑这期待已久的环境变化最终可能无法产出任何成果（他无疑已经等待了一两周，但还

没有等来灵感)——他害怕自己将“永远听不到阿波罗的歌声”,而乡村景色也无法“教会我唱乡村歌曲”。

这封诗信大致可以分为四个部分。正如我们前面提到的,第一部分以极其和煦的方式将自己的处境展示给友好的读者,并由此形成了某种主题。第二部分总结了他所读到或听克拉克讲过的诗歌评论:那便是诗人可能看到“奇迹”。在此处,他填充入四十七行。(济慈可能是第一个将这种情境坦率表达出来的诗人;不久之后,他就提到了一种渴望——作为创造力的“检验”,他被迫“[在《恩底弥翁》中,]就着非常勉强的情境创作四千行诗,用诗意来填充它们”。)想象“奇迹”提供给“诗人生活的乐趣”——这种可能性得到了李·亨特等权威人士的肯定,亨特的别名是“自主神”(济慈写道,“从骑士斯宾塞到自主神都说过这个道理”)。但是从这些好处中,“诗人”能为后代留下什么呢?提出第三个主题后,济慈用三十九行诗句描绘了一位垂死的诗人,他看到自己的诗将从方方面面造福人类。在诗信《致乔治·菲尔顿·马修》中,政治自由主义主张已经与神话和新古典主义元素相融合,此处它再次浮出纸面。心中的“爱国者”被诗歌点燃激情,为他的诗在“上议院”唱响的方式而心潮澎湃:

大声地唱出我的韵律
把君主们从梦乡惊醒。
贤哲将每个道德主题
与我巧妙精炼的思想融合。

这中间还应穿插有“短抒情诗”,就像蛋糕上的糖衣,用来温暖有情人,或者读给孩子们听;诗人在垂死的时候,有资格欢欣鼓舞:

72 就在我劈开长空之际，
我柔和的诗句将迷住你美丽的女儿，
温暖你的儿子！

这与他三年后在《海伯利安的覆亡》中提出的强有力的质询相去甚远。在那里，诗人全然处于守势，一种让经验务必简单的意识贯穿一切：

你能为自己的部族，为全世界，
带来什么？你只会做梦而已。

然而，假如一开始就提出这样的问题，那就只能裹足不前了。约翰逊曾提到我们所有人，特别是作家，与堂吉诃德是多么地相像——都夸大和粉饰自己事业的重要性和回报，并生活在未来之中："内心告诉我们，堂吉诃德并不比我们自己更荒谬，只不过他**说出了**我们放在心底的想法。""人类心灵自然的飞行方向不是从愉悦到下一次愉悦，而是从希望到下一个希望。"但是与此相对的是，正如约翰逊所提醒的那样，假如人们不去放大自己所从事事业的重要性，并想象它在"灌输和影响他人心灵"方面的成就的话，许多事业便根本不可能实现。济慈在诗中写道，倘若他能熄灭自己"疯狂的野心"，那么他就会更快乐。他已经意识到自己的野心是"疯狂的"：因为他从零起步，而在他看来，自己如今也并没有从事什么重要的活动。当他对乔治说出下面的话时，他不仅在表达谦虚，同时也试图接受现实：

尽管没人留意，我的十四行诗，
你能读一读，我还是很欣喜。

身处马盖特,至少他可以说,“为你草草写下几行诗”是一种“平静的享受”。信的第四部分(第 123–142 行)呼应了给乔治的十四行诗(“即便现在,亲爱的乔治,我为你写下这封信时”);它是这样开始的:

即便现在,我枕着一片花床
它覆在高高的悬崖之上,
崖壁尖耸,俯看海浪。

从此处一直到诗信的结尾,一共十七行,基本上是以对句的方式重写了“今天我看见的奇迹很多”这首送给他弟弟的十四行诗。

四

之所以用相当长的篇幅来探讨这首重要的诗,是因为现在我们第一次触及济慈本人未来将越来越频繁面对的核心问题。诚然,这个问题在三年之内会变得更加复杂,他的理解也益发敏锐,更富洞察力,但无论最开始的思考是多么地基础,这个问题的本质是一样的。 73

济慈怀揣着坦诚的疑虑,除了缺少主题的“感觉”之外,他几乎没有其他能用的诗歌主题,但他还是设法获得了某种突破。这是他在整个创作生涯中不断实现的突破,而作为范例,它也与过去两个世纪诗人整体在创作上坚持不懈的努力有一定的关联。对这位刚健、不太有书卷气的诗人来说,他的主要灵感是文学作品给予的——他的理想、标准和经验皆是如此(尽管他所拥有的经验很少)。他必然会联想到的推论,就是相较之下自己所能提出的创新是多么地微不足道。这是十八世纪伟大作家曾感受到的可怕的遗产,对他们的后继者来说,这些遗产就更加令人恐惧。正如普林尼所说,若前任的政绩十分突出,后继君主的统治责任就变得益发沉重。我们将在后文频繁地回顾这种巨大、令人举步维艰的窘迫之感,它伴随着浪漫主义的兴起,威胁着维多利亚时期的诗人,到了二十世纪则越发猛烈地制约着诗歌的生命力和创作视野。这种窘迫感的产生在于:过往诗歌的丰厚积累——正如十八世纪所切实见证到的——既可以是福祉,也可能是诅咒。正因此,两年后,在一个沮丧绝望的时刻,济慈告诉他的朋友理查德·伍德豪斯,他觉得“现在已经没有什么原创的东西可以写进诗歌里了;财富已被耗尽——所有的美都被人占了先”。[1]

不论我们是否情愿,过往文学的巨大遗产终究会落到我们手中。我们无法将它转赠。除此之外,它还随着每一代人的逝去不断增加。我们不可逃避地从它出发,并经常需要凭借它来创作。然而,即便我们拒绝无力的退缩,并尝试在遗产的基础上创作,但需要面对的问题还是会立即浮现:当我们习惯性地(几乎仅仅)从过去伟大文学的想象中汲
74 取养分时,它是否还能让我们创造出更多具有同等价值的诗歌?正如海兹利特所言,亚里士多德式的悲剧**净化**“用人为和智性的兴趣替代了真正的激情”;若确如此,那么

> 悲剧将和喜剧一样,必然击败自己;因为它的原型必须源于心中真实的模型,是从感受和观察中得来的;悲剧的素材不可能在其惯常的观众中找寻到,因为他们的兴趣和激情都不是自己的,而是想象出来的、遥远的、感受到的、抽象的。我们多半由此得出结论,悲剧缪斯的最高成就通常是最先行的;在其中,自然的强烈冲动不会因艺术的提炼和打磨而消逝。[2]

---

① 《济慈书信集》,第一卷,页 380。

② 《论现代喜剧》(“On Modern Comedy”),最后一段。

对济慈来说，海兹利特的批评见解是“这个时代最令人欣喜的三件事”[1]之一，他将对上述领悟产生无比强烈的感受。不过眼下，我们只是想强调，尽管济慈在接下来的三年中渴望以极富想象力的、生动的方式来面对普遍经验，但是正如前一个世纪的大多数诗人一样，他的主要推动力是源自书面的；尽管这种自我意识可能意味着各种阻碍和不利因素——他仍旧设法以稳定的速度取得了进展。济慈对后世诗人的吸引力在于，不管怎么样，他总是能建设性地运用困境。

济慈在马盖特的两个月期间所做的努力，对一位年长的诗人来说，可能会显得轻松、简单。毕竟他的第一次大型尝试面对的只是自己那位年仅十九岁、在潘克拉斯巷账房工作的弟弟：这位读者原本就有情感倾向，也不甚老练。在这首诗中，他只是写下了自己的绝望、自我告诫、在诗歌创作上的自我鼓励，或者说他所认为的诗是什么样的；其中的许多想法都来自李·亨特和考登·克拉克等人。最后，他在诗的结尾处重返这些问题，事实上，他将《“今天我看见的奇迹很多”》这首送给他弟弟的十四行诗重新打造了一番。考虑到他以前写过的东西非常少，他缺少真正的主题，而这种特意、自觉的尝试也可能对他未来的创作产生巨大的、带有威慑性的效果，从这个角度来看，这首诗确实已初具规模。两年后（1817年10月28日），济慈说了这样一句话：“伟大的诗人是否写过短诗？”该问题背后的假设将一直伴随他到人生的终点。不过，不管怎么说，他现在已经写满一百四十二行。假如现代最伟大的两三位批评家之一见到这首诗，便立刻会理解这一成就的意义。沃尔特·司各特爵士在 75
谈到约翰逊的诗《人类欲望的虚幻》（“The Vanity of Human Wishes”）时曾说，这首诗“常常让那些已无法再为表面感伤的文字流出眼泪的人热泪盈眶”。约翰逊自己论及这首忧郁而有力的诗时，也承认曾用手指点

[1] 《济慈书信集》，第一卷，页203。

着空白处去数已经完成了多少行，以及还有多少行尚未写出。

五

受到这一成就的鼓舞，济慈自然又趁热打铁，于是他在九月份写下之前我们提过的诗信《致查尔斯·考登·克拉克》。从某种意义上说，这封信是对他写给弟弟乔治的信的重写，只不过这一次他的焦虑有所缓解。给乔治诗信结尾处所表露出的那种描述事物的热忱，在这封诗信的开头就展现了出来。这首诗至少还有两个非常突出的特点是前一个月的诗信所不具备的。尽管这可能是济慈第三次炫耀式地提出：

爱国者坚定的责任；
阿尔弗雷德的力量与退尔的长矛，

并将之与古典神话中各个偏僻角落的典故相交错，但在此，他有更好的机会去操练具体的描述。也就是说，他能够更具体地触及压在心头的东西：他读过的诗——这些诗克拉克也读过，事实上正是克拉克第一次向他展示了这些诗。借由它们，他感受到了全新的措辞上的精妙，例如他这样写道：

斯宾塞元音不费力就会溜跑，
像夏日海洋上飞翔的禽鸟；

还有之前我们引用过的诗行：

谁为我朗读十四行诗,它汩汩上涌
至最高潮,随后骄傲地枯窘?
谁带我发现颂歌的宏伟,
如阿特拉斯,因肩负重担而愈发雄魁?

除却具象描述的可能性(不论这种“具体”仍多大程度上显得文学化),这封诗信中还包含一重个人的戏剧,虽然它的运用可能是无心之举。这个启发也许是个人的——但是它的意义却包含了普遍的关联——这个戏剧性就是发现世间有敞开着的大门——这些门,正如我们前面提到 76
的,是克拉克帮他打开的。同样的感受将在他几周后所写的十四行诗《初读查普曼译荷马有感》中得到生动的再现。

六

这两封诗信以及此后一年济慈诗歌风格的外部特征,将留待后文简略分析。现下,对我们的传记来说,更重要的议题是济慈竟如此渴望创作篇幅更加宏伟的非抒情诗。与他同时代的诗人——或许自弥尔顿以降就再也没有哪个诗人——能够在气势磅礴、形式丰富的抒情诗上与济慈相匹敌。然而,就在他撰写颂歌的同时,特别是之后的几个月间,他朝着十八世纪所谓的“更伟大的文类”——尤其是诗剧——昂首进发,至少他满心怀着这样的希望。从一开始,也就是我们所谈论的那一年和后来的一年中,他都急切地想要寻找一种比抒情诗更宏伟的形式。当然,此时,这种迫切并没有被精确地感受到或是表述出来。然而,前人诗歌的广博无疑造成了极大的压迫感,令人不得不去思考如何面对挑战;这类冗长、喋喋不休的创作形式的出现(比如从前一个世纪那些老练、自觉的作家手中继承下来的诗信形式)便是一种及时的恩惠。

在过去的半个世纪中,济慈的诗艺得到了积极广泛的研究,以至于如今没有人能够模仿前一代人所创作的传记——比如西德尼·科尔文爵士和艾米·洛厄尔写的传记——并在其中提出对济慈每个阶段文体风格演变方面或详尽、或宏观的探讨。唯一可行的策略就是做最简要的概括。这种情况,在我们专注于济慈早期诗歌的各类风格时,显得尤其突出——也就是说,具有弥尔顿式庄严风格的《海伯利安》之前所创作出来的诗歌,特别符合这一情况。《海伯利安》于一八一八年秋天将他带入人生中最具创造力的一年。而他早期的诗歌,总体来说,在用语风格和诗法上与二十世纪更为严肃的旨趣相差甚远。李·亨特的诗以及另外一些济慈早期曾模仿过的诗人之作,对我们大多数人来说意义不大。事实上,到了二十世纪初,它们几乎代表了新观念下诗歌应该避免的一切:松散,感伤,逃避现实,以及过于明显地使用习语。然而,站在更高的批评层面来看,这个问题就有了长远的关联;站到那个层面上,惯
77 用语的差别——在水平如此平庸的诗歌中——就显得不那么重要了(恰如圣伯夫所言,“没有什么比肿胀看起来更像空洞了”)。

对大多数初出茅庐的诗人来说,较受追捧的模仿对象——至少在他们的同时代人中——基本上并不比济慈所选择的模仿对象更佳,不论这些人在风格上显得有多大差异。正是这种共性的经历,以及济慈得以涉渡并超越此经历的能力,让人们对他的早期诗歌风格产生兴趣。因为在结束了最早那种不温不火、幼稚的十八世纪晚期风格诗歌之后,从此时一直到一八一七年的《恩底弥翁》,他早期创作的一个主要特点就在于极尽可能地尝试各种手法和技巧,以期完成对十八世纪各类风格标准的背离。他几乎把亨特做过的所有尝试都做了一遍,只不过他更加大胆,走得更远。从某种意义上说,亨特与他那派诗人所选用的风格,类似二十世纪早期作家那种较为常规的尝试,即尽可能地与维多利亚或爱德华

时代的作家保持距离。每当诗歌风格要发生重大转变之前,都会出现一些小型前哨战——通常与主战不那么容易区分——但是前哨战的主要做法从本质上来看都是消极的。诗歌理想至少部分与五十年前的旧观念截然相反。在整个十八世纪后期,诗歌观念发生了缓慢、大量的间接变化。然而,亨特和他的追随者仍沉迷于对抗蒲柏,与历史并无二致的是,他们的争论也主要纠结于琐碎细节。我们不由联想起约翰逊关于托马斯·沃顿的评论——仅仅靠转换词序,说"夜晚灰色"而不说"灰色夜晚",沃顿就认为这样的写作已添新意,仿佛"不写散文肯定就是在写诗"。而在济慈身上,最令研究诗歌风格的人感兴趣的是,济慈最开始也同所有年轻诗人一样,在一个激进转型的时代写诗,他在起步阶段的主要做法也大致是消极的;他津津有味地做着这类尝试,至少到他写《睡与诗》和《恩底弥翁》时情况仍是如此;后来他变得越来越积极,自然也越发富有创造性;一年半之后——也就是一八一八年秋天——他几乎已全然超越了最初的狭隘之风。

七

任何有关济慈早期诗歌风格的讨论——无论多么马虎——都必须为李·亨特留下一笔,尽管亨特对早期济慈的影响已成为英国诗歌史上人 78
所共知的陈词滥调之一。当然,济慈早期诗文中也明显可见许多其他影响。[①] 他的十四行诗,除了零星可寻的些许弥尔顿痕迹之外,倾向于模仿当

① 关于这一问题,最具广度的研究仍是芬尼的《济慈诗歌的演进》,第一卷,页28-322。切入点更小的细部研究包括维尔纳·拜尔的《济慈与魔王》,关于诗法的探讨可参见我的《济慈风格发展》,第一部分。

时最新的风潮——即十八世纪晚期十四行诗作者的普遍风格。他用英雄双韵体写的长诗,尤其是诗信,则跳过了十八世纪,回溯至十六世纪末和十七世纪初的风格:这显示出他读过迈克尔·德雷顿的书信以及威廉·布朗的《不列颠田园诗集》(*Britannia's Pastorals*)并受到了它们的影响。

不过,济慈一八一六年夏天之前的大量诗歌,以及从马盖特之夏一直到《恩底弥翁》时期乃至一八一七年的诗歌,受到的主要影响还是来自亨特。这个影响不仅是普通意义上的文学影响,还包括更具心理意义的影响,所以我们需要对此多花些笔墨探讨一番,尽管我们的主要关切还是济慈的一生。至少在某种程度上,亨特的早期影响与后来弥尔顿和莎士比亚对他产生的影响相类似(从这个角度来看,斯宾塞对他的影响不属于这类——不论斯宾塞的影响在其他方面显得多么强烈);亨特的影响之所以重要,就在于它鼓励济慈不断创作——给他树立了一个积极的榜样,让他产生共感,而济慈在相当长一段时间里创造性地认同这种感觉。站在这个角度来看,亨特的影响无疑是有价值的。

济慈早期诗歌中随处可见亨特那种令人不快的矫饰风格,但这并不是坏事。人们常说这种矫饰令济慈早期诗歌"损毁失色"。但这反而意味着济慈的早期诗歌可以独立存在——也就是说,就算这些诗不是济慈写的,我们也会回顾、阅读它;它们本身已足够好,所以我们才会感觉其因某种矫饰而"被损毁"。从根本上讲,我们必须从影响所释放的能量以及它在多大程度上能够帮助一个人独立前进来判断其价值。大多数老师最终也是以这样的标准而得到评价。济慈从亨特身上获得的巨大好处在于,亨特作为一个榜样并没有抑制济慈的创作,反而激发他不断写诗。除此之外,亨特是一个未来可以被超越的榜样——换句话说,能否超越他取决于学生的能力。诚然,他造成青年济慈在某些方面显得缺
79 少节制;但正如约翰逊所言,"过度"总比"不足"好。因为"拿走多余的东西总比填补缺陷"更容易;"羞怯是一种更加顽固和致命的心灵疾

病”;“越过中点的人……比能力不足而失败的人,更有希望”。济慈把自己撰写《恩底弥翁》比作“一头扎进海里”的说法,也表达了相近的意思,勇敢地去写总比“待在海岸上”“喝茶之余听取人们送上安逸的建议”能学到更多的东西。

济慈撰写那三封给马修、乔治和克拉克的诗信时,还没有见过李·亨特。但他仍在恩菲尔德学校读书时,自由派倾向的约翰·克拉克已经订阅了《检查者》;正如前文所述,他与儿子考登·克拉克都是亨特的崇拜者;济慈拿给考登·克拉克看的第一首诗正是名为《写于李·亨特先生出监之日》的十四行诗。他把这首诗交给克拉克的时候,自信抵消了他的羞怯之情,因为年轻的济慈与他的引领者克拉克都怀有同样的自由主义热情。完成那首十四行诗之后一年半,济慈终于见到了亨特,崇敬之感因为私人友谊而得以稳固;济慈的第一本诗集便是题献给亨特的。亨特的部分诗歌风格也可以从他生活的其他方面感受出来。一个生动的例子——当然它可能不那么恰当,因为有些极端——便是他因《检查者》中攻击摄政王的文章而被关押至监狱,其间发生了一些事情。亨特获准带着妻子与孩子一起住进监狱,同情他的艺术家和作家也前去看望他。他被允许使用自己的藏书;他很好地利用了这一点,花了大量时间翻译意大利诗人的作品。他经常入不敷出,还把监狱房间的墙壁贴满画有玫瑰花缠绕藤架的壁纸;这座人造凉亭的天花板也涂成了天空的模样。毗邻的院子装点成了花园。亨特身上带有米考伯式的性格*,这点在他早年尤其突出,生活中欢快、乐观的精神也进入了他的诗歌风格。正因此,英国诗歌中常见的哀婉愁绪——这种愁绪通常存在于更慵懒的性情之中——被亨特赋予一种全新的表达方式。倦怠和柔情变得活泼;

---

* 米考伯是狄更斯的小说《大卫·科波菲尔》中的一个人物,他生性乐天,虽然债务缠身,但总能在窘迫生活的间隙及时行乐。

它们以如同早期幻灯片快速更换卡片的风格被展示出来,并配以口语化的评论。在《里米尼的故事》中,十七世纪斯宾塞式的牧歌风格以及从
80 意大利浪漫传奇(romance)中提取的骑士形象和情感,都用英雄双韵体表达了出来,但他的双韵体有意识地想摆脱蒲柏那种封闭的对句写法。在他的诗中,随处可见灵活多样的停顿、第二三音节无重音的多音节韵、两个音节押韵的双韵以及其他蒲柏诗歌中难得一见的变体。

简言之,亨特的目的就是要用轻松愉快的方式表达深思审慎的情感。所以他使用了很多含混的说法("修剪的腰肢""蹑手蹑脚的样子""一千个微小的沉寂");用非常独特的方式将动词变为形容词("散开来的光"),或者把名词变为形容词("火焰心的平静","你的一座小山闪闪亮,鼓鼓囊");或者是将分词变形为副词("碾压地""颤抖地");此外还有其他一些带有个人癖好的写法,济慈对它们的继承和使用甚至比亨特本人更甚。亨特的诗中还可以发现大量陈腐的用词,通常是名词(如"奢华享受")或形容词("鸟儿歌唱芬芳的时光")。最后,亨特的诗还有一种人们只能称之为"自诩的机敏"的特性,它在口语化的实践中出现,当诗歌处理严肃主题时,这种特点显得最为耀目。人们经常引用《里米尼的故事》中的一个例子。弗朗切丝卡的父亲已知道,尽管她

> 准备去尽责,
> 哭诉遭阻塞,
> 她对结婚心如铁。

另外两组对句也迅速展现出这种语气:

> 他毫不算计甜与酸;——
> 但好一阵郁郁寡欢

……………

他伴她读书，骑马，放鹰打猎，
在宁静的夜晚闲话喋喋。

当然，我们并不是要针对亨特做出一个全面的评价——即便这个评价可以在一两页的篇幅中完成。我们只是迅速注意到，这些风格特点在济慈早期诗歌内得到了广泛而积极的运用，甚至比亨特本人用得还要频繁，这样的做法很有价值：因为它们提供了一些词汇、一些习语，推动着他流利地下笔，而在这个过程中，他学会了建设性地自我批判且变得越来越自主。济慈此时使用“y”结尾的形容词甚至比亨特本人用得还要多（“草坪的”“球形的”“花朵的”“巨浪的”）；他使用了大量从分词衍生出的副词（“咕咕低叫地”“拖延地”）；他还喜欢重复运用特别偏爱的词汇，只不过他更倾向于抽象名词——这是从乔治·查
普曼那儿学来的（“憔悴”“轻柔迷醉”）；此外他还会使用亨特所谓的 81
“奢华之物”作为保留道具（“粉色长袍与波浪似的头发”；“灵魂”在“愉快的窒息中迷失”）。至于活泼、口语化的灵活表达，从早期的《关于女人的三首十四行诗》（“上帝啊！她像咩咩轻叫的乳白羔羊”）到《恩底弥翁》甚至是后来的《伊莎贝拉》，作为亨特学徒的济慈也留下了许多类似的写法。

八

正是在诗歌格律方面——从早期的对句到《恩底弥翁》的创作，济慈与亨特的关系如此令人惊异。这是文学史上最生动的例子之一，即学生模仿的与其说是老师实际的写法，不如说是老师心中理想的写法。

卓越的移情思维让济慈在转向弥尔顿之后，迅速抓住了弥尔顿格律的精髓，并在两个月之后就写出了自弥尔顿本人以来，最具有弥尔顿风格真章的诗。正是同样令人瞩目的敏捷思维让他在此时，牢牢地抓住了亨特所渴望的理想写法。因为一八一六年二月《里米尼的故事》出版之前，虽然亨特倡导过对句的写法，但济慈还从未见过真正的模本；《里米尼的故事》也不过是在亨特所倡导的理论基础上做出的和缓尝试。在《诗人的盛宴》(*The Feast of the Poets*)中，亨特花在注释上的笔墨比诗歌本身还要多；这些注释要传达的信息便是撬开或者破坏蒲柏所使用的对句，事实上也就是做一切蒲柏想要尽量避免的事。在一八一六和一八一七年的诗歌中，济慈按照亨特开出的“药方”实践了起来，他甚至达到了亨特或许设想过但却从未真正实践过的高度。[1] 济慈原封不动地模仿了亨特的一个特点，那便是行中停顿的使用。[2] 这是济慈在模仿时经常出现的情况，显示出他对诗歌节奏的非凡感受力。亨特曾批评蒲柏太喜欢在第四或第五个音节后停顿：

> See! from the brake (x) the whirring pheasant springs,（第四个音节）
> And mounts exulting (x) on triumphant wings:（第五个音节）
> Short is his joy; (x) he feels the fiery wound,（第四个音节）
> Flutters in blood, (x) and panting beats the ground.（第四个音节）

82 这种写法困扰着他。由于蒲柏的停顿“缺少变化”，亨特认为他“不仅算不上一代诗宗，简直是个平庸的诗人，会越来越不见于经传”。亨特本

① 《济慈风格发展》，页19-23，页196-197。
② 同上，页13-15，页26-28，页203-209。

人十分注重将停顿挪至一行诗的后半部分，最好是放在一个轻音节之后——

> The throng of life has strengthened (x) without harm;
> You know the rural feeling, (x) and the charm—

这种做法会给一行诗带来下行且偶显无力的降句调节奏。济慈的十四行诗《对一个久居城市的人》中就有几行可以说明这个效果：

> Returning home at evening, (x) with an ear
> Catching the notes of Philomel, — (x) an eye
> Watching the sailing cloudlet's (x) bright career.

对二十世纪早期和中叶的人来说，诗歌格律远不像它在十八世纪和十九世纪早期那般有吸引力。假如我们现在用技术性的方式剖析诗歌风格的话，人们会专注于隐喻和意象，对追求技巧的严谨分析则看得没有那么重。然而，要理解浪漫主义诗人的风格——这里不仅包括大诗人，也包括亨特这样的诗人——我们不能撇开他们对诗歌格律的兴趣，因为十八世纪中叶之后的英国诗歌和诗歌批评都对诗律产生了强烈的兴趣。济慈尤其如此，他将在两三年之内发展出一套元音交互的理论，这一理念的提出远早于那些比他晚许多才出现的更加纯粹的形式主义诗人。

九

在上述简短的风格评价里，我们已预先提到了未来的情况。我们也提前知晓济慈将成为一名诗人——而且是第一流的诗人;对其风格的简评不可避免地让我们先行了解到他接下来一年的变化。不过,一八一六年九月,当他离开马盖特回到博罗和盖伊医院时,他显然对此毫无自信。只有接下来两三个月的幸运经历才能够带给他信心。

然而,如果说马盖特之行是一场希望之旅,它是以坚定的承诺告终的;在那之后,济慈于一八一六年秋天的经历正是凭借马盖特之行中萌
83 发的势头,才会结出丰硕的成果。就连第一次见到大海的经历,也持续地刺激他有关“发现”和“开端”的联想。半年后,面临下一次重要考验之际,他再次动身出发——这一次是前往怀特岛——以确认自己是否应该动笔撰写《恩底弥翁》,这首诗需要他“一头扎进海里”去熟悉“如何探测海水的深度,了解流沙和礁石”。他感到无法创作。他说自己“浑身颤抖”,因为“在创作上毫无建树”;“《李尔王》中的一段——‘你没听见海的声音吗?’——紧紧地缠绕在我的心头”。此后他写下了十四行诗《咏海》(他说“这首诗对我有好处”)。终于,几天后,他放弃了,离开了。济慈为自己的绝望而感到局促不安(正如他开玩笑所说的“真的”二字以及他随口提到“旧寓所”所表现出来的那样),“仓皇地动身前往马盖特,至少有一百五十英里远——我真的觉得我应该喜爱自己的旧寓所,也应该尝试接受没有树的生活”。

第五章　献身诗歌：查普曼之荷马、亨特与海登(1816年秋)

一

一八一六年九月底，济慈结束马盖特之行回到伦敦。他住在迪恩街 84
8号盖伊医院附近。他把这个地方称作“满是泥土、岔路和转弯”的“肮脏角落”，在这里只待了几个星期。其实他根本没有必要回到医院。此前三月三日，他曾支付一笔费用，确保能以“外科医生助手”的身份在医院再待一年；然而由于他七月份已通过各项考试，所以在年满二十一岁后将有资格以药剂师的身份独立从业。

济慈之所以回到博罗，是因为当下他确实没有想到其他可去的地方。这是他整体无家可归状态的自然结果。在博罗，他至少了解周围的环境。事实上，于埃德蒙顿当学徒时，他住过哈蒙德的诊所，除此之外，离开恩菲尔德学校之后，他就再没住过其他地方。孤独感可能深深地折磨着他的内心。[①] 他完全有理由搬到艾比账房附近与弟弟们合住，

① 认为汤姆和济慈一起住在迪恩街的猜想是没有根据的。即便汤姆已不在艾比的账房工作，他仍有可能与艾比一家同住。此外，克拉克曾描述济慈此时“十分孤独”。(《作家回忆录》，页128)

于是,一个月之后,他们便打算搬往一处。他依旧可以走路去医院,在那儿完成足量的工作,好让艾比在一定时间内接受这个状态,而他自己可以在考虑好后续目标之前安稳度日。

济慈九月份回到博罗后不久去看望了考登·克拉克。后者八月份离开了恩菲尔德,现住在伦敦他内弟约翰·托尔斯家。托尔斯是位药商(克勒肯维尔的小沃伦街 6 号)。正如克拉克五十年后所说,这一次重逢是“我人生中……值得纪念的一晚”。他此前借到了查普曼的荷马诗
85 译作对开本;夜幕降临之时,他与济慈大声朗读很久以前在蒲柏译本中读到过的著名片段。克拉克引用了两个片段之后,总结道:

> 有一个场景我必须要讲给他听——那就是《奥德赛》第五卷里尤利西斯的沉船。他读了下面的诗行后,回给我一个愉快的凝视:
>
> 然后他走了出来,双膝颤动,
> 强壮的手垂在两侧,脸颊和鼻孔
> 流着白沫,声音与呼吸
> 竭尽全力,他倒下昏死。
> **海水浸透了他的心**……①

从这“愉快的凝视”中,我们突然有所感悟,体验到一种期待已久的确认,这种感觉成为马盖特那不安的几周所达到的最终高潮——那几周中,济慈渴望这个度假小镇和周围的环境能够带给他刺激,此种刺激在他看来是不可能从博罗“杂乱无章”的“昏暗房舍”中获得的;那几周,他不断尝试向乔治描述他所看见的“奇迹”——但这些奇迹中,只有大海

① 《作家回忆录》,页 130。

成为持久的意象；几周的时光以写诗告终，它见证了济慈从写“关于诗”的诗到“寻求如何写诗”的诗之蜕变。他在四五个小时后将要写成的十四行诗——就像他写给乔治和克拉克的诗信一样——是关于诗的诗，但在这首诗中，所有的自我意识都被放下了。过去两个月里他最大的关切突然转化为实际的发现，而不再是对“发现之可能性”的思考、期望和忧虑。“**海水浸透了他的心**”。查普曼译荷马中强劲、有穿透力的语言风格对他来说并不完全陌生，恩菲尔德期间及之后，他都读过一点莎士比亚。但是，它们对于一个正积极学习写作的诗人济慈（不论他有多业余）来说却是全新的，因为他的阅读、理念和模仿对象在此前的一年中是全然不同的。这种写法与十八世纪的斯宾塞式诗人　　如泰伊夫人、詹姆斯·比蒂等人迥异。从某种意义上说，它甚至与济慈眼中的斯宾塞本人相去甚远——他眼中的斯宾塞擅长依赖感官的精致装饰。这首诗充满阳刚之力的语言与 G. F. 马修及其品味差之千里，甚至与李·亨特也大不相同。“荷马”这个名字显然有着特别的意义：对一个既有常识又十分冲动的年轻人来说，它代表着必须探索的领域——但这探索可能要等到他学习希腊语之后才出现。而现在，经由查普曼，诗意已经 86
“响亮而大胆”地表达了出来。

如果考察济慈未来创作的诗，我们就能够反复体会到形塑济慈伟大诗歌的影响几乎全都带着勇敢无畏的印记，它们对济慈产生的直接效果是将他推向朝气与活力。听了查普曼译的荷马之后，他回给克拉克一个“愉快的凝视”，这便是一例。不久，他又感受到一种最有助益且最具解放性的个人影响：这个影响来自不幸、浮夸但绝对大胆的画家本杰明·海登，不论海登有多少缺点，在未来关键的一年中，他比任何人对济慈产生的影响都大，他将济慈从狭隘、羞怯的艺术方法中解脱了出来，而此前济慈已不可避免地被这种方法吸引了过去。之所以不可避免，是因为当时同现在一样，来自同时代人的直接影响往往让年轻诗人变得狭隘且时髦。风格的外在矫饰总是最容易模仿的，它通常在平庸的同时代人身上最为突出，使用这种风格不会因为突然遭到颠覆性的诚实评价而感到尴尬。两年之后，弥尔顿的强大影响陡然将济慈带到一个广阔的高原，他此后一直在这样的高度上不断前行。郎吉努斯关于伟大模仿对象之价值的洞见——即认为伟大的榜样能够帮助我们释放自己的渴望与能量，这一观点放在济慈身上比在其他大诗人身上更为贴切。弥尔顿之后，德莱顿的生机与活力吸引了他的想象；而自一八一八年初至其生命的尽头，莎士比亚的影响一直是渐进且无处不在的。

二

黎明时分，济慈向克拉克道别，步行两英里穿过伦敦城和伦敦桥回到迪恩街。他可能只用了半个小时就快步走回住所，这段路原本要走一个小时。他立即动笔写下心中酝酿的诗行。自然，他使用了自己熟稔的十四行诗形式。其优点是短小精悍，如果真有需要表达出来的想法，它会迫使人简练利落。不过，《初读查普曼译荷马有感》与他早前的十四行诗没有多少共同之处——就算《哦，孤独》也与之大相径庭，那首诗是他迄今为止唯一刊登出来的作品，他自然以之为傲。或许其现有诗作中与《初读查普曼译荷马有感》最相近的是在马盖特期间写给乔治的十四行诗《“今天我看见的奇迹很多”》。只不过如今，见到奇迹的感觉更真实了。

87 最多两小时后——大约那天早上六七点钟到八九点钟之间——这首十四行诗就完成了，此后他只做了一处明显改动（第七行）。按照克拉克的说法，他们“在拂晓时分道别，但是他想方设法让我在两英里之外的地方**于十点钟前**就收到了这首诗”。我们在济慈手稿里发现的一处不寻常的笔误说明他写这首十四行诗速度之快。一开始“深额的荷马”被写作了“低额的荷马”：“低”字被迅速划去，改为“深”。[*] 此外，在手稿右侧的空白处，他做了线条标识，注明彼特拉克十四行诗的押韵格式——事实上这种韵式他早已烂熟于胸。显然，度过了一个值得纪念的夜晚后，由于马不停蹄地在拂晓时分继续写作，他已深感疲惫；不论他是多么仓促地整合起过去几个月的思考与渴望，他在第一稿中已经开始审视自己。第一稿的全诗可能是这样的：

初读查普曼译荷马有感[**] 88

我游历了很多金色的国度，
　　看过不少好的城邦与王国；
　　还有多少西方的海岛，歌者
都已使他们向阿波罗臣服。
我常听到有一境域，广阔无垠，
　　<低>深眉的荷马在那里称王，
　　我从不知人们话中的含义，
直到我听见查普曼的声音
无畏而高昂。于是，我的情感
　　有如观象家发现了新的星座，
或像考蒂兹，以惊奇的眼
　　凝视着太平洋，而他的同伙

---

* 此处为了突出两个词的差异使用直译，“深额的”原文为“deep-brow’d”，指人智慧过人；“低额的”原文为“low-brow’d”，在英文中指人的前额较低，也有文化修养和趣味较低之意。

** 此处基本使用穆旦先生译本，除以下几处改动：1. 前文提及的“（低）深眉”处为行文逻辑改为直译；2. 这首诗的第一稿与济慈后来的修订版有几处不同，见下一注释；3. 穆旦先生将“Chapman”译为“贾浦曼”，由于查普曼的名字在本传记中多次出现，为前后一致本诗中亦使用“查普曼”这一译名。

在惊讶的揣测中彼此观看，
尽站在达利安高峰上，沉默。①

这首诗既代表对过去的总结，也是对未来的展望。这种期望和抱负体现在某种语言风格和对措辞的把握之上，它们预示着一年半后将出现的更伟大的诗歌。对过去的总结体现于这首诗的素材和压倒性的关切，它们已在济慈心中积累良久。这首诗包蕴了马盖特的两个月带给他的感受——即想要通过召唤过去的诗歌来写诗，尝试着用好前人的诗（海洋的"浩瀚"所带来的生动感受便是如此——"海船、巉岩、洞穴、憧憬和忧惧"，除此之外，还有把初次看见海洋的奇景与自我发现相关联）；不过，这首十四行诗不仅包含了过去这个夏天的思考，还回溯了济慈于一八一五年和一八一六年年初所创作的诗中许多被遗忘的东西——回溯到了他在恩菲尔德学校读书时那段影响深远的时光，当时，他在母亲去世后浏览学校小图书馆内的大部分书籍。这里有前文克拉克提到过的书籍（"各种著名航海纪行和旅行见闻的节略版"、罗伯逊的《美洲史》）以及济慈的同学爱德华·霍姆斯提到的书（"《鲁滨逊漂流记》及一些关于蒙特祖玛和秘鲁印加人的书"）。济慈一八一一年在恩菲尔德学校获得的奖品是邦尼卡瑟的《天文学导论》，里面生动地描述了赫歇尔发现天王星的过程。这首诗里能够反映出济慈阅读经验的每一个细节都已
89 得到详尽的研究。我们只需要留意他是如何将如此多的内涵包举无遗，不仅有前几个月的思考，还包含五年前在恩菲尔德学校隐约感受到的发现的惊奇。对济慈后来的创作来说，重要的与其说是在查普曼的翻译

① 据克拉克说，济慈认为第七行诗显得"单调贫乏，只是单纯的好奇"。于是，他后来用了一个较符合十八世纪惯例的表达，他可能在柯尔律治的《日出前的赞美诗》（"Hymn before Sun-rise"）中读到过。这一行最终被改为"我从未呼吸过它的纯净、安详"。第十一行中的"惊奇的眼"也被改为"鹰隼的眼"，暗示一种有远见、近乎掠夺性的渴望。

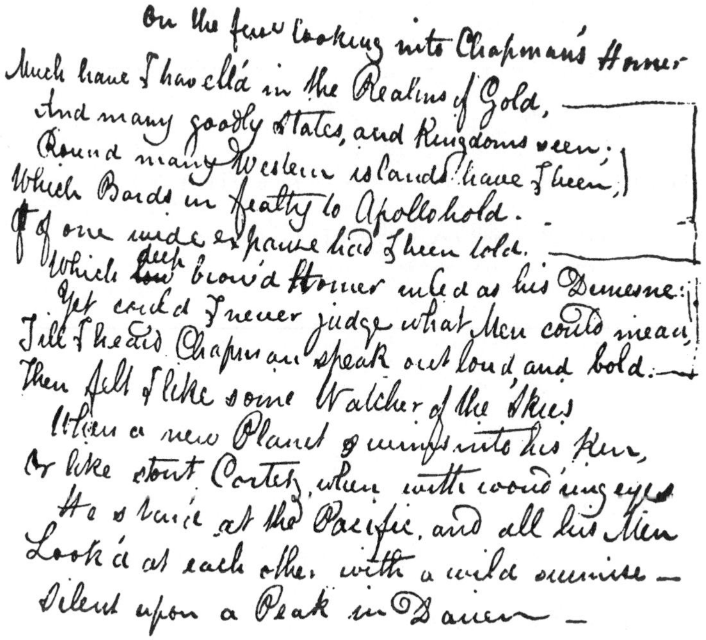
On the first looking into Chapman's Homer
Much have I travell'd in the Realms of Gold,
And many goodly States, and Kingdoms seen;
Round many Western islands have I been,
Which Bards in fealty to Apollo hold.
Oft of one wide expanse had I been told
Which ~~low~~ deep brow'd Homer ruled as his Demesne:
Yet could I never judge what Men could mean,
Till I heard Chapman speak out loud, and bold:
Then felt I like some Watcher of the Skies
When a new Planet swims into his Ken,
Or like stout Cortez, when with wond'ring eyes
He star'd at the Pacific, and all his Men
Look'd at each other with a wild surmise —
Silent upon a Peak in Darien —

Ms. in the Harvard Keats Collection

《初读查普曼译荷马有感》手稿

中发现的简洁与凝练，不如说是通过亲身体验发觉自己也能够实现这种简洁与凝练。在此之前，他真正达成的凝练仅限于只言片语或单独的诗行。而在这首诗里，凝练贯穿了全部的十四行。

济慈本人的主要收获则是新的自信。考虑到他迅速成熟起来的批评意识，他几乎不可能没注意到这首诗意味着什么，尽管想要写“短诗”之外的其他诗歌的愿望强烈刺激着他。另外，他至少还有两点收获。一个令他感到沉重的主题——即前人伟大诗歌带来的压力以及后人还剩下什么创作空间这个问题——被成功地转化为其他内容。他还发现，原来身处伦敦也是可以写诗的。地点的转换对济慈总是充满吸引力。即便有时他会为自己对地点转换的痴迷而自嘲，但他依然四处辗转（不过，除了最后一次意大利之旅外，他的活动半径都不算大）。他很快意识到，这些短途旅行的收获并不在于它们满足了自己迫切寻找主题的需要。相反，它们象征着他时而超然世外、时而鞭策自己前行的决心。他的人生没有任何外力依靠，几乎全靠自己，因此任何人都可能做出的单纯表决心的姿态，对一个自十四岁起便无家可归的年轻人来说可能尤为必要，特别是汤姆的去世和乔治的离开使他到人生的最后一刻都孑然无依。

三

似乎所有重要的事都集中在这个十月发生了，恰于此月最后一天济慈将年满二十一岁。除了写下《初读查普曼译荷马有感》外，他还被介绍给了三个人，他们分别以不同的方式对济慈的人生产生了巨大影响。这三个人是李·亨特（他已经对济慈的诗歌风格产生深刻影响）、画家本杰明·罗伯特·海登以及一位年轻的作家约翰·汉密尔顿·雷诺兹。济慈后来将自己最富思想性的信件寄给了雷诺兹，也正是通过他，济慈遇到了未来将结交的大部分朋友。

90 就在九月底或十月初，克拉克把济慈的几首诗拿给亨特看，亨特总体来说表现出很大的热情。[①] 他如今住在汉普斯特德荒野健康谷附近的一间村屋里，几年前，那儿的沼泽地被排干水，人们将“健康谷”这个

---

① 克拉克说：“我完全预料到亨特会说鼓励的话……但我还是内心有些褊狭了，没料想到亨特那毫不犹豫且来势迅猛的钦慕之情……霍勒斯·史密斯碰巧也在场，他也毫不掩饰自己的欣赏……他朗读的那首十四行诗是《‘有多少诗人把闲暇镀成金！’》，他特别强调和赞美了最后六行……史密斯反复朗读并称赞了斜体的这一行（‘缥缈得难以辨识’），说‘对于一个如此年轻的诗人来说，这是多么凝练的表达！’在对济慈本人的情况作了无数次热切的询问，并问及他思想和行为方面的特点之后，这次造访以他们邀我将济慈本人带往健康谷而告终。”（《作家回忆录》，页132–133）亨特曾在5月5日的《检查者》上刊登济慈的十四行诗《哦，孤独》，但当时他对济慈本人仍一无所知。

充满希望的名字赋予它。亨特请克拉克带济慈来看他，克拉克立即把这一邀请告诉了济慈。在除诗信之外留存下来的第一封信（10 月 9 日）中，济慈兴奋地回复克拉克："忙碌的时节刚刚过去"（有可能他勉为其难做了一些继续留在盖伊医院的安排；更可能的情况是，他利用所有空余时间仔细改进和润色了自己的诗）；他说，他现在可以"随时前往拜访亨特先生——这将是我人生中的大日子"。他承认在为见亨特先生做准备的时候，他抄写了"一两页诗"，发现"里面有太多败笔，其中最好的部分［然后他似乎停下了笔，在'最好的'一词上面写下'最差的'却未把'最好的'一词划掉］应该被付之一炬——写给乔治·马修的诗我会拿去请亨特先生过目，尽管里面过于频繁地提及缪斯女神了"。毫无疑问，与亨特的会面是在十月九日之后不久发生的。[①]

克拉克说，那确实是"这个年轻诗人人生中值得纪念的日子"，"对我来说也是不会随着记忆消逝的一天"。他们走了很长一段路，几乎一路走到汉普斯特德——离克勒肯维尔大约五六英里：

> 济慈的面部特点和表情甚至会吸引街上普通过客的注意；现在
> 它们进入了一种热烈活泼的状态，我只能饶有兴趣地看着，我心里 91
> 明白他将会感受和得到什么样的接纳与欢迎，两人之间将出现温和
> 的鼓励、斯巴达式的充满敬意的专注以及迷人的雄辩对话。当我们
> 接近汉普斯特德荒野时，我们的脚步越来越快，所有的对话逐渐停
> 止。这次会面通宵达旦，直到仆人晨间提醒了三次，它预示着两人

---

① 济慈与亨特会面的具体日期曾引起许多争议，有的观点甚至认为会面日期迟至十二月。这个问题最终尘埃落定，是因为罗林斯发现海登十月份用打油诗的形式，给 J. H. 雷诺兹写了封信，邀请雷诺兹与他和济慈一起吃正餐；而济慈是在亨特家遇见海登的。（《济慈社交圈》，第一卷，页 4–6）

未来的多次见面以及在卡昂林地和附近的漫步。济慈突然成了这个家庭的常客,他的到来总是受到热情的欢迎。①

亨特永远不会忘记

摆在我面前的大量稚嫩但有着真实价值的诗歌曾给我留下如何深刻的印象,从其作者热情洋溢的面孔上我看到了可期冀的未来。我们一见如故,我发现这位年轻诗人的心同他的想象力一样温暖。我们阅读、散步,经常就着一个主题整晚写诗。我们留意和享受想象带来的所有快乐:从往昔古老的吟游诗人和爱国者的回忆,到夏日窗外大雨带来的惬意,再到冬季煤块烧出的咔哒咔哒声,无所不包。不久之后,我有幸款待戈德温、海兹利特和巴兹尔·蒙塔古,给他们看了我这位年轻友人的诗,他们都认为这些诗很出色,正如我之前设想的一样。其中的一首诗是关于初读查普曼之感的十四行诗,这首诗以充沛饱满的平静收尾,完全宣告了一位新诗人的就位。②

正如亨特自己透露出来的那样,两人的友谊几乎即刻就建立了起来。亨特是济慈见过的第一位成名诗人,济慈从十三四岁起就对他仰慕有加。更重要的是,他发现亨特谦和、温厚,对自己十分关心。亨特则很高兴能遇上这么一位忠实的追随者;他之前曾受到相当大的伤害,不仅仅因为他秉持自由主义信仰而遭受监禁(这一磨难他还可以视为殉道),更因为他

---

① 《作家回忆录》,页133。

② 李·亨特,《拜伦勋爵及其同时代人》(*Lord Byron and Some of His Contemporaries*, 1828),第一卷,页409-410。

所遭受的冷落和怠慢，不过济慈这位热切的追随者对此还一无所知。除此之外，还有其他缘故。总之，亨特是一个十分慷慨的人。

四

李·亨特的父亲艾萨克最初来自巴巴多斯，亨特的祖父则在巴巴多
斯做过牧师。艾萨克定居费城后，娶了一位贵格会女信徒。他对英王乔 92
治三世的忠诚在美国大革命之前社会情绪的衬托下显得格格不入，邻里对他苛责不公，甚至令他身陷囹圄。于是，他及时搬往英格兰；尽管后来他成为一名颇受欢迎的布道士，但却饱受债务困扰，也曾因欠债在监狱里度过一段时间。李·亨特与他的父亲一样，满怀坚持原则的勇气。他与兄弟约翰因在《检查者》中对摄政王的攻击，被判诽谤罪而入狱，他们曾被告知，如能保证今后不再继续攻击摄政王便可免除罚款并免于坐牢。但是他们拒绝了这个提议。

济慈的崇拜者经常粗暴地对待这位迷人、和蔼且从骨子里流露出礼貌风度的人。[①] 济慈的早期诗歌与一八一八年夏天之后写的诗差别如此之大，以至于济慈的崇拜者理所当然地认为其间的咎责应由其他人共同分担；李·亨特显然就成了那只替罪羊。假如我们仅以这种方式来理解李·亨特，那我们就追随和仿效了济慈在接下来两年中被诱惑去做的事，当然他是在不知不觉间这样做的，同时也是可以理解的。济慈屈服于这种诱惑是人之常情，尽管该做法并不能完全归于他的名下。不过，他后来感到需要摆脱对亨特的强烈认同感，在这个过程中他所发表的言辞和评论远称不上客观的指引。我们没有他这样的借口，所以在

① 埃德蒙·布伦登 1930 年出版的传记是一个罕见的例外。

讨论亨特的时候便不能把他的话奉为圭臬。

仅几周后，济慈便开始经常造访汉普斯特德。亨特谈起话来比他的写作还要流畅，查尔斯·兰姆曾把他称为“无与伦比的炉边伙伴”。他口才绝佳，但呼吸短促，不过这种感觉因为他整体的友善而弱化，且因克拉克所描述的“斯巴达式的充满敬意的专注”而被分散。此外，这个家庭混乱不堪的状况在日后虽令济慈感到困扰，但现在却让他觉得十分愉快。他没有对亨特给自己起的绰号表示反感，亨特把他的名字“约翰·济慈”叠缩为“约济慈”*；济慈过往的人生中很少有令其感到鼓舞的社会关系，所以他甚至可能因这个绰号所表现出的趣味而莞尔——尽管其他人似乎觉得这个绰号不太得体而没有使用它。不论济慈后来对亨特及其一家的感觉发生了什么样的变化，亨特的热情永久且最终不知不觉
93 铭刻在他心上。几个月后，济慈兄弟离开了齐普赛德街的住处，尽管济慈此时已开始质疑亨特所代表的意义，兄弟几人还是在约翰的带领下来到汉普斯特德。汉普斯特德之所以能够永远与济慈联系在一起，也是因为亨特对他的欢迎以及这份热情所自然产生的意义。还有一件饱含敬意的事也许更为感人。两人之间相处愉快的最初几个月如此深刻地烙入济慈的人生经历之中，以至于很长一段时间后，也就是一八二〇年六月，身患重疾的济慈找到亨特，此时亨特一家已住在肯蒂什镇。这一次的情形大不相同：亨特家的嘈杂与混乱令济慈不堪其扰；两人之间曾有很长一段时间的疏远，而一桩令人不快的意外事件提前终止了这次拜访。但我们必须承认的事实是即便到了济慈人生的尽头，如同在他事业的起点一样，亨特仍是在场的。

济慈与亨特初次会面后不久，亨特便在书斋的沙发上为他铺了一张简易床。如克拉克所言，济慈正是在这里“构思出了《睡与诗》的框架和

---

* “Junkets”通常指干酪等乳制品。

其中的许多诗行——这首诗的最后六七十行列举了亨特书斋中的艺术陈设”。济慈的兴奋和他深感安慰的生动情绪被写进一八一六年十一月创作的一首十四行诗中，依照克拉克的说法，这首诗写于“他在亨特的村屋中住下来后不久，也就是我们某次拜访之后的第二天”。从汉普斯特德回到齐普赛德街要走很长一段路，十一月天寒地冻，然而他走在路上，全然没注意到天气的寒冷，因为他身上

> 洋溢着友情的温暖
> 是在一间小村屋里；

关于诗歌的讨论也同样充盈着。[①] 相同的情形也出现于另外一首写得差很多的十四行诗中，这首诗写于前一首完成后不久，名为《清晨别友人有感》（“On Leaving Some Friends at an Early Hour”）。为表达欣喜若狂之情，他想象自己靠守着“一柱花”，呼唤“一支金笔”和“比星星 94

---

① 这首诗全文如下：

> 阵阵寒风在丛林里低吟，
> 　　树木的叶子半已剥落，枯凋，
> 　　天空的星斗看来那样冷峭，
> 而我还有很多英里路蹒行。
> 可是，我一点都没感到寒意，
> 　　也没想到枯叶的飒飒响声，
> 　　或是天空中的盏盏银灯，
> 或是返家的遥远的距离：
> 因为我洋溢着友情的温暖，
> 　　是在一间小村屋里，我看到——
> 金发的密尔顿内心的忧烦，
> 　　为淹死的李西德情辞滔滔；
> 可爱的劳拉穿着浅绿长衫，
> 　　忠实的彼特拉克冠戴荣耀。**

* 此处使用穆旦先生译本。

更晶白的方石”;并说道,当珍珠的车驾、粉红的衣裙以及“半显的翅翼”在眼前飘走,乐声“在我的耳边”缭绕,

让我写下哪怕一行辉煌的
音节,充满天庭的百般美妙:
呵,我的心正攀登多高的高峰!
它不愿这样快就独行踽踽。*

尽管这首十四行诗总被视为稚拙之作,甚至偶尔被当成辞藻堆砌的笑柄,但我们至少能够在其中发现激起人怜悯与哀婉的要素:一个长久以来便无父无母的孤儿因受到一群喜爱诗歌之人的热情欢迎而欣喜无比——这些人不仅自己写诗(雷诺兹和其他人可能此时都与亨特在一起),而且欣赏他努力要写的东西。济慈感受到的诚挚热情是完全可以理解的。没有哪位批评者能够像一年之后的济慈那样,对这首诗发起如此猛烈的攻击。济慈后来毫不留情地回头挖苦讽刺,他不仅讥讽自己在这段快乐且宝贵的时间中写诗的风格和语言,还要讽刺从十月到来年三月这几个月间他突然感受到的陶醉与自信。他心头的懊恼挥之不去,反而推动了关于诗歌价值和功用的大规模的内在辩论,而这也成为他辛酸且具有寓言意味的人生所留下的一笔重要遗产。

五

早在十月份拜访亨特家的时候,济慈遇到了画家本杰明·罗伯特·

---

* 此处使用穆旦先生译本。

海登，他是个精力极其充沛、脖子短粗的三十岁男人，比济慈大九岁，比亨特小两岁。同亨特一样，海登是个令济慈钦佩的人。[1] 但他完全没有预料到海登展现出的澎湃热情，他此前从未接触过这样的人。而海登则被这位年轻人宽厚且豪爽的理想主义所打动。几个月后，他写道，“济慈是我见过的人里，除华兹华斯之外，唯一意识到崇高使命的人，只不过 95
济慈与我的年龄更为接近”。海登经常埋怨亨特，因为后者轻率的宗教态度总是令他大为恼怒。亨特是一朵“花”，你会被“它优雅的外表和色彩”吸引，但是“你凑上去一闻，就会把它扔到一边，因为它很臭”。相比之下，“济慈是真正与我情投意合的人，我们**一见面**就惺惺相惜，真希望上帝保佑我们永远是朋友”。海登身上总是表现出一种令人感动的、孩童般的虚荣心，他曾说：“我在这个国家的天才中所激起的兴趣是非常罕见的。我身上一定也有某种独特之处。”[2]

见到济慈几天之后，海登便邀请他与约翰·雷诺兹到自己位于汉普斯特德（池塘街 7 号）的家共同进餐，他特意没请亨特。快到月底时，海登决定在伦敦的画室（大马尔堡街 41 号）请考登·克拉克、济慈和其他人共进早餐，这里陈列着各种画作、素描以及海登已经耗费数月绘制的巨幅油画《基督进入耶路撒冷》（“Christ's Entry into Jerusalem”）。聚餐的日子确定下来后（11 月 3 日，星期日），克拉克告诉了济慈，济慈十月三十一日写了一封极其兴奋的回信，信尾援引弥尔顿和莎士比亚的典故，显得有点轻佻和“掉书袋”，但这都是可以原谅的。“我精巧的戴维

① 一首未注明日期的十四行诗（《“高尚的情思，对善的爱好”》）——可能是在见到海登后即刻写下的，也可能是在几个月前写就的——济慈与海登见过几次面之后，很可能内心的某些品质就被激发出来，这首诗恰恰表达了这些品质：崇尚勇敢、进取和爱国主义；见到一位“坚强志士”的雀跃（济慈此处指的是海登为了让埃尔金石雕获得官方承认而与人展开的著名论战）；以及“热爱无畏的天才 / 孜孜不息的追求”。

② 《本杰明·罗伯特·海登日记》（*The Diary of Benjamin Robert Haydon*），威拉德·B. 波普编，五卷本（1960–1963），第二卷，页 101、107。

啊，”在信的开头他这样写道，效仿了彭斯的一首诗——

> 我会像蜜蜂飞到三叶草上一样准时到达的——一想到很快就将见到才华横溢的海登和他的创作，我就十分高兴。[1] 你什么时候去奥利尔家，请一定告诉我——我忘记问你要他的住址了——何时有空陪我浪费一天时光，你也记得告诉我——愿上帝奖赏给你应得的回报。*

信中提到了出版商查尔斯·奥利尔，这说明亨特的社交圈里已经有人在谈论——或者奥利尔和海登说起过——济慈诗歌出版的事；事实上，正是奥利尔和他的兄弟詹姆斯在次年三月出版了济慈的首部诗集。一周后，海登又邀请济慈共聚，不过最终海登自己没能出席——因为德鲁里巷皇家剧院当时正在上演《雅典的泰门》，海登想要前往观赏。他们后来于十一月十九日再次见面。就像他在前一封给克拉克的简短信件中
96 所展示出的欢快情绪一样，兴高采烈的济慈在信中天真地加入了少许与法律和莎士比亚相关的趣味：

> 敬问候查-考-克：
>
> 鉴于我从值得尊敬的海登先生那里收悉一封短信，告知今晚无法与我们相见，因其收到管弦乐队的指令前往观看遁世者泰门，并请求我们的谅解——鉴于上述显见之因，我有责任让您知悉此事——您的隐士可以安歇了**——约翰·济慈。

---

[1] 这句话算是双关语，因为它也暗指作曲家海顿的清唱剧《创世记》（*The Creation*）。

* 此处济慈的用语“God 'ield you”来自莎士比亚戏剧《哈姆雷特》第四幕第五场。

** 济慈此处的说法“I rest your Hermit”借用了《麦克白》中第一幕第六场麦克白夫人的话。

十一月十九日之夜令人难忘，因为海登关于力量与宏伟构思的激情澎湃的谈话再次将济慈引向更深层的思考，这个思考方向他已本能地暗中摸索了几个月，海登的话无疑进一步证实了他几周前读查普曼译荷马史诗的生动感受。济慈内心渴望得到一种保证，那就是伟大的成就仍有可能被创造出来——它并不仅仅产生于过去——他想到了华兹华斯，这位大诗人他们必然会谈及，他还想到了慷慨的亨特，念及此，济慈写下了另外一首十四行诗，可能作于当晚回家的路上。华兹华斯、亨特和海登是他此刻依次想到的"伟大灵魂"；令人稍感难过的是，亨特似乎主要是因为"好交际、合群的微笑"而惹人注目——他很快就会退出伟大灵魂的三人组，在济慈十五个月后的另一个说法"这个时代最令人欣喜的三件事"中亨特被海兹利特所取代。见面后的第二天清晨，他写信给海登：

我亲爱的先生——

昨晚我激动不已，忍不住送来下面这首诗——您诚心实意的约翰·济慈——

伟大的灵魂正寄居凡尘；
　　那属于云、瀑布和湖水的人，
　　他正守在海尔维林的高峰
要从天使的翅膀获得清新；
那守着春天、玫瑰和紫罗兰，
　　对人微笑，为自由受禁的人，
　　呵！他是这样坚定，他决不肯
采用稍逊于拉菲尔的语言。
还有另一些灵魂，远远站着，
　　孤独地，在未来时代的尖端；

他们将给世界另一种脉搏，
　　另一颗心。你们难道没听见
那巨大进程的前奏？——
　　听一听吧，世界该哑口无言。*

97 济慈差信使送去这封信，海登立即写来回信，说他会把这首十四行诗寄给华兹华斯，并建议倒数第二行应该在“巨大进程”处停止，从而在最后一行之前创造出一个主要停顿。济慈见到回信益发兴奋，即刻回复说他感受到“自豪的快乐”：他表示会保存好海登的信，作为“鞭策——我开始把目光投向一个新的视野”。至于海登建议倒数第二行做的省略，济慈至少这时已经洞悉海登热情洋溢的表达习惯，所以他回复道，关于这个修改“我的感觉与您完全一致”，“我以此为傲！”

由于济慈心怀谨慎谦恭之情，他在简短信札的结尾处才以断断续续的口吻承认道，“您说要把这首诗寄给华兹华斯，这实在令我惊喜不已——您知道，我对他崇敬有加——我会向他献上美好的祝福”。于是，他在一张白纸上小心翼翼地誊写了这首十四行诗，还按照海登的建议做了修改，显然他认为海登会把这份手稿转寄给华兹华斯。海登收到初稿的当天，就把诗拿给雷诺兹看了；雷诺兹不甘示弱，也写了一首十四行诗，赞美海登“巨大的天才”——这首诗上附有海登的亲笔注释：“狂热”。不过，不知出于何种原因，可能是因为海登突然带着“熊熊重燃的狂热”沉浸于绘制《基督进入耶路撒冷》——“熊熊重燃的狂热”是海登最喜欢的表达——他将寄诗给华兹华斯一事搁置了一个多月，最终，他写信给华兹华斯，但却没有附上济慈精心准备的手写稿，而是自己誊抄了一份。[①]

---

* 此处使用穆旦先生译本。

① 华兹华斯礼貌地回信（1817 年 1 月 20 日）道：“这首十四行诗昭示出作者的（转下页）

来吧——**自由**而**阴郁**的诗人！
下周日到汉普斯特德镇
见见约翰·济慈，他很快就会发光
成为这个辉煌时代，最伟大的
向九缪斯求乞灵感的人。

这封信又笨拙地延续了三个诗节，他像大象一般不灵活地想要增加一些幽默感，他添加了一些注释，假装这些注释出自一位编辑之手（“十分新颖——‘九缪斯’，我们从未在古往今来任何诗人笔下见过这种写法。编注”）。[①]

海登债务缠身，又患眼疾，但是他一直到最后都没有向失败低头，总是以新的活力投入巨幅历史画的绘制中。这些画作都是庞然大物，没有哪一张能够挂进私人住宅。一八一四年，在完成《所罗门的审判》（“The Judgment of Solomon”）一画之后，他发现自己的债务竟高达一千一百镑：

> 我踉踉跄跄地走向干草市场，靠在柱子上问自己：“假如我不卖画要怎么办？”内心的声音回答道：“再定一块画布，开启一幅更伟大的作品吧。”“就这么办吧，”我暗自答道，并从此失去了所有的生活来源。[②]

他早期写给济慈的信（1817 年 3 月和 4 月）言辞也具有同样的特色。他感谢济慈写的“两首高贵的十四行诗——你把诗人无法表达情感的

① 《济慈社交圈》，第一卷，页 4－6。

② 本杰明·罗伯特·海登，《自传》（*Autobiography*），彭罗斯（Penrose）编（1927），页 143。《所罗门的审判》一画取得了成功，它以六百镑的价格售出，英国美术促进会奖励了海登一百基尼。

样子比作仰望天空的一只病鹰，我所知道的意象里没有哪个比这个更好了！……你让我整整激动了一个小时”。“我常常奋力劳作了一天后坐在壁炉边……思考我所做的事……以及将要做的事，直到我看见那些已
100 经故去的超凡伟大的人们的脸挤进我的房间，我内心充满了激情，无力地坐下，向伟大的神灵祈祷自己能够有所成就。”“**相信上帝**……尽管遇到各种灾难、困苦和烦恼，我在这里找到了避难所……我总是带着熊熊重燃的狂热站起来……它使我拥有击退一切的力量继续前行，对抗生活中阻挠我的各种困苦，仿佛我是一颗冲过羽毛的炮弹。”①

海登对他同时代的许多人产生了振聋发聩的影响，这部分是因为他的勇气。因为他确实拥有无畏的胆魄，即便他获得勇气的方式与大多数人不同。作为一个很不喜欢“贬损”行为的人，济慈曾说，“一个人应该获得他应得的名望”。除此之外，在人们担心艺术已经连续几代都在走下坡路的时代，有一个人能够如此积极而坚定地谈论“伟大”是令人振奋的。不论人们如何评价海登，他蔑视平庸的舒适。海登也许觉得米开朗琪罗有时过分扭曲人的形象，他更喜欢把自己想象成拉斐尔的追随者。然而，他对待意大利文艺复兴时期伟大画家的整体精神令人不由想起约书亚·雷诺兹爵士晚年说过的话，他谈到如果有机会重活一次，他将如何去做。在最后一次作为皇家艺术院院长的演讲中，雷诺兹否定了自己大部分画作中的谨慎导向，公开呼吁绘画应该更大胆、有力，并最终竭力主张将米开朗琪罗视为榜样。如今的艺术已变得太过局促，雷诺兹认为它应该“能够产生[米开朗琪罗]想要激发的那种感受”：

> 我不敢说自己是他的模仿者，但是我希望把自己视为仰慕他的人不会显得太过唐突。我在艺术上选择了另外一条路，一条更适合

① 《济慈书信集》，第一卷，页122、124、135。

我能力和所处时代品味的路。然而，无论我觉得自己多么力有不逮，假如现在能够重活一次，我一定会追随这位大师的步伐……我希望，在这所学院，在这个位置上，我说的最后几个词是——**米开朗琪罗**的名字。

每当海登在场，谈话的水平似乎就会提高。不过人们的火气也可能上攻——他会突然情绪激动；但他从不吹毛求疵，也通常更倾向于表扬而非贬损他人。他能称为知交的文人群体令人印象深刻：华兹华斯和济慈与他相交甚笃，柯尔律治、海兹利特、兰姆以及司各特都与他情谊深 101
厚，而尽管他与亨特性情迥异，但也保持了友谊。这张名单还可以拓展至更多人。海登一生中最伟大的事件之一证实了他的勇敢以及他对艺术中英勇豪情坚定不移的献身精神。他面对巨大的反对声音，坚持战斗了八年，确保官方承认埃尔金勋爵从雅典带来的帕特农神庙雕塑的艺术价值，并劝服国家购买这些雕塑。

在接下来的几个月中——从某种意义上说，在接下来的两年内——海登对济慈的影响都是有益且必要的。假如没有他的影响，济慈可能会在马盖特的勇敢尝试之后，轻而易举地滑回原先那种腼腆的风格，写舒适却褊狭的诗，他前往马盖特之前，这种诗歌是他汲取的主要养分，而李·亨特——虽然公认其水平比 G. F. 马修高——仍是这种诗风的代表。其次，也是海登给济慈最大的馈赠，那就是他在帮助济慈保持自信心方面产生了重要作用。当然，亨特也为济慈提供了这种帮助，但程度仍很有限。济慈总是担心只写“短诗”是在远离过去的伟大诗歌，对这样一位年轻诗人来说，海登用他那巨大的画布和耗之不尽的蓬勃信心帮他远离琐碎轻浮。海登的言谈可能有浮夸之处：我们当然比身在其时的济慈更能够看清其中的浮夸；但我们也不应忘记海登日记和一个半世纪的历史跨度所赋予我们的更好的判断力。

七

兰姆道街上住着习字教员乔治·雷诺兹和他的妻子夏洛特·考克斯·雷诺兹。他们育有五子——四个女孩和一个男孩——年龄与济慈家的孩子们相仿。雷诺兹夫妇都有文学爱好;雷诺兹夫人写诗,后来还写了一部类似小说的作品;他们还在社交场合结识过一些作家。雷诺兹夫妇的儿子约翰比济慈大一岁,曾是圣保罗学校的学生,后来在十六岁时成为友善保险公司的职员。不过,他从十八岁起就开始出版诗歌,事实上,他遇见济慈时,已经出版了三本小册子,第四本也即将面世。[1]
102 他还曾为《捍卫者》和《问询者》撰写评论文章和其他文章。尽管雷诺兹只有二十二岁,但对济慈来说他仍算比较有经验的作家,而且由于他们年龄相近,就更让济慈觉得是一个可以触摸到的"希望"的象征。在接下来的半年或更长时间里,很多事次第发生,深化了两个人的友谊。首先,两人很快在脑海中将对方与海登联系在了一起;而这种联系至少在一段时间内是很强韧的纽带。他们俩可能是通过亨特介绍认识的,然而不到一周,海登就如前文所述,邀请了济慈和雷诺兹一道进餐,而且还特意没有邀请亨特——海登对亨特从来兴味索然,只要亨特在身边,他就会难以自制地暴躁不安。[2] 不论这两个年轻人分别对亨特欠下了何种

---

[1] 这些作品包括:《莎菲:一个东方传奇》(*Safie, An Eastern Tale*, 1814),这是一首模仿拜伦东方诗歌的作品;《想象的伊甸园》(*The Eden of Imagination*, 1814);《颂歌》(*An Ode*, 1815);以及出版于1816年11月的《那伊阿得:一个传奇》(*The Naiad: A Tale*)。

[2] 上文提到,海登用较长的打油诗形式给雷诺兹写了邀请函,里面有这样两行:

> 雷诺兹,现在,那样就好,
> 如能来,你就不要对别人说!——

此处的"别人"显然是指亨特。

人情，他们跟海登在一起的时候似乎可以呼吸更自由的空气。特别是接下来的一年里，当济慈开始疏远亨特时，他总是对雷诺兹比对其他人更坦率一些。[1] 济慈能够在海登积极且热烈支持的理想中想象出一种相互联系的纽带——或者说，一种共同的语汇——这种理想也迅速在他自己的思想中得到深化。

此外，雷诺兹一家——父母、四个姊妹以及约翰·雷诺兹本人——都很欢迎他。这位渴望以雷诺兹为榜样的年轻人无父无母，因此雷诺兹一家令他备感亲切。不过，雷诺兹家却不可能真真切切被济慈视为自己家，相形之下，亨特家则一度带给他宾至如归的感受。雷诺兹先生工作繁忙，雷诺兹夫人絮絮叨叨、说个不停。他们家的四个女孩虽很可爱，但也总是喋喋不休。济慈至少为雷诺兹家的女孩们写过两首（也可能是六首）小诗，它们或是为这些女孩而作，或是因她们而起——这几个女孩包括：简（她后于一八二五年嫁给托马斯·胡德）、玛丽安、伊莱扎和年仅十四岁的夏洛特。[2] 没过多久，女孩们的谈话就令济慈感到腻烦了；
她们对表亲简·考克斯出言无状，这让济慈颇为恼怒，因为他很尊敬这位 103
女士；而当范妮·布劳恩出现时，她们的闲言碎语就更多了。三年半之

---

① 克拉克曾写过一封颇招争议的简短信函，这封信没有标明日期，上面写道："雷诺兹毒害了他［济慈］的思想，让他反对亨特——事实上亨特对济慈的态度从未改变。"（参见《济慈书信集》，第二卷，页 11 注释）克拉克强硬的措辞是可以理解的：他一直是亨特坚定的朋友；他无法对两位年轻诗人的焦虑产生共感，因此他思考的立场只是单纯的感激之情，且自然会认为济慈受到雷诺兹的影响才对亨特发生态度上的变化。

② 济慈曾为简写了一首十四行诗《一枚勒安得耳宝石，来自好友雷诺兹小姐的馈赠》（伍德豪斯误将其创作时间记载为 1816 年 3 月，而它可能写于 1817 年 3 月）。另一首十四行诗《斯宾塞！你嫉妒的崇拜者》是在雷诺兹家创作出来的（1818 年 2 月 5 日），济慈将之赠与伊莱扎。还有一首滑稽的十四行诗《致雷诺兹夫人的猫》无疑是为女孩们而作。夏洛特老年时声称抒情短诗《嘘！嘘！轻轻地走》是受到她为济慈演奏的一首西班牙风格的曲子的启发而作。（另见基廷斯，《约翰·济慈：生年》，第六章）有人认为歌曲《我有一只鸽子》（参见洛厄尔，《约翰·济慈》，第二卷，页 141）是因夏洛特的演奏有感而作，十四行诗《致姑娘们——她们见我戴上了桂冠》中的口吻是对简、玛丽安和夏洛特而说的。

后，济慈说了如下一番话：除了约翰·雷诺兹之外，他对“那一家子人”都很反感。但这一切在当下还未发生。至少暂时看来，雷诺兹家为他提供了某种慰藉和快乐，也让他有机会加深对约翰·雷诺兹的了解。

八

恩菲尔德学习生涯之后，济慈还从未遇到过一个可以如此自然地交流内心幽默感的朋友。当然济慈与雷诺兹之间还是有差异的——雷诺兹说话更加妙趣横生。尽管济慈后来或许跟弟弟们说，聪明“文人”的谈吐让他益发觉得“在带给人享受方面，幽默比机智要高明得多”，不过，幽默与机智的结合是最令他着迷的；雷诺兹就是两者的结合体。这种感觉从未变淡。很久以后，济慈身体状况不佳，他仍在给乔治妻子的信中（1820 年 1 月 17 日）写道，在“三个无比机智的人——莱斯、雷诺兹和理查兹”中，雷诺兹是“玩性最重的”：“我欣赏第一个，喜欢第二个，紧盯着第三个。”当然，机智有时会引火上身；偶尔，雷诺兹因感觉受到不公待遇而被激怒，便会凭借敏锐的头脑迅速、准确地指出别人的弱点。济慈曾在写给乔治和汤姆的信中提到一件事（1818 年 1 月 13 日），海登某次邀请了一些朋友去见华兹华斯，被邀请人中包括雷诺兹，但雷诺兹无法前往，却忘记了回复。济慈在信中说，如火山爆发一般的海登（大部分争吵是由他自己及其无意中表现出来的恃强凌弱之态引发的）

> 给雷诺兹写了一张措辞异常尖锐的便条，之后又写来一封，试图缓和情绪——然而在雷诺兹看来这比第一封信还要糟糕。特别是考虑到另外一些情况——即海登自己也经常忘记约定，他的便条反倒
> 104 让雷诺兹占据了有利的一面，然而雷诺兹可不会忍气吞声……于是

> 他回复了海登一封我所见过的最为尖刻、挖苦的信；把海登所有的弱点都抖落出来，让他自己看，甚至说得十分过火。不论其所言是否有理，这些话若换作我肯定宁可不说。

不过这件事是个特例。总体来说，如诗人约翰·克莱尔所言，雷诺兹的机敏伴随着善良的天性，“假如你看着他的脸，就一定不会被他说的话所冒犯；你可以尽情地反驳——他决不会生气”。雷诺兹去世后，另外一位朋友谈及他“聪颖而有灵性的面庞，因为他始终如一的好心情以及平静、和煦但有些狡黠的笑容而显得容光焕发”。[①] 恰是他这种融合了善良的顽皮、玩性十足的幻想以及单纯却宽厚的对世态人情的判断力，在济慈身上产生了影响（正是雷诺兹说服济慈修改了《恩底弥翁》鲁莽的序言）。除了自己的兄弟之外，济慈对任何人都不会像对雷诺兹这般，毫无保留地谈论自己作为诗人所感受到的希望与忧虑。

雷诺兹后来的人生讲起来令人悲伤。他很快进入法律行业，逐渐放弃了文学生涯的追求，他感受到与自己早慧岁月的残酷对比，其自尊心十分受挫。无论法律还是文学都很难激发他的热情；对前者，他不屑一顾，对后者，他又缺乏信心。最终，他疾病缠身，嗜酒成瘾，因独子的去世而受到重创，于一八五二年十一月十五日离开人世。就在雷诺兹去世的四年前，济慈的第一位传记作者理查德·蒙克顿·米尔恩斯写信给他，希望尽可能从他那里获得一些关于济慈的资料。关于他自己，雷诺兹只是谦虚地说（与 G. F. 马修冗长且牢骚满腹的信件形成了鲜明对比）：

> 我微不足道的作品不过是投给《伦敦杂志》的稿件，当时泰勒

---

① 威拉德·B. 波普，《约翰·汉密尔顿·雷诺兹》（“John Hamilton Reynolds”），载于《威塞克斯》（*Wessex*）杂志（1935），页 10。

> 和海西执掌这本杂志——其中一首诗的标题叫《莎菲》——(它完全是对拜伦勋爵的模仿,拜伦在自己出版的日记与书信中友善地提到了此诗)——还有一首模仿的是华兹华斯的《彼得·贝尔》(*Peter Bell*)……此外有一首与胡德共同创作的《献给伟人的颂歌与致辞》(“Odes & Addresses to Great Men”)……我还写了一个小作品,名叫《幻想——彼得·科克伦回忆录与诗歌作品》(“The Fancy — being the Memoir & poetical works of Peter Corcoran”)——另外我出版了一小卷诗集,名为《佛罗伦萨的花园》(*The Garden of Florence*),署名为约翰·汉密尔顿。——这本小书中有两首诗来自薄伽丘——原
> 105 本应该还要多一两首——济慈本来也要与我一起——但**他**只写了《伊莎贝拉,或罗勒花盆》——他的疾病和死亡让这项工作戛然而止——我在书的前言里提到了此事。请原谅我这个寂寂无名、徒做挣扎的老东西吧![1]

雷诺兹人生的最后五年在怀特岛的新港做职员。他五十八岁去世时,济慈还远未达到三十年后所获得的公认地位。然而雷诺兹的墓碑上,用与他自己名字一样大的字体,雕刻着如下碑文:“济慈的朋友”。在写给米尔恩斯的信中,他坚称济慈不仅是“最诚挚的朋友,最可爱的伙伴,最深切的倾听者,倾听着身边所有人的悲伤与惆怅”,而且“还拥有自莎士比亚以来最伟大的诗歌才能”。[2]

雷诺兹的人生竟会在怀特岛画上句号,有些令人心酸。因为就在与他初次见面几个月之后,济慈本能地带着复制马盖特冒险之旅的心情前往怀特岛,想要开启一场真正的“创造力检验”,那便是撰写《恩底

① 《济慈社交圈》,第二卷,页230–231。

② 同上,页173。

弥翁》。到达怀特岛之后一两天，济慈那些真正值得纪念的书信开始出现（1817 年 4 月 17 日和 18 日）；而此时他写信的对象便是雷诺兹。他告诉后者自己从包裹中取出书本，放在“一个舒适的角落”，并“把海登的肖像挂出来”——显然是为了鼓励自己要更加勇敢无畏。他有把握雷诺兹能立即明白他的意思（此时距雷诺兹给海登那封愤怒而刻薄的信还有将近一年的时间）。在济慈写给雷诺兹的信中，我们可以看到比迄今为止流露给任何人都更加外放的信任。他坦白地承认自己感到茫然空白——因“全无下笔而浑身发抖”（尽管他才刚刚到达怀特岛）。这些话与他去马盖特后写给乔治诗信的开头几乎一模一样。而现在他更加急不可待；他没有把这些话再提炼为诗；他与雷诺兹有着共同的参照系——两人都写诗，或者说尝试写诗。济慈冲动地继续写道：

> ——我同你说——莎士比亚在二十三号诞生……每当你打算就莎士比亚作品中某个不太熟悉的段落写一两句，就会有新的感受；这种情况持续出现，尽管同一个剧本我们已经读了不下四十遍——比 106
> 如，《暴风雨》中的几句话从未像现在这般令我震撼，
>
> 刺猬们
>
> **将在漫漫的长夜里，**
>
> 千针万刺折磨你——
>
> 我怎能不提醒你这句诗——
>
> **在过去时光幽暗的深渊里——**

信件如此这般延续下去。仅一年后，正是在给雷诺兹的信中，济慈写下了令人惊奇的内容，将最初这几个月（从 1816 年 10 月到次年春天）的生动感受捕捉、浓缩并表达于一页又一页的信中，其感悟之深邃没有其他

诗人能够在私人信件中与之比肩。正是在这封信里，济慈谈及离开“幼年之室或无思之室”进入“初觉之室”意味着什么。[1] 仅仅是提到这一点，我们也已经跳跃太多，抢先直接触碰了一道门槛，那便是年轻诗人济慈迅速成熟的洞察力的门槛。而不久之前，他才刚从马盖特回到盖伊医院。此时对他来说最核心的需求是找到一个年龄相近且能够自由交谈的朋友，从而通过思考与谈话，陪伴他弥补过去的不足——他恰恰获得了这份幸运且有益的友情。两人后来难免抵牾，小小摩擦总会出现，且它们更多与雷诺兹的反应相关，而与济慈关系不大——不管雷诺兹再怎么宽宏大度，也不免觉得自己被济慈抛在了身后。

九

一八一六年秋，似乎济慈想要的一切都得到了满足，至少与母亲去世后的六年相比，或是与离开约翰·克拉克的恩菲尔德学校之后的五年相比，情况有了巨大的转变。正如爱德伽（Edgar）在《李尔王》中所说，“可悲的变化是从最高位上跌下来”——将来，这部戏剧会越来越紧地扣在济慈心头。然而，“最困苦的人”——从最低谷开始的人——“会永远抱着希冀而无所畏惧”。当然，在接下来的几个月中，他的步态也
107 许显得有些得意忘形。然而这种情况在他身上只持续了几个月，事实上，即便对一个仅取得济慈一小部分成就的诗人来说，像这样得意个十年——甚至二十年，也是无伤大雅的。不过，就算在那短暂的几个月里，济慈的洋洋自得也是间歇性的、偶发的，无关宏旨。

---

① 参见后文第十三章。

第六章　完成第一部诗集(1816 年 11 月－12 月)

一

济慈三兄弟(如今分别为二十一岁、十九岁和十七岁)一直想要搬到一起住,十一月中旬他们终于在齐普赛德街 76 号住下,这里到艾比的账房步行只需两三分钟。范妮现年十三岁,外祖母去世后不久,她便被送往沃尔瑟姆斯托的一家寄宿学校,离艾比的避暑别墅不远。这所女子学校是由塔基姐妹管理的,范妮还将在此处待两年。 108

由于身体欠佳,汤姆辞去了账房的工作。据以前的传记作者推测,乔治本人也在这个时候脱离了艾比的雇佣,因为一八一六年冬或一八一七年春左右,乔治与艾比的某位次级合伙人吵了一架——此人名叫霍奇金森,似乎是个令人无法忍受的傲慢家伙——乔治因此离开了账房。但我们无法确定此事发生的时间。[1] 对如下猜测也难以找到任何真凭

---

① 济慈 1817 年 4 月 15 日写信给乔治让他告诉自己"威尔金森的计划进行得如何",因此人们通常认为乔治此时已离开艾比,他要么已经在为威尔金森工作(此人可能是红狮广场的查尔斯·威尔金森,参见《济慈书信集》,第一卷,页 129),要么正试着在威尔金森那儿获得一个职位。济慈送给威尔金森一本亲笔签名的《诗集》(1817),上面写有"C. 威尔金森雅正"字样。据乔治的说法,济慈曾借给威尔金森四十或五十镑。(参见《济慈社交圈书信及诗歌(转下页)

实据：乔治“漫无目的地找了一阵差事”，可能在威尔金森律师事务所“打了份零工”，之后，“他就成了全家人的管事，他陪伴和看护汤姆，帮济慈抄写诗歌，管理他的业务”。[①]如果他们能做到生活谨慎节俭，外祖母的遗产所带来的收入足以养活三兄弟，还能够支付范妮在塔基小姐
109 寄宿学校的费用。然而，艾比似乎总是以最保守的方式精确而少量地发放这笔收入。不过，由于乔治一直颇受艾比赏识，我们可以假设他离开账房之后，不论交给他的差事是多么断断续续，他总有工作可做。总之，尽管汤姆可能无法工作，约翰又忍不住想冒险几个月，以此开启自己的文学事业，乔治的性格却不允许我们假设他会在家赋闲，而且职员的工作机会并不难找。别忘了乔治日后成长为一名极其成功的商人。由于其性情敦厚、容易受骗，乔治有时会在鲁莽轻率的投资中遭受大笔损失，但他也很会赚钱，十分勤奋，总能获得别人的信任。年届三十五岁，乔治已成为肯塔基州路易斯维尔最富有的人之一。

二

济慈有一首动人的十四行诗，名叫《致我的兄弟》，写于十一月十八日汤姆的十七岁生日，诗中我们可以感受到三兄弟终于重聚的宽慰。不论这首诗在其他方面有什么不足，它已表现出几个孩子对家的深沉渴望，这一点在马盖特归来的济慈身上显得尤为突出——不过亨特一家的

（接上页）补遗》，页28）三月中旬，济慈三兄弟已经搬到汉普斯特德，这意味着乔治当时已离开艾比，虽然那时从汉普斯特德到潘克拉斯巷的日常路程并不算太远。

① 娜奥米·J.柯克，《乔治·济慈回忆录》（“Memoir of George Keats”），《济慈诗歌及其他著述》，第一卷，页lxxxi。

出现也逐渐满足这种渴望。诗中的描写与迪恩街 8 号那破旧、孤独的房间形成鲜明对比,令人备感欣慰。这首诗充满对家的陈腐联想。① 里面描写了英国人极其珍视的壁炉——木炭上“微弱的噼啪声”是“家宅守护神”的“低语”;身处伦敦商业区的小房子之内,他们虽然没有父母的 110
关爱,但至少有“兄弟的情谊”。尽管兄弟们确实常在一起读书,济慈还是带着一些主观愿望的色彩,在诗中想象乔治与汤姆梦寻“学问与传统,如此健谈而深刻”(当然,这是他自己心中念念不忘的英语诗歌传统)。对汤姆健康状况的担忧在诗中短暂但直接地流露了出来,我们感受到他后来于一八一八年秋照料汤姆时所表现出的奉献与关爱:

今天是你的生日,汤姆,我
很高兴它过得和煦而静谧。

这种新的安全感持续了不到两年。但正如诗结尾处的华丽辞藻所示,眼下任何关于分离的念头都还十分遥远。

---

①　小小的火苗从新添的煤里
　　欢跳着,它微弱的爆裂声音
　　爬过一片静寂,像冥冥的家神
在对这些友爱的灵魂低语。
当我,为了韵律,向星空觅探,
　　你的眼睛却带着诗意的迷醉
　　注视着这本大书,它如此深邃,
常在向晚慰解我们的忧烦。
今天是你的生日,托姆,我
　　很高兴它过得和煦而静谧。
但愿我们能一起度过很多
　　这样充满低语的黄昏,安详地
品尝这世界的真正的欢乐,
　　直到上帝的声音把我们唤去。*

* 此处采用穆旦先生的译本,正文中为上下文通顺,使用直译。

三

由于济慈如今满二十一岁,他自然不需要艾比的许可就可以决定自己的未来。十月三十一日之后,他便有资格依照自己的心意,选择任何时机开始从事执业药剂师的工作。然而,几个星期过去了,他没有采取任何措施。他知道自己一年只有五六十镑的收入,况且这点钱也要等济慈家所有孩子都年满二十一岁后才完全归他支配。不过,他很可能觉得晚几个月做决定也不会产生什么致命的后果。甚至在搬到了齐普赛德街与弟弟们一起住之后,他还是经常回到医院。只要他愿意,此前三月份他付给医院的费用仍可确保他继续以外科医生助手的身份工作一年;这一年结束后,他仍决定做几个月手术。一八一七年三月十七日,海登在《日记》中写道:“跟我聊了一晚上莎士比亚之后,济慈又去包扎伤口了。”这份工作要求不高,济慈可以比较自由地安排自己的时间。继续做外科医生助手至少是一种推迟做决定的行为;这减轻了他良心上的负担,不论对他自己还是对艾比来说,这种行为都会让人觉得他清楚地知晓谋生的必要性。

事实上,艾比确实有点不耐烦了。然而这期间发生了太多事——济慈从马盖特归来,回到博罗阴暗幽闭的住所,紧接着他幸运地与克拉克
111 重逢,写下了阅读查普曼译荷马有感的十四行诗,他受到亨特、海登以及雷诺兹的热烈欢迎,这一切都发生在一个月到六周左右的时间内。秋天总体来说令人陶醉。秋意之中,这一家年轻而脆弱的兄弟终于团聚,为他们增添了新家的安全感。在如此环境下,济慈自然会犹豫不决。同时,亨特正在为十二月一日的《检查者》周刊准备一篇名为《年轻诗人》(“Young Poets”)的文章,此文中,他向读者介绍了雪莱、雷诺兹和济慈

等诗人，并且在引荐济慈的部分，刊印了《初读查普曼译荷马有感》。济慈很高兴，他把杂志带到盖伊医院，拿给前室友亨利·斯蒂芬斯看。斯蒂芬斯说，这篇文章“锁死了他的命运，他更加全心全意地献身于诗歌”。[①] 一件又一件事接踵而来。十二月某个时候，济慈在李·亨特家见到了雪莱。此外，出版商正准备于来年三月出版他的第一本诗集，而就在这一年十二月，他为诗集写出了两首重要的诗——《我踮起脚尖》和《睡与诗》。

同样是在十二月，海登于画室中制作了济慈那个著名的面部模型。这意味着发自心底的真诚赞美，因为海登已决定将济慈纳入他正在创作的巨幅油画《基督进入耶路撒冷》，取面部模型的目的是为画作做准备。[②] 与文艺复兴时期的画家一样，海登希望通过加入一些现代人物——如前一个世纪的牛顿和伏尔泰，以及自己的友人华兹华斯、海兹利特、兰姆和济慈，为画作增添与当代的关联性。插入伏尔泰是为了代表怀疑主义，但海登一度担心自己的判断不够公正。仔细阅读了伏尔泰的作品之后，他比任何时候都更确信自己是正确的。其认真的态度和预料之中的结果逗乐了他的朋友们。就连济慈都忍不住戏弄他一番，不过海登却没发现其中的幽默趣味。他写道：“我决不会忘记，有一次，济慈 112
在我的画前突然站起身来，走近它，他把手放在心口，稍稍鞠躬，说道：

---

① “我记得济慈初次被引介给李·亨特先生时的模样，亨特先生当时负责编辑《检查者》周刊；我记得济慈的几首诗在那本周刊上刊登过，他对此十分满足；我还记得他告诉我，他和其他两三个有前途的诗人在周刊上获得了引荐，我记得很清楚，其中有雪莱的名字——我还记得一段时间之后，他给我看了那本《检查者》周刊，有篇文章就叫‘正在崛起的诗人’或是‘年轻的诗人’这一类的标题，里面有好几个人的名字，附上了他们的简要介绍以及诗歌样例，济慈的名字位列其中，同样还有雪莱的名字。——这锁死了他的命运，他更加全心全意地献身于诗歌。”（《济慈社交圈》，第二卷，页 210–211）

② 有趣的是，这幅画最终留存于美国，就在乔治·济慈和他的家人所住的区域。它在辛辛那提艺术博物馆悬挂了很长一段时间，现存于俄亥俄州诺伍德的圣玛丽山神学院。活人面模的图样参见卷首。

‘这是我会致敬的人’——此时他正站在伏尔泰面前!”[①]这幅画历经反复打磨,最终在三年后展出。一八二〇年三月,兴奋的海登借了钱,租下巨大的埃及厅,邀请名人来看画展。但是,画面中的次要人物,甚至连驴子都比中心人物基督得到了更多赞许。[②] 事实上,海登这些年一直在重画基督的脸,这反而导致它不幸越来越肖似海登本人。画中的济慈表情专注,海登觉得这是他最典型的特征,济慈被放置在画面的右上角,位于低着头的华兹华斯上面(海兹利特认为画中的华兹华斯与本人肖似),离海兹利特也不远。济慈自然对海登制取他的面部模型有些受宠若惊,不过他也装作漫不经心,当克拉克表示想要一个复制版的时候,济慈开玩笑地把面部模型比作美杜莎的头。海登取面部模型时,克拉克可能也在场。[③]

四

面部模型引出了有关济慈相貌的话题。之前,我们只在恩菲尔德学生生涯的描述中简略提及,另外就是在关于他矮小身材的描绘中掠过一笔。

读者对他的外表可能有大致的概念,但有两点容易令人困惑。第一

---

① 《本杰明·罗伯特·海登日记》,第二卷,页317。

② 据说,一位观画者——有人说是塞缪尔·罗杰斯,有人说是詹姆斯·诺斯科特,曾评论道:“海登先生,你的驴子拯救了这幅画。”

③ 济慈给克拉克的一封信(1816年12月17日)是这样开头的:“你现在能看着密涅瓦的神盾却免受伤害了,因为我可怕的面部模型竟没把你变成约翰·多瑞(John Doree)[一条鱼]*,因此你有权合法得到一个复制版——我会用我的个人影响力给你弄到一个。”后来,当他的朋友本杰明·贝利也想要复制品时,济慈说会从海登的画室“清洗”一批。(《济慈书信集》,第一卷,页174)

* 指海鲂(一种鱼)。

点也是较为重要的一点，那就是尽管这个时代的作家很少能留存下更细致的描绘，但现存的几幅济慈肖像和素描着实太不如人意。[①] 原因很简单，济慈的名声几乎完全是在死后建立起来的。海登一直拖着没为他认真画一幅肖像：因为济慈还很年轻，似乎未来总有充裕的时间。[②]
查尔斯·布朗的济慈素描到第一次世界大战之后才为世人所知。 113

因此，塞文绘制的各种济慈肖像便在十九世纪中后期进入了这一真空地带——事实上，塞文的肖像画几乎都是在济慈去世后绘制的，其最后一幅完成于济慈死后近四十年。人们出于惯性和惰性而非其他特别的原因继续复制着这些画。[③] 不幸的是，塞文不仅绘图水平不济，性格还有些懦弱。老于世故的巴里·康沃尔于一八二〇年与济慈会面后，认为自己"从未见过比他更具男子气概、更质朴的人了"；塞文本人也承认济慈脸上挂着"极其无畏的表情，就像在某些水手脸上能看到的那样"。然而，在塞文的肖像画中，人们却难以觅得这种特征。即便在微型画中，塞文呈现的也是自己对一位敏感诗人应该长成什么样的理解。伴随着济慈死后声名益发煊赫，塞文发现自己绘制的肖像越来越受欢迎，他开始变得沉迷于自我投射，兴致勃勃地画了很多，甚至还画了一幅虚构的济慈创作《夜莺颂》的画像。理查德·伍德豪斯委托威廉·希尔顿绘制了另一幅画像，这自然惹恼了他。然而他给出的理由却如此不得体，以

---

① 如果没有唐纳德·帕森出色的《济慈画像》（*Portraits of Keats*, 1954）一书的话，此处理应安排一部分内容详尽探讨济慈的肖像画。本书未复印的肖像画，如引用，则参考的是帕森书中的插画标号。

② 海登留下了一些简略的侧影草图（参见帕森，图 8 和图 9），但只是为他的画《基督进入耶路撒冷》大致描了个非常特殊的姿势（他希望展现出某种锐利、显得惊奇的样子）。济慈去世后，海登总是谴责自己没有响应约翰·泰勒的提议及时为济慈画一幅肖像。

③ 济慈在世时，塞文为他画的唯一一幅肖像是微型画，这张画有几个不同的版本。此外，还有一幅木炭笔素描（帕森，图 16）以及描绘济慈临终情形的钢笔画，这幅画后来的版本有所修饰并做了理想化处理。塞文绘制的其他肖像画及其不同版本（帕森，页 38、40、42、44–46、48、51）都是济慈去世后完成的，另外一些归于塞文名下的肖像画更是如此。

至于这些理由反而透露出塞文画作的局限性。希尔顿画的肖像比塞文笔下的任何一幅都阳刚许多,且更接近海登制作的面部模型,但是塞文却说它让济慈显得“畏畏缩缩”。迄今为止,济慈肖像中比塞文版更接近现实的一幅——也可能是所有济慈肖像中最好的一幅,出自务实而不浮夸的查尔斯·布朗之手,他没有艺术家的自命不凡,但至少画得直观而朴素。[①] 布朗所画的另外两三张侧影也是比较可靠的。济慈曾将其中一份的副本寄给妹妹范妮——我们不能确知是具体哪一张——并称之为“顶好的侧影画”。在济慈死后绘制完成的肖像画中,希尔顿的作
114 品和朱塞佩·吉罗梅蒂制作的圆形徽章较可信赖,有理可循(这个徽章是由理查德·伍德豪斯监督制作,以济慈的面部模型为基础的)。[②]

由此可见海登制作的面部模型,辅以从布朗和其他人绘制的肖像和侧影中获得的印象,对我们了解济慈的样貌具有重要作用。不过,面部模型自然只能展现出恬静憩息的模样,但有关济慈样貌的描述总是强调他灵动的面部特征。他的大部分熟人都曾提及那张继承自其母亲的极富表现力的大嘴。(艾比曾说,“她面容姣好,五官端正,只是嘴巴长得特别宽”。)克拉克也曾兴味盎然地回忆起济慈那张“宽阔的嘴”。每个人都对他的眼睛印象深刻。本杰明·贝利的评价十分典型:

> 我喜欢他自然质朴的性格,且立刻被他迷人热情的风度所吸引……[普罗克特夫人的描绘]非常接近我记忆中的济慈……我并不特别记得他的上唇很厚,但人们通常这么描述他的嘴唇,无疑也应该是正确的;然而,我有个强烈的印象,就是他的嘴太宽了,不仅它本身太宽,而且与整张脸的其他部分不大协调,除却这一个瑕疵

① 参见后文第二十一章,第一节。
② 关于希尔顿的画和吉罗梅蒂的徽章,详尽的讨论参见帕森,页95-102,页151-152。

之外，这张脸非常漂亮。他的眼睛饱满而优雅，且会随着思想与谈话的起伏，突然变得温柔，或是眼神十分炽烈，熠熠生辉。①

人们似乎对他的眼睛到底是什么颜色观点不统一（一个共识是他的眼睛有可能是淡褐色的，头发则是红棕色的）②，关于此，可行的解释是他面部的整体表情吸引了人们的目光，但对具体颜色的精确记忆却没能留下来。相关的描述总是反复强调其面容的坚定与表情的多变这两者之间不同寻常的结合。亨特的说法很典型，他认为济慈的脸展现出“活力与情感”的统合；他的嘴显现出“某种好斗的”特质，他的眼睛“闪闪发光，相当大，眸子幽深，十分敏感”。我们之前曾提到，乔治· 115
济慈说起哥哥“宽宏豪迈”的性格时，是这样表述的：“一听到有关慷慨仁慈或是高尚勇敢等品质的故事，约翰的双眼就湿润了，他的嘴唇也会因此而颤抖。”亨特也说过类似的话（“在诵读剧中高尚行为的时候”，他的眼睛“噙满泪水”），但他补充道，济慈“不喜欢显露出这些情感；他有着巨大的个人勇气和道德勇气”。除此之外，济慈样貌高洁。普罗克特夫人描绘济慈的结论经常被人们引用：济慈的脸上“总有一种表情，仿佛他正看着某个瑰丽辉煌的景象”。③ 克拉克引用了她的

---

① 《济慈社交圈》，第二卷，页267–268。

② 普罗克特夫人告诉霍顿勋爵济慈的眼睛“又大又蓝”，他的头发是“赤褐色的”。乔治安娜·济慈在她持有的霍顿勋爵《济慈传》中批注了不同意见：“他的眼睛是深棕色的，很大，眼神很温和，富有表现力，他的头发是泛着金黄光晕的红色。”克拉克和塞文则称济慈的眼睛是淡褐色的。他的头发到底是什么颜色也很有争议——男人们（克拉克、亨特、贝利和塞文）倾向于棕色，而女人们的记忆在赤褐色到红色之间。但这些人的记述都写于济慈去世几年后。尽管艾米·洛厄尔十分沉醉地将济慈的发色描写为“比‘提香红’更浅一些的颜色……最接近于红色落日的颜色”，济慈留存于世的几绺头发都已经褪色了，也很难作为证明；不过它们似乎显得像黄褐色或红棕色。

③ 《济慈社交圈》，第二卷，页157。海登也做出过类似的表述：济慈的眼睛“流露出一种内在的虔诚模样……仿佛能产生灵视的特尔斐女祭司”。

描述，并评论了最后一句话：

> 说得太好了。“他的嘴有些宽，不像其他五官那样显得睿智。”这说得也很对。不过，当我们的艺术家［普罗克特夫人］宣称“他的眼睛大且**蓝**”，“他的头发是**赤褐色的**”，我不由想起“变色龙”的寓言：——“他的头发是**棕色的**，夫人——我向您保证，是**棕色的!**”事实是，这位夫人完全被他的性格迷住了——对此我毫不奇怪。[①]

勾勒出脑海中图像的另外一个难点在于人们总是忘记他的身高只有五英尺四分之三英寸。（这个身高在时人看来远不像人们现在认为的那么矮：五英尺半在当时已是相当不错的高度，海登曾在日记中钦羡地写到华兹华斯身高“五英尺九英寸又八分之七——这是个非常优越、显出英雄气概的比例。我忍不住记录了下来”。）认识济慈的人也总是忘记这一点。同他的父亲一样，济慈肩宽膀阔；他坐下来的时候，人们自然只会注意到他的肩膀和脸。即便他站着，也显得比实际要高，塞文说，“部分是因为他笔挺的仪态，以及典型的向后仰的姿势……更重要的也许是他脸上那种无所畏惧的表情”。然而，济慈本人却对身高非常在意，至少偶尔会表露出来。他书信中有些话就透露出这种情绪。[②] 有一次，他很恼火，也有理由生气——他在给乔治的信中说：“几天前的某个
116 早晨，刘易斯先生和布劳恩夫人去伦敦，他们谈起了我——我听说

---

① 《作家回忆录》，页 153。

② 比如，他曾写道，“我们家没有任何女性朋友——汤姆被当成疯子，我则因为个子矮小被视若无睹。”（1818 年 6 月 4 日）在谈及温南德附近的风景时，他给汤姆写信说：“我从未如此彻底地忘记过自己的身高——我存在于双目之中；我的想象力被超越了，它安歇停止了下来。”（1818 年 6 月 27 日）他告诉本杰明·贝利，“如果不去假设女人们关心身高五英尺的约翰·济慈先生是否喜欢她们的话”，他“对女人的印象就更好了”。（1818 年 7 月 22 日）

刘易斯先生讲起我，但我一点也不高兴——他说，‘哦，他真是个精干的小诗人’，这简直太让人讨厌了。”克拉克说，济慈患上致命的疾病之前，一直是个“活跃、敏捷、很有耐力的强壮男人——与屠夫的一场打斗充分证明了这一点”。[①]

在这一节结尾处，我们重新回到那个面部模型上，正如范妮·济慈所做的那样，我们还要试着记住他灵动的面庞、结实的肩膀、矮小的身材以及“无畏的表情”——尽管塞文没能用他的画作表现出来，但至少试着用语言描绘了出来。那张面部模型以其自有的方式使人联想到力量、坚毅和富有阳刚气的理智，几乎所有人都在他身上发现了这些充沛的特质（贝利说，这种“由实际生活经验所得来的判断力〔common sense〕是他性格中非常突出的部分”）。

五

最后，我们需要记住一些济慈信手拈来的幽默——不仅仅是其现成可得之感，还有那种幽默的味道——它们不可避免地影响到人们对他外表的想象。这种幽默可能很粗陋，但必然很直接，还带有闹剧的成分。比如，在某种类似“音乐会”的活动上，济慈和朋友们扮演不同的乐器——济慈喜欢模仿巴松管（部分原因或许是他对“巴松管”这个词着迷）。除此之外，还有那种手到擒来、几乎无意识的模仿，与他渊源最深的朋友考登·克拉克在济慈去世后的四十年依然时常回忆起那些模仿学样的行为。有一次，济慈观看了两位高水平轻量级拳手之间的比赛，

① 屠夫家的男孩又高又壮，当他折磨一只小猫的时候，济慈出手制止。屠夫公然挑衅，这场打斗持续了将近一个小时，济慈最终获胜。（《作家回忆录》，页143-144）

他"在描述一个拳手将要倒地而另一个拳手连续快速击打时",本能地用"手指敲起玻璃窗"。克拉克说,他有一种"幽默的洞察力","能够通过模仿来传递这种感觉,不仅十分生动,且令人忍俊不禁"。克拉克紧接着提到济慈观赏过的一次纵狗斗熊表演:

> 演出还没开始,济慈就接近并专注地看着一个年轻有抱负的人,这人带了一个比自己更年轻、受他庇护的人来见识这隆重的场面,他以施惠者自居,傲慢地借所有在场权贵的名声和地位来教导后辈。展示和传授知识的热情时不时令他忘乎所以,不由自主地超
> 117 出规定界线,进入圆形表演场。这令审查员威廉·索姆斯先生大为光火,在多番示意"不要靠近"之后,他开始胡乱抡棍击打。而我们这位到处逍遥乱走的年轻人还叫着向他的小跟班吹牛:"哎呀!我的天哪!比尔·索姆斯舔得我痒痒的!"他显得很感激,觉得自己像被列入了一般豁免那样得到了嘉奖。济慈观赏这种底层生活小场景时所表现出的愉悦之感和欣赏之情总是在我脑海里重现。

同时,当济慈用动作来表现对在场人的描述时,他开始模仿熊:

> 他的腿和手臂弯曲,蜷缩起来,直到他看起来像是后腿站立的布伦熊,他表演出狗向前撕咬时熊将前爪四处拍击的样子,时不时还表演出突然被抓并紧抱住的人那种喘息声——他那张宽阔的大嘴为这番表演增加了感染力。

更有趣——同时也完全出人意料的——是另一番描述,有一次克拉克抱怨自己肠胃不适,济慈一开始做出了颇为平静的诊断。克拉克说,济慈向他描述

器官的功能和作用，其描述之清晰和技术上的准确表现出一位成年医生的能力；后来他以自己特有的方式，用诗歌意象随口阐明了自己的判断：他说，胃就像一窝还不会飞的雏鸟（他边说边张开宽阔的嘴）张大嘴嗷嗷待哺。[①]

六

大约在十一月到二月中间的某个时刻，济慈和艾比之间发生了一场著名的谈话。艾比的想法并非毫无道理，他认为济慈应该成为一名外科医生，并建议他在托特纳姆行医。按照约翰·泰勒的记录，艾比的陈述如下：

> 他向自己监护的年轻人济慈传达了他的设想，然而他得到的回答却完全出乎意料，济慈表示他不打算做外科医生——竟然不打算做外科医生！那你想成为什么样的人？我准备靠自己写诗的能力生活——约翰，你要么是疯了，要么就是个傻瓜，竟然说这么荒谬的话。这个年轻人非常平静地说，我已经下定决心了，我知道我的能力超越了大多数人，因此我决定用这些能力谋生。——眼见事已至此，艾比只好说他是个傻孩子，并预言他轻率的计划很快就会终结。

艾比继续讲述道，"不久之后"，济慈给他带来了"一本印刷的小册子"——也就是一八一七年三月三日出版的《诗集》： 118

① 《作家回忆录》，页132，页144–145。

> 我收下了这本书，并且答应会看看，因为这是他写的，否则我才不会为了这种事费脑筋——我们后来再见面的时候，我对他说，约翰，我读了你的书，它让我想起贵格的马，很难被抓住，抓住了也毫无用处——你的书也是这样，很难理解，理解了之后也毫无用处。这位老人说，你知道吗，我觉得他永远也不会原谅我讲出了这个观点，虽然这就是事实。[①]

毫无疑问，正是艾比施加的压力引发了济慈的坚决反应。因为他内心里其实还不太确定自己的选择。他认识的每一位有洞察力的熟人都强调济慈是拥有面对实际生活的常识的；事实上，他对谋生问题的重要性一清二楚。他把第一本诗集拿给艾比的两周后，仍然按时到医院工作。直到五月份，他才最终放弃了外科医生助手的工作；那时，他已长时间沉浸于绞尽脑汁地创作《恩底弥翁》——他几乎绝望地想要在一首四千行的长诗里证明自己。即便如此，接下来的三年中，他至少从未放弃过开业行医的可能性。与艾比的会面虽然令他忧心，但也给予他钢铁意志，让他在接下来的一年里以顽强的毅力坚持了下来。这次会面，他真正想要回应的并不是艾比，而是他自己。

七

艾比口中那本“小册子”（Little Book）的出版事宜可能在十月或者最晚十一月就安排了下来。也许是考登·克拉克在济慈与出版商查尔斯·奥利尔和詹姆斯·奥利尔之间铺平了道路。济慈书信中唯一

① 《济慈社交圈》，第一卷，页 307-308。

提到这件事的一句话出现在十月三十一日济慈二十一岁生日那天写给克拉克的一封信中，这句话的口气带着年轻人那种装模作样的漫不经心之感：“你什么时候去奥利尔家，告诉我一声，顺便告诉我他们住在哪儿。”亨特或海登本也可以帮上忙。他们的正面评价自然会影响到奥利尔兄弟。①

对任何一个处于济慈相似位置上的人来说，能够出版一本书的想 119
法就足够令人激动了。十二月一日是亨特刊载《年轻诗人》一文的日子，他在文中登出了济慈的十四行诗《初读查普曼译荷马有感》，而此前，济慈唯一一首正式发表的诗是十四行诗《哦，孤独》。我们没有理由怀疑济慈在盖伊医院的朋友亨利·斯蒂芬斯的话，他说济慈因这几行诗的刊印而显得十分高兴，还热切地向他展示了亨特那篇论“年轻诗人”的文章。然而，除了在十月份的信中向克拉克提及奥利尔兄弟，济慈的书信里再没有任何一处透露出一整本诗集正在筹备出版的信息——这可是他的第一本书。当我们开始接近济慈那广为人知的成长历程中资料记录更为详实的部分时，自然会对他显得矜持和有所保留的部分愈发好奇。之所以产生这种好奇，是因为我们理所当然地觉得济慈的天性是毫不拘泥且坦率外放的。那么，为什么会出现这些意料之外的保留呢？同时也正如下一章所暗示的，甚至会有些令人难堪的部分呢？诚然，每个人都会有保留隐私的需要，然而，若济慈不具备与逃避退缩、遮遮掩掩或自我压抑相反的品质，那么他是不可能取得后来那番成就的。

济慈之所以对第一本诗集的筹备缄口不言，部分原因或许是奥利尔兄弟是基于信任和别人的推荐才考虑出版此书的，而这本诗集可能会薄

① 人们有时认为是雪莱的介绍引起了奥利尔兄弟的兴趣，因为他们也是雪莱的出版商。但是雪莱第一次见到济慈已是十二月，这之后再安排出版事宜有些过迟，与实际不符。

得不像话。不论亨特、海登还是雷诺兹,大概都不知道济慈迄今为止写出的东西仍少得可怜。他此前与文学世界的接触甚少,突然间却发现自己处于一种新的境地:他尊敬的人不仅理所当然地认为他是个有前途的诗人,而且还觉得他在抽屉里藏了一些没拿出来的诗。即便在没有许多书面证据的情况下,人们也能够辨别出某种潜力,甚至可能是最高层次的潜力。但是,济慈自己很清楚,这本书的分量还太轻,其中相当一部分写得也不够好。这层因素也许能够解释他为何在雪莱面前显得有些局促不安,后者十二月份曾建议他推迟出版。由于雪莱只看过济慈的部分作品,不可能想象出这本诗集到底有多薄。不论雪莱的理由是什么——我们都可以不假思索地推断——他是出于好意,尽管他自己总是
120 迫不及待地将作品付梓。然而,雪莱的建议碰到了济慈的痛点,特别是这个建议还来自一个惯常从不吝啬赞美之词的人。

济慈似乎已经毫不张扬地认真准备起这本诗集。短诗的数量逐步增加。十二月份,他写了四首自认为可以收录进去的十四行诗。其中三首差强人意:一首写给他未来的弟妹乔治安娜·怀利(《低眉微笑的仙女》),一首是关于波兰爱国者柯斯丘什科的十四行诗《致柯斯丘什科》,以及《快乐的英格兰》。十二月三十日晚上,他们举行了一场亨特喜爱的十四行诗创作比试。考登·克拉克和济慈当晚都去拜访亨特,他们在壁炉边谈起蟋蟀那令人愉快的叫声。克拉克写道,突然间,亨特

> 向济慈建议就在此时、此地计时创作一首十四行诗《蝈蝈与蟋蟀》(“On the Grasshopper and the Cricket”)。除我之外,没有其他人在场,于是他们两人开始写诗。我则一个人拿了本书坐在沙发一头,但我时不时会偷偷看他们一眼。我说不准这场比试持续了多久。我并没有担任裁判,也没有秒表来为此测定时间。然而,对写出这

样的诗来说，时间是足够短了。两个人中，济慈用时更短。不过，赛后审读时李·亨特的反应则是许多类似事件中的一例，它让我深深地记住了李·亨特那真挚自然的胸怀和毫无矫饰的鼓励，我对之一直怀着深切的敬仰和钦佩。读到济慈第一行诗的时候，他脸上就露出了真诚的快乐——

从不间断的是大地的诗歌

他说道："这个开篇真是精彩！"当他看到第十和十一行——

在孤寂的冬夜，**当冰霜**
冻结，四周静悄悄

亨特喝彩道："啊！完美！太好了，济慈！"①

只要对比一下这两首十四行诗，就能迅速发现济慈超越前人的方式，他不仅开始超越亨特的语言风格，也开始超越那个时代诗歌中常见的感伤主义。这种语言特性和感伤主义在济慈身上至少还将保留一年，主要是由纯粹的文学联想所维系下来的——（当然，通过亨特的视角来看）是为了捕捉和描绘神话和骑士故事中的服饰。但是，在这样一个比诗的特定场合下，在没有时间修饰且遇上一个意想不到的熟悉主题的情
况下，济慈内在的品味开始彰显；与此同时，感伤这种非其自有的情绪并 121
未强行入诗。如果考虑到写作时间的限制，亨特的十四行诗写得绝不算差。然而，他的诗从一开始就受到过于关注昆虫本身所造成的局限；为了凑足行数，且让这些昆虫更符合人类的情感，他不得不用拟人的手法使它们带上感伤的色彩。"和暖草地上小小的跳跃家"与蟋蟀——"热情的小管家"，它们是"甜蜜可爱的小表亲"。这首十四行诗落脚在一个

① 《作家回忆录》，页 135–136。

道德寓意上:“它们都被派去”将有益的“欢乐”教义带至愿意倾听和思考的人身边。[①] 相较之下,济慈却更关注心理过程,而不是道德教义。笼统的说法在一开篇就被抛却了(“从不间断的是大地的诗歌”),这个结论直到十四行诗最后六行的开始处才再次出现,而其目的是为了引出蟋蟀的话题。诗歌结构上的简单划分形成一个框架;这首十四行诗也因此产生了更加自由的丰富喻指,且更为有形、实在。其结果是引向一种更接近客观的共情(蝈蝈“在青草丛里悄悄憩息”)并最终形成更为真实的诗歌解决——夏与冬的融合,或者说延续,被坦率地留给听者去想象:

从不间断的是大地的诗歌:
　　当鸟儿疲于炎热的太阳
　　在树荫里沉默,在草地上
就另有种声音从篱笆飘过;
那是蝈蝈的歌声,它急于
　　享受夏日的盛宴的喜悦,

① 和暖草地上,小小的绿色跳跃家
　　六月的感觉,勾住你的心,
　　慵懒的正午,只闻一个音,
连蜜蜂也不把召唤的铜铃应答;
而你,热情的小管家,与那些
　　感叹蜡烛来得太早的人为伍,
　　爱着火焰,哼唱嬉闹的小曲
抓住流淌的欢乐寂静时刻;
哦,甜蜜可爱的小表亲,你们
　　一个属于田野,一个依偎壁炉,
都有自己的阳光;都心儿纯真
　　虽小却强;都被派到这沃土
对着沉思的耳朵,唱自然的妙音,——
　　屋里屋外,酷暑严寒,欢乐常驻。

　　唱个不停；而等它需要停歇，
就在青草丛里稍稍憩息。
呵，大地的诗歌从不间断：
　　在孤寂的冬夜，当冰霜冻结，
四周静悄悄，炉边就响起了
　　蟋蟀的歌声，而室中的温暖 122
使人醺醺欲睡，我们会感觉
　　仿佛是蝈蝈在山坡上鸣叫。*

八

然而，十四行诗占不去多少篇幅。此外，在济慈看来，单靠它们也不能为诗集赋予多少价值——"伟大的诗人是否写过短诗？"真正为他增加底气的部分是两首快要完成的更长的诗。他做出了一个自己也认为有点狡猾精明的举动，决定将其中一首放在卷首（《我踮起脚尖》），将另外一首（《睡与诗》）放在卷尾，从而吸引读者的兴趣。这两首诗是他迄今为止主要的努力成果。

写长诗的渴望不仅是对十八世纪所谓"更伟大的文类"所带来的挑战的回应，济慈也具有一种深谋远虑的本能，认为活力和势头有着重要的价值，长诗为其操演提供了广阔的空间，有助于预防狭隘收缩和想象力的束缚。出于类似的原因，在极其松散的形式中练笔也能够提供不少帮助，比如诗信。自然，在这两首诗中（《我踮起脚尖》共两百四十二行，《睡与诗》共四百零四行），他又回到已经使用了一年多的语言习惯和形

* 此处采用穆旦先生译本。

式上去，那就是他迄今为止所有较长诗歌都用到的流畅的英雄对句，以及我们在马盖特诗歌中所注意到的语言习惯。当然，与此前相比，这些诗也有不同之处，反映出他日渐增长的信心。以前，只有在诗信这种人为手段的庇护下，他才能够完成较长诗歌的创作。如今，他以十八世纪常见的风格写出了一首坦率直接的描述性冥想诗。他后来仅再创作过一封诗信（1818 年 3 月致约翰·汉密尔顿·雷诺兹），那纯粹是偶然情绪的流溢，他从未打算将之出版。他逐渐增长的书信天赋完全转移到了从一八一七年开始的一系列非凡的书信之中。

《我踮起脚尖》的一部分是他七月前往马盖特之前写的。亨特认为，这可以从诗中下列痕迹看出来——“一个愉快的夏日，济慈站在一扇大门边，门是从汉普斯特德荒野的炮台通向卡昂林地旁田野的通道”。由于急需扩充这本即将出版的诗集，济慈在十一月份又将已完成
123 的诗行找了回来，试图充实它们。他也许希望能偶然间想起某个可扩展或者能提供框架的叙事主题。他想到借用恩底弥翁的传说，事实上，他甚至曾试探性地把这首诗命名为《恩底弥翁》。十二月十七日，他写信给克拉克说：“我最近都没怎么写《恩底弥翁》——我想再试着一举攻下它。”（他从海登那里学到了一些表达力量的语汇。）然而，这“一举”只不过是小股突围。正如手稿上签的日期显示，第二天他只写出了十二行，带着一种疲惫的绝望，这首诗以含混的装饰句结尾：

但现在一切终了，
我流浪的心再不能冲向云霄。

所有关于叙事诗的想法都只能留待几个月之后的《恩底弥翁》再付诸实践。不过至少有一点是最为重要的：我们可以在这行诗中找到痕迹——“啊！他当然打破了凡人的囚笼”——亦即是，通过神话和其他方式，以想

象的追寻来参与济慈后来称之为“不朽的精神默契”(immortal freemasonry)的创作。这个主题是他从《恩底弥翁》到《希腊古瓮颂》期间几乎所有诗歌的重要中心。不过此时,他还只有一些细微想法的萌动。此外,他正忙着写另外一首长诗《睡与诗》,且诗集很快就要付印。于是,《我踮起脚尖》便陷入了一段接一段的描述,像是一系列令人喘不过气的乡村风光名录。诗中的许多描写来自记忆,恩菲尔德的时光重现,他写到与考登·克拉克一同散步,回忆起埃德蒙顿外祖母家附近的小溪(米诺鱼在溪水里“用摇摇晃晃的身体抵挡着水流”)。菲尔顿·马修时期的某些常用意象也重新浮现——比如“低眉微笑”的少女,还有“神奇国度”的想法,等等。好几个世代以来,济慈的崇拜者在这些诗行里找到了“新鲜”和“现实主义”等例证。然而,在这样做的时候,他们无疑受到相关伴随情形的影响——比如,济慈的年轻与青涩,写作的匆忙,以及他未来的巨大成就——任何未模仿亨特那最无节制写法的东西,都能够令崇拜者们感到满足。毫无疑问,不吝啬赞美是对的,但是,如果说针对创作本身的优点而为这些诗大唱赞歌,那只能证明桑塔亚纳的话有道理,“爱是很有穿透力的”,它“延伸至未来的潜在可能而非当下的现实”。

约翰逊对体裁局限性的慨叹不仅适用于其他写得更好的描写性诗 124
歌,也适用于济慈的这些对句。“场景必须一个接一个地展示,但由于它们同时存在,被展现出来的顺序势必是任意的,人们不可能期待从最后一个部分得到比第一个部分更多的感受。因此,不能被悬念留住的注意力,只能靠增加花样来刺激。”假如花样不够多,那么读者的头脑可能无法完全投入;假如花样太多,也会分散注意力。济慈本人已经意识到这种体裁的局限性,而且随着每半年时间的推移,他的感受就越来越深。他并不想写纯粹的描写诗:他现在这么做的原因只是因为缺少题材。两三年后,他将完全厌倦把风景擢升到诗歌中心地位的做法(“风景很好——但是人性更好”;“我现在非常不喜欢如画的描写”;“描写总是不好的”)。

九

在更为重要的《睡与诗》一诗中，勇敢的实验者济慈再次翻垦他在三封诗信中已开垦的土地。他未来将成功地尝试许多种风格。某种意义上说，直到人生的最后阶段，他仍在旧土壤上不断翻新。不过，其关切是首要且普遍存在的，所以这种回归也被证明越发有价值。他的关切几乎可以等同于诗歌本身的功用——而这种关切很容易造成人怠于努力、信心陷落。正是对过去的文学遗产和杰作带着高尚的情操去广泛吸收，才导致马修·阿诺德和他的众多追随者被束住了手脚。济慈的诗歌成就令人产生的最大兴趣，在于他通过不断回到最基本的前提和高洁的理想，成功地避开了这些束缚诗人手脚的阻碍。在这个过程中，他感受到了所有的不安；天真幼稚如雨后春笋般萌发；他很快便意识到这些幼稚的状况，并为之吃苦头。但他一心一意地以这种方式（不论在其他方面他是多么地不受拘束）不断回到过往伟大诗人的志向上去——他从不屑于修剪细节，而是寻求捕捉他们的精神。这正
125 是十八世纪中后期英格兰的梦想，也是唯一能够使之与令人难以忘却的旧日荣光相匹敌的方法。也许这最终只是十八世纪的一个梦，但它却是建立在理智判断上的梦。约翰逊认为，任何聪颖有灵性的人都应视爱德华·扬格的名篇《试论独创性作品》（1759）所提出的假设为必然之理，扬格在其中写道："模仿非凡的《伊利亚特》的人并未真正模仿荷马。"我们对伟大前辈的学习，应是"经由某种高尚的感染力，依凭对其创作的广泛通晓——而非出于某种特殊的卑鄙盗取——借着先行者的力量行至更高处"。

十

此时，济慈主要在汉普斯特德荒野上的亨特小屋里写作，其大部分的思想源泉仍是之前写给马修、乔治和克拉克的诗信，他尝试让这些想法变得更加清晰锐利。他将之置于一个相当宽松的框架下，用标题（《睡与诗》）来暗示这个框架。这首诗至少不再是一封诗信。事实上，他开始摸索着寻找某个普遍假设，这个假设在其写作生涯的最后一年变得十分突出：那就是人类想象力同时朝两个相反方向展望的特性，它一面转向内心生活，另一面朝向具体的客观世界。不过，他尝试将"睡眠"融入整首诗歌的努力并未取得太大成功。当然，如果我们去看他后来的诗，"睡眠"的使用便呈现出某种重要性。在这首诗中，他实际上还只是将"睡眠"用作通向迥异之物的途径。济慈很快就发现那种只能称之为"幻想"的东西的吸引力——这种吸引力在整个十八世纪甚至十九世纪相当长一段时间内，一直困扰和缠绕着诗歌和音乐的创作。

在这首四百零四行的诗中（他迄今为止最长的一首诗），济慈无疑希望以唤起同情和令人信服的方式来表达幻想的主张。他的想法显然是从这个话题开头，随后转向谈论诗歌的其他功用和方法——暗示诗歌可以也应该关涉更多的内容——最后再回到幻想那正当且令人愉快的幻想效果之上，如此这般，便可形成一个虽不太利落巧妙但也算行之有效的结尾。但是，我们发现他已经开始预见到某种分裂，而这种裂隙，在两年半之后，成为他最伟大诗歌中最为精髓且极具戏剧性的部分：比如，《夜莺颂》结尾的问题——"这是幻视"——一种真正的洞见——"还是醒时的梦寐？"或是《拉弥亚》中浓郁、带着嘲弄意味的怀疑主义，又或 126
是《海伯利安的覆亡》中强有力的控诉：

诗人与做梦者泾渭分明，
很不相同，完全相反，决然对立。

仅仅在十八行过后，济慈就迅速放弃了只依靠“幻想”来构思的打算。这里陡然出现了一个问题：“但是，什么比你更崇高得无限？”——这里的“你”指的是睡眠与幻想。天鹅、鸽子和绿色的岛屿被抛诸脑后。在这鲜活的世界中，突然有一种意义总是在聆听的耳畔鼓噪的感觉（仿佛风暴前“低沉的轰隆”）。济慈在此处可能想起了华兹华斯写给女儿的十四行诗：

听啊！强大的神是醒着的，
用他永恒的动作，制造着
雷鸣般的声音——永不止歇。

对敞开的心灵来说，低沉的轰隆声和“空旷的空气中有东西在我们周遭呼吸”的感觉提供了些许暗示，引发他跟随着华兹华斯联想到他后来称之为“神秘的重负”（the burden of the mystery）的东西。

随后，济慈突然开始投入地书写这首诗流动的基底——之所以称之为“流动的”，是因为它全然由海浪般翻腾浮动的理念、希冀、雄心和意图构成。赤裸、毫不掩饰的自信甚至狂妄被匆匆记录下来，同时伴随着他对自己的疑虑和担忧：

哦，诗歌！我为你拿起了笔，
虽然我，在你广大的天空里
还不是光荣的居民——我可要
跪在某座山顶上

…………

哦,诗歌!我为你拿起了笔,
……但恳求你
从你那圣殿吹来清新的空气。*

济慈被一种模糊的感觉所触动,即广阔和现实性是为人所需要的(广阔来自并贯穿于对客观世界的现实性意识),因此最终的理想应该是:

我就将在我的石板上书写
可写的、赋予人的感官的一切。
那时,我将像巨人一样抓紧
这大千世界的一切。

随后就出现了几句著名的诗行,他充满朝气但并不虚浮地呼唤道: 127

静静想想吧!生命不过是瞬息:
是渺小露滴所走的险径。

如果说其核心要点是进程中的事物之短暂,那么这里面也包含着生动的移情之感,也就是霍普金斯后来所言的“内景”(inscape):强调在纯粹的行动、纯粹的功能实现中获得快乐(“一只鸽子翻飞在晴朗的夏空”)。

在接下来的几行中,济慈描绘了一张时间表,这份时间表对许多诗人来说太仓促了,但事实证明对他自己来说却相当充裕。然而,当我们想到接下来的十年会带来什么样的结果,不免感到心酸。

---

* 在不影响上下文理解的情况下,《睡与诗》的译文均使用穆旦先生译本。

呵,但愿给我十年,使我得以
浸沉在诗歌里;那我就要去
从事我的心灵所拟定的业绩。
我将到我曾从远方瞻望的
国度去游历,不断品尝那儿的
清纯的甘泉。首先,我要去游逛
花神和老猎神的国度……
…………
呵,我怎能抛下这许多乐趣?
是的,我必须舍弃它们去寻找
更崇高的生活:从而看到
人心的痛苦和冲突。

接下来他又提出了大胆的问题,这个问题他将持续提出——并不断面对:

难道如今,人的精神能力已经
如此微弱有限,崇高的想象
再也不能自由地翱翔……?

再后来,他用一些不太通世故、显得有点愚蠢的话凑足了五十行,以虽有机巧但心不在焉的方式平淡地呼应了亨特。它们的观点是十八世纪未能延续文艺复兴的伟大传统。这些诗行后来遭到拜伦和其他诗人的讥笑。济慈运用他从海兹利特那里记住的意象,来摈弃整个新古典主义传统及其对封闭对句的热爱:

他们骑着一只木马，
使尽了稚弱的力气摇动它，
当它是彼加斯。*

此处，我们可以看到一个颇显鲁莽的济慈，就像亨特及其圈子里的其他人所亲切称呼的那样，野游嬉戏的“约济慈”。带着无拘无束的欢快和 128
有些疯癫的虚张声势，他继续写道，这“倒霉、邪恶的一族”“亵渎”了阿波罗。他洋洋自得地称，过去的一个世纪令人窒息，人们到处招摇，“举着破旧的旗帜”，上面“写着什么布瓦洛的名字”。** 当然，他可能压根没读过布瓦洛写的一个字。两年半之后，他的想法与现在大相径庭，他认真研究了德莱顿的诗律之后才开始撰写《拉弥亚》。

十一

接下来，这首诗的核心（第230–312行）出现了；不过这个核心分裂为两部分。因为，我们首先感受到双重的诗歌理念；它与济慈对自己的不确定感交替出现。然而，这一理念的任何一重都与逃避、睡眠和幻想无关。它极富洞察力地暗示了一场论辩，在不到两年内，这个论辩将赫然显现于他最伟大的诗歌之中，并进一步将逃避主义者与诗歌本质功能之间的论辩复杂化。就这一点而言，这个理念具有雕塑般的品格：对克制的观念之力量和崇高表示珍视；将诗歌看作

* 希腊神话中，女妖美杜莎的头被割下后，鲜血中跳出了长有双翼的马彼加斯（Pegasus），传说诗人饮下它踏出的泉水后可以获得灵感。

** 布瓦洛–德普雷奥（1636–1711），法国古典主义理论家。

最崇高的神力；
支着自己的右手，半睡半醒。

一年半之后，正是济慈的这一面对弥尔顿的影响作出了积极的回应，并在《海伯利安》的片段和一八一九年的伟大颂歌中表达了出来，其表达带着现代诗歌中罕见的坚定性。不过，这个理念也有人本主义的一面：将诗歌视作直接与人相关的、安慰的、个人的和潜在具有戏剧性的东西（虽然还远未达到他后来探索到的莎士比亚式的深度）；它将诗歌看作

人的朋友，它伟大的目标
是宽慰忧虑，提高人的情思。

在《希腊古瓮颂》中，他将达成一个可能的诗歌解决。这首诗是英诗中最具雕塑风格的，它关于有所保留的力量（“支着自己的右手，半睡半醒”），心对这个理想的反应如同一出戏剧最终抵达结局，那就是对它的信任本身在多大程度上能够成为“人的朋友”。这几首颂歌都以特有的
129 方式提供了各不相同的解决，但它们仍然是试探性的、不稳定的；所有的议题都将在颂歌完成三个月后，于修改后的《海伯利安的覆亡》中再度开启。

面对“诗歌的目的与宗旨”这样具有多面性的“宏大观点”，济慈忍不住把自己贫乏的成就和近乎可笑的浅薄与之相对比。是不是最好“藏起自己愚痴的脸”？现在这个“埋怨的少年”模样——也许除了长高长壮不再会有任何超越——在这样的诗歌理想面前，除了带着“恭敬”屈身，是否还有其他的选择？人们再次从这首诗中瞥见《海伯利安的覆亡》的苗头——那是他对《睡与诗》以及几乎所有长诗的重写——尤其是以“我是什么人，竟会如此免于死亡？”开头的诗行更表现出相似的

精神。

然而,他不愿退缩。带着近乎明澈的坦诚,他阐明自己将信心和希望寄于何方,并将继续坚持。此时,他仍未产生那种深奥微妙的感觉,即有关伟大的理念有着强大的塑造力量,只要它能够被清晰地感知到,就将释放出能量,这种清晰的感觉会抹去自我的沉溺。济慈这时还没有读过甚至可能也未听说过郎吉努斯的《论崇高》,但是他给出的答案是有预见性的。尽管他仍有许多不足,

　　　　但在我面前
永远波动着一个巨大的概念,
我从它得到自由。

人们总是很迟才学会从回归本初中获得自由,以及从伟大的前人身上得到自由,之所以能够从伟人处习得自由,部分也是因为他们总结和容纳了本初。然而,济慈从一开始就本能地抓住了这种信任。当然,这种信任也不可避免地遭到自我怀疑和倦怠的阻挠。眼下,写完这部分内容后,他没有其他要说的了。他觉得自己像伊卡洛斯,扇着蜡翼飞近太阳。缠绕在心头的理念"广阔无垠",探索如此的广度让他再次提及负重致远之感:

呵,多大的辛苦!我尽可屈身
否认已说过的话——但怎么行!
怎么行!

他确实已精疲力竭,只剩大声地断言自己绝不可能收回刚刚说出的话。他软弱无力,带着颇为可怜可爱的坦诚,重回睡眠的平淡("为了稍

130 稍松一口气 / 我要说些琐事”)。这首诗要接近尾声了。在几行迟疑不决和补白点缀之后,他转而描写起亨特的屋舍,他暂住于此,晚上躺在沙发上过夜——他接着写到起居室或小会客厅,里面有半身像和肖像,是“在过去的世纪 / 高歌过的诗人的光辉身影”。他还提及亨特喜欢的几尊“神圣而冷静的半身像”。令人感到悲伤和遗憾的是,两年后济慈在给乔治的信中写道,就是因为亨特喜欢将“美好的事物变成浮华纤巧”,人们才开始对大理石和石膏半身像感到厌倦,甚至“对莫扎特都提不起兴趣”。不过,这一切都还要过些日子才会发生。

第七章　桂冠与伟大的视像(1816 年 12 月–1817 年 3 月)

一

一八一六至一八一七年的秋冬显得鲜艳而充满生机,直到济慈人生终了仍萦绕在他的心头。回想起来,在他短暂的一生中,从未有哪段时间像现在这般对他产生深远的影响。他仍然在盖伊医院兼职做外科医生助手。尽管做出了这样谨慎的谋生举动,他还是开始四处走动——他的前室友亨利·斯蒂芬斯说,“他的脖颈像拜伦那样,光溜溜的。衣领翻了下来,没戴领巾却系了一条丝带。他偶尔会让八字须长出来,不去剃它”。[①] 出版商泰勒和海西的印刷合伙人亨利·C. 雷内尔在几个月后未经求证就认定济慈穿的是“某种水手的衣服”。宽松的外套,松垮下垂的裤子,脖子上系着手帕,头发比常人略长,这些都是英国水手的典型外貌特征。对于为人谨慎的雷内尔来说,把这类服饰拼凑起来穿搭,自然会留下令人困惑的印象。约翰·泰勒本人在三月份见到济慈时,显然 131

① 《济慈社交圈》,第二卷,页 211。

也对他的衣着难以忘怀，以至于他在写给兄弟亨利的信中对之做了一番描述。[①]

泰勒与济慈初次见面后不久，海登便在日记里写下了一段有趣的插曲，但不幸的是他删掉了其中最有启发、最可能透露内情的部分："今天我和济慈散步，他跟我讲'拜伦、司各特、骚塞和雪莱，这些人认为自己将引领时代，但是[这句话剩余的部分大约有八到十个单词，已被删
132 除]'。他说这话的时候带着天才的自觉，涨红了脸。"[②]这几个月中发生的许多事令他涨红了脸——是的，一部分就发生在当下，而更多的将出现于未来的一两年中。一年后，他在给朋友雷诺兹的信里（1818 年 4 月 27 日）写道："人一生中最不快乐的时刻，就是回忆起过去却羞愧难当——如果我们永生不死，那感觉一定是地狱。"若真有永生，济慈希望先喝上一捧列斯忘川之水，"好忘记我做读书郎的日子，还有之后的时光"。当然，他后来的烦恼主要源于自己的写作质量。这种局促不安感也蔓延至其他事物上——比如曾经对某种独特风格的幼稚模仿，自己说过的一些顺从温和、没有力度的话，以及他一度钦佩喜爱的人与物。对此问题的把握，能够帮助我们理解两三年后他所创作的伟大诗歌中一个令人困惑的特质：即它们（比如《拉弥亚》和《海伯利安的覆亡》）似乎都极力想要回答、修正和抵消某种感觉，那就是他后来认为自己在这几个月中表现得太过鲁莽、过度自信（而事实上这种自信是必要的）。我们尤其会联想到《海伯利安的覆亡》中痛苦的篇章，其间诗人被问到：

---

① 亨利·泰勒却不以为然，他回信（3 月 26 日）道："你对济慈先生的有趣描述很是逗乐了我，他一定是个大胆的年轻人，才会追求如此奇异的着装风格。考利的衣着与时尚的穿法很相配，但是济慈先生的穿法实在有碍观瞻，只能引起嘲笑和怜悯。他的诗不会适合我老派的品味。"参见埃德蒙·布伦登，《济慈的出版商：约翰·泰勒回忆录》（*Keats's Publisher: A Memoir of John Taylor*, 1936），页 41。

② 1817 年 4 月 7 日，《本杰明·罗伯特·海登日记》，第二卷，页 106–107。

你和你们这群人，能为
伟大的世界做些什么？

在创作《海伯利安的覆亡》前不久，他写下这句诗——“感伤闹剧里被宠爱的羔羊”（这句诗经常被用来形容一八一六年十月到第二年春天的这段时间），在一封信中（1819 年 6 月），他提到希望自己“比之前更像个哲学家，这样就离‘会作诗的宠物羔羊’更远一点”。吸引我们关注的是，在这样一位总体来说缺少“自我”意识的天才身上，竟能看到如此鲜明且一直被惦念不忘的窘迫和羞赧——事实上，这种窘迫近乎无理。在充分了解过去、知晓未来将发生什么的情境之下去解读这几个月，我们不由提出这样一个问题，即顽强地坚持朗吉努斯关于“伟大”的理想会产生什么样的副产品？因为这一理念对人的成长与发展具有最为强大的塑造力。也许，从弗洛伊德以及十九世纪的历史路径中继承而来的遗产，让我们过分专注于构想出的起源，而忽视了努力和理想所能产生的心理效果。柯尔律治曾说，“我们的观念仿佛刻度盘上的指针；感觉则是推动机器的隐藏发条”。然而，这其中有一个最为关键的差别，即“观 133
念和感觉实则是相互影响的”。

二

十二月二十二日，星期日夜晚，济慈用了几分钟就写出了一首十四行诗，取名为《愤于世人的迷信而作》。他从未打算将这首诗刊印出来，不仅因为它诗歌价值不高，而且他可能还觉得在其他方面它也颇为不济。我们之所以知道济慈写这首诗所花耗的时间，是因为汤姆当晚同他在一起，且在抄写本上记下了一句话：“J. K. 十五分钟就写完了这首诗。”在这首诗中，我们第一次——至少是第一次生动地瞥见某种属于年轻人的、几近恍惚的不可知论，正是带着这种“不可知论”他开始了自己的成年生活。而“不可知论”是我们所能找到的最正面、合理描述这一时期的词。

济慈的宗教态度这一话题我们至此仍未深究，原因并不难理解。[①]然而，这个话题无论多么难以表述，仍十分重要。因为一年半后，济慈开始独立思考更为宏大的宗教议题——几乎完全不受外界的影响和干扰。这种勇敢不懈的对意义的探索构成了济慈成长过程中最有分量的部分。如此短暂的时间内浓缩了大量思考，此后不久，便是他人生的最后几个月，昏乱与疾病困扰着他，使他常常陷入无助的失智谵妄之中，不断诘问为何自己要被夺走一切，而此时，早期的不可知论——如果说它在早期纯粹是意外和环境的产物——到后来则以最残酷的方式卷土重来。

不过，济慈写下这首十四行诗的时候，还只有二十一岁，诗中透露出年轻人的虚张声势，展现出这关键的几个月以及此前的五到十年间，他
134 所浸淫于其中的氛围。如果没有这首流露内心思想的十四行诗，我们可能会忍不住对那个时代的自由主义、不可知论精神作出一般性的平庸概括。我们恐怕随口就评论道，正如雪莱反叛地将牧师和暴君等同起来、将宗教执行者和国家行政者等同起来，济慈也一样，因为他受到了约翰·克拉克在恩菲尔德学校提供的自由主义出版物的影响，所以他吸

---

① 最主要的解释自然是因为他的诗歌本身几乎没有受到任何宗教兴趣的直接影响，不论是何种形式的影响。因此，若济慈诗歌的仰慕者自己十分虔诚，会特意不去干扰这个话题。其他人则为这个话题并未强行闯入视野而感到满意。我们可以发现，一些维多利亚人对此感到不安，但他们的不安仅建立在济慈书信内的少许言辞上，特别是建立在人们所知晓的关于他人生最后几个月的记述之上，那段时光对他来说是内心充满抗议、质疑和困惑的。在二十世纪早期，人们几乎不再研究这个话题，因为它似乎（在某种意义上确实）与诗歌无关。最近，那些对济慈书信及其现实生活本身感兴趣的人十分明智地觉察到这个话题不能被孤立地拎出来单看；但是，现有的材料太少，不足以支持继续研究，而仅有的一些材料也只有将许多其他因素纳入语境中仔细考察才有意义。

收了某种革命精神，并受到了亨特的鼓动。自然，所有这些内容都成为画面的一部分，但是别的要素也会进入画面之中。首先，济慈家的孤儿们肯定没有被灌输任何好战的反宗教精神。他们无依无靠，全凭自己谋生，所以他们相对来说并未受到多少宗教浸染。[①] 而克拉克在自己的学校里所持的主要教育理念是尽量不太教条。当济慈二十岁第一次来到盖伊医院时，他遇到了认真虔诚的年轻人约翰·斯普尔金，后者是坚定的斯维登堡信徒。他即将前往剑桥，而济慈在面对这位新朋友时，若说他陷入了引发争议的怀疑主义，倒不如说他对宗教问题表现得漠不关心。假如斯普尔金谈论斯维登堡，济慈就会谈论过去的伟大诗人。不过，斯普尔金并不认为济慈是坚定的不可知论者，相关的书信我们已经论及。在济慈十二月二十二日写的十四行诗中，他的态度发生了微妙变化。过去的两个半月里，他经常见到亨特。更重要的是，还有两个星期左右，他是在雪莱在场的情况下与亨特见面的。假如这些情况都未发生的话，他几乎不太可能写下这首十四行诗。

十二月初，雪莱到访亨特的村屋，之后这里举行了一连串聚会，济慈至少受邀参加了其中一部分。雪莱不论走到哪儿都要宣扬自己的主张；如果说迄今为止亨特一直在济慈面前避开宗教话题（更有可能是因为他觉得与一个专注于其他话题的年轻人聊宗教实在索然无味），那么现下，济慈发现随着雪莱的到来，亨特小屋变成了一个很不同的地方。亨特专门写了两首十四行诗《致珀西·雪莱谈辱神的观念》（“To Percy Shelley on the Degrading Notions of the Deity”），然而亨特鼓励雪莱畅所欲言实则有着自己的动机（亨特才刚刚结识他，事实上，任何认识雪莱的人都知道他从不为旁人的异见分歧所扰），因为他经济拮据，而雪莱对钱总是很慷慨，后者赊借了一千五百镑给亨特。我们可以从海登对一

① 参见后文第九章第十二节本杰明·贝利的评论。

月份一次正餐的愤怒描述中捕捉到某种气氛，海登之所以赴宴是因为亨特叫霍勒斯·史密斯邀请他去，而亨特又忍不住抓紧一切机会取笑极端
135 正统的海登。海登到得稍晚，他坐了下来，对当晚的情况一无所知。

> 后来我才知道，我坐在了雪莱的对面。当时我并不知道他是这样一个看起来面色潮红、瘦削的人，他弱不禁风，但是显得很聪明，他切着盘子里的花椰菜或是卷心菜，那动作仿佛这些菜是肥硕的鸡翅膀。——、他的妻子、妹妹、济慈、霍勒斯·史密斯和我是这次聚会的参与者。
>
> 几分钟后，雪莱开始讲话，他用有些女性化、温柔的嗓音说道："说起那可憎的宗教，基督教——"我流露出十分吃惊的表情，但是环顾四周，我立刻发现某人狂喜的表情和女人的假笑，那天晚上我是特意被安排过来**强制受辱**的。不过，用餐的过程中没人回应这挑衅的话，但是甜点端上来、仆人走了之后，我们就像恶魔那样扑向了这个话题，——和——是自然神论者。我觉得自己如同被围困的牡鹿，我决定毫不留情地反击……
>
> 史密斯、济慈和——未发一言；但是雪莱、——和——一直咬住不放，直到他们发现我在辩论上与他们旗鼓相当，然后他们就开始了人身攻击，我也是。我们互相说了许多伤人的话，当我暂时退避到另一个房间去的时候，我听到他们讲，"海登很好斗。"——说，"是的，这个话题总是很容易激怒他。"①

---

① 本杰明·罗伯特·海登，《自传》，页 220–221。海登回家后在日记中写道："我认识亨特**十年**了，这十年里，我们几乎从来没有哪次见面不为基督教而争辩……经过两方如此漫长而毫无结果的抗辩……大概人们都会认为，他和我就这个话题彼此折磨是毫无意义的，从我们俩头脑的本性上来看，我们就根本不可能达成相近的结论。关于这一点，我早就深信不疑，而且不会再挑起这个话题，然而，最近我决定把伏尔泰的头像放入我的画作中[参见第六章第三节]，（转下页）

尽管这首诗的标题颇为惹眼,尽管作诗的场合有些随意,尽管雪莱和亨特的餐边谈话肯定会产生某些影响,十四行诗《愤于世人的迷信而作》对我们仍有启发意义,因为它巧妙地绕过了当时发生的事,或者说,它把这些推动因素变成了很不相同的东西,近乎诙谐地展现出此时济慈身上典型特征。这首十四行诗的语言十分浓烈,其中一部分无疑呼应了雪莱和亨特。它是这样开始的,"教堂的钟声阵阵,阴郁地敲响",唤着人们去做晚祷,好再次聆听:

布道者可怖的宣讲。 136
无疑,人的头脑已经被捆上
恶毒的符咒;只见他们都抛掉
炉边的欢悦,舍弃温雅的歌调,
同戴着荣耀王冠的人断绝交谈。*

这首仓促写就的十四行诗的核心——透露出极度的天真,其核心正在于它假设那些参加晚祷的人不仅远离了"炉边的欢悦",而且舍弃了"温雅的歌调",还"同戴着荣耀王冠的人断绝交谈"。此处,我们发现了问题

(接上页)这似乎又激起了他的怒火……我现在唯一的计策就只能是人身攻击,而且每次我见到他,都会特意打击他一番。"(《本杰明·罗伯特·海登日记》,第二卷,页 80–82)两个月之后,海登和亨特曾有过一段暂时性的和解。"3 月 17 日,李·亨特来访,发现我正在读[亨特的诗]《里米尼的故事》。旧日友谊重现,我们开始谈论拉斐尔和莎士比亚,很快就忘记了之前的恼怒。他看到我画作里的伏尔泰头像,但没有讲话。假如他开始大肆谩骂,我也已经做好准备……没人能够抗拒他,我就像从前那样,为他的机智、诗歌、品味和诙谐而愉悦……如果他没有来拜访我的话,我肯定不会再去见他了。现在,我会像往常一样去看他。"(《本杰明·罗伯特·海登日记》,第二卷,页 101)

* 此处采用屠岸先生的译本,其中一句因需要照顾到上下文的解析,稍作修改。屠岸先生使用意译"跟心地高尚的人们断绝来往",由于下文作者对"glory crown'd"做了阐释,此处改为直译。

的实质。这首十四行诗薄弱松散的最后六行重复了前面的思想——因为这是作者唯一想要表达的内容：那也就是，人们很幸运，所有“庸俗迷信”的痕迹都“如残灯将灭”，取而代之的是

世上鲜花会盛开，
壮丽不朽的事物会接踵而来。

三

济慈无心之中将传统意义上与宗教相关的术语、价值理念乃至象征符号转移到了诗歌之中——或者说是转移到了**诗人**身上（我们探讨的正是他强大的、对早期伟大诗人的移情认同），他深陷于诗歌之中，没有什么比这种无形中的转移更能够凸显诗歌对其他元素的主观汲取了。官方宗教将被“壮丽不朽的事物”所取代；而这种“壮丽”显然属于诗歌和艺术。同样，去教堂礼拜与“同戴着荣耀王冠的人交谈”形成了对比。这首诗的整体处理中最打动人的、带有喜剧意味的特点，在于它并不想表达任何刻意的讽刺。济慈压根没有联想到荆棘王冠：这不是一首“玄学派”诗歌；过分解读反而可能抓不住重点。实际上，这几个月中，他根本不会想到“桂冠”之外的任何王冠。整个十二月，他都忙于撰写迄今为止最长的一首诗歌作品——《睡与诗》。在《睡与诗》的开头处，他就用近乎宗教的语言谈论一个理想（“一想到它，便觉敬畏、甜蜜、神圣，／驱散了一切凡俗和愚蠢”）；那个理想到底是什么，很快便明晰起来。因为觉醒的心，感受到

一些奇异事物

隐约在我们周身，

这颗觉醒的心开始向四处张望，也许

想看见月桂花冠悬在半空，137
等生命告终，就罩上我们的姓名。

随着这首诗持续展开，我们越发意识到需要正视一种令人惊叹的严肃态度（无论济慈后来如何看待自己此时的心态）。诗歌被视为圣殿；他唱着“热诚的祈祷”期望能够接近它；他甚至能够接受这样一种审慎的建议“藏起自己愚痴的脸”：

但在我面前
永远波动着一个巨大的概念，
我从它得到自由……
诗的终极和目标。

他是认真的。带着令人敬畏的诚恳，他开始讲起“屈身”面对这巨大的挑战。

从恩菲尔德岁月，一直到哈蒙德的诊所，再到盖伊医院，郎吉努斯式的理想，对伟大视像的沉醉，从未离开过这位无父无母的年轻人。如此诚挚的沉迷，自然会附着于某些旁人看来略显随意甚至微不足道的象征符号之上。就这一两年而言，“桂冠”便是这类象征符号之一。在创作《睡与诗》以及《愤于世人的迷信而作》中稚嫩的诗行之前，济慈还写下了一首十四行诗《“阵阵寒风”》。在这首诗中，他谈及十一月的晚上，从汉普斯特德长途步行归来时所感受到的快乐，他与亨特在小屋中谈论诗人，周身“洋溢着友情的温暖”，这首诗以“彼特拉克冠戴荣耀”的画面结束。再早些时候，他还写过一首十四行诗《致一位送我桂冠的姑娘》，其间流露出孩子气的骄傲。诗信《致查尔斯·考登·克拉克》写于马盖特那几周，彼时济慈还没见过亨特，在这封诗信中，也有一行诗涉及“桂冠”。年轻的济慈怯生生地写道，自己如此公开地对一位认识“自主神”亨特的人谈论诗歌，实在备感羞怯迟疑，这个人还享有许多令人艳羡的机会，比如他曾与亨特一道

漫步林间
优雅地交谈——
被冤枉的自主神——为你念叨
月桂花冠的故事和阿波罗的荣耀。

在济慈写下听见晚祷钟声的十四行诗之后约两个月，他与亨特之间痛苦难捱的时刻到来了，两人互赠王冠（亨特向济慈献上了桂冠，济慈递给
138 亨特一顶常春藤之冠）。他们就着某个场景写十四行诗：而这个场景在济慈的记忆中久久挥之不去，致使他写下了带有悔过意味、半开玩笑的《阿波罗礼赞》。在这首诗中，他提及自己“像个茫然的傻瓜”戴上了“你的桂冠”。

四

如果说桂冠事件值得多评论几句，那很大程度上是因为它所造成的影响，它后来竟使济慈心神不宁许久。乍看之下，这件事本身并没有激

起怨恨的理由。对于诗人——或者未来的诗人来说——交换桂冠，然后就景写一两首闹着玩的十四行诗（在规定时间内完成）是一种无伤大雅的室内游戏。比起亨特圈子里的其他人，济慈可能更不会觉得自己像个傻瓜：这位盖伊医院的外科医生助手比其他人更加天真，而事实上，他一直很期待这类活动。他对克拉克既羡又妒，因为后者曾听亨特讲起“月桂花冠的故事和阿波罗的荣耀”——然而，正是这种深层的严肃性加剧了他后来所感受到的反感和厌恶。对这一场合，他已期待太久，急不可耐。因为他并不把这种事仅仅视作一场游戏，而是将之与真正严肃甚至崇高的献身联系在一起的，当梦想真切地变为现实，他便用行动表明了心意——他半开玩笑半认真地坚持戴着桂冠，不肯摘下，但在后来的几个月中，他内心却为此备受煎熬。

我们之所以对“桂冠”事件略知一二，是因为勤勉仔细的理查德·伍德豪斯留下了一段简短的叙述，他后来尝试着拼凑出济慈部分诗歌的创作背景。种种迹象表明，伍德豪斯要么是在济慈不那么情愿的情况下获知了一些碎片信息，要么是从雷诺兹那里间接了解到了一些情况，因为他的叙述经历过彻底的修改和更正。我们可以推测这一事件发生于早春——最迟不会晚于三月一日。[①] 伍德豪斯记录的故事如下：

---

① 伍德豪斯的叙述参见加罗德编，《济慈诗集》，页 430–431。亨特收到济慈送上的常春藤冠之后写下了几首十四行诗，其亲笔手稿（现存于牛津大学图书馆）上记录的日期为 1817 年 3 月 1 日。有人认为这一事件发生于其他时间，因为在一条被删除的片段中，伍德豪斯称这一事件发生于“某个夏日傍晚”，且济慈在《阿波罗礼赞》中写道，“埋在地下的种子和根芽 / 正在鼓胀，等着宴飨夏季”。当然，现在看来《礼赞》中的诗句指的是春天，而非夏天；它们很适用于描绘早春。除此之外，伍德豪斯将“某个夏日傍晚”特意删除的做法，表明他发现自己根据济慈的话推断事情发生在夏天是错误的。最后，正如济慈在《阿波罗礼赞》中所描写的，“七姊妹的星辰起来了， / 她们守着空中的静寂”，三月底之后，夜空中是看不到七姊妹星（昂星团）的，它们直到秋天才能再次回到夜空中。

由于济慈写到“见我戴上桂冠的女士”，同时伍德豪斯也提到了两个男人（尽管这些参考信息被删去了），人们还是不能确定伍德豪斯在有关《阿波罗礼赞》的长篇注释中（转下页）

139 济慈在李·亨特家中吃了顿正餐，餐后，他们一道喝酒，两人突发奇想，想照从前诗人的样子，互赠桂冠为彼此加冕。

当他们打扮停当时，亨特先生的两位熟人过来拜访：——他们进门之前，亨特就把花冠摘下了，并暗示济慈也该把花冠摘下。

然而，济慈陷于一时的激情之中，发誓说决不会为任何人这样做，于是，他没做一句解释就这么全程戴着花冠。

他后来向一两位朋友提到此事，自觉十分愚蠢；他还说想写几首合适的致歉诗，记录这次经历。——之后不久，他就写下了《阿波罗礼赞》的片段。

济慈的十四行诗（他从未公开刊登过这首诗，事实上，直到一九一四年，也就是他去世九十三年后这首诗才刊印出来）描述了自己一时头脑空白，找不到合适的主题。戴上桂冠之后，他有十五分钟左右的时间写诗，但时间一点点流逝：

一分分，一秒秒，光阴飞逝，既然
　　还没有任何超凡的神圣引导
　　我的心进入得尔菲迷宫，我就要
抓住那一闪不朽的思想来偿还
我欠这温和诗人的债务，他已然
　　把光荣戴上我壮志凌云的额角。*

（接上页）所指涉的是否为同一个场合。然而，他删除某些内容的做法显示出他可能知道当时的访客不一定是男人，他的消息也许间接来源于雷诺兹，或是直接从勉强透露了一些信息的济慈口中听到。（比如，济慈"发誓说<他决不会为活着的人摘下自己的花冠>他不会为任何人这样做，于是，他没做一句解释就这么全程戴着花冠<直到这些绅士离开，济慈的举动令他们大感诧异>"。）

* 此处使用屠岸先生译本。

接下来，他重复道“光阴依然在飞驰，梦却不似 / 我想的那样辉煌”，这样的话填充了十四行诗的剩余部分。带着愈发摇摇欲坠的虚张声势，他宣称至少这一事件意味着“世人最珍视的头巾和王冠，以及 / 绝对的王权，都被一一踏倒”。最后，这首诗无力地结束了，济慈在绝望中重新使用了 140
《初读查普曼译荷马有感》中的一个优美表述（“狂热的猜疑”）：

> 于是我立即产生狂热的猜疑
> 困惑于这一切可能存在的荣耀。

然后，三个姑娘出现了——她们可能是雷诺兹的姊妹。济慈虽然有些尴尬，但仍十分固执，坚持将桂冠戴在头顶。可能仅仅是出于济慈本人的恼恨，这个故事一直只在私下流传，直到他去世六年后，《弗雷泽杂志》（1831 年 8 月）才将以下记述刊印了出来。虽然济慈到一八一八年才算真正认识托马斯·拉夫·皮考克，但“桂冠”事件发生时，他正好顺道拜访亨特，他看见“亨特、济慈以及他们小圈子里的一些人”正在自己给自己戴桂冠。这则记述继续道：“夫人［这里指的可能是亨特夫人］正在做花冠，她说：‘亲爱的皮考克先生，让我给您也编一个花冠吧’……皮考克一边摸着自己的头，一边说：‘哦不，夫人；您尽可以让自己的丈夫当傻瓜，可别拿我寻开心。’”

可能就在同一天晚上，或是一两天之后，济慈写下了一首温和但有些扭捏的十四行诗《致姑娘们——她们见我戴上了桂冠》。这首诗的开头带着些许防范的架势，显得有点笨拙，它问道有什么东西“比桂枝编成的冠冕更可爱？”——济慈可能只是对这些注视他的面庞太过警觉，在这三张脸上，“三双甜甜的嘴唇在欢乐中漾起笑意”。* 不过，这一次，

---

* 此处使用屠岸先生译本。

他还是没能推进诗歌的主题。不久之后,他写下了《阿波罗颂》——或曰《阿波罗礼赞》——也就是伍德豪斯注释的那首诗。他的想法很快体现在了诗行之中:

请问你的怒火在哪里伏下?
难道你能容忍我冠戴你的荣誉,
你的花冠,你的桂花,
你的故事的光华?
或者我是蛆虫——不值死的一击?[*]

他接着写到重大的事情正在发生:整片大地将要迎来夏季,而

大地的邻居,海波,
也做着古老的工作,
呵,这一刻,有谁、谁敢于
发疯似地,在额前扎上你的花草,
骄傲地冷笑和四顾,
如此高声地把神亵渎?

五

141 第二年一月一日,《诗集》中的诗已经结集完成准备出版。济慈一直在考虑如何安排顺序。他打算用《我踮起脚尖》开场,因为他知道需

---

* 此处采用穆旦先生译本。

要用一些上好的诗歌来吸引人们的注意力。事实证明,这是个很幸运的想法。他赠送出去的部分诗集上留有人们阅读后标记的下划线和表示赞赏的记号,它们大部分出现在这首开场诗中。但是除此以外的其他诗歌,他则觉得最好把早期写的质量较差的作品放在前面。因为我们都忍不住假设别人会从头到尾把自己的书读一遍,他也可能天真地认为应该将最好的东西留待最后品尝,从而让读者感受到渐次提升的愉悦。也有可能他并未太考虑旁人的反应,只是依照理所当然的直觉去排列了这些作品——大致按照时间顺序分组。在早期一些不太重要的短诗之后,他单独分了一组,按时间顺序依次安排了写给马修、乔治和克拉克的诗信。后面的一个部分是十七首十四行诗。它们有粗略的框架,但本身并没有严格按照时间顺序排列。表达他诗歌信条的《睡与诗》是这本诗集的最后一首。扉页上印有一张小小的半身晕映照,看起来像是莎士比亚的头像,但毫无疑问他们是打算印上斯宾塞的,其上有两行题词警句,引自斯宾塞:

还有什么,比自由享受快乐
带来的幸福感更强呢。

一个月沉闷地过去了。一月二十日,济慈参加了霍勒斯·史密斯家的宴会,餐桌上亨特和雪莱对基督教的轻慢激怒了海登。据海登称,济慈和霍勒斯·史密斯当晚大部分时间都沉默不语。

这个月的等待令济慈备感沉重和疲惫,一个月的时间内他只写了几行诗——一首十四行诗——还是在当月最后一天写出来的。这首诗(《"漫长的冬季"》)与他之前的作品都不一样,反而是有些奇特地预示了他诗歌生涯尾声时的创作。阴暗、漫长的一月,却令人总念想春季——他在后来的冬天都会产生这样的感觉。不过,他也觉察到了春之后的秋。他在诗中这样开头,"漫长的冬季才尽","从温煦的**南方**就送来晴天”，在一月春天的预兆中，仿佛能看到一片澄澈空旷：

142 给**病恹的天空**除尽了斑污。
这解除了痛苦的日子，急于
享受权利，已披上**五月**的感觉。*

我们不禁想到他未来会写出的最后两首伟大诗歌之一——《海伯利安的覆亡》中成熟老练的诗行：

五月中**病恹**的东风
倏然**南**移，一阵暖雨
融化花上冻住的芳香，
空气里填满喜人的康健
连**垂死的人**也会忘记裹尸的寿衣。

这首十四行诗以对时间推移的预感结尾，它迅速提到了春天过后的果实（以及最终的死亡）；诗中的意象预示了伟大的颂歌《秋颂》。在那首诗中，更加雄浑有力的是，“雾气洋溢、果实圆熟的秋”不断推迟一个年度的消逝，因为果实在秋日下慢慢地成熟；我们看到了令人难忘的画面，秋“随意坐在打麦场上”或倒卧在“收割一半的田垄”上。现在这首早期的诗歌写于等待《诗集》出版的“痛苦的日子”里，其间也可见向前瞻望的目光（热切地企盼春天之后），看到“静静成熟的果实——屋檐上……的秋阳”。诗的尾声处可见：

---

* 此处采用穆旦先生译本。

沙漏中逐渐滴下的沙子，——
森林里的小河，——诗人的死。

六

二月初，这本诗集的校样已经就绪。济慈完全沉浸其中，即便他不是沉浸于校读之中（他向来对此造诣不高），也是沉浸于一种充满想象的意识，他终于感觉到这本书触手可及了。有时，他会出门交际一下。[①] 诗集中的两首十四行诗被刊印在《检查者》周刊中（《致柯斯丘什科》和《“漫长的冬季”》）。有一次，在亨特家的宴会上——济慈本人并未出席，雪莱夫妇和威廉·海兹利特在列——亨特向来客介绍了济慈的诗歌。

终于，一天晚上，最后一版校样被带到他的手中——可能是查尔斯·奥利尔亲自拿来的——济慈得知，如果他想要在《诗集》前加上题献诗，就得立刻将之交付给印刷工。按照克拉克的说法，济慈的几位 143
朋友也在场。济慈

> 走到墙边桌旁，在嘈杂的谈话声中……写出了《献诗——给李·亨特先生》，并将之付与出版商查尔斯·奥利尔。如果我们能拿出那首诗的原始手稿，考虑到济慈创作它所使用的时间，就可以宣称它是多么了不起的成就——这首诗中规中矩，符合格律要求。除此之外，整首诗一字未改（当时已有人注意到这点），这无疑也罕有匹敌。[②]

---

① 2月5日，济慈与雷诺兹、亨特和雪莱吃了顿便餐；一周后，他同乔治一起去亨特家同雪莱夫人吃了点心；又过三天之后（2月15日），他再次拜访亨特和雪莱夫人。

② 《作家回忆录》，页138。

人们不禁产生这样的感觉，济慈如此沉迷于第一本书即将面世的喜悦，他一定已经酝酿好了一首给亨特的题献诗，并可能已反复考虑过这首诗的大体呈现样式。无论具体情况如何，若我们回顾过去的几个月，就可以发现这首十四行诗带有淡淡的传记意义，而当我们展望未来时，这种意味就显得更加强烈。至少它暗示出济慈本人在看待过去一年的创作时所秉持的精神倾向。

济慈对常识有着坚定而纯正的判断，他的许多朋友认为他在这方面出类拔萃，正因此，他就更清楚自己诗歌的主要维系物都是远离现代世界日常生活的——比如其中的典故、大量的意象和试探性地染指古典神话（在接下来的一年中，他对古典神话的使用将远超出“染指”的程度）。一个几乎仅靠过去的诗歌所滋养出来的想象力（济慈本人至少这样看待那类诗歌），自然会认为“神奇和瑰丽都已消失、不见”——尤其是某种特定的“神奇和瑰丽”再难以寻觅，济慈在这首诗中抛出的令人无法
144 置信的、如田园牧歌般的名录便暗示着这样的“神奇和瑰丽”。[①] 当一个人的想象力开始审视过去——当然其中包括个人的过往，它就会将记忆

① 神奇和瑰丽都已消失、不见；
因为呵，当我们在清晨游荡，
我们不再看见一缕炉香
袅入东方，迎接微笑的白天；
不再有快乐的一群少女
妙曼地歌唱，手提着花篮，
把谷穗、玫瑰、石竹、紫罗兰，
携去装饰五月的花神祭。
不过，倒还有诗歌这种乐趣
遗留下来，点缀平凡的岁月；
我欣幸：在这时代，在林荫里
固然没有了牧神，我尚能感觉
葱茏的恬美，因为我还能以
这束贫乏的献礼，给你喜悦。*

* 此处采用穆旦先生译本。

和各种意象混杂,融合成一个更加稠密巨大、超越现实的整体。人类想象力的这一弱点——当然也同样是种慰藉——在所有的诗歌中都会偶尔出现,它在十八世纪后期逐渐流行起来,并持续牵连着十九世纪乃至二十世纪的文学意识。更具体而言,这个问题越发尖锐清晰,直到它令人不得不问:在受到往昔理想艺术滋养的同时,我们如何才能够既忠于想象出的过去所带来的灵感,又不至于过分强烈地抵抗现在?

没有谁能够比济慈更加典型地展现出十九世纪文人如何英勇地反抗逃避主义的诱惑:在《恩底弥翁》之后,济慈的整个诗歌生涯演变成与这一巨大困境之间令人动容的搏斗。两年零三个月后,当我们看到令人费解的《赛吉颂》时,不禁发现他正酝酿一个对后继作家都十分有益的答案,那就是将"进退维谷的困境"本身化为诗歌的题材。

七

在朋侪满屋的情形之下,济慈写出了题献给亨特的十四行诗。几天或一周之后(2 月 27 日),他回到家,发现克拉克正等着他,关于这一天,克拉克写道:

> [他]在沙发上睡着了,手里还拿着一卷乔叟的书,翻开的页面上是《花与叶》("Flower and the Leaf")。这首诗他读了挺久,向我表达对此诗的钦羡之情后,他指着末页的空白处给我看他自己写的一首十四行诗,这是对他观点的最好证明。这首诗是即兴赞美之作,一字未改。[1]

[1] 《作家回忆录》,页 139。

这首十四行诗精致轻巧，三周之内，亨特就把它刊登了出来，还附上了热情洋溢的评论："下面这首精美的十四行诗……出自一位青年诗人之手……这个名头，他当之无愧：——'年纪最轻的他 / 坐在阿波罗的桂树影下'。"这首不算出彩的诗中有一行坦陈心迹："我，总是渴求荣耀。"几天后，济慈给雷诺兹看了这首诗。作为济慈朋友中最坚定的一位，
145 雷诺兹也加入了赞美他的行列，为他编织并抛出了花冠。雷诺兹写下了一首十四行诗《致济慈：读他关于乔叟的十四行诗有感》（"To Keats: On Reading His Sonnet Written on Chaucer"），这首诗的中部出现了这样的诗句：

> 你的天才，织出婉转的
> 歌曲，让时代被自然接管，
> 为你年轻的头颅赢得花冠。

每个人都仿佛**慈爱父母**一般，怀着最为诚挚的善意期待着《诗集》的出版。这群人包括如下诸位：亨特，他一边担忧着自己的债务，一边忙于同新朋友——伸出援手的雪莱应酬交际；专心绘制巨幅画作《基督进入耶路撒冷》的海登；霍勒斯·史密斯；济慈忠诚的朋友考登·卡拉克，以及雷诺兹一家（约翰·雷诺兹和他的十四行诗）。所有这些人都特意表达了自己的兴奋之情和对济慈《诗集》的信心。雪莱——尽管他此前认为济慈应暂缓出版，等待更多的诗歌加入诗集——也突然出现在印刷工匠面前，这让后者大为吃惊，他敦促印刷工做书时要仔细谨慎，重燃自己的热情。印刷工匠一直忘不了雪莱"奇怪的举动，他突然说话或摆出手势，眼睛紧紧盯着某处，保持整个姿势好一会儿定住不动"。还有些人也表达出欣赏与期待之情，济慈后来有些过于悲伤和刻薄地称之为"感伤的闹剧"。约莫六十年后，克拉克回忆起这一辛酸时刻，说道：

> 济慈的第一本诗集是在圈中所有人的瞩目和热切的期盼中问世的。我们每个人都期待它能够在文学界引起轰动(我们的期待并非无源之水);因为这样一部首发作品十分罕见(特别是其中相当一部分创作于他的未成年期)。里面的三封诗信和十七首十四行诗(《初读查普曼译荷马有感》也在其中)肯定会得到当代评论家的热情响应。唉!如果这本书在遥远的地方问世,恐怕获得声名和认可的几率会大得多。它没能再版,第一版也只是很薄的一册,却从未卖完。这里的公众仿佛签了契约一般,下定决心不对它看上一眼。[①]

出版商两兄弟中比较有文学修养的那位——查尔斯·奥利尔,也为济慈唱起了赞歌。他写了一首静谧、带有弥尔顿式庄严风格的十四行诗,这首诗标注的日期是三月二日(济慈《诗集》出版的前一天),他在诗的开头这样写道:

> 济慈,我钦羡你勇敢向上的灵魂,
> 敬慕你对不朽的热切渴望……

查尔斯·奥利尔为人和善友好(他的兄弟则不久便开始抱怨济慈《诗集》给自家生意带来的金钱损失和"戏弄嘲笑"),他在诗中进而赞美思想高洁的作者济慈,称赞他能够"面色平静"地摈弃"周遭境况的粗暴支配"。诗的末尾,奥利尔想象出一棵自由的"橡树"与济慈的"桂冠"缠绕交织。这几个月中,济慈充满朝气的梦想被不断唤起——这个梦想便是桂冠的视像,看到桂冠"加冕诗人的追求"。从某种意义上来说,假若期待值不太高的话,济慈的诗人梦想正在迅速实现。 146

---

① 《作家回忆录》,页140。

八

尽管济慈的渴望从表面上看比较克制，但他内心的期待却变得益发强烈。他计划赠送出许多本诗集。查尔斯·奥利尔以这位年轻诗人为傲，他频繁地在济慈出席的社交场合露面，或许因为他对出版商弟弟发表各类敦促、激励的话，出版行慷慨地应允了济慈在赠书方面的需求。济慈的两个弟弟也表达着感同身受的兴奋，他们理所当然地认为，对约翰来说诗集的出版是一个令人快乐的经历。亨利·斯蒂芬斯说，两兄弟对兄长的态度“近乎偶像崇拜”，他们“似乎认为兄长约翰……会提高家族的声望”。查尔斯·奥利尔本人为新诗集的出版写了一首十四行诗，这令为人直接且讲究实际的乔治·济慈印象深刻，因为对他来说这就等同于全力支持的保证。毫无疑问，也正因此，乔治在几周之后给奥利尔兄弟写了一封措辞坚定的表达诗集专有权的信，但与此同时《诗集》却滞销了。

三月一日（星期六）或三月三日（星期一），海登带着济慈和雷诺兹两人一起去参观了埃尔金石雕——这是从帕特农神庙带来的伟大雕刻收藏。[①] 我们立即会想起济慈对“伟大”理想的沉迷，不过，这个经历如今是建立在更高层面上的。那颗“热爱天才的心”（回到他在早期书信《致 G. F. 马修》中的措辞）在总体目标上恒常如一，只不过它的标准正迅速发生变化。

147 距离济慈从埃德蒙顿的小诊所来到盖伊医院才不过一年半的时间，

① 可能不久之后，由于济慈表现出对埃尔金石雕的浓厚兴趣，海登送给他一本戈德史密斯的《希腊史》，上面题写道：“赠与约翰·济慈，挚友 B. R. 海登，1817 年”。

他冲动地对斯普尔金谈论起“过往的天才”也只是一年半前的事情。济慈展现出某种奉献精神，作为一个坚定而虔诚的信徒，斯普尔金相信这种精神是能够长足发展的。与此同时——特别是自打济慈本人尝试着独立掌控自己的生活，并勇敢地完成了马盖特之行后——他发现自己正处于一段经验的阶梯之上，这使他不断对具有塑造力量的理想做出修正。

怀特海的一句绝佳表述总是浮上我们心头：“道德教育的达成，须以伟大视像为惯常滋养。”因为正如古希腊人所发现的，关乎“伟大”的理想，其终极而言是具有自我矫正力和自我推动力的。当具体的榜样呈现出令人信服的力量时，这一发现便尤其真实，那些具体的榜样可能出现在周遭的人身上，也可能像济慈感受到的那般，出现于人类的卓越成就之中。当然，在接近伟大视像的进路上，我们仍有可能显得天真幼稚，一时间拘泥于次要的细节而不可自拔；但只要它散发着持续的吸引力，便可能引导我们发现更为根本的奥义。由于榜样示例不可能仅以抽象的方式被鉴别出来，事实上，它还会在关联、认同的过程中被人们捕捉和追随，因此，它劝导、引领我们走向更深层的发现，这种发现是以全新的、创造性的、来源于直接经验的方式企及的。正是因为能在每一个阶段去诱导和维持人的自我发展，所以，如歌德所言，“一切伟大的事物都是具有塑造力的”。

九

当海登带着济慈去看帕特农神庙的石雕时，济慈的眼光已在自我教育中得到提升。他放在新诗集末尾处的作品《睡与诗》已经蕴含了某些东西，预示着他两年后伟大诗歌中的重要内容：诗歌最上乘的境界，是其力量有所保留，“支着自己的右手，半睡半醒”。眼下，他一见到帕特农神庙的伟大雕塑，这种感觉便自然重现——他再次联想到自己的不足，以一种近乎滑稽的眼光看待自己的局限。观赏过石雕后，他紧接着就写下了一首十四行诗，定下了这样的基调：

我的心灵是脆弱的；无常
　　重压着我，像不情愿的梦。*

148 每一座“玄想的极峰”，每一桩夙愿的具现——恰如这无与伦比的石雕为打开的视界和开阔的心灵所带来的冲击——都指向人类可怕的局限和短暂的生命：

每件神工底玄想的极峰
都在告诉我，我必将死亡，
像仰望天空的一只病鹰。
…………
这极尽想象的辉煌之作
　　给我滋生了难言的矛盾：
希腊的光辉终于越过
　　时流的摧残，眩人心神，
我看见的是灰色的浪波，
　　却也有太阳，有一痕雄浑。

除了这首十四行诗之外，他还写了一首给海登，请他

---

* 此处采用穆旦先生译本。

原谅我，无法确凿
抒写这些伟岸之物；
原谅我没有鹰的翅羽，
不知该去何方，将梦寻找。

值得一提的是，在这首十四行诗的末尾，他写到了那些盯着石雕却“毫无表情、一脸痴傻”的人。这一表述让我们不禁联想起桂冠事件之后，他在《阿波罗礼赞》中半带忏悔的话：“像个茫然的傻瓜……我戴上了你的桂冠，你的荣耀。”在这首十四行诗的结尾两句中，他想象着一个年轻人——虽然此人从根本上看并不是一位美学家——但这两句诗却再次呈现出对宗教和诗意的某种目光极为辽远的融合。就在一年前，他曾羡慕乔治·马修如此接近缪斯女神的出没之地。如今，他宣称，海登已经看到了

西方之国的圣殿
看到了他们的东方星辰，顶礼膜拜。

第八章　创造力的试炼：《恩底弥翁》

一

149 一年前，济慈支付了一笔费用，确保自己能够继续留在盖伊医院做外科医生助手，一年后的同一天，也就是三月三日，他的第一本诗集问世了。诗集现在留存下来的数量惊人；这些书几乎从未被翻阅过，保存完好。出版商应允了相当多的赠阅本给他，于是他差不多给认识的人各送了一本，其中的大部分都签有较为正式的赠言。华兹华斯也收到一本。几个月前，济慈有些激动地写信给海登说："你知道吗，一想到我将向他表达自己的美好祝愿，我的心就充满敬意。"在这本《诗集》上，他题写道："带着诚挚的敬意，赠与 W. 华兹华斯先生。"华兹华斯去世后，人们在他的书架上发现了这本《诗集》，大部分书页仍未裁开。

《诗集》出版三四周后，奥利尔兄弟就知道他们手头的书卖不出去了。济慈去世后，总有人忍不住攻击奥利尔兄弟，认为他们严重忽视了济慈的才华，这种攻讦一方面是感情用事，另一方面也十分不公。《诗集》并非卓尔不群：它吸引人的原因几乎全然在于其后的创作。正如道格拉斯·布什所言，即便最真诚的现代仰慕者——假如他只是一位充满同情的品读者，却不知道未来济慈将有怎样的发展——也无法在这本

《诗集》中发现任何引人注目的前景，除了其中的一首十四行诗，那就是《初读查普曼译荷马有感》。当然，评论文章的全面出现还要等上几个月。克拉克很久之后写下的一段记述可能有些道理，他认为济慈给亨特写的献诗使他成为众矢之的，因为亨特本人一直受托利党报业的敌视。然而，克拉克的记忆在一定程度上被《恩底弥翁》后来遭受的敌意所影响。实际上，并没有多少人注意到这本《诗集》。济慈的新朋友们为《诗集》的筹备和出版喝彩鼓掌，之后，他们也很快忙于各自的事务了。诚然，这本书出版两周后，海登再次表达了慷慨的赞美："我读了你的《睡 150
与诗》——它如同一道闪电，将人们从忙碌中唤醒，让他们为**必定**接踵而来的轰隆雷声颤抖。"海登从不吝啬赞美，在增强济慈自信心方面起到了很大作用，此时的赞美同样是他真实想法的流露。海登在日记中写道："济慈出版了第一本诗集，这些诗潜力十足，让人充满期待。他是个了不起的年轻人，必成大器。《睡与诗》中的某些部分可以和英诗中任何伟大的作品相媲美。"不过，海登怀着同样旺盛的精力（正如他给济慈的信中所写，"熊熊燃烧的狂热"）立即投入到了自己的工作中。

然而，济慈的家人——那仅剩的几人——则对《诗集》怀有很高的期许。济慈依然同往常一样，什么都没说。此外，他的主要焦虑已转移至下一步该做的事。然而，他的弟弟们却深陷其中，并为这本褐色布面的小书感到自豪。书脊上印有"济慈的诗，售价六先令"。在济慈离开伦敦前往怀特岛，开始撰写《恩底弥翁》后不久，也就是四月份，济慈兄弟中坚定且有回护意识的乔治决定主动给奥利尔兄弟写一封公事公办的信，因为他显然觉得不这么做的话，家族荣誉就得不到维护。他在艾比账房当记账员的经历让他自认为已颇谙世故，也让他觉得能够为哥哥做点事，但其实他还未达到自己设想的老练牢靠。他写给奥利尔兄弟的信，言语间暗示他们违反了商业合同。乔治后来收到的回信显然不是查尔斯·奥利尔所写——因为后者愉快地参与了出版前的小范围庆贺，还为这本诗集的出版写了首十四行诗——这封信定然是他易怒、粗率的弟弟詹姆斯·奥利尔所写。乔治和汤姆在汉普斯特德的新住所静候回音，他们自信乔治已经让奥利尔兄弟明白了眼下的境况。不料得来的回信却令人震惊：

维尔贝克街3号，1817年4月29日

先生，对于您的兄长曾请求我们出版此书一事，我们感到十分遗憾，或者说，我们十分后悔对其书中才华的判断致使我们最终竟同意出版这本诗集。不过，非常感谢您将我们从窘境中解脱出来，使我们不必再向贵方明确拒绝与这本诗集产生任何牵连。事实上，我们必须这样做，因为对令兄才华的好奇心已得到满足，而诗集的
151 销量已然下跌。到目前为止，从我们这里购书的大部分读者已十分直白地表达了不满，以致我们在多数情况下选择请读者退书领款，以免因这本书屡次招来的嘲笑而备感烦扰。就在上周六，我们还因这本书颜面扫地，我们自认为这本书有其优点，但却遭到一位绅士的断然驳斥，他告诉我们，这本书"比骗人的假货好不到哪儿去"。对任何一位出版商而言，这些说法都是令人难以忍受的污名和诋毁，但我们应该承受并向贵方隐瞒其存在。然而，您信中的语气使我明白，如此的体贴恐怕只是一厢情愿。我们将即刻确定手头尚有的印本数，并向贵方告知。

您最诚挚的

C. 和 J. 奥利尔[①]

与此同时，就在《诗集》出版的那一周，济慈在海登的带领下，参观

---

① 该信刊登于1873年6月7日的《雅典娜神殿》，页725。

了伟大的帕特农神庙石雕。与宏伟的石雕相比，薄薄一册小书实在相形见绌，同亨特谈论阿波罗和“月桂花冠”也显得荒唐可笑。即便没有埃尔金石雕带来的刺激，济慈也已全身心地投入到后续的创作，这种感受十分迫切，且令他更加谦卑。正如他在约一个月后给乔治的信中所言，“在完成《恩底弥翁》之前，我不会戴上桂冠”。

二

济慈有限经历中的每一件事都教导他，勇敢无畏和全心付出会带来回报。然而，要到哪儿去寻求帮助呢？诗歌主题不会从藤蔓上随便掉落。在更早一些、不那么自觉的诗歌时代——正如十八世纪的人们带着怀旧情绪所反复念及的那样——对于接受力强的头脑来说，一切皆为可用。可是，当前人的创作已车载斗量，后人该如何继续前行？幸运的是，迄今为止，济慈没太受过这方面的困扰。从马盖特时期的长诗信起，他就知道有冲力就可能发现意想不到的路径。头一年十二月，当他试着写出《我踮起脚尖》的诗行时，便已开始考虑如何运用“恩底弥翁”的寓言。不过，他当时却突然停笔，没继续下去，因为他想要把《我踮起脚尖》放入新诗集中，所以任何可能出现在脑海中有关扩充这则寓言故事的想法都被暂时搁置下来。但是，在整个一月和二月，这些想法开始落入某种 152
松散的样式——在这种样式里，几乎所有与想象力和心灵成长相关的内容，所有与追寻理想相关的内容，都以他可能想到的方式融入其中。济慈需要一个宏大的主题，不仅仅因为他渴望宏伟壮丽——这当然符合他海登追随者的身份——还因为宏大的主题能够提供充足的空间，来锻炼他的创造力。但是如何才能立刻动笔呢？他自然希望马上就开始写。此前的激动以及八月到十二月之间的大量创作都令他感到疲惫。一月是“阴郁沉闷的季节”，是“令人焦躁的一个月”，这不仅源于他的疲倦，也是因为他对下一步要做什么没有把握。他开始回想马盖特的那几周，仿佛它们在回望中变得越发神奇。马盖特期间，他在没有真正主题的情况下，写了两首规模可观的诗。此外，他写这两首诗之时，比现在寂寂无名得多。前往马盖特的时候，他仍是无名小卒。如今，他已遇见亨特、海登和雷诺兹，还出版了一本诗集。桂冠事件也已发生，激起了对一年、两年也许是五年后情形的期望。他已经与艾比谈过话，宣誓了自己的独立。他甚至感到，自己终于找到了一个合适的诗歌主题。

济慈开始考虑再次离开伦敦，正如九个月前他特意前往马盖特一样。他同两个弟弟也谈过此事。三月十七日，他在给雷诺兹的信中写道：

> 我要孤身前往乡下，弟弟们都十分担心——他们一向很依恋我；不过，既然海登已经指出，我必须独自一人提升自己，他们便放弃了相当长一段时间以来有我在身边的快乐，我希望这种快乐还能继续——总之，我很快就要出城了。

三

在济慈订立明确计划要离开之前，三兄弟决定从齐普赛德街的住处搬往汉普斯特德。汤姆胸膛瘦瘦的，像小精灵一般，不到两年后，他便死于结核病，而此时他正变得越来越虚弱。然而，他欢快和蔼的风度总是会消除兄弟和朋友们心头的疑虑；他们并未意识到汤姆的身体有严重的问
153 题。这几个男孩自然认为乡村的空气对他有好处。不论乔治是在艾比的账房工作，还是在威尔金森那儿找份差事，进入伦敦城对他来说都不算难事。对约翰来说，汉普斯特德自然充满了去年秋冬的联想与安慰。

在威尔步道*的邮差本杰明·本特利家中,三兄弟(约翰时年二十一岁,乔治刚刚二十岁,汤姆十七岁)租下了三人共同居住的最后一处住所。这个最后的临时居所是个欢乐、嘈杂的地方。邮差家有几个红头发的小孩——济慈管他们叫"小胡萝卜"**——不间断的叫喊声折磨着他。事实上,噪音渐渐变成了某种困扰。他还发现,孩子们"精纺毛线袜"的味道不太好闻。不过,本特利一家为人和善,几乎不可能不被这几个无父无母的年轻人所打动。事实上,这几位房客也有自己吵闹的时刻,虽然并非持续不停,但吵闹的时间点却有些不同寻常:比如,他们的房间里会突然上演喧闹的"音乐会"——伴着歇斯底里的笑声——在场的所有人假扮各种乐器(海登假扮管风琴,济慈扮演巴松管,等等)。

具有讽刺意味的是,当济慈兄弟打算搬往汉普斯特德之际,亨特却准备离开了。在汉普斯特德散步时,济慈曾腼腆地送了一本自己的《诗集》给亨特。然而,亨特此时一心扑在雪莱身上,到了三月底,他已经举家前往白金汉郡的马洛镇探访雪莱,他在那里待了三个月。雪莱也邀请了济慈。不论他给了雪莱怎样的理由解释自己不能来,真正的原因却如他告诉本杰明·贝利的那般,他想要一个"完全不受约束的空间"。亨特一家和雪莱一家都不大可能谨慎考虑过这次一时兴起而安排下的长时间拜访。高尚且宽宏大度的雪莱受到自己思想的遮蔽,同时他敏感地在亨特身上看到一个需要帮助的理想主义者,于是他就不太会在意细节了。至于亨特,他几乎无法抗拒这样一个出身名门且颇有财富的人,这个人的见解比自己更先进,且事实证明也是他所见到的最慷慨的恩主。亨特直到六月下旬才回来,之后他在帕丁顿租了栋房子,他家还有人在雪莱夫妇那儿又待了一个月。亨特准备出发拜访雪莱之前,济慈与

* 这条步道因一处铁盐泉水(Chalybeate Well)得名,本书中使用音译。

** 在俚语中表示长红头发的人。

考登·克拉克主动提出帮他照看文稿，并为《里米尼的故事》第二版的
154 校样做些工作。出于朋友情分，济慈写了一首关于《里米尼的故事》的十四行诗，以庆贺第二版的到来——这首诗显得松弛无力，他从未想过将其出版。这首诗首次刊登于一八四八年霍顿勋爵结集的济慈遗墨中。

假如说济慈之前还在亨特和海登之间摇摆不定，如今一切都合力将他推向了海登。他现在同海登一起通宵达旦“滔滔不绝地谈论莎士比亚”。也正是沉迷于“伟大”之中的海登，敦促济慈反复研究莎士比亚。济慈向海登吐露心声(4月7日)，说“拜伦、司各特、骚塞和雪莱，认为他们自己将引领时代，但是……”，然后，“他涨红了脸”。亨特最近对他也不那么上心，将克拉克所说的“斯巴达式的充满敬意的专注”转向了雪莱，这自然令济慈的自尊心有些受伤。具有讽刺意味的是，济慈家的年轻人搬往汉普斯特德居住(如果不是因为济慈与亨特之间的友谊，这一情况绝不可能发生)，竟然与亨特对济慈影响力(这里指的是他活跃主动的影响力以及他的个人魅力)的结束同时发生。此前的渴望消退后，会造成一些空虚，济慈时常陷入这种空虚中；他的诗歌常常(但并不总是)比那些才华横溢且有洞察力的信件慢上一步。尽管亨特在两人之间短暂的优势地位已不复存在，《恩底弥翁》仍然可以被视作一八一六年那个激动人心的秋天的彗星之尾。然而，在海登对他的吸引力越来越强，亨特的吸引力逐渐衰退的过程中，某些建设性的因素也起到了重要作用。参观埃尔金石雕的回忆一直萦绕在心头。海登热情且冲动地回应了济慈观赏石雕后的感受。他一收到济慈送来的两首十四行诗(一首是观埃尔金石雕有感，另一首是就“观赏”一事直接写给海登的)，就立刻去信。他认为这两首十四行诗十分“高尚”，想不出

还有什么意象比这个更好了——将无法表达高洁感受的诗人比作

仰望天空的一只病鹰！——它一定记得曾经的翱翔……你在我心中点起了熊熊燃烧的狂热，一个小时都不曾退却，也让我心中永远充满了钦佩之情。

带着某种奇妙、近乎滑稽的冲动，他把信拆开，插进去另一封信：

亲爱的济慈：

我把之前要寄给你的信重新拆封，只是想告诉你，第一首十四行诗[《原谅我，海登，我不善言辞》]中你给予我的热情赞美，我感触至深——请相信你永远不会**后悔**说出了这句话——如若上帝宽 155
仁，这个时刻必将到来——那时您会愉快地忆起这些话——

上帝再次保佑你

B. R. 海登[①]

四

与此同时，济慈遇到了约翰·泰勒，二人的结识可能是雷诺兹牵线搭桥的。奥利尔兄弟多半已对《诗集》的销量有些不耐烦。然而，眼下济慈又将遇上另一位出版商，这位出版商属于任何初出茅庐的作家都梦想能碰上的那种类型——济慈这次又交了好运，正如去年秋天一连串的喜事临门。虽然泰勒比济慈年长十四岁，但他仍算得上是个年轻人：他三十五岁，其合伙人詹姆斯·海西三十一岁。泰勒是诺丁汉一位书商的儿子，出身于一个大家庭——是八个孩子中的一个。他二十二岁离家前

① 《济慈书信集》，第一卷，页 122–123。

往伦敦,曾为两个出版商工作过;一八〇六年,时年二十五岁的泰勒和二十一岁的海西在弗利特街(Fleet Street)93号创建了泰勒和海西出版行。同当时的许多经营者一样,这两位年轻的出版商曾有一段时间就住在商号里。海西结婚后,房子中的生活区域就留给了他,喜爱乡村的泰勒则搬到了汉普斯特德。频繁往返于两地的生活令人十分疲惫,因此泰勒后来又搬至邦德街(Bond Street)91号。一八一九年左右,海西夫妇希望寻找一处更安静的居所,这时泰勒又搬回弗利特街的商号住了下来;尽管对后来的情况我们不是很确定,但济慈可能在残灯将尽之时,在泰勒的住所中度过了他在英格兰的最后日子。

就像泰勒的传记作者埃德蒙·布伦登指出的那样,泰勒身上结合了坚定的商业判断、对人深刻且富有同理心的理解,以及感知天才的诀窍。海西作为出版行里相对次要的成员,明智地遵从了泰勒的想法。考虑到泰勒的背景,他可谓博学多才。他自己出版的书能够证明这一点。他曾写书论证著名的"朱尼厄斯"信件的作者是菲利普·弗朗西斯爵士,一个半世纪之后,我们仍能感觉到他的论证令人信服。* 后来,他转而探
156 讨货币问题、神学和古物收藏。他对自己的写作缺乏信心,原因在于其发自内心的谦逊——他所受的教育不够正式。此外,他的想象力可能相对简单,主要是从他人的经验中间接获得的;发现和支持天才所带给他的快乐,远超其他方面的成就。他经人介绍结识了济慈,很快便透过表象看到了本质。济慈当时常装束奇怪,但这只让他感到有趣。在雷诺兹的敦促之下,他仔细阅读了济慈的新诗集。《诗集》销量不佳,但他却并不担心。事实上,四月下旬,他在给父亲的信中写道:"我丝毫不怀疑他会成为一位伟大的诗人,尽管我同意您的观点,他[给亨特]的献诗写得

---

* "朱尼厄斯"信件(Junius letters)指的是1769年至1772年间伦敦一家报纸上发表的一系列抨击英国内阁的信件,其作者使用了笔名"朱尼厄斯"。

并不好。这些诗不可能出现于他别的出版物中。”到了四月十五日,泰勒已同意担任济慈的出版商。五月十六日之前,泰勒和海西预支给济慈二十镑(要知道,这个数目相当于现在的一百镑);一个月之后,也就是六月十日,济慈已与他们相当熟络,可以问及是否能再度预支,或者用他本人的话说,“暂借”二十镑。我们可以推定,这次他很顺利就拿到了预支款。性情敦厚的泰勒和海西还从奥利尔兄弟手中接下了三月份出版的所有未售《诗集》,并努力将之推销出去。

五

四月十四日,济慈最终前往怀特岛——此地可视作第二个“马盖特”。结果,这次的经历却有些令人吃惊。为旅途做准备时,济慈购买了一套七小卷的莎士比亚作品集[1],并在前两卷留下了自己的名字和日期(1817 年 4 月)。这书几乎被他当作护身之物或是某种符咒。到达怀特岛的租住房时,他兴奋地发现过道墙上挂着一幅莎士比亚肖像,房东太太同意他把这幅画挪走并挂在自己的书上方。济慈在给海登的信中写道:“这幅画比以前我见过的所有画像都更接近我心中的莎士比亚。”尽管他在这间租住房只停留了一个星期,房东太太却“让我带着它,虽然我走得很匆忙——你不觉得这是个好兆头吗?”自此之后,他一直把这幅画像带在身边。两年后,他写下《海伯利安》和《圣亚尼节的前夕》,
就在创作伟大颂歌之前的两个多月,他告诉彼时已身在美国的乔治和乔 157

① 这套莎士比亚作品集由 C. 惠廷翰印制(奇斯威克,1814)。卡罗琳·斯彭奇在《济慈的莎士比亚》(*Keats's Shakespeare*, 1928)一书中探讨了济慈在这套莎士比亚作品集中留下的下划线和旁注。

治安娜，说自己“正坐在从怀特岛带回来的莎士比亚肖像前”写信给他们。离开英国之前，乔治安娜编了一些流苏，装点在画框周围。当济慈一八二〇年一月再次写信给乔治安娜时，这幅画——包括画框外的流苏——依然在他面前：但此时他已病重，虽留有诗作，生命却仅剩一年。

济慈第二次心怀希望的历险亦可称为他的第二次“马盖特之行”，行程的头几个星期中，他几乎无时无刻不在想着莎士比亚。因为他很快陷入了一种绝望，自打他真心希望成为一名诗人以来，还从未体会过如此惊慌失措的绝望。他本人试着将之仅仅视为“一种可怕的病态气质”的征兆。这个说法出现于他写给海登的一封信（5 月 11 日）里，有时被人们解读为关于自我诊断的极佳例子。但是，事情的来龙去脉却与这样的解读相悖。如此欠缺经验的诗人将自己全身心地投入一项庞大骇人的工程（四千行的诗），而与此同时，他却没有真正的主题，还强行给自己设定了一个极不现实的时间表（在秋天之前完成这首诗），这样的事可有先例？自然，他宁可把自己的沮丧之感归因于病态气质，也不愿在难以达成的渴望面前承认它是因缺乏胆量而造成的——这个渴望对他来说必须达成，他无法承担失败的后果。他果然继续写了下去，在给海登的信中，他说道（济慈这几周的信中，绝望之感与转而向莎士比亚寻求力量的情绪交替出现）：

> 我从未全然绝望，我读莎士比亚——我觉得自己从没像读莎士比亚这样读过别的书——这可能会引向一长段的闲谈，不过我决定克制一下。我倾向于同意海兹利特的观点，莎士比亚对我们来说已经足够了。

济慈对莎士比亚的专注研究从动笔《恩底弥翁》时便开始，持续了一整年，但我们却很难指望这一研习能够在《恩底弥翁》中得到及时反映。我们总是急于为自己的成长滞后而开释,却并不总是体谅他人身上也表现出成长滞后——这不是因为我们为人不够宽厚,而是因为世人总希望找到简单划一的模式,或是想要感受阐释的轻快。威廉·詹姆斯尝言,我们总是在冬天学习游泳,在夏天学习滑冰。几个月的“莎士比亚狂热崇拜”(Shakespearolatry;没有其他更温和的词能用来描述这几个月了)最终在早春时分结出果实,此时《恩底弥翁》已经完成。就在这时,
我们第一次听到他用极富洞察力的话语描述莎士比亚式的想象力,以及 158
他在十二月给乔治和汤姆的信中称之为“消极能力”的东西。

济慈动身前往怀特岛之前,两个弟弟同他分享了彼时的快乐。正是他们鼓励济慈前去旅行,从而为三月份出版的《诗集》之成功画上圆满的句号,因为他们觉得这一成功已是囊中之物。当他们与约翰在齐普赛德街同住的时候,就已经开始阅读莎士比亚。如今约翰虽前往怀特岛,乔治和汤姆两人留在汉普斯特德邮差本特利先生家,但他们仍忠诚地努力跟上哥哥的阅读兴趣。五月下旬,直率质朴的乔治写信给约瑟夫·塞文,告诉他自己多么喜欢在合适的环境下阅读莎士比亚——这个环境便是汉普斯特德,“一切包裹在绿色的原野中,在绿色的树篱下,在绿色的山丘上,周遭被大自然环绕着,她身着最漂亮的衣裙,上面装点着春天的花朵”。当然,济慈兄弟阅读的莎士比亚作品不尽相同。乔治和汤姆一直在读《仲夏夜之梦》和《暴风雨》。他们的哥哥约翰则越发对《李尔王》念念不忘。

六

四月十四日,济慈带着书和其他东西,踏上了七十五英里的旅程,前往南安普顿。夜晚来临的时候,天气变冷。在这段旅程的三个不同阶段

中，他坐在外面，坐在车顶上。他瞥见了树篱、池塘、木头上的斑纹和田野里的奶牛，还有一座座村庄（“理发师的旋转彩柱——医师的店”）。后来，他抵达南安普顿。

在南安普顿的旅店里，济慈感到有些害怕。到达后的第二天清晨，他就给乔治和汤姆写了封信，说道：“今天早上吃早餐时，我感到很孤独，于是我回去从箱子里取出一本莎士比亚——‘这才是我的慰藉’。”接着，他赶快去看船什么时候开往怀特岛；发现三点钟船才出发，于是他决定看看南安普顿是什么模样——毕竟这里对他来说是个新地方。接着，他四处走了一圈，注意到教堂、小街，还有上面刻了狮子的旧门，它们“守卫着大门——这里的男男女女与我习惯见到的样子并没有什么不同”。济慈未来还会几次踏上短途旅行，他也总是用这样的方式嘲笑自
159 己。紧接着，他写道：“我忘了告诉你们，从黎明到六点半左右，我走过了令人愉快的乡村——有些地方是有草的丘陵，但大部分都是茂密的树林。”同往常一样，这位才华横溢的诗人直至信末尾处才自在地表达出天真无邪的淳朴，他对周遭的环境喜形于色（“令人愉快的乡村”；尚克林“是个非常美丽的地方”）。这些说法经常重复出现，直到一八一九年秋，在前往温彻斯特的旅途中，他还会写到“美丽的大教堂”，“这里有我见过的最美的溪流”，“你会看到最美丽、清澈的河”。

此时，济慈已经开始思乡，想念弟弟们，也想念伦敦，尽管“乡”在这里只是汉普斯特德威尔步道上的新住处，或是海登在马尔堡街上拥挤的画室，或是雷诺兹流露出的趣味和对他的理解。还在南安普顿时，济慈就写道：“你、海登、雷诺兹等人一直在我脑海中轮流推搡着把对方赶出去。”

他从南安普顿来到怀特岛，前往卡里斯布鲁克，并在“新村”（沿着现在的城堡路建起的一排房子）的库克夫人家租下了一间房。他马上开始为即将到来的“创造力的试炼”做准备。在给雷诺兹的信里，济慈

写道：

> 我取出了自己的书，把它们摆在一个舒适的角落——又把海登的画像挂了起来——另外还有苏格兰的玛丽女王像以及弥尔顿和他的女儿们。在走廊里，我发现了一张莎士比亚的肖像，我以前没见过这幅画——很可能与乔治大为欣赏的那幅相同，因为我也非常喜欢它——嗯——我把这张莎士比亚像挂在书的上方，正好在三幅画那一排的上面，在此之前我先丢掉了一张法国大使的画像。

七

一时间没有什么重要的事情发生——并无诗句自然涌入他的脑海。然而，他觉得如今也不急于一时。他学会了不要像在马盖特时那么冲动，那时，他见到了一些“奇迹”，便把它们作为话题，给乔治写了首十四行诗，但几天之后，他又陷入了绝望，因为并没有史诗在他的头脑中浮现——甚至连史诗的开头也未曾出现。他能感觉到，现在自己算得上是半个内行了。正如他跟雷诺兹提到的那样——取出书本，挂上海登的画，拿到莎士比亚的雕版画像，“已够忙上一个早晨的了”。他即刻出发，到周围转转。这儿对他来说是全新的地方，他完全可以多花点时间来辨明自己所处的位置。尚克林就在附近，“是个非常美丽的地方”：这 160
里的裂谷和倾斜的树林令他着迷。然而，事实上，正是对大海的回忆触动了他的思绪——他记起了马盖特时的发现，它们曾在《初读查普曼译荷马有感》中被捕捉和提炼了出来：

> 但是，杰克，这儿有大海，大海啊——有小瀑布——然后是白色

> 的峭壁——再就是圣凯瑟琳山——“羊群在草地上，牛在麦田里”——那么，你会问，为什么要去卡里斯布鲁克呢？——毕竟要多花两倍的钱，还要经历三倍的不便——不过，从这里我能看到你的陆地——从附近的一座小山丘，我能看到怀特岛的整个北角，我们之间一水之隔。再其次，我的窗户望出去，便能见到卡里斯布鲁克城堡……我打算走遍这座岛，东——西——北——南——我还未见过多少典型的遗迹——但我觉得，恐怕很难再见到超过卡里斯布鲁克城堡的地方。沟渠早已长成最平整的草地，墙壁上爬满常春藤——里面的城堡主楼成了常春藤围起的遮荫之处——早已被寒鸦据守多年。

接着，在这一连串的决心之中，他的思绪又回到了离开盖伊医院后与弟弟、朋友们一起找到的新家。他告诉雷诺兹，说想要“一张你、汤姆和乔治的素描，你告诉海登，他定会帮我画好的”。如此公开地表露出自己的愿望，说明他此时有一种不加掩饰的坦诚。因为在没有任何过渡的情况下，我们发现他的思绪从汤姆、乔治和雷诺兹转向了另外一个念头，即他已做好准备全身心地投入到新的尝试中去，并将之与初次见到大海的马盖特之行联系起来。他故作轻松地写道：“由于缺乏规律的休息，我最近有些神经紧张——《李尔王》中的一段话——‘你没听见海的声音吗？’——紧紧地缠绕在我的心头。”他抄下了一首刚刚写就的十四行诗《咏海》。这件事重复了他在马盖特之行中的创作模式，从某种意义上说，此模式贯穿了他的诗歌生涯。当他准备写一首长诗，却没有按照自己的计划取得进展时，他就会写下另外一首较短的诗——通常这首诗很优秀。马盖特时期，他用一首十四行诗《给我的弟弟乔治》打破了僵局，这首诗最出色的部分便是关于大海的。如今，在“第二次马盖特之行”中，他因《李尔王》极具压迫力且难以捉摸的伟大而惶惶不安，于是,他写下了另一首更好的十四行诗,这一次他明确地以“咏海”为题。“海”所蕴含的关于可能性、广阔和不确定性的联想再一次吸引了他——“永恒的喋喋”,滚滚澎湃的浪涌,吞下了“千万岩洞”,以及其他关于海之**广阔**的联想。① 161

第二天早上,他继续写信给雷诺兹。显然,《恩底弥翁》并未取得多大进展。他的信显露出,两个弟弟在他的想象中开始与莎士比亚相继出现、互相补足——在他心中,同乔治和汤姆共住的新家(此前济慈已在哈蒙德的诊所和盖伊医院寄宿数年,在找到新家后他只与两个弟弟共住了几个月)与另外一个家交替出现。一年多之后,他是这样描述另外一个家的,“风的咆哮是我的妻,窗玻璃那边的星星是我的孩子”。此处,他试图企及的“强有力的抽象观念”“抑制住了更为细碎且微不足道的家庭快乐”,他发现自己并不是“独自生活在这个世界上,而是生活在一千个世界之中”。② 他写道,“跟乔治和汤姆说,给我写信”(此时,他刚刚离开弟弟们四天)。紧接着一个破折号之后,他继续道:

---

① 沿着荒凉的海岸,它发出
　　永恒的喋喋;有时潮水汹涌,
　　它就加倍淹没了千万岩洞,
直到又被赫凯蒂的魔符
所迷,复归于喃喃的波声;
　　在这种时候,你往往看到
　　曾由狂飙卷来的小小贝壳
会静止多日,动也不动。
呵,请放眼于大海的广阔,
　　假如你的双目迷惑、厌倦;
假如你的耳朵苦于喧腾
　　或袅袅之音,请坐在洞边
默默沉思吧,直到你一惊:
　　仿佛有海中仙女在唱歌!*

* 此处使用穆旦先生译本。

② 《济慈书信集》,第一卷,页403。

你知道吗——莎士比亚是二十三号出生的——假如那天能收到你的来信，再从我弟弟那边收到一封信，可就太好了——不管你什么时候写信来，别忘了就着莎士比亚作品中你觉得新奇的片段写上几句；这种情况肯定不停出现，尽管我们曾一起读过同一部戏剧不下四十遍——比如，《暴风雨》中的这个片段，从未如现在这般打动我，

刺猬们
将在漫漫的长夜里
折磨你——[*]

我忍不住想再跟你提起这一行——

在过去时光幽暗的深渊里——

162 我发现我不能没有诗歌——没有那永恒的诗歌——半天都不行——我太需要它了——开始只是一点点，但是习惯让我变成了海中巨兽利维坦。

最后那句显得绝望的宣言（“我发现我不能没有诗歌……半天都不行”）在一定程度上是种意志行为——正如他在给海登的信中突然转换话题，一开始说：“我从未全然绝望，我在读莎士比亚。”但接着，他就直率、坦诚地透露了自己的真实感受：

我因最近几乎没写任何东西而浑身发抖——书页上的那首十四行诗［《咏海》］让我好受了一点。有了它，我昨晚睡得好一些——但是，今天早上，我又感觉很糟糕——刚刚翻开斯宾塞的诗，

* 本书中如无特别注明，《暴风雨》的引文使用朱生豪先生译本。

进入眼帘的诗句[《仙后》,第一卷,第五诗章]是——

怀藏美德的高尚心灵,
身负荣耀之志的孩子,
永不能停息,直到它带来
非凡荣光的永恒子嗣——

……一刻也不能拖了,我得马上开始写《恩底弥翁》。

八

怀特岛之行似乎并未给济慈的追索提供答案。不论人在何处,问题仍旧是问题,并不会因地而变。在抵达怀特岛之前,他已写出了一些开场的诗句;还不停地写下其他诗句。然而,虽然他现在感受到新的孤独,看见了卡里斯布鲁克城堡迷人的废墟,热切而虔诚地读着莎士比亚,但这些事似乎都未能奏效。奇特的是,当他两年后开始撰写《拉弥亚》(这首诗可谓逆向的《恩底弥翁》)时,竟又重新回到了怀特岛。他选择在尚克林住下来。一八一七年四月那段令人痛苦的日子没能带给他快乐的回忆,如他所言,他甚至开始"讨厌这里的门柱"——而"这里"指的正是尚克林,一八一七年他首次见到这个地方时曾认为它是个"非常美丽的所在"。

此刻,在第一次怀特岛之行中,他只感到困惑和恐惧。四月十八日,他写道:"一刻也不能拖了,我得马上开始写《恩底弥翁》。"莎士比亚的生日就在五天后,也就是四月二十三日到来。就在那天——也许是第二天——有感于自己所完成的一点点微末的工作和他原本打算做的事之间的鸿沟,他几乎崩溃了。为了抵御陷入精神瘫痪的诱惑,他立刻行动 163

了起来。他会离开怀特岛，回去短暂地逗留一段——回到马盖特，看看那儿的洗浴机和其他的东西，试着再住进七个月前住过的房间。至少他在那儿曾写出一些东西。此外，汤姆也可以过来，给他做个伴；急切准备之际，济慈买了一本司各特的《玛米恩》（*Marmion*）当作送给汤姆的礼物。[1] 两周后（5 月 10 日），他带着特意表现出的漫不经心告诉亨特：

> 我去了怀特岛——成日间想着诗歌，晚上都睡不着觉——此外，[他辩解道]不知道怎么回事，我得不到有益于身心健康的食粮——因此，大约一周之后，我的脑袋瓜子就不转了，于是我只好慌不择路地前往马盖特，路程至少一百五十英里——因为我真的认为我想回到自己的旧住处，并且可以尝试在没有树的环境里将就着过。另外就是，我实在很孤独，只好不停地燃烧思想，把它当作唯一的慰藉。不过，汤姆现在和我在一起，我们过得很自在。但我们还是想要住到有树的地方去。

他原本期待约翰·雷诺兹能够和他一起去怀特岛。但是雷诺兹忙于准备法律考试。济慈自然为这一整段经历而感到尴尬。于是，他对自我的不满便转向了马盖特。马盖特缺少树木的印象一直悬在他的心头，并转变成了“干旱”的象征，与他第二次造访这里的经历联系在一起。即便在离开了“这桩缺树少苗的事件”之后几个月，此记忆依然挥之不去。到了后来的九月份，他认为牛津是个令人愉快的地方，因为“感谢上帝，这里树木葱郁”。

其实，正是他本人出色的判断力，让他为自己对怀特岛和马盖特做出的反应而感到尴尬。他内心中的一部分势必会赞同约翰逊的那句话，

---

① 这本书现在收藏于罗马的济慈-雪莱纪念馆。

“如果一个人能够**顽强不懈地**坚持写作”，那么他便可以在任何时间、任何地点写作。济慈确实正在顽强不懈地写作。不论是在怀特岛上（最初的两三天观光之后），还是现下在马盖特，济慈每天都花八个小时认真地阅读或（试着）写作。他告诉亨特（5 月 10 日），两个星期以来，“除了旅行的日子，我每天都写——虽然当时我写了不少，但似乎还是微不足道……我眼前……只有不间断的上坡路。”他承认自己“最近对这部作 164
品垂头丧气”，“**我总是问自己［本书作者加粗］，为何我比别人更有理由成为诗人**——当我发现成为诗人是一件多么伟大的事之后”。在这个具有极度敏锐的自我感知力的时刻，济慈想要知道，是否自己“想成为诗人的念头过度膨胀，以至于超出了我看似能够达到这一目标的能力”。

与此同时，乔治却一直担心他信中流露出的语气，所以到了五月初，乔治便拜访了海登，寻求他的建议。之后海登给济慈去信，虽然写得匆忙，但不乏明智的建议：

> 假如你认真研习诗歌过后，在孤独中没有感受到宽慰，那么我认为你离开怀特岛是非常正确的——你现在可以像平常一样，每天花八个小时研习，与世隔绝——千万不要屈服于任何奇怪的预感，它们不过是一个伟大灵魂因过度渴望而感受到的焦虑，这伟大的灵魂极度延展，超出了自己的强度，随后短暂陷入了疲软无力的低效之中——每一个拥有伟大观念的人，都偶尔会遭此折磨……尽你所能地**相信上帝**吧……看在上帝分上，小心那些谬见和矫揉造作……小心你的朋友［亨特］——他会成为自己弱点的受害者，被自己的谬见所愚弄……我亲爱的济慈，上帝保佑你继续走自己的路，不要绝望，收集各类事件，研究人物，阅读莎士比亚，相信上帝。[1]

---

① 《济慈书信集》，第一卷，页 134–135。

收到信后,济慈立刻回了一封满怀感激之情的信(5月10日),其间的坦率是他不可能表现给亨特的——海登对他尝试做的事比亨特理解得到位得多。他勇敢地断言道:“我坚信困难能够激励一个人的斗志——把我们的首要目标变成避难所和昂扬的激情。”他继续写道:“你告诉我不要屈服于任何奇怪的预感,通过这句话,我猜想乔治肯定跟你提起了我最近在信中写给他的话。”他无法控制自己的感情,承认道:

> 最近,我的心境很不好,以至于读了自己的诗行后就憎恶它们。我就是个“采金花草的人,可怕的工作”[*],诗歌的峭壁立在我面前——然而,汤姆偶尔在普鲁塔克的《希腊罗马名人传》里读到些内容,与蒲柏译的荷马相契,他选了一些读给我听,比我的诗好太多了。我每天阅读、写作八小时。有句老话叫“好的开始是成功的一半”——我的诗就没开好头……尽管时有消沉,我还是会竭力从中断的地方再下笔:攀爬这块小高地时,尤其在这些奋力耕作的岁月,我祈求上帝的帮助。我记得你曾说有这样的感觉,仿佛有天才引领着你——我最近也有同样的想法……假如想象莎士比亚引领着我,这个想法会不会太过大胆?

165 他跟海登讲起在卡里斯布鲁克发现了莎士比亚肖像,离开的时候房东太太同意他把肖像带走。随后,他就把信件搁在一边,打算稍后写完。

但是,据济慈说,就在第二天,他收到了“一封乔治寄来的信,信中提到,钱的问题可能在未来很长一段时间内困扰着我们,甚至可能永远令我们烦恼——这些伤脑筋的事是创作的大碍”。不论他们遇上了怎样的财务问题,这个问题当下应该不会太严重——至少不会以某种新

---

* 语出《李尔王》,第四幕第六场,本书中《李尔王》引文均使用朱生豪先生译本。

的、未曾预料到的方式来考验他们。然而，济慈对自己能力的不确定感远超他向自己或旁人承认的程度，这段时间他的神经如此紧张，以至于在这封信中，他第一次表露出接近痛苦甚至自怜的情绪：

> 我得撤回在秋天之前完成这首诗的承诺，假如我能像以前那样写，本该能写完的——但是我没法写作，我的精神因歧思而担忧［经济问题］……我觉得今天没心情写任何东西……总有一天任何事都不会留下残片，想到这我就很开心。你告诉我永远不要绝望——我希望对我来说，遵从这句话也能同样容易。

他对自己的不满如此强烈，以至于他开始把某些不愉快的反应投射到亨特身上。他起初讲的话还是可以理解的（尽管他写给亨特的信一直都很友好）："昨天我给亨特去了封信——几乎不知道我在信里说了什么——我无法用自己想要的方式谈论诗歌，因为我对他和自己都提不起兴致。"然而，某种程度上因受到海登对亨特评论的刺激，即他有许多"谬见和矫揉造作"，济慈开始用一种急躁且自鸣得意的口吻写道："他的自我愚弄非常可悲，让他陷入了糟糕的境地，我宁愿做大木船上划桨的奴隶也不想陷到那种境地里去。"

那时，济慈身上表现出强烈的褊狭和自欺，这种情况只在他病入膏肓、陷落生命终结之前的苦闷时刻才又出现过。眼下，他突然谴责起亨特的野心，但实际上亨特从未有过这般野心，反倒是济慈本人长期以来一心一意地怀着这样的抱负。考虑到亨特在过去的半年中一直给予济慈慷慨热情的鼓励，此番谴责实在有失公允。尤其是他此刻所谈论的话题正是"自欺"，就显得更具讽刺性了。他一面为高尚的理想所陶醉，一面又因自己无力创作而畏缩不前——他也为此唠叨不停——说道（当然，最开始他做了一些限定）：

> 166 这样说也许是自欺欺人——但我自认不可能像亨特那样被欺骗——假如跟他一样,我宁可明天就弃绝人世。除却七大罪,最大的罪过莫过于将自己吹捧为一个伟大的诗人——或自认是那种有资格历尽一生追求荣誉之人——这种罪行必将招致严厉的惩罚,这样的直感(feel)[这个名词本身就是他从亨特那儿学来的]多么令人欣慰。

将不安和自责转移到亨特身上后,他感觉好多了。他接着写道:"我从未全然绝望,我在读莎士比亚。"然后,他引用了《安东尼与克里奥帕特拉》中自己喜爱的段落。他尤其喜欢这部戏剧中显得焦躁的片段:"莎士比亚让爱诺巴博斯问——'安东尼在哪儿?'爱洛斯回答——'他正在园里散步'——'他**狠狠地踢着**脚下的草,嘴里嚷着:傻瓜,莱必多斯!'"*

九

给海登写了这封宣泄情绪的信五天后,济慈离开了缺少树木、光秃秃的马盖特,前往附近的坎特伯雷。他从未见过这个与乔叟有着愉快关联的地方。他去信给泰勒和海西(5月16日),道:"今天晚上,我要去坎特伯雷——我已厌倦马盖特了——我来这儿的时候脑子不对劲——我希望,在坎特伯雷,对乔叟的回忆能推着我像弹子球一般前进。"济慈给泰勒和海西去信,是想感谢他们预支了二十镑(这笔钱可能用于偿还乔治前几天在信中提及的部分债务,该债务曾让济慈陷入极度沮丧的情

* 本书中《安东尼与克里奥帕特拉》的引文均使用朱生豪先生译本。

绪中)。这封感谢信流露出轻快的尴尬感，还有伪装出的漫不经心，信是这样开头的：

> 非常感谢你们慷慨解囊，借给我二十镑纸钞，我会即刻着手消灭那些纠缠不清的讨债九头蛇身上的一些小头。

接下来，他用了半封信的篇幅努力就此事开玩笑。“我想我可以写出一首不错的寓言小诗，就叫《讨债鬼》，里面有一座‘粗心城堡’——还有‘信用吊桥’”，信中还有许多诸如此类的玩笑。一个月过后，他又写信来借三十镑，这次虽然没那么尴尬扭捏，但口吻还是类似的：“我必须尽快就金钱问题失去我的童贞——事实上我马上就要失去童贞了——是这样的——来了一群讨债鬼，我本以为他们至少要到下个月才上门……假若我欠的是你们的钱，而不是这些讨债鬼的，我就能大松 167
一口气。”但他还没说到正题；由于他并不擅长迂回之术，自然会怀疑自己是否在不必要且笨拙地兜圈子：“恐怕你会说我‘讲话太绕’，而此时我本该直截了当地问——不过，正如我前面所说，我还有些处女的羞怯——童贞令我难以启齿——我请求你分别借给我二十镑和十镑的纸钞——如果你能在回信时附上，那就太感谢了，也让我免于满脸通红窘迫不安——我相信你会信任我的责任心。”①

现在我们回头去看济慈五月十六日的信，那天晚上他将前往坎特伯雷：他告诉泰勒和海西，“一个月以来，我天天勤于写诗，直到有一天，我发现自己的脑子太过疲劳，头脑里既没有韵律，也缺少逻辑——我只好搁笔几天”。他感受到“精神堕落的全部后果——情绪低沉——渴望

① 参见1819年8月23日的一封更加复杂难懂的信，在信中他试图向泰勒借钱，当时他急需用钱，十分潦倒。(《济慈书信集》，第二卷，页143-144)

继续，却没有能力再写……然而，明天我将要开始下一个月的努力”。

当他与汤姆一起动身前往坎特伯雷时，“(《恩底弥翁》)第一卷已经有点眉目了”。其中第 133–134 行有时被认为指涉的是他在坎特伯雷的逗留(“去漫游，使得我敢于 / 在乔叟吟唱的地方讷讷低语”)。* 《恩底弥翁》全诗“四千余行”，已经写好的部分可能不到二十分之一。然而，自此之后信件就停止了。他全身心地投入《恩底弥翁》，似乎取得了一些进展。他可能在坎特伯雷停留了一至三周。我们只知道五月二十二日他身处坎特伯雷，这是他离开马盖特六天后的日子(因为乔治曾在这一天写信给塞文，说“约翰与汤姆现在在坎特伯雷”)。及至六月十日济慈再次写信给泰勒和海西请求预支些钱时，他已回到汉普斯特德威尔步道上与两个弟弟共同居住的地方。回去之前，他造访了黑斯廷斯。从乔治写给塞文的一封信中，我们得知济慈曾在一个叫波皮普的小村庄里逗留(这个地方现在是圣伦纳德度假胜地的西部)，他当时孤身一人——汤姆已经提早回程了。济慈是从海登那里听说这个地方的，也同样是从海登口中他知道了此处一间名为“新英格兰银行”的怡人旅馆。关于此次行程，我们概无
168 所知，除了一件事，那就是他遇见了一个女人，似乎还调情了一番——这个女人名叫伊莎贝拉·琼斯夫人，关于她的线索要到一年半之后才会又回到济慈的故事中来。

五月十六日，济慈告诉泰勒和海西，说“希望能够在夏天某个时间去看看欧洲大陆”。然而，到了六月中旬，他却回到了汉普斯特德，写作进展得很迅速。五月十六日至九月四日之间的十五个半星期中，只有两封书信留存了下来。一封(6 月 10 日)是向他的两位出版商请求第二次预支费用。另外一封只简单地标注写于八月，这封信可能写于八月下旬，是给海登的一张简短便条，其间他已经可以宣称“我写完了第二卷”。

---

* 本书中《恩底弥翁》的译文采用屠岸先生的译本。

在五月十日的信中,他告诉海登,自己喜爱的格言是“进程过半才是刚刚开始”。如今,《恩底弥翁》已“进程过半”。至此,这首诗已可以展开讨论,因为它的形态已基本确定;在后面他完成这首诗的几个月中,他的兴趣点显著转移,而那些兴趣点在不被岔断的情况下可能会得到更好的探究。

十

从一八一六年秋天到济慈写出最后几首伟大诗歌的时刻,这段成长期只有三年。因此,我们对此成长期的关注可以具体到每月,甚至逐周。然而,在那短暂的三年中,起初几乎一整年什么都没有发生:至少如果我们想到**诗艺进阶**(*gradus ad Parnassum*)这时才开始吸引他的想象力,那么确实可以认为最初的一年没有什么起色。一八一七年的大部分时间里,他都致力于篇幅宏大、几乎带着海登式风格的《恩底弥翁》。那巨大的诗歌画布——交替出现或自信或拘谨的填充篇幅的内容——以海登充斥房间的巨幅画作的方式,震撼了除最虔诚的诗歌研究者之外的所有人:人们知其名;知道它是鸿篇巨著;假如它真的被人阅读(很可能只是部分浏览),也很少会被人重读,除非阅读者还带有其他特殊目的。至少在过去的几十年中,传记作者和评论家着手探讨《恩底弥翁》时都不算愉悦。一个可解释的原因是过去半个世纪的评论和注释禁止研究者做精华辑录。然而,对济慈的一生做纵览概观研究的书,在探讨《恩底弥翁》时必须要取其精华。第一次世界大战时期,艾米·洛厄尔的
《约翰·济慈》可以用一百五十页的篇幅写《恩底弥翁》,尽管其中的大 169
部分内容都是关于济慈当时生活的细节。这本书几乎将所有的典故、语言上对其他诗人的呼应、主题的来源、阐释性的推测囊括其中,还一卷卷

地分析了《恩底弥翁》的发展。三十五年之后，我若要保持那样的规模，恐怕必须专门写一卷探讨《恩底弥翁》了。所以，作为传记作者，我开始不安地为略写《恩底弥翁》而辩护，我记起了约翰逊对普赖尔*的《所罗门》一诗的评价——它"缺少某种[品质]，没有这种[品质]的话，其他的优点都无济于事，那就是吸引读者注意力的能力……沉闷是所有缺陷中最致命的"。

《恩底弥翁》的确是济慈人生中最重要的一步。然而，谈起它我们首先要面对两个美中不足之处。这两点都是此诗特殊的写作方式所产生的副产品；也由此提醒我们，传记可能辅助批评，使其免于陷入看起来注定的精巧安排，或是不必要的论辩所带来的焦躁兴奋。形式主义批评家可能会认为艺术家的意图无关紧要。然而，在具体的作品中，形式绝不能仅用形式的标准来解释。柯尔律治将心理学中的"观念的联想"学说类比为"医学上的刺激一词"，并做出了这样的评论：因"用它解释一切，致使它无从被解释"。正如他后来所言，"必须有某种东西来实现形式，正是通过这种东西、依靠这种东西，**正在形成的形式**(forma informans)得以彰显"。意图——或者说，多种意图——不仅会进入作品中，而且可能变得雄伟有力，极大地影响到一首诗的整体写作模式。当一首诗写得很快时，这种情况就尤有可能发生。比如，济慈在有时间限制的情况下写出的十四行诗，许多地方是匆匆而就的，显得很随意、浮动，流露出凑韵的急迫。

关于《恩底弥翁》，一个最重要的事实在于，如济慈所言，它是"一场极度狂热和焦躁的尝试，而不是一部技法完美的杰作"。从很大程度上说，那是一场创造力的"试炼"——是"产出四千行诗"的尝试。除此以

---

* 指马修·普赖尔(1664–1721)，英国诗人和外交官，主要作品有讽刺长诗《阿尔玛》和《所罗门》，乌得勒支条约的主要谈判者。

外，作者还为这首诗限定了时间表——这个时间表足以吓退任何一位比济慈年长十岁以上的大诗人。因此，首先，这首诗真正令人感兴趣的地方在于心理层面——并且是最基本、最明显的心理层面。“基本”和“明显”这两个词于此处须反复强调。因为如今，我们对心理层面的兴趣倾向于自动开始寻找隐秘、不明显的信息——如先入之见、潜在的执迷观念、套板的模式化反应，等等。这些信息自然有属于它们的位置。然而， 170
我不得不再次指出，传记的价值之一正如历史的重要价值一样，在于提醒我们，人是自由的行动者：也许没有他们自己想象得那么自由，但远比我们手中学术乃至教条的理解方式所假定的情况自由得多。想要理解这场济慈强加给自己的耐久力的考验训练，正如理解某种形式的绝技，不论我们采用哪种方式，都需要拒绝惯于久坐的理论家的诱惑，并且牢记我们并非厕身于无法自立的病人长榻之前。

《恩底弥翁》以及济慈生命中关键的八个月所蕴含的最基本、最明显的引人关注的心理过程，在于我们可以看到一个果敢、有才智的人如何行动，他不仅拥有本能的审慎，而且对过往最优秀的成就怀有信赖和崇敬，他刻意用几个月的时间，在长长的练习纸上操演，这可以说是一次勇敢的训练，他相信通过此次创造力肌肉的拉伸，他正在追随自己崇敬的榜样，而此次试炼的主要收获并不体现在当下这首诗中，而会出现于他未来将创作的诗歌——甚至可能是很久以后才写出的作品里。接下来的秋天（10 月 8 日），济慈给新朋友本杰明·贝利写了封信，说道：“你可以从我春天写给乔治的一封信中窥见全貌。”这封信可能写于他前往怀特岛开始创作《恩底弥翁》之际，乔治和汤姆保存了这封信，但它现在已经遗失。济慈煞费苦心地将信抄写了一遍寄给贝利：

[《恩底弥翁》]将是一场考验，是对我想象力的试炼，主要是对我创造力的试炼，它确实很罕见——我需要就着非常勉强的情境创

> 作四千行，并用诗意来填充它们；我想到这是一桩伟大的事，一旦完成，我会向着流芳百世的殿堂多走上十几步——这让我不得不说——不完成这首诗，实在天理不容！我曾听亨特说过一句话，也可能会被人问起这句话——那就是“为什么非要追求长诗？”对此，我要这样回答——爱诗的人难道不想要一小片领地供他们徜徉吗？其间他们可以挑挑选选，里面的意象如此之多，以至于不少在读完之后就被忘却，却在重读之下带给人许多惊喜。难道他们不想在夏日一周的闲散中拥有精神食粮？难道他们不会更喜欢长诗，而不是威廉斯太太下楼之前就能读完的那些短小作品吗？最多也就花去一早上的时间而已。除此之外，我认为长诗是对创造力的考验，是诗歌的北极星，以幻念为帆，以想象力为舵。伟大的诗人是否写过短诗？这里我指的是叙事诗——这种创造作为诗界的卓业近年来
> 171 似乎已被人遗忘[。]但我受够了，在完成《恩底弥翁》之前，我不会戴上桂冠，希望阿波罗[不]会因我之前在亨特家对他的拙劣模仿而生气。

这段内容对济慈来说应该意义不凡，以至于他愿意找出来并一字一句誊抄出来。开始撰写《恩底弥翁》时，他显然将这封信中的想法视为信条。而眼下，写完《恩底弥翁》之后，他还与写信给乔治时一样没有改变看法，也希望新朋友贝利能够理解自己创作这首诗所秉持的主要精神。

十一

此外，还有另一层考虑，证明我们对《恩底弥翁》的兴趣是合理的，至少是有特殊意义的，那就是这首诗的文体风格。在某种意义上，它超

越了我们已经熟悉的济慈早期诗歌中的笨拙与不灵巧。我们在这首诗中感受到的风格，一部分是写作意图与创作精神所结出的果实——诚然，它时而因受到刺激和振奋而显得僵硬，但这首诗是由一个迅速成熟起来的构思力量所完成的（毕竟，这是济慈写完的第一首真正包含一个**故事**的诗——且比他之前尝试过的任何一首诗都更为庞大）。诗中的某些地方，因语言的熟练机巧而得到了提升，这种情形令我们感到惊讶，因为很少人能在如此仓促的环境下，以如此少的经验写就具有上述特点的诗歌。

我们总希望在作家成长过程中的标志性作品里寻找到相似之处。这一点，如培根所言，是想象力的自然偏倚使然。但是，我们也应意识到差异的必然存在。不论在过去的一个世纪中，作家、评论家和读者以怎样形态各异的方式理解济慈，他们在一点上是完全一致的，那就是济慈写作中的某种特质。他们都被济慈诗歌简练、利落但又强有力的语言所折服，在这方面他仅次于莎士比亚。然而，《恩底弥翁》无疑是济慈诗歌中最稀薄无力的作品之一。事实上，它称得上是那个倾向于稀释诗意的世纪中，最淡薄、不饱和的诗之一。从这个角度说，《恩底弥翁》是济慈主要作品里最不典型的。恰因此，济慈的欣赏者尽管已准备好纵容诗中可能出现的笨拙与着力过度，却从未真正在整体上发觉这首诗具有强烈的吸引力，这一反应与济慈心中暗自想象的并不相同。欣赏者试图勉强从这首诗中找出深意，因为它占据了济慈短暂诗歌生涯中相当长的一段创作时间，由此，欣赏者就不免受到诱惑，想从中找到精心编制的寓言， 172
他们也有可能被诗中大量不系统的插曲及相互矛盾的阐释所困扰，最终拒绝承认此诗包含任何寓言的意图。十九世纪的读者通常不会被寓言的想法所困扰。不论这首诗是否受欢迎，很少有人会假装在其中看出了许多深意。因此，才会有阿诺德那句为人熟知的评价：尽管《恩底弥翁》“无疑充满了天才的气息，但其作为一个整体却十分松散，以至于严格意义上来说算不上是诗”。不过,有西德尼·科尔文爵士对济慈的细致研究在前,另外一种阐释就变得流行起来,即此诗是“人类的诗性灵魂寻求与世界本质美之精神进行交流的寓言”(此处借用科尔文的原话),由此,对这首诗的阐释便普遍带上了新柏拉图主义的色彩。[1] 就算我们为这首诗中某些特定的卷目和插曲留下充足的空间,让阐释的差异共存,也能够将共通的假设描述如下:月神辛西娅代表理想的美,而恩底弥翁——人类的灵魂、诗人或者说诗意想象——则寻找这理想的美。恩底弥翁对这一理想的首次觉悟便源于梦中的视像。然而,真正的结合发生之前,精神上的成熟是必须的。他尤其需要意识到人类的爱与同情是走向理想的进路。恩底弥翁朝圣终了之处,辛西娅接受了他:他终于与“本质美”结合在了一起。针对这首诗的整体或大部分写法,曾出现过一些异议,它们主要分为四类。(1)第一类观点是:对济慈思维来说,寓言是十分陌生的,至少在他诗歌生涯的早期来说如此。[2] 尽管这句话是作为一个观点提出来的,但它充其量不过是一个先决假设。因为这个论点为数不多的支持论据,就是提醒我们不要忘记:济慈在创作《恩底弥翁》之前并没有涉足过寓言诗;他在《恩底弥翁》之后创作的长诗(《伊莎
173 贝拉》)是一首简单的叙事诗;当他尝试用寓言的方式写长诗时——也

① 带有这种倾向的阐释出现于 H. C. 诺特卡特(1919)、克拉伦斯·索普(1926)、克劳德·芬尼(1936)的论著以及与他们稍有不同的 J. M. 默里的各类作品。持不同观点者主要是艾米·洛厄尔,N. F. 福特(1951)的出色论著以及最近的 E. C. 皮德特(1957)。

② 该论述中隐含的难点在于:自象征主义崛起以及柯尔律治重提对“寓言”(allegory)和“象征”(symbol)的区别以来,人们对“寓言”这一说法的反应就日渐固定。随着“象征手法”开始挪用传统意义上与“寓言”相关联的特质(尤其是那些更广泛、流动性更强且动态的特质),后者就越来越收缩与固化,致使它几乎只适用于指代严格死板且具有系统性的道德寓言。这造成的结果就是术语流失。因为“象征”并不是一个替代物:虽然它可以暗指此前与“寓言”联系在一起的特质(正如济慈在这句话中所展现出的那样——“有价值的人生就是持续的寓言……莎士比亚就过着寓言一般的人生”),但它也可以指代其他不适用于这种情境的东西。

就是《海伯利安》——其进程是如此难以相宜,以至于他最终未能完成此诗。[①] (2)第二类观点是: 任何具有柏拉图式特性的事物,对济慈这样一个极其依赖经验的头脑来说,都是十分陌生的。无论如何,他也不太可能深入了解柏拉图或新柏拉图主义的思想。诚然,早前十二月份,雪莱曾在亨特的圈子里频繁谈论这个话题。但此事对济慈来说并没有多少意义;他与雪莱并不十分投契;如果这首诗与雪莱的《阿拉斯特》有任何可比拟之处,那么也是像伦纳德・布朗所认为的那样,《阿拉斯特》几乎是一个"反向的模式",《恩底弥翁》的创作可算是种反驳。简言之,《恩底弥翁》若有寓言意图,也不是柏拉图主义的。(3)第三类观点是: 当我们聚焦于诗中某些特定情节的阐释时,寓言阐释的种类如此之多,以至于整首诗的寓言前提变得摇摇可坠。(4)第四类观点是: 十九世纪的读者普遍满足于以简单、直接的方式理解这首诗。这种观点除了包含对十九世纪观念未加审视的信任以外,还暗含对二十世纪学术与批评崇尚深奥晦涩之风的含蓄指责: 众所周知,由于当今学术界过于看重约翰逊所谓的"破坏纸张的流行阴谋",导致学术研究的精巧更多是由同行竞争和对新奇事物的追求所引发,而非基于事实。如果我们考虑到现下学术研究对深奥晦涩之风的喜爱,就会发现,许多反对从寓言角度阐释的异议之声与它们本身所攻击的阐释一样钟爱晦涩——在某些情况下,当研究焦点仅集中于文本时,问题就更甚。

寓言存在与否的可争议性,正是针对这首诗的形式所产生的一个重要评论——这一形式(它无法让任何人感到满意,尤其是诗的作者

① 在创作《恩底弥翁》之前,济慈没有写过寓言诗,这是毫无争议的(尽管这一情形可能与《恩底弥翁》在撰写过程中发生的变化有关)。至于"简单"的《伊莎贝拉》一诗,考虑到济慈从《恩底弥翁》这首诗得到的反馈,他完全有理由去尝试其他风格。中途放弃《海伯利安》的决定可能表明寓言从根本上来说与他的天赋并不相投,但这显然也不能证明《海伯利安》是他首次(而非第二次)尝试寓言诗。

济慈)除了从传记角度来考量以外,很难从其他渠道形成合理的解释。假如《恩底弥翁》被置于孤立的、离开事实语境的条件下去理解,那就很难证明其中包含任何显性的寓言意图(尽管要论证其中不存在任何寓言意图也很困难)。但是,假如把这首诗放置于济慈生活的环境并辅以大量信件来解读的话,我们就会发现济慈迫切地需要着手写作,并且还
174 想极尽可能地磨炼自己,起码我们肯定会感受到某种急迫的目的性。也就是说,我们会直觉到这一情况:这番尝试带着如此急迫的目的性,倘若济慈在写作过程中没能引入意义的探索,那么他强加给自己的试炼就无法被视作名副其实且富有成效的。随着我们逐渐深入他的信件及生活境况,便越发被这一想象性创作根底深处的道德特质所打动。二十世纪的研究者对济慈的人生状况更为了解,也更容易被其信件和后期主要诗歌的道德特质所感染,因此他们就不可避免地想要充实这首诗——试图填充其巨大的空白,并重新整理其零散的细节。我们必须承认,尝试为这首诗打造出一个系统的新柏拉图主义框架,就如同要从济慈信件中频繁使用的“感觉”(sensation)一词推论出一套洛克式的哲学。遇到年轻学生的时候,我们总是理所当然地认为,年轻人的观念常常是兼收并蓄的。然而,当我们开始研究与学生们一样年轻的作家时,却忍不住眯起眼睛寻找特定的前提和目标。但仔细的审视本身应该是兼收并蓄的,在其折中主义中纳入诸如作家年龄和经验等方面的显在细节。如果说,济慈时不时用到新柏拉图主义诗歌常用的抽象概念、形容词或意象的话(事实上济慈甚至缺乏一个大学生都可能拥有的关于柏拉图的少量知识),那是因为这些元素对质朴、未经修剪的唯心主义来说具有情感上的吸引力,此理念与济慈强烈的经验主义意识并存不悖。

十二

当然，在信件和其他作品所提供的语境中寻找线索，有时也可能导致过度阐释。但如果忽略它们，恐怕也达不到阐释的需要。我们眼下面对的这首诗可以简单地描述为**未能全面实现的**（manqué）寓言：不过这并不是我们所熟悉的那类情况，即对叙事、人物甚至语言的兴趣以意想不到的方式显得过分喧宾夺主，以至于诗的原本前提被作者忘诸脑后。这首诗的情况是，其寓言意图始终存在，但是它变得太过稀释、分散，最终难以聚合。考虑到济慈同时希望将这首诗当作一场大型且要求很高的“试炼”，那么其意图的稀释和分散恐怕就无可避免了。他一路向前飞奔的同时，不断向诗里添加细节——试图抓住许多虚构细节作为填充。他完全知道自己在做什么。也正因此，他遵守自己的时间表完成了这首诗之后，便迫不及待地想要将之付梓；他实在无力进一步修改了。 175
修改和誊抄这首诗的时间比他撰写初稿要少好几周。而这段时间里，他的工作（主要是抄写）也不是那么专注。此时，他还在做许多其他的事情。正如他在序言中坦承的那样，他渴望“这个年轻人赶紧消失不见”；“再花一年修改”也无济于事，“它的地基实在如流沙般太不牢靠”。我们不禁联想到三年后（1820 年 8 月）他对雪莱说的话，那是他去世前的六个月，他劝告雪莱要抑制住“过于宏大的冲动……将诗歌主题中的‘每一条裂隙都填上矿砂’”；随后，他幽默地补上一句，“这非凡的建议不也是送给《恩底弥翁》作者的吗？他的思想就像一堆散落的纸牌——我现在已经振作起来，分好了花色”。

随着诗歌的发展，里面出现了根本性的分裂，让结果越发复杂，或者说至少使其显得十分重浊不清。当然，因为后见之明的便利，我们可以在济慈一八一六年的诗信中就发现这种状况。但是，书信中没有故事，因而他可以按照自己的愿望随意打断。《我踮起脚尖》这样以描绘为主的诗，也可以比较唐突地中断，诗结尾处是这样写的：

但现在一切终了，
我流浪的心再不能冲向云霄。

《睡与诗》也以描述和沉思为主，因此也可以倏然间用一种情绪结尾，他是这样写的：

那只有随它们去吧，正好像
做父亲的放任他的孩子一样。

断然的镇静和决心都可以用坚决的方式表达出来，它们无须在上下文中详尽描绘或是逐渐成势。然而，叙事诗一方面会造成某种障碍，但也会带来他渴望已久的好处，前一年的春天，也就是盖伊医院时期，他因缺少故事而不得不放弃雏形初现的《卡利多》，自那时起他就渴望叙事诗带来的有利元素。在创作了《恩底弥翁》一年之后，他开始撰写《海伯利安》——这次他打算用“不着修饰的、希腊式的风格”来写一部史诗——在这首诗中，类似的分裂再次出现。不过，那时他已学得十分明智，不再莽然勉强完成这首诗。所以，一八一七年最后几个月，甚至接下来一整年的时间里，他的目光都转向了戏剧性，这是完全可以理解的。因为直
176 至一八一七年，对他来说，写诗只有两个基本选择：一种是 G. F. 马修和亨特所代表的诗风，另外一种就是斯宾塞式的寓言诗（尽管他才刚刚开始注意到斯宾塞的这一面）以及古典神话总体来说在寓言方面的潜能。

他着手创作《恩底弥翁》之时,很可能希望将两者结合起来——尽管“我在前行的路上,步履蹒跚”。

十三

济慈欠缺一个故事作为框架,以在此基础上延伸出四千行诗,并于其中结合他曾汲取养分成长起来的两类诗歌。在这种情况下,他紧紧地抓住了恩底弥翁的传说,事实上,他头一年冬天写《我踮起脚尖》时已略触及这个传说。他脑海中萦绕着凡人爱恋理想之美的故事。等见到埃尔金石雕,并体会到“仰望天空的一只病鹰”的感受时,这个故事的情境似乎又充实了一些。恩底弥翁的故事里有一个现成可用的神话。济慈不太可能审慎思考其中的纷繁细节。恩底弥翁——一个为月神憔悴的凡人,在这里是个被动且有些呆板的人物;月神狄安娜作为理想的象征也有着明显的局限。不论这个传说中的情形在诗中得到了怎样的运用,它仍与济慈一年后提到的“不着修饰的、希腊式的”理想差之甚远,与后来他在伟大颂歌中所探索的对艺术之永恒产生内省的戏剧效果更有霄壤之别。但至少这种思考的雏形已现轮廓。在这部专于济慈生平的传记作品中,我们无须对其诗歌的文学渊源或出处着墨太多。因为这个主题已经被研究者充分探讨过了。二十世纪的学者为济慈诗歌与迈克尔·德雷顿的《恩底弥翁与菲比》(*Endymion and Phoebe*, 1595)中近乎平行的情节所震撼。然而,德雷顿那本书当时寂寂无名,据我们所知,此书极为罕见,济慈能够读到它的唯一可能就是借阅威斯敏斯特教堂图书馆中的一本藏书。艾米·洛厄尔指出,如果向教堂司事提出申请,外人是可以使用这间图书馆的,济慈有可能看到过这本书,也有可能与曾经

177 看过这本书的人交流。[①] 他显然知道德雷顿的修订版《月亮上的人》(*The Man in the Moone*),因为这首诗也收录于他自己的一本德雷顿诗集藏书中。(此修订版删去了情节的中心部分,令人不禁想起济慈自己对这个寓言的处理方式。)济慈也可能从黎里的《恩底弥翁》(*Endimion*)中得到了一些启发。他一两年前读过玛丽·泰伊的《普赛克》(*Psyche*, 1805),也可能让他产生了一些灵感。雪莱的《阿拉斯特》确实有可能是种"反向的模式"——至少算是相关主题的异见表达——也应该被列入文学渊源之中。乔治·桑迪斯翻译的奥维德也提供了一个重要影响源。当然,此外还有济慈在恩菲尔德学校求学期间就知晓的神话书——如斯彭思的《鲍里麦提斯》、图克的《万神殿》和兰普里埃尔的《古典词典》。维兰德的《奥伯龙》给了他一些启发,骚塞的《克哈马的诅咒》(*Curse of Kehama*)中那些涉及在陆地、水和空气中穿行的部分也可能带给他不少灵感。这首诗在用词和意象方面的借鉴,可以从其阅读积累中发现痕迹——斯宾塞、查普曼、桑迪斯、威廉·布朗以及同时代的作家如亨特和华兹华斯对他的影响尤为明显。

这首诗呈现出漫长且波动起伏的进展方式,因此简要的概括可能在同样的篇幅中会比类属的讨论更能说明问题,因为后者总是需要不断进行限定。这首诗著名的开场部分(第1–62行)十分坦诚明澈,也较为自信。实质上,其主题就是内心渴望"打破凡人的囚笼"(也就是他在《我踮起脚尖》中短暂触及恩底弥翁寓言时所用的一个表述)。三月初,当

---

① 在思考这个杂乱无章的问题时,恰如道格拉斯·布什所说的那样,我们至少有权认为济慈无须读过德雷顿的《恩底弥翁与菲比》也能设计出菲比"以凡人的形象出现在恩底弥翁面前,并让他为了这个凡人放弃对神圣菲比的爱"。布什的原话是:"有人说德雷顿这一情节的设计有直接来源,但至少现在还没有足够的证据,那么我们怎能因此假定德雷顿能够虚构出济慈虚构不出的情节?恩底弥翁与狄安娜神话及其传统寓言的爱好者,想要通过这个传说展现出真实与理想终极是相同的,那么他做出这样的设计难道不是必然的吗?"参见布什,《神话与浪漫传统》(*Mythology and the Romantic Tradition*, 1937),页100。

济慈见到埃尔金石雕时,他产生了之前难以预料到的反应,这显示出他的执着已变得十分急迫:在埃尔金石雕所展现出的恒久的伟大恢弘面前,他发现自己想要就微弱的经验来构筑一个实在答案的想法遭到了无情的动摇,他当下的感受就是“凡人的必死”“重压”在我的心头,每一个“想象的顶峰”都告诉我——“我必死”。他此时尝试找出某种答案。两年后,当他写下《希腊古瓮颂》时,会找到另外一种提问题的方式——一种避开“难言的矛盾”的方式,这种矛盾来自帕特农神庙的石壁雕塑那“极尽想象的辉煌”在心头“滋生”的感受。然而,眼下他还没有找到合适的方法。此外,不论这位二十一岁的青年多么渴望在一两年之内就成为深负哲思之人,至少现在他还远够不上格。这首诗的开场——“美的事物是一种永恒 170
的愉悦”——是充满信心的断言,此处的“永恒”并非严格意义上的表达。[①]其想法主要是关于人类精神在一生中的释放,当然,诗人希望这种释放能持续更长的时间。与此同时,他还在这段开场中回到了《睡与诗》的基调——回到了那首诗所提及的安眠对健康所产生的效果,《睡与诗》还试图暗示睡眠与洞察力之间的关联,这种洞察力完满了我们的日常存在,并赋予其更为美好的色调,也就是某种可能的调和。(两年之后他所创作的更严肃的诗歌,部分就是为了摆脱他自己所陷入的困境,这种困难源于对

---

① 亨利·斯蒂芬斯曾对本杰明·理查森爵士讲起一个情况,尽管显得老套且靠不住,但也应在此处提及(参见科尔文,《约翰·济慈:生平、诗歌、其友、其批评者及身后名》,页176):理查森说,“有一天傍晚,两个学生坐在一处,斯蒂芬斯专心研究医学,济慈研究他的梦,济慈突然对斯蒂芬斯说他写了一行新诗:

美的事物是连续不断的愉悦。

“‘你觉得怎么样,斯蒂芬斯?’后者答:‘是有种光环,但还有些欠缺。’接着斯蒂芬斯就又埋头于医学研究了。一小段沉默后,诗人又说道:

美的事物是一种永恒的愉悦。

“‘斯蒂芬斯,你现在觉得怎么样?’‘这下能永久流传了。’”不过需要注意的是,斯蒂芬斯并没有在他寄给蒙克顿·米尔恩斯的回忆录中写进这则故事。

梦的运用——他在诗的开头处赋予了太多的希望。)因此,“美的事物”

为了我们,它永远
保留着一处幽境,让我们安眠,
充满了美梦,健康,宁静的呼吸。

然后,他立刻转向渴望由此前提展开的内容:

这样子,在每天清晨,我们编织
绚丽的彩带,把自己跟尘世系牢,
不管失望,也不管狠心人缺少
高贵的天性……

他隐约间构想出的一点,就是对“凡人的囚笼”之外的东西的担忧,可能会让我们与尘世和解——之所以说“可能”,是因为它虽调和冲突,实际上也“把我们跟尘世系牢”。在序诗中,济慈提出了自己的目标——尽管这个目标可能显得十分不确定,随后他还写到了自己的时间表。他说自己将在远离伦敦的地方写诗(“开始描画 / 趁我现在听
170 不到城市的喧嚣”),“当岁月 / 越来越丰盈”,他将在夏日“多少个宁静的时辰”前行(在秋天结束之前,“我希望写出好多好多的诗句”);接下去还有

但愿不要在荒凉灰白的冬天
看到它半途而废:我希望秋高
气爽的节候,金色的宇宙围绕
我的四周,看着我把故事结束。

聚拢的人群将祭台布好,为潘神举行仪式,唱起“潘神的赞歌”,济慈自己似乎也很有理由为这段赞歌感到满意。正如我们之前提到的,如果他打算写一首篇幅较长的诗,通常会中途停下来,把自己想说的内容巧妙地放进一首更短的诗里。从某种意义上说,他在《恩底弥翁》中插入“潘神赞美诗”也正是在这样做。这首赞美诗是基于文艺复兴诗歌对潘神的寓言式运用,正如道格拉斯·布什所言,济慈此处将潘神当作“浪漫想象和超凡知识的象征”。在这首赞美诗中,济慈对神话的解读完全符合华兹华斯的精神。因此,当海登称赞这首赞美诗,并要求济慈背诵它的时候,华兹华斯给出的反应不得不说实在带有冷峻的幽默——他回答道:“是一首带有异教风格、非常优美的作品。”[①]

这首赞美诗接近尾声的部分,预示着济慈写给雷诺兹的一封表达卓越思想的信,信的内容关于“初觉之室”(1818 年 5 月 3 日)。当房室变暗,“同时在它的四周,许多门都被打开——但都是黑的——都通向黑暗的甬道……我们感受到‘神秘的重负’”。《恩底弥翁》这首诗开头也提到,“探索时遇到 / 不洁又黑暗的道路”。后来,在赞美诗部分,潘神被视为

令人敬畏的打开神秘门洞的人
从这里通向无限广博的知识……

愿你仍做供冥想休憩的不可
思议的旅舍;正如你这样逃脱
概念,把概念推托给仙界天国。

① 参见第十一章,第一至二节。

这首赞美诗和它前面的诗行还预示着一八一九年五月他所写出的伟大颂歌，以及后来的《秋颂》，他此前的作品从未有这般迹象。意象、表述和隐喻在此浓缩并存续：花“球”让人联想到《忧郁颂》中“锦
180 簇团团的牡丹”；“可敬的祭司”和“哞哞的小母牛”让人联想起《希腊古瓮颂》；“麝香玫瑰花”和“雨中芬芳的野蔷薇”让人想到《夜莺颂》。然而，《恩底弥翁》的开篇诗行提出的观念主要还是在他最后的伟大诗歌《秋颂》中得到了体现。潘神被视为主管事物“诞生、存续和死亡”的神祇：“苔绿的领地”“成熟的果实”“腰束黄带的蜜蜂”“罂粟状的玉米”都将在两年半之后被诗人记起，于是《秋颂》写到了“覆满绿苔的屋前老树”，提起秋天“让熟味透进果实的心中”，还有“为了蜜蜂而开放过迟的花朵”，或是在收割一半的玉米地里“为罂粟花香所沉迷”。潘神赞美诗中“不时鸣叫的公羊”和赞美诗结束后不久出现的“哀鸣的小虫”*等表述令人不禁想起《秋颂》的结尾：“一群小飞虫 / 就同奏哀音……而群羊在山圈里高声咩叫。”尤其是还有一句令人惊奇的诗（描写潘神“坐着，度过庄严漫长的时光”）把我们直接带到了《秋颂》的中心诗节，就在此处，我们看到秋坐在榨果架下度过漫长的一天，一瞧“就是几个小时”。

十四

《恩底弥翁》的开场，再到“潘神赞美诗”，以及随后的一百多行，比这首诗之后的任何一部分都显得更加丰富、洗练。下笔写《恩底弥翁》之前那艰难的几周，以及从怀特岛回到马盖特，又前往坎特伯

* 《恩底弥翁》，第450行。

雷,并最终返还至汉普斯特德的家,这一段焦躁不安的旅程,不仅仅是因为济慈想要克服惰性并创造出新的势头。正如他后来的写作所显示的,他想要表达那些最为迫切的想法。他所拥有的素材在这首诗的开头处便大量使用,几乎与全诗剩余的十分之九所用的相当。如果我们算入"潘神赞美诗"之后的一百多行的话,这部分构成了一个四百行的开头——已经是他半年前写给乔治和考登·克拉克的诗信的三倍篇幅,几乎与他迄今为止最长的一首诗《睡与诗》的长度相当。这就是他之前思考"长诗"时所考虑到的计量单位了——一两百行到四百行左右。而如今,他才刚刚着手于这项布置给自己的雄心勃勃的任务。

众人的引领者恩底弥翁此时十分忧郁、心中凄凉。受到挚爱的姊 181
姊佩俄娜(Peona)的敦促,他才吐露心声。[①] 佩俄娜比较务实(济慈可能根据自己平时对弟弟乔治的态度塑造了恩底弥翁与佩俄娜的交流)。济慈在诗中想象出一个女神——对她的描述带有公然却天真的色情意味("我疯狂地亲吻 / 抱着我求爱的双臂")——然后当恩底弥翁转而描述生活的平淡时,自然就有了突降的效果。佩俄娜困惑地颤声问道:"就是这个缘故吗?没别的?"他的人生还有很多事要做。为什么"仅仅为了一场梦"就要"刺伤"它?在其长长的答复中,恩底弥翁(此处济慈表达出了自己的愿望)讲述了自己多么渴望声名。但他还想要一些更为高尚的东西——一种蕴含了"宇宙精华结成的友伴关系"的"幸福":一种能够对事物移情的开放性,某种与万物"一体"的渴望。这几行诗(第一卷,第777–780行)是济慈数月后在给出版商约翰·泰勒写信时添加的。他在信中告诉泰勒(1818年1月30日),

---

① 在此之前,恩底弥翁注意到姊姊面色苍白,他仿佛盖伊医院的勤勉学生那般——心中虽怀着自己的苦闷——但还是说道:"把你的心病告诉我。"

之前的一个版本[①]：

在我看来与“幸福”恰好相反。我希望你觉得下面的写法会更合适一些。

幸福在哪里？幸福在这种情绪里，
这情绪让心灵进入神圣的友谊——
同宇宙精华结成的友伴关系；
使我们被提炼，超越空间而灿烂。
你看那明净庄严的天空！

请你一定迁就我，让我把这段诗放进去，把不好的那段去掉，因为这个引子对主题来说十分必要。我想，对你这样一个习惯于连贯、按部就班思维的**人**来说，这一改变可能只是辞藻上的变化——但我对你保证，我写下它的时候，它就是想象力通往**真理**的一段循序渐进的阶梯。创作这段**论辩**，也许是我做过的所有事中最令我**受益**的——它即刻将**幸福**的不同层次呈现在我面前，甚至就像一把**测量愉悦的温度计**——也是我通往**戏剧性**的重要尝试的第一**步**——用**欢乐**与**悲伤**扮演不同的**秉性**。

182 济慈写给泰勒的这段话、修改后的诗句以及此后的二十三行诗[②]，

---

① 济慈曾做过一番修改，送往印厂的修订版（见摩根图书馆藏本）中，这段文字如下：

幸福在哪里？幸福在这种情绪里，
这情绪让心灵与快乐融合：
愉悦是最珍贵的，
造就最浓烈的炼金术。看啊……

② 你看
那明净庄严的天空！拿一片
玫瑰花瓣把你的手指尖绕紧，

（转下页）

是《恩底弥翁》以及与之相关的内容中争论最多的一部分。例如,“精华 /本质”(essence)一词被人们用来支持新柏拉图主义的解读。但反过来说,一个显得很有理据的观点是,这个词最好以复数形式(essences)来理解(正如第一卷第25行处,“我们对这些精华的感觉不会 / 只持续一会儿”,这里他所指的“精华”是具体的实物与经验);这个词是平行对应的,是得到了进一步解释的,在如下问句中便如是——“我们感受到这些**东西**了吗?”(第一卷,第795行);也就是说,对济慈而言,“精华 / 本质”相当于“存在”,而他此处的意思是带有同理心地去共感后文提及的“东西”的“存在”。济慈将这几行插入进来的诗称为“想象力通往真理的一段循序渐进的阶梯”,是不是在暗示整段关于“幸福层次”的描述正构想或者说象征着想象力通往真理的方式?或许,更有可能的是,他在暗示,如果对此篇章中他想说的内容产生更深入的洞

(接上页)　　再抚慰你的嘴唇:音乐用轻轻
一吻使自由自在的清风受孕,
音乐以多情的一触也能使清风
从子宫里释出埃俄洛斯迷魂曲:
于是古曲从雾罩的墓中醒寤;
古老的歌谣在祖先坟上悲啸;
常作美妙预卜的鬼魂,正围绕
阿波罗到过的地方,乱说呓语;
青铜小号把清音轻轻地吹起,
这地方古代发生过一场大战;
催眠歌曲唱起来,从草场那边,
飘过婴儿奥菲斯睡过的大地。
这些我们感到吗?——此刻我们已
步入和谐的境地,我们的处境
像四处飘荡的精灵。但是这里
还有更多的纠缠,还有更甚于
自我毁灭的沉醉迷惑,并逐渐
走向极端的激情:这一切的网关
正是用爱情和友谊精制而成,
它已高高地戴上了人类的头顶。

悉,再加上他所插入的几行诗——在他自己看来——这就是想象力通往“某一种判断”的路径?(济慈给泰勒的信中用的是“*a* Truth”而不是“truth”——尽管他将“truth”的首字母大写了——但大写首字母是济慈的书写习惯,所以此处的“a Truth”可能指的是某一种判断、某一种洞见或是某一个有价值的观点。)另外,“**测量愉悦的温度计**”这个说法是否能够证明插入部分之后的几行诗(第一卷,第780–802行)带有快乐主义的倾向?——证明他确如自己所主张的那样,通过“温度”来衡量参
183 与其中的这些经历?不过,济慈在给泰勒的信中并没有通篇运用“**测量愉悦的温度计**”这一意象,虽然将之引为明喻的做法无疑表明他把愉悦和阶梯状的发展轨迹联系了起来。“它[插入的五行诗中的观点]即刻将**幸福**的不同层次呈现在我面前,**甚至就像一把测量愉悦的温度计**。”

接下来就是令人费解的最后一句话:他对泰勒辩解道,插入的这五行诗“是我通往**戏剧性**的重要尝试的第一**步**——用**欢乐**与**悲伤**扮演不同的**秉性**”。他的意思是说对“**幸福**的不同层次”的速写,为他所理解的“**戏剧性**的主要**尝试**”奠定了基础和前提吗?这不是不可能,至少是一种潜在的暗示。然而,这份速写很难描绘莎士比亚式悲剧的过程(但他给泰勒写信之时,主导其思想的却是莎士比亚的伟大悲剧)。那么会不会他所说的“**戏剧性**的主要**尝试**”是指《恩底弥翁》本身的戏剧性?从间接意义上来说,他的确可能会有这样的念头,但是,这一观点实属太过直接的解读,当碰触到如下的大暗礁时,它就可能沉没:考虑到他已苦读莎士比亚一年(这段时间其思想产出的至高成果便是那封关于“消极能力”的信,可是,“消极能力”一信比我们此处长篇大论的写给泰勒的信要早上一个月),作为一位审慎的自我批评者,若不是出于讽刺目的,济慈恐怕很难会想到在如此缺乏戏剧性的诗歌《恩底弥翁》中挑拣出“戏剧性”,毕竟对他来说,这是一首即便彻底修改也无济于事的诗。插入的五行诗被描绘为“通向**戏剧性**的重要**尝试**的**第一步**”——但这一步是在一八一八年一月份才走出的,此时,《恩底弥翁》整首诗已经完

成，他也已为《捍卫者》撰写了关于埃德蒙·基恩的莎剧表演的文章，他还写出了有关“消极能力”的信。至此为止，一八一七年的秋天和冬天消除了他在许多前提与方向问题上的疑惑，与之相比，一八一六年那个快乐的秋天以及他经历“创造性试炼”的最初几个月间，这些前提与方向问题都只隐约出现在他的心中。纵观全诗，恩底弥翁最终真的“升向天空”了吗？正如济慈在诗歌末尾处所写的，诗人对恩底弥翁说：

看到你极端
难堪的处境，我简直感到伤悲：
前此，升腾于太空，我确实认为
忠贞是初生之歌的最佳乐声。

有时，济慈会忘记恩底弥翁原本的寓言，将自己与恩底弥翁合为一体，“我深感悲痛，仿佛你仍是森林人”。这首诗最终正是通过纯粹意义上的**机械降神**(deus ex machina)才得以结束——故事突然转折，回到寓言的轨迹上 184
来，恩底弥翁“嬗变为仙灵”。新插入的那几行诗，比原来的版本更适合作为联结如下两方面的桥梁：即恩底弥翁的快乐主义想法与他所追求的理想之间的桥梁，前者在原始版本中恩底弥翁对佩俄娜说的话里体现了出来。这几行诗之所以更适合成为联结的桥梁，是因为它们把恩底弥翁说给佩俄娜的话语变成了其内心渴望的流露(尽管这个渴望很难完全实现)。也正因此，一八一七年秋天，济慈写至《恩底弥翁》的尾声处，他给朋友贝利去了封信，提及“内心情感的神圣性”，并补充说，他“也认为人的各种激情，就像爱一样，在顶峰处都会引发纯粹的美”。将恩底弥翁的话语变成内心的渴望(“使我们被提炼，超越空间而灿烂”，尽管这首诗未能真正实现此渴望)，将之视为一个人物的内心表达(不论这个人物本身多么苍白)，这对济慈来说都意义非凡，且标志着他诗歌观念的再进一程。

十五

与恩底弥翁描述给佩俄娜的视像相比，"竭力追逐名声"实在显得微不足道。他已经准备好全身心地走上"朝圣的行程，走向人间阴暗的边缘"。在第二卷中，恩底弥翁开始了自己的追索，穿越了冥界。当他在不同的甬道中徘徊时，他感到孤独的压抑（又令人想起他未来将写下的有关"初觉之室"的信件，初觉之室逐渐变暗，每一面都现出甬道）。其中也有光亮的时刻。一颗星星——如同"红日 / 从一片混沌中升起"——令他"惊叹"，却也给他希望。写至此，济慈令人感慨地带入了自己的感受。我们应该记得，在关于埃尔金石雕的十四行诗中，海登前去"顶礼膜拜"的"东方星辰"——那星辰，自然是过去最伟大的诗人之一：

这一位
当这座行星运转告终时，他成为
行星的崇高提示者。

两个词构成的设问句急剧中断：

他们是谁？
是为希腊和英国创造了不坠
白昼的人们。

当恩底弥翁陷入如此这般的孤独之中，没有现世的慰藉，他只得转而面对自己：

回返 185

自我本色的旅途多崎岖，多艰辛！

他不想再陷于窘境之中，便向狄安娜祈求帮助——他盲目地祈求，未曾想她就是梦中女神——花朵开始绽放。他备受鼓舞，快步向前来到阿多尼斯的凉亭，此刻阿多尼斯正被维纳斯唤醒，他已经沉睡了整整半年。这样的景象又让恩底弥翁鼓足了勇气，因为阿多尼斯的处境与他自己多么相像。

就在这里，整首诗写得最糟糕的部分出现了。我们甚至可以说，济慈一生中写得最不如人意的诗行便是《恩底弥翁》第二卷的后六百行。从创作心理上看，值得关注的一点是这部分的大量诗行仍带有亨特的风格——尽管亨特从未写得这么糟过——但在整首诗中，济慈都表现出试图摆脱亨特风格的强烈愿望。诚然，济慈所用的诗律和亨特基本相同，因为他大部分都是从亨特那里学来的，并且在诗信、《我踮起脚尖》和《睡与诗》中都广泛使用过。这种延滞现象是无法避免的——也就是说，济慈一边使用亨特的诗体韵律，一边又想避开亨特的诗歌语言。一个人假如不依赖习惯性的创作技巧，是无法写得很快的。特别是他才值二十一岁的年纪，又想写出数倍于以前任何一首诗的长度。亨特的诗律是他唯一学习过的长诗格律，虽然他也只操练了一年左右——密集的练习更是在创作马盖特诗信之时才开始，也就是下笔写《恩底弥翁》前八个月左右。[①] 他在这首诗中要关照的东西太多，想达成的目标太多，所

① 尽管如此，我们还是能从《恩底弥翁》中看出一些不同，它不仅仅是在删减亨特的风格，而且表现出试图超越的倾向。在更早些时候的诗歌中，济慈使用的跨行句比例已超过了亨特（亨特诗中的跨行句占比百分之三十五）。到了《恩底弥翁》中，济慈使用的跨行句比例则上升至百分之四十七。对这种情况更好的描述方式，是看对句跨行的比例。在济慈早期的诗信，如《致 G. F. 马修》中，百分之五十八的对句使用了跨行形式，这个比例与亨特相近。而到了《恩底弥翁》中，超过百分之七十五的对句是跨行句。（参见《济慈风格发展》，页 19–28）

以被分散了精力——他自定了时间表，打算在叙事诗上做第一次真正的尝试，想要让整首诗富有意味，同时，他还对篇幅和节奏有着近乎幼稚、大胆的执着——当然这种执着最终证明是很有意义的。在这样的情况下，他还试图避开亨特的诗歌语言就力有不逮了。诚然，诗歌语言方面的变化并不突出。特别是当我们读得很快的时候，其差异就更小，几乎不值一提——事实上，《恩底弥翁》也经不住字斟句酌的细致阅读。鉴
186 于济慈不久之后就要使用莎士比亚或弥尔顿的标准来要求自己——再考虑到新古典主义、形而上学或其他的一些前提——我们会发现，济慈从一八一六年到《恩底弥翁》期间所创作的大部分对句，使用的语言和意象基本都属于一类，读多了令人厌腻。它们的共同特点是柔滑和黏腻感伤：当我们快速读过《恩底弥翁》中没完没了的章节，联想到的是烘焙粗糙却涂抹了大量掼奶油的糕点。不过，济慈的确想要摆脱亨特那种轻松、活泼的语言习惯，他迅速且狼吞虎咽地使用自己较为熟悉的伊丽莎白时代诗人的语言——比如查普曼，某种程度上说，还有弗莱彻、德雷顿和布朗等人。他早就知道亨特必然会对他的作为不满——这一推测没错。《恩底弥翁》完成之后，济慈曾给弟弟们写信(1818 年 1 月 23 日)，说亨特看了诗的第一卷后，“认为总体来说乏善可陈；还说它的语言不自然……太夸张”。

此后，一八一七年初夏，济慈回到汉普斯特德，笔耕不辍，很快写完了第二卷——尽管这时亨特本人已离开汉普斯特德——济慈在这一卷的后半部分反而陷入了某种与亨特肖似的活泼健谈的风格之中，他的版本更像是对亨特的夸张模仿：

这是酒，
闪闪发亮——从阿里阿德涅制作
佳酿以来，我敢说还不曾有过

这样的美酒：尝尝多汁的梨吧

……一堆没有人碰过的梅子，无比鲜美，
碰到婴儿的牙床，也会化成水

小小爱神们，起来吧！不然，
我们叫蓝铃花拧疼你们的臂弯……

……他可怜的太阳穴
正跳着爱的节拍，——跳得多欢悦。

……他曾经心醉神迷，
痛饮过欢乐的乳汁

这部分还写到了“朱唇，哦，抓不住的幸福”以及“洁白的美人”。

至少可以说，这段时间内他的心很不定。整个四月和五月，他都处于不知如何下笔的困境之中；六月份，他回到了汉普斯特德威尔步道上的新住所，与弟弟们相聚，此后他就开始流畅地创作（这里还住着邮递员本特利和他那群吵吵闹闹的孩子——“小胡萝卜”）；想要写完第二卷的渴望令他牵肠挂肚（“写完一半才算真正开始”）——这些扰人心绪的事都隐藏在他倾泻而出的诗句背后。正因此，他情急之下 187
才会抓住一些俗套的反应以及跟着亨特的一年学徒期所留下的余韵来补白。

不过，这长达几百行的乏味部分里，也穿插了一些有趣的瞬间。偶尔出现的一些意象，预示着济慈未来诗歌所表现出的移情能力（狮子“眉遮傲慢的眼睛，爪子沉甸甸，／慢吞吞地举起，尾巴紧张弯垂着”)。这里的“狮子”指的是过去的“伟大诗人”。还有一段写道“为什么我不能永远 / 被拥抱……为什么不能永远、永远地感受?”这些诗句让人想到《希腊古瓮颂》中“永远”一词的重复(“你将永远爱下去,她也永远秀丽!”;“他吹的歌曲永远那么新鲜”;“永远年轻”)。第二卷结尾处表现出某种仁慈博爱的迹象。恩底弥翁遇见阿尔甫斯(Alpheus)和阿瑞托莎(Arethusa),听说了他们的悲伤故事,心生怜悯,于是他向狄安娜祈求两人得幸福。人们总是把这一段视为同情心的流露:也就是说,恩底弥翁开始意识到他人。但是,把他对阿尔甫斯和阿瑞托莎的怜悯视为慷慨,似乎又还够不上格(他后来对格劳科斯的怜悯以及对印度少女的同情,都属类似的情况)。但从另一个角度来讲,恩底弥翁如此专注于自我,哪怕有一瞬间能对他人表现出善意的关注,都可被视为某种胜利。我们应提醒自己,于卡莱尔而言,一除以零便是无穷。

十六

第三卷中,恩底弥翁在海底游荡,穿行于腐烂的船只、生锈的船锚和尸骨之间。他回想起月亮,长篇大论地说自己的心已奔赴于她。接着,济慈引入了年老的格劳科斯(Glaucus)的形象*,他曾在桑迪斯翻译的奥维德中读到格劳科斯的故事。当他开始创作第三卷的时候(9 月),济慈正住在牛津,与他的新朋友本杰明·贝利在一起。三十年之后,贝利仍能记起济慈大声朗读刚刚写就的关于年迈的格劳科斯的描述时,他眼睛“向上看”的样子:

---

* 格劳科斯是希腊神话中航海者和渔夫的保护神,传说中他的形象是留长须的老人。他原本是普通渔夫,吃了神草之后投海变成了神。他爱恋过的女神是斯库拉(Scylla)。

尽管过去了这么久，我还清楚地记得，他读了其中的几段诗，仿佛我现在就能听见他的声音，看到他的面庞。我印象最深的是下面这段关于年迈的格劳科斯的部分，故事十分动人，他写完后立刻就读给我听了：——

> 那老人抬起皑皑的白头，看着
> 这位困惑的陌生人——仿佛不在看，
> 他脸上没有一点儿生气。突然 188
> 他像从迷惘中醒来；他的白眉毛
> 蹙成拱形，**像两片魔幻的犁刀**
> **在他的前额犁出深深的皱纹，**
> **前额像突出的岩石那样固定，**
> **微笑终于在他的枯唇边消失。**

用粗体标出的诗行是让我印象深刻且带有奇特美感的部分，它们在我的记忆中“像突出的岩石那样固定”住了。[1]

格劳科斯渴望一些超出渔夫平静生活的东西，于是他爱上了女神斯库拉，但斯库拉出于惧怕逃走了。格劳科斯转而寻求喀耳刻（Circe）的帮助。这位“感官的女王，专横的仙后”囚禁了他。当格劳科斯发现喀耳刻手下受害者的遭遇时，他密谋逃跑，但被喀耳刻发现并诅咒他堕入衰残的老年，过上一千个年头。等到格劳科斯回到家中，他才发现斯库拉已被喀耳刻杀死。济慈此处修改了奥维德的故事，后者笔下斯库拉

---

① 《济慈社交圈》，第二卷，页 270–271。洛厄尔的《约翰 · 济慈》（第一卷，页 400）认为犁刀和皱纹的比喻“令人生厌……因为犁刀意味着切割”。不过，济慈之前一直阅读莎士比亚的十四行诗，思考如何用同一个意象表达不同的意思（“当四十个冬天围攻你的朱颜，/ 在你美的园地挖下深的战壕”；“别把岁月刻在我爱的额上”；“当你脸上出现时光的深槽”；“在美的前额挖下深陷的战壕”）。

被喀耳刻变成了海怪。

格劳科斯度过漫长的岁月。他目睹了一场海难,受到同情心的折磨和催促,他试图帮助遭难者。虽然这看起来徒劳无功,但终于他的努力没有白费。他从一名遇难者手中的卷轴里得知,如果能找到葬身海底的所有恋人的尸体,最终会出现一个能够帮助他的年轻人,这个人也就是格劳科斯获救的关键人物。当然,恩底弥翁就是这个他期待已久的年轻人。所以,对恩底弥翁来说,除了毫无保留的坦率之外别无他法,否则他和格劳科斯就只有一死。卷轴里写道:“这位被选中的年轻人 / 必须这样做,否则两人都将灭亡。”警告的措辞相当无力,几乎很难被注意到,直到两年后在《海伯利安的覆亡》开头处,它们才以强有力的形式再次出现:

如汝不能登上阶梯,
便葬身脚底的大理石上。

恩底弥翁答应与格劳科斯一道,觉得两人“凭神授天意,是孪生兄弟”。
189 他们做了各色仪式,将卷轴撕成碎片,这些碎片如同施了魔法,一下就带回了生命与青春。格劳科斯不再衰老,斯库拉复活了,死去的恋人们一个个再获新生。

至此,济慈写到了第806行。他一天可以写出五十行来。九月二十一日,他写信给雷诺兹说,“我第三卷写得很顺利——已经写了八百行”。之前他已决定每一卷的篇幅在一千行左右,于是,他在第三卷将近结尾处,让这些重获新生的人集合起来,向海神涅普图恩(Neptune)的宫殿走去。人们为涅普图恩唱起赞歌。后来,周围的场景绕着“晕眩的恩底弥翁”旋转了起来,他昏倒在地,辛西娅“向他的内心说出言辞”。这封铭文韵脚仓促,没有什么比它能更生动地显示出济慈此时

写作之匆忙了:

> 至爱的恩底弥翁!我唯一的爱人!
> 我曾害怕过命运:现在已经过去——
> 你也为我争得了永恒的幸福。
> 起来吧!趁母鸽还没有开始孵蛋,
> 我现在就要吻着你把你夺占
> 引你进永恒的天国。

十七

及至第四卷,我们终于见到等候已久的高潮:恩底弥翁与辛西娅的结合。然而,这部分的基调却不是欢欣鼓舞的。事实上,正如西德尼·科尔文爵士所言,它显得十分"克制而忧郁"。不过,这并不令人意外。马拉松般持久创作的疲劳逐渐积累。此外,济慈的批判洞察力也敏锐了许多。他开始意识到,整首诗的地基"如流沙般太不牢靠",遑谈任何修整改造。第四卷以对"我祖国的缪斯"的呼语展开,说她们"已长久独踞在北方的洞穴里,/ 那时我们的英格兰还是个狼窟"。在如此漫长的世纪中,希腊和意大利的伟大诗篇次第繁盛。终于,英格兰的缪斯也因她的耐心而得到回报——这里应该是指得到伊丽莎白时代诗人的回报。但是"辉煌的成就"之后是"精神的荒漠"。接着他表达了自己的想法——一种延伸至当下时代精神的不满之感——他以此结束该段:

>   伟大的缪斯!你深知
> 肉体的牢笼怎样紧闭并磨损

我们灵魂的羽翼：沮丧使我们
不得安枕；而翌日新鲜的清早
190 发出明亮的光来，仿佛在嘲笑
我们这迟钝的、死气沉沉的生命。
我早就说过，那向你忏悔的人
多幸福！但我想到已往的诗人们，
我不能祈祷：到现在我也不能——
因此我心怀谦恭，走向目的地。

此后，故事继续推进。恩底弥翁“呈递上誓愿作为大献祭”，但此时，他听到长长的悲鸣（“这里没人帮我吗？”）。原来是一位印度少女，她孤独且渴望人爱。也许济慈处于巨大的压力下，要为这四千行诗找寻合适的事件，即便如此，他的核心人物也能够不失时机地从一个故事转移到下一个故事。朝圣者恩底弥翁的心立刻就被抓住了。他既同情，又爱怜（“他斜身倚着 / 树枝，挺可怜。他当然不会在此刻 / 渴念另一个情人”）。但他能放弃追求理想，他的辛西娅吗？雪莱笔下的英雄阿拉斯特就不会为一个阿拉伯少女烦忧，与心无旁骛的阿拉斯特相比，恩底弥翁发现自己的灵魂分成了两半。

此时，济慈才完成第四卷的八分之一，结尾还不能出现。我们可以理解，他厌倦了英雄对句，开始在叙述中穿插进格律变化。印度少女唱的“回旋曲”篇幅超过了一百四十行。最开始的部分是五个短小的诗节，主要诗句像鸟儿短促的啁啾（“真叫人忧伤！ / 为什么要向 / 朱唇借颜色……”）。插入这些诗行让他松了口气。其他的诗律变化也会接连出现。到了这一卷稍后的部分，他还会再次改变音步和节奏。在辛西娅与恩底弥翁结合之前的合唱歌曲中，每四五行对句里会穿插两音步的诗行。

跟随着印度少女的歌声,恩底弥翁对她述起衷肠。济慈短暂地陷入草率拖沓的语言风格里,就像第二卷中写维纳斯与阿多尼斯的那段一样,这种写法曾拖累了第二卷不少(“我无从挑选; / 只能永远做你的悲哀的仆从……最美的仙子”)。恩底弥翁握住了她的手,并伸向她另一只手(“这无疑是你另一只红酥手”),恩底弥翁突然脱口而出问了句话,这个问题不由激起人们的好奇心——去摸索某种意识,猜测济慈本人是否也感觉疲倦。恩底弥翁脱口问道:“你要睡了吗?”就在他承认爱意之后,不祥的话语在森林里回荡(“那恩底弥翁好苦啊!”)。随后,墨丘利(Mercury)出现了,这对恋人被长有翅膀的马带到了空中。他们沉沉睡去,恩底弥翁梦见自己身处众神之间,并就此得知自己追寻的女 191
神正是辛西娅。自然,恩底弥翁此时内心备受折磨。在极度痛苦之中,他被带入了“宁静的石洞”。在这静谧与枯槁之地,恩底弥翁超越了悲伤与欢乐,恢复了内心的平静。从雨雾缭绕间回到大地,他决定放弃长久以来的追寻,因为他所追求的东西超出了“凡人的领域”:

我所依恋,所钟情,
所看见,所感觉到的全都是虚空,
除了这一场大迷梦! 哦,我曾经
傲慢地对待过爱情,对待过天空,
对待过一切元素,对待过人与人
相互的关系……
一个人,他让食欲超越了常轨,
却不因饥饿而死:世界上绝无
这样的凡人。最美的印度少女,
我向你屈膝,你曾把我的生命
从奄奄一息中救出。

他们将生活在潘神的自然领地里，这儿的空气不会那般稀薄。然而，事与愿违，印度少女被禁止接受他的爱。恩底弥翁郁郁寡欢地坐在初次梦见辛西娅的地方，他的姊姊佩俄娜出现了，欢迎他回到凡人的世界。他向佩俄娜讲述自己的不幸，宣称自己已决定做一名隐士。在他动身离开之前的夜晚，他们三人将在辛西娅神庙后面的圣林见面。约定的时间到来，随之而来的是诗歌结尾神奇的快速解决——在最后的二十二行中完成了结局。印度少女倏然在恩底弥翁眼前变成了辛西娅。正是因为他接受了凡俗，理想才得以出现。

十八

当然，恩底弥翁并没有真正地“升腾于太空”，升腾只是通过最不可能的**机械降神**完成的。由于济慈急着写完全诗，这个结尾的引入就显得尤其突兀。但正如他自己的感觉一样，这首诗再花一年时间也做不出方向上的实质性改变了。打从一开始，《恩底弥翁》所担负的目的就太多。其中的一个便是“自白”：它部分地被济慈用于自我表达，试图在自我理解方面更进一步。因此，恩底弥翁不可避免地成为相互矛盾的欲望之下的牺牲品。这位面色苍白的朝圣者反映出济慈自身的不确定性——这
192 种不确定性如影随形，陪伴他至人生的尽头。快速而脱离实际的解决方式无法满足济慈对诚实的需求。正如他后来所说的那样，人的头脑应是“所有思想的通衢”；他的朋友查尔斯·迪尔克是另外一种人——“除非对每件事都下定决心，否则决不会认为自己拥有个人特性”——这样的人“永远也无法抵达真理……因为他总是在尝试”。然而，当心灵不停寻找公式般的直观和整齐时，人又如何获得开放性？——尤其是如何保持这种开放性呢？将不确定性以戏剧化的方式呈现出来，将论点以人与

人之间的劝解和期望表达出来,或者以人物的相互交流呈现出来,除此以外,这种开放的坦诚还能以其他方式在诗歌中保留吗?

济慈现下快步走向了诗歌的结尾。这几个月的心得还需要表露出来,但他后来再没有这样做过。如果结局没能以其他更自然的方式出现,诗就被暂时搁置一旁。他也不再急于出版。一月份他在誊抄诗歌的时候,插入了之前我们专门论述的那几行诗——他告诉泰勒,它们是“想象力通往真理的一段循序渐进的阶梯”。这一步是济慈自己迈出的。突然之间,他发现恩底弥翁对佩俄娜说的话,表达的是内心的渴望——正如他后来的伟大颂歌中,心灵渴望融入夜莺(尽管夜莺飞走了),又或是心灵想要进入希腊古瓮的世界(尽管它不过是一只瓮)。插入的诗行起到了柯尔律治所说的“出色的象征”应起到的作用——其本身至关重要,但又具备超越自身的非凡意义。这些新近插入的诗行“将幸福的不同层次呈现在我面前”;同时,它们也是在戏剧性意义上能够被听到的声音。济慈在这个月里重读了《李尔王》,将“浪漫传奇”的想法搁置在一旁——毕竟这首新诗的副标题是“一首诗歌浪漫传奇”,虽然泰勒对这个标题心存疑虑,济慈还是坚持使用它——此时,他十分感激这一新洞见。其感激之情溢于言表,以至于在承认整首诗局促尴尬境况的同时,他愿意将这一洞见描绘为“用**欢乐**与**悲伤**扮演**不同秉性**”的“第一**步**”,诚然,也是“通往**戏剧性**的重要**尝试**”。由此,他如释重负,以至于他接下来的夸张说法完全可以理解——他猜想走出这一步可能是自己“做过的所有事中最令我受益的”。他走出了“一心一意”的牢笼,开始转向他最伟大诗歌的主题——那便是心灵与现实展开论辩的戏剧。

第九章　意志力的行动(1817 年 6 月–12 月)

一

193 济慈为自己设定了不可思议的计划,并附上了近乎荒唐的时间表,这一切都发生在他真正下定决心做一名诗人的六个月之内。如果没有非凡的天真和毅力,这样的计划与时间表是不可设想并最终遵循到底的。他撰写《恩底弥翁》的进程过半时,胸中的天真想法就已经消失了。或者,我们可以换一种方式来表述,那就是他的理想主义和全心奉献的习惯迅速转向了其他目标——这些目标与他已经开启的长篇诗歌鏖战大不相同。购买莎士比亚的书随身携带,将之视为护身符,心情沮丧的时候找出来翻看,思量自己可否斗胆把莎翁视为引领文气的天才,这一切很快就显得几乎无可救药般愚蠢且自欺欺人。比济慈年长许多的歌德,就曾庆幸自己没有出生在英国,被笼罩于莎士比亚这样一位令人生畏的前贤光环之下。四月到五月间,济慈绝望地从一个地方迁徙到另一个地方,认为已完成的部分诗歌微末如"针尖",正如他告诉海登的——他重新打量那些诗行,有时甚至"心生憎恨"。待他写完《恩底弥翁》的四分之三时,他对整首诗的表现"评价颇低";也许他从中获得的最大收益就只是"经验的果实"了。

在这场持续了七个月的意志力的行动中,我们可以看到现代诗歌中近乎孤有的东西。这自然引起了后世作家的兴趣,究其原因,一部分是因为济慈在《恩底弥翁》完成时表现出思想上非凡的成熟与进步,另一部分原因则在于他创作《恩底弥翁》时的心理状态。尽管创造力的发生并不需要充满希望的氛围(绝望也可以产生刺激,使之化为行动),但是如若想要创造力每日源源不断地供给,并持续数月,那么对结果和最终的解决保有信心则是必要的。假如这种信心缺位,我们就会将坚持不懈的大量产出与雇佣文人的行为联系起来——这类文人 194
通常经验丰富,其写作的慰藉来自日后可能得到的好处。但是,在济慈身上,我们面对的是另外一种气质禀赋:他因欠缺经验而心有惴惴,同时又陶醉于最崇高的追求。除此之外,过去的一年中,伴随着每个月的时光流逝,济慈的批判性眼光都不断向前飞腾,超越了他的诗歌创作。在任何其他现代诗人身上——至少是我们有资料能够密切观察其生活轨迹的诗人身上,从未见过批评眼光与诗歌创作之间如此的比例以及悬殊的差异。

二

六月下旬,济慈回到他与弟弟们共同居住的汉普斯特德住所,他终于又能够流畅地写作了,特别是与刚刚过去的痛苦的两个月相比,此时的创作顺畅了许多。六月十日到九月四日之间,只有一封写给海登的书信留存了下来——六月十日也就是他写信给泰勒和海西请求预支三十镑的时候。[1] 我们的推论是这三个月间他并未离开伦敦。到了八月下

① 参见前文第八章,第九节。

旬(可能是21日)，济慈终于可以愉快地写信给海登，告诉他自己已经完成第二卷。现下，他感受到了诗歌坚实的基础，其结构逐渐凸显，他还想起海登三个月前在信中给自己的鼓励，让他追寻“期冀中最亮的那颗星”，这些都令人联想起弥尔顿描写莎士比亚的一句话——“指向星星的金字塔”。不管怎么说，济慈心情愉悦地在信尾签上了名字——“你那像金字塔一般的朋友”。

他曾经拥有的社交活动逐渐减少，很显然他已全心投入创作。约瑟夫·塞文有时“会从烟雾弥漫的伦敦穿过原野，漫步至威尔步道”，因为他想和济慈在汉普斯特德荒野上散散步，并为正在绘制的微型肖像画寻找背景。塞文提及济慈全神贯注于任何目光所及之物，特别是风吹过麦浪时，他脸上流露出的喜悦表情更令塞文印象深刻。两人漫步时，济慈

> 会突然变得沉默寡言，倒不是因为他倦了，也不是因为突然被某个诱人的景象所迷惑，而是因为来自内心深处的极度不安，他无法解释也不愿解释这种不安……
>
> 唯一能将济慈从阵阵阴郁的沉思中解脱出来的……就是他特
> 195 别喜爱的“内海”起伏，尤其是一阵强风穿过成片的大麦地……他
> 会立刻驻足，身体前倾，聚精会神地听着，眼睛明亮，神色安宁，有时脸上掠过一丝微笑，仿佛注视着风在谷物上方翻滚的气浪。这内陆之海，或者说引人深思的海洋之景，似乎总能够令他复返快乐的平静。[1]

克拉克记得七月末或是八月初的一个星期天，济慈曾与塞文顺路来拜访

① 威廉·夏普，《约瑟夫·塞文生平及书信集》(*The Life and Letters of Joseph Severn*, 1892)，页20-21。

他，“我们那天大部分时间都在附近散步”。济慈当时给两人读了“新诗中自己很满意的片段”。[①]

六月二十五日，亨特结束在雪莱夫妇处的长时间拜访，返回故地后搬到了帕丁顿定居。几天后（7月1日）他写信给克拉克，问及济慈：“不知道约济慈怎么样了。我猜麦布女王已经吃掉他了。”亨特针对济慈《诗集》所写的评论文章的第一部分发表于六月一日的《检查者》周刊。考虑到济慈可能会觉得受到了怠慢，亨特迅速写完了剩下的部分，并在七月六日和十三日分两次发表出来。但济慈似乎并没有腾出时间来看望亨特。去年秋天，济慈急切地从齐普赛德街搬往汉普斯特德；但如今，让他从汉普斯特德去帕丁顿却仿佛难上了许多。他希望尽可能独立地完成《恩底弥翁》，现在去看望亨特肯定会令情况变得复杂。亨特会浏览这部作品并提出建议，如果不照做似乎又很尴尬。相较之下，济慈总能挪出时间，与雷诺兹和他的家人见面。也许是在雷诺兹的鼓励之下，济慈的十四行诗《咏海》在《捍卫者》（8月17日）上刊出，他没有选择亨特的《检查者》周刊作为发表渠道。这首诗是济慈在怀特岛上完成的，当时他正为《恩底弥翁》做准备。另选发表渠道一事可能令亨特有些受伤。接下来的一个月中（9月21日），亨特做出了善意的姿态，在《检查者》上刊登了去年十二月他与济慈两人在亨特住所比试诗艺时写的《蝈蝈与蟋蟀》，这无疑是想让济慈忆起两人曾经共同度过的欢乐时光。

这年春天，济慈兄弟曾谈到夏天想去法国待上一个月左右。艾比似乎愿意为此预支一点钱给他们，虽然这些钱本就是属于他们的。 196

① 《作家回忆录》，页141。“他选择的片段之一是《恩底弥翁》第一卷中著名的‘潘神赞美诗’……其他片段包括第二卷中有关‘阿多尼斯的凉亭’的部分描写，以及维纳斯的银车在空中上升下降的描绘。”

兄弟几人的观点是充足的阳光可能对汤姆有好处(尽管那年英格兰的夏季也十分干燥)。不过济慈自己至少在完成《恩底弥翁》第二卷之前不太想离开,乔治和汤姆显然一直在等他准备就绪。第二卷还没结束,七月份就过去了,接着八月也过了一半。八月底乔治与汤姆动身了,这时济慈还是可以跟弟弟们一起走的。但他突然有了一个机会,能与一位书卷气十足的朋友一起在牛津的莫德林堂度过九月——这位新朋友与亨特、海登以及雷诺兹都不太一样。济慈知道,假如自己跟乔治和汤姆一起去巴黎,就很难像之前一样快速地创作。他很可能害怕丢掉已经唤起的写作势头。最终,他决定前往牛津,这个决定从各方面来看都是很幸运的。

三

三月或四月间,济慈动身前往怀特岛之前,见到了约翰·雷诺兹的两个朋友——本杰明·贝利和詹姆斯·莱斯。两人后来也成为他的密友。雷诺兹还把他介绍给了查尔斯·迪尔克及其亲切和善的妻子玛利亚,迪尔克夫妇也住在汉普斯特德。济慈六月份回到汉普斯特德时,遇到了另外一位朋友查尔斯·布朗。莱斯和迪尔克夫妇在一八一七年到一八一八年的冬春之交与济慈来往密切,布朗则从一八一八年春末直至济慈生命的终了都是他交往甚笃的朋友。不过,在一八一七年夏日,济慈还是与贝利更常见面。而且,这位严肃认真的牛津大学学生对济慈的影响不同于莱斯、迪尔克乃至布朗所产生的影响。

本杰明·贝利也许是最后一位对济慈的思想发展产生重要形塑作用的密友。然而,他却是济慈朋友中最不引人注意,从某些方面来说也是最不被看好的一位。部分原因在于人们对他知之较少。

他与济慈交往紧密的时间很短。到一八一八年夏季，贝利已北上前往坎布里亚郡的卡莱尔市，没多久之后他就移居去了锡兰。到十九世纪四十年代左右，济慈朋友中还活着的那些人基本已经把贝利遗忘了；济慈的第一位传记作者米尔恩斯认为，贝利在济慈去世后不久也离开了人世。① 假如我们要尽己所能地拼凑出有关贝利的信息，就必须大量依赖最近才出版的完整信件，或者依靠手稿中的信息，而手稿的笔迹经常会让试图破译它的人烦躁不已。最后一点，就是贝利这个勤奋的人也有伪君子的一面。然而，当我们对他的兴趣主要停留在某种身份上——也就是某一特定时间内对济慈来说很重要的一位朋友，再加上贝利也没有宣称自己有任何值得夸耀的东西，那么，我们就不禁为前人对贝利的吹毛求疵而感到迷惑，也为人们倾向于在他身上使用带贬义色彩的形容词——如"华而不实""虚伪"等，而感到十分诧异。 197

与济慈其他朋友都不一样的是，当人们想起贝利时，总有一些不和谐的音符出现，分散我们的注意力。这种情况持续不断，从人们最初对贝利有所了解（也就是一八一四年贝利二十三岁时）到一八四八年间，均是如此。一八四八年，贝利在遥远的锡兰，向济慈的第一位传记作者坚称二十五年前他并没有死去，随后他又写了一份记录（这份记录直到二战后才全文发表出来），此记录堪称济慈朋友所留下的记述中最有价值的三四份中的一份。虽然贝利钦佩弥尔顿和华兹华斯，但他自己写的诗却毫无疑问属于轻巧精致的那类——事实上，他的诗非常接近于情人节小诗的风格。他年轻时曾渴望创作宣道文，然而其真正让人记住的事

① 迪尔克于1848年8月18日在《雅典娜神殿》上发表了一篇关于米尔恩斯版《济慈传》的书评，他纠正了米尔恩斯的错误，称"本杰明·贝利教士还活着——或者说我知道他不久前还在锡兰活得好好的"。贝利在锡兰读到这篇书评后，找到了米尔恩斯的传记，这本书刚刚进入科伦坡公共图书馆的馆藏，之后他便开始与米尔恩斯书信往来。

迹,除了与济慈的友谊之外,就只有一部马来语词典和一些马来语翻译。他二十岁刚出头的时候很受人喜爱——尤其是雷诺兹家的姑娘和她们的母亲,都对贝利很有好感。贝利有着天主教徒式的端方正直,不过他以自己独特的方式显得对女人十分多情。其举止也许令人不敢恭维:用济慈后来的话说,贝利追求雷诺兹妹妹时,“胳膊下夹着圣经和杰里米·泰勒的宣道文章”。* 但是,假如求爱不成的话,他是随时做好准备替换求爱对象,却不更改求爱策略的。虽然贝利本人远称不上人们通常所说的“可爱”(loveable),但他却能非常敏锐地使用这个形容词,而且能比很多在行为举止上比他更放得开的人做出更为生动的反应。例如,不论贝利本人看起来多么呆板僵化,他却能在一八四八年写信给米尔恩斯时说济慈“是我所见过的最**可爱**的人,这个描述取的是‘可爱’的本
198 义,与‘**和蔼可亲**’(amiable)意思不同”。此外,他还说,济慈“有着**最富诗意的品格**,百倍于我所认识的任何一个人”。[1] 尽管贝利主要关注的是诗歌的道德功用,但也为我们留下了有关济慈纯粹文体艺术原则之一(即将闭元音与开元音相互连接的方法)的最珍贵的论述。贝利对人略显吹毛求疵,但是他却会发自内心地赞美济慈的宽容及其对人充满同情的理解:“济慈总是为可怜、脆弱的人性辩护,他比我所认识的任何人都更加体谅别人犯下的错误,尤其是朋友犯下的过失(恐怕只有一个人比他更宽容,那就是我亲爱的、出色的老朋友,已故锡兰首席大法官威廉·罗孚爵士)。”与济慈认识的其他熟人相比,贝利更相信正规教育的必要性,他认为济慈最大的缺陷就是缺乏正规教育。此外贝利在性格方面也比较固执,但是,却没有人比他更清楚地看到济慈身上自我修正并激发

---

* 杰里米·泰勒(1663–1667),十七世纪英国国教会的一名教士,散文风格优美,曾创作《神圣之生》和《神圣之死》等作品。

① 本章中引用或提及的贝利的言论出自他寄给米尔恩斯的两篇记述,刊印于《济慈社交圈》,第二卷,页 259–297。

成长的能力，贝利说："济慈就像泰晤士的河水，入海的时候，显现出罕见的自我净化的品质。"

四

贝利一八一六年十月进入牛津大学学习，当时他已二十五岁，比一般学生年纪大不少，也比济慈年长四岁多。贝利曾说，一八一六年冬天，

> 我的朋友雷诺兹先生在牛津写信给我，信是关于济慈的，雷诺兹和他的家人刚刚认识济慈不久。信中他告诉我一些关于济慈的印象，几乎所有有幸认识这位诗人的人以及我自己后来都对他产生了同样的印象。

三月初，济慈《诗集》出版的时候，贝利也得到了一本。此后不久，贝利来到伦敦，约翰·雷诺兹和他的姐妹们把他介绍给了济慈。"我非常喜欢他自然淳朴的性格，他对自己喜欢的人，态度特别迷人，也着实亲切温和，我立刻就被他吸引住了。"

贝利也有写诗的想法，不过只是当作业余爱好。他可以用很快的速 199
度写下轻松诗——正如我们之前提到的，他特别喜欢但丁、弥尔顿和华兹华斯，但他的诗与自己所欣赏的道德和沉思型的诗歌有天壤之别。贝利在其他方面十分自信，但是一到要做严肃、上台面的事情时，他的灵活自如就消失不见了。他曾在《捍卫者》(1816 年 6 月 30 日)上发表一首拘谨局促的十四行诗《致弥尔顿》("To Milton")，他无疑认为等自己完成了牛津大学繁重的课业阅读之后，就能有闲情逸致把写诗这类事情做

得更好。他写过几十首琐碎、感伤的抒情诗,至今未能出版。贝利、雷诺兹和莱斯曾在三年间与已故的威廉·利爵士的女儿们调情,这三个姑娘名叫玛丽、莎拉和托马森,住在锡德茅斯附近的斯莱德庄园。不过,贝利新近又开始追求雷诺兹的妹妹玛丽安了。那三年中,三位年轻人写了不少诗,抄录在利爵士女儿们的摘录簿里。① 莱斯写了九首,贝利和雷诺兹两人加一起写了一百多首。贝利和雷诺兹为自己文字的娴熟流畅而洋洋得意,他们在一八一六年晚些时候决定一起完成一份新的手稿《二友人之诗》("Poems by Two Friends"),并在十二月将手稿交给了托马森·利。两人中,贝利更加勤奋,他写了三十二首诗,雷诺兹完成了二十五首。贝利在抄写方面也表现出同样的勤奋,他仿佛文员一般热衷于在不同的场合抄写自己的诗,他还抄写其他作家的诗选,并为之仔细编订索引。时间很快就开始溜走。一八二四年,贝利在北方做牧师时身体抱恙,期间他尝试写了一个韵文故事,希望约翰·泰勒能将之出版。但是,泰勒觉得这个故事不怎么样。贝利痛苦地承认这"不是诗歌,因为我完全同意你的观点,诗的精髓实在是异乎寻常地难得",不过,他仍希望人们觉得这个作品作为一则韵文故事至少说得过去。多年后,一八四九年,也就是贝利五十八岁时,他身体欠佳,但写轻松诗的老习惯复又重现,表现在一首短小的四行诗中,这着实显得有些可怜,他在给米尔恩斯的信中附上了这首短诗《传说中的本杰明·贝利之死》("Verses on

---

① 贝利诗歌的典型标题如下:《致诗艺:写于夜晚》("To Poesy: Written at Night")、《同情:一首十四行诗》("Sympathy: A Sonnet")、《童年》("Childhood")、《感受》("Sensibility")和《与姐妹道别》("On Parting with My Sister")等。所写的主题越是接近于不存在,贝利的写作自如度就越高,据托马森·利的日记(1815 年 3 月 14 日)透露,他们一行人沿着斯莱德庄园附近的海边悬崖散步,边走边"给那里的岩石取名字"。每块石头以一个人的名字命名,接着贝利就编出了一连串的诗,每人一首。抄有贝利、雷诺兹和莱斯诗歌的二十本摘录簿真迹现藏于汉普斯特德济慈博物馆内"利、布朗和洛基尔藏品"(Leigh-Browne-Lockyer Collection)。

Benjamin Bailey's Alleged Death")。[①] 此诗所表现的幽默及其韵律十分 200
不自然,整首诗支离破碎,全不连贯,想到他三十五年前娴熟流畅的文字,此时的水平实在令人唏嘘。

五

一八一七年的夏天,贝利趁着假期再次来到伦敦。如今他"经常见到济慈",见面的地点主要是在雷诺兹家里。他不由得注意到济慈取得的成绩,济慈占据的有利条件贝利也同样享有,但前者已经出版了一本诗集,并且几乎完成了半部长诗。不论人们对贝利的真诚和有条不紊持何种不同观点,至少他并没有对济慈感到嫉妒——当然,部分是因为他的自信。他十分喜爱济慈的同理心和幽默感——而这两种品质贝利几乎都不具备。同理心和幽默感让他们在一起的时光显得生机勃勃,也让贝利本人从不通融的固执习气中解脱出来。济慈平和可亲的性情也带给人宽慰。不过,"他的弟弟乔治说,面对几个弟弟,济慈的脾气有些无常[②];[济慈]本人也证实了这一判断"(贝利此处指的是乔治准备移民美国时,济慈写给他的一段话流露出悔意——"我时常对他们发怒,我让他们感到烦恼"):

---

① 靠不住的米尔恩斯——靠不住的米尔恩斯!到底是什么让你犯糊涂
明明写的是济慈生平——却把贝利往死里逐——
诗人睡了——哦!让他睡吧——睡在静静的坟墓里
可贝利牧师还活着,还踢着腿——科伦坡的副主教。

② 参见乔治给迪尔克的信(1825年4月20日)中的叙述:"自打小时候在学校读书时起,我们之间就是友爱、拌嘴、打架交替着来,直到1818年我们彼此分别,天各一方。从很大程度上说,我用不断的同情、解释、源源不绝的精力和好脾气,将他从一次次忧郁情绪的发作中解脱了出来。他避免向我和汤姆以外的任何人倾诉痛苦,他总是请求我们的原谅;发泄和讨论这些痛苦,帮他得到了解脱。"(《济慈社交圈》,第一卷,页284-285)

他对弟弟们可能有些脾气,但若论对待朋友,我从未见过比约翰·济慈更温和的人。温和高雅确实是他真正的特质,在他身上从不见一丝沉闷、乏味或是萧索。恰恰相反,“他高洁温和,但毫无畏惧”,体现出的是骑士精神和道德意义上的“高洁温和”之意。他喜爱平凡生活中的一切,除了因他人的冤屈而感到愤慨之外,我从未见他脸色阴沉过。

他说起话来非常迷人。他的声音很好听,在**男人**身上“实属上
201 品”,就算“在女人身上”也不逊色。对任何一位作者,尤其是年长诗人的优美作品,他最喜欢用“这真**好**”来表达宁静的快乐和喜悦,他说这话的时候低沉的嗓音非常柔和。

济慈坚定的品质也给贝利留下了深刻印象:“他的灵魂高尚而正直;他源于实际生活经验而得来的判断力也是其性格的突出部分。他的性格真是很有男子汉气概。”

为了专心学习,贝利打算早点回到牛津,他邀请济慈跟他一起“去牛津,趁大部分人员和学生都不在,同我一起在那美丽的地方享受静谧和孤独,尽量多待一些时间”。济慈欣然接受了,他在牛津的五个星期不仅感到非常愉快,而且出乎意料地有成效。至少在与贝利成为朋友后一年左右,济慈对贝利的钦佩程度不亚于其他人。他还从未见过这样生硬笨拙又无比勤奋的人——他的所有朋友中,贝利是唯一一个正在上或曾上过名校的人,也是唯一一个公开表示要致力于学术和神职事业的人。济慈想到贝利拼命读书时所表现出的严谨与精密,曾在给他的信中写道:

我可不想在你狼吞虎咽阅读的时候滔滔不绝地写上很多——你毫无怜悯之心——你的牙齿就像塔尔皮亚岩石*,读起

---

* 塔尔皮亚岩石(Rock tarpeian)指的是古罗马卡比托利欧山(Capitoline Hill)的悬崖,曾被用作处决地,将犯有杀人、叛国、作伪证等罪的人扔下悬崖处死。

史诗来疯了似的翻个底朝天——我可不会为了四十先令*在你面前像柯尔律治的“平信徒”[《平信徒布道集》(*Lay Sermons*)]那样妨碍你。

在济慈心中,除了将学者贝利视为一个理想化的存在之外,还加上了另一层理想化的思考,即视贝利为一个拥有冷静道德视野的人。他们针对道德原则展开的严肃哲学讨论为济慈打开了一扇新的大门;“哲学家”一词因两人的讨论而成为济慈习惯语汇中有意义的部分——尽管他有时还是以含混的方式使用这个词。到达牛津后不久,济慈写信给雷诺兹家的姑娘们(9月14日),表达了对他们兄妹的感激之情:

我永远感谢你们,介绍了贝利这样一位真诚的人给我。他让我对自己性格中自私和(愿上帝保佑)无我的部分产生了浓厚的兴趣。如果古老的诗人在俯视人们欣赏其作品时能感受到乐趣,他们的眼睛一定会盯在贝利身上,并获得双倍的满足——当他看着我的作品时,我如同坐在盛宴之间,祈祷自己死后,如果诗作还值得保存,惟愿它们能有如贝利这般“忠实的记录者”。他对自己的追求和一切美好事物的热忱都是非常高尚的。

“无我”(disinterestedness)这个词也成为济慈语汇的一个重要部分,他可能是从贝利口中学来的,或者是从海兹利特的《论人类行为准则》 202
(*Principles of Human Action*,1805)以及贝利可能推荐的其他读物中学到

* “四十先令”典出《第十二夜》,第二幕第三场,第19行;《温莎的风流娘儿们》,第一幕第一场,第205行。

的。接下来一年中,这个词及其所代表的一切对济慈来说成为北极星似的向导。眼下,他很自然地将这个词与贝利本人联系在一起。后来,济慈为一些朋友,特别是亨特和海登两人的争吵和自我陶醉的情绪而感到烦扰,他回到汉普斯特德三个月后,给两个弟弟写信(1月13日)道:

> 在这充满怀疑和幻想的世界里,我感到非常迷惘——世上没什么是稳定的……我无意把贝利包括在其中……他是如今在世的人中最高尚的了……贝利那样的人所拥有的正直和无私,牢牢地攀扣在一切精神荣誉的顶峰上,配得上这世界的任何东西。

六

没有什么事比下面这件更能显示出节操高尚且有思想的贝利对其朋友们(包括济慈在内)的冲击了:这件事发生在一年半之后。贝利曾热烈地追求玛丽安·雷诺兹,却未获佳人青睐,他很快放弃了玛丽安,转而与另外一个女人订婚。朋友们都感到十分震惊。他们的反应如此之大,以至于只要一提起贝利,这件事就会被拿出来说,其言语间总是带着不公平的暗示,说他显然证明了自己是个伪君子。朋友们的反应实在超出了贝利行为所带有的意义。

玛丽安拒绝贝利求婚的时候,他显然曾请求她再考虑一下。① 贝利于一八一八年四月离开牛津前往北方,到八月时,他已获得卡莱尔市

---

① 至少查尔斯·迪尔克是这样说的(H. B. 福尔曼刊印的一封短笺,第三卷,页383):"贝利向玛丽安·雷诺兹求婚,但遭到了拒绝。他请玛丽安再好好考虑一下。与此同时,他就动身去了苏格兰,之后就爱上了格雷戈的妹妹,并结了婚。这让雷诺兹一家大为吃惊,他们认为贝利举止失当,由此引发了许多争论。"

一个助理牧师的职位。前一年他曾遭到托马森·利的拒绝,自尊心已有些受伤,因此,离开玛丽安几个月的时间过去,他定然会心生不耐。后来,他遇到了乔治·格雷戈主教的女儿汉密尔顿·格雷戈,就向她求婚了,也得到了女孩的应允。济慈一八一九年二月十九日给身在美国的乔治写信,想要告诉他们"一个长长的关于贝利的故事"作为谈资:

> 你们知道的,贝利之前在某个地方因为被人抛弃[可能是托马 203
> 森·利],有段时间特别伤心;我和他待在牛津时,我以为他都伤心欲绝了。真没想到,我后来听说,他就在那时还迫不及待地跟玛丽安·雷诺兹示爱——再后来,我又听说,玛丽安之后他又试着向马丁小姐表露心声,想想我该有多惊讶吧!……事情就是这样——贝利得到牧师职位后,去了卡莱尔市附近的一个教区,格雷戈家就住在那儿——接着,他那颗敏感的心就被格雷戈小姐征服了……他把自己跟玛丽安的通信拿给格雷戈看——然后把所有的信都寄还给了玛丽安,并要求玛丽安把他之前写的信也还给自己——他还给雷诺兹夫人写了几封很唐突的信。

雷诺兹一家的反应是可以理解的,部分原因在于贝利"把他与玛丽安的通信拿给格雷戈小姐的哥哥看"——尽管贝利可能天真地以为这是正直坦率的做法,而格雷戈恐怕也是这么期待的。还有一部分原因则在于贝利"给雷诺兹夫人写了几封很唐突的信",意思是夫人与家里几位姑娘曾对自己表达了过分的好感,让他受到了误导,以至于他心中实有不满。不过,济慈发现自己之所以改变看法,是被性情温和的莱斯所采取的道德立场动摇了:"莱斯是不会做不成熟的决定的,他对自己与贝利之间的友谊很热忱,他仔细地研究了整件事中双方的观点,然后彻底抛弃了贝利。"雷诺兹是莱斯未来的法律合作伙伴,与贝利相较,他自然与雷诺兹要亲近得多。贝利现在远离伦敦，也许永远都回不来了，莱斯完全可以对雷诺兹一家表示出强烈的同情，并扬言自己已经“抛弃”了贝利。济慈本人试着了解了一下情况，摸索了一阵过后，突然确切地做出了解释。贝利长久以来一直被视作道德正义的化身，以至于他如此简慢的行为不仅令旁人惊愕不已，而且让他们感到十分气愤，因为他动摇了他们在透视人性方面的信心。除此以外，贝利曾带给雷诺兹家的女人们许多欢乐——且不论玛丽安对贝利的求婚抱着何种态度——因为贝利在每个场合都表达过对女人的浪漫情怀，而这是最受人赞许的。他的举止有着十分庄重(甚至略显笨拙)的骑士风度。济慈谈到了人们对贝利的过度理想化，这种理想化基于某些方面的“字面”理解，借此，济慈是在向自己解释为何他和雷诺兹一家会产生这样的反应；贝利结婚的小插曲之所以让他不安，只是因为它在整个局面中显得太不协调：

> 他的行为十分糟糕，这点毫无疑问。一个重要的问题是——他
> 204 做此事倒底是考虑欠周、缺少原则，还是常识与礼数有亏——又或是软弱——是的，就是这样——或者是太想讨一个老婆——是的，正是这样——玛丽安对他说得清清白白……她在整件事的中的行为一直堂堂正正、无可挑剔——她对贝利的喜爱就像是对兄长——而不是太太——尤其是他追求玛丽安的时候胳膊下还夹着圣经和杰里米·泰勒的宣道文章……玛丽安的固执也许能算个辩解的理由——但他这么快就喜欢上格雷戈小姐，真是找不到任何借口——只能说他像个想讨老婆的农夫……这对雷诺兹家的母女是一次很好的教训——没有什么比贝利更能给人教训了——以前一提起茶壶这个词，总有人提到贝利——说这家伙高雅！——这家伙很棒！对他赞不绝口——这事可能会告诉他们：嘲笑浪漫故事的人可能是最风流的——毁谤和小看女人的人——可能是最爱她们的——

> 嘴巴上总说要把人活活烤死的,事到临头还真不会这么做——最重要的是,凡事只看表面的人是很浅薄的。

他关于此事的讨论突然以信中最具启发性的一段话结束:

> 有价值的人生就是持续的寓言——很少有人能看到其中神秘之处——那是像经书一般的生活,具有象征意义——人们无法理解,就像他们无法理解希伯来语圣经一样。拜伦勋爵在这方面崭露头角——但他还没有产生象征性的意义——莎士比亚就过着寓言一般的人生;他的作品就是对其人生的注解。

贝利婚后(1819 年 4 月 20 日)曾到各地担任乡村牧师。他的妻子身体抱恙,他觉得阳光充足的气候也许会有好处,于是就前往马赛的一间小小的英国教堂任职——来这家教堂做礼拜的很少超过十二人。一年过后,贝利发现气候并没能改善妻子的健康状况,就举家搬回英国,在肯特郡的敏斯特当上了教区牧师。又过了两年,贝利和妻子决定移居去锡兰,在那里他被授予殖民地高级牧师的职位。然而,他们到达科伦坡后不久,贝利夫人就病逝了。尽管贝利本人身体也不大好,但他还是坚持写作和出版,这方面的成果包括他做的翻译和马来语词典。在闲暇时光中,他还制作了一本剪贴簿,它现存于哈佛大学,里面贴有信件和诗歌。贝利一八四六年当上副主教。一八四八年,他重新回到济慈的故事中来,正是在这一年他读到了米尔恩斯写的《济慈传》,里面写着济慈过世后不久贝利也去世了——而贝利正是由此讹误开始了与米尔恩斯的通信。最终,他于一八五二年秋天回到伦敦,希望能够再续前谊,并写点 205
东西,但八个月之后,也就是一八五三年六月二十五日贝利去世了。

七

九月三日清晨，贝利和济慈动身前往牛津。他们的马车取了个挺有趣的名字——“挑衅号”，奔波了七个小时之后，两人于下午三点钟左右到达米特雷旅馆。

济慈来到了一个新奇而美丽的环境，他有信心会取得快速进展，再加上贝利的陪伴也带有鼓励的效果，他的情绪很快就高昂起来。打从一开始，牛津之行的一切都与之前四月份的怀特岛孤独之旅形成了鲜明对比，也与第二次前往“光秃秃、没有树的马盖特”那场绝望的旅行不同。事实证明，马盖特之行毫无成效，反而造成他对树木的极度渴求，如今在牛津他得到了满足——“谢天谢地，这里有很多树”。到达牛津后的第二天，他就给简·雷诺兹和玛丽安·雷诺兹写了封信，这封信透露出他是多么地欣喜若狂，因为里面没有其他内容，只有快速的奇思妙想和连续不断的俏皮话，当他通信的对象喜欢看且他自己的情绪也很欢快的时候，他就会源源不断地倾诉。这封信的前半部分十分典型：

终于到了[萨塞克斯郡的利特尔汉普顿]，满眼可见沙子、树木、石头、鹅卵石、海滩、悬崖峭壁、岩石、深渊、浅滩、野草、(远处的)大小船只，有胡萝卜、小圆萝卜，还有太阳、月亮、星星，各种各样的东西——在这里，我身处学院、大楼、书亭之间，谢天谢地，有很多很多的树——还有许多水泽，谢天谢地——有好多书，感谢缪斯女神——有很多鼻烟——感谢沃尔特·雷利爵士——好多雪茄烟，还是感谢雷利爵士——这儿有大片平坦的土地——感谢特勒斯的擀面杖。我躺在沙发上——鼻烟盒上印着波拿巴——你在[海]边——所以你洗

> 澡——你走着——你说真是太美了——发现了海浪和骆驼之间的相似之处——石头和舞蹈者——火铲和望远镜——海豚和玛多纳斯——顺便说一句，我必须要告诉你，这个词来自古叙利亚语，以一种我得说你们都不能理解的方式流传下来，但是，可能有一天，你们和我偶尔交谈的时候，会遇上“某种预言似的口吻”，那时我将打开我的骄傲之门，让我的骄傲如马戏团的鬼魂悄悄蔓延出来——亲爱的女士们，我说的是“玛敦-纳”这个词——或者是——“玛德-欧-纳”——是的，就是这么说！我没有疯——当年迈的驯兽师丘松把一只名叫彼得的骆驼卖给巴别塔的监工时，他一边调整下巴尖附近的领巾，一边说道——亲爱的空中十层——尽管我说了不该说的，但这 206
> 畜生能四十天、四十晚不用生火也不点蜡烛，它还会唱歌——我口袋里有国王剧院尼科里尼先生给的证书，大致意思就是这样……

他那欢腾雀跃的感觉持续了许久。十天后，他写给雷诺兹家姑娘们的信仍是这样的风格，而且信更长了，结尾处还用散文写了一小段演讲——这是他假想恩底弥翁在“朋友济慈”停止“用不屈不挠的毅力让[他]翻山越洋”之后*，对姑娘们说的一段话。差不多同时，济慈在给约翰·雷诺兹的信中仿写了华兹华斯的一首诗（“公鸡在啼，／小溪在流”）——济慈说“这些诗句是学校习作的风格”。①

---

* 济慈信中提及他正奋力创作《恩底弥翁》，9月21日给约翰·雷诺兹的信中他说已完成第三卷的八百行。第三卷中，恩底弥翁在海底游荡。济慈在这封信中假装恩底弥翁的语气，说他（济慈）虽然驱策我翻山越洋，但我知道他非常喜爱我。借此，济慈幽默地表达出对雷诺兹家姑娘的善意。

①　　哥特房屋庄重稳固，——
　　素净简单多利斯柱
撑起老主教和权杖；
　　腐朽颓废的拱门，

（转下页）

济慈很快就进入规律写作的状态。贝利在莫德林堂的住所十分安静，令他倍感轻松。长长的假期中，只有少数学生留了下来，或是为了学习提前返回；这让济慈觉得自己不像个局外人，假如周围有很多牛津的学生，那感觉会大不相同。更重要的是，勤奋是有感染力的——贝利本人能够连续几小时读书、学习毫不间断。住所的墙上挂着贝利心中的英雄杰里米·泰勒的肖像，济慈在给简·雷诺兹的信中写道："这肖像看起来就像要用手中的书敲打我，仪态十分威严。"[①]

九月五日，济慈写出了《恩底弥翁》第三卷的头五十一行，并欢欣雀跃地在手稿上标注了创作日期和地点。贝利说：

> 他写作，我读书，有时我们俩在同一张桌子上，有时分开在不同的桌子上，从早餐之后一直到出去锻炼（通常是下午两三点）的这段时间我们都在用功。他坐下来完成自己的任务——每天写五十行左右，他面前展着纸张，字迹十分齐整，而且看起来写得也很轻

（接上页）　　　被落叶松遮掩，
邻旁住着威尔逊袜商。

　　轮流着——交替来，
　　苍白面容惹伤怀
黑色流苏方顶帽：
　　唱诗男孩高声吟，
　　尖塔钟声响云音，
要说那位副主教——早已站得高。

　　教区牧师有大片林。
　　大把的闲适度光阴，
肥美的鹿儿一大群；
　　待到鹿肉端上桌，
　　无人再把祝福说，——
个个抓着鹿腿啃。

① 《济慈书信集》，第一卷，页156-157。

> 松，就像写信一样……有时，他没能完成规定的任务——不过这种时候很少，他会改天找时间补上。他从不勉强自己。当他写完一天 207
> 的内容时，经常会把写好的部分读给我听；随后，他就读书或写信，直到我们外出散步之时。这就是我们每天的习惯。未经雕琢的手稿每天都要写完，上面很少有涂抹的痕迹。

贝利在三十一年之后竟仍能将济慈创作的速度回忆得不差分毫，说明济慈当时十分看重每日写作的速度，视之为目标。济慈毫不懈怠地保持着这样的效率，以至于三个星期之后，他已完成之前四个月所写总量的一半。最初的四天后，他曾出现过短暂的疲惫感。他告诉妹妹范妮（9 月 10 日）："我最近拼命写作，直到无力感袭来，现在我觉得头昏脑涨。"然而，他给自己设定了一个精确的期限——十月一日，并说"在完成恩底弥翁的故事第三卷之前"都会留在牛津，他表示"希望从今天起，最多三个星期之内完成"。九月二十一日，他高兴地写信给约翰·雷诺兹，说："我第三卷写得很顺利——已经写了八百行，希望下个星期就能完成。"他的确做到了；九月二十六日，他完成了第三卷，并得意洋洋地在手稿结尾处标注了日期。

八

每到下午晚些时候或是傍晚——至少在牛津的第一个星期如此，济慈和贝利就会在城市和附近的乡村散步。如果贝利身体不适，济慈就独自出行。他给范妮写信说：

> 牛津无疑是全世界最好的城市——这里到处都是古老的哥

特式建筑——尖顶——塔楼——方院——回廊，还有林荫路，周围有许多清澈的溪流，比我至今为止见过的总数还要多。我每天晚上都在小溪边散步，感谢上帝，这些天来天气一直很好，没有下雨。

济慈特意选择范妮做这封信（9 月 10 日）的收信人，她如今已十四岁，此信是济慈仔细考虑后选定的两人之间通信的开端。就算他之前曾给范妮写过信，也不过是匆匆数语的短信。回到汉普斯特德之后，他发现要见到妹妹十分困难，因为她住在沃尔瑟姆斯托艾比的住所。艾比不欢迎济慈的来访。贝利回忆说，济慈"经常和我提起他的妹妹，言语间充满体贴与温情，不知何故他好像很难见到她"。动身前往牛津之前，济慈给范妮买了份礼物——简·泰勒的《韵文集：道德与礼仪》（1816），上面题有"约翰·济慈送给亲爱的妹妹"字样。

208 此时范妮的假期已经结束，她回到了塔基姐妹寄宿学校，学校位于沃尔瑟姆斯托的马什街（Marsh Street）12 号，范妮住在街对面卡利小姐（Miss Caley）的房子里（21 号）。寄宿学校住不下的学生就借住于卡利小姐的房子。济慈有些健忘地将收信人地址写成了"沃尔瑟姆斯托卡利小姐学校济慈小姐收"（后来他再次往学校寄信时——也就是第二年八月份，又误记成了"塔克小姐"）。这封信开头的语气略显僵硬，甚至有点居高临下：

我们现在来做点正式的问与答吧——一些正反两方的应答游戏；让这作为一种令人愉快的方式，帮我了解你最想要和最喜欢的东西，我可以用适合兄长的方式来满足你。

自你懂事以来，我们很少有机会在一起，我不知道你更喜欢《丕平国王的故事》（*History of King Pepin*）还是班扬的《天路历

> 程》——也不知道你更喜欢灰姑娘和她的水晶鞋，还是《老摩尔年鉴》（*Moor's Almanack*）。不过，我希望几封信的往来之后，我能够知道这些问题的答案，也让我的信带给你快乐——如果每个星期你只是写六页信给我的话，你一定要告诉我你读的所有东西——每隔一段时间给我寄过来，这样你就会相当频繁地从我这儿得到满满几页纸的来信。我觉得这很有必要：因为我们应该变得更加亲密无间，如此一来，伴随着你长大，我不仅能够把你当成唯一的妹妹来疼爱，还能够将你视为最亲密的朋友来倾诉衷肠。上次见面的时候，我告诉你我打算去牛津，而此刻，距我乘坐威普希普的"挑衅号"马车来这里已经一个星期了。我住在莫德林堂，此次是来拜访一个年轻人，我刚跟他结识不久，但我很喜欢他——我们过着非常勤勉的生活，他大部分时间刻苦读书，我则专心写诗，进展不错，我希望明年初你就能看到这首诗——也许你想知道我写的内容是什么——我来告诉你吧——

接下来，他就用几句话总结了恩底弥翁的寓言故事——但并不是他自己的版本。范妮有可能已经读过恩底弥翁的故事以及"其他从美丽的古希腊时期流传下来的好故事"，"如果你还没有读过这些故事，一定要让我知道，我会给你讲更多同样有趣的故事"。随后，信中那种对十四岁女孩善意的居高临下的口气突然消失了，自此，不论他如何温和而清晰地为范妮解释各种事情，这样的口气再没有出现在他们的通信中。济慈开始专注而认真地描绘起牛津，并告诉她，乔治与汤姆正在法国游览：

209 我收到乔治寄来的一封长长的、有趣的信，同时还收到汤姆从巴黎寄来的一封短信，日期是昨天①——他们都让我向你转达爱意——和大多数英国人一样，他们对英国的一切表现出强烈的偏好——法国的草地、树木、人、城镇、教堂、书本和其他一切东西，固然很好——但与我们翠绿小岛上的事物比起来，立刻就像十月的燕子般消失了。他们去看了教堂、手稿、喷泉、名画、悲剧、喜剧——还有很多在这个国家偶尔才得一见的人和东西，比如洗衣女工、灯夫、稽税吏、有柄煮鱼锅、舞蹈大师、定音鼓、哨所、木马，等等，现在他们又搞到了一双拳击手套——我已经给乔治去信，就像你希望我给你写信一样，我告诉他也要给你写信。

信结尾处，他写道：

范妮，你可得快点儿给我写信——把你想的东西都写下来，不管是什么——让我多读点你写的东西——你不必一股脑儿都写出来——可以两三天，或者三四天写一点，把它当成你小小生活的日记。你要把我写给你的信保存好②，我也会留好你的——这样，随着时间流逝，我们就能每人攒起一大叠了——以后，也许沧海桑田，上帝才知道会发生什么，但那时我们可以在一起重读这些信，带着快乐的心情回忆往昔。

① 汤姆此时可能南下去了里昂。关于这次旅行，我们所知甚少，除了乔治曾跟迪尔克说的一句话（1826 年 10 月 18 日，《济慈社交圈》，第一卷，页 301）稍微谈到了他们当时的经济情况：艾比"在汤姆去里昂的时候预支了一些钱，后来又因为我和约翰给他提供的一些帮助，拿了点钱给我们"。洛厄尔小姐（《约翰·济慈》，第一卷，页 172）认为汤姆去里昂的旅行发生在 1815 年至 1816 年的冬天，但是对于一个仅十六岁的年轻人来说，独自出行是相当难应付的。

② 范妮确实将这些信保存了下来。到了晚年，她曾说，这些信在她一生中只离开过她一次。

九

来到牛津一个星期后，济慈和贝利开始利用下午接近傍晚的时间划船：

> [济慈在九月二十一日写给雷诺兹的信里说]过去的五六天里，我们会定期去伊希斯河(the Isis)上划船，还探寻了周围所有的溪流，其数量比你眼睫毛的数目还要多。我们有时会飞快地掠过长满灯芯草的河床，仿佛自己真的变成了河民——这里有一处特别惬意的安乐窝，我们叫它“雷诺兹湾”——在这儿，我们阅读华兹华斯，恣意畅谈。

济慈说自己还在贝利的藏书中翻阅，尤其被凯瑟琳·菲利普斯的诗所打 210
动，并感到非常惊喜——她是“杰里米·泰勒的朋友，人称‘无与伦比的奥琳达’——你一定听说过她”；济慈特意抄写了一首名为《送别 M. A. 夫人》的诗里的诗节；她有着“弗莱彻式的最细腻的想象力”。

在讲到“无与伦比的奥琳达”之前，济慈使用了激烈的言辞来形容在智性和文学追求上自命不凡的女性，这令人困惑。他认为“无与伦比的奥琳达”与这些女人相比着实让人耳目一新。[1] 他所见过的最接近

① “整个世界，特别是我们英格兰，在过去的三十年间一直被一群妖魔鬼怪困扰和戏弄，这些人我实在厌恶至极，恨不得到阴间地狱做施刑人，专门料理她们；这些妖魔鬼怪是一群女人，拾人牙慧，拼凑着吃了文学的残羹冷炙，然后就自诩为语言上的巴别塔、诗歌中的萨福、几何学里的欧几里得——什么都涉猎一点，实则一窍不通。这些人当中，尤其突出的是蒙塔古[伊丽莎白·蒙塔古]。如此情形让我非常不舒服——我一直期待着诗歌中有真正的谦谦淑女之风，因此，当我前几天翻看到凯瑟琳·菲利普斯的诗时，真是欢欣鼓舞。”(《济慈书信集》，第一卷，页163)

女才子的人,就是雷诺兹夫人本人,尽管亨特夫人,尤其是她的妹妹,表现出超越"制作"月桂花冠的抱负。人们通常认为,他在此处影射的是可怜的玛丽·泰伊,济慈曾经相当欣赏她的诗歌《普赛克》。但是,这个假设无法解释他在信中流露出的强烈的个人情绪。一个可能的线索存在于情感爆发之前的一句话:

> 我好像看到你与亨特在剧院正厅后排见面了。如果他能改掉那种仿佛能左右一切的居高临下感,他该是多么令人愉快的伙伴啊——假如亨特太太能放他一个人出来的话,我们可以同他一起度过多么美好的夜晚啊!

两个半星期之后,济慈回到了汉普斯特德(10 月 8 日),他向贝利描述了亨特、海登和霍勒斯·史密斯之间的那次争吵;在这段叙述的末尾,他才提起一些曾明显造成积怨的事:

> 海登跟我说,济慈,无论如何不要把你的诗给亨特看,否则他就会替你写掉一半——不过,看来亨特也希望人家这样想。他在剧院碰到雷诺兹的时候,雷诺兹告诉他我快写完四千行了。亨特就说,哈!要不是我帮他[删掉一些]的话,济慈会写出七千行。要是他对雷诺兹都这样说,他会对别人怎么说?前不久,海登收到一封关
> 211 于这个问题的来信,是一位女士写来的——想通过他向我提出关于此事的警告——动脑筋想这种微不足道的事,是不是太无聊了?

剧院相遇一事显然指的是济慈在牛津期间,雷诺兹来信中跟他描绘的与亨特的一次见面。济慈在回信中也提到了这件事:"我好像看到你与亨特在剧院正厅后排见面了。"当他在牛津听说此事时,一直把秘密埋在

心里，直到回到汉普斯特德后才对贝利说起这件事，可见此事对他伤害之大。亨特十有八九是在妻子的陪伴下前往剧院的，旁边还有他那位永远无所不在的小姨子，海登在给济慈的信中将亨特的小姨子描绘为“那个可怕的人——肯特小姐，看起来像个愤怒的老处女，稀里糊涂”。人们禁不住会认为，亨特对《恩底弥翁》发表了一通言论之后，亨特夫人或者更有可能是她的妹妹又补上了一些尖锐的观点；如果雷诺兹的信把这些话重复了一遍，并说它们出自亨特家的女人之口，济慈定会得出结论，认为说这话的是亨特夫人。济慈想避免在信中表露出任何对亨特的不满，但没能忍住，不过他只是短暂地陷入了一种温和的讽刺情绪中：他写道，亨特“与北边的那位诗人［华兹华斯］一样，‘不是那种喜欢在炉边谈论私事的人’——然而，我必须承认，我还是偶尔喜欢聊点私事，眼下我想发表几句友善的评论”。接着，他就写下了一段关于“妖魔鬼怪”的评论，并表示对这些人，他真是想好好拷打一番。

与此同时，海登出于一时的慷慨，给济慈写过一封信(9 月 17 日)，请他帮忙打听一位年轻艺术家的下落，这位艺术家就是查尔斯·克利普斯。海登早些时候在牛津留意到他正临摹一幅圣坛背壁装饰画，海登认为“那幅临摹画透露出艺术家的天分”。他表示，如果济慈能找到克利普斯，

> 确定他在艺术上**抱有**什么样的愿望——假如他**胸有宏图**，且看起来**拥有能力**——假如他想**成为伟大的人**——所有这些你们马上就能鉴别出来——在这种情况下，如果有朋友愿意帮他来伦敦，资助他一年的话，我愿意在艺术上训练他，不需要任何其他的报酬，只要看到他的进步，我就十分喜悦了……请在这件事上尽心尽力帮我一把，也许贝利先生也会感兴趣，那就烦请他一并帮忙。[①]

---

① 《济慈书信集》，第一卷，页 161。

济慈和贝利被海登的热情所感染,确实"尽心尽力"办了这件事。济慈
212 找到了克利普斯,并给他读了海登的信,他认为克利普斯可能真的有天分,不管怎样也会感动于突然出现在自己面前的机会——正如济慈对海登所说的,这恐怕是"多年来发生在他身上最美好的事"。然而,克利普斯没有钱。但济慈说,贝利正在想办法,争取为他筹措到足够的钱,济慈也会帮忙。我们并不清楚到底发生了什么事情,导致海登的兴趣消退。在后来一年多的时间里,济慈和贝利并未能帮克利普斯筹措到足够多的钱,这可能让海登不满意;也可能海登最终还是决定要收一笔学徒费。但是,在整个秋天和冬天,克利普斯的事情反复出现在济慈的通信中。显然,贝利十月份主动给海登去信,说明具体情况,却没有收到任何回复。济慈在给贝利的一封信(11 月 3 日)中写道:"我希望你能很快收到海登的回信——要是自尊心不从中作祟的话!又是这个自尊!自尊!我再没收到任何捐赠了——我很快就会痊愈[之前济慈有两个星期左右身体抱恙],到时我就有自由和闲暇好好关注[克利普斯的事情]。"十一月中旬,海登给贝利写了一封粗鲁的回信。济慈对贝利说:"你这样性情的人,看到海登的回信,肯定感到十分刺痛……我认识海登三天后,就对他的性格有了足够了解,他伤害你的这种写信方式,我早已不会感到惊讶了。"到了一月份,事情似乎渐趋和缓,至少暂时还算顺利:海登更能听人劝告了;钱也在慢慢筹措。①

十

济慈在牛津的几个星期所读的书——至少他接触了这些书——已

① 《济慈书信集》,第一卷,页 183-184,页 194,页 201-203,页 206、210、226。

经显示出他开始逐渐成熟，达到另一个水平或高度。他创作的势头十分强劲，这也成为某种总体上的刺激。《恩底弥翁》的创作胜利在望，他终于有了偶尔思考下一步的自由——他希望接下来的选择能够切实将他带至不同的高度——他与贝利不断交谈，阅读贝利的藏书，这都激励着他（用他后来的语汇来说）走向更广阔的"哲思"开放性。贝利在诗歌上所崇敬的偶像是但丁、弥尔顿和华兹华斯。他可以理直气壮地宣称自己"年轻时是弥尔顿的门徒"，他收藏的弥尔顿诗集上布满下划线和注释，济慈在牛津期间浏览过这些书。贝利说，"当时［济慈］和雷诺兹一样，213
更倾心于斯宾塞以及《仙后》的华美。济慈后来对弥尔顿的研习为他带来了更强劲的力量感和阳刚的气魄，这点在《海伯利安》中脱颖而出"。确实，济慈几个月之后才开始认真阅读弥尔顿，但他对弥尔顿的印象已经形成，但丁的情况也是如此。济慈至少涉猎了亨利·卡里的译本，事实上，他在三个月之后给《捍卫者》写的一篇关于埃德蒙·基恩戏剧表演的短文中引用了卡里的译文。但同样，对他而言，重要的是但丁留下的印象。因为在接下来繁忙的几个月过后，济慈于六月份开启苏格兰之旅，此时他带在身边的正是卡里的三卷本译本。

而在阅读华兹华斯方面——或者说重读华兹华斯方面——他不存在这类滞后的问题。济慈认为华兹华斯与同时代其他人完全不同，这种看法至少已出现在他脑海中一年左右。这令人不禁想起济慈头一年十一月写下的十四行诗《伟大的灵魂正寄居凡尘》，当时海登说会将这首诗转交给华兹华斯。济慈回应道："您说要把这首诗寄给华兹华斯，这实在令我惊喜不已——您知道，我对他崇敬有加——我会向他献上美好的祝福。"如今，济慈全盘接受了贝利对华兹华斯的热情，在接下来的半年多时间中，他的思想都被华兹华斯浸润了。他从牛津返回汉普斯特德三天后所说的一段话，反映出他以一种独特且带有理想主义色彩的方式来看待华兹华斯。他在写给贝利的书信中描述了亨特、海登和霍勒斯·

史密斯等人之间的口角,接着,他说道:“我现在对文人十分厌恶,除了华兹华斯我再也不想认识任何一个文人了。”及至十二月,他终于要与华兹华斯见面了。

贝利认为,“这个阶段”济慈最看重的是“华兹华斯笔下特定的部分诗节”。这是很自然的。如果他的见解没能超出这一点的话,也是可以理解的。也许正是在这些诗节中,华兹华斯比大多数声名显赫的诗人更能俘获我们的心。我们称之为“花卉画”的作品,在十九世纪就得到了人们的喜爱,至少是常被人引用,这些诗自有其地位;反常的是,二十世纪中叶的形式主义,本以对新古典主义显著统一性的渴求而闻名,且对丰沛的内容所造成的窘迫感到厌恶,然而,形式主义者似乎也被华兹华斯的这类诗歌所吸引,至少倾心于把它们作为文本来阐释。因表述的质朴无华而闻名的诗歌——有时甚至显得笨拙的质朴——具有真正的心
214 理以及从某种程度上来说文体方面的意义,它们如同某种实验,展现出诗歌中不肯妥协的真诚所面临的两难境地。然而,正是在这些给人以强烈感受的诗句中,华兹华斯对生活的沉思得到了强有力的表达——阿诺德所言不虚,正是在这些诗行中,华兹华斯将“生活的更多感受”引入,使之成为“必然发生、无法规避的事物,正如自然本身无法规避一样”——华兹华斯的深刻由此被人们感知到,相形之下,旁的许多诗歌便成了叮咚作响的钹声。

贝利曾言,“不论是散步时,划船时,还是夜晚时分,我们的谈话几乎从未停下过”。贝利本人很喜欢做笔记,他记下了济慈此时“关于文学和批评的一些看法”。其中至少一半都与华兹华斯有关:

> 华兹华斯《颂歌:忆童年而悟永生》(“Ode: Intimations of Immortality from Recollections of Early Childhood”)中的一段让济慈深有感悟,但是在我看来,这一阶段济慈珍视的是这位伟大诗人的

部分篇章，而非具有伟大想象力和哲学思辨力的基督教诗人这一整体。事实上，后者才是华兹华斯的真实品格，而济慈不久之后显然也意识到了这一点。

我歌唱、感谢和赞美
并不是为了这些；
而是为了对感觉和世间万物
究根结底的盘问，
为了从身边失落、消亡的一切；
为了在未实现的迷界之间
徘徊不定的旅人的忧思；
在崇高的天性面前，凡夫的秉性
如有罪的生灵惊惶颤抖。

他认为最后几句，用在像人一样有罪的生灵身上，实在令人惊怖，对一个有思想的人来说，它们表达出了感觉中蕴含的可怕特性。

此外，我们经常谈论《丁登寺旁》中高尚的篇章：

　　一种幸福的心情，
忽然间**人世间的神秘感**，
整个无法理解的世界的
沉重感疲惫感的压力
减轻了。*

他的信中经常提到这段话。——如下精妙的诗句：

她住在人迹罕至的地方，

* 本书中《丁登寺旁》一诗采用王佐良先生译文，《颂歌：忆童年而悟永生》根据上下文需要在黄杲炘先生译本的基础上稍作改动。

在白鸽泉边——

这首诗如此结尾：

215 她活着的时候无人知晓

也没人知道露西何时夭亡；

但如今，她躺在坟墓里，哦，

我啊，今昔已非。

他宣称最后一句诗的简洁，是最完美的哀婉之声。①

如果一个人对与人类直接相关的诗歌兴趣见长，那么，在他身上就可以找到某种指标，济慈的举动就很典型——六个月前这个年轻人整宿不睡地与海登"滔滔不绝地谈论莎士比亚"，他从开始撰写《恩底弥翁》起就一直阅读莎士比亚，如今，如贝利所言，他特别"欣赏和喜欢诵读"《特洛伊罗斯与克瑞西达》第三幕第三场开始时尤利西斯的演说：

将军，时间老人的背上负着一个大行囊

里面装满被世人遗忘的丰功伟业。*

---

① "早在这个时候，济慈身上显露出的能表达其诗歌潜力的品质便包括恰当的诗歌品味。他曾对华兹华斯的《漫游》(*The Excursion*)中十分著名也常被人们引用的一段诗发表过观点，当时就给我留下了深刻的印象，这段诗是关于希腊神话的，内容是这样的：

幻想从太阳炽烈的战车上

引来一位无须的年轻人，

他抚摸着金色的诗琴，

将光亮的树林充溢迷人的气息。

济慈表示，对阿波罗的描述应该在'金色的诗琴'处就结束，让想象力来填补剩余的图景——想象阿波罗**如何**将迷人的气息'充溢光亮的树林'。我想，每一位有品味的人，都能够感觉到这句话切中要害。"

* 本书中《特洛伊罗斯与克瑞西达》中的片段以朱生豪先生译本为依据，在其散文体基础上稍作修改。

"济慈认为,这些话充满世情练达的智慧,只有莎士比亚这样的文豪才能写得出来。"

十一

在其阅读、方法和引经据典的思路中,我们需要着意关注的是一个变化的过程,济慈几个月后在给雷诺兹的信中生动地描绘了这一过程,将之比作从"幼年之室或无思之室"进入"初觉之室":这意味着"思想原则的觉醒",也是觉知到诗歌更宏大的具有仁爱色彩的用途。我们面对的是一种本质的、道德的深化,尽管这个过程出现得十分迅速——此处的道德指的是广义的道德。

我们可以发现,在牛津期间,济慈某些时刻所表现出的兴趣,预示了
他在《恩底弥翁》完成后的一年中于更纯粹的形式和风格层面的进步。216
贝利提及济慈对托马斯·查特顿诗歌的喜爱:

> 我想,我仿佛现在都能听到他用独特的方式诵读或吟唱《埃拉的吟游诗人回旋曲》("Roundelay sung by the minstrels of Ella")中的诗节:
>
> 带着橡碗和荆棘来,
> 把我心头的血榨干;
> 我藐视生命及一切,
> 夜里舞蹈,白天盛宴。
>
> 在他听来,第一行诗有着巨大的吸引力。他对音乐性的感受十分敏锐,这一点在他自己的诗中显而易见,尤其是《恩底弥翁》的许多段落更是乐感超群。

贝利接着谈论了济慈“最喜欢的话题”之一,也就是“诗歌的音乐性原则,在这一点上,他有自己的想法,尤其是在开元音和闭元音的处理方面”。就我们所能梳理清楚的济慈在音乐性方面的观点,也许要等到后文才能更有助于深入探讨,因为那时我们将看到他自己的诗歌能够佐证这些观念。[①] 撰写《恩底弥翁》的时候,由于写作速度过快,他没能在“诗歌的音乐性原则”上多下功夫。到了来年的春天,他开始有意做一些尝试,但实际上,我们在一八一八年秋的《海伯利安》到一八一九年五月的伟大颂歌中,才真正看到丰富且精心构思的元音交互。

与济慈同时代的其他人相比,威廉·海兹利特长期以来更深刻地论及某些道德观念和大部分的文体观念,济慈很快向他的思想靠拢。尽管去牛津之前的一个月中,济慈曾数次在海登和亨特家遇到海兹利特,但他似乎对后者的作品知之甚少,直到他与贝利同去牛津时,这一情况才发生改变。如今,令他感到震惊的是,一个能写出《论人类行为准则》的人,竟然同时也是一名无与伦比、极有见地的戏剧批评家——毕竟《论人类行为准则》在证明人类心灵的“无我”方面极其雄辩。济慈给雷诺兹的信(9月21日)中写道:“海兹利特怎么样了?我们昨晚在读他的“圆桌”[指海兹利特最近出版的《圆桌集》]——我知道他认为世界上敬重他的人不到十个——我希望他明白事实并非如此。”

十二

217 济慈在贝利住所的时候,似乎偶尔也会读《圣经》。贝利曾说,作为“一名神职人员和他的朋友,我全心全意且十分严肃地对待自己神圣的

① 参见后文第十六章,第十节。

职业”,因此他自然想谈论一些有关济慈此时宗教态度的问题。两人同在牛津时,贝利曾“就这个问题”与济慈“恳切交流”。三十年后,贝利凭借时间带来的经验优势,十分文雅且敏锐地指出造成济慈宗教态度(或者说缺少宗教兴趣)的真正原因——这一时期,济慈“诚实的性格”会让他在宗教话题出现的时候,真诚地表达怀疑:

> 他承认自己对所有事物都持怀疑态度这一天性,“以至于他偶尔觉得诗歌也如鬼火般行踪不定”,是闲人的消遣,这确实是他对自己思想的一种阴郁看法,也是对所有思想深刻的人**一时**心境的看法。“**有时**,(虔诚且明断的胡克*尚且说)谁人又不会怀疑呢?”
>
> 假如像胡克这样深刻的神学家、这样虔诚的人,都宣称怀疑倾向是我们人类继承的堕落天性之一,我们就不能,也不应该讶异于济慈这样一个几乎从幼年时期起就自生自灭的心灵——一个孤儿的心灵,一颗充满思想的心灵,会受到这般的影响。毕竟这样的心灵本身就是滋生怀疑的温床。而且,他诚实的性格会让他将心中的话大胆地讲出来。一言以蔽之,宗教教育似乎在他身上是极其或者说完全缺失的;何况他早早就被抛进了世俗之中,尤其是有亨特先生这样的朋友环伺在侧(我听说,同时也**希望**,亨特先生已经改掉了自己致命的错误),还有彼时文学社交圈的其他人也与他交往密切。然而,济慈绝不是宗教的嘲弄者,也肯定不是异教徒。他来牛津拜访我的那段时间,我与他就这个问题恳切交流。他很了解也一直非常尊重我的宗教情感和原则。他答应过我,绝不会嘲弄宗教,我相信他言而有信,绝未背叛承诺。他回到伦敦后——我从他最亲近的一位朋友那听说,他对宗教的态度发生了明显的变化。

---

* 此处的“胡克”指理查德·胡克(1554–1600),十六世纪的英格兰基督教神学家。

贝利接着表示,上述内容已是济慈“在宗教问题上最值得质疑的情形”了,他对济慈后来的书信和表述所可能透露出的观念都表达了充分的信任。他十分肯定地说,不论其他方面如何,至少济慈后来的话完全可以按字面意思理解——“因为其思想的特点就是坦诚明澈,他决不会用任何伎俩来掩盖自己的缺点”。

218 贝利没有明确提及济慈对《圣经》的阅读。但是,济慈从牛津寄出的信件一时间充满了《旧约》的各种典故,其中有五个与《创世记》相关(三个涉及巴别塔的故事,似乎这个典故抓住了他的想象力),还有一些引用了《撒母耳记》和《诗篇》。这一时期,贝利本人也在撰写一篇道德随笔,他希望能够将这篇小文发表,所以肯定也读给了济慈听。[①]

十三

九月五日至二十六日之间写出的一千多行诗,还有这段时间总体的兴奋感,最终令济慈精疲力竭。完成这些诗行带来的欢欣之情,没几天就消逝了。五个月前开始动笔的《恩底弥翁》如今已不是他现下真正想写的诗了,不过,他还是尽量安慰自己“罗马不是一天建成的”。他在信中告诉海登(9月28日)自己“关于《恩底弥翁》的看法”:

> 我非常确定地告诉您,我对这首诗的评价很低——我简直想把这个主题彻底重写一遍。然而,我已经厌倦它了,觉得时间最好用来写别的故事。估计明年夏天我可以开始写——毕竟罗马不是

① 这篇文章没有发表,贝利一直将之保留。现在在贝利的剪贴簿中仍可见到此文,剪贴簿现藏于哈佛大学。

一天建成的。这个夏天的努力带来的所有好东西，就是经验的果实，我希望在下一首诗中能够将之采摘。

他又与贝利在一起度过了一个星期。他实在过于疲惫，没有精力去想如何开始写第四卷。两人一同到斯特拉福德短途旅行了一番，贝利说，“我们当然去了欧洲所有国家成千上万游客都参观过的那栋房子，并在‘无数人’的名字上刻上了我们自己的名字，人们留下的笔迹如此之密，以至于房子的墙都变成了黑色；假如墙体没有被冲洗过，或是为了后来人继续留名而把我们的名字擦去，那么我们俩的字迹仍会留在这座低矮阁楼的屋墙上，那真是一堵满载荣誉的墙啊”。他们两人还参观了教堂，并在来客留言簿上写下了感言（10 月 2 日）。[1] 贝利说，“我记得济慈被那里朴素的雕像深深打动”，他在斯特拉福德的快乐“真实而宁静，这是他温和天性的一部分；他深深地感到自己喜爱这一切，但却很少表达出来”。

十月五日星期日，济慈乘坐马车回到伦敦，随后又换了辆马车前往 219
汉普斯特德，乔治和汤姆刚刚从巴黎回来，在汉普斯特德等他。可能仍在牛津期间，济慈就患上了重感冒，这场病让他整个十月都不得安生（直到十月二十八日，他“身体仍然没有好透，经不住潮湿的夜晚”），雷诺兹家的姑娘们担心他的病可能与汤姆的病有关。济慈十月八日写给贝利的信中说，“我服用了一点水银”，“感觉好多了”，这话说明贝利此前已经知道济慈患病一事。[2]

---

① 西德尼·科尔文，《约翰·济慈：生平、诗歌、其友、其批评者及身后名》，页 150。这本来客留言簿后散失。

② 十九世纪早期，医生几乎不顾后果地使用水银。水银被用于治疗多种疾病，如膜性喉炎、风湿病和肺结核等。由于不了解这一情况，W. M. 罗塞蒂认为济慈在牛津期间染上了梅毒——因为到了罗塞蒂的时代，水银虽仍用于治疗梅毒，但已较少用于治疗其他疾病了。罗塞蒂援引济慈的另外一句话（11 月 22 日给贝利的信）来证明自己的论点：“我觉得简和（转下页）

为了与以前的朋友们再度建立联系，济慈尽快拜访了他们当中的大部分。“第二天清晨，感觉身体还不错”，他就拜访了雷诺兹一家，并捎去贝利托他带来的包裹。之后，他又去了帕丁顿，拜访亨特和海登，这两人又一次成为邻居，但他们在精神上却渐行渐远。雪莱此时也住在亨特家。

> 每个人似乎都在争吵。一会是亨特迷恋着[雪莱]——一会是海登的画止步不前，一会是亨特在海登的画室里走来走去，毫不留情地批评画面上的每一个头像——一会是霍勒斯·史密斯厌烦了亨特。“我们的生活之网就像是乱糟糟的纱线。”

后面一天，他拜访了汉普斯特德的一位新朋友——率直单纯的查尔斯·布朗；他在布朗家时，雷诺兹也来了。虽然雷诺兹身有微恙，但三人还是度过了愉快的一天。然而，前一天朋友们的争吵与不满，仍令济慈心头郁闷。这似乎与一年前他初识亨特、海登和雷诺兹时的欢乐情境形成了
220 鲜明对比——至少在他看来如此。这也与他在牛津度过的宁静祥和、卓有成效的几个星期形成了反差。除此之外，他还为亨特的戏谑言语耿耿于怀——亨特此前在剧院碰到雷诺兹时，跟后者说，要是没有他，济慈的

（接上页）玛丽安对我的评价实在高于我应得的——因为说实在的，我真的不认为我的病和弟弟的病有什么关联——你比他们更了解我患病的真正原因——我也没有机会像你那样遭受煎熬。”假如济慈当时真的患上了梅毒，正如多萝西·休利特小姐所言（《约翰·济慈传》，页121），副主教贝利就不会允许米尔恩斯刊印或使用这封信了。实际上，济慈那句话放在上下文中很容易解释，艾米·洛厄尔对整件事作了详细讨论。（洛厄尔，《约翰·济慈》，第一卷，页512–515）济慈想说的是，尽管“世界充满了烦恼”，但他“却没有多少理由认为自己是被烦恼缠身的人”。雷诺兹家的姑娘们担忧他的病症，说明她们担心他得的是结核病。她们认为济慈只是勇敢地无视了病症的危险，这是对其勇气的过高评价。实际上，他是“真切地”相信汤姆的病与自己无关。至于说他没有机会像贝利那样“受煎熬”——是因为贝利经常生病（9月14日济慈写给雷诺兹家姑娘们的信中说道：“可怜的贝利，几乎就没有硬朗过，他早早就上床睡觉了”）。

四千行诗会洋洋洒洒写到七千行。济慈把这件事告诉了贝利，并将春天写给乔治的信辑录出一长段，抄给贝利看，在那封信中他将撰写《恩底弥翁》定义为“考验”和“试炼”。在给贝利的信中，他还讲道：

> 贝利你瞧，我的写作一直都是这么独立——亨特的劝阻从不奏效——我也不去拜访雪莱，这样我就能有不受约束的空间——毕竟我还背着亨特门徒的名声——熟悉内情的人会在诗中寻找他删改的痕迹。

十月份以来，《恩底弥翁》第四卷的创作进程缓慢，令人沮丧不已。虽然济慈回来后的三个半星期里（到10月30日为止）写了三百行，但是写作的过程十分艰难。其中两个星期，他身体实在难受，无法出门；楼下本特利家的孩子们也吵闹不堪。他告诉贝利，孩子们“可怕的吵嚷声”是我“怨恨自己不能瞬间被送到你房间去”的原因之一。三百行诗还不到他在牛津期间所写的三分之一，然而待在牛津的时间却比三个半星期短。“人的本性是无法改变的，我的性情肯定有些错位，因为它竟能整整蛰伏一个月。”不过，他希望“三个星期之内能够把诗写完”。到时，他就会十分高兴地“下马歇上一两个月——那之前我会勒紧缰绳，摒除睡意”。第二天，也就是十月三十一日，正是济慈的二十二岁生日。

十四

到了十月，六篇关于济慈第一本《诗集》的评论已经刊登出来。这个数量相当可观——尤其是考虑到《诗集》的销量实在有限，此外这些评论的观点还算积极。不过，其中三篇文章是朋友撰写的——作者分别是雷诺兹、G. F. 马修和亨特。这几篇文章刊登得较早——雷诺兹的文章发表于《捍卫者》(3 月 9 日),马修的刊载于《欧洲杂志》(5 月),亨特的文章则分三期发表于《检查者》(6 月 1 日,7 月 6 日,7 月 13 日)。

221 雷诺兹和马修的评论现在很容易查阅到。[1] 雷诺兹是个友善温和的年轻人,我们很难指望他一针见血地讲出什么重要观点。他的评论算是急就章,以便在《诗集》出版后迅速刊印出来。雷诺兹在表达赞美之意时,只用了一些趁手且显得较为简单的标志性词语,特别是"自然"一词。如果说他的评论拥有一个宏观的主题,那就是《诗集》的作者"从自然中走来,其意象的本源都能够在自然女神的宝藏中找到"。对于他的评论,济慈当然心怀感激,并在文章刊印的同一天(3 月 9 日)写信道:

> 你的好意和体贴太让人感怀了,我只能写下几句简单的话——你的评价令我极度挂虑,希望诗集没有欺骗你。
>
> 正如海兹利特所言——这是上帝赐予的最好的礼物。然而,我真的希望我没有蒙蔽你。

《月刊杂志》上刊登了一篇针对《诗集》的短评(4 月 1 日),它非常简短但表达了欣赏之意。[2] 之后,在《欧洲杂志》的五月号上,济慈的旧友乔治·菲尔顿·马修再次出现。自一八一六年早秋,济慈与亨特、海

---

[1] J. M. 默里的《济慈研究》(1939,第二版,页 146–160)重印了这两篇评论文章。默里误将雷诺兹的文章当作海登写的。

[2] "济慈先生的一本小诗集新近出版。书中的作品十分甜美,理所当然地吸引了一些读者的目光。其风格模式带有伊丽莎白时代的痕迹;如果说济慈没有完全避开伊丽莎白时期作品古老而别致的风格,那么至少每位坦率的读者都应该承认,他时而能够与老一代诗人丰富的想象和优美的辞藻相匹敌。他的诗表现出幻想带来的痴迷光芒和陶醉之感——某种漫不经心的神情和措辞的丰美华丽——想象力的盛宴和情感的纤嫩柔和并存,这些都给读者留下了深刻的印象。"

登和雷诺兹交好以来,马修就因自尊心受伤而赌气;如今,这种怨恨又透过他查德班德似的辞令浮现了出来。* 确实,只有想要了解马修的人才会对这篇评论文章感兴趣。雷诺兹在之前的评论中曾说,《诗集》捎带了一些"明显逊色于"其他作品的诗歌进去,"不过济慈先生告诉我们,这些诗比其余诗歌创作的时间要早"。马修自然对这一说法很不满意。他的评论很大程度上是对雷诺兹的回应,甚至可以说是将雷诺兹的评论颠倒了过来。马修带着十足的夸张,专门挑出了《诗集》中写于一八一五至一八一六年初这段时间的诗大加称赞,而这一时期济慈恰恰与他时常见面,且遵从着他那种喜好倦怠慵懒的品味。马修称,相对于其他, 222
这些诗才是"上乘之作",不过作者似乎"羞于承认",因为他"宣称这些诗比其余诗歌创作的时间要早"。马修将下面的诗行挑选了出来,指出它们尤其"精神饱满,力量充沛":

啊! 谁能忘却这美好的人儿?
谁能忘记她那半遮半掩的甜美模样?
上帝啊! 她像咩咩轻叫的乳白羔羊
惹人怜护。那无所不知的神,
欣然见我们爱怜他的馈赠奇珍,
断不会送上双翼,
给那诱捕纯洁至失贞,
恶意欺骗白鸽胸脯之人……

马修对《诗集》中最糟糕的作品大发溢美之词之后,紧接着又对《初读

* "查德班德似的辞令"(Chadbandlike rhetoric),"查德班德"是狄更斯小说《荒凉山庄》中的人物,其讲话虚伪造作、滔滔不绝。

查普曼译荷马有感》表达了责难,说此诗的“写法十分荒谬”,尤其是这一行“直到我听见查普曼的声音无畏而高昂”完全陷入了“不伦不类的夸张”。

马修的批评事实上没有头绪。除了个人怨愤之外,他最基本的指控就是亨特式的风格——当然,还有济慈式的风格——说它们不够感性。对他来说,亨特那种充满活力、迅猛利索的风格显得莽撞冒失,更糟糕的是,亨特与济慈拥护的政治原则就更令他不舒服。马修将不喜欢某些诗的大部分原因都悖谬地归结于“想象力”论题之下。他认为,过度的想象让济慈的诗歌太过丰富而令人厌腻。[①]

亨特评论文章的第一部分(6 月 1 日)主要是再次总结他一直以来倡导的创作前提和目标。他知道自己如果给济慈任何积极的支持,都可能弊大于利——在接下来的一年里,事实证明情况确实如此。从行文中,我们感觉亨特仿佛不断试探想要找到可能的助益方式。评论文章的
223 第一部分以“下周待续”这句话结尾。然而,几个星期过去了,后续部分还未刊出。终于,等亨特差不多六月底回到伦敦时,他决定继续撰写。这篇评论文章的剩余部分(于 7 月 6 日和 13 日刊出)包含些许温和的保留意见,以便显得较为公正,接着,亨特巧妙地选择了一些生机勃勃的段落,试图让这本书的优点自然显现出来。

济慈当然希望一些比较权威的评论杂志能够注意到《诗集》。雷诺

---

① “虽然我们忍不住责怪他的诗法特立独行、马马虎虎,但必须承认,其思想、情感和感觉的表达,尤其是对它们的主动运用与诗意呈现,确实更多表现出夏日果实的成熟,而非春天花朵的幼嫩……假如我们要找出书中所有表露绚烂想象力和青涩情感的地方,那我们恐怕得把全书誊抄一遍。由于具有这些显著特征,不得不说《诗集》里的很多片段会显得抽象而晦涩。在冗余的点缀中,仅有的无力且虚假的思想也很容易被遮蔽……我想,我们摘录出来呈给读者看的样本,可以帮助确立针对济慈诗歌想象力的看法;然而,仅论其想象力的过度运用,尤其是当这想象力来自拥有病态情感和反常原则的傲慢的利己主义者时,它可能会导致一个民族的毁灭……”

兹的文章显然只能视为朋友的助阵。亨特的文章无论多么机敏老练，也必定被视作带有偏爱的成分；此外《检查者》周刊的影响力也有限。马修稀里糊涂的文章没有什么参考意义。可以预料，还要等上一段时间才能看到权威的刊物登载这本书的书评。终于，到九月和十月，两篇书评出现了。总体来说，这两篇文章很有见地，也比较公正。如果说它们偶尔让济慈汗颜，那也是因为他内心深处对其所持的批评表示认同。《折衷评论》是不奉英国国教者的主要刊物，其表达方式倾向于说教。但是，刊物的主编约西亚·孔德的文学判断力是很值得敬佩的，他在九月号上撰写了一篇关于济慈《诗集》的评论。文章一开篇，就迅速对当时诗歌的发展方向做出了概述，接着孔德十分坦诚地指出亨特对这本书产生了不小的影响。孔德认为《诗集》中的十四行诗写得不错，但在篇幅更长的诗中，亨特的影响过于凸显且并不讨喜。尤其是《睡与诗》因其洋洋得意的混乱格局，而遭到严厉批评；在一段切中肯綮的评论中，孔德说道：

> 济慈先生讽刺了一些蹩脚诗人，说他们
>
> 骑着一只木马，
> 使尽稚弱的力气摇动它，
> 当它是彼加斯。
>
> 然而讽刺是把双刃剑：这些诗行不可避免地让我们将想象力投射到作者本人身上，用他所描绘的态度来看待他自己。

不过，孔德认为，《诗集》的作者是位“拥有生动想象力的年轻人”，“几年后，他将会很高兴自己能摆脱”这本书里某些诗歌“带给他的回忆”。孔德最后强调，他所提到的各种问题在《诗集》中都能找到某些“才华横溢的例外情况”——因此他的评价也很可能是错误的。

阿奇博尔德·康斯特布的《苏格兰人杂志》十月份发表的评论文章
224 持更为赞许的态度——事实上,如果考虑到评论对象只是一部处女作,那么评论观点着实相当积极。其中一些篇幅探讨了亨特和他作为效仿榜样所带来的不利影响。不过,书评人指出,济慈经常能超越这种影响,转向比某些意大利诗人(这里尤指普尔奇和阿里奥斯托,亨特有时也试着模仿他们)"更纯粹的榜样"——那就是斯宾塞。《诗集》中的许多十四行诗都受到热情的赞美。整篇评论文章以令人惊叹的慷慨之词收束:

> 很遗憾,篇幅所限,我们不能再继续引用这些甜美的诗句了。它们饱含深沉的道德力量和天才的哀婉之情。我们不愿与这位前途光明的诗人分别,同时也很苦恼,因为出于评论的公正性,我们必须要提到某些显得矫揉造作的片段……如"枝叶繁茂的奢华""轻快活泼的溪流""长满草皮的斜坡""月光般的空气"和"日光般的故事"。

十五

尽管当时有些好事者无法对这几篇关于《诗集》的评论文章提出正当合理的质疑,但乌云却开始聚集。新创刊的《布莱克伍德爱丁堡杂志》在十月号上刊登了一篇题为《论伦敦佬诗派》("On the Cockney School of Poetry")的文章,为一系列臭名昭著的文章开了头炮。《布莱克伍德爱丁堡杂志》期望借助这批文章博得一个"活力出众、令人敬畏"的声名。这本杂志是由爱丁堡的一位托利派书商威廉·布莱克伍德于四月份创建的。打从一开始,这本杂志就定位为辉格派出版商阿奇博尔德·康斯特布和他的《苏格兰人杂志》以及《爱丁堡评论》的对立面。杂志创建几个月后，未能产生布莱克伍德所期待的效果，于是他重组杂志，解雇了原先的编辑，并在约翰·威尔逊和约翰·吉布森·洛克哈特的协助下，亲自负责杂志事务。对“伦敦佬诗派”的攻击将成为其特色之一。洛克哈特与威尔逊合作负责此事，将这一系列文章的作者署名为大写字母“Z”。他们挖出了亨特的一个小门徒科尼利厄斯·韦伯写得不好的诗句，用作题记，还用大写字母标明了亨特和济慈的名字，暗示济慈不久将得到特别的“关照”：

> 我们的谈话将围绕（一个永不厌倦的主题）
> 乔叟、斯宾塞、莎士比亚、弥尔顿和拜伦，
> （我们英格兰的但丁）——华兹华斯——**亨特**和**济慈**，
> 缪斯女神有前途的儿子；以及
> 他未来可能做出的丰功伟绩。

就算亨特这样经历丰富的人，也没有准备好面对如此漫无目的如毒液一般的攻击。[①] 对济慈来说，这种毁谤辱骂则是完全陌生的体验。他在写给贝利的信（11 月 3 日）中说起这份新杂志“对亨特猛烈的攻击”，对此他几乎感到不可思议： 225

① 仅几句话就能说明文章的基调：“亨特先生说上一句献词，甚至是一个音符，就会流露其低贱出身和粗俗习惯的**特有味道**（shibboleth）。他是伦敦佬诗人的理想。永远都在赞美‘绿色的田野’‘轻快活泼的溪流’‘绿荫如盖’，就像齐普赛德街的店主在坎伯韦尔路上称赞自己的箱子有多么美……他恨不得总是在轻快地跳舞，并为大清早不能穿着黄色的马裤和肉色的丝袜到处走动而遗憾……他的诗属于那种天天跟情妇厮混的人写出来的东西。他讲话十分粗俗，就像喝着茶卖帽子的小姑娘。如果他是被想象力和激情冲昏了头脑，那还有点借口可言。然而，对他来说，粗鄙猥琐是种病，因为他完全是出于虚妄而说这些不干净的话。李·亨特这样腌臜的恶棍，连他的姘头都让人同情，哎！有夫如此，一言难尽！对他来说，单纯的诱惑是没有任何吸引力的，只有加上通奸与乱伦，他才会狂喜。”

> 我从未读过如此恶毒的东西——指控亨特罪大恶极——贬低他的妻子和他的诗歌——他的习惯——他的伙伴和他的谈话。这些抨击还要接连不断地出版——这些文章管我们叫“伦敦佬诗派”。现在这东西还只出来一期——是关于亨特的,他们从一个叫科尼利厄斯·韦伯的蹩脚诗人那截了一段话,作为文章的题记——不幸的是,这个科尼利厄斯有时会在汉普斯特德参加我们聚会,他突发奇想写了些东西——内容类似于——“我们将谈论华兹华斯和拜伦——一个永不厌倦的主题”,如此等等,一直谈到亨特和济慈。在题记中,他们特地把“亨特”和“济慈”的名字用大写字母标了出来——我敢肯定,第二期就是冲着我来的了。不过,由于上周日《检查者》周刊上登出了下面这则广告,第二期也可能不会出现了。广告是这么说的:“致 Z,请这位在 1817 年十月号《布莱克伍德爱丁堡杂志》上发表文章并署名为 Z 的作者,将地址寄给《检查者》的印刷商,以便正义伸张在合适的人头上。”①我对此事并不太在意——但是如果他胆敢像对亨特那样跟我要泼,我肯定会毫不留情地找他算账——假如他是一个人,出现在我们可能见面的广场和剧院——我断然不会吞下他的谩骂。

虽然洛克哈特直到次年八月才真正开始攻击济慈,但济慈心里早已做好准备。他对整件事的不公以及无谓的恶意感到愤怒和惊讶,这种感
226 觉也逐渐融入更普遍意义上的困惑与哀伤之中。自打他从牛津回来以后,就注意到亨特、海登和霍勒斯·史密斯等人喋喋不休的争吵,他也由

① 无论是这则广告,还是《检查者》中插入的其他内容,都没能让“Z”透露自己的身份。“Z”唱着道德的高调,强调自己是代表公众的复仇天使。而与此同时,他私下里给亨特写了封信,说自己是爱丁堡的约翰·格拉汉姆·戴尔厄尔。亨特写信给戴尔厄尔,却发现他只是“Z”想要挪揄陷害的辉格党人。

此思考人性是多么容易且毫无征兆地爆发出敌意——尽管从表面上看，这些争吵是出于自卫，但其实质却往往是源于嫉妒、对自我的不满以及无聊。生活的一大部分似乎都是由“戏弄、冷嘲热讽和苦恼”组成。还有一个例子就是有关可怜的查尔斯·克利普斯的荒唐误解。海登之前对他表现出浓厚的兴趣，愿意慷慨收他为徒，不收取任何费用，但如今，正当济慈和贝利还在为克利普斯积极筹措资金，以帮他度过这段学习期时，海登显然已经放弃了他。“一想到我们是凡人，我就痛苦不已，”他给贝利写信道，“我希望你能很快收到海登的回信——要是自尊心不从中作祟的话！又是这个自尊！自尊！”就在写这些话的同时，他想到了《布莱克伍德爱丁堡评论》的攻击，但他没有直接提及此事。他努力把自己的焦虑和讶异控制在一定范围内。为此，他将这封信的前半部分都用于讲述克利普斯和海登的事，尤其是用来回应贝利告知的坏消息——他想要担任副牧师一事遭到了林肯教区主教的阻挠。受到这些事的刺激，济慈压抑的怒火突然爆发出来，对《布莱克伍德爱丁堡评论》上一系列刻薄文章表达了不满——他此前一直不说，是因为自己已经被标定为下一个攻击目标，但他觉得为这些事生气既不大度，也不够有男子气概。信的一开头，他将贝利寻求职位未果一事描绘为“未预料到的厚颜无耻的恶棍行径”；这种描述也同样适用于《布莱克伍德爱丁堡评论》那打着道德良心旗号的文章：

> 他们心里惦记着世间的地位和权势，觉得不能对身份低一等的人做出承诺——然而，上位者的傲慢无礼难道不比由下至上的不敬更加可耻吗？执意蔑视他人实在厚颜无耻，却还要打着良心的旗号，真是令人憎恶——这让林肯教区主教简直像被砸扁的青蛙，脓水四溅。

在这些话之后，他提及克利普斯和海登的事，然后在信纸上画了一条足有纸页宽的粗线，仿佛要将这些（至少在他心中）与后面的话分隔开。至此，他才开始谈论《布莱克伍德爱丁堡评论》中那些“如烈火般”的攻击。

接下来的几个星期，我们会发现济慈刻意尝试从容处理这些事：尽
227 量不为这些事感到“意外”，而是有所准备，视之为理所当然，同时不生怨恨，把精力专注于旁务。后来，他为了写完《恩底弥翁》暂离伦敦，并于十一月二十二日得知贝利终于收到了海登的回信——但是言论却非常“令人刺痛”——他对此的评价不仅是写给贝利看的，也是写给自己的：“是什么引起世界上常见的纷争？就是这种事。两个人相遇，但相互理解的时间还不够长，所以忍不住因对方的行为而感到震惊或讶异——我认识海登三天后，就对他的性格有了足够了解，他伤害你的这种写信方式，我早已不会感到惊讶了。”这段话引出他对诗歌想象力所发表的最早的深刻评论——强调其谦逊和对外部事物的吸收——此评论始于一句著名的话：“我必须说一件最近一直压在我心头的事，它让我更加谦卑、拥有恭顺的能力，这是一条真理——即，天才之伟大如同某些精微的化学物质，在大量中性才智的群体上发生作用——然而，他们却无有任何个体特征，或决定性的特质。”[①]就在同一天，他给雷诺兹写信道：“你为什么不——我本来想问一个非常愚蠢的问题。”但是没写几句话，他还是问了：“为什么你不能像我这样，对那些被称为‘内心烦恼’的事表现得不那么挂怀呢？”——那些冷漠、伤害和误解——“从未让我感到惊讶——上帝啊！为了适应这个世界，人应该把灵魂的纤细之处卸下”。

那句坚定的断言——“它们从未让我感到惊讶”，此时恐怕仍言过

① 参见后文第十章。

其实。在埃德蒙顿和盖伊医院那几年，他对文学生活产生了如痴如迷的理想化想象——将每个与文学生活相关的人理想化——这种思想已生根一段时间。正如他当时曾期待月桂花冠作为“高谈阔论”的恰当高潮，即便那时遇上像洛克哈特这样的人，他也会以为其身上带有莎士比亚的某些品质。除此之外，从一八一六年十月（他遇见亨特和海登）到第二年九月在牛津度过的时光，都不算理想幻灭——这段时间如此美好，以至于他从牛津回到汉普斯特德后，给贝利写的信中流露出的不耐烦言论，也只有用“惊讶”来解释。信中，他写道：“我现在对文人十分厌恶，除了华兹华斯我再也不想认识任何一个文人了。”然而，他告诉雷诺 228
兹，人们（甚至是老于世故的人）为彼此制造的“内心烦恼”“从未让我感到惊讶”，话音刚落两个月之后，一些事情真的发生了，或者说开始发生。牛津期间吸引住他的“无我”理想，正变得不那么抽象。他本身就十分敏锐的共情能力，以及本能地跳出自我的能力，如今受到意料之外经历的刺激，正好为“无我”理想赋予实质意义和个人意义。

十六

济慈一直在心不在焉地撰写《恩底弥翁》的最后一千行。写作速度却越来越慢：牛津的三个星期里，他写了一千多行；回到汉普斯特德后，他开始第四卷，三个星期左右只写了三百多行；现在，十一月的前三个星期过去了，他只写了两百行。冬天很快就要到了，但诗开头处提到的计划还未完成——

> 但愿不要在荒凉灰白的冬天
> 看到它半途而废：我希望秋高

气爽的节候，金色的宇宙围绕
我的四周，看着我把故事结束。

自他开始写诗以来，几乎所有的长诗都是用这种松散的对句写就的，但现在他却觉得它们听起来单调乏味。《恩底弥翁》之后，济慈几乎不再使用这种对句；约一年半以后，他在《拉弥亚》中所用的对句可谓刻意的对抗。整个十一月间，约西亚·孔德的话很可能不止一次地出现在他脑海里，那就是：《睡与诗》中关于蹩脚诗人"使尽稚弱的力气"摇动着"一只木马"，这说法也适用于他自己。他迄今为止写完的第四卷五百行中，超过四分之一是抒情的，或者说准抒情的插入部分，其目的是为了缓解单调的形式。与此同时，他还写了两首短诗，也许是为了取悦简和玛丽安·雷诺兹。[1] 但这两首短诗也没能带给他任何宽慰；从它们的浅薄琐碎就可以看出，他此时的精力都放在别的地方，要么是专注于《恩底弥翁》本身，要么至少是想赶紧将它完成。

229 唯一的办法就是再离开一段时间——正如济慈在给贝利的信中写的——"改变场景——改变氛围，给我点刺激来结束我的诗，还差五百行了"。当这一切完成后，他就可以喘口气，想想未来几个月要做什么调整。尽管济慈一直和别人说（他自己也愿意这样去想）汤姆"好多了"，但是他和乔治基本已经确定汤姆得了结核病。他们曾经想过让汤姆去里斯本待一段时间，但这个计划可能因为费用问题而搁浅了。最终，他们决定乔治和汤姆两人在十二月中旬前往德文郡的泰格茅斯。汤姆离开伦敦可能身体会好一些。过段时间，济慈写完《恩底弥翁》之后就可以来找他们。就在此时，乔治却开始有些焦躁不安了。他有很长

① 伍德豪斯标注其中的一首《别想了，亲爱的》创作于"1817 年 11 月 11 日左右"。还有一首可能是《没觉察到，没听闻过，也没看见》。

一段时间没有工作，没有自己的资金，他也看不到任何起色。正如济慈在第二年春天给贝利写的信里透露的，整件事“让［乔治］感到非常沉重，也促使他在心里翻来覆去地盘算”。最后，他下定决心移民。这段时间以来，乔治也在认真地考虑婚姻问题。

米克勒姆山谷位于伦敦以南几英里多尔金和莱瑟希德的村庄之间，众多景致在这里交汇。海兹利特对此地很熟；济慈可能直接或间接从雷诺兹那里听到了海兹利特的赞美，从而知道了这个地方，以及伯福德桥的“狐狸与猎犬”客栈。这儿附近有一条小河，名叫“鼹鼠河”（River Mole）；“狐狸与猎犬”客栈（这家旅馆扩建后被称为“伯福德桥旅馆”）后约五十英尺的地方，有一座黄杨山——因山上长的黄杨树而得名——这座山颇为陡峭，约五百英尺高。纳尔逊子爵于此地度过了他在英格兰的最后一晚，当时他正前往朴茨茅斯准备登上“胜利者号”，并奔赴人们后来所谓的“特拉法尔加海战”（the Battle of Trafalgar）。大约在十一月二十一日星期五，或者更有可能是第二天，济慈登上了前往朴茨茅斯的马车。他在伯福德桥下车，到客栈后院寻了一个小房间住下。星期六晚上，他写信给雷诺兹说：“我很喜欢这个地方。这里有山、有谷，还有一条小河——今晚月亮出来后，我爬上了黄杨山——看了月亮，下了山——回来写了几行诗。”①

早在四月份，济慈开始自己的“考验”和“试炼”时，就随身带着新买的一套《莎士比亚作品集》。眼下，到了“收官”阶段，他本能地又带上了 230
这套书的一部分，仿佛护身符一般。在给雷诺兹的信（11 月 22 日）中，他写道：“我随身带的三本书中，有一本是莎士比亚的诗集。我从未在十四行诗中发现那么多美——里面似乎充满了不经意间说出的曼妙。”

① 洛厄尔小姐认为（《约翰·济慈》，第一卷，页 445–449），这几行可能是《恩底弥翁》第四卷中关于月亮的第 496–502 行。

事实上，这封信的大部分内容，与他刚到怀特岛时写给雷诺兹的信（4月17日至18日）口吻相似，这着实令人惊叹。他带着急促、满溢的热情，匆匆写下一些引文（“我怎能不提醒你这句诗——**在过去时光幽暗的深渊里**？”）。彼时言语间的喜悦再一次出现：“是不是有思想呼之欲出？你听啊！”接着他又引用了一个四行诗节，出自莎士比亚十四行诗第十二首，“当我看见木叶脱尽的高树”。* 济慈感叹道，“（莎士比亚）已经写尽了所有的东西，让人无从置喙：比如蜗牛，你看看他是怎么写蜗牛的，你知道他在哪儿写到了‘鸟蛤蜗牛’吗——嗯……就是在《维纳斯与阿多尼斯》里”；然后，济慈引用了一段优美的诗节，开头是这样的：“蜗牛那柔软的触角被击中，/ 只疼得缩回了带壳的洞”。济慈接着写道：

> 他用各种方式，完全征服、压倒了真正的诗艺爱好者，令其不知所措，他是这么写的——
>
> 诗人的愤怒
>
> 是古老的乐曲拉长了节拍
>
> 顺便说一句，这也将是我诗歌的座右铭——不是吗？他也谈到了“时间古老的笔”——以及“四月初生之花”——还有“死亡永久的寒冷”。

就在同一天晚上或更早些时候，济慈给贝利写了一封经过深思熟虑的长信，我们此前已谈到过这封信——其间，他思考“是什么引起世界上常见的纷争”，并将“无我”的理想附着在天才和想象力上。[①] 他自己的期冀是尽一切所能避免以自我为中心，将兴趣和勇气转向身外之物，

---

* 此处莎士比亚十四行诗第十二首选用辜正坤先生译本。

① 见本章第十五节；又见后文第十章。

而非闲坐一旁，等着或巴望“在特定的时间抵达诸如世间的幸福这样的东西”：

> 我几乎想不起自己曾经指望过什么幸福——如果它不存在于此刻，我就不去找寻它——超出此刻的任何东西，都不会让我感到惊讶。落日总是能帮我恢复神气——一只麻雀来到窗前，我也会参与它的存在，同它一道在砂砾里啄食。听到别人不幸的遭遇时，我的第一反应常常是这样的：“那是没办法的事——但他正好可以调动自己的精神力量，这也是种愉悦。”亲爱的贝利，我恳请你，如果以后发现我显得冷漠，千万不要当我残忍狠心，我只是正在出神。 231

济慈此刻的“精神力量”全然汇聚于完成《恩底弥翁》的决心之中，由此他进入了“出神”的状态，甚至忍不住怀疑这是好是坏：“我有时整整一个星期都感受不到激情或感情的波澜——这种情况持续下去的话，我简直要开始怀疑自己，怀疑其他时候我的感情是否真挚——会不会那只是几滴贫瘠的悲剧之泪。”

十七

济慈的通信就此停了下来。接下来的几天中，他大部分时间都待在“狐狸与猎犬”客栈的小房间里，平均一天写八十到八十五行。六天之后，也就是十一月二十八日星期五，五百行诗写完了，由此《恩底弥翁》终于竣工。他没有立刻返回，而是在伯福德桥又住了一个星期。假如这段时间内他写了信，那么只能说这些信没有留存下来。但他确实写了一首三诗节的小诗。客栈附近的树已是光秃秃的。从开始撰写《恩底弥翁》起（“树木……抽芽成荫”），有关树的想法就一直萦绕在他的脑海，中间他曾对“没有树的马盖特”心生怨念，再后来他终于到达牛津，经历了丰产的一个月，“谢天谢地，这里有很多树”。来到伯福德桥后，不断重现在他脑海里的诗中，就包括莎士比亚的十四行诗：

当我看见木叶脱尽的高树，
曾帐篷般为牧群带来阴凉，
一度青翠夏苗而今捆成束，
束端露白硬须芒于灵车上。

在这段本应空闲的日子里，他写下了一首小诗，虽然采用的是德莱顿的诗节形式，但却带有伊丽莎白时代的基调：诗中遗憾和反高潮的感觉，搭配了一种轻快、有节奏的韵律。但最令人感兴趣的地方，在于它预示
232 了“希腊古瓮”上那“落不了叶子”的“幸福的枝丫”——尽管此时他对无生命体不受悔恨与记忆之痛的影响的处理方式很不相同：

阴郁的十二月夜[1]，
　　快乐的，快乐的树，
你的枝丫不会记得
　　绿色的幸福：
北风吹着冰冷的哨子
也吹不坏它们；

① 科尔文（《约翰·济慈：生平、诗歌、其友、其批评者及身后名》，页159–160）和洛厄尔（《约翰·济慈》，第一卷，页531–535）探讨的文本疑难问题，现在已被埃尔文·惠特利解决（《哈佛大学图书馆学报》〔*Harvard Library Bulletin*〕，第五期〔1951〕，页116–122）。

化冻的寒霜也挡不住它们
　　在春天里抽芽萌蘖。

那条小溪——微不足道的鼹鼠河也是如此，它会为结冰的“晶莹波纹”而欢欣满足。然而，相比之下，人心却总因无法挽回的过去而“痛苦难安”——这个词从刻意的轻盈音步中凸显出来：

啊！多少柔和可亲的
　　女孩男孩都是这般！
但是否有人能不因
　　逝去的喜悦痛苦难安？
若没有人能治愈它，
也没有麻木来替代它，
那就用不感受来感受，
　　诗文里从未讲过这样的事。

十二月五日左右，济慈回到汉普斯特德。乔治与汤姆正准备几天后动身去德文郡。济慈却打算在汉普斯特德再逗留一阵，修改《恩底弥翁》的部分诗句，并誊抄一份干净的手稿交给泰勒和海西。

第十章　消极能力

一

233 自四月份开始创作长诗《恩底弥翁》起，济慈就将这一年的努力视为播种和耕耘，他期待在秋天结束前收获果实。虽然最初的几个星期进程缓慢，令他不免内心动摇，但入夏以来的创作一直很顺利，九月份也成绩颇丰。然而，九月过后，他就总是隐约感觉，辛劳这一场，所得的唯一收获恐怕只有“经验的果实”了。

及至冬天，他所获得的益处已日渐凸显，接下来的半年中，人们将看到他更令人瞩目的成长。一个巨大的进步便是——他面对空白纸张无从下笔的瘫软感永久地消失了。自此时起，直到济慈生命的终了，其创作速度几乎没有多少大诗人能够与之匹敌，至少从德莱顿以降的诗人，罕见这般落笔成诗的速度。即便是他一年多之后创作的最为凝练的伟大抒情诗，也是挥笔而就的；尽管这些诗做了大幅度的修改，但其修改本身也是迅速完成的——通常是在一行或一段写完、下一部分开始之前，他就即刻改好了。

济慈一方面明白了保持势头的价值，另一方面也学会了什么事情不该做——他通过积极的自我批评学会了这一点，如果执着于“[《恩底弥翁》]要有多么完美……每一页都令人战栗”，诗人若陷入这种状况，诗“就肯定写不出来了”。“诗歌天才必须在人身上锤炼出自我救赎：它的成熟不可能依靠律法和规诫，而是凭借敏锐的感知和警觉的自省——有创造力的东西必须创造出它自己。”他“一头扎进海里”，才能够亲身体验，摸索“如何探测海水的深度，了解流沙和礁石”，如果“待在绿色的海岸上，吹着傻乎乎的风管，喝茶之余听取人们送上的安逸建议”，那是无论如何也无从知晓海底秘密的。①

这种积极的自我批评和自我调整所导向的第一个结果，可以从他写作风格的转变中发现：他逐渐放弃了稀薄冲淡的风格，这种风格因诗信的创作以及亨特诗歌语言的影响而增强，又在撰写《恩底弥翁》时进一步强化；然而，在后来不到一年的时间中，人们就可以发现其创作的最显著特征变成了极度的凝练。第二个结果便是他自此之后，强烈地反感单纯为了写而强迫自己创作。当然，他现在之所以可以稍微纵容自己，全在于《恩底弥翁》给了他底气。从创作《恩底弥翁》那段如体操训练般的磨砺中，他所获得的有益习惯已经十分牢靠。也正因此，如今，倘若一首长诗没能按照他希望的方式发展，他也能够更加坦率地选择将之搁置，转向其他创作；与此前相比，他对出版的热情逐渐消退，近乎淡漠。在为出版商誊写《恩底弥翁》之际，济慈还想到了一些新的写诗“原则”。在给出版商的一封著名信件(2 月 27 日)中，他对之做出描述，并坦率承认“我离其中心仍十分遥远”： 234

> 首先，我认为诗歌应以美之充盈令读者惊艳，而不应靠奇巧取胜——读者被打动的原因在于自己最崇高的思想被一语道破，且表现得如同回忆一般。第二，其美感应表达得完整彻底，务求

① 《济慈书信集》，第一卷，页 374。

令读者心满意足,而非屏气凝神地等待;意象的初升、前进与沉落,应如太阳的运行般自然——日光洒落于读者周身,在庄严华美的氛围中从容不迫地淡去,使读者沉浸于辉煌的暮色之中——然而,思考诗歌应该如何写比真正下笔作诗简单得多——这让我不禁想到另一条原则:若诗之产生,不如枝头生叶那般自然,那就最好不要写。①

235 济慈在完成《恩底弥翁》之后一个月左右,甚至开始思考“缓慢成长”也许是件好事。之前他和贝利想要帮助一位艺术家——那个可怜的查尔斯·克利普斯,如今济慈对此事也不那么热切了,他同贝利说:“我对他抱有更大的期望,因为他能够慢慢地成长。”他说这话并非讽刺。就在同一天(1 月 23 日),他写信给弟弟们道:

为了创作出伟大作品,没有什么比智力上一步一步走向成熟更好的事了——比如说——你们看这样一个例子——我坐下来重读《李尔王》,似乎感觉到它需要一首十四行诗来开场。

① 对济慈充满钦慕之情的理查德·伍德豪斯在一封未注明日期的短笺(可能写于 1819 年末或 1820 年)中留下一段记述,是关于济慈创作方法的。这段记述证实了上文济慈对约翰·泰勒所说的最后一句话,记述如下:“他曾反复在谈话中提及自己从不坐下写东西,除非头脑中充满各种想法——思想如潮水般涌向他,仿佛乞求被接受,而他会做出选择——他的箴言之一便是:如果诗歌不能自然而然地产生,那就最好不要写。一旦他感到枯竭,就立即停笔,等待灵感更充沛的时候再写。他通常都是因意象过于丰富而困扰,绝少感到贫瘠,他会筛选出时下感觉最好的部分。——他从不修改[伍德豪斯此处并非指初稿撰写过程中的改动],除非这里或那里某一两个词比他已经使用的表达更好。——他对修改很不耐烦,还说宁可烧掉不满意的东西重写,或另写其他——他曾说,‘实际创作时,我的判断力与想象力一样活跃。事实上,我的所有能力都被极大地激发,并完全调动出来了——之后,我的想象力会闲散下来,创作时的热度也消退了,此时我只拥有一种能力,如果这样,我还应该坐下来冷静地评判自己全部灵感被激发时所写的东西吗?’——这一说法解释了济慈大部分创作所表现出的完整、充分和丰盈。”(《济慈社交圈》,第一卷,页 128-129)

信件此处以及十四行诗《再读"李尔王"之前有感》[①]都暗示着某些能够被称为"成长"的事情正在发生,他"一步一步走向成熟",但这个过程与去年春天初次勾勒出的年度设想毫不相同。它似乎是渐进的,因为其变化完全是在不经意之间出现的;如今回顾起来,促使这变化出现的开端,无疑悄然莫测地运行着。为了让自己强健起来,迎接《恩底弥翁》的"试炼",济慈购买了莎士比亚的书。他不断地求助于莎士比亚——包括充满信任的许诺,欢喜地收到莎士比亚肖像画作为礼物,以及"大胆"地期望自己能够将莎士比亚视为创作《恩底弥翁》这场冒险的引领者——所有这一切都最终证明有益于他另外一方面的成长。《恩底弥翁》本身与这种成长似乎并没有太多相同之处,除了其所表现出的勇气和偶尔迸发出的语言力量。

又过了两个月,济慈自己也开始察觉,与《恩底弥翁》诗作本身相比,更为全面的成长是其试炼的主要收获。如果说《恩底弥翁》的四千行诗可以视为"先锋兵"的话——济慈使用的是这个词的旧意,即挖战壕的步兵——"那么我应该感到满足。我完全有理由感到满足,因为正是靠它们,感谢上帝,我终于能够读懂莎士比亚,或许还能够深入地理解他了"。至于长诗《恩底弥翁》,他"焦急"地想要将之"付梓,这样我就能忘记它,继续前进",他觉得这首诗只是让他"从学步的牵引带走向了能扶着手的童车"而已。

二

济慈回到汉普斯特德几天后,乔治和汤姆动身去了德文郡,他们 236

---

① 参见后文第十一章,第九节。

希望换换地方能够对汤姆的身体有好处。汤姆日渐虚弱，开始咯血，这些症状都令兄弟们担心不已。乔治虽然内心焦躁不安，且觉得必须要开始自己的事业，但他还是愿意再一次掌管起家事。虽然弟弟们盼着济慈早去德文郡，但他本人并不急于离开，因为《恩底弥翁》还需要做一些修改，并誊出一份干净的抄本。

与此同时，约翰·雷诺兹也想于圣诞节后到埃克塞特度假。雷诺兹此前一直为《捍卫者》撰写戏剧评论。这段时间他正追求住在埃克塞特的伊丽莎·德鲁并最终与她成婚。不过，不管怎么说，雷诺兹也打算于一月份离开《捍卫者》，因为他受到友人詹姆斯·莱斯的鼓励，从十一月起就开始学习法律。莱斯为雷诺兹在弗朗西斯·弗拉德盖特律师事务所找到了一个职位，并支付了一百一十镑的费用，莱斯之后要安排雷诺兹在自己与父亲的律师事务所担任合伙人。雷诺兹认为，济慈可以接替他在《捍卫者》的位置，继续撰写评论。尽管济慈对戏剧了解有限，但他很愿意一窥其中的奥妙。而且他也一直在读威廉·海兹利特的戏剧评论，后者可是雷诺兹心中的楷模。此外，埃德蒙·基恩病了几个星期之后，也可能于近期重返舞台，济慈非常欣赏基恩的风格。雷诺兹前往埃克塞特之前，济慈曾试着写了一篇剧评《基恩先生》（“Mr. Kean”），发表于一八一七年十二月二十一日的《捍卫者》，这篇文章运用海兹利特的评论路数，展现出磅礴的气势和大胆的印象主义风格。雷诺兹前往埃克塞特之后，济慈在一月四日的《捍卫者》上发表了两篇剧评，一篇关于戏剧《报应》，另一篇则关于哑剧《丑角的幻象》。①

乔治和汤姆离开约一个星期后，就在圣诞节前夕，济慈独自一人在

① 有一篇题为《约克公爵理查德》（“Richard, Duke of York”）的剧评，发表于12月28日的《捍卫者》，人们经常认为这是济慈撰写的。然而，莱昂尼达斯·琼斯已论证此文基本可以确定是雷诺兹的手笔。（《济慈-雪莱丛刊》，第三卷〔1954〕，页55-65）

汉普斯特德住所的楼上，写下了他所有信件中被引用最多的一封，这封信同时也是其信件中最令人费解的：它常被人们引用——同时也最令 237
人费解的原因——在于它隐晦地提及"美"与"真"的关系，也在于其中的一个特殊表述——"消极能力"，还在于济慈此刻到达了一种思辨的高度，开始触及诗歌最崇高的目的等问题。[①]

三

这封信凝练地提出了三个月以来济慈对某一思维向度的反应，而这个思维向度从九月份起就出现在他的脑海中了。他一个月前写给贝利的长信提供了一些背景信息，有助于厘清信中快速、简洁的观点表述。[②]这封信写于济慈到达伯福德桥后不久，他当时决心赶紧写完《恩底弥翁》的最后五百行，给这首长诗"收尾"。

几个星期以来，他与贝利在牛津探讨的"无我"理想一直都没能真正进入其个人体验。考虑到各种复杂情况，仅论一个人一生的一个月，那些不可预料的问题也没有简单的方式来解决。然而，或许这种认识本身就是对"无我"必要性的进一步论证，也进一步表明，在一个充满不确定性的宇宙中，我们所摆出的短暂、独断自信的姿态都是徒劳无益的。正如济慈对贝利所言，这种认识的结果是其"谦卑和恭顺的能力"得到

---

① 由于文本不够完整（原件不详），这封信在理解方面也增加了新的难度。乔治将这封信同其他信件一起带去了美国。他去世后，米尔恩斯为了撰写济慈的传记而广泛收集材料，乔治遗孀的第二任丈夫约翰·杰弗里为米尔恩斯抄写了这封信，但他至少删减了一处。此外，我们完全可以理解，杰弗里是一个草率且漠不关心的抄写者：他没有理由认真仔细地对待抄写工作，能够为米尔恩斯誊写那么多信件，他已经足够好心了。我们现在能看到的文本是杰弗里誊抄下来的。关于信件可能的撰写日期，参见《济慈书信集》，第一卷，页191、193。

② 参见后文第九章，第十五、十六节。

了有益的提高。此处的重点词是“能力”，而非“恭顺”。“消极”(Negative)是他接下来会使用的表达，用于描述他心中所设想的“能力”——“恭顺”可能会有太多不同的隐含意义——然而，即便“消极”一词仍不够清晰。他继续写道：

> 我对什么都没有把握，只除了心灵情感的神圣和想象力的真实——想象力捕捉并认作美的东西，一定是真的——不论它从前存在与否——因为就像对“爱”的看法一样，我认为人类的所有激情
> 238 发展到崇高极致时，都能创造出纯粹的美……想象力与亚当的梦[《失乐园》，第八卷，第452–490行]好有一比——他一觉醒来，发现一切成真。我对这件事非常热心，是因为我还从未发觉，如何能靠按部就班的推理，将任何事物断定为真——然而，事情就得是这样——就算最伟大的哲学家不也需要搁置许多异议，才能到达自己的目标吗？不管怎么说，我宁愿过一种基于感觉的生活，也不想过思想的生活！

此处有两个普遍的前提交织在一起。尽管它们在这一时期较有见地的创作中并不罕见，但济慈在一定程度上是通过“自我发现”来领悟的。因此，这两个前提假设并非怀特海所说的那种“惰性观念”(inert ideas)，而是充满了各种可能。第一个是所有客观唯心主义的前提：也就是说，人类思维对它所假定的东西所做的贡献，是对物质世界的直接感知——贡献的方式包括补充、引导乃至辅助创造——但它们并不是主观唯心主义认为的那种主观知觉完全**从外部**(ab extra)强加于世界万物，被创造或解读进入一个并不真正存在的自然中。相反，用柯尔律治的话来说，这种合作性的心灵创造力“与自然界同源”：在这个意义上，其洞察能力是实现人与自然调和或结合的有效、必要补充，而这种调和

或结合构成了知识。当然，济慈对当时德国的唯心主义哲学，不论客观唯心主义还是主观唯心主义，几乎都一无所知。他只读了一点点柯尔律治的作品：因为此前贝利一直在读《平信徒布道集》，济慈本人也曾于十一月初向查尔斯・迪尔克借阅《西比尔的叶子》(*Sybilline Leaves*)。但此时，济慈似乎没从柯尔律治身上学到什么，一个月之后，他甚至形容后者是在"急躁地追求事实与理性"，而这与济慈自己在接下来的半年中用纯真但光彩四溢的天才所推演出的观念大相径庭。

济慈主要从华兹华斯那里受到启发，从而继续这方面的思考，用他自己的话来说，这是他"最钟爱的思索"。他自然还不知道华兹华斯在《序曲》中对人与自然的关系做了大量的探索，后者于其中融入了如此多的内容，以至于他总是无法满意，不能确定《序曲》已经足够完善可以出版了。至于济慈所读到的华兹华斯，他新近开始用与一年前截然不同的读诗方式来接近华兹华斯的创作。他很快就注意到诗的深层内涵，并开始将之称为"哲思"。如今，关于心灵创造力的思考已成为济慈自己的见地，其探索如此之深以至于他开始通过想象的洞察力，来考虑 239
"即将到来的现实"会有怎样的预兆。他提到的这一点以及"亚当的梦"引出了

> 另一个我所钟爱的思索，那就是我们在享受了所谓的世间幸福之后，还将以一种更美好的方式重温这种享受——但这样的命运只能降临在那些为感觉而快乐的人身上，而不会落于你们这种渴求真理的人身上——亚当的梦便能解释这种情形，它让人相信想象力及其至高无上的深思，与人类的生命和精神的复现是一样的。正如我之前所说——单纯而富有想象力的心灵可能自有其回报，它重复着无声的运作，这种运作以美妙的猝不及防的状态不停地作用于精神之上。

四

第二个普遍的前提涉及我们所熟悉的浪漫主义的反抗，浪漫主义拥护具体性，坚称分析和逻辑的步骤——也就是济慈所说的“按部就班的推理”，违反了自然的有机过程。这些步骤从完整的具体性中抽取纲要，将鲜活的过程简化为静态的概念，并用人为的秩序取而代之。

在这一点上，济慈所得到的直接启示仍是来自华兹华斯，但通过对海兹利特的阅读他的想法得到了进一步充实。海兹利特重新表述和补充了至少六十年来一直在发展的针对想象力的描述性研究，并将其更深刻地运用于对艺术天才，尤其是诗歌天才的阐释中，可以说他比同时代的任何一位文学批评家都更坚定地延续了十八世纪英国经验主义辉煌的心理传统。整个十八世纪后期，英国心理批评的伟大贡献在于描述和确立了有关想象行为的信念——凭借这种行为，感觉、直觉和判断不一定会作为孤立的知识微粒留存于记忆之中，供逐一查询，而是凝聚并转化为一种随时可能迸发的反应，这种反应客观上容纳和接受自然的具体过程，并积极参与其中。此种对想象的理解方式，自然会包含某种必然的抗议，其反对的目标隐含在华兹华斯的著名表述——“横加干涉的理智”（meddling intellect）之中。这种抗议早于怀特海有关“误置具体性
240 谬误”（fallacy of misplaced concreteness）的观点，但有异曲同工之处：抽象过程从本质上说是无法构想出完整的具体性的；它为思想的特殊目的提取出特定的元素；当思考过程中必要的“捷径”（short-cuts；海兹利特语）被视为具体现实的等价物时，就会出现“误置的具体性”。

济慈在牛津拜访期间，刚刚开始领略到上述思想的部分含义。海兹

利特的《论人类行为准则》照亮了一大片充满可能性的领域。其中有关心灵的“无我”可能之论证,以及对想象力的同情潜能的精彩处理,深得济慈的青睐。现在,我们只需要指出,这一经历快速地引导他阅读了海兹利特的其他作品。给贝利去信后几个星期,济慈就对海登和弟弟们说,“这个时代最令人欣喜的三件事”就是:华兹华斯的《漫游》、海登的画作以及“海兹利特鉴赏力的深度”。此时,海兹利特已完全取代了一年前济慈口中所说的伟大灵魂三人组中的亨特。

最后一点,就是海兹利特经常使用的“感觉”一词,是属于传统经验主义意义上的,它几乎等同于具体的经验,海兹利特对这个词的频繁使用为济慈的习惯语汇增加了一个新词(也正因此,济慈才会讲出“基于感觉的生活”的评论:书生气的贝利倾向于哲学分析,济慈认为,贝利“部分依赖于感觉,部分依赖于思想而存在”)。“按部就班的推理”适用于零散、逐步推进的过程,是分析和择选性头脑的思维方式。[①] 尽管济慈本人无法理解这样的简化方式如何能够获知真理,而且他也怀疑最敏锐的推理者“不也需要搁置许多异议,才能到达自己的目标吗”,但是他没有推进这个问题,而是承认这“一定”是可能的。

五

济慈在伯福德桥写信给贝利时,正打算开始为期七天的奋力创作,

① “按部就班”(consequitive)这个词一直萦绕在济慈的脑海中。他不久后就在出版商约翰·泰勒身上用到了这个词,且不带贬义,他跟泰勒说——作为一个“按部就班的人”,泰勒可能会认为《恩底弥翁》中关于“幸福”段落的修改只是“辞藻”上的变化,但那其实是“想象力通往真理的一段循序渐进的阶梯”。(《济慈书信集》,第一卷,页218)

争取完成《恩底弥翁》全诗,这封信还有一个后续。因为贝利似乎为其
241 中的某些内容感到不安——至少为里面有关死后灵魂的遐想而不安,济慈写到“天堂的陈酿”可能由“我们在人间最缥缈的沉思的反复领悟”和“以一种更美好的方式重温的所谓世间幸福”构成。贝利一月份在伦敦见到了济慈,可能同他谈起了信里的事。就算他们没有见面,贝利肯定也写了长信给济慈,并为此花去不少工夫。

不论哪种情况为真,济慈在三月十三日写给贝利的信中又谈到了这个话题。这封信充分表明他一直在思考之前说过的话。他最想说的是,在怀疑思想方面他并不是一个教条主义者——他认为,自己不是个完全的怀疑论者。他希望能够“进入”贝利对这个问题的所有感受,写出他的喜好(贝利说,济慈太“透明了”〔transparent〕,藏不住任何东西);假如说,济慈看似在用诗歌想象代替宗教,作为到达真理的手段,那么他现在也开始时不时对诗歌产生怀疑。

随后,济慈将话题转移至他一直尝试表达的观点,那就是想象力对促进感知能力的效用。有些东西,“真实”的东西,可能不需要来自人的头脑或心灵的“精神回馈”。但还有一些——至少是“半真实的东西”——确实需要这种呵护和贡献方能得到完整的实现;感知的心灵和感知对象的结合,不应该与纯粹的“虚无的东西”(Nothings)混淆起来,因为“虚无的东西”只是人类欲望的产物。他这样写道:

> 你知道我对宗教的看法——我并不认为自己比别人更正确,也不认为这个世界上没有任何事可以被证明。我希望能够进入你对这个问题的所有感受中,十分钟就好,然后写出一两页你喜欢的内容。我有时疑心很重,偶尔觉得诗歌也如鬼火般行踪不定,像一盏提灯,明亮的光芒让时而被其吸引的人感到快慰——正如商人们所说的那样,每样东西能吆喝到多高的价钱,就值多少,所以也许每一

种精神追求都从其追求者的热情中获得了它的现实性和价值——尽管它自己可能是虚无的——空灵的东西恐怕在这种意义上是真实的,它们可以分为三类——真实的——半真实的——虚无的——真实的东西,比如日月星辰和莎士比亚诗篇的存在——半真实的东西,比如爱情、云彩以及需要心灵的呵护才能完整存在的东西——虚无的东西,它们在热烈的追求下变得伟大而庄严——它们渐渐地把勃艮第的标签戳记在我们心灵的瓶子上,以至于它们能"**把所见的一切化为神圣**"。

济慈后来伟大诗歌中的许多主题——包括《希腊古瓮颂》和《夜莺 242
颂》——可以被描绘为人类精神"回馈"某些事物的戏剧性情景,"回馈"的目的是为了"让它们获得完整的存在"——在这样的戏剧中,解决是不牢靠的,就像生活一样,成就的珍贵最终遭到悲剧阻挠。但眼下,他还无法探索得更深入,尤其是在理论上无法深入。他写给贝利的话,特别是关于"半真实"与"虚无"之区别的言论,显现出他正在尝试区分二者,而这一区分洛克没能做到,休谟则认为不可能做到。他只能以开放性的恳求作为结尾,并重新回到他在心中已揣度过一段时间的想法:由于经验具有充满矛盾的多样性,除非我们将自己与经验的复杂隔离开来,否则心灵对解决和终结的渴望是不可能得到回应的。他所能做的,就是在这场思考的历险、开放性的历险以及(用他后来的话说)"在巨大的黑暗中努力捕捉光的粒子"的历险中,依靠诚实和经验观察来前行。

很显然,他"永远都当不了推理者";思想的每一个触点都会迅速打开更大的、未预料到的视野;那么,他如何能对"任何思考的真实性"抱有信心呢?他突然被这段话的杂乱无效逗乐了,于是滑稽地模仿了这段话的效果;最终这封信以一句很能表现出其性格的典型双关语结束了。[①]

六

“消极能力”一信最好理解为上述思想的另一种表述,其中至少包括三方面的扩充。第一,艺术形式和风格的问题得到了更加具体的表达。第二,济慈所探索的理想与围绕自我身份展开的言必称“我”的主
243 张形成了强烈对比。第三,有关“想象力的同情潜力”的认识会越发深入,其大门将进一步打开——济慈在接下来的几个月中发展了这一思想。

在“消极能力”一信中,济慈先是告诉两个弟弟,他去看了埃德蒙·基恩的戏,写了评论文章,并将文章随信附上寄给他们看。接着,他写到,十二月二十日星期六,他去看了一个美国画家的画展,画家名叫本杰明·韦斯特,济慈尤其留心了他的画作《灰色马上的死神》(“Death on the Pale Horse”)。他十分认可任何追求“崇高”的努力,韦斯特的画作此前一直因这方面的成功而得到人们的赞赏。然而,济慈却觉得这幅画很平淡——“画中没有任何让人感到紧张的东西;没有使人发狂到要亲吻的女人;没有一张脸栩栩如生,仿佛要冲入现实”。接着,这封信中

① 关于“空灵的东西”的思考——也就是说,将它们分为三类,真实的、半真实的和虚无的——“可以继续——但我说的是——我的一贯信条,当然也是众所周知的,那就是思想的每一个点都是心智世界的中心——一个人头脑中最突出的两种思想是其世界的两极,他围绕着两极旋转,对他来说,每样东西都通过各自的方式指向南极或北极——从羽毛到铁,只需要三步。现在,我亲爱的朋友,我必须一股脑儿地告诉你,我没法对自己思考的真实性做任何保证——我永远当不了推理者,因为没在争吵且处于适当哲学状态时,我根本不在意正确与否——所以,假如我未来哪天在给你的信里试着证明下面的荒唐话,你可别大惊小怪——由于阿波罗用肠线(catgut)做里尔琴的弦,那么他也可能用猫爪(cat's paw)当里尔琴的拨弦器(pecten)——进而因前述‘猫爪拨弦器’反复不断的撩拨,出现了‘惧内’(hen peck'd)一词”。

第一个重要的观点出现了：

> 任何一门艺术的卓越之处，都在于其紧凑强度，在于它能够让令人不悦的丑恶因贴近美与真而蒸腾消散——仔细读读《李尔王》，你就能发现这一点贯穿始终；然而，在这幅画中，我只看到令人不悦的丑恶，但它们又未能激发思索的深度，以抵消观者内心的反感。

在经验想象及其对象的积极合作与充分“回馈”下，被感受对象的性质或者说“特性”得到了鲜明的把握，因此，只有与中心观念严密相关的联想和品质保留了下来。不相关、不协调的内容（“令人不悦的丑恶”）在感受对象与心灵的融合中“蒸腾消散”了。由此，“真”与“美”同时涌现，并彼此接合。因为，一方面，若不是在这样的情形下，外部现实往往被忽略，或者至多是得到模糊的认可，或者遭到分解从而将其中的某些侧面提炼出来，以满足特定的论证或思考目标——而现在，外部现实被唤醒，成为“真”：它与人类的认识相遇，被人类与现实的呼应所满足和延伸，而这就是我们所谓的“真”。与此同时，与中心观念不相关的内容“蒸腾消散”，在这个过程中，融合的领悟被感知为“美”。此种融合不仅仅是感受对象的融合，诚然，感受对象以不受约束、自由自在的状态出现，且呈现出完整的意义，但这种融合也同时意味着人类精神的归统，既包括其自身的归统，也包括它与原本外在于它的事物的统合。正是在这样的“紧凑强度”下——也就是济慈现在所认为的“任何一门艺术的卓越之处”中——人们获得了内在生命与“真”的和谐，哪怕这种感受转瞬即逝。也正是于如此的和谐中，“美”与“真”行至一处。普通意义上“令人 244
感到愉悦的东西”与所要讨论的问题无关；将之引入只会让“美”的概念变得琐碎。由此，济慈才会提及《李尔王》。这部戏剧揭示的现实可能令人痛苦，甚至对人性来说不乏残酷，但其与“真”之间的和谐能够留存，甚至加深，以至于逐渐出现的现实能够在每一个阶段都与“被激发的思索深度”相匹配——换句话说，也就是与人的洞察力的释放和延伸相匹配。“仔细读读《李尔王》，你就能发现这一点贯穿始终。”

济慈在牛津的时候，曾读到海兹利特《圆桌集》中的一篇短文《论意趣》（“On Gusto”），这篇文章引起他对风格的思考；他现在所谈论的观点，部分是从海兹利特那里吸收来的。[①] 海兹利特所说的“意趣”指的是对想象力的刺激，其间感受力与感知对象的关联几乎完全达成，感知对象的鲜活特征被捕捉到，其完整的多样性得以分有，并在艺术中得到了富含生气的表达。意趣是“界定感知对象的力量或激情”。但是，结果却不一定是主观的。通过同情地把握对象的整体含义，可以说，“力量或激情”能够与意义相协同——充分地发挥潜能，忽略不相关的东西（也就是济慈所谓的“令人不悦的丑恶”），构想对象，理解它的各种品质如何凝聚成重要的统一体，而这个统一体正是对象本身。一个结果便是，我们通过视觉、听觉、触觉和其他感官所收集到的特性或品质，并不是以单独或零散的状态呈现的，事实上，“对某一种感官所造成的印象能够通过亲合性激起其他感官的反应”。因此，克洛德·洛兰的风景画，虽然是“对可见事物形象的完美抽象”，但却缺少“意趣”：“它们没能通过一种感官晓示其他感官……也就是说，他的眼睛缺乏想象力；它未能与其他官能产生强烈的交感。他看到了氛围，但却未能感受到。”相比之下，乔叟对自然风景的描绘就富含“意趣”：他的笔触让人“感觉到空气的状态、地面的凉爽和湿润”。“提香的着色充满了意趣。他画笔下的人看起来不仅在思考——似乎他们的身体也在感受。”

---

① 济慈在十二月号的《爱丁堡评论》上读到了海兹利特评论本杰明·韦斯特的文章。（《海兹利特作品全集》，第十八卷〔1933〕，页135-140）在这篇文章中，韦斯特也是因为缺少“意趣”而遭到批评。

七

接下来的六个月中，印象的相互作用与融合，成了济慈诗歌创作的自觉目标，及至第二年秋天，这个目标得到了充分实现，过去三个世纪的英国诗人也无出其右者。与此同时，在给弟弟们写下“消极能力”一信前几天，他在自己的评论文章《论埃德蒙·基恩作为一位具莎士比亚风格的演员》（“On Edmund Kean as a Shakespearian Actor”）中跟从海兹利特的做法，使用了“意趣”一词（尽管他后来又回到了“紧凑强度”这个表达——因为“意趣”可能给人“轻快”或者“精神跃动”的感觉，但是他心中的观念并不包含这样的意思）。在这篇评论文章中，他试图描绘“一段优美的诗歌”是如何融通“感觉和精神”的，在这个过程中，两者都以彼此的方式延伸和宣告自己的存在： 245

> 当字符文字的字母和点，如美丽的象形文字一般出现时，精神的东西被感觉到了；——就像不朽的心照不宣的神秘符号！……对一个精通莎士比亚文字的人来说，——对一个深知那些诗行的精神内涵的人来说——基恩为它们增添了感官的辉煌：基恩的舌头一定掠走了“海布拉蜜蜂的蜜，让它们都没有了蜜糖”。*

也就是说，“他的声音中有一种难以形容的意趣，让人觉得说话者虽在谈论当下，却仿佛也在思考过去和未来”。[①]

---

* 此处关于蜂蜜的引文出自《裘利斯·凯撒》，第五幕，第一场，第 34–35 行。

① M. 巴克斯顿·福尔曼编，《济慈诗歌及其他著述》，第五卷，页 229–230。

济慈由此拓展了“gusto”一词的含义，其拓展方式仿佛预言般可以用来描绘他自己更成熟时期的风格——指向构思过程的想象“紧凑强度”，在此过程中，虽然一切放慢，仿佛当下在延续，但它又承载着积极的解决。济慈在一个月前给雷诺兹的信中引用的诗行也同样证明了这一点，他把这些诗句视为莎士比亚“别出心裁构思的紧凑强度”的范例：

当我看见木叶脱尽的高树，
曾帐篷般为牧群带来阴凉，
一度青翠夏苗而今捆成束，
束端露白硬须芒于灵车上。

事物以前所拥有的功能，甚至其功能的丧失本身，都是现下这个事物“真”的一部分。这个季节的“高树”，“木叶脱尽”，其本性就包含着它们“曾帐篷般为牧群带来阴凉”的事实；“捆成束”的也不仅仅是秋日里干
246 燥、完整的谷穗，它还包括“一度青翠的夏苗”。莎士比亚思考风格的整体方式，与济慈最为投契；虽然它自有其发展理路，但却触动并丰富了济慈一年前在《睡与诗》中简单涉及的理想——那时他还没有见过埃尔金石雕，但已经在《睡与诗》中写到诗歌仿佛“支着自己的右手，半睡半醒”。在转瞬即逝的休憩中捕捉到能量的喜悦感，可以回溯至他“小时候……看到英雄画”时的感悟：他告诉海登，“我是从侧面看到那幅画的”，“很大且突出的圆形，色彩华丽——有点像安东尼和克里奥佩特拉的感觉，又或者像亚西比德*——他倚靠着战舰上深红的长榻，宽阔的肩膀仿佛难以察觉地随着海浪起伏”。莎士比亚的《亨利六世》中有一

* 亚西比德（Alcibiades，公元前450？-前404），古希腊雅典的政客和将领。

句话与这种感觉相仿,“瞧那乖戾的华列克城防多么严谨啊”。[1] 随后的一年中,济慈在手头的《弥尔顿诗集》里写下的边批之一,又给出另一例证:

> 在每种情况下,弥尔顿都追求想象力至极致——他“敏锐地闻到猎物的气味”,他看见美在飞翔,猛扑过去,狼吞虎咽地吃下,然后产出他自己最精华的诗篇……这种顽强的毅力在我们可以称之为弥尔顿式的**静止或雕塑艺术**中得到了最为充分的体现。他决不满足于简单的描绘,而是要先驻足静止一下——因此,我们不仅能看到鸟儿“**啼叫着俯瞰大地**”,还能看到它们“**群集如垂天之云**”。[*] 也因此,我们看到亚当“**俊秀而高大——在梧桐木下**”——看到撒旦“**被毁形——在亚述山上**”。[2]

这两种理想,一种是动态的宁静,或者说积蓄起来的力量,另一种是广阔丰富的言外之意,两者的结合令人联想到接下来的一年半中他自己创作风格的主要变化。这种结合的达成,若成为一种排他的风格目标,反而可能阻挠济慈后来的理想和趣味——因为过往的成功常常倾向于阻碍后续的变化。不论其伟大的颂歌、《海伯利安》的部分篇章以及《圣亚尼节的前夕》中他所谓的“渲染”和“雕饰”在这方面取得了多么华美的成果,它们在节奏和变化上仍有许多欠缺,真正成功的叙事诗,尤其是 247

① 《济慈书信集》,第一卷,页265。

* 本书中《失乐园》引文使用朱维之先生译本,根据上下文需要略作改动。

② M. 巴克斯顿 · 福尔曼编,《济慈诗歌及其他著述》,第五卷,页303–304。济慈将这段评论写于《失乐园》第七卷,第420–423行旁边:

> 初生无毛的幼雏;不久就长出羽毛,
> 长硬了翅膀,翱翔于高空,
> 啼叫着俯瞰大地,
> 远望则群集如垂天之云。

带有戏剧性的诗，需要避开这些缺陷。不过，即便在此时，以及接下来的一年中，济慈所谓的“紧凑强度”——也就是“心灵的呵护”及其对象之间的关系——也绝未能通过停滞的姿态或“静止”，完全与意象的汇聚融为一体。如果说，济慈对饱满具有本能的喜爱，而这种倾向在某一方面因观赏埃尔金石雕而得到了加强——他现在依然常去参观这些石雕[①]——那么，对其呼之欲出的共情能力更多样化的吸引，则是通过阅读莎士比亚得到引发和加强的。

八

“消极能力”一信第二个较长的关键部分之前，还有一些内容。进入正题前，济慈闲聊了一阵，讲到弟弟们离开之后，他做了什么事，这些话可以算是一段重要的前奏。“我最近常外出与人聚会”——同霍勒斯·史密斯吃了顿正餐，“遇见了他的两个兄弟，还有[托马斯·]希尔和[约翰·]金斯顿，以及一个叫[爱德华·]杜波依斯的人”。

部分由于他本人十分直接且（用贝利的话说）近乎“透明”，他通常会容忍一些看起来无害的装模作样，尽管常有人想借此建立优越感。此外，这些装模作样总是引得他对特立独行的人产生巨大兴趣。然而，接下来的一年过去之后，在一个不断展现出“不确定性、神秘和怀疑”的宇宙中，这种短暂姿态的徒劳无益——那些注定失败的计谋之盘根错节，

① 塞文提到，“济慈一次又一次地前往观赏埃尔金石雕”，“每次都会在石雕旁坐下，一坐就是一个钟头甚至更久，陶醉于沉思之中”。他曾十分高兴地告诉塞文，某天下午，一个显然认识他的人漫步而过，“透过单片眼镜居高临下地”审视了这些雕塑，最后说道：“是的，济慈先生，我想我们可以安心地欣赏这些作品。”（威廉·夏普，《约瑟夫·塞文生平及书信集》，页32）

都激起了他的悲悯之心。事实上，就在他告诉弟弟们自己曾与霍勒斯·史密斯及其文友一道吃正餐后一个月，他就写信给贝利，提及“雷诺兹和海登反目成仇、相互攻讦——并永远分道扬镳了——同样的事也发生在海登和亨特之间”：

> 人生在世，应该相互宽容——每个人都有可能受伤，或者于最脆弱的一面被撕成碎片。就算最优秀的人，内在也只有一部分是完美的——他们体内有种精神意义上的酵母，为人的存在创造出令其蓬勃发展的刺激——通过这种刺激，人被推动着去行动，去奋斗，与环境相搏。[①]

即便如此，在他即将跨入重要过渡期的那几个月中，熟悉的幽默感和逐 248
渐加深的宽仁之情有时也不可避免地悬置起来。这种时候，装模作样尤其会令他烦恼。正如他告诉海登的(3 月 21 日)，人们有些行为实在叫人遗憾，比如“他们竟会通过将自己与[最]美好的事物连接起来，从而毁掉它们——亨特毁掉了汉普斯特德、假面剧、十四行诗和意大利传奇——华兹华斯毁掉了湖区”，如此等等。海兹利特是“唯一出色的破坏者”，因为他以不同的态度做出破坏。当雷诺兹告诉济慈，他为《恩底弥翁》写的带有自我辩解意味的序言，以特有的方式表现出“装模作样”时，济慈深感不安——几乎显得有些可笑。济慈连连反对，说不论那篇序言表现出什么，但肯定不是“装模作样”，不过他还是立即动手重写了一篇。

在霍勒斯·史密斯邀请的宴会上——也就是济慈向乔治和汤姆描述的那次，他遇到了另外五个对文学感兴趣的人。然而，他们谈论文学

---

① 《济慈书信集》，第一卷，页 210。

的方式一时间都令他感到厌倦。文学的可能功用似乎都凝固成某种姿态，变成矫揉造作的风格。由于他一直在尝试接近新的"无我"理想，"谦恭"以及最大幅度的开放性，它们都在过去的几个月中变得更加具体可感，也更坚定，与这群人的聚会却恰恰显示出与其渴求完全相反的东西：

> 与他们接触只是让我更加确定，幽默带给人的乐趣不知道比机智高出多少——这些人说话耸人听闻，却没带给人什么感受，他们千人一面；派头都一样；对时下的流行了如指掌；不论吃喝，甚至连捏酒瓶都拿腔拿调——他们谈论了基恩和他那群下等朋友——可我当时心里想，我宁愿和他们在一起也不想同你们来往！我就知道，这样的泛泛之交肯定跟我合不来。

不过，一个半星期过后，当他在海登那边再次碰到金斯顿那伙人时，他的幽默感又回来了。"捏酒瓶的拿腔拿调"又引起了他的兴趣，被他当作整个晚上的象征。他快活地告诉乔治和汤姆，在海登家，"吃晚饭时，我一直用聪明时髦的方式让面前的两个杯子忙个不停……金斯顿对此大吃一惊"。

参加史密斯的文学聚会后不久，济慈同查尔斯·布朗以及查尔斯·迪尔克一起去德鲁里巷看了圣诞童话剧。几人走回汉普斯特德时，济慈发现自己

> 249 与迪尔克之间不是争吵，而是就各种话题探讨；一些想法在我脑海里密切交织，很快我就想到，是什么品质造就了一个有成就的人，特别是在文学方面成就卓著之人，莎士比亚极其鲜明地拥有这样的品质——我所说的就是**消极能力**，也就是说，能够经得起不确定、迷惘、怀疑，而不是烦躁地要去弄清事实，找出原委——譬如，柯尔律

> 治就是因为不能满足于半知半解，才会坐失从隐秘深殿中得到美妙孤立之真实的良机。恐怕在大量的书卷中找来找去，得到的结论也不会超出如下这个：那就是，对一个大诗人来说，美感超过其他一切考量，或者不如说，抹去了其他一切考量。

运用我们所知悉的背景信息，这些名言可以转译如下：在充满不确定性的生活中，没有任何体系或公式可以解释一切——即便一个词语，用培根的话来说，也最多就是"思想的赌注"——我们需要的是富有想象力的思维开放性，以及对完满且具有多样具体性的现实的高度接纳。然而，这就涉及对自我的否定。济慈后来曾说，他的朋友迪尔克"除非对每件事都下定决心，否则绝不会认为自己拥有个人特性。增强领悟力的唯一手段，就是对任何事物都不下定决心——让心灵成为所有思想的通衢……迪尔克永远也无法得到真理……因为他总是尝试着要去确定"。[①] 假如一个人总是不满意借由开放所获得的洞见，拒绝这些见解——除非它们能被扭曲并进入其自我构造的系统性结构，变成其中的一部分——那么，这种不满便是对其自我同一性的强烈声张。"不是烦躁地要去弄清事实，找出原委"这句话常被人们引用，但似乎又总以为其中的贬义词是"事实"和"原委"，并认定不确定性本身受到了济慈的偏爱。然而，真正重要的词当然应该是"烦躁"。我们还须强调的一个词是"能够"——"能够经得起不确定、迷惘、怀疑"，而不需要"烦躁地"扩展自我同一性，为"半知半解"寻找合理的辩解。[②] 尤其对一个"伟大

---

① 《济慈书信集》，第二卷，页213。

② 济慈提到柯尔律治，说他"坐失从隐秘深殿中得到美妙孤立之真实的良机"，这个说法似乎荒唐可笑，但考虑到济慈没怎么读过柯尔律治，说出这样的话也算情有可原。无论柯尔律治如何渴望系统性，他也不可能仅因让很少的东西溜走而获得系统性；其批评创作的华彩之处，正在于其中无数的"孤立之真实"。

诗人”来说,就对象的本质意义做出同情性的吸收“超过其他一切考
250 量”。(对象的本质意义是在心灵的积极协作中被捕捉和品味到的,其间所浮现的“真”被感受为“美”,而在这个过程中人类想象力与其对象之间的和谐终于达成。那些考量可能是“烦躁地要去弄清事实,找出原委”的人所渴求的。)事实上,美感超越并“抹去”了“考量”——不再通过“按部就班的推理”来思考、分析和拼凑经验。

九

这种思索只能说是个开始,就其本身而言,几乎可以引向任何方向。而这也正是其主要价值之一。即便如此,具体且有建设性的做法在人生的任何阶段都很有助益,对一个二十二岁的青年来说,此需求尤其紧迫。接下来的几个月中,济慈试图阐明他目前所想到的各种假设,在这个过程中他显得有些摇摆不定,但这是可以理解的——相关假设不过是“无我”观念的明暗交界部分,它们触及他的具体经验。暗影至少意味着某种延伸;随着时间的推移,就算念及这一点,他也能够感到些许安慰。

与此同时,济慈还遇上了这样的瞬间——看到接近全然被动的东西时,内心受到强烈的吸引。蜜蜂环绕花朵授粉的形象引起了他的兴趣。撰写《恩底弥翁》时不懈的努力,也让他内心产生了自然反应。在匆忙创作之间所忽略的领悟、反省和“思索”(speculations;用他自己的话来说),如今比以往任何时候都更充分地展现了出来。原因就在于撰写《恩底弥翁》的收获正被慢慢吸收,而它们有时几乎会被遗忘。缓慢的发展、成熟、已生根的力量和益于成长的闲暇——这些东西都对他产生更进一步的吸引力。不过,正是在雄辩且公正地主张某种美德时,其局限性也向他展露了出来。这些美德接近于华兹华斯所谓的“保持聪悟

的被动"（wise passiveness）。济慈开始觉得，这不是他的本意，也不是他想要的。至少，仅其本身是不够的。他写给约翰·雷诺兹的一封信(2月19日)恰如其分地展现了某一"思索"过程。信的开头就提出了他现下最钟意的一个想法：任何一个点都可以作为卓有成效的开端。一个人可以"如此这般度过愉快的一生"，他每天坐下来，

> 读一页书，里面诗意盎然或文笔凝练，他心中带着这页书去漫步， 251
> 沉思默想，深切地体会，做出预言，在梦中念想——直到它寡淡无味方休——可它什么时候才会变得寡淡呢？永远不会！——当一个人在才智上达到某种成熟度时，任何崇高、纯洁的篇章都能够成为他通往"三十二天宫"的起点。

其结果便是一次真正的"思想航行"。在沙发上打个盹，孩子的咿咿呀呀，一段乐曲，甚至"在三叶草上的小睡"，都能引来"上天的指点"。它有自我引导的推动力和强力。"许多不以为然的人有着原创的思想——只是他们被习俗引导着盲从。"这一见解，被济慈的个人经历所充实，导致他随即颠覆了蜘蛛与蜜蜂的古老寓言，尤其与斯威夫特对这则寓言的运用相左。蜘蛛作为一种象征符号的吸引力，在于它织网时能用作支点的树叶和枝杈非常之少，然而，它竟能在空气中"来回布满线路"。"如今，在我看来，几乎所有人都能像蜘蛛那样，从体内吐丝，织成自己的空中城堡"，这便具有创造性的意义——蛛网"对灵性的眼睛来说，充满各种象征"。当然，它的起点、"线路"以及它所获得的"漫游空间"，都与旁人不同。如果我们言辞激进，结果就会复杂化。此处，济慈说到了其思想的核心：

> 世人的思想各不相同，还一心要走千差万别的路，以至于在这

> 样的假设下，人们的第一印象便是哪怕两三个人中间也不可能存在共同的品味和友谊——然而，恰恰相反——不同的思想固然会彼此分离，走上对立的方向，在无数个节点上失之交臂，但最终它们却会在旅程结束时彼此问候——老人和孩子一起交谈，然后老人被搀扶着走上自己的路，留下孩子独自思考——人不应去同他人争辩，或是断言主张，而应当轻声把推论耳语给自己邻近之人，这样，通过每个精神的胚芽从天国的土壤汲取汁液，每个人都可能变得了不起，整个人类将化为拥有宏伟民主的森林，而不再是长满荆棘石楠的广袤荒野，其间偶尔点缀着几棵橡树和松树。

后来的任何时候，他都会赞同上面所说的话。不过，他在下面的话中，将接受性的理想推到了更深的层面，这些话有时会从语境中分离出来，被解读为新的、更为根本的信条：

> 我们总是强调蜜蜂筑巢——这是一个很古老的比喻——然而
> 252 在我看来，人更应当成为花朵而不是蜜蜂……现在，像朱庇特那样端坐，比像墨丘利那样飞来飞去更加高贵——因此，我们不要像蜜蜂那样匆匆忙忙，四处采蜜，因为知道在哪儿能采到蜜而不耐烦地嗡嗡作响。让我们像花儿一样绽开我们的叶片吧，变得被动、乐于接受——在阿波罗的目光下耐心地萌芽生长，从每一只青睐访顾我们的高贵昆虫那里获得启示。

正是本着这种精神，济慈写下了一首无韵的十四行诗《画眉鸟的话》，其中有一句叠句“别急于求知吧”。他之所以“陷入思索……是因为清晨的美作用于一种闲适之情——我没读任何一本书——清晨对我说：你是对的——除了晨光之外,我什么都没想,画眉鸟对我说:你是对的”。[①]

然而,将这首诗抄给雷诺兹看后,他立刻就“明白了这不过是场诡辩,不论看起来多么接近真理,也只能说是为自己的懒惰找借口”。毕竟,与朱庇特相匹敌的机会少之又少,能“像粗鄙一点的墨丘利,甚至是一只卑微的蜜蜂就已经很不错了”。两天后,他也向弟弟们提起了《画眉鸟的话》一诗,但他自己现在却“读着伏尔泰和吉本,尽管我前几天还写信给雷诺兹要证明读书无用”。

十

不论更普遍的意蕴可能指向何方,济慈越来越清楚,也越来越确定自己对天才非个人化的兴趣,“尤其是文学方面”的天才。因为在这一领域,“无我”的理想直接触及人的内在储备,即天赋和(考虑到他的年龄)累积的经验。

---

① 呵,你的脸上扑过冬天的风,
你曾看见雪絮的云雾弥漫,
黑色的榆枝插上冰冷的星天!
等着吧,春天将是你丰收的季节。
呵,极度的黑暗曾是你唯一的
学识的明光,在日神离开后,
一夜又一夜,你以它为营养!
等着吧,春天定是灿烂的黎明。
别急于求知吧。我一点没有;
但我的歌却和温暖的天同调。
别急于求知吧!我一点没有;
但黄昏却在聆听。凡是忧心于
无事可做的人,是不懒散的;
那自以为睡的,他必定清醒。*

* 此处使用穆旦先生译本。

253 从恩菲尔德的学生时代开始,济慈的同情认同能力中给我们印象最深的就是其包容性。这不是难得一见的演员身上那种短暂的移情范围。因为济慈包容性的范围不仅是垂直的,也是水平的,令其脱颖而出的是具有黏着力的心灵立足点,而非藤蔓般的缠绕易变。济慈对克拉克描述纵狗斗熊表演时,可以本能地开始模仿,不仅模仿观众,还模仿熊——"表演熊将前爪四处拍击的样子"。为克拉克诊断肠胃不适时,他将胃比作一窝雏鸟,"张大嘴嗷嗷待哺",边说还边自然而然地张大了他自己"宽阔的嘴"。但这种共情表达只是顺便产生的效果——正如他在恩菲尔德学校期间忘我的争吵一样——都源于更深层的习惯性认同能力。在诗歌创作中选择风格时,他不是模仿者或缮写人,而是作为对等的参与者,他认同的更多是对方的目标和理想,而不是写诗的人本身。如果说济慈还在盖伊医院学习的时候,就抓住了菲尔顿·马修的风格要素,那么他自己的创作就更为其添彩;他写出来的诗,就算不好,也超越了马修创作的任何东西。后来他在学习亨特风格的时候,情况也是如此。除了最开始和后续的个别篇章,我们在他的诗中找不到任何仿制品的常规技巧。要说有什么不同的话,那就是济慈为亨特的风格带来了更多活力。更晚些时候的《海伯利安》,是济慈在两三个月内写就的,它恐怕是所有模仿弥尔顿风格的英诗中,弥尔顿本人唯一乐于当作自己创作的首。

讨论这些更为宏观的表现形式,需要对济慈的整体成长做出总结,以之为证。但我们可以就他对共情意象本身的喜悦多花点篇幅。因为,在旁人唤起他对事物的注意或是告诉他用什么样的词汇来描述之前,他那敏锐的同情心早就快速而生动地表现出来了。我们回想一下克拉克的叙述,他与济慈第一次在恩菲尔德共读时,最能抓住济慈想象力的诗句和意象就证明了这点。济慈显然感受到了肩头分开的巨浪,他"一下子**挺起身**,看起来健壮而魁梧,就像他自己说的,'多么美好的画面啊！——**肩负大海的鲸**'"。又过了一段时间后，克拉克引介查普曼译的荷马给济慈，那更令他难以忘怀。《奥德赛》第五卷中尤利西斯沉船的片段打动了济慈，让他回以"一个愉快的凝视"："他倒下去昏死。/海水浸透了他的心。"既然现在济慈可以不那么匆忙地创作，阅读莎士 254
比亚就开始激发他在意象上共情聚焦的天赋；两年之内，这项天赋就发展至除莎翁本人以外无可匹敌的高度。撰写"消极能力"一信约一个月之前，济慈兴奋地抄写了不少莎士比亚剧作中的段落寄给雷诺兹，其中有一段描写蜗牛颤抖着缩回壳中：

> 他已经写尽了所有的东西，让人无从置喙：比如蜗牛，你看看他是怎么写蜗牛的，你知道他在哪儿写到了'鸟蛤蜗牛'吗——嗯……就是在《维纳斯与阿多尼斯》里，那个比喻让我想起这一段。
>
> 听——蜗牛那柔软的触角被击中，
> 只疼得缩回了带壳的洞，
> 屏住呼吸，蜷伏在暗处不动，
> 好久好久不敢伸出头角。[①]

他后来在自己那本《失乐园》（第十卷，页 179–191）中所写的批注也表现出同样的观念：

---

① 就在同一天，济慈还写了一封信给贝利，其中经常被引用的一句话是："假如一只麻雀来到窗前，我也会参与它的存在，同它一道在砂砾里啄食。"他后来的一首小诗《诗人在哪里？》呼应了这句话：

> 是那带着鸟儿的人，
> 带着鹪鹩和鹰的人，找到了
> 　　通往全部天性的路；他听见
> 狮子的咆哮，就能猜出
> 　　那粗粝的喉音在说什么……

撒旦进入了蛇的体内,并将他残忍的感觉渗透——这似乎已经足够——但弥尔顿却进一步写道“**它的梦都没被惊扰**”。谁的灵魂能不为窒息和幽禁而痛苦——不因不情愿的静止——“**闷热的等候**”而煎熬?一想到撒旦在蛇身的监牢之中,谁的头脑能不感到眩晕——没有哪段诗能带给人更强烈的窒息之痛了。①

最后,在我们谈论海兹利特的影响之前,可以再回顾一下塞文对数月前情形的描述,一八一七年的夏日,塞文与济慈在汉普斯特德荒野散步,当时济慈还在写《恩底弥翁》的第二卷。唯一能迅速将他从“阵阵阴郁的沉思”中解脱出来的,就是他与“内海”的有机运动(强风穿过成片的大麦地)之间的生动关联。他“会立刻驻足,身体前倾”,“眼睛明亮,神色安宁,有时脸上掠过一丝微笑”。有时,“正如他描绘的,‘气浪
255 翻腾着吹过一棵树’,空气在一大片摇晃的栗树和橡树枝叶间上涌”,又或是他听到远处“风从林地间吹过”,

“潮水!潮水!”他会高兴地叫喊起来,跳到旁边的台阶上,或是路边树木低矮的枝桠上,看着风吹过草地和小麦,他一动也不动,直到风吹到他的身旁。

塞文本人更倾向于幻想和模糊,因此他一再为济慈关注细节的密切程度而“感到惊讶”,直到他后来开始明白些许:

似乎什么都逃不脱他的洞察,鸟儿的歌声和隐蔽树丛下传来的回应,动物的窸窣声,绿色、棕色的光和神秘影子的变化,风的流

---

① M.巴克斯顿·福尔曼编,《济慈诗歌及其他著述》,第五卷,页305。

> 动——一些高大的花草是如何随风摇曳——还有云的行进：就连过路流浪汉的体态和动作，女人头发的颜色，孩子脸上的笑容，许多游民具有欺骗性的表象下隐藏的鬼祟兽性，都在他的观察之内，甚至连鞋帽衣衫都逃不过他的眼睛，只要它们能细微透露出穿戴者的真实自我。[1]

塞文注意到济慈对任何“能细微透露出穿戴者真实自我”的东西都很感兴趣，这让我们联想到他后来对人物产生的乔叟式的趣味，这种趣味在他较长的信中，乃至其读书时标出的下划线和旁注里都表现得愈发清晰。一八一八年三月十二日，济慈写信给贝利说：“风景固然好——但人性更好——正是因为有真正的、急匆匆的英国人的脚步走过，草地才显得更加丰茂。”约一两个月后，他读到了马蒂奥·阿莱曼的《西班牙恶棍，或古兹曼·德·阿尔法拉什的一生》，他读的是一本旧版（1634），詹姆斯·莱斯刚刚送给他这本书。济慈在这句话下面划了横线——“他的声音响亮，有点刺耳，但又不太清晰”，旁边的空白处写着：“这让我想起菲尔丁笔下的范妮，‘牙齿洁白，但不大整齐’；这是同样的人物特性。这方面写得最好的是乔叟。”

十一

济慈无疑是在贝利建议下阅读了海兹利特的《论人类行为准则》一书。于此，他发现了一个相当庞大的内在储备，可供发掘利用。他后来 256
购买了这本书，直到他去世时，此书仍在其藏书之列。

---

① 威廉·夏普，《约瑟夫·塞文生平及书信集》，页20。

《论人类行为准则》是海兹利特出版的第一部作品——这本小书的目标是驳斥托马斯·霍布斯及其十八世纪追随者的论点，即自爱，总是以这样或那样的方式，成为人类所有行为的主要源泉。海兹利特一书的观点是要证明——正如其副标题所示，“人类心灵的自然无我”。一个世纪以来，英国哲学对这个问题的思索比对其他任何问题都多，因此，海兹利特年轻时的目标就已经十分远大（他在二十岁出头的年纪就开始写这本书，书出版时他二十七岁）。他的做法相当巧妙，在某种程度上也很新颖。想要反驳霍布斯的伦理学家们，在过去的五十多年中一直强调想象力的同情潜能。亚当·斯密影响深远的《道德情操论》（*Theory of Moral Sentiments*, 1759）便是最著名的例子。这种兴趣蔓延至艺术批评理论；早在德国心理学界发展出“移情”学说（Einfühlung）之前一个多世纪——这个词后来在英语中被创译为“empathy”——英国的批评理论已经预见到其中的许多观点。[①] 英国十八世纪心理研究的许多发现都遭遇了奇特的命运：它们在十九世纪三十年代之后被遗忘，直到十九世纪后期德国大学如饥似渴地将其理论化才得以重生，这一过程使它们被再发现，并得到了更系统化也更加主观的阐释。

在《论人类行为准则》一书中，海兹利特比亚当·斯密的《道德情操论》走得更远。他希望表明，想象力的同情不仅是从自我中心的牢笼中逃脱的结果，而且是一种彻底的、与所有精神活动不可分割的固有事物。

① 本书作者在《从古典到浪漫》（*From Classic to Romantic*, 1946）一书中对这一主题做了简短探讨，主要围绕着十八世纪文学批评的状况展开，详见该书页 131–147，页 153–156。“移情”说是由洛采和后来的冯特学派发展起来的，并在西奥多·利普斯的《美学》（*Ästhetik*, 1903–1906）中得到了最充分的阐释，移情说的前提更为主观：它所指的不是对客体的实际参与——也不是客体对心灵的客观渲染——其更主要的指涉是将想象本身的特性和反应归因于移情。换句话说，见解或洞察虽然伴随着感知心灵和被感知对象的融合，但它主要是想象力运作的副产品，投射在客体之上。后来，在人们对“empathy”（共情）一词的严格阐释下，对“移情”的限定就进一步加深了——“empathy”这个英译词是由冯特的学生 E. B. 蒂奇纳最早于 1909 年提出，后来在 1912 年由弗农·李普及开来。

同情的认同是每时每刻不断发生的——即便是对我们自身和我们所渴望的未来，情况也是如此。实际上，海兹利特的心理学是洛克观念的动态版。洛克将心灵设想成一张**白板**（tabula rasa），经验在上面涂写，海兹 257
利特却认为心灵应该是一种更加积极参与黏着和投射的东西，也就是说，它依赖自身之外的事物对之着色，但也积极地与其对象结合，成长、收缩，甚至被它所吸收的东西污染毒害。海兹利特的论点关注"同一性"的本质。假设我以霍布斯主义者所宣称的彻底的方式爱自己——也就是说，我所做、所计划和期望的一切都是为了帮助自己，或是免遭未来的痛苦，即便是我们所谓的慷慨行为，也纯粹是出于自爱的目的才做（如霍布斯主义者所认为的那样），是为了让自己被他人赞美，希望与他人交好，或者——至少是与自我共处。但是，我怎么才能知道，特别是，我怎么才能"爱"这个"同一"（也就是我所认定的自己）呢？如果我们带着经验的坦诚来看待这个问题，就必须承认，任何能让人感知到自己是一个人，也就是说从这一刻到下一刻是同一个人（简言之，即"同一性"）的印象，直接通过两种方式产生——那就是"感觉"和"记忆"。一个烧伤了手指的孩子，只有通过"感觉"才知道正是他自己而不是别人被烧伤了手指。同样，他也只能通过"记忆"才知道，正是他自己而不是别人有过这种经历。如果迄今为止我们的"同一性"完全取决于感觉和记忆，那么什么才能让我去关心未来的感觉呢？因此，仅有感觉和记忆是不够的。只有通过**想象力**，我才能描绘出自己未来的同一性。被烧伤的孩子会害怕未来灼伤的疼痛前景，因为通过想象，他"将自己投射到未来，并与自己未来的存在产生认同"。想象力"创造"出了他自己的未来，并交付给他。

简言之，我可以"从我现下的存在中抽取出自己，并对我未来的存在产生兴趣，［也只有］在这同样的意义和方式之下，我才能够完全脱离自己，进入他人的思想和感受中去"。换句话说，想象性认同的能力并不是本能或机械地被迫转向某一个方向，而不去另外一个方向："我能够预见未来对象,或对它们产生兴趣”的唯一方法正把“我抛出去,使其进入我未来的存在之中”,并预见当下还未存在的事件;这种方法同样能够“以相同的过程,把‘我’从我自己中带出来,使其进入他人的
258 感觉……假若我不能爱他人,便也无法爱自己”。如果头脑中出现了比自身同一性更强烈的想法,那么想象力就会更容易转向这些想法。海兹利特在此发展了当时联想主义心理学家的观念,他的作品在这些人中被广泛阅读,这个观念就是心灵会本能地跟随和“模仿”其面前的事物。海兹利特发展了他以前大学老师约瑟夫·普里斯特列的看法,不过他没有普里斯特列那么倾向于机械论,而是更加强调心灵在同情和投射功能方面的创造性活动。普里斯特列追随洛克,认为心灵作为一块**白板**,只能意识到“呈现在其面前的观念,它一定会让自己**顺从于**这些观念”。换句话说,既然心灵只从经验中接受一切,那么它就会根据所接受到的东西的特性来调整自己,而且

> 其调整的方式如此即时和机械,以至于没有人会反思……去警惕其中一些最无用、最荒谬的结果。如果一个人看到另一人在绝壁边上,有跌下去的危险,他肯定会忍不住往回退缩……仿佛他自己也会坠落一般。至少他很有可能会这么做。人们打木球时,总是会按照他们想要木球走的轨迹去倾斜身体,以各种姿态扭动,还有什么比这更常见的呢?……一个人的想法越是生动,他的总体感觉越是敏锐,他就越能够完全且灵活地改变自己,去适应眼前的情况。[①]

有关“心灵自然无利害”的论点当然不是说大多数人真的无私无我,其要义在于并不存在像霍布斯及其追随者所推定的那种导向“自

① 《演讲与批评讲稿》(*A Course of Lectures on Oratory and Criticism*, 1777),页126–127。

爱”的机械决定论。就心灵的**潜在**发展而言,“无我”是存在的。知识能够引导我们的想象力,使之习惯于除却“自我同一性”之外的其他观念。我们经常会发现,长期的交往会增强我们的同情心,只要对方身上的不良品质或纯粹的单调没有扼杀这种同情心。如果孩子对旁人没有同情心,那不是因为自动发生的“自爱”,而是因为缺少知识——缺少知识同样会阻碍他与自己未来的利益产生认同。艺术、哲学、道德行为的伟大——或者说任何意义上的“英雄主义”——都关涉“在一些对我们 259
来说比自己更珍贵的对象中”抛却“个人同一性”的感觉。

海兹利特之后再也没能更深一步地发展其学说的心理学含义。因为作为一名参与实际业务的报人,他不得不为了生计,匆忙地写文章,写评论,所以当他带着怀旧之情回顾《论人类行为的准则》时,他认为这种创作才是他真正愿意重新拾起的。不过,时光荏苒,速度更快但分析密度更低的写作习惯已经根深蒂固。但是,他关于想象力的同情特性的观念,成为其大部分文学批评的总体前提,特别是在涉及莎士比亚批评的内容中表现得尤为突出。海兹利特认为戏剧是最客观的,因此也是诗歌的最高形式,这种戏剧观的基础正是想象力的同情特性观。他探讨同时代诗歌时,这一观念也无时不萦绕在脑海中。他比同时代任何一位英国批评家都更敏锐地感受到了艺术领域正在发生的主观主义运动,浪漫主义是其第一阶段,他担心艺术家和社会之间的分裂会因艺术家同情心的减弱而日渐加剧(尽管部分出于自我防卫)。他对同时代人更为严厉的批评——包括对华兹华斯和拜伦等各色诗人的批评,主要攻击的是诗人的个人情感、利益和辩护对诗歌的侵犯,以及艺术失去其目标的危险——他所谓的目标就是“超越自我的崇高且永恒的兴趣”。

十二

济慈在圣诞节前后给弟弟们写了“消极能力”一信，之后不到三个星期，海兹利特开始在萨里学院讲学。萨里学院位于黑衣修士桥以南，系列讲座每周二晚七点钟开始。这就是著名的“论英国诗人”系列讲座，其第一场开始于一月十三日，最后一场结束于三月三日。济慈十分期待聆听每一场讲座，据我们所知，他只因到达会场太晚而错过了一场（一月二十日的“论乔叟与斯宾塞”）。济慈曾告诉贝利他一定会去参加第三场讲座，也就是一月二十七日的“论莎士比亚与弥尔顿”，讲座开场的几句话很可能给他留下了深刻的印象。海兹利特提到，莎士比亚

> 是最不可能成为自我主义者的。他内无一物；但又是他人的全部，
> 260 或者是他人可能成为的一切。他不仅拥有各种官能和感觉的胚芽，而且能够通过每次命运的变化、激情的冲突或是心念的流转，跟随着那些胚芽，凭直觉预知、进入到所有可想到的分枝中……他只要想到任何事物，就能成为它们，连其周围所有的环境都纳入其中。

相比之下，许多现代诗歌似乎都陷入了某种竞争，争相将自身“简化”成“纯粹自然情感的流露”，用“作家本人心灵中的病态情感和强烈的自我主义将最平庸的对象”包裹起来。

海兹利特讲座的直接效果是打开了济慈的眼界，让他看到当时诗歌主要模式的局限性，如果没有这些讲座，济慈可能会晚许久才明白过来——实际上，当时的大多数作家都不太清楚这些局限性，直到整整

一个世纪之后人们才普遍意识到其中的问题。[1]“无个性”诗人的理想，触及济慈内在反应的品质和习惯，在后续几个月中逐渐抓住了他的想象力，尽管后来这一理想在他看来又过于简化了。此理想在他思维习惯中的深入程度，可以从接下来秋天的一封信中窥见一斑，这个秋天是令人惊异的一年之始，从一八一八年十月至一八一九年十月，济慈最伟大的诗歌都创作于这一年。他写信给理查德·伍德豪斯（10 月 27 日）道：

> 说到诗人的个性（我指的是我所属的那种，假如我还不算微不足道的话；它与华兹华斯所属的那种或者自我中心的崇高派不同；它本身是独立的，自成一体），它不是自己——没有自我——它一切皆是又一切不是——它没有特性——它享受光明与阴暗；不论是美是丑，是高是低，是富是贫，是贱还是贵，它都生活在意趣之中——对它来说，构想出伊阿古和伊摩琴具有同样的乐趣。令道德高尚的哲学家感到震惊的东西，却让变色龙般的诗人欣喜不已。对事物阴暗面的津津乐道与品味它的光明面一样无害；因为两者都以思索冥想告终。诗人是所有存在物中最没有诗意的；因为他没有同一性——他总是不断地寻找——占据别的实体——太阳、月亮、大海，世上的男男女女，这些冲动的造物都是诗意的，有着不变的特征——然而，诗人没有；没有同一性——他定然是上帝创造出的最没有诗意的东西……当我和许多人同处一室，假如我没在思考头脑中的构想的话，我自己也不是我的归宿：屋里每一个人的特性都 261
> 开始施压于我，我很快就被湮灭了——不仅身处成人之间时，情况如此，就算在儿童室里，也是一样。

---

① 参见后文第十三章，第十六节。

伍德豪斯此时已对济慈了解颇深，他觉得这些话很好地描绘了济慈自己的思想倾向，于是他写信给约翰·泰勒道：

> 我认为济慈对自己"诗人个性"的看法是正确的——我清楚地看到了他与华兹华斯派的区别……诗人的最高境界不仅拥有上述的所有能力，而且其想象力[如此之]强大，以至于他能够将自己的灵魂投入任何他所看到或想象到的事物中，这样他就能够看到、感受到、意识到和表达出那些事物本身所能看到、感受到、意识到和表达出的东西——他会借那些事物的口来说话——如此一来，除了物理存在之外，他自己就被"湮灭"了。我想，当济慈说他没有同一性时，指的就是这种能力的满溢——作为一个诗人，当这种力量突然出现在他身上时，这的确是真的……莎士比亚就是前面提到的那种诗人——也许是除济慈之外，唯一一个在超凡程度上拥有这种能力的诗人。

济慈之前曾与伍德豪斯探讨过这个话题，当他与严肃的人在一起时，便会发现自己无法抗拒这种充满奇想的表达冲动。因为伍德豪斯在前文提到的评论后加了一句："他肯定地说，他可以把自己想象成一个弹子球，感受到一种从自身的圆润、平滑、流畅的旋转和运动的速度中所获得的愉悦感。"①

---

① 《济慈社交圈》，第一卷，页 57–60。济慈动笔《恩底弥翁》之后，准备离开马盖特前往坎特伯雷，那时他就曾希望"对乔叟的回忆能推着我像弹子球一般前进"。（《济慈书信集》，第一卷，页 147）

十三

当然，我们一直在提前讲述后面的事情："消极能力"一信的深层含义让我们的目光往后张望了几个月。回到十二月，当济慈感觉自己正登上一个新的思想平台时，有关《李尔王》的回忆不断重现。那时，他在怀特岛上开始创作《恩底弥翁》，正是大海让他在第二次冒险之旅中想到了《李尔王》这部戏剧——他曾于前一年也就是一八一六年的夏天，在马盖特附近的峭壁边上看到了大海："《李尔王》中的一段……'你没听见海的声音吗？'——紧紧地缠绕在我的心头。"如今，《恩底弥翁》已经完成，第三次冒险之旅，或者说第三次转变即将到来，他现在再想起《李 262
尔王》，感觉已有些不同。大约于十二月份，至少肯定在一月份之前，他买了一本海兹利特的《莎士比亚戏剧中的人物》（*Characters of Shakespeare's Plays*，出版于 1817 年末）。除了一处例外，济慈在这本书中标注的所有下划线和旁注都集中于《李尔王》这一章。[①] 它们以独特的方式为构思的"紧凑强度"提供了进一步的阐释——构思的紧凑强度，在济慈看来，就是关联和"心灵的呵护"——对于此，他在给乔治和汤姆写信的时候，一直在思考（"仔细读读《李尔王》，你就能发现这一点贯穿始终"）：用海兹利特的话来说（济慈在这段话下标出了下划线），当"想象力最强大的资源被调用，以打开心灵最深处的运动"时，这种关联就尤被珍视。海兹利特称，"天才最伟大的力量""表现于描绘最强烈

---

① 参见哈佛大学济慈馆藏。这些标记的段落和旁注在洛厄尔的《约翰·济慈》和 M. 巴克斯顿·福尔曼编的《济慈诗歌及其他著述》中刊印了出来。见《约翰·济慈》，第二卷，页 587-590；《济慈诗歌及其他著述》，第五卷，页 280 286。

的激情,因为在创造性作品中,想象的力量必须与自然印象的力量成正比,而自然印象是它们的主题”。济慈在这段话旁的空白处画了双线,并写道:

> 如果我们把激情比作巨大酒窖中不同大小酒桶所装的酒——其实也就是这么回事——诗人仅凭一杯酒,就应该知道任何特定酒的程度,他根本不需要喝得酩酊大醉——这是对力量最高层次的运用,下一步就是凭借对已然逝去的自我风暴的记忆,来做出描绘。

在这本书的另一段旁,济慈也画了一条线,并在粗体字部分画了下划线,他写道:“这段话非常具有象形文字的视像效果。”

> 我们看到了感情的起伏、停顿和不安的跳动,它对反对之声的不耐,以及它腾出时间回想自我时,所呈现出的积聚的力量,**我们看到了它如何利用每一个擦身而过的词语和动作,它如何急切地驱散含蓄的批评,也看到了灵魂的交替收缩与膨胀**。

一月的第一个星期,济慈开始为出版商誊写和校改《恩底弥翁》,而这首诗与他现在所专注的思想似乎已十分遥远。事实上,诗歌浪漫传奇总体来说都离他当下所想有些距离,尽管他后来还会再写两部(《伊莎贝拉》和《圣亚尼节的前夕》)。一月二十二日,星期四,他誊写完《恩底弥翁》的第一卷;正如他第二天告诉两个弟弟的,“我坐下来重读《李尔
263 王》,似乎感觉到它需要一首十四行诗来开场,我写了一首,然后读了读”。这首诗绝称不上他最好的十四行诗——他甚至都没想过要出版——但这件事本身对他来说意义非凡。因为他现在思考这部戏剧时,

带上了新的理解,明白了“浪漫传奇”的“古橡树林”之外还有多么广阔的世界。[①]

这只是另一个起点,甚至比其他开端进展得更加缓慢。但济慈认为自己已经做好了准备,等待“才智缓慢成熟”;他当下能说的,只是“我认为最近我的领悟力发生了一点变化”。然后他就开始写那首十四行诗,把它抄给了乔治和汤姆,并补充道:“你们看,我正在接近这个目标,有决心也有力量,尽管此时此刻我还没能真正感受到变化——这是今天早上我写的第四封信了,我觉得很累,头也有些眩晕。”

① 参见后文第十一章,第九节。

第十一章　新的起点(1817 年 12 月-1818 年 1 月)

一

264　十二月初,华兹华斯到伦敦拜访,逗留了几个星期。他与弟弟克里斯多弗一道,住在兰贝斯的教区长住所里,偶尔还到妻子的表弟托马斯·蒙克豪斯位于卡文迪许广场的家中小住。

海登很希望把济慈引介给华兹华斯,他们两人都认为华兹华斯是当世最伟大的诗人。于是,海登赶忙将华兹华斯到访伦敦的消息告诉济慈,而济慈本人则刚刚从伯福德桥的旅馆回来(12 月 5 日),这趟旅行是为了给《恩底弥翁》"收尾"。如今,一年前对华兹华斯的"崇敬"在济慈心中又深了一层(当时他一想到海登要把自己的十四行诗《伟人的灵魂正寄居凡尘》转交给华兹华斯,就"激动得喘不过气来")。他甚至会因为"碰到了一位朋友"而兴奋不已——正如他八月份在给海登的信中提及的,兴奋的原因只是这位朋友"几个星期前参观了华兹华斯的房子"。九月份在牛津时,济慈在与贝利的交谈中引用《颂歌:忆童年而悟永生》,两人经常谈论华兹华斯,贝利对华兹华斯的评价比对弥尔顿以降的任何一位诗人都高。华兹华斯高尚的精神使他显得格外超群。如今,济慈已更加了解文坛,华兹华斯与一众俗物并置,就更显云泥之别。

从牛津回来之后，济慈因周遭朋友的争吵和琐碎猜忌而备感苦闷，他曾在疲惫的时候告诉贝利，说他“现在对文人十分厌恶，除了华兹华斯我再也不想认识一个文人了”。而现在，结识华兹华斯的机会来了。海登给托马斯·蒙克豪斯写去一封便笺：

> 华兹华斯先生明日上午是否在兰贝斯的家中？济慈回来了，很期待见到他——你觉得他会不会太忙，无法匀出几分钟的时间见我们？[①]

二

华兹华斯时年四十七岁，每次来到伦敦他都心情不佳：人群和城市总会消磨他对人性的乐观态度。经常与他在一道的克拉布·罗宾逊在日记中写到，这个月，华兹华斯的脾气尤其暴躁。罗宾逊认为（12 月 4 日），华兹华斯因柯尔律治在《文学传记》（*Biographia Literaria*）中对他的批评而着恼：批评本身十分宽厚，但其中部分言语触到华兹华斯的痛处，因为他自己也对这些方面最没把握。到了十二月二十七日，在查尔斯·兰姆家的一次正餐宴上，素来对华兹华斯钦慕有加的罗宾逊终于承认，“有生以来，我第一次对华兹华斯感到不快，柯尔律治似乎在他面前占了上风。柯尔律治用一种神秘主义的风格讲起绘画，这是他现在惯常 265

① 这封未标明日期的便笺（刊印于期刊《释疑》中 T. O. 马博特的文章，第 180 期〔1941〕，页 328），很可能是在乔治和汤姆动身前往德文郡之前就已送出，拜访可能也是在那之前完成的。因为两个弟弟离开后，济慈会在信中详细记述自己的所有活动和见过的人，但他并没有提起与华兹华斯的第一次会面。有一个可能，就是他在这次会面中感到非常受伤或尴尬，因而不愿提及，至少在当时如此。但是，济慈与弟弟们亲密无间，无所禁忌；而且他同克拉克谈及此事时，并没有表现出任何苦恼。

的感受方式。但华兹华斯却对他回以冷冰冰、毫无感情的反驳”。

蒙克豪斯愉快地安排了海登和济慈来家拜访。海登说，当他们走过卡文迪许广场时，济慈一直在表达“即将见到华兹华斯那最强烈、最纯粹的快乐之情”。他们来到蒙克豪斯家后：

> 华兹华斯亲切地接待了他们。几分钟后，他问起济慈最近在做什么，我说他刚刚写完一首精美的潘神颂歌——由于济慈身上没带抄本，我就恳请他背诵一遍——他用惯常的半吟唱的方式背了一遍（非常感人），他一边吟诵一边在房间里来回走动——吟诵完后，我真觉得，仿佛听到了一个年轻的阿波罗在吟唱——华兹华斯却干巴巴地说：
>
> “一首带有异教风格、非常甜美的作品。”
>
> 简直太不近人情了！他这样的天才对济慈这样的年轻崇拜者说出这番话，实在不光彩——济慈也**深深地**受到刺伤。①

海登和华兹华斯的其他朋友都深知，华兹华斯蔑视任何掩饰的行为，也会固执地讲出自己当下的想法，就算表露出他的自我中心主义也在所不惜。然而，海登对这句话毫无准备。他无疑认为华兹华斯会欣赏《恩底弥翁》中的“潘神赞美诗”，因为其对神话的运用主要借鉴于华兹华斯
266 本人。海登的叙述虽然是在二十八年后写的，但言辞仍很犀利。虽然华兹华斯是虔诚的正统教徒，但海登依然觉得

> 华兹华斯把济慈的诗当作带有异教风格的作品，认为其作者眼下应该是个异教徒——就算华兹华斯那哀怨的基督徒情感被激恼

① 《济慈社交圈》，第二卷，页143–145。

了——这样去伤害一个年轻人也实在粗鲁，尤其是这个年轻人此刻仿佛里尔琴弦，一触碰就颤抖了起来。

济慈与华兹华斯会面时，亨特、克拉克和约瑟夫·塞文都不在场，但是他们各自给出了关于会面的描述。亨特的版本出现于他撰写的《拜伦勋爵及其同时代人》一书中——他认为，十二日二十八日发生在海登画室那场著名宴会上的事，刺激海登写下了上文引用的那段描述。[①] 克拉克虽然时常记错事件的时间，但在其他方面却很可靠，他记得济慈曾告诉他另外两件事，并把这两件事与济慈同华兹华斯的第一次会面联系了起来，但这两件事很可能是后来发生的。

> 有人说起司各特的下一部威弗利小说是有关"罗布·罗伊"的*，华兹华斯顺势拿出了自己的歌谣集，给大家读了《罗布·罗伊之墓》("Rob Roy's Grave")一诗，然后把诗集放回到书架上，说道："我不知道司各特先生就这个话题还有什么东西可写。"[②]
>
> [华兹华斯]有次正滔滔不绝地谈论诗歌中的一些问题，济慈在一旁说了一条能佐证其论点的联想，华兹华斯夫人把手按在了他的胳膊上，说——"华兹华斯先生不喜欢被打断"。[③]

塞文的叙述没有人反驳，所以他给出了一个较为详细的版本，假装自己

---

① 海登把他的叙述寄给了米尔恩斯的出版商爱德华·莫克森，并允许米尔恩斯在他的《济慈传》中使用这段描述。然而，海登的信被放错了地方；七个月之后他就去世了；米尔恩斯只好使用了亨特的版本。

* 罗布·罗伊(Rob Roy, 1671–1734)原名为罗伯特·麦克格雷格(Robert Macgregor)，是苏格兰高地的绿林好汉，他杀富济贫，成为传奇英雄。

② 《作家回忆录》，页149–150。

③ 《忆济慈》("Recollections of Keats")，载《大西洋月刊》，1861年1月。

也在场。他确实有可能在济慈和海登的陪伴下,见到了华兹华斯,而且华兹华斯当时似乎还开了个玩笑,这个玩笑的水平超出了塞文的能力,所以不大可能是他捏造出来的(要么塞文就是从别人那儿听说了这则轶事,甚至有可能是从济慈口中听到的)。但是,他在故事中提到了亨特,可亨特却并不在场,事实上,海登于一八一五年把亨特介绍给华兹华斯,但那之后三十年,亨特都再没见过华兹华斯了。塞文说,当时是在海登的画室里,

267 在济慈的陪伴下,我第一次见到了著名诗人华兹华斯;在场的还有李·亨特和雷诺兹。此次谈话的主题是素食风潮,彼时有许多人追求这一潮流,诗人雪莱尤积极倡导——那些坚持了很长时间的素食爱好者,因此损伤了体质……李·亨特滔滔不绝地谈起蔬菜宴的魅力和好处,用栩栩如生的语言描绘那融化黄油中漂浮的花椰菜,还有未被肉卤亵渎过的豌豆和蚕豆。狂热赞颂的话音未落,他就被德高望重的华兹华斯打断了……华兹华斯说:“假如运气好的话,他们碰上了一条毛毛虫,定会庆幸终于得到了一小口美味的肉。”……就是在这个情形下,海登请济慈背诵他未完成的诗《恩底弥翁》中的潘神颂;济慈即刻用流畅自然的风格吟诵了这首诗,吟诵时带着哀婉动人的感伤。全诗终了,我们都静静地望向华兹华斯,期待他赞美一下这位年轻诗人。谁想到,短暂的停顿过后,华兹华斯冷冷地说:“是一首带有异教风格、非常甜美的作品。”一盆冷水兜头泼来,我们都丧失了兴致。[1]

---

① 威廉·夏普,《约瑟夫·塞文生平及书信集》,页33。

三

假如济慈真像海登说的那样，为华兹华斯的话而受伤，那么他也把想法藏在了心底。更可能的是他感到惊讶，而不是受伤。华兹华斯的话很难被视为毁灭性的打击；因为讲这句话的时候，着重点可以各有不同——华兹华斯可能把重读放在了“非常”或者“甜美”上，也可能两者兼有，而不是着重说“异教风格”。此外，济慈来到蒙克豪斯家后，华兹华斯“亲切地接待了他”，尽管有塞文那一番描述，但我们可以确定，他们的会面并没有在华兹华斯说完那句评论后立刻结束。否则，海登的《日记》里一定会出现愤怒的表述；而且后续的会面，即便不是难以忍受的，也会显得很尴尬，但事实上后续的几次见面也还是相当愉快融洽的。

济慈回头品味起来，甚至可能会觉得华兹华斯的话是显露其性格的有趣线索，倒不一定会认为它是针对自己。他对克拉克说起的另外两件事（“我不知道司各特先生就这个话题还有什么东西可写”和“华兹华斯先生不喜欢被打断”）也让我们联想到他对特立独行之人饶有兴味的关注，这一点在他的书信中也表现得越发明显。我们还可以驳回如下观点，即济慈对华兹华斯诗歌的仰慕之情发生了改变。诚然，济慈是表达过一些保留意见，但主要出现在对比华兹华斯和莎士比亚的无个性与
“无我”方面。假如济慈不认识华兹华斯，他做出的评论可能相对没那 268
么尖刻，然而，他对华兹华斯深刻性的体察，以及对后者给诗歌带来的根本改变的精彩认识，也足以平衡这一点。也许，华兹华斯作为一个个体的光环消失了（这并不是因为两人初见的小插曲，而是因为几次会面累积下来的印象）；但济慈很快就成熟了起来，能够泰然接受这一点。他

接下来一两个月的信件中充满了这样的认识——这些信继续探索着由“消极能力”说所打开的脉络——他开始明白,尽管“世人的思想各不相同,还一心要走千差万别的路”,他们还是能够在“无数个节点上失之交臂”后,“最终于旅程结束时彼此问候”;“人不应去同他人争辩,或是断言主张,而应当轻声把推论耳语给自己邻近之人”。假如说,这样的观察有一部分是因为华兹华斯的例子所引发的,它也同样适用于济慈自己的反应,包括他对华兹华斯的反应。在给贝利的信中(1 月 23 日),济慈写道:“人生在世,应该相互宽容”,“每个人都有可能受伤,或者于最脆弱的一面被撕成碎片。就算最优秀的人,内在也只有一部分是完美的——他们体内有种精神意义上的酵母,为人的存在创造出令其蓬勃发展的刺激”。

四

早在一八一五年,海登就给华兹华斯做了一个面部模型,方便自己在画作《基督进入耶路撒冷》中加入华兹华斯的肖像。由于华兹华斯很少来伦敦,如今,借这次机会,海登能够看到华兹华斯本人,继续绘制其肖像。华兹华斯在海登画室里度过了一整天(12 月 22 日),他“以最完美的方式”朗读了《漫游》的第四卷全文,海登则在一旁绘制画作。那天晚上,海登在日记中详细思索并记录了华兹华斯作为一位道德和心理诗人的内涵,并将之与莎士比亚做了对比。在这段思考的开头部分,海登的观点与济慈未来几个月将提到的言论有相似之处:

> 华兹华斯的伟大力量,在于他凭借分析自己,对人类关涉事物
> 269 奥秘的感觉产生了强烈感知,莎士比亚的伟大力量,则在于分析

他人的感受如何发生，来打开人类的内心和思想。[1]

此时，海登还打算举办一场正餐宴，时间就在十二月二十八日星期日，地点还是他的画室。他想邀请五位客人：华兹华斯、托马斯·蒙克豪斯、查尔斯·兰姆、济慈和雷诺兹（但雷诺兹未能赴约）。他特意没请亨特。其他人则是后来到访的，包括：画家约翰·兰西尔——他的三个儿子（其中一个是埃德温·兰西尔）在海登那儿学画；一位年轻的外科医生约瑟夫·里奇——他计划不久后前往非洲；还有约翰·金斯顿——这位先生曾出现在霍勒斯·史密斯的“文学”餐宴上，当时每个人都在谈论“时尚”。金斯顿是印花税局副审计官，他当天早上来拜访了海登，“他说认识我的朋友，热爱华兹华斯，求我务必将他引介给华兹华斯”。一八一三年至此时，华兹华斯一直担任威斯特摩兰印花税票发行人这一薪俸颇丰的职位，不仅有办事员专门照管账目，这个人还能顺便帮华兹华斯打理花园。作为副审计官，金斯顿曾与华兹华斯就工作事宜通信，但他现在想见一见作为诗人的华兹华斯。海登认为“这很失礼”，但还是告诉了他当晚的聚会，并邀请他来。济慈在给弟弟们的信中提到了这次餐宴，说起转行去做非洲探险家的年轻外科医生约瑟夫·里奇，汤姆九月份曾在巴黎见到过里奇，济慈说“他会去非洲的费赞，假如有可能的话，就做个像蒙戈·帕克那样的探险家——他对我很有礼貌，还特别询问了你的情况，向你问好”。里奇是被政府派去的，任务是寻找通往尼日尔的新路线，然而，他在达成目标之前就死在了费赞（1819 年 11 月）。里奇读过济慈的诗，这次见面也对济慈产生了很深的印象，在后来的一年中，他写信给一位朋友，说济慈很可能会成为“下一个时代诗歌界响当当的人物”。济慈说，除了里奇之外，“在场的还有华兹华斯、兰姆、蒙克豪斯、兰西尔、金斯顿和‘你卑

---

① 《本杰明·罗伯特·海登日记》，第二卷，页 171。

微的仆人’。兰姆喝得脚步蹒跚，对金斯顿很不客气——他举着蜡烛，穿过房间，拿蜡烛照着金斯顿的脸，让我们看他是个什么样的家伙”。

海登生动地记录了这场“流芳百世的餐宴”，不论人们对这段话多么熟稔，还是应该再次引录如下：

270 十二月二十八日，一场流芳百世的餐宴在我的画室举办，《基督进入耶路撒冷》高高挂在我们身后，作为背景。华兹华斯心情不错，我们聊得十分精彩——谈论荷马、莎士比亚、弥尔顿和维吉尔。兰姆越聊兴致越高，妙趣横生；在华兹华斯庄重的吟诵语调下，兰姆的嬉闹仿佛李尔王激情爆发间歇弄人的讽刺和俏皮。兰姆没一会儿就快活得带上了醉意。他做了一番演讲，建议我退席，然后让大家为我的健康干杯。“现在，”他接着说道，“你这个老湖畔诗人，你这个捣蛋鬼，说说你为什么觉得伏尔泰没劲？”我们都为华兹华斯帮腔，说伏尔泰的心境有时确实很沉闷。“好吧，”兰姆说，“这就是伏尔泰——法兰西民族的弥赛亚，真正高尚的弥赛亚。”

接着，他带着莫可名状的幽默语气，指责我把牛顿的头像放进了画作里——“这家伙，”他说，“除了三角形三个边一样清楚的东西，他什么都不信。”兰姆和济慈都认为，牛顿把彩虹还原成了棱镜折射的各种颜色，毁掉了彩虹的所有诗意。真是没法抗拒兰姆的话，于是我们都“为牛顿的健康干杯，再举杯让数学见鬼去”。真高兴看到华兹华斯心情愉快，不带任何伪装地接受了我们的嬉闹，同我们所有人一样开怀大笑。

随后，里奇来了，海登向朋友们介绍这是“一位要去非洲的绅士”。兰姆此时沉浸在自己的思绪中，有好一会儿没有留神，然后突然“吼起来，‘我们要失去的是哪位先生？’于是我们举杯祝这位可怜的先生健康，里奇也加入进来”。他们准备移步另一个房间时,注意到金斯顿正举止庄重地等待被引见。兰姆立马对这个人产生了反感(他后来说,“我有种直觉”,“他肯定是什么官员,我讨厌所有官僚”)。金斯顿发现,这群人远比他想象的活泼闹腾,于是他开始跟比较安静的华兹华斯说话,但华兹华斯却不是个容易开口的人;过了一会儿,金斯顿想找点没有争议的话题,就对华兹华斯说:

> “先生,您不觉得弥尔顿是个伟大的天才吗?”济慈看了我一眼,华兹华斯看了审计官一眼。兰姆当时正在火炉边打盹,转过身来说:“哦!先生,你刚才说弥尔顿是个伟大的天才?”“不,先生,我是问华兹华斯先生他是不是。”“哦!”兰姆说道,“那么你就是个蠢家伙。”华兹华斯回口说:“查尔斯,我亲爱的查尔斯,别这样”;然而兰姆完全不知道他给人造成了什么窘境,就又在炉边打起了盹。
>
> 一阵尴尬的安静后,审计官又问道:“您不觉得牛顿是个伟大
> 的天才吗?”我真是受不了了。济慈也埋头去看我的书。里奇也憋 271
> 不住轻声笑了起来。华兹华斯说了句话,但仿佛在问自己:“这人是谁?”兰姆站起来,拿着一支蜡烛,说道:“先生,你能让我看看你的头盖骨吗?”然后,他背身朝向这个可怜的家伙,审计官问的每一个问题,都被他嘲弄,他唱起了儿谣:
>
> 摇呀摇呀小宝贝,我的儿子小约翰
> 穿着裤子就爬上小小床。
>
> 这位官员发现华兹华斯并不知道他是谁,就一边半笑着,一边说,“华兹华斯先生,我有幸跟您通过信”,他脸上流露出有十足把握的期待。华兹华斯回答道:“我不记得这么回事啊。”“您不记得了吗?

先生,我是印花税审计官啊!”一片死寂;审计官显然觉得有这句话就足够了。我们都等着华兹华斯回应他的时候,兰姆又唱了起来:

> 嘿,摇啊摇啊摇,
> 小猫和小琴。

“哦,亲爱的查尔斯,别这样。”华兹华斯跟兰姆说。

> 摇啊摇啊小宝贝,我的儿子小约翰,

兰姆继续唱道;他又站起身来,大叫道:“让我再瞅瞅这位先生的器官。”济慈和我急忙把兰姆带进画室,关上门,任他不受控制地大笑了起来。蒙克豪斯跟在我们后面,想把兰姆带到别的地方去。我们回到厅堂,但审计官脸上已经挂不住了。

海登在日记里写到,一整出好戏下来,兰西尔——因为耳朵实在太背——一直坐在那里惊讶不已,“他手拢在耳朵边,眼睛盯着看,试图靠看到的手势搞明白发生了什么”。金斯顿虽然有些浮夸,但绝不像济慈认为的那样是个坏蛋。霍勒斯·史密斯那场聚会上群集而至的“才子”令济慈感到无聊和疲惫,以至于他将反感之情不分青红皂白地延伸到了除史密斯之外的所有人身上——毕竟他认识史密斯已经有段时间,也一直挺喜欢他。金斯顿的装模作样主要是社交方面的,而不是在文学上,他似乎只是空洞而非充满恶意。在场的大多数人此刻都想要安慰他,但画室里还不断传出兰姆挣扎的声音。海登邀请金斯顿留下来吃点心。“尽管他的自尊心受到了严重伤害,他还是留了下来。不过,我们都是善良的人,大家离开的时候心情都不错,没留下什么遗憾。”

华兹华斯吟诵弥尔顿和维吉尔时的优美语调,济慈热切且深受
272 启发的神态,兰姆那机智幽默所迸发出的奇特火花,都为源源不断

的谈话溪流更添活力,我一生中从未有过比这更快乐的时光。我们所有的争论、嬉闹也毫不失当。没有一句话是不能让传教士听去的。这是一个配得上伊丽莎白时代的夜晚,我那幅庄严的《基督进入耶路撒冷》在火光下熠熠生辉,耶稣基督如视像般悬浮在我们上方,所有这一切构成了一幅画,它将长久地照耀于

内心之目
那是孤独的福祉。

济慈让里奇答应带一本《恩底弥翁》到撒哈拉大沙漠,并把它抛到沙漠中央。

可怜的里奇去了非洲,如兰姆预见的那般——一八一九年,他死在了那里。济慈一八二一年在罗马去世。查尔斯·兰姆也走了,说笑着活到了最后一刻。蒙克豪斯也去世了。那场光辉盛宴中如今(1841 年)只剩下我和华兹华斯还活着。[①]

如果说济慈和华兹华斯此前还称不上太熟,海登的宴会显然打破了这种生分。三天后,济慈遇见华兹华斯在汉普斯特德荒野散步。就在当时或是之后不久,华兹华斯便邀请济慈于一月五日(星期一)至托马斯·蒙克豪斯家赴宴——他这段时间都住在蒙克豪斯家。差不多同时,金斯顿也邀请华兹华斯和济慈参加一月三日的另一场聚会。济慈拒绝了,但华兹华斯不仅去了,还盛装出席——他这是在向官场表达敬意。济慈在华兹华斯"前往金斯顿处之前拜访了他,惊讶地发现他甚至穿上了硬领。我见到了他的妻子,可能还有他的女儿"(济慈碰到的也许是华兹华斯的妻妹萨拉·哈钦森,因为华兹华斯的女儿留在家里,并没有来伦敦)。

① 本杰明·罗伯特·海登,《自传》,页 231–233;《本杰明·罗伯特·海登日记》,第二卷,页 173–176。

可能就是在这次拜访中，华兹华斯夫人告诉济慈“华兹华斯先生不喜欢被打断”。此外，济慈也许还见到了多萝西·华兹华斯，因为他后来在信中提到华兹华斯“美丽的妻子和他迷人的妹妹”。及至一月十日，济慈已经“时常见到华兹华斯”了。之后，两人见面的次数减少。事实上，华兹华斯在伦敦的最后一个半星期里，似乎没什么人见到过他。济慈告诉海登，“华兹华斯什么时候走的，怎么走的，对我来说一直是个谜”。显然，他“气鼓鼓地离开了伦敦——我很遗憾。他不能指望每个有价值的人都像他一样骄傲”。当然，华兹华斯给许多人留下的失望印象便是“自我主义”和“虚荣”——正如济慈相当言之有理地告诉两个弟弟的那般，（“但他依然是位伟大的诗人”，他的《漫游》是“这个时代最令人欣喜的三件事”之
273 一）。然而，华兹华斯并不知晓人们的印象，他也没有“气鼓鼓”。他只是在忙自己的事。一方面，他是印花税票发行人，但一月份就要交的账目他还没准备好。济慈也许认为，华兹华斯赴金斯顿的宴，还特地“穿了硬领”，多方准备，这些都有失身份。但与金斯顿的相识自有其好处。因为此后不久，华兹华斯便去了趟印花税局，解释说他现下不便立即离开伦敦，接着他就收到了金斯顿手下办事员的通知，说账目可以延期至一月三十一日提交。因此，华兹华斯及时返程是为了准备账目。由于运气不好，装有账册的包裹被肯达尔马车投寄业务的老板放错了地方，丢失了几天。印花税局的一封来信严厉谴责了华兹华斯给部门造成的不便。多亏之前遇见了金斯顿，他现在可以直接写信去（2月2日），请求他“向委员会解释原委，这样我就可以免于遭受渎职或玩忽职守的指控”。

五

在见到华兹华斯的这段时间里，济慈也比以往更积极地参与社交生

活。撰写《恩底弥翁》的八个月令他精疲力竭,所以眼下他并没有准备开启任何新作品。而且,乔治和汤姆不在身边,本特利家楼上的住所就显得凄凉又寂寞。

一八一七年十二月十七日,济慈参加了霍勒斯·史密斯设的宴;一月二十二日,他写下了十四行诗《再读"李尔王"之前有感》,那之后,他又开始创作。这两个时间节点之间的三十七天中,(仅从他信中拼凑出的线索来看)他有二十六天都与人有约,参加各种社交应酬。他有时晚上与查尔斯·威尔斯、詹姆斯·莱斯和查尔斯·迪尔克一起。他至少去剧院看了四场戏。在德鲁里巷遇到了兰姆和威廉·戈德温;在柯文特花园剧院,他还到了边台,同"鲍勃"·哈里斯(这个人可能是老经理人托马斯·哈里斯)"聊了很多"关于演员和表演方面"稀奇古怪的事"。一月三日,他参加了一场舞会,是一个名叫雷德霍尔的人举办的,后来还去了另外两场,一场在伦敦咖啡馆,另一场是应迪尔克家人的邀请。一年后,济慈生动地向乔治描绘雷德霍尔其人,说他是个小个子的男人,"人脑袋有点呆愣,立得笔直,还搽了粉;他下 274
唇突出,口齿不太清楚——他有两个侄女,每个都有他三个人那么大"。雷德霍尔请客的时候,酒总是取之不尽用之不竭。即便一顿夜晚便餐,酒瓶子也"摆满了厨房和酒窖的楼梯"。济慈第一次去拜访他时,就发现他独自一人喝得醉醺醺的。正餐与舞会之间,女士们不在场的时候,男人们的闲话就开始转向猥琐的双关语——尽管在场的还有"两位牧师"和本杰明·贝利,贝利当时正回伦敦度假,他"似乎很享受这个夜晚"。雷德霍尔舞会后的第二天,查尔斯·威尔斯和约瑟夫·塞文与济慈一起吃饭:

又喝了一瓶红酒——波尔图红酒——我们都很尽兴,大家都风趣极了,妙语连珠——我们搞了场音乐会[每个人扮演不同的乐

> 器，济慈模仿巴松管］……那天我说了唯一让自己感到内疚的一件好事……我说，我想知道吝啬的人会去［一先令画廊］吗？尽管只要一先令，但对他们来说还是被敲了笔竹杠呢。

第二天，也就是一月五日，济慈的行程依旧很满。那天天气恶劣，他很想待在家里，忙碌的社交生活也影响了他的健康，但他还是一早进城，拜访了所罗门·索里医生，他想同医生聊聊汤姆的事——因为汤姆一直在咯血。索里让济慈放心，并请汤姆把症状仔细地描述记录下来寄给医生。见过医生之后，济慈走到了霍本的费瑟斯通楼，拜访了查尔斯·威尔斯。他在那儿给弟弟们写了封长信，然后就去莫蒂默街与华兹华斯和蒙克豪斯一聚，之后又回到了霍本，同威尔斯一道吃夜点。济慈告诉乔治和汤姆，每星期六晚上，詹姆斯·莱斯都会在波兰街 50 号的住所办一场纸牌俱乐部活动。这个青年人的俱乐部喜欢说“一些行话”，都来自摄政时代的俚语和莎士比亚典故（“他们管喝得大醉叫‘染个透红’*……他们管好酒叫‘漂亮的烈酒’，管怀孩子叫‘敲开一只苹果’，管客栈小住叫‘逗留’”，如此种种）。

到了一月十日，他提到“最近花天酒地太多了，感觉不太舒服”，情况确实如此。不过，他依然频繁地外出，至少不时见到海兹利特。一月十一日，海登邀请济慈每星期日三点钟来赴宴（海登说，“只要还有口
275 气，就得接受这个约定”）；当济慈一月十八日来到海登处时，发现海兹利特和艺术家托马斯·比威克也在。当时，海兹利特每周二七点在萨里学院举办“论英国诗人”系列讲座。一月二十日，由于忙忘了时间，济慈到第二场讲座时才出现，“正赶上人们从里面出来，这些人都涌向了我。海兹利特、约翰·亨特父子、威尔斯、比威克、兰西尔一家、鲍勃·哈里

---

* 语出莎士比亚《亨利四世》上篇，第二幕第四场，第 16–18 行。

斯、博罗的罗克斯[1]，没错，还有其他一些人”。与此同时，济慈还在忙着为查尔斯·克利普斯筹钱——这位牛津的年轻艺术家想要在海登手下学习。就像济慈告诉海登的那样，他甚至打算“让金斯顿及其公司赶紧兑换现金”，以便帮上克利普斯一把。

范妮如今已十四岁了，这段时间也在伦敦，因为沃尔瑟姆斯托的寄宿学校放假了，济慈尽可能频繁地去看她。范妮请他转告乔治和汤姆尽快写信过来：

> 两个人一起写……我想她很快就会回信的——艾比太太说济慈一家都是懒鬼——他们永远都是这样，而且天生如此——范妮轻声对我咕哝：“要是天生如此，我们又有什么办法呢？”

每次探访时艾比夫妇总是在场，所以气氛都不太自然。但是济慈还是坚持去，直到范妮一月二十日左右离开伦敦。他告诉两个弟弟，艾比先生“看起来面色阴沉，我上次去看范妮，他竟然拐弯抹角地说那儿没我什么事”，他还说，艾比“似乎没给你们多少钱——你们必须坚持管他要”。

六

济慈从牛津回来的那段时间，心中满怀“无我”的理想，但朋友之间的口角却让他十分苦恼，这些争吵现在仍不见消停。当时，朋友间的争吵之所以令他震惊，是因为此前他的眼光都盯着别处，压根儿没有留意

① 这里可能指的是一个叫罗克斯（Rokes）的人，参见罗林斯在《济慈书信集》中的注释，第一卷，页214。

过这些口舌之争。初见亨特、海登和雷诺兹时，也就是写下《初读查普曼译荷马有感》那首十四行诗之际，济慈全然沉浸于发现的兴奋之中，陶醉于那突然打开的视野。他曾以为——也许现在仍然认为——艺术中存在着一种兄弟情谊，在所有美好的追求中都存在着某种兄弟情谊。也正因此，洛克哈特在论“伦敦佬诗派”的第一篇文章中毫无缘由的尖刻攻击令他一时间目瞪口呆、全无防备。

276 从那时起，济慈就学着理解人心那快速且不可预测的变化——比如它总是忍不住指摘、责备，而非赞美；总是随时准备好怀疑任何可能或想象出来的威胁；总是渴望树立一时或一天的优越感。从那时起，他就尝试用带有同等开放性的仁爱和宽容之心，来替代拥抱万物的纯真——因为这样的纯真时常遭受突如其来的幻灭。他偶尔也会被某种强烈而疲惫的厌恶感所淹没（比如他曾告诉贝利，他“现在对文人十分厌恶”，或是在霍勒斯·史密斯的餐宴过后，想到自己宁愿与旁人所认为的“基恩和他那群下等朋友”来往）。但总的来说，他的感觉更多是“困惑”。这个词及其同义词，在他的信件中反复出现。“最近发生了一些事，”济慈在信里告诉贝利(1 月 23 日)，“令人非常困惑——你肯定听说了——雷诺兹和海登反目成仇、相互攻讦——并永远分道扬镳了——同样的事也发生在海登和亨特之间……人生在世，应该相互宽容。”他还跟乔治和汤姆提起海登写给雷诺兹的“一张措辞异常尖锐的短笺”，因为雷诺兹忘记通知海登他无法参加那场“流芳百世的餐宴”了。雷诺兹当下就怒不可遏，迅速回复了海登“一封我所见过的最为尖刻、挖苦的信；把[海登]所有的弱点都抖落了出来”；因为海登自己也经常对约定满不在乎。“在这充满怀疑和幻想的世界里，我感到非常困惑——世上没什么是稳定的。”至于亨特和海登之间，前一次争吵的爆发也是为了鸡毛蒜皮的事。亨特夫人习惯向海登借银器，她上次借的时候，海登要她在某个时间还回去——但她没还——海登就派人去取；亨特劝诫了这种不文雅的行为，然后他们俩就吵了起来，最终闹掰了——我只希望什么时候能让他们重新和解——哦，天啊！莫莉，竟然有这样的事。*

这里的最后一句话呼应了斯摩莱特的《亨佛利·克林克历险记》，它在济慈当时的状况下显得十分有趣。因为济慈本能的幽默感开始重新显现。他此时正在读斯摩莱特和菲尔丁的书，两者都与“浪漫传奇”形成了有益的对比（济慈在几天后写的《再读“李尔王”之前有感》中，提出要放下“浪漫传奇”的想法）。他的弟弟们从德文郡来信，问司各特和斯摩莱特小说的区别。他回答道，司各特总想给“普通而低微的人物”染上 277
浪漫的色彩，来提升他们：

斯摩莱特则相反，在别人进行浪漫处理的地方，他总会杀杀他们的威风，把故事拉到现实的层面来。司各特最恢弘的部分也比《亨佛利·克林克历险记》中最细小的幽默更容易被人理解——我记不太清一个有关巡佐的片段是出现在菲尔丁还是斯摩莱特的小说里了，但它带来给我的快乐比整本《古董家》小说都多——你肯定知道我说的是什么意思。一个人对巡佐说“这根本不合逻辑”**，“你要是这样说的话，”巡佐回答道，“你就是另一个。”①

* 根据罗林斯《济慈书信集》中的注释，济慈此处呼应的是斯摩莱特《亨佛利·克林克历险记》中的一句话：“哦，莫莉！你们住在乡下的人根本不知道我们在巴斯的所作所为。”参见《济慈书信集》，第一卷，页205注释。

** 原文为“thats a non sequiter”，“non sequitur”在拉丁语中指“不合逻辑的推论”，小说里的巡佐把这词误会为对方的挑衅。

① 《济慈书信集》，第一卷，页200。关于巡佐的话出自《弃儿汤姆·琼斯》，第九卷，第六章。

七

这段时间，济慈还经常见到另外两位朋友，詹姆斯·莱斯和查尔斯·温特沃斯·迪尔克。他去年春天见过这两位朋友，但却是秋天从牛津回来之后才更加熟络的。此外，他还开始结识理查德·伍德豪斯——或者，如果说他们之前已经见过，那么现在感情就更好了。年轻的伍德豪斯是出版商泰勒和海西的法律顾问。

莱斯为人大度，机智聪慧，但却疾病缠身，不过他总能把自己和旁人的注意力从他的健康问题上引开。有一次，济慈听说莱斯的病情突然恶化，赶紧去看望了他，“哦，你瞧！我们的杰米少爷头天晚上出去看戏，我去的时候他还没回来呢——他总像猫一样，摇摇晃晃又能站起来”。在雷德霍尔办的聚会上，莱斯全身心地投入到舞蹈中，全然不觉时间已晚，也顾不上音乐的时间，济慈说，“他跳起舞来仿佛耳朵聋了一般”。济慈曾向弟弟们描述过“星期六俱乐部”，人们在这里抓住宴饮交际的欢乐时光，讲着过去时代褪了色的双关语，在这里，莱斯称得上是精神领袖，他受到所有人的敬重，不仅仅因为他正直——他为人温和，但却十分坚定——而且因为他具有敏锐的超脱，如果情况需要，他也能立刻做出冷静而正确的判断。他精神很好，一点也不见老。很长一段时间之后（1819 年 9 月 17 日），济慈写信告诉乔治，说莱斯是“我认识的最明白事理、最聪慧的人——他的确有一些典型英国人的偏见；但它们能提振他
278 的精神”。济慈当时在怀特岛与莱斯整整住了一个月。莱斯比济慈大三岁，与雷诺兹和贝利是多年好友。[①] 现在，他在父亲的律师事务所

① 莱斯 1814 年因健康原因被送往锡德茅斯，他很快就结识了威廉·利爵士家的三个女儿。他还把雷诺兹和贝利介绍给她们。第九章提到，这三位年轻人为利家三姐妹写了（转下页）

（詹姆斯·莱斯父子律师事务所，马尔堡街 62 号）工作，新近还劝服雷诺兹去学习法律，毕竟雷诺兹想要在某些领域有所作为，且希望能在不久的将来结婚。莱斯付掉了雷诺兹的律师培训费，一段时间后还让他做了合伙人。[1]济慈认识莱斯以来，后者一直深受慢性病困扰（迪尔克说，莱斯的一生"是一场漫长的消磨……是善良的心灵和旺盛的精神让他勉力坚持下来"），最终他于一八三二年离开了人世。

工作勤奋且有条不紊的迪尔克比济慈大六岁，虽然他住在汉普斯特德，却就职于萨默塞特府的海军薪饷处。他属于十九世纪早期我们经常见到的那种杰出范例之一，这类人一路努力，爬到经商或行政管理的中层，靠着全力以赴、专心一意的努力，虽然没有大学教育带来的加持，他们还是想方设法地维持了热忱的艺术兴趣。迪尔克还很年轻的时候就同心地善良的玛利亚·沃克结了婚，这是很明智也很幸运的。一八一四年，年仅二十五岁的迪尔克就开始出版六卷本《旧时英国戏剧》（*Old English Plays*），两年之后就完成了，这是对罗伯特·多兹利那套著名的《旧时英国戏剧选集》的补充。迪尔克与读书时认识的查尔斯·布朗一道在汉普斯特德盖了两栋并排的小楼，这就是温特沃斯寓所，汤姆去世后，济慈搬进了布朗的那半边房子。一八一七年一月，迪尔克从雷诺兹手中接过了《捍卫者》的戏剧评论。接下来的两年中，迪尔克一家与济慈兄弟关系很亲近，迪尔克曾说，济慈那时"一星期至少来我们家三次，经常是一天就来三次"。

后来，迪尔克逐渐对他的儿子查尔斯（即后来的查尔斯·温特沃斯·迪尔克爵士）给予过分焦虑的关注，以至于他的朋友们都觉得太过

（接上页）诗，其中有九首是莱斯的手笔。

① 莱斯在去世前约一两年从律师事务所退休，与其父共同住在帕特尼。律师事务所后来改名为"雷诺兹与西蒙斯律师事务所"，一直负责处理乔治·济慈和范妮·济慈的法律事务，但他们俩后来都抱怨过雷诺兹管理不善。

压抑了。济慈是这样称呼迪尔克的——“信奉戈德温式可臻完美思想的人”——这个称呼既包含亲切的关怀,又对其基本前提全不赞同——迪尔克的野心完全锁定在儿子未来的理想上(然而,他儿子的未来如此不可预测,也如此难以捉摸地避开了那些循序渐进的影响,井井有条的
279 迪尔克本人完全能够在行动上遵循这些步骤)。两年后(1819年6月),迪尔克的儿子进入威斯敏斯特学校学习,他就更加不知疲倦地紧盯着孩子了。济慈把迪尔克这种状态称为“亲子狂热”,受其影响,原本头脑清醒、明辨事理的迪尔克在孩子入学前两个月就搬到了威斯敏斯特的大史密斯街,尽量住得离学校近一些,也因此,他将汉普斯特德居所中属于他的那一边房子租给了弗朗西斯·布劳恩夫人及其孩子们。朋友们甚至会看到迪尔克坐在窗前,等着儿子:

> [在一八一九年四月十五日的信中,济慈告诉乔治]迪尔克的儿子,每天耳朵里充斥着各种唠叨,不是关于他自己,就是关于他的教育有多重要——迪尔克嘴里念叨不停的就是“我的儿子”。这就是王子被宠坏的原因:可能对普通人也会产生同样的影响……为了那个固执的男孩,迪尔克竟然把自己闷在城里的小屋中,一刻不停地担忧这个孩子在威斯敏斯特学校的命运,想着他在学校跟别的男孩、少爷们如何相处,这真是可悲——每个人都被自己的烦心事消耗、折腾着——人们都认为迪尔克应该是宁静、快乐的——然而不——这个男孩——让他面色煞白,让他在社交活动里沉默寡言,让他处处猜忌提防——我敢说,任何人胆敢冷落他的儿子,他肯定会出头争吵起来——尽管如此,他还是不知道要怎么管教孩子。

迪尔克是那种“除非对每件事都下定决心,否则绝不会认为自己拥有个人特性”的类型,与平时的行为相比,他也有“安静的快乐”时刻,透露出

不可预测的性格，这令济慈感到十分欣喜。济慈曾告诉乔治这样一个时刻——一个小场景，当时他明显感受到“戏剧性”，但描述过后，又觉得事物的“特性”消失了。①

到了一八一八年一月，乔治和汤姆都不在济慈身边，迪尔克位于温特沃斯寓所的家很快就变得如同济慈的另一个家；因此，当迪尔克十 280
五个月后搬去伦敦城住——为了离他儿子的威斯敏斯特学校更近——他们一家的离去带给济慈的痛苦（当时汤姆已经去世，乔治远赴美国）远比济慈嘴上所承认的程度要深。② 迪尔克那种有条不紊、处乱不惊的性情能够让济慈感到安心——就像他在牛津时，贝利那种井然有序的习惯对他产生的影响一样，查尔斯·布朗后来也担当起这样的角色。等济慈再度捡起《恩底弥翁》的誊抄修改工作时，他告诉弟弟们（1 月 24 日）自己“养成了习惯”，“把纸张带到迪尔克家，在他们那儿抄写；一边聊天，一边继续誊抄修改”。乔治曾管迪尔克的妻子叫“欢乐的迪尔克太

---

① 一提到威斯敏斯特学校附近迪尔克住的房子，“我就不由想起最近在迪尔克家发生的一件事——我觉得这事非常滑稽，富有戏剧性，很能说明他所喜爱的那种小小的、安静的快乐……他住的房子，部分窗户朝向一条街，后窗则朝向拐角处的另一条街——迪尔克请了几位老朋友一起吃饭……其中有两位老妇人——布朗也在那儿——自布朗儿时起，这两位老妇人就认识他了”。布朗举手投足如此迷人，以至于“他们很快就亲密无间，互送恭维了。那天布朗有约要提前离开。他向众人道别后走进了过道——刚转过身去，老太太们就开始赞美他。等到布朗［当时他几乎已经完全谢顶了］走到朝街的门，正准备离开时，迪尔克猛地推开窗户，叫道：‘布朗！布朗！他们说你比以前看起来更年轻了！’布朗继续往前走，转过拐角进入另一条街时，迪尔克又出现在后窗，大叫道：‘布朗！布朗！我的天啊，他们说你很英俊！’你瞧，我半分钟就能告诉你的事、就能描述出来的特性，要花多少词才能说清楚啊”。（《济慈书信集》，第二卷，页 190-191）

② 济慈与迪尔克夫妇的关系一直十分密切，直到济慈离开英格兰前的最后几个月也是如此，但当时由于迪尔克夫妇反对他与范妮·布劳恩订婚，他们的关系稍微有些紧张。1830 年，也就是济慈去世九年后，迪尔克接管了《雅典娜神殿》的编辑事务；他坚持操持这份杂志，直到 1846 年才卸任，之后其兴趣转向了十八世纪作家研究，他的研究到现在仍有价值。迪尔克的妻子和儿媳相继去世后（去世时间分别为 1850 年和 1853 年），他与儿子生活在一起。老迪尔克 1864 年去世，小迪尔克也于五年后去世。查尔斯·温特沃斯·迪尔克，第二准男爵（1843-1911），与他的祖父一样，对济慈及其家庭抱有毕生的兴趣，他将迪尔克有关济慈的著名收藏留给了汉普斯特德公共图书馆。

太”,正是她那机敏的同情心、始终如一的慷慨和聪明的头脑为整个家庭带来了亮色。虽然玛利亚·迪尔克本人比济慈大不了多少,但却像慈母般爱护着济慈几兄弟,再后来,只要艾比允许,她就会尽己所能地帮助他们的妹妹范妮。举一个很具代表性的事例,一年后,济慈和布朗去奇切斯特旅行,两人毫不拘束地联手给“迷人且亲爱的迪尔克夫人”写了一封虚构的情书,随封在给迪尔克的信里,一道寄给了他们夫妇二人。迪尔克夫人那机敏的幽默感曾令济慈开怀不已,他也迅速回报以自己的幽默。有一次,济慈正给乔治写信(1819 年 1 月 3 日;他当时同布朗一起住在温特沃斯寓所的另一边),突然听到迪尔克夫人“敲着墙壁告诉我们茶已经煮好了——我会告诉你今天喝的什么茶,然后跟你说——再见”。济慈赶紧去了迪尔克家;等托盘端进来后,他与迪尔克夫人突发奇想地假扮起了击剑手,“拿着芹菜杆子比试了一场”。任何事都不会动摇迪尔克夫人对济慈诗歌的信心。比如,她后来急切等待济慈一八二〇年诗集的读者反馈时,就写信给自己的公公:“如果公众称赞他是伟大的诗人,我就做他们谦卑的仆人;假如他们不喜欢他的诗,就让他们见鬼去吧。”

理查德·伍德豪斯现年二十九岁,已担任泰勒和海西的法律顾问约
281 五年(后来又做了他们的一般文学顾问)。他有着律师那种精确、如文职人员式的习惯,还拥有好几种语言(西班牙语、葡萄牙语和意大利语)的实用知识,此外,他还对文学抱有敏感、好奇的兴趣。[1] 同贝利、迪尔

① 伍德豪斯是家中十五个孩子里的长子,他来自巴斯(1788 年 12 月 11 日出生),其父是白鹿旅馆的老板或合伙人,这家旅馆生意兴隆。伍德豪斯到伊顿公学读书后,曾在西班牙和葡萄牙待过两年,因为他们家做葡萄酒进口生意的亲戚与这两国商人有业务往来。(伍德豪斯后来于 1815 年出版了一本名为《西班牙语、葡萄牙语及意大利语语法》的书。)回到英国后,他学习了法律,并于 1811 年遇见了泰勒和海西,他当时的身份是办理产权转让事务的律师。伍德豪斯后来也染上了肺结核,三十多岁的时候,他曾到马德拉岛住过一两年(1829 年至 1830 年),然后又去了意大利(1832 年),在那里他觉得身体状况好转了不少,可以返回伦敦了。然而,回去不久,他的病情迅速恶化,最终于 1834 年 9 月 3 日去世。关于伍德豪斯生平最完整的记述参见罗林斯编撰的《济慈社交圈》(第一卷,页 cxliv–cl)。关于其家庭的更多(转下页)

克和查尔斯·布朗一样，伍德豪斯与亨特和海登形成了鲜明的对比。他们几人都十分稳重、坚忍不拔。伍德豪斯尤其会令人想起贝利。济慈的朋友中，属他们两人最有学究气，浑身上下流露出勤勉、近乎迂腐的气质。两人似乎都对细节孜孜以求，也都没有什么幽默感（伍德豪斯比贝利还好一点）。不过，两人的共同点也就仅止于此。贝利更沉浸于总体的思想，伍德豪斯则痴迷于人和具体的问题。贝利在争取牧师职位的学习中，更倾向于将本能的道德主义往宗教方向引导。在辩论和其他许多方面，他的思考路径都是直线式的。伍德豪斯（同样笃信宗教）做判断时更加宽厚、开放和灵活，几乎摆脱了自以为是的倾向。他惯常表现出处事的圆通（就算最崇敬贝利的朋友也从未在他身上发现过这种品质），这种为人处事的老练不仅源于一般意义上的友善——尽管他本人确实十分友善——更源于他对旁人充满同情心的理解。有一个例子能够充分说明这一点，那就是济慈后来急需用钱时，伍德豪斯表现出的体贴周到：他东拼西凑地把能弄到的钱都凑在一起，以泰勒和海西出版社的名义，将这些钱当作预付款拿给了济慈。虽然济慈确实有可能冒失地把钱借给别人，但伍德豪斯认为，如果因为这个原因就犹犹豫豫，实在太没有魄力。人们总说，若有机会自己一定会为莎士比亚或查特顿做些事，伍德豪斯就带着这样的信念努力为济慈效劳，他想把这种努力变成一个稳定且“理性的原则”。他非常理解济慈所说的诗性“无自我……诗人无个性”。值得一提的是，济慈正是在给伍德豪斯的信中写下了有关这个主题的著名评论；伍德豪斯为济慈信件做的大量注释也说明他在 282
很大程度上已经领会了济慈想象力的共情特征。[①]

伍德豪斯可能在一八一七年就见过济慈；但是，直到一八一八年初，

（接上页）信息，参见乔安娜·理查森，《济慈-雪莱纪念公报》，第五期（1953），页39–44。

① 《济慈社交圈》，第一卷，页57–60。

他为泰勒和海西出版社审读《恩底弥翁》的部分内容时，才开始接触济慈的第一本《诗集》。[1] 从那时起，他就努力收集所有能够找到的有关济慈诗歌的资料——创作时间、背景以及不同版本的底稿，这表现出他充分相信后世会对济慈诗歌产生浓厚的兴趣。四卷厚厚的抄本以及其他信息资料留存了下来。第五卷可能在一八八三年的一场火灾中遗失。一八一八年秋，评论界针对《恩底弥翁》的攻击出现后，伍德豪斯的表妹玛丽·弗洛格里说，他要是能站在她所见过的一些人面前，当场"为济慈辩护"就好了，伍德豪斯回信说："我真心相信，这样的天才，自莎士比亚和弥尔顿之后就再没出现过了。"就算将《恩底弥翁》与莎士比亚的《维纳斯与阿多尼斯》相提并论，也是站得住脚的。济慈"确实有很多缺点——放在另一个作家身上，肯定会使其沉沦"：有趣的是，这些缺点在多大程度上源于才华的"过于丰盈"是值得思考的。总之，当济慈仍寂寂无名或被嗤之以鼻时，伍德豪斯早已准备好做出如下"预言"：

> 他的一生（如果上帝愿意让他留在人间，成长到一般人的年纪……），[济慈]一定能够与上一代或这一代中的翘楚平起平坐；而他死后，必将独占鳌头。[2]

八

十二月中旬到一月上旬那忙碌的几个星期中，一想到《恩底弥翁》还未能润饰、十分粗糙，济慈就困扰不已。撰写此诗，特别是完成其

---

① 参见芬尼，《济慈诗歌的演进》，第一卷，页 344-345。

② 《济慈书信集》，第一卷，页 383-384。

最后一卷，所付出的心血令济慈精疲力竭，此外，这首诗与他下一步渴望创作出的诗差异悬殊，所以，忘记这首诗的愿望就显得无比强烈。更何况，他完全知道，如果将这首诗搁置一旁，等到他能够带着全新且更丰富的视角回顾它时，那必然是很有价值的。然而，若将它长时间置诸高阁，又可能有风险。那时，这首诗需要大刀阔斧修改的必要性就可能太过清晰、扎眼，而无法忽视了。但是，彻底修改这首诗，花费上几个月的时间——甚至可能更久——是他最不希望做的事之一。因为他已经超越了《恩底弥翁》，它不是他现在想要的创作方式。正如济慈后来所说，“恩底弥翁这个年轻人需要渐渐远去”。所有这些情 283
况，当然都为彻底不出版这本书提供了合适的理由。然而，放弃出版是绝不可能的。因为他已经投入了太多精力——太多的希望，太高的自我要求：他还在盖伊医院工作时，就曾尝试《卡利多》和《诗前序言样本》，但最终都放弃了，《恩底弥翁》这首“长诗”是他当时努力追求的目标（不仅如此，它还是一首完整的长诗）。这也是他一八一六年夏天动身前往马盖特时所追寻的挑战，但当时他只写出了几首长诗信。除此之外，他毕竟还许诺过泰勒和海西，要完成一首诗；而他的出版商们在预支款项方面向来十分慷慨。

一八一八年一月五日，济慈终于向弟弟们宣告：“我还没开始修改诗稿，明天一定要动笔了。”头三四天，他确实取得了不错的进展，不过他很快就发现，即便是自己之前最喜欢的段落，如今念起来也是“索然无味”。一月十日，星期六，他写信给泰勒，暗示说自己又重新回到时间安排上来了，他设定了一个很短的期限：“我已经发誓，第一卷没改完就不来见你了：四天之后你应该会见到我。”不论出于什么原因，济慈接下来的两天似乎都在伦敦。在那儿处理其他事务的同时，他可能冲动地决定顺道去看看泰勒，谈一谈《恩底弥翁》的事，而泰勒当时也跟着他去了汉普斯特德，想看看他迄今为止做了哪些修改。[①] 济慈仍继续出门社交。这也许是他第一次（按照他以往的标准）真的有些粗枝大叶了。他利用空闲时间（通常是在迪尔克家，"一边聊天，一边继续誊抄修改"），很快就在一月十九日之前完成了第一卷的修改。他告诉两个弟弟，"我明天会把稿子带到泰勒那儿去——打算坚持下去"。这些改动——尤其与后面三卷的改动相比——虽然数量上不少，但除了少数特例外，都显得没那么重要。泰勒并没有表现出不满，反而提议如果海登能够从诗歌中找出一个场景，作一幅卷首插图，那么这本诗集就可以用四开本来印。海登说，如果济慈坚决要求这样，他会去画。但若济慈并没有强烈的意愿，加之他本人又很忙，他宁可
284 把这幅画推迟到另外一个版本再作。到时，他会画一幅真正的油画，而不是简单的线条画——这将是"我们两个人的荣耀"。他还说会为诗集首版做一张济慈本人的雕版画。这幅画"源自我的一幅粉笔画——我为之不遗余力——还会在上面签上我的名字，它将比任何其他东西更符合泰勒的理念……由于我还从未给旁人做过类似的事——它肯定会轰动一时"。然而，事实上海登把为济慈做雕版画的事忘得一干二净。至于从《恩底弥翁》中提取一个场景作画，并放入未来的某个版本——针对这件事济慈倒有了新的提议（1 月 23 日），他希望海登"能等着从《海伯利安》中选取一个场景"——这是他第一次暗示接下来的一部长诗可能是什么，关于这首诗，他有了大致想法；他接着说道：

---

① 这个情况可能是从济慈手写的一张未注明日期的便条推论出来的。（参见洛厄尔，《约翰·济慈》，第一卷，页 547；《济慈书信集》，第一卷，页 195）关于这张便条，伍德豪斯的观点是："济慈有天下午说服泰勒先生陪他去汉普斯特德，并帮他写下了这张便条。"便条内容如下："致来拜访泰勒先生的朋友们：女士们，先生们，请原谅泰勒先生必须外出赴约，今晚十一点之前无法赶回。"

> 等那首诗完成，可供你选择的范围就很广了——在《恩底弥翁》中，你大约能找到许多深沉而感伤的片段——但《海伯利安》的特性会让我以更加不着修饰、希腊式的风格来处理——其强烈情感和活动的行进线路将遵循轨迹而毫不偏离。

九

第一次提到《海伯利安》前的两天，发生了一些事，让济慈的心思几乎完全转向了未来，也令他前所未有地渴望摆脱《恩底弥翁》。他确实在给海登写信的当天就开始誊抄和修改《恩底弥翁》的第二卷，并在二月五日就匆匆完成。然而，即便是这短短的十三天中，他也没有完全把心思用于修改诗稿。

真正发生的事是，他终于又开始写诗了，而且带着一种卸下重负的轻松感。他带着《恩底弥翁》的最后一部分回到汉普斯特德，也就是不到两个月之前的事，然而对他来说，这段时间仿佛很漫长。后来，正如他在信中（1 月 23 日）告诉两个弟弟的那般，他突然发现自己无法“忍受了无生趣或是无所事事的状态，而在过去很长一段时间里，我都耽于被动”。他并没有想到自己一直在修改《恩底弥翁》的第一卷，也没有想到给《捍卫者》写的剧评，还有大量的信件，四处奔波——因为这些都属于“被动”这个大范畴下的事。除此之外还有什么呢？只有一首即兴、俏皮的十四行诗（1 月 16 日），那是写给雷诺兹夫人及其女儿们的——诗
其实并不怎么有趣——主要是关于她们家那只年迈的猫（《猫！已经过 285
了更年期》）。但济慈现在非常喜欢这种“漫长”的时间间隔，因为那有助于使他相信“为了创作出伟大的作品，没有什么比智力上一步一步走向成熟更好的事了”。他觉得自己正站在新的起点。诚然，他告诉弟弟

们这些话时，还只写了两首新诗，这两首诗他自己都没有公开过，而且他对第一首肯定是不满意的。它们是《观弥尔顿一绺头发有感》和《再读“李尔王”之前有感》。但他觉得自己至少进入了一个新的阶段。两首诗的主题有奇特的相似之处，且都以各自的方式再次触及伟大性，也就是他很久以前提过的“热爱天才的心”——只不过，他觉得自己现在的进路处于相当不同的层次，内心也有了新的理解。

济慈心绪的突然解脱出现在一月二十一日拜访亨特过后，这种解脱让他在接下来的三个多月里十分高产。当时他已经许久未见过亨特了。几个月以来，他都没给亨特看过《恩底弥翁》的任何一部分，这让他颇感局促不安，于是他带着诗的第一卷登门造访。亨特迅速浏览了一遍，“认为总体来说乏善可陈”，济慈告诉两个弟弟：

> [亨特]还说诗的感觉不自然，匆匆浏览一遍就提出了十条反对意见。他说恩底弥翁姐弟之间的对话不自然，太夸张，应该简单一些。但是他忘记了，这两人都被超自然力所笼罩，因而也就不能像《里米尼的故事》中弗兰切斯卡那样讲话。要想证明这个论断是对的，他得先证明凯列班用诗体说话是不自然的——我认为，这足以推翻他的反对意见了——事实是，他和雪莱都因为我没有殷勤地请他们赐阅完成的诗稿而受伤，也许他们感到受伤也不无道理。从我观察到的一些迹象上看，他们好像很想抓住我可能犯的任何小错误，开膛破肚剖析一番。

不论对这首新诗的看法如何，亨特当时的心情都是很愉悦的，因为他刚刚得到了一绺弥尔顿的头发，增添了自己的藏品。亨特同以往一样爱开玩笑，渴望把任何事物转变为写诗的资本（他自己就已经用这件新获得的藏品写了三首十四行诗），于是，他催促济慈也写几句。一年前，济慈曾被人敦促着写一首关于接受桂冠的十四行诗,当时他心中既有天真的兴奋,也有惊愕的无力之感,而如今他已不像一年前那般。他似乎 286
并不急于接受挑战。但亨特不假思索地把一个笔记本推到他面前,翻开的页面是空白的,亨特自己也在这个本子里写了一首诗(《赫洛与勒安得耳》〔"Hero and Leander"〕)。济慈毕竟性情敦厚,几分钟之后,他就开始动笔了,亨特可能还在继续翻看《恩底弥翁》的第一卷。由于厌倦了长时间来一直使用的英雄对句——也可能是厌倦了五音步诗行本身——济慈忍住没有快速写十四行诗,他知道,那无疑是亨特所期待的。他反而开始写一首不规则的颂歌。他并未感觉言由衷发;因为情境本身是人为的,令人压抑。起初,他胡乱摸索着写了一些不熟悉的短句,完成了一个诗节,可以预料,这个诗节显得有些空洞和夸夸其谈。[①] 在亨特写《赫洛与勒安得耳》的笔记本上涂写不知何故总是让他有些顾忌。他接着又用第一个诗节的风格写了七行;随后——虽然笔记本中还有许多空白页可用——他或者亨特本人,还是找来了一张单页纸。[②] 停止使用亨特的笔记本,并从特定的场景转移出注意力之后,这首诗的质地立刻发生了改变;我们突然看到了针对不确定性和自我质疑的直接表述;这种思想和期望方面的新变化一直伴随着剩余的诗篇:

---

① 诗歌的领袖!
　　天体的学究!
你的精神从不眠休,
　　在耳畔汩汩盘游
不停歇,不停歇!
哦,多么狂野
　　　　他劳作不息,
只为在你神圣的灵柩前,
捧献歌曲与诗篇
　　　　作为燔祭!

② 这本笔记本和单页纸现存于哈佛大学济慈馆藏。

当一丝丝稚气的模样
　　从我的诗文中消弭,
激情老去的我,可还能
　　留存给子孙后世
　　　　华美的赞歌和悦耳诗篇
关于你,你的诗作和一生;
如今燃烧与拼斗皆是虚空。
痛苦亦为枉然,除非我成长
　　熟谙古老的深思哲辩,
为远景的微光痴狂留恋!
287 后续多年,我的供祭必须悄无声息;
　　再开声时,我必会想起这辰光,
因为我面庞发热,额头滚烫不止,
　　仅是瞥见你力量最质朴的扈从,——
　　　　一绺光辉淡色的头发,——
　　　　它突然现世,
我蓦地惊起,听见你的名字
　　　　意外与它并提;
这一刻,我的血液微温恬淡。
我想我曾在大片秀发里把它窥见。

济慈告诉贝利:"也许我独自在家会写得更好一些。"但重要的是,他写诗的习惯又回来了,这件事起到了刺激、催化的作用。因为他一下子被激起了重新表述这些诗句中隐含内容的兴趣:他就着另一个语境重写了起来(至少重写了两次),这里没有亨特和他的弥尔顿头发,济慈把自己当下想表达的思想更紧密地传递了出来。不过,他并没有丢弃

《观弥尔顿一绺头发有感》。他把这些诗行抄进了手头的莎士比亚对开本，这个举动令我们忍不住产生一些联想。

就在第二天，由于自己的写作重新变得流畅，济慈放下了疑虑，开始写一些与亨特及其赋诗比试大不相同的东西。他重新思考《李尔王》至少也有两个月了。由于诗歌的地平线在他自己的进步面前不断推进，这部戏剧越发成为其终极目标的象征。在他看来，重读《李尔王》的决定意义重大，他似乎还感觉这部戏剧“需要一首十四行诗来开场”。[①] 然而，才写好的诗行仍令他十分入迷（“当每一丝稚气的冲动 / 从我的诗文中消失 / 我还会……为后世留下什么吗？”），他回归了其中的思想。 288
当他穿过浪漫传奇的“古橡树林”时，作为一个诗人，自己是实际上已经死亡，还是又开启了一个新的篇章？（这些质询未来会更迫切地反复出现，直到其诗歌生涯的尾声，也就是在《海伯利安的覆亡》这个强有力的断章中达到顶峰。）是否会有“新的凤凰羽翼”帮他从余烬中飞起？济慈对这首十四行诗比对前一天写的颂歌更满意；至少它更加凝练；他确实“独自在家会写得更好一些”。他将这首诗抄给乔治和汤姆时写道：“你

① 哦，金嗓子的传奇，幽静的琵琶！
　　美丽的鲛人！缥缈之境的仙后！
　　别在冬天鸣啭你诱人的歌喉，
合上你过时的书页，安静吧：
再见了！我得再一次挣扎过
　　高昂的人性与永劫之间的
　　火热的争执；我得再细心尝试
莎士比亚这枚苦涩的甘果。
主导的诗人！阿尔比安的云霄！
　　你创始了深刻而永恒的主题；
我就要穿过古橡树林了，
　　可别让我梦游得徒然无益：
当我在火里焚烧，请给我装上
　　凤凰的羽翼，好顺我的愿心飞翔。*

* 此处使用穆旦先生译本，稍有改动。

们看,我正在接近这个目标。”几天之后,他给自己的出版商泰勒写下了那封著名的信(1 月 30 日),信中提及要对《恩底弥翁》的一个片段“幸福在哪里”稍作修改,让它读起来更接近于对发展变化的通体期待——这是他“通往戏剧性的重要尝试的第一步——用欢乐与悲伤扮演不同的秉性”。此外,他要么刚刚写完——或者几个小时之内就将写下——一批新的十四行诗中的第一首《“每当我害怕”》。

十

这种终于起航的感觉,为济慈带来了动力,让他产生了渴望与人分享心情的雀跃感。第二天早上(1 月 31 日),他给雷诺兹写了一封热情洋溢的信,这封信几乎全然变成诗歌。他写下一首包含五个诗节的歌(显得有些不入流的《“哦,别这样脸红”》),然后他停笔写道:“我原打算给你写一封严肃的诗信。”但是一提到弥尔顿的《沉思颂》(“Il Penseroso”;“离开吧,虚妄骗人的狂欢”)他就又滔滔不绝起来:

我不能用散文写,今天阳光灿烂,我不能,所以就这样吧:

要勃艮第、波尔多和波尔图酒汁,
　　老霍克与马德拉酒到一边躲
汝等太温和不宜嬉戏
　　有一种酒水,更亮更清恰好酌。

他又匆匆写下十二行,但是,即兴创作的行为本身又一次触及他本质上最关注的问题。当这首看似漫不经心的打油诗转向诗歌和户外明媚的阳光时，他终于引出了阿波罗的名字——对济慈来说，阿波罗素来是最具象征寓意的神明。他最早的诗歌之一便是朝气蓬勃的《阿波罗颂》。 289
这首诗创作于几乎整三年前（1815 年 2 月），当时他还在哈蒙德的诊所学习，诗中罗列了伟大诗人的名字——荷马、维吉尔、莎士比亚、弥尔顿、斯宾塞和塔索，正如他后来在十四行诗《初读查普曼译荷马有感》中感叹的，这些“歌者”都“向阿波罗臣服”。桂冠事件让他觉得自己像个傻瓜，因而写下了半讽刺、半忏悔的《阿波罗礼赞》（“请问你的怒火在哪里伏下？／ 难道你能容忍我冠戴你的荣誉”），流露出真心的不安。当然，恰如他已经透露给海登的情况，在他打算撰写的史诗《海伯利安》中，阿波罗也是主要人物之一。

在刚写下的打油诗中甫一提及阿波罗的名字，济慈就突然停笔，划了一条线。然后，他用铿锵有力、三音步的形式写下了一首完全不同的诗——尽管仍是即兴创作，但显得严肃得多：

子午线之神
　　东方与西方之神，
我的灵魂飞向你，
　　身体却压往地面。

他在亨特家写的诗爆发出某种忧虑（“如今燃烧与拼斗皆是虚空”除非他成长得更谙哲思；“后续多年，我的供祭必须悄无声息”），而这首诗接下来的内容可谓对此忧虑的再次表述。伴随着想要直接前行的迫切愿望，他尝试让自己安心于缓慢书写的想法几乎全被抛诸脑后。后续的短诗行变成了对句，仿佛某种吟唱：

是的，当灵魂逃离

至头顶上方的高地
我们恐惧地凝视
…………
诗歌之神
带我飞奔
穿过惊惧的景象
哦，让我，让我
与炙热的里尔琴和你
同享那凝重的哲思。
锻造孤独的时光，
让我看看你的荫棚
少些惊恐担忧！——

在破折号处，济慈停了笔。因为他又开始重写（以更加直率，减少
290 疏离感的方式）想要拿给雷诺兹看的新十四行诗。他迅速结束了
这封信：

亲爱的雷诺兹，请原谅我的喧嚷啰唆——但事实是，今天早上我实在写不出言之成理的东西——不过我还是会给你看一些——我最新的十四行诗，这就抄给你。

每当我害怕，生命也许等不及
　　我的笔搜集完我蓬勃的思潮，
等不及高高一堆书，在文字里，
　　像丰富的谷仓，把熟谷子收好；
每当我在繁星的夜幕上看见

浪漫传奇的巨大的云雾征象，
而且想，我或许活不到那一天，
以偶然的神笔描出它的幻相；
每当我感觉，呵，瞬息的美人！
我也许永远不会再看到你，
不会再陶醉于无忧的爱情
和它的魅力！——于是，在这广大的
世界的岸沿，我独自站定、沉思，
直到爱情、声名都没入虚无里。*

我必须出去走动一下，然后写信到泰格茅斯［给乔治和汤姆］。

整整一年前，他当时在等待一本大致完成的诗集出版（就像现在一样），下一场不确定的冒险就在前方，那时，十四行诗《漫长的冬季》带着他不仅从凄凉、焦灼的一月跳跃着想到了春天，还想到了“静静成熟的果实——屋檐上向晚的秋阳”；济慈后来每一次大幅的飞跃前，有关收获的想法和意象都会反复出现，直至其最后一首伟大的诗《秋颂》，情况仍旧如此。因此，在这年的一月份，心中满怀不确定和希望，他又想到未来可能“搜集”自己“蓬勃的思潮”，想到书堆仿佛“丰富的谷仓，把熟谷子收好”。他还想到除了《恩底弥翁》之外的“浪漫传奇”，不管这些想法笼罩着多么巨大的云雾征象。“浪漫传奇”这种形式也许不是他的终极目标，但他显然打算再写几首。泰勒曾提出给《恩底弥翁》换个副标题，不用“诗歌浪漫传奇”，那时济慈为浪漫传奇辩护说“虽然有了流动图书馆，但它还是个好东西”。诗中提及的“瞬息的美人”，其身份为何，人们

* 此处使用穆旦先生译本，第 6 行“传奇故事”改为“浪漫传奇”。

难免好奇(济慈可能联想到在沃克斯豪尔见过的那个女人);但这个典故相对次要。这几行总让人感觉有所下坠,显然只是为了帮助填充这首
291 十四行诗的内容。诗中对爱的想象仍十分笼统、抽象,附属于诗篇开头的表述。这首十四行诗的结尾("在这广大的 / 世界的岸沿……")鼓起了"无我"理想的勇气,勾连起"凝重的哲思",他渴望带着哲思共同献身于"炙热的里尔琴"。当然,他也部分呼应了莎士比亚著名的十四行诗:

> 无论是我自己的忧虑,还是
> 苍茫乾坤梦卜未来的先知之魂。

事实上,济慈的这首十四行诗,是他所写的一系列莎士比亚体十四行诗的第一首,他不仅有意突破了以往的风格,而且与这个时代诗人的惯常写法都不相同——此变化至少是他尝试重新开始时所附带的结果。虽然他的心从来不会囿于固定的形式,而且,约一年后,他也厌倦了莎士比亚体的十四行诗,更进一步说,那时他对十四行诗整体都感到餍足,但至少眼下他新创作的十四行诗比这个世纪出现的任何其他十四行诗都更接近莎士比亚的风格。尤其是其中的第一首——《"每当我害怕"》更是传神,莎士比亚十四行诗中反复出现的主题事实上塑造了这首诗,那就是:爱与野心不牢靠的纠葛,会迅速"消亡化作荒冢"。

假如脱离语境去解读这首诗(其语境也包括它本就是对莎士比亚的刻意模仿),再加上相关传记背景的简化,读者可能会忍不住将这首诗视为济慈对自己早亡的超视预感。自然,他年幼时身边许多亲近之人接连亡故,早已让他对死亡产生了冷静清醒的认识,对生命的无常有着敏锐的觉悟,而这种觉悟于我们大多数人来说(至少在我们的时代),要到中年才逐渐凸显。除此之外,汤姆的病情肯定也压在他的心头。但所

有这些情形都需要客观合理的审视。[1] 他此时对自身亡故的看法是笼统的，没有任何迫近之感：死亡也许会发生在二十年或四十年之后，但心中的愿望可能还无法实现。换句话说，这首十四行诗背后的主要关切，是渴望和试图用“少些惊恐担忧”的方式来看待人生抱负无法实现的普遍恐惧——这种焦虑已经加剧，因为他感到自己很快就要开启一段新的、更加重要的旅程。每一个强烈的愿望都会滋生出恐惧，生怕它会以这样或那样的方式失败；而愿望与恐惧都会激起人的反应，让人忍不住与它们保持一定的距离，正如这首十四行诗在结尾处呈现出来的一般。因纯粹的无能而失败的恐惧（“当灵魂逃离 / 至头顶上方的高地 / 我们恐惧地凝视”）才是真正令人忧虑的；当然，这也弥漫于我们述及的其他诗歌。不过，这种疑惧本身并不能有效地说明此诗所达成的相对简单的审美解决，虽然它遵循莎士比亚的惯常做法，唤起了对死亡的普遍思考：若没有空洞而明显的虚张声势，济慈很难否定他虔诚信仰的一切，看着自己的抱负和无力共同“没入虚无”。只有将恐惧普遍化，并运用这种更为广泛的身临其境的感觉——借此将自己的目标进一步简化为“爱情与声名”的抽象概念——他才能够充分将自己脱离出来；借助这种普遍性，此诗才能够迂回地绕过更加私人且囿于当下的担忧。虽然济慈没有在最后一本诗集中出版这首诗，但眼前他对此诗还是比较满意的。至少，它不算“喧嚷啰唆”，不像新近写的其他诗句造成的感觉——直接关涉个人，缺少解决；这首诗不算“喧嚷啰唆”，部分原因还在于他能够觉察到此诗以特有的方式达到了超然和非个人化的境界。

292

① 济慈一直习惯于认为自己拥有强健的体魄，这不无道理；他当然也幸运地拥有强健的头脑。洛厄尔小姐（《约翰·济慈》，第一卷，页514-516）认为济慈秋天患的一场重感冒已显现出肺结核的征兆。这当然是值得怀疑的推断。不论怎么说，济慈本人可能绝不会产生那样的联想。与其他朋友（当然是指贝利、莱斯和雷诺兹）相比，他似乎一直免于病痛困扰，直到苏格兰之旅的后半程。

十一

当然，真正让济慈保持清醒的，是他对自己还需要跨越的距离有了新的认识，这种认识如今每个星期都变得更加清晰，他明白，自己要走的路会让十年看起来都仿佛只是短暂的准备期——而十年是他开始写作以来所度过的全部时间的三倍还多。三年前，他坐在哈蒙德诊所楼上的房间里，为纪念外祖母的去世写下了一首羞怯、笨拙的十四行诗。他初次尝试认真写诗，是在药剂师公会参加考试后，为了看看自己到底有何能耐，他独自一人前往马盖特——这些都只是一年半之前的事。十八个月，对现在二十二岁的济慈来说，可能相当漫长；但这段时间他已经十分
293 忙碌了。然而，其中的任何变化、改进，与他所渴望的目标相比，不仅显得很渺小，而且也似乎仅限于老一套陈规的发展和完善。去年秋天，《恩底弥翁》进入尾声时，他已意识到这种局限性。而到了十二月，他已经明白，自己谈论的写作，也就是“消极能力”一信中所说的那种，是非常不一样的类型；比如，《李尔王》就绝非同一把梯子上更高的梯级而已。当然，自那之后，他并没有做太多的努力：不过是将自己的十四行诗改换为莎士比亚式的风格，以及在亨特向他提议就弥尔顿的一绺头发作诗时，用相当“喧嚷啰唆”的方式写下了两三首诗。但至少作为一种积极的理想，他的态度是新的，或者说是部分更新过的。接下来的八个月中，济慈并未创作出显露突出成长或戏剧性发展的诗。那是蓄势待发的几个月。引起人们兴趣的一点，在于这段准备期只有几个月，而不是数年。

第十二章　德文郡与《伊莎贝拉》(1818 年 2 月－4 月)

一

接下来的几个月,一个想法在济慈心中占据了主要位置,那就是为新的起点做出缓慢且精心的准备。然而,问题是要准备什么? 到了这年春天晚些时候,《恩底弥翁》已基本修改好,做什么准备的议题就更需要认真对待了。在那之前,他总能安慰自己,说似乎还欠缺自由、无负担的头脑。但即便是眼下的几个星期里,他仍希望"带着某种决心和力量,马上就开始动笔"。虽然他不断劝解自己,无须急于开展下一段创作,而且不论是什么样的准备,都可能要花费数年时间,但他修改《恩底弥翁》的速度之快,足以留下大量闲暇时光。不过,他现在不像十二月和一月初那般频繁外出。可以肯定的是,正如济慈告诉两个弟弟的那般(2 月 14 日),他如今"时不时写上许多歌和十四行诗";尽管这些创作提供了某种锻炼,但他并没有特别当回事。[1] 294

① 这些"歌"试图捕捉伊丽莎白时代或十七世纪的风格。它们显然包括: 米尔恩斯 1848 年出版的《歌剧节选》;可能还有三首,《别流泪》《啊,悲伤的是我》以及《精神在这里(转下页)

不过,他还是开始密集地阅读,也已对弥尔顿展开深入研究,相关的思考他将在同年秋天运用于《海伯利安》之中。海兹利特的系列讲座引发他去了解原本只是略知一二或一无所知的作家。他甚至投入地阅读伏尔泰和吉本,心里也许认为他们是死脑筋、顽固的现实主义者;此外,不出两个月,他便打算学习希腊语和意大利语。当然,仅靠读书本身是无法解决问题的。他有时甚至想"证明读书无用"。不过,他一旦这么做的时候,身上的幽默感也会突然出现,并把那些论证视为"给懒惰找
295 借口的诡辩"——尽管这个想法"也许接近"某种真理。其他经验固然是必要的,但令人沮丧的问题总是反复出现:到底什么样的经验才是诗人真正需要的,如何才能获得它们呢?

对济慈来说,十分幸运的一点在于其自我意识的诱惑还没有太强的时候,他已经拥有了熟练写作的经验——也就是说,他已在最活跃的创作习惯中有所体验,事实上,从晚春时节到第二年,对他来说,自我意识的诱惑变得非常强烈。他已经越发清晰地感受到现代诗歌整体自我意识的增强,或者说,至少发现这种强化的自我意识所产生的附带结果。尽管他下定决心不要受这种风潮的催眠和摆布,同大多数人走上相同的道路——毕竟这与他有关莎士比亚式的"无我"和"消极能力"的新理想背道而驰——但他内心仍然感到不安。

春去夏至,他开始自己思考诗歌在当下的处境中,所取得的进展(或者至少是努力追求的目标)和遭遇的困难。但就目前而言,诗歌的发展似乎朝着以狭窄、防御性和自我中心为特点的方向前进。之前,他给雷诺兹寄去的一封信中(2 月 3 日)附上了十四行诗《"每当我害

(接上页)主宰》;一首由对立面组成的小歌谣,《欢迎快乐,欢迎悲伤》;另外还有一些,济慈在 1 月 31 日写给雷诺兹的信中附上了这些歌谣(《哦,别这样脸红》和《所以要勃艮第》)。这些诗中的"回旋诗"和大部分十四行诗会在下文简要讨论。

怕”》,三天之后,他又在给雷诺兹的信里感叹早前时代诗歌的自由和广度。雷诺兹则随回信寄来了两首关于罗宾汉的十四行诗,这是两个好朋友在忙于其他事务时彼此逗乐的小游戏。[①] 济慈信末的落款是雷诺兹的“共同执笔人”,他称赞了雷诺兹那两首关于罗宾汉的十四行诗,但也温和地指出了他的不足,说像“温柔而真实”这种感伤的、具有亨特风格的表述应当从诗中删去——“因为我有太多的理由把它视作流沙,避之唯恐不及……咱们得把它删掉,千万别像被响尾蛇蛊惑了再写这种东西”。接着,他又从亨特想到了另外一位迥然不同的作家——华兹华斯:

> 当然,我们应该阅读同时代人的东西。我们应当给予华兹华斯等人应有的关注。但是,我们是否应该仅为几段充满精美想象的篇章,或是几个雅驯的段落,就硬逼着自己接受某种从自我主义者一闪而过的怪念头中生发的哲学呢?——人人都有自己的思考,但只有臆造出虚假的幻象、自欺欺人后,才会垂头丧气地暗自思忖或是炫耀这些思考。许多人都能行至天国境地,但却没有足够的信心写出自己看到的一半。桑丘或是任何其他人都能捏造出一场天国游历。我们讨厌那种带有明显图谋的诗——就好像一旦人家不赞同 296
> 它,它就立刻把手插进马裤口袋,摆出不肯善罢甘休的样子。诗歌应该是伟大而不唐突的,它进入人的灵魂,以其主题而非其自身引起人们的惊奇和赞叹……老马修几年前[对华兹华斯]说了几句无关紧要的话,由于他在一次傍晚散步时碰巧想起了老人的样子——就非要白纸黑字地把这些铭刻下来,于是这一切就变成神圣的

① 这两首十四行诗分别为《舍伍德森林里的树》(“The trees in Sherwood Forest”)和《身着林肯绿》(“With coat of Lincoln green”),发表于2月21日的《黄矮人》杂志,后收入雷诺兹1821年的诗集《佛罗伦萨花园》(*The Garden of Florence*)。

> 了——我并不是要否认华兹华斯的崇高和亨特的价值,我的意思是说,我们能够得到没有杂质、不那么唐突的崇高和价值的话,就不要那般纠缠、强求。读一读早前诗人的作品和《罗宾汉》吧。你的信和随信所附的十四行诗带给我的快乐,远超过整个《恰尔德·哈洛尔德游记》第四卷。

济慈开始感觉到:亨特那种舒适、感伤的角落退居,华兹华斯不可撼动的自我关注,以及拜伦张扬、明显的自我中心主义,都建立在同一种品质之上——正如济慈所言,他们的诗歌属于那种"关于某个人的人生和观点"的诗。不论这些人的诗在别的方面有多么不同,至少在济慈眼中,它们都造成了某种对诗歌的损毁。在他看来,这种损毁源自一种普遍的退避,他们的诗歌离开了广阔的天地,集中在小而专的方面,呈现出充满防御性的端庄拘谨,"好像一旦人家不赞同它,它就立刻把手插进马裤口袋,摆出不肯善罢甘休的样子"。大约一年前,他还能带着愉快的自信,仿效和附和当时流行的表达,暗示人们正是十八世纪的压抑和约束将诗歌推向了更加狭隘和次要的领域。但如今,似乎整个形势显得有些复杂。即便那些反对十八世纪的叛逆者,也开始圈定专门的独占区域,并专注地在这些领域用防御性的姿态写诗。在济慈看来,这些人与伊丽莎白时代的诗人比起来,仿佛汉诺威选帝侯那样的小统治者,而后者则是拥有广阔疆土的皇帝。

二

济慈想要成为自由行动者的决心是显而易见的:"我要割舍这一切——尤其不要再沾染华兹华斯和亨特的风格……假如能做雄鹰,为什么还要去做猫头鹰呢?”然而,这还是未来的事。毕竟,如他十天前所说,“后续多年,我的供祭必须悄无声息”。与此同时,他也想感谢雷诺兹——他把雷诺兹的诗称为绿林中送来的“一盘榛子”。作为回报,他 297
写道:“我也摘了些许柔荑,希望它们看起来会很漂亮。”他随信附上了两首用十七世纪轻快的七音节对句写的诗《罗宾汉》(《致J. H. 雷诺兹——和其咏罗宾汉十四行诗》)和《咏“美人鱼”酒店》。第一首接近于仿挽歌,里面写道:“是的!那个时代消逝了……它的每一分钟都被埋葬……喇叭已经不响了……你不会遇到任何好汉……完了,化装舞会的欢腾。”*罗宾已埋入“他青草的坟头”,他所有的橡树早就倒在了造船坊的大斧子下,“在咸涩的海上腐烂”。这首诗运用欢快的节奏改变挽歌似的重复,其中怀旧的情绪也一直显得较为轻松。“我希望你会喜欢[这些诗句],因为至少他们是本着**绿林好汉**的**精神**写就的。”

济慈从二月到四月的三个月,正是带着某种抵抗现代诗歌方向的“绿林好汉精神”开启的——而到了这三个月结束时,他对于接下来要做什么已形成截然不同的观念。《咏“美人鱼”酒店》可能比《罗宾汉》早几天写好,它以更强烈生动的方式表现出对健朗往昔的向往(“亡故的诗人的幽灵”),诗的结尾与开头回环连扣,构成了所谓的“回旋诗”,济慈后来曾说“我想我会偏爱这种写法”。此形式至少让他从十四行诗中解脱出来,因为无论诗人情愿与否,十四行诗总会强行带上某种矫饰做作的庄严之感。在济慈看来,这两首诗都经得住考验。到后来汇编诗集时(也就是他的最后一本诗集),在《恩底弥翁》至《海伯利安》这两个时间节点间创作的诗里,他只留下了这两首——《罗宾汉》和《咏“美人鱼”酒店》——以及即将开始撰写的浪漫传奇——篇幅不长的《伊莎贝拉》。在这本诗集中,他完全没有选入十四行诗。不过,此时他仍继续创作

* 此处使用穆旦先生译本,根据需要略作改动。

十四行诗,但却与以前的写法有所不同。从《“每当我害怕”》开始,济慈就转向了莎士比亚体的十四行诗,这至少摆出了渴望独立和寻求新起点的姿态。因为除了松散的英雄对句之外——事实上他在《恩底弥翁》之后也抛弃了这种写法——没有任何其他形式比彼特拉克体十四行诗与他早先的创作更紧密地绑定在一起了。而彼特拉克形式的掩累甚至比对句还令人不快。从最初在埃德蒙顿诊所时的尝试,到盖伊医院时期在菲尔顿·马修影响下创作的感伤的十四行诗,再到受亨特影响的一年半时间,彼特拉克体十四行诗代表了他如今羞于启齿的主题和模仿风格,让他联想到当年的十四行诗比试、阴柔的诗歌创作“场景”以及对玫瑰
298 和月桂花冠礼物的回应。至一八一八年一月底,济慈已创作至少四十一首十四行诗,都采用了彼特拉克的形式。但从此时起,至其生命的终结,他所写的十四行诗只有这个数量的一半多一点——共二十五首。在这些诗中,五分之一是彼特拉克体的——但它们都是在一时兴起的冲动下迅速完成的,导致他难免回到了旧习惯。还有两首例外,一首是无韵诗(《画眉鸟的话》),另外一首是刻意的实验(《“如果英诗必须受律制制约”》)。剩余的十八首十四行诗基本上或者完全是莎士比亚式的。[①]

不过,他并没有头脑发昏到以为仅仅依靠从传统乏味的彼特拉克体转向当下不那么时兴的莎士比亚体(或者说伊丽莎白时代常用的形

① 五首彼特拉克体十四行诗包括:《致尼罗河》,这首诗写于与亨特的十四行诗比试;另外三首的创作灵感来自苏格兰旅行(《访彭斯墓》《咏阿丽沙巉岩》《听风笛有感》);以及故作琐碎的《遭丧之家》。十八首莎士比亚体的十四行诗中,七首写于一月下旬至四月底之间(分别为:《“每当我害怕”》《时间的海》《致斯宾塞》《“蓝色!那是天堂的生命”》《人的时令》《致詹·莱》,可能还有一首《致荷马》),这些十四行诗在诗体和风格上是最接近莎士比亚体的。苏格兰之行创作的两首十四行诗(《凡人的肉身》和《写于本·尼维斯山巅》)以及《龙萨十四行诗转译》之后,济慈只写过八首十四行诗:其中六首是莎士比亚韵式的,虽然在其他方面有所出入(《为什么今夜我发笑》《咏梦》《咏声名》《“白天消逝了”》《“我求你的仁慈”》,以及创作时间仍存争议的《“明亮的星”》);另外两首基本使用莎士比亚体的结构,但有所变化(《致睡眠》和《咏声名(第二首)》)。

式),就能够再现早前时代更加健朗的诗歌精神。事实上,十四行诗作
为一个整体可能已经显得陈旧了(一年后,他对彼特拉克和莎士比亚两
种十四行诗韵式的描绘都是“沉闷乏味”);不论如何,他的抱负其实都
指向“长诗”。一切经验都告诉他,无论眼前的行动与理想之间有多大
的差距,即刻开始付诸实践是有价值的——立刻努力远好于停留原地、
瘫软不动:通过纯粹的行动,人的能力会更加敏锐,能够发现意想不到
的机遇。(一年后,他从这两种十四行诗体的**碎片**(disjecta membra)中
发展出自己的新颂歌诗节,那时他的信心得到了强有力的支撑。)此外,
济慈还受到其他方面的吸引。秋天时,他已经开始重读莎士比亚的十四
行诗,其结构、节奏顿挫和修辞手法都已深深印入脑海。除韵式之外,莎
士比亚体十四行诗的形式即便不是个大挑战,也是他未曾经历过的全新
挑战;使用新的形式至少能够帮助他抵抗彼特拉克体十四行诗的特定样
式——他从亨特那里习得这种样式,并带着很强的同情黏着力将之化入
了自己的习惯中。亨特不喜欢莎士比亚十四行诗的形式;终其一生,他 299
都认定“所谓正统十四行诗”的优越性(“所谓正统十四行诗”这个说法
源于亨特一篇文章的标题;十九世纪初,“彼特拉克体”和“正统”两个词
是可以互换的)。就像济慈后面即将创作的《伊莎贝拉》所反映出的那
样,他刻意使用亨特不赞同的诗体韵律和诗歌语言(比如排比、重复和
平行对偶结构等)。莎士比亚的十四行诗形式在当时绝不能算陈腐老
套。十八世纪九十年代,莎士比亚体十四行诗曾短暂地流行了一段时
间。但到了济慈的时代,这些创作已基本被人们遗忘,少数仍使用这一
形式的十四行诗作者也笔力不逮,除韵式之外,他们几乎没能捕捉到
莎士比亚的任何精魂。仅就这个问题而言,亨特的观点可以说是此时
诗人普遍态度的精确晴雨表。对济慈来说,莎士比亚体十四行诗的不
流行让它显得如此诱人。

现在,济慈偶尔有空时写的十四行诗——至少前八至十首——仍旧

是十九世纪(包括二十世纪)最具莎士比亚神韵的十四行诗,无论在格律变化、停顿、四行诗节的划分,还是修辞手法上,皆是如此。由于济慈努力争取语言的简洁利落——我们也会发现他试图在《伊莎贝拉》中实现这个效果——因此,特别值得关注的是诗行内各种形式的平衡,莎士比亚就曾在诗中大量使用行内平衡。他会通过简单的重复来平衡一行诗,比如“你就是**聆听**的**音乐**,为何**听**着**音乐**如此伤情?”“怕的是那个**时刻**,那个**时刻**一旦到来。”*济慈也相应地写道:“短短的一**年**就变成千万**载**”;“忧心于**无事做**的人,必不会**无所事事**”。莎士比亚的诗歌通过平行排比实现常见的平衡(“不要让急雨的黎明接续暴风的夜晚”;“颂唱故去的佳人与多情的骑士”),这一点也在济慈的诗中再现(“为了敬爱你和取悦他,那时我将试一试笔”;“我耳闻你和狄洛斯群岛”)。莎士比亚诗作中用头韵来达到平衡的做法极为常见,如“叫长寿的凤凰在鲜血中燃烧”(“And *b*urn the long-lived phoenix in her *b*lood”),再如“当我看见木叶脱尽的高树, / 曾帐篷般为牧群带来阴凉”(“When *l*ofty trees I see barren of *l*eaves, / Which erst from *h*eat did canopy the *h*erd”)。济慈也紧随莎士比亚的脚步,写道“长庚星的天帐,及尾随他的星群”(“The *t*ent of Hesperus, and all his *t*rain”),再如“缪斯呵! 给我上一堂课吧,请你高声讲”(“Read me a *l*esson, Muse, and speak it *l*oud”)。最后,虽然济慈心中可能有许多其他的模式,但他还是沿用了莎士比亚大量使用对偶平衡的做法(如“昨日使我**至乐**,今宵叫我**断肠**”;“我的**罪咎**是**爱**,你
300 的**美德**是**憎**”),在《致荷马》中,济慈就这样写道:“呵,**黑暗**的边沿岂不是**光亮**”,“彻底的**盲者**拥有**三倍的视界**”。还有其他的例证,如“你给我心中的**欢乐**抹上**悲切**”,“每周都有感于**离别**和**会见**”。

* 此处莎士比亚十四行诗的引文参考辜正坤先生译本,根据上下文需要略有修改。

三

济慈去年十二月初曾告诉两个弟弟，说自己很快会到德文郡与他们会合。但现在已是二月中旬，他仍未动身。他耽搁在伦敦的表面原因是为了修改《恩底弥翁》和校对从出版商那边拿来的书稿，但这并不是真正的理由；因为这项工作不需要他滞留在伦敦。一月下旬新的起点出现后的几个星期里，他心中一直充满希望。画眉鸟似乎总在歌唱："春天将是你丰收的季节"，"春天定是灿烂的黎明"。

他自发将社交活动减少到最低限度。做到这一点并不难，因为他现在不怎么喜欢出门，而是宁愿埋头读书。他每周二晚上去听海兹利特的讲座。另外，他与雷诺兹会面过几次，去亨特家吃了顿正餐，同席的有雪莱夫妇、皮考克和詹姆斯·霍格，再就是参观了一次大英美术馆。一天晚上（2 月 4 日），济慈参加了一场非正式的音乐会，之后，他顺路拜访了亨特，雪莱当时也在。亨特提议来一场十四行诗比试：每人在十五分钟内写出一首"关于尼罗河的十四行诗"。济慈和雪莱在规定时间内完成了诗作。但两人都对这一场合兴致不高，从他们的作品就可以看出这一点。相较之下，亨特可能已在脑海中设想这个主题一段时间了，他一直写写改改到凌晨两点才完成，这也是他写出的最好的十四行诗之一。[①]

真实的情况是，济慈并不想去德文郡。他觉得自己很快就要产生灵感了；在这个关键时刻，他非常害怕每天面对汤姆病痛所带来的

---

① 济慈这首十四行诗（"古月山的儿子"）让人熟知的是其缺少埃及意象，雪莱的诗作（"月复一月，雨具雨落"）也因其抽象性（"冰霜""炎热""暴风雨"）而为人诟病。三人中只有亨特一人对这次创作的十四行诗有足够的信心，将之刊印了出来（"它流过古老静谧的埃及"）。

心理影响,尽管他永远无法明明白白地对自己承认这一点。他如此沉醉于创作,以至于全未想到乔治的心情正变得焦躁不安。他更没想到
301 的是,过去一年的无业状态以及长期看护汤姆的压力,可能导致乔治开始为自己制定一些激进的计划。二月二十一日,一封乔治安娜·怀利寄给乔治的信送到了他们在汉普斯特的居所,济慈的良心备感冲击。他将这份信随附在给两个弟弟的信里,写道:"她以为你还在城里吗,乔治?你们走后,我一直懒得可恶——不过我刚刚翻过了新的一页。"接下来又过了六天,到了二月二十七日,济慈修改完《恩底弥翁》的第三卷,转而进军第四卷,并开始阅读前两卷的样张。那天,他给约翰·泰勒写了一封广为人知的信,里面包括他新的诗歌"信条":诗歌应"以美之充盈令读者惊艳";若"诗之产生,不如枝头生叶那般自然,那就最好不要写";尽管《恩底弥翁》让他"从学步的牵引带走向了能扶着手的童车",但他"还是情不自禁地望向新的领域,高呼'啊,愿缪斯赐予我如火诗情!'——假如《恩底弥翁》算是我的先锋兵,那么我应该感到满足"。

随后,二月二十八日至三月四日之间的某个时刻,乔治突然回来了。[①] 二月二十八日,乔治年满二十一岁。他决心为自己的前途做些事情。他此前可能提过,如果监护人理查德·艾比能预支足够的钱,他就想移民。不过更有可能的情况是,他只是把移民作为几种备选的可能性之一。就在差不多同一时间,汤姆给济慈寄去一封信,说他好多了,应该

---

① 3月6日,乔治带着济慈的口信(海西在给泰勒的信里是这样记述的,"他的哥哥,也就是诗人济慈,去了德文郡,把第三卷留在他这儿了"),走进泰勒和海西书店。(《济慈社交圈》,第一卷,页12)乔治还告诉海西,他的兄长是在暴风雨之夜(3月4日)离开的,"坐在马车外围没有遮棚的地方"。假如乔治没有回到伦敦与济慈见上面,他就不可能知道这些情况,济慈也就无法留口信请他转达。济慈自然不可能与乔治在泰格茅斯说这些情况:他3月6日才抵达泰格茅斯,而那天正是乔治拜访海西的时间。关于3月4日的暴风雨,参见《济慈社交圈》,第一卷,页12-13注释。

会自己返回伦敦。显然，汤姆不想一个人待在德文郡。事实上，济慈心里很清楚，汤姆也不应一个人留在那儿。

四

三月四日星期三的傍晚，济慈乘坐七点半的马车前往埃克塞特（行程约二十七个小时）；到达埃克塞特后，他还得再乘当地马车，走剩下的十五英里抵达泰格茅斯。济慈动身的时候虽然已经开始下雨，但为了省钱，他还是坐在马车外围。随着夜幕降临，数年来英格兰最严重的一场暴风雨袭来：大树横倒在路上，房屋被掀翻，暴风吹翻了许多马车，一些 302
乘客途中丧命。济慈乘坐的前往埃克塞特的马车没有遭遇严重事故，但它显然比计划晚到了许多：济慈很可能三月六日下午或之后才到达泰格茅斯。与此同时，大雨接连下了六天。乔治不在身边，汤姆身患重病，大雨持续下个不停，在这样的情形下，济慈对德文郡的整体印象实在明快不起来。他这段时间的信总是抱怨当地各种情况，与他惯常渴望在一个新地方找到欣喜之感的做法形成鲜明对比。到达德文郡后，他立即开始修改《恩底弥翁》的第四卷，只用了八天（3 月 14 日）就完成任务。

那个大雨不断的星期中的某一天，济慈去了当地的剧院。他告诉雷诺兹，就在剧院里，他“受到了侮辱，我应该记住不要将此事告诉任何人，因为我没有反击”。他十分渴望将《恩底弥翁》“付梓，这样我就能忘记它，继续前进”，就在他修改完《恩底弥翁》的前一天，一直萦绕在他脑海中的有关四季的想法、有关春天将创造出丰硕成果的想法，变得越发强烈；于是他抽出一点点时间，写下了十四行诗《人的时令》。然而，他刚把这首诗抄入给本杰明·贝利的信里（3 月 13 日），汤姆就突然大出血。这件事让济慈措手不及。第二天，他写信给雷诺兹时——雷诺兹本

人也因为风湿热病了一个月——在信里故作轻松,想控制住自己的焦虑情绪:

我打算杜绝跟任何有毛病的人来往,除非他们打定主意改掉自己的毛病——有个我厌恶至极的家伙,说来也怪,在我拜访的好几家人那儿,都碰上了他——他此刻就厚颜无耻地坐在我和汤姆之间——在可怜的詹姆斯·莱斯家,他也羞辱过我……我要义正言辞地告诉朋友们,而且只说这一次,跟这家伙断绝来往,否则我就和你们断绝来往。

济慈直到写好了《恩底弥翁》的序言,才将修改好的第四卷一道寄给了出版商。一方面,他想说的话太多,但另一方面,他又知道序言必须言简意赅,所以他不确定应如何开篇——日子倒是一天天过去了。他写了几首轻快的小诗寄给海登。[①] 在德文郡,他也开始认识一些人,正如他在信里告诉雷诺兹的(3 月 14 日),有"马车夫阿特金斯、外科医生
303 巴特利特、理发师西门斯,还有帽子店的女孩们,大家都说后面一个月的气候会十分宜人"。[②] 乔治和汤姆已经同杰弗里一家成为朋友:她们家有一个寡母玛格丽特·杰弗里,还有三个女儿,玛丽安、萨拉和范妮。乔治常跟她们调侃,回到伦敦后,他还给两个姐姐寄去了一封长长的、热情

① 这两首小诗是《这有主教的泰格》和《你到哪儿去,德文郡的姑娘?》。几天后(3 月 24 日),济慈在给詹姆斯·莱斯的信里又写了一首《翻过山丘,穿过谷地》。另外还有一个断章《造城堡的人》,可能写于这年一月到五月之间。

② 据说济慈兄弟住在斯特兰德街 20 号(现诺森伯兰广场)。帽子店可能位于 35 号,差不多是 20 号的正对面。(《济慈书信集》,第一卷,页 79)"巴特利特"应该指的是摄政王广场的外科医生雅各布·巴特利特(《济慈书信集》,第一卷,页 246 注释)。汤姆可能找他咨询过病情,但需要指出的是,汤姆在泰格茅斯时期的医生是威廉·特顿(1762–1835)——一位知名的结核病权威。他还是位贝类学家,其藏品现存于华盛顿的史密森学会。(《济慈书信集》,第一卷,页 274 注释)杰弗里家族的情况可参见罗林斯的导言。(《济慈书信集》,第一卷,页 78–80)

洋溢的信。“我会通过约翰和汤姆给你们送上吻，但你们若说挺喜欢，我可能又不开心了，所以我恳请你，玛丽安娜，亲吻萨拉，她一定要假想这个吻是我献上的。然后她也同样亲吻你，你也要以同样的方式想象这个吻是来自我的。”乔治很想知道她们对约翰的看法。“他是不是见解很独到？他肯定不像四个月之前看起来那么英俊潇洒了，但现在的他不也还是很英俊吗？我相信你们都非常喜欢他，但别忘记了**我**。”[1]汤姆似乎得到了所有人的宠爱，尤其玛丽安更是对他关爱有加，这个女孩安静、稳重，后来还出了一本诗集。杰弗里家一直流传着一个说法，说玛丽安爱上了济慈。如果这是真的，至少济慈没有给她任何回应；不过他对这三个善良的女孩都很友好。他后来提到了三个女孩中的一个（可能是年龄最小的范妮）——“头发长长”，“棕色的拳头很厉害”——这暗示着他们曾顽皮地嬉闹。后来济慈和汤姆两人离开泰格茅斯时，萨拉显然陪着他们坐上了马车，一直送到霍尼顿。接下来的一年里，济慈从两个年纪较大的女孩那儿收到了几封信，但没有回信，直到一年后，他才去信请她们帮忙在德文郡找一个度夏的居所。

一个星期的踟蹰后，济慈完成了《恩底弥翁》的序言，并立刻连同第四卷和题献（献给查特顿）一起寄给了约翰·泰勒。这一版序言是他后来替换版的两倍长，言辞间充满了防御性。他开篇便写道，在任何一个伟大的国度，一个个体的作品是“如此微不足道”，其“辩解和借口都如此令人乏味”，以至于序言足可以视为作者朝漠不关心的陌生人鞠上荒诞的一躬。至少，序言能够帮助读者“发现作者的谦虚和对自己审慎 304
的评价——我真诚地希望，读者在后面我要写的数行文字中，能够看到这一点”。接着，他以故作轻松的姿态展现了自己的“谦虚”，或者至少是一种温雅自信的漫不经心：

---

① 《济慈社交圈》，第一卷，页13–16。

约十二个月之前，我出版了一本小诗集；它幸而得到人们的翻阅，我的一些朋友喜欢它，也有一些我不认识的人不喜欢它。当一些人和另一些人发生争执时，站在朋友一边就成了令人焦虑的事；——假如激动争吵的源头是出于对诗歌的巨大热爱，那么焦虑尤甚。

接着，他谈到了《恩底弥翁》的写作过程本身。一开始，他并不确定这首诗将走向何方："我前行的路上，步履蹒跚。"因此，这首诗

与其说是已经完成的作品，不如被视为一番努力的尝试：若天假以年，它应当算是一首不太出众的开场序诗，先行于我一生的内心追求。原本出于对公众的责任，我应该把它压下来一两年，我深知其缺点重重：但我真的不能那么做——重复会令自己最喜欢的诗篇听起来都寡淡乏味，我宁愿用一首新诗来弥补——假若这首诗还有吸引力可言的话……

最近流行的一种观点是，人们可能会对嘴里偶然蹦出的任何一个词都沉迷不已：那么，我现在就要声明，整首诗中，我对任何特定的表达、用词乃至字母，都没有偏爱。我写诗是为了取悦自己，希望取悦他人，同时也是因为爱慕名声；假如我既不取悦自己，也不取悦他人，也未得到声名，那么寻章雕句又有什么意义？

我很乐意躲开作品给创作者带来的口角之争：——但这样的期待也不公平，因为我们必须要有某种形式的对话，表达反对意见显示出一个人的重要性。假如伦敦下起毛毛雨，或是苏格兰起了雾，马斯顿*的一句引言也许能作一把伞，帮我遮挡个把小时的风

* 约翰·马斯顿(1576–1634)，英国戏剧家，代表作有讽刺喜剧《愤世者》。

> 雨:“愿读者施恩,怜悯我的劳苦,不要恶意中伤于我。”

无论是雷诺兹、泰勒,还是看到这篇序言的其他人,都觉得它行不通。雷诺兹在回信中说了两点,显然触到济慈的痛处:首先是其风格和语气都“装腔作势”,再就是序言里暗含的轻率味道很像李·亨特。作为回应,济慈寄给雷诺兹一封信,这是他有史以来撰写的最为自己辩护的两三封信之一:

> 既然你们都认为这篇序言写得不好,那它肯定是挺糟的——尽管我没觉得里面有什么东西像亨特,(假如有的话,那也是属于我天性的部分,我确实与亨特有一些共同点)……我对公众——或任 305
> 何现存的东西,都不会有一丝一毫的卑躬屈膝——只有永恒的存在、美的原则——以及对伟人的怀想,会让我满怀谦恭。

那么,为何他现在要在“公众”面前假意表现出谦虚呢?“我从不会写任何一行诗时,心里还惦记着公众看法的影子。”他所表达的感觉——这种拒绝谄媚的感觉——与缺乏对他人的爱毫无关系。“没有朋友们的爱,我活不下去——我愿意为了重要的大众利益跳下埃特纳火山——但我厌恶幼稚可笑的声望。”随后,他想要表达的意思变得更明白了,传递出的情感预示着他后来在《海伯利安的覆亡》中所写下(但紧接着就明智地删去)的犀利抨击,这些情感还预示着他在差不多同一时间(1819年8月23日)写给约翰·泰勒的一封奇怪且复杂难懂的信。济慈所说的“公众”,并不是指这个词通常所指代的庞大的、好脾气的读者群体,而是指“数千个对绘画和书籍叽叽喳喳、评论不休的人”,他们带着倨傲的造作,心怀嫉妒地随时准备好举起笔杆子,像“豪猪”一般要刺穿自己靠近的任何物件。他想用“火把”来对付这些豪猪。去年十二月,他在霍勒斯·史密斯的餐宴上遇见了金斯顿(此人的谈吐,让他对比之下想起了莎士比亚的“消极能力”,那种在比自己更伟大的东西中放下自我的能力),金斯顿这类人身上不自然的造作又回到了他的脑海。他说自己现在想要摆脱“金斯顿式的批评”——“逃离”并忘记它们。

雷诺兹认为这篇序言“装腔作势”,其指责并非无的放矢,因此这话对济慈的伤害就更深。他愀然若失地反对道:“如果说这篇序言有何不妥的话,那也不是装腔作势,而是其中暗含的对公众的不敬。”雷诺兹的反应比他自己口头承认的更加乱其心绪。他说会用几天时间考虑对序言做一些可能的修改。假如几天之内他没有寄出新的序言,雷诺兹就可以直接通知泰勒不加序言,就这么出版《恩底弥翁》。不过,济慈即刻着手修改,连夜写出了一篇很短但充满坦率高尚气魄的序,随诗出版。[①]第二天(4 月 10 日),他就把新的序言寄给了雷诺兹:“我急于知道你觉得这篇序言是否可行。如果里面有什么矫揉造作之处,那也是出于我的
306 自然天性。”他表现得近乎羞怯,但也厌倦了过去一晚上的自我质疑,他

① “我心中清楚这首诗是如何产生的,所以将它公之于众,内心并非没有遗憾。

“我指的是什么方式,读者很快就会清楚,他们必定会迅速察觉,这首诗与其说是已经完成的杰作,不如说它显得缺乏经验,十分稚嫩,里面的每一处错误都标志着一番狂热的尝试。前两卷,其实后两卷也是,在我看来还没有达到可以付梓的完成度;即便再花一年时间修改也无济于事——实在不行:它的地基如流沙般太不牢靠。这个年轻人应该消失远去:在文笔渐弱时,我仍在构思设计,训练自己写出可以留存下去的诗篇,假如没有这样的希冀,那对我来说就太悲哀了。

“这话可能说得太过放肆,也许应该受到惩罚,但没有一个富于同情心的人会站出来处罚于我:他会让我一个人待着,因为他深信,没有什么比追求伟大目标却遭遇失败更加悲惨的了。这么说的目的丝毫不是为了阻碍批评,而是因为想要争取那些能够展望,且确实带着热切目光展望英国文学荣誉的人们。

“一个少年的想象是健康的,一个大人的成熟想象也是健康的;但两者之间有一段生命的间隔,在这个空间里,灵魂在躁动,性格没有定型,生活方式仍不确定,追求的目标模糊不清:因此,就会产生幼稚可笑的东西,也会产生我提到的那些人在翻阅后面书页时必然会品味到的千般苦涩。

“我希望,我触碰到美丽希腊神话的日子不算太晚,不曾黯淡它的光辉:因为,我渴望在告别它之前,再试一次笔。”

写道:“我曾想过干脆不作序;但你不觉得最好还是把这篇序言送去? ——哎,让它——人不应该太怯懦——怕犯错。”

五

自济慈三月四日抵达德文郡以来——以及整整两个月之后,也就是五月四日他和汤姆一起离开德文郡之时,这期间所发生的大部分重要情况都是内在精神层面的。济慈不断深入研究弥尔顿,在此过程中,也为弥尔顿时代诗歌与自己时代诗歌的差异而感到困惑。但这只是他所进入的庞大“迷宫”的一个侧面。除了生活本身的问题以外,他以前从未想到,自己还需要考虑诗歌更宏观的问题(它已经取得了怎样的成就,还可以做出什么样的贡献)。汤姆的情况每天都压迫着他的想象力,仿佛喘不过气起来,随之而来的是某种更深切的感受,感叹生命似乎听凭命运的摆布,它如此短暂、不可逆料;同样感受到的还有世事的不受控制,它们不仅不会依从人“专横”意志的规定,甚至显然也不可能依从人心最简单的正义标准。天气晴朗的时候,他想去周围的乡村转一转。然而,天气一直都不太理想。他说,三个星期里面,只有六天出太阳。复活节星期一那天(3 月 23 日),他去了道利什集市。不过,除了杰弗里家的人来拜访之外,这段充满沉思的生活基本上没有其他干扰,直到詹姆斯·莱斯到泰格茅斯做短暂拜访时(4 月 18 日至 20 日),情况才发生了变化。 307
这段愉快的插曲激发济慈写下了十四行诗《致詹·莱》。4 月 24 日,他收到了《恩底弥翁》的预印本,再过三四个星期,这本书就将正式出版。与此同时,雨仍持续下着。快离开德文郡之前(4 月 27 日),他告诉雷诺兹,“我昨晚躺在床上一直没睡着”,

> 听着雨声，感觉自己仿佛是一粒麦子，湿透霉烂——天空和大地之间不停地推诿礼让——天空把自己不想要的东西倾泻下来，大地又将它们送上去，可明天同样的事情又会再来一遭。

这段时间济慈的书信，除却两个显著的例外，几乎很少透露内心想法，这种情况持续到四月下旬，也就是他最后润色完成《伊莎贝拉》之时。两则例外中的一个就是他写给约翰·雷诺兹的一封诗信(3 月 25 日)[①]，他想用这封信逗雷诺兹开心，因为后者已经病了一个多月。尽管济慈在《恩底弥翁》之后已经完全厌倦了对句的写法，但他此时还是自然而然地用起了对句，因为对他来说，写对句就像写散文一样容易。这封包含一百多行诗句的诗信仅用了一晚上就完成了。他的想法只是给雷诺兹的生活带来一些调剂。济慈去世后很久，这些诗句也像他的许多即兴诗一样，被人们打捞出来，当作“诗歌”刊印，人们带着与这些诗几乎毫不相干的正式期待去解读它们，此种做法恐怕只会令济慈感到烦恼不安，而不会体会到意外的恩遇之喜。信一开始，他聊起了头一晚躺在床上想到的画面。我们这个时代或许过分热衷于释梦，或分析接近于梦境的东西。然而，由于我们知道济慈当时一直在深刻地思考不同时代诗歌和哲学的关系(尤其是古希腊和伊丽莎白时代的诗歌与哲学，同十八世纪、十九世纪诗歌与哲学的关系)[②]，我们很难拒绝这样的诱惑，即注意到这封诗信半清醒的梦里所呈现的时代并置。亚历山大大帝头戴现代才有的睡帽，苏格拉底正准备围上现代人的领巾，伏尔泰则穿着中世纪的铠甲阔步前行。海兹利特——一个如此欣赏十六世纪、

---

① 另外一封值得关注的信是济慈写给贝利的(3 月 13 日)，论及“心灵的呵护”及其对象，一年后济慈颂歌的整体构思均有赖于此。(见后文第十九章)

② 见后文第十三章。

十七世纪英国作家"阳刚气概和创造活力"的人,一个时常抨击当下"平庸"的人,在这封诗信中正与著名的"蓝袜社"女才子玛利亚·埃 308
奇沃思的猫玩耍。济慈书信对蓝袜社的再三攻击表明,她们已经成为某种力量的常见象征,这种力量使诗歌失去雄伟的气势,削弱了诗歌的原始活力和多样性。① 朱尼厄斯·布鲁图斯·布斯演绎的莎士比亚伟大诗篇如雷贯耳,在济慈的诗信里,人们看到他醉醺醺地走向索霍区,想再喝上一杯借酒浇愁。然而,济慈从来不会兴冲冲接二连三地讽刺讥诮。因此,他面前流逝的其他画面变为更加纯粹、中立的描述,并开始占据中心位置。其中一幅画面的前三行描写,预示着一年后《希腊古瓮颂》中重现的图景:

> 祭祀仍在继续;匕首辉映着阳光,
> 闪闪发亮,奶白的小牛矮身低伏,
> 笛声刺耳,祭祀的奠酒汩汩流出;
> 白色的风帆在绿崖上显影,
> 绕过海角,稳稳地抛锚下碇。

到了诗信最后的三分之一处,其语气突然发生变化:

> 哦! 难道所有梦境,不论是睡是醒,
> 都是从夕阳晚霞中借来的光晕彩影:
> 都提取自那些崇高的物质。

---

① 在给雷诺兹写这封信的四天前,济慈称赞海兹利特是他认识的"唯一一位真正优秀的诅咒者":"海兹利特诅咒了那些偏执顽固的人和蓝袜社的人,他怎么敢做到的?"济慈后来对贝利说(1819 年 8 月 14 日),他的雄心之一就是"打破蓝袜文学界那慢吞吞的调子"。可比较赫歇尔·贝克,《威廉·海兹利特》(*William Hazlitt*, 1962),页 225。

济慈此处显然联想到了华兹华斯《丁登寺旁》中的名句(“崇高思想的欢乐,一种超脱之感,/ 像是有高度融合的东西,/ 来自落日的余晖”)。但梦往往只是我们内心的“影子”,在这个世界上,我们“不安躁动”着,梦是我们在这样一个世界中各种日常杂事和焦虑的“影子”。紧接着,济慈话锋一转:这个话题复杂得令人绝望;而且

滔滔不绝地玄谈,
我可不敢!崇高的理性,
善恶的知识,都莫做我的奖赏!
世间万物不能随心所安,但它们
总能逗弄刺激,使人超越思想。

生活的复杂性漫无边际且十分模糊,它难倒了心灵的专横“意志”,不满
309 足其对明确意义的渴求。是不是一旦我们停止接受具体性,开始寻找更深层的意义,想象力就会发现自己身陷“炼狱”?在那里,天堂和人间的“标准法则”都不再适用。

又或是想象力挟着它
超越合理的界限,却仍遭禁锢,
迷失于某种炼狱般的暗幕,
无论天堂或人间,难求公理为标尺?
目光逾越边界外,实乃幸福之瑕疵,——
它迫使我们在夏日晴空里哀伤,
它糟蹋了夜莺优美的歌唱。

亲爱的雷诺兹,我有一个神秘的故事,

却不能讲出来。

他无法理解和表达的“神秘”是“永恒而令人生畏的毁灭”，是巨大而饥渴的生命多样性，但仅拥有简单预设的心灵面对巨大的多样性是措手不及的。他可以走到海边，欣喜于大海的平静宽阔、海中的泡沫以及平坦的棕色沙滩：

然而，我望向
大海深邃的地方，每一张血盆大口
食物越少，胃口越足。——
我看得透顶清楚，
那永恒而令人生畏的毁灭。

幽静的花园里，虽随处可见春天的嫩叶和野草莓，却也充斥着同样的“令人生畏的毁灭”：

鹰隼猛扑向，——
温驯的知更鸟，仿佛雪豹
贪婪地吞食一只虫豸。

这封率真无邪的诗信，原本只是为了逗一个病人开心，但它却显然开始发生偏移，变成与其本意不相同的东西。济慈想借模仿华兹华斯某些诗的标题（“我的心绪”），来结束这封诗信：“快走吧……我的心绪！”雷诺兹——还有汤姆——赶紧“好起来”。与此同时，他自己也将“躲避”这些“令人厌倦的心绪，开启新的浪漫传奇”。

六

310 所谓“新的浪漫传奇”指的是《伊莎贝拉;或罗勒花盆》。就算它能够提供任何避风的港湾,其效果也是有限的。早在去年冬天,雷诺兹和济慈就谈论起根据薄伽丘的故事出版一本短叙事诗集。雷诺兹甚至可能已经开始写了一两首[①],但他却在二月中旬放弃了文学追求,转攻法律。济慈则在二月初动笔写了几个诗节,其情节基于罗勒花盆的故事(灵感可能源自他在海兹利特一次讲座中得到的启发)。假如在德文郡期间,他用了相当长时间创作这首诗的话,那就很可能会在书信中提及。济慈总是想当然地认为朋友们对他正在做的事感兴趣;因此,我们可以在其书信中相当细致地跟踪《恩底弥翁》《海伯利安》《拉弥亚》和《海伯利安的覆亡》的进展。然而,除了在三月二十五日的信里他笼统地提到将在一部“新的浪漫传奇”中“躲避”那些起落的心绪外,这几个星期里,他唯一一次提及《伊莎贝拉》(4 月 27 日)便是告诉雷诺兹他刚刚完成这部作品。我们可以推断,《伊莎贝拉》的主要部分是在三月二十五日至四月二十七日之间完成的;由于我们了解他的写作速度,特别是当叙事诗的情节已基本完备的时候,我们就更有理由相信实际的写作过程只占据了这个月的少许时间。

《伊莎贝拉》历来让整体批评无从下手,因为这类批评与关于风格的技术性批评不同。造成该现象的原因环环相扣。其中之一,自然是体裁的性质。由于《伊莎贝拉》本身是基于散文故事做的诗歌改编,其叙

① 济慈去世后雷诺兹将这些诗出版于《佛罗伦萨的花园》(1821)。(页 1–28,页 153–175)

事内容造成的不快或愉悦，必须主要归因于薄伽丘，而非济慈。在针对济慈本人的批评中，严格相关的内容只能是他最初选择故事时做出的判断，他对故事所做的实质性的改变，以及他通过风格特色和诗歌语言所达到的效果。在这首诗中，故事选择的判断是一个非常次要的因素。当时，意大利浪漫传奇正在英格兰复兴，对广大读者来说，它有着某种新奇的味道。《罗勒花盆》的故事是薄伽丘比较令人满意的作品之一，就连受到济慈钦佩的海兹利特也认为这是个不错的选择。济慈在情节方面没有做任何实质性的改变，但需要指出的是，他使用了一六二〇年的英 311
译本，而薄伽丘原文质朴无华的基调在其中略有改动。伊莎贝拉住在佛罗伦萨两个商人哥哥家（薄伽丘的故事背景设在墨西拿，且伊莎贝拉有三个兄弟，济慈将之改为两人），她暗恋着年轻的伙计洛伦佐，洛伦佐也同样钟情于她。两兄弟发现此事后，便把洛伦佐带至一处森林，谋杀并埋葬了他。洛伦佐的鬼魂出现在伊莎贝拉面前，告诉她事情的经过以及自己被埋葬的地点。伊莎贝拉了找到了尸体，把它挖了出来，割下人头，放入一只罗勒花盆。罗勒树从洛伦佐的头颅中长了出来，受到伊莎贝拉泪水的浇灌，但两兄弟从她手中夺走了这棵树，伊莎贝拉悲伤而死。虽然济慈这首诗的实际情节紧扣原著，但总体处理中有两个变化值得一提。第一个变化丝毫没有改变叙事进程。济慈非常清楚这种体裁在英语文学中能够回溯至乔叟，所以他偶尔以乔叟特有的风格插入一些简短的题外话和祷言：他有时会停下来，反对人们为这对恋人的悲剧流下太多眼泪；他也会打断故事去斥责伊莎贝拉的兄弟们所展现出的重商主义的顽固和贪婪（该处理很成功——这些诗节是全诗最出色的部分之一）；第三次题外话则召唤并赞美薄伽丘；第四次题外话半含讽刺，半含感伤，打断了叙事并乞求忧郁在诗歌接近尾声之前再多“逗留半刻”。这些中世纪浪漫传奇里约定俗成的做法可能会让人觉得有些陈旧，尤其是在十九世纪的诗歌中读到这些内容时，感觉就更为突出。但这些题外话所占的篇幅并不长,不会产生强行插入的突兀感。然而,济慈所做的第二个变化着实影响了整首诗的风格。薄伽丘让故事中的事件全然自主发声,济慈则试图通过强调伊莎贝拉和洛伦佐之间的情感力量,让后续事件显得更具说服力。但这样做之后,他却几乎使自己的目标落空。首先,读者原本可能认为这段爱情是理所当然的,但济慈的写法反而会促使读者更仔细地审视这段感情。与此同时,由于济慈对情感的深入强调,整首诗的语气和措辞都会受到相应的渲染。

因此,我们会发现读这首诗时,注意力总是转向语言和诗体。尽管济慈几个月之前就已经向感伤的风格宣战(他尽量避免使用“温柔而真实”这类表达,仿佛它们是“流沙”一般),但在《伊莎贝拉》的大部分诗
312 篇,他无疑又回到了一八一六年和一八一七年间从亨特那里学来的陈腐措辞。如果说这样做没有其他原因的话,那就是因为对这类较长的诗歌,他还没有储备好现成的语汇(为“短诗”寻找新的语汇相对容易)。当然,人们可以说,避开这些旧习惯的方法之一就是尝试另一种风格迥异的长诗。这正是济慈想要做的。通盘看来,他做出这种尝试之前所耗费的时间非常短。事实上,这段时间短得出奇。因为通往另一种诗歌的道路——或者至少是他心中所念想的那种诗歌道路——难乎其难:这条道路上主导的天才是弥尔顿,其终极是莎士比亚。如果说还有第三个范例,那便是华兹华斯;然而就算华兹华斯巅峰时期的作品,似乎也与莎士比亚和弥尔顿所代表的另外一种更宏大的理想相矛盾,这便增加了一层复杂性。济慈首先需要一些时间的积淀;至少还要等上数月——虽然他总是告诉自己,这段积淀可能要持续“多年”。

与此同时,他继续创作这首诗。正如他对贝利说的那般,“人必须要经受生活”,必须要做一些事情来填补其中的空白。他很清楚,从亨特那儿学来的语汇和措辞辅助填补了这首诗的空隙之处(一年之后,他对这首诗的厌恶程度远超过其他长诗)。事实上,他已经在许多方面与

亨特做出对抗，在这首诗的不少风格特征上，他更是迫不及待地与亨特割席分坐。这就不免要求他在使用此种与亨特联系十分紧密的体裁来创作时，刻意与自己较劲。他在写给海登的一封信中（3 月 21 日），突然爆发出唐突无礼的焦躁："人竟会通过将自己与最美好的事物连接起来，从而毁掉它们，这真是无比遗憾——亨特毁掉了汉普斯特德、假面剧、十四行诗和意大利传奇。"如果说济慈偶尔在措辞方面（尤其是充满柔情的篇章）落回到他曾宣称要"削减"的亨特式语汇中去，那么在其他方面，如韵律学和修辞手法上，他总是与亨特的建议对着干。他所选用的诗节形式是"八行诗"（韵式为 a b a b a b c c），并以爱德华·费尔法克斯翻译的塔索（1600）为范本　他手里正好有这本书。费尔法克斯从意大利原文中捕捉了许多独特的风格做出过分的模仿；亨特虽然喜爱意大利诗人的其他技法，但并不赞同费尔法克斯译文中表现出的造作风格。在他看来，这些写法"矫揉做作"，徒有其表，还很程式化。他的《评费尔法克斯译塔索》抨击了费尔法克斯——以及马里诺——频繁使用平行对偶结构的做法。济慈已经在写莎士比亚体十四行诗时特别强化 313
了平行对偶结构的使用，如今在《伊莎贝拉》中他就更加兴味十足（"**一丝甜蜜**就能抵消**大量苦涩**"；"她独自为了不再有的**欢乐**而**哭泣**"）。[*] 亨特不喜欢费尔法克斯那种"用描述性名词和形容词堆砌一行诗"的意大利式风格。济慈却偏偏效法费尔法克斯（"他无论在哪里：室内、田野或园中"）。亨特总体来说不喜欢重复。《伊莎贝拉》中使用的重复却比济慈其他任何作品都多，第一行就是——"美丽的伊莎贝尔！真纯的伊莎贝尔！"亨特在《评费尔法克斯译塔索》中感叹普尔奇滥用重复，导致"整个诗节每一行都用同一个词开头"。济慈也在《伊莎贝拉》的某个诗节中一行接一行地使用同样的词开头：

---

* 本书中《伊莎贝拉》如无他注使用穆旦先生的译本。

从此，她忘了日月和星辰，
　　从此，她忘了树梢上的青天，
从此，她忘了流水潺潺的山谷，
　　从此，她忘了冷峭的秋风飞旋。*

为了对抗亨特，济慈刻意坚持这种做法，有时甚至到了滑稽的程度。比如，一个以两兄弟为中心的诗节是这样开头的：

他们何必骄傲？因为有大理石喷泉
　　比可怜虫的眼泪流得更欢腾？
他们何必骄傲，因为有美丽的橘架
　　比贫病者的台阶更易于攀登？
他们何必骄傲？可是因为有红格账本
　　比希腊时代的诗歌更动听？

他已经将这个表述的力量耗竭穷尽，但还是决心再加一把劲，反而导致这个诗节以十分蹩脚的方式结束：

他们何必骄傲？我们还要高声询问：
在荣誉的名下，他们有什么值得夸矜？

此外，济慈完全抛弃了两年前从亨特那里学来的大部分诗体韵律。在他一八一七年的诗集中，弱音节的诗行结尾十分常见（约占比百分之二十五），如今则削减至百分之三左右。亨特在诗行后半部分使用的非重音

---

* 此处为突出上下文提到的“重复”，对穆旦先生译文略作修改。

诗行中断，显得不够协调——正如我们已经注意到的，这也是济慈早期诗歌的显著特点之一——这种写法如今也大幅减少。亨特和济慈之前常用的柔和的多音节词，也开始让位于辅音部分更强的短词；形容词的使用量普遍减少，动词的比例明显增加。

这样做的结果并不完全是大杂烩。《伊莎贝拉》的快速展开显得相 314
当干净利索，较成功地弱化了这首诗的感伤氛围。然而，即便如此，我们还是要回到这首诗对整体批评造成持续阻碍的议题上。一年后，济慈自己指出了其中的缘由。它过于依赖读者本人的秉性；读者要么准备就绪，进入这类诗直接的哀婉悲怆之中（此种情况下，具体的批评是无关紧要的；因为它此时就是一首动人、“真诚”的诗，而这种诗，如兰姆所言，“会卸下批评的武装”）；如若不然——假如读者不具备上述前在倾向，它就会显得荒唐而尴尬。十九世纪的读者相当喜欢这首诗：济慈的朋友中，伍德豪斯、泰勒、雷诺兹和兰姆[1]都对它评价很高；在整个维多利亚时代，它也一直受到人们称赞。直到一九一七年，西德尼·科尔文爵士仍然认为，济慈在《伊莎贝拉》中“触及人类情感的顶峰，在想象力和文字的掌控力上也达到了十分精妙的程度”。而七年后，艾米·洛厄尔为全然不同的一代人发声时，表达的观点也许有些唐突，她认为这首诗是济慈写作生涯中令人遗憾且无法解释的倒退。济慈后来与伍德豪斯讨论《伊莎贝拉》时（1819 年 9 月）——按后者的话说，他也再无法“忍受”这首诗，觉得它“幼稚到令人作呕的程度”，无可救药——但他似乎也产生了片刻的动摇。也许济慈本人是因为这首诗“见识的浅薄”而

① 兰姆对济慈 1820 年诗集的著名评论（《新泰晤士报》，1820 年 7 月 19 日）称《伊莎贝拉》为“整本诗集中最好的部分”。他将《伊莎贝拉》与《拉弥亚》对比，继而写道：“对**我们**来说，一盎司的感情抵得上一磅的幻想。”针对伊莎贝拉来到洛伦佐墓边掘墓的诗节（第 46–53 节），兰姆写道：“即便在但丁、乔叟和斯宾塞笔下，也没有什么比这几节更拥有令人敬畏的简单措辞，或是更赤裸的宏大且动人的情感了。”（科尔文也应和了这一观点：“在诗歌中，还有哪一幕”比这些诗节中的前两个“更加充满锐利且丝毫无差的视像”呢？）

感到太过尴尬,这一点“可能在一个人作古后还说得过去,但他仍在世时简直无法交代”。假如这首诗公开出版(济慈并不想将其出版),他就得忍受与之共存的状态,但他宁可“对公众多施些巧计”,宁愿写一些“无论如何都不会遭人嘲笑”的东西。“如果我是个评论家”——这句话对现在的济慈来说,相当于说一个人故意要找别人的弱点——《伊莎贝拉》“就是所谓……‘有软肋的诗’,带着某种令人忍俊不禁的清醒的悲伤”。接着,济慈犹豫了一下,说:“这并不意味着我觉得你和雷诺兹对它的评价不对。”假如一个人打心眼里接受这首诗的写作方式,从戏剧效果的角度介入,那么它可能会令人满意。“要我说的话,若论戏剧能力,我完全进入了诗中的情感;但若从自己的角度,我应该会带着好奇的
315 眼光打量它。”随后,他迅速转变话题,开始谈最近写的叙事诗,也显然松了一口气,他说道:“《拉弥亚》没有这种毛病——《圣亚尼节的前夕》也有相当多——只不过没那么显眼。”①

济慈写完《伊莎贝拉》一年后对这首诗的看法,更接近于二十世纪的观点,而不是十九世纪读者的想法。他对这首诗的感觉即便在刚写完不久也是不太统一的(他告诉雷诺兹自己完成此诗时,已暗示两人联手出版以薄伽丘故事为主题的诗集并非最重要的考量因素:“不论我们是否将其出版,赞美都是献给薄伽丘的;这世界是有满足之感的”)。不管怎么说,他的心思主要都扑在别的事上,其中一些是直接的个人问题。至于写诗本身,重中之重在于如何前行;不论《伊莎贝拉》受到人们的赞美还是贬斥,都与他不久后必须做出的重大抉择无甚关联。《伊莎贝拉》与他三个月前开始新起点后所写的其他诗歌一样,都只是在原地踏步等待时机而已。

① 《济慈书信集》,第二卷,页162,页174-175。

第十三章　神秘的重负：一位现代诗人的诞生
（1818 年春）

一

早在这年一月份，乔治·济慈就开始认真考虑移民美国的事；最晚 316
到四月时，他已决定尽快离开英格兰，最好是在仲夏前就动身。

自从一八一六至一八一七年冬天离开艾比的账房后，乔治就再也没有找到稳定、有吸引力的工作。假如我们这样表述——他已经不再享有个人自由，以充分利用在英格兰能够得到的机会——此说法恐怕更准确，但也是人们不愿直接捅破的。因为事实上，乔治几乎成了汤姆的保姆。一八一七年的春天，他一直都乐于面对看护汤姆所带来的起居生活方面的困难：此时，汤姆的病还可以当作是暂时的症状，同时，他也觉得应该给约翰一个机会，让他远离日常琐事，不受干扰地开始《恩底弥翁》的创作。然而，直到一八一七年的夏天接近尾声，约翰仍全身心地扑在《恩底弥翁》之上。原本三人一致同意的法国之行，两个弟弟为了等待约翰，一再将行程推延。最终，到了八月份——约翰撰写《恩底弥翁》的进程几乎有些令人绝望了——于是，他明确表示，若能够接受本杰明·贝利的邀请，去牛津度过九月，这对他来说是个更好的选择。因此，两个弟弟最终独自去了法国。乔治似乎很享受此次法国之行，但他的自尊心却有些受伤——他应该开始做些事了，毕竟自己已赋闲大半年。等到乔治和汤姆从法国归来，约翰从牛津回来，一切却如故：汤姆的病情没有转好，约翰的长诗还有四分之一待完成。十一月过去了，汤姆的病情变得更加严重。大家似乎都认为，德文郡的冬季气候即便不能帮助汤姆好转，至少也不像伦敦的冬季那么伤人。两个弟弟打算结伴先前往德文郡，约翰则在伦敦再逗留一阵，为《恩底弥翁》做最后的润色，将其付梓。

317 然而，在泰格茅斯，同样的模式又一次上演。一转眼几个星期就过去了。约翰受到良心的驱遣，匆匆修改完《恩底弥翁》。但就算在这段短暂且匆忙的日子里，各种分散他注意力的事也不断出现。他得到机会为《捍卫者》写了戏剧评论，见到了华兹华斯，聆听了海兹利特的系列讲座。更重要的是，他感受到自己的整体诗歌观念正在发生深刻且全面的变化；如果说他特意向两个弟弟透露出创作《恩底弥翁》的挣扎，那么，他也以惯常的坦诚透明，向他们传达出自己当下感受到的更加恢弘的召唤与挑战。对济慈来说，这种合情合理的争分夺秒，以及不愿意动身离开的态度，可能仅意味着行程的短暂推延。然而，从一月到二月，好几个星期过去了，这段时间对乔治来说显得十分漫长。他开始焦躁地想，自己和约翰什么时候才能开始新的征程。三月一日这天，乔治成年了。（他实际出生于二月二十八日，但他和家人都认为其生日是晚一天的三月一日。）尽管济慈家的孩子们都有这样的概念，即他们需要等几人中最年幼的妹妹也满二十一岁时，才能够分配外祖母的遗产，但乔治至少觉得，他现在有理由请艾比预支一笔钱，帮助自己立足。

若以毫无遮掩的坦率视角来考量——他们十八岁的弟弟无疑是个沉重的负担——但在他们的处境下，无论约翰还是乔治都无法正视这样的坦率。就算兄弟两人多么想否认现实，如今也都深知汤姆的病很严重。乔治不禁想到，在目前的情形下，他甚至可能无法结婚。汤姆也非常清楚，虽然自己实属无意，但确实造成了复杂的局面：然而，他们又能有什么别的选择呢？对三兄弟来说，唯一的希望就是：时间会给予他们答案。三个年轻人，小小年纪就父母双亡，却还能持续地为彼此带来善意，带来对兄弟感情与忠诚情义的理想信念，超出这种程度的事例恐怕很难再找到。然而事实证明，他们所面临的困境正属于理想主义和善意无论多么强烈，都难以克服的倒悬之危。符合人之常情的是，乔治既然想到要离开，便开始说服自己汤姆的身体真的好多了——事实上，乔治发现，自己（一旦离开汤姆）就习惯性地想象汤姆已经“差不多痊愈”[1]；他想到约翰的时候——就像不写作的人通常对创作者的误解那般—— 318
也会想当然地认为，即便有汤姆在身边，约翰也能够像在其他地方一样专心写作。至于约翰和汤姆，他们一听说乔治的决定，便表现出赤诚忠心，完全准备好理解乔治必须要走的一切理由。他们和乔治一样，对后者的能力充满信心，甚至比乔治本人更有信心，而且也为他在英格兰明显缺少机会而感到忿忿不平。无论如何，乔治都希望在一两年之内结婚。兄弟三人一年半之前搬进齐普赛德街 76 号，当时约翰在汤姆十七岁生日时写下了一首快乐的十四行诗，庆祝再次团聚所感受到的“兄弟情谊”，自那时起，三兄弟的家就一直弥漫着某种无常的氛围。每个人迟早都会独行。然而，由于到这年春天为止，兄弟三人中只有约翰一人成年，且汤姆的病在过去一年里逐渐恶化，任何关于他们共同未来的想法——除了在乔治心里之外　　都被搁置和压抑了下来，转变成一种全面的不安。

---

① 乔治回到伦敦后，惊闻汤姆病情恶化，于是给约翰写信（3 月 18 日）道：“每当他出现在我脑海时，他看上去都差不多痊愈了，朋友询问起来，我也总是回答说‘好多了’‘一天比一天好’，我简直无法相信这令人沮丧的消息，因为我已经好长时间习惯于往完全相反的方向想了……无论如何，到汤姆**完全**康复为止，他都不能再随便消耗体力了。”（《济慈书信集》，第一卷，页 247）

二

济慈一得知乔治打算离开的消息，就意识到这将彻底改变自己的生活方式。届时济慈家族就只剩下一个十八岁、可能已经病入膏肓的弟弟，还有一个未满十五岁的妹妹，而艾比也很少允许他见到这个妹妹。乔治的离去不仅仅是他们现在临时的家突然告停的问题。正如济慈在乔治离开一年后告诉萨拉·杰弗里的那般，“我的弟弟乔治，总是在我与世界的交往之间为我遮风避雨——现在我必须自己与世界搏斗了”。除此之外，乔治的离开还关涉济慈的种种自由，包括写作自由，带着驱策自己更上层楼的那种未被满足的希望而四处走动的自由，去牛津造访贝利的自由（事实证明这番经历对济慈很有价值），在伦敦短暂逗留的自由（同样证明很有价值）——正如我们一再提及的，实现种种自由的前提，恰是乔治留在汤姆身边照料看护。正是因为曾经受益，济慈才会觉
319 得劝阻乔治既没有男子气概，也不公平（不论现在，还是后来，假如乔治感受到任何个人压力，就不可能对自己的决定如此有信心）。同样可以意料到的是，济慈会刻意避开一些言论，防止汤姆感觉到（他已经十分内疚，不能再加重他这种感觉）他让两个哥哥本已充满不确定性的人生更加错综复杂了。

济慈三月四日前往泰格茅斯的时候，可能已经大致清楚正在发生的事情。因为乔治肯定要解释自己为何突然仓促地回到伦敦，但他可能只是将移民的想法作为几个选择之一告诉了济慈——移民是他希望了解的事宜，但心中还没有即刻要执行的时间表。在形成更具体的想法之前，他需要同艾比谈谈，毕竟后者掌握着钱袋子。他不仅需要资金，穿过大西洋到达彼岸，还需要更多的钱才能抵达内陆，并在落脚后有所作为。

他还希望能够与乔治安娜·怀利缔结婚约，他们已经交往至少一年了。大约四月中，乔治给哥哥写了一封更详尽的信。① 不论现下讨论此事可能造成多少尴尬，他也等不及约翰回到伦敦(5 月 10 日)就匆匆摊牌了，他说再过两个半星期，自己就要和乔治安娜·怀利结婚并打算离开英格兰了。事实上，汤姆与约翰一同回到伦敦后，在一封写给玛丽安·杰弗里的信中提及乔治的离去，语气仿佛杰弗里姐妹已经知道此事(他是这么写的，很快“约翰就要去北方旅行，乔治则要向西部进发”)；毫无疑问，在泰格茅斯时，第一个告诉她们乔治将要移民的人是汤姆，而不是约翰。

符合济慈一贯表现的是，他在自己的任何一封信中都没有提及此事，直到乔治结婚前不久，他才最终向贝利说起这个情况(5 月 21 日)，并补充道：“我弟弟去美国这件事没给我带来什么刺激，我对他的婚礼也几乎麻木到毫无感觉。”无论济慈在其他方面多么“透明”(借用贝利的话来描述)，在面对个人的损失和灾难时，他的本能倾向总是先稳住 320
脚跟，搞清楚自己所处的位置，并企及某种内在的镇定。济慈四月下旬的信里，沉重的压抑感总是以间接的方式表露出来，或是转变为对德文郡气候的尖刻挖苦，以实现一时的情绪纾解。直至弟弟结婚两个星期之后，他才能清晰地表达出自己的感受(6 月 10 日)。他在这封信中先是与贝利谈论人生中黑暗的不可预知性，继而说道：

> 要不是处在这样的境地，或许我不会写出上面的话——你来判断吧——我有两个弟弟，一个被“社会的重担”逼迫着去了美国，另

① 现存的乔治留下的唯一一封信(3 月 18 日)并未提及此话题。但我们知道，4 月 27 日之前，乔治写过几次信。(《济慈书信集》，第一卷，页 273)这些信没有保存下来，可能说明济慈不希望汤姆看到它们(目的并非隐瞒乔治想要移民的计划——汤姆明确知道这些计划——真正的原因是，如何照顾汤姆的问题自然会成为约翰与乔治之间通信的主题)。很显然，乔治把写给约翰的信寄到了泰格茅斯邮局，而非直接寄往两兄弟当时居住的房子那边。

> 外一个对生活充满细腻的爱,但如今却奄奄一息——自从早年失去双亲,我对弟弟们的爱,甚至说对早年厄运的爱,已转变为一种情感,超越了“对女人的爱”—— 我时常对他们发怒,我让他们感到烦恼——但只要一想到他们,任何女人可能留给我的印象都无法与之比肩——我还有一个妹妹[济慈当然也无法离开她],不论去美国,还是进坟墓,我都不可能跟着他们走——人必须要经受生活。

信中有这样一句话,“也许我年纪还不够大,或者心胸还不够宽广,所以无法湮没自我”,济慈说这话时也许出于主观的内省,但显然,他在思考家庭所剩无几的成员那剧烈的人生变化时,所想到的绝不仅仅是他自己——也就是“自我”一词的狭义指称。两个弟弟,一个将永远地离开,前往五千英里之外的地方,另一个带着“对生活细腻的爱”,却如此不明不白且无助地垂死挣扎。济慈所想到的“自我”,是这个术语被极大延伸后,能够包含的一个人所拥有的任何关切和挂念,不论其关切和挂念的推动力是多么地利他和无私。即便是为了超越自我,我们自然也需要运用“自我”。重点在于,“自我”到底是目的还是手段。济慈后面一年所创作的更加伟大的诗歌(颂歌和《海伯利安的覆亡》中的大部分)都将回归到这种区别之上,它很难用可靠且鲜明的方式去划定,但却显然极其重要。济慈接下来一年的诗歌尝试着走向和摸索出自我与客体的边界,揭示出一种新的戏剧潜能。

无论如何,他回想起令人尴尬的月桂花冠事件,站在现在的视角看,这件事比以往任何时候都更让他觉得无可救药地幼稚。在同一封给贝利的信中(6 月 10 日),他并未对自己略加一提的事件的真实意义及背景做
321 任何解释,就突然说道:“假如我能选的话,我会拒绝彼特拉克式的加冕——考虑到我临终之日的缘故,同时也因为女人患有不治之症。”这种反抗并非绝望的抗议(诚然,他现在“经常欣慰地想到世上还有死亡这种

东西”；但与此同时，他仍能坦率地说自己将把“终极”希望寄托于“为一个伟大的人类目标而死”）。这种反应对抗的是自以为是、逃避退缩以及对开放经验那庞大复杂性的背弃。它同时也是代表“真诚”而反抗。

三

德文郡的八个半星期，对济慈来说是一段深刻的转变期。尽管转变的结果并没有在他接下来几个月的诗中体现出来，但他的书信却呈现出新的基调和情绪。可以说，（除了我们在这些信中找到的其他线索）济慈此时已开始融入十九世纪和二十世纪的主流，参与到诗歌发展的历程中，其历程的轨迹部分也由济慈本人的创作而形成。

至此为止，尽管济慈人生中有短暂的低潮期——这对一个性情多变且历经世事颠簸的人来说几乎不可避免——但并没有什么东西削弱他对人世充满信赖的整体精神，这一点是前文一直强调的。前方总有无限的新视野，似乎在召唤人类的进取心——他总是对广阔的前景青睐有加。“伟大的灵魂正寄居凡尘”；过往的伟大灵魂似乎也并未呈现出不可企及的遥远与陌生。诗人仍可寄望以莎士比亚那种包容且不偏不倚的同情心，或是弥尔顿史诗般横扫的气势来创作。他可以寄望于将目标提升至超越个人经验的狭隘界限，主宰和支配庞大的知识领域。然而后来，我们一直谈论的经验开始限制那希冀所蕴含的宝贵纯真，尽管它们并未真正摧毁纯真。逗留于泰格茅斯的几个星期里，大雨滂沱，汤姆心情烦闷且咳嗽难以抑制，只有济慈独自一人静静思考。某种程度上，我们已经可以从他的信件中留意到这些想法。他给约翰·泰勒的信（4 月 24 日）写道，“有一段时间，年轻人总有一个想法，认为幸福这种东西是自然可得的”，但慢慢的，他们不再努力避免“忧虑不安”，而是学会将之 322

视为“一种已经习惯的感觉,如同一个包袱,要背负着走过一生”。再者,追寻知识的渴求正前所未有地压在济慈心头;他所说的“知识”既包括广泛的经验,也包括对经验的系统理解,他希望将这种理解归于形式哲学。若缺少这一点,诗歌本身可能只是“一盏提灯,明亮的光芒让时而被其吸引的人感到快慰”。

可以肯定的是,伴随着知识的每一步深入,事物那不可测知的神秘感似乎只会更强,人类判断的不确定性变得更为明显。然而,如果此时此刻“我们看不到善与恶的平衡”,而是“处于迷雾之中”,这只能说明一个有思想的人的生活必然是种追索,以及诗歌也许应该走的不是莎士比亚和弥尔顿的道路——至少不是以明显、直接的方式走他们的路——而是应该走华兹华斯的路,因为他在“黑暗的甬道”中也“能够有所发现”。终于,济慈开始介入一种在十九世纪相对较新的历史观念——不过他主要是通过自己的认识企及这一理念的。与其说这个观念是新的,倒不如说它的复杂严密性和产生的影响是前所未见的;它逐渐渗透并改变了几乎所有的思想领域。毕竟,吉本并不认为安东尼时代的罗马人与他自己有任何本质性的不同。这个假设可能导致同情与理解方面盲目的偏移,但它显然能够肯定人们直接学习过去乃至模仿过去的期望。然而,济慈现在开始认为历史是一个过程,其中发生的变化是根本性的。人及其成就与他们所生活的时代不可割裂。尽管弥尔顿“作为哲学家,定然有着与华兹华斯一样的伟力”,但他的哲学已不可能再被全盘接受。同时,弥尔顿不可避免地会接受他那个时代新达成的“看似真实有把握的推论”。假如这意味着“强力无边的天意会让最有力量的头脑臣服于当下的时代”,那么它同时也意味着,过去的时代以某种真切的方式向我们关上了大门。人不可能回到过去,完全用弥尔顿和莎士比亚的方式创作。从这一理解中,一个新的、至关重要的认识浮现了。事实上,济慈发现,自己是且只能是一个现代诗人:他根本无法逃脱已经转向内心生活的诗歌。

四

这种新的自我澄清，可谓来之不易，对济慈最后一年半的诗歌来说， 323
它必不可少。事实上，它与济慈原本格格不入；尽管它在这年春天突然出现，但直至济慈诗歌生涯的终点，它仍处于自我完善的过程中。因为即便它最终不会导致全然屈服，至少也会让济慈对自己珍视的东西做出彻底改变：他寄托于过去伟大诗人身上的全情投入的理想，在自身发展的过程中曾起到形塑作用。无论他感觉自己作为个人的表现有多么大的缺陷，那种自信的态度从未真正动摇过。诚然，在第一次严肃的创作尝试中，他就已经证明，即便是天资出众、相对无师自通的诗人，也会在一定程度上受到其生活时代的影响——他所生活的时代已十分自觉，敏锐地意识到了过去的斐然成就。济慈一八一六年夏天离开盖伊医院时未满二十 ·岁 他想看看自己是否真的能够写诗，彼时他的灵感几乎纯粹源于文学。在那绝望的几个星期中，他转而在诗歌中描写自己的欲望和写诗时所面临的个人挣扎，刻画自己寻找主题的希望和渴求，通过这样的方式，他反映出这一代和前一代人中更为老到的批评者的想法，他们敏锐地将类似做法视为未来诗人可能的创作领地（几十年来，一直有人严肃地探究这样写的结果是否一定会空泛浅薄）。不过，对于此，济慈所知甚少或可能一无所知。

正是一八一七年冬天，济慈在给《恩底弥翁》收尾时，才开始清楚地意识到过去的诗歌——那些他曾寄予极大理想期望的诗歌，可能是很不同的——它们与他之前所猜想的状况有着更为根本性的差异，不仅与他自己此刻所写的诗不同（这几乎是必然的），而且与他同时代人（甚至包括华兹华斯）所写的东西迥异。这个想法发人深省。因为华兹华斯无疑是同时代最伟大的诗人——至少在济慈眼中如此。他曾在牛津阅读并引用过的华兹华斯诗篇,令人难以忘怀,且与莎士比亚的诗歌有些共同之处——比如意象的力度、与人类心灵的共鸣、沉思的深度以及措辞的水到渠成。不过,后来济慈自己的移情天赋,他对莎士比亚长达一年
324 的理解吸收,以及新近对海兹利特的阅读——三种因素共同作用,使他越来越明确,自己理想的诗人是"拥有强大**消极能力**的人"。由此,他提出了一个根本性的区别。他所追求的理想完全是戏剧性的;无论人们对华兹华斯有何评价,他绝对不是一个具有戏剧性的作家。

因此,济慈的新起点——他在"消极能力"一信之后的再次全情投入——很快便交织着不安的情绪,他觉得在未来几年的准备期中,自己很可能要逆着不止一种潮流,反向而上。他一月份开始聆听的海兹利特讲座,不断强调他们所处时代中(即便)最优秀的诗人与前辈诗人的差异,济慈本人曾长期带着十足的信任去接近那些前辈诗人,最开始时,他甚至表现出洋洋自得——事实上,海兹利特认为两者之间的区别不仅是程度上的,而且是类型上的。在济慈最后一年半的创作中,这种想法持续潜伏在阴影之中——偶尔也会显露出来。它幸运地躲开了完全历史决定论的碾压,事实上,那些更加老于世故的人总喜欢用历史决定论来阻碍自己和他人,但济慈却从未想过放弃一个颇有用处的半真理,即大多数道路总是向人们敞开的。不过,他还是有些动摇。这种情况会造成他没有意料到的、额外的孤独感,而且无疑凸显了前方还有很长的路要走。假如他失败了,正如他告诉泰勒的(2月27日),他希望至少朋友们会将他"在生活和性情上的变化归因于谦逊,而非傲慢——归因于他蜷缩在伟大诗人的羽翼之下,而非出于不被欣赏的幽怨"。对泰勒说出这番话之前一个月,他曾刻薄地(至少对济慈来说,这些话已十分尖刻)谈论起如今的诗歌似乎已经充斥着个人自传,并将主题囿于任何能够从个人主观经验中抠出的零星内容。迄今为止,在他看来截然不同的诗

人——华兹华斯、亨特和拜伦——如果从这个角度来评判，似乎均属同类，都代表着一种关于某个人的“人生和思想”的诗。因此，当济慈写下“罗宾汉”歌谣来回应雷诺兹的十四行诗时，他表达出对诗歌广度的渴望。他谈起华兹华斯和亨特的主观性时，心中充满了对更加自由、更令人振奋的空气的向往。他说，我要“割舍这一切”；他有着充足的理由。[①]济慈现在正仔细阅读的弥尔顿，也不断展现出这种反差。莎士比亚的“无我”，其无所不包的同情和对人类性格的全面把握，恐怕是不能苛求的理 325
想，无法用来评判其他诗歌。但弥尔顿，尽管在别的方面与莎士比亚卓然不同，也同样拥有广度。他们及其同时代人不仅未被现代的自我中心主义“污染”，而且在他们的视野中，自己是“皇帝”，从各个行省收获贡品：

> 现代诗人与伊丽莎白时代的诗人之差别尽显于此。每个现代诗人都像汉诺威的选帝侯似的管理着自己的一小片领地，他们清楚领地上每天有多少根稻草从砌道里扫出来，总是惦记着让每位家庭主妇把炊具擦得铮亮。而古代诗人则是拥有辽阔行省的皇帝，对于边疆地界，他们只知其名，却几乎从不屑于去巡访一番。

五

济慈现在直接面对的，是他迄今为止仅从侧面遭遇过的问题——也是英国十八世纪那些深奥精微的头脑经常斟酌的难题。“更伟大的体裁”的衰落，比如史诗和悲剧的式微，真的意味着文艺复兴和十七世纪之后的西欧诗歌正在步入一个萎靡颓唐的时代吗？难道剩下的只能是

---

① 参见前文第十二章，第一节。

抛光、精制、微调和艺术的边角料吗？十八世纪后期给现代世界强加了对独创性的迷恋，此种痴迷是否变成了困境的诱因？即便人们将独创性狂热控制在一定范围内，也避免将独创性与正直真诚错误地混淆起来，但现代诗人的想象力主要是由文学本身滋养的，其经验是二手的，所以诗歌的更大功用长久以来不是一直被这一状况削弱了吗？伟大的文学真的能够在以文学本身为主要养分的土壤上写就吗？海兹利特后来严肃地提出这一问题，且没有愚蠢地建议我们戴上眼罩，无视过去的文学成就。正如约翰·威尔逊在更沉静的深思时刻所感受到的那样，仅通过艺术培养的想象力，会不可避免地产出与客观诗歌（如戏剧或史诗）不同的诗，而客观诗歌作者的想象力每天都在具体的经验中得到磨炼——
326 我们能否不要陷入想象力仅靠艺术滋养的境地？[1] 威尔逊和其他许多人所展开论述的观点，是约翰逊在《拉塞拉斯：一个阿比西尼亚王子的故事》（*The History of Rasselas, Prince of Abissinia*）中勉为其难承认的观点："第一批作家占领了最令人瞩目的对象……以及最可信的事件……不论原因为何，人们通常认为早期作家拥有自然，后来者则拥有艺术"——"强度和创造力"似乎在前者身上更为常见，而各种各样的"精致"则更多见于后者。即使诗人在运用自身经验和拒绝被逼入绝境方面，能够表现出一定程度的自由意志，但越来越成熟和擅于表达的公众情况又如何？公众本身造成局限性的情况又如何？在济慈出生之前那非凡的半个世纪里，以及他的整个一生中，有关"衰落"的问题总是以这样或那样的形式重现：对照文艺复兴晚期（十六世纪晚期至十七世纪早

---

① 威尔逊谈及十七世纪中叶以后诗剧的衰落时，认为想象力不再像"戏剧文学时代英格兰悲剧诗人"所面临的情形那般，"服从于生活，存在于生活之中"。"我们生活和文学的整体品质，似乎在有教养的阶层中表现出一种想象力与现实生活分离并投奔到艺术作品中的倾向。""这个时代的诗歌大量涌现"，其抒情性"可能部分归因于此"。参见《略谈莎士比亚》（"A Few Words on Shakespeare", 1819），载于《约翰·威尔逊作品集》（爱丁堡，1847），第七卷，页430。

期）观念中罗马之于希腊的位置，现代英国是否会在未来成为一个新的罗马，英国的思想者从一七五〇年之后就开始敏锐地思考这个未来。如果白银时代跟随着黄金时代出现，那么未来是否会出现黄铜时代？

约翰逊厌恶将“衰落”视为有损人类自由意志的观点，他一再反对切断艺术与经验广度之关联的诱惑，最重要的是，他拒绝仅因恐惧和自我意识而退缩。针对那些认为只能在特定时段写作的人（他称之为“运作于浮夸之上的想象力”；一旦这种想法“占据人的头脑，就会顺势产生它原本假设的无力感”），约翰逊发表了具有清除假象作用的评论。有些人认为不断深化的精致和自我意识（对前人成就的了解会使这两者丰富和加深）将逼迫人们收缩眼界，对这些观念，约翰逊的评论也会表达出同样的不屑。约书亚·雷诺兹在最后一次作为皇家艺术院院长的演讲中，否定了自己过往的谨慎，说如果有机会重活一次，他至少将尝试效仿米开朗琪罗的做法，不论结果多么令人不满意。然而，事实是，约翰逊本人并没有转向诗歌，尽管所有认识他的人都认为，如果他将自己卓越但略有懒散的想象力分一小部分着力于诗歌之上，那么他一定会写出隐喻和意象极其丰富的诗。再者，雷诺兹是在其绘画生涯的终点才给出 327
建议的。两人恐怕都会承认自己未能以身作则，将劝诫化为行动。至于之后拥有天赋的一代人，不论其理想和追求多么勇敢，诗歌的境况都不尽如人意。到了一八一八年——实际上十多年前——柯尔律治就已经停止写诗了；在他如今全心投入的批评散文中，人们可以越来越清晰地看到，唯一能够满足所有要求的诗人只有莎士比亚。华兹华斯、拜伦和雪莱，都曾以各自的方式大胆追求过（当然，布莱克也同样如此，尽管济慈对他知之甚少）。但他们每个人都有所牺牲。如果说，像济慈现在开始看待拜伦的那般，“牺牲”一词可能过于褒奖，那么至少对拜伦来说，他经受了某种损失。雪莱对抽象理想的纯粹追求并不适合济慈：别的方面姑且不论，面对各种境遇勇敢地、不间断地歌唱，这种做法属于另一种截然不同的人。在秋季至冬季那至关重要的几个月中,有一位现代诗人让济慈锁定下来,那就是华兹华斯本人——虽然济慈越来越觉得他专注于自我陶醉且欠缺同情心,但也正是他让济慈稳住了脚跟。

二月初,济慈也许会说"我要割舍这一切",并愿意面对一段漫长的准备期,也愿意接受与同时代创作相隔绝的感觉。但难题仍然困扰着他:要做什么样的准备?需要何种经历?不论速度如何缓慢,他怎么才能开始写一部《失乐园》或《李尔王》呢?以他开启新起点之后的头几首诗为例,这也是他一月份重新投入创作后的首次试笔——它们包括《观弥尔顿一绺头发有感》、十四行诗《再读"李尔王"之前有感》("你们看,我正在接近这个目标")以及突然显得十分严肃的献给阿波罗的诗行,里面写到了"可怕的分裂""陡峻的鸿沟"以及"更镇定地"面对前景的需要。这些诗充其量也就是有关目标和方向改变等问题的个人表达。它们与其他现代诗人的作品一样,是"关于某个人的人生和思想"的诗。济慈曾认为,那些现代诗人就像汉诺威的选帝侯,统治着一小片领地,总是惦记着每家厨房里的炊具要擦得铮亮:这些人,就算他们有翅膀(转向济慈的另一个隐喻),也仿佛猫头鹰一样站在栖枝上,守护着自己的栖息地——"假如能做雄鹰,为什么还要去做猫头鹰呢?"当然,他在一
328 月份写的那些诗都只是乘兴之作。就这一点而言,即便是他新写的十四行诗(公然坦率地模仿莎士比亚)也不过是习作而已——尽管它们与早前的十四行诗相比,进步显著。

但是,到了四月底,也就是济慈做出新的决定,有了新的起点之后又过了三个月,他似乎仍和以前一样,对要走什么路,需要怎样的磨炼和经历毫无头绪。他也没有资格去苛责华兹华斯。无论如何,他发现自己的想法总是在他那个时代中最伟大的诗人身上反复出现(仿佛这就是更深入地理解当今世界的试金石)——华兹华斯这样一位诗人,尽管有所缺憾,但却坚守着顽固的正直,且至少完全忠于自己的经验——诚然他

的经验是有限的。也许，史诗般的恢弘气势和雄伟壮丽，无论多么令人向往，终究不是唯一的答案——甚至不是主要的答案。

六

济慈想要从自己所处的困惑状态中“抽枝散叶”走出去，这种努力在他所写过的三四封最为出彩的信中有所体现。五月三日，他给雷诺兹写了一封长信，信的开头说，他一直“心神不宁，不适合给一个病人写信。我不能在伪装的感觉下，无所顾忌地写”。随后的几页信总结了他在德文郡几个星期以来孤独的思考，也为他接下来一年半的全力追求揭开了序幕——在这几页信中，他坦诚地还原了自己迄今为止的经历，并试着诚恳且踏实地从脚下出发。

这封信的思考远超出弥尔顿和华兹华斯的范畴。但济慈经验的总体特征都被一种特殊的关注所影响，此特殊关切对他来说非常重要，那是可以理解的（而且它也具有普遍性，与过去两个世纪中的每一代作家都有关联）——这个关切一定程度上可以通过如下问题表述出来：如果我们真诚地审视内心，是否能够完全认同某些信念和前提，即触发那些让我们最为欣赏的过往诗歌的信念和前提？当然，一旦我们提出这个问题，其他问题也就顺理成章。比如，我们可以问，是否真的需要完全认同这些前提，才能够写出具有相当价值的诗歌。毕竟过去时代的伟大诗人通常以各自的方式，承当起探险者的角色。他们真的“确信”那些（我们 329
认为）他们有幸得到，而我们无法获知的假设吗？我们会不会纯粹在寻找借口？文艺复兴时期与自己所处时代的对比、弥尔顿（“拥有辽阔行省的皇帝”）与华兹华斯之间的反差，持续“撩拨”（tease）着济慈的思想——我们用他自己最喜欢的词之一（“撩拨”）来描绘这种感觉。他曾告诉贝利(3 月 13 日),“思想的每一个点都是心智世界的中心——一个人头脑中最突出的两种思想是其世界的两极,他围绕着两极旋转,对他来说,每样东西都通过各自的方式指向南或北”。在他重新为自己建立基础的愿望中,华兹华斯和弥尔顿这“两种最突出的思想”正变为两极:想要区分它们,同时在可能的情况下将他们调和起来的做法,似乎是走出“痛苦……迷宫”的一条路,他发现自己如今深陷这个迷宫之中。从“迷宫”中(在 5 月 3 日写给雷诺兹的信中,他继续说道)

> 抽枝散叶走出去的方法……有很多:其中之一是思忖华兹华斯的天才,以及思考他与弥尔顿是多么的不同,以此为助益——区别他们的方式就像把黄金当作世间财富的子午线。——于此,我只有一些猜测,源于一种不确定性,即弥尔顿对人性明显较少的焦虑,起因于他比华兹华斯看得更远还是更近:华兹华斯是否真的有创作史诗的激情,是否真的为人类的心灵殉道,他诗歌的主要领域——仅就其天才而言——就我们所经历的情况来看,他所说的都是真实的,而再进一步,我们就无法判断,只能通过更广阔的经验来观察——因为哲学的公理只有在生命的脉动中得到证实,才能称得上公理。我们阅读美好的——东西,但只有与作者走过相同道路之后,才能感受到其全部。——我知道这不容易说清楚;如果我说我现在比以往任何时候都更能品味《哈姆雷特》,你就完全明白我的意思了——或者更好的例子是——你知道的,只有人厌倦了性欲之后,才会把它视为兽性和无趣的东西,因此,所有针对它的说教都只是枉费笔墨而已。除非我们厌倦,否则就不会明白;——总而言之,如拜伦所说,“知识就是悲伤”;而我要接着说,“悲伤就是智慧”——再进一步,依据我们真切所知的,“智慧就是愚钝”——所以你瞧,我是怎样逃开华兹华斯和弥尔顿的;我还会继续背离,逃开

脑海中的东西，去观察，原来有些信是规整的正方形，有些是漂亮的椭圆形，还有些是环状的，另有一些是球状的——为什么不能有另一种像捕鼠器那样有两个粗糙边缘的类型呢？

在接下来的一页信中，济慈试图辨明方位：他讲到自己的思想仿佛在玩"交互跳背"的联想游戏。七个星期以前，在给詹姆斯·莱斯的一封信中（3 月 24 日），他已经开始严肃地思考与此大致相同的观念。他当时在想，是否有一种"进步"出现于现代思想整体之中。他思考的是， 330
假如我们有"一个哲学后花园"该多好啊……"但唉！这永远不可能实现：因为现实中的小屋居民知道世上有法国、意大利、安第斯山和燃烧山——相应的，精神小屋的居民知道不为人知的地界和神秘的东西，但他们却一辈子都无法被勒马缰绳控制住。"随后，他转而谈论弥尔顿，长久以来，弥尔顿一直盘桓在他的脑海之中，他半开玩笑地同莱斯推测——弥尔顿是不是强占了他那个时代的所有智慧，将它们全部吸入头脑之中，导致其他人陷入赤贫。[①]

① "亲爱的朋友，我得让你知道，由于等量的物质构成了这个可居住的星球——就像海洋一样，尽管某些海域不断发生着巨大的变化和变革——尽管海龙卷、漩涡和浩荡的河流不断注入其中，它仍旧是由同样分量的物质构成的——这些都不会改变其中原子的数量——正如一定量的水在创世时就已经形成——因此，很可能一定量的智慧也被旋转地投入到稀薄的空气中，供人类的大脑捕捉——不用任何不必要的解释，你就能明白我的意思。太平洋的水量无法贮藏在里海的空洞里——弥尔顿头脑里的思想，查理二世的脑袋也装不下——他如同月亮吸引潮汐一般，吸引着智慧的流动——它尚未退潮——但已经把岸边的卵石都裸露了出来——我指的是诸如巴克、《亨吉斯特》[1816 年的一部拙劣戏剧]的作者以及当今的卡斯尔雷等人*——要是没有弥尔顿那吞噬一切的伟力，他们可能都是聪明人。"

* 根据罗林斯在《济慈书信集》（第一卷，页 255；第二卷，页 85）的注释，此处的"巴克"指当时一位名叫查尔斯·巴克（Charles Bucke, 1781–1846）的剧作家；《亨吉斯特》是一部匿名创作的戏剧，全称为《亨吉斯特，或五世纪，一部历史传奇剧》（*Hengist, Or The Fifth Century, An Historical Melodrama*）；"卡斯尔雷"指卡斯尔雷子爵罗伯特·斯图尔特（Robert Stewart, Viscount Castlereagh, 1769–1822），济慈、雪莱和亨特都表达过对卡斯尔雷政治立场和行为的谴责。

早在三月份，济慈就写信告诉莱斯，在整个问题的复杂性面前他只能放弃：这个问题就是普遍的“进步”是否已经出现（当然，随之而来的紧要问题便是，此“进步”——假设它已经发生——是否真的改变了当下能够诚实撰写出来的东西的性质）。但现在，到了五月初，他的内心还是平静了一些，至少眼下暂时如此。如果说济慈在当前情况下回避了这个话题，他还是会回到其本身，尽管他觉得这封信正在变成“捕鼠器”的形状（或许暗示着如今的诗歌就是不幸的老鼠）。他的信没有呈现出稳固、令人放心的“规整正方形”，也没有展现出优雅的“漂亮椭圆形”，而是有着“两个粗糙的边缘”，正如其自身的情况一样，通常由两个大致被理解的（同时也大体显得很急迫的）对立面组成：一面是弥尔顿的史诗成就以及他和莎士比
331 亚时代的特性；另一面是华兹华斯以及他使人联想到的另外一种诗歌。“捕鼠器”的意象立马触发了他敏锐的幽默感，他想知道，是否“仅靠轻柔且微妙地触碰一下弹簧，粗糙的边缘就会突然变得很紧实”。这个希望一直存续在他的心里，至少在他还能创作时，希望从未离开过。

七

眼下，济慈想要了解弥尔顿时代更加直接和自信的原因（“我希望这样说不至于太冒昧”），是不是仅仅因为那个时代更单纯？文艺复兴时期的人从中世纪走出来，“在理性思维中找到了一些要点和立足之地，它们几乎是簇新的，不受怀疑”。[①]

① “从《失乐园》到弥尔顿的其他作品，其哲学观，不论是有关人类的还是宗教的，都可以被没有经过太多世间磨砺的人理解，我希望你我之间这样说不至于太冒昧。弥尔顿那个时代，英国人刚刚从一项极大的迷信中解放出来——人在理性思维中找到了一些要点和立足之地，它们几乎是簇新的，不受怀疑，它们遭到了欧洲大众的强烈反对，从而被认为太过微妙非人间所有，（转下页）

在德文郡的几个星期中，济慈一直在思考自己的经历，反思知识的每一次增叠所带来的复杂性；他也在思索，每一轮知识的增加或许也会对整个社会产生类似的影响。通过这样的方式，他预见了从十九世纪中期到今天，尤其是第一次世界大战之后，精妙复杂的文坛所普遍流行的难题及思考——这段时期，对现代艺术和文学的讨论通常以济慈仅仅暗示出的前提开始：假如我们把自己的处境与文艺复兴时期的处境相对比，我们的生活和思考就不可避免地遭遇复杂性，受到其障碍；由于现代生活是困难、复杂、纠缠的，那么现代艺术在性质上和道德上也应该是困难、复杂、混乱的。假如说，济慈有益地摆脱了被动和自我开脱的决定论，那么部分原因就是他没有从旁人那里把这个观念当作固有观念或惰 332
性观念接受过来。相反，他运用自己在许多方面展现出的惊人洞察力，独立打开了通往此类思考的大门。他所使用的方法是，尽可能诚实地叩问自己的经验，然后将之运用于这个对他本人来说十分重要的文学史议题。无论我们在认识方面的提高会带来怎样的复杂性，闭目塞听肯定是无益的。而且，知识虽会造成恐惧，也能带来宽慰。

> 对思考的人来说，广博的知识是必要的——它会带走激情与狂热；思索的广度一旦拓宽，神秘的重负就减轻了：这一点我开始有所领悟，但它一直压在你的心头，从你信中最阴郁和真实的句子里可见一斑。在我看来，强烈的感觉有无知识相伴，其差异在于——

（接上页）并真正具有了神圣性——在刚刚废除裆兜和另外上百种羞耻之物的年代，谁能够反驳弥尔顿《科摩斯》中有关美德、罪孽和贞操的观点呢？当人们刚刚摆脱史密斯菲尔德的宗教审判和火刑时，谁又会不满足于《失乐园》中弥尔顿所暗示的善与恶？宗教改革带来了立竿见影的巨大好处，新教被视为得到上帝的亲自庇护，所以其自身残存的教条和迷信重新生长，构成了理性思维那些立足之地和看似确定的要点——因此我提过，不论弥尔顿在后来的发展中怎么想，他似乎对自己著作中这些方面的内容是满意的——他并没有像华兹华斯那样，深入人类的内心去思考。”

在没有知识跟随的情况下，我们不断坠落万丈深渊，又被风吹起，没有翅膀相助，心里充满两肩空空荡荡的恐惧——而在前一种情况下，我们肋生双翼，毫无畏惧地在同样的空气与空间中穿行。

这里涉及的不仅仅是宽慰。济慈还在思考知识被诚实且充满冒险精神的头脑主动调用时，从起点进入其他领域的方式，当它与其他知识相交时，便会揭示出意料之外的解决方法，或者至少是意想不到的路径：

倘若再去学医或是学药，——我觉得这不会对我的诗歌有丝毫影响；当心灵仍在襁褓中时，偏倚就会在现实层面对心灵产生影响，但是，当我们有了更强的力量后，偏倚就不是问题了。我们看到，知识的每一个分支都是非凡且精妙的，通往一个伟大的整体。我对此深信不疑，所以我很高兴当初没有丢掉我的医学书，我将再次翻阅这些书籍，保住自己所知道的一点知识。

一个多星期前(4 月 24 日)，济慈告诉约翰·泰勒：

我本打算今年夏天去北方旅行——但有一件事阻止了我——我懵懂无知，学识浅陋，但我想要按照所罗门的训示行事“要得智慧，要得聪明”*——我发现无忧无虑的日子已经一去不复返……对我来说，只有一条路——那就是勤奋、研读和思考。我要追求它，
333 并为此隐退尘世若干年。一段时间以来，我一直徘徊于精致的奢华感和对哲学的爱之间——假如我适合前者，我也会很高兴——但由于我并不适合，所以我将把全部精力转向后者。

---

* 语出《圣经·旧约》箴言章，此处使用和合本译文。

八

在这种充满谦逊、犹豫和独立经验的语境下，济慈如今又回到那个重大问题上：华兹华斯是否拥有“受限的宏伟”——一种公认的有关道德表达的宏伟，但相比之下，它被限制于像汉诺威那样的小小区域之中，而这种地方似乎是现代诗人的退避之所——还是说，华兹华斯真有潜在的史诗般的磅礴力量，并因此“为人类的心灵殉道”——让诗歌更自由、古老的用途殉道，使之满足于当今时代无法逃避的迫切需求。“殉道”这个动词生动地表达出济慈的感受。因为如果他自己被迫放弃或大幅改变过去伟大诗人的直接理想——而他自己已经为之奋斗了很长时间，那么这种放弃和改头换面自然是一种“殉道”。

> 我要回到华兹华斯的话题上来 他拥有广阔的视野，还是受限的宏伟？——他是栖巢之鹰，还是翱翔之鹰？——为了说得更清楚一些，并让你看看我站在巨人身边有多高，我要就目前所知，告诉你一个有关人生的比喻；也就是说，就我们俩都已经达到的共同点来作比方。

紧接着便是那段著名的篇章：

> 我把人生比作一个巨大的、有许多房间的宅邸，我只能描绘其中两间，其余的门还没有对我打开——我们进入的第一间，称为幼年之室或无思之室，只要无思无虑，我们就会待在里面——我们在里面住了很久，尽管第二间的门已洞开，透出一片光亮，但我们并不

> 急着过去；终于，我们不知不觉中被内心觉醒的思考原则所驱使——刚进入第二个房间，我称之为初觉之室，我们就被其中的光亮和气氛陶醉，我们只看到令人愉快的奇观，想永远流连其间，享受快乐：然而呼吸里面空气所产生的效果之一，是使人敏锐地洞察到人类的心灵和本性——它使人相信世间充满苦难、心碎、悲痛、疾病和压迫——由此，这个初觉之室渐渐变暗，同时在它四周，许多门都
> 334 被打开——但都是黑的——都通向黑暗的甬道——我们看不到善与恶的平衡。我们如处迷雾之中——**我们**现在正处在那种状态下——我们感受到“神秘的重负”，在我看来，华兹华斯写《丁登寺旁》时，抵达的正是这一点，他的天才在于对那些黑暗甬道的探索。假如我们活着并继续思考下去的话，我们也将探索这些甬道。

此处，从一个重要的方面来看，我们可以说“华兹华斯比弥尔顿更深刻”。若确然如此，那并不是因为天才的个体优越性。他们之间的任何差异都更多取决于“普遍、群体的智慧进步，而非个人心智的伟大”。关于此问题的思考，给济慈接下来秋天要写的新“史诗”提供了主题，充满悖论的是，这首史诗表现出弥尔顿的某些语言特性。

总而言之，济慈对**诗艺进阶**的整体理解正在发生变化；经验的影响使其心中的图景变得不那么简单、清晰了。当然，它从来都不是彻底简单的。无论从哪个标准来看，他都还有很长的路要走。但他现在总体感受到的是“迷宫”，而非一步步的台阶。他在弥尔顿和华兹华斯之间做了区分，但对其有效性却远没有那么自信。更何况，他提出问题的方式，可能会导致根本性的困境。当济慈思考华兹华斯是否为人类的心灵“殉道”时，他触及浪漫主义将留给后世诗歌的一个无法预见的难题——即直接乃至赤裸裸的真诚的理想。假如诗歌只有在我们确定自己绝对真诚的情况下才能写出来，那么我们的主题和整体流畅性都会发

生变化。华兹华斯已经在表达这种总体的自我要求，并成为其典型；而接下来的一个半世纪，只有通过反向发展才能避免这种情况（且通常良心惴惴），比如为艺术而艺术的群体所做的那般，或者是将对真诚的首要关切引至或定位于对特殊的、分门别类的风格的关切。事实上，一旦我们开始诚实地思考对内心的渴望和经验绝对真诚的要求，困难就会大量涌现。当我们紧缩至最诚实的感受时，在这个“回归习惯自我的征途”上，我们该在何处停下脚步？

数月以来，济慈一直在思考各种可能的不利因素。二月份时，他曾说：“我要割舍这一切。”他将拥有“旧诗”的纯粹、广阔和明净。但随着 335
时间一周周过去，他内心却越来越挣扎。在写给华兹华斯的拥趸本杰明·贝利的信中（5 月 25 日），他甚至又一次玩笑似地呼应了华兹华斯诗集中的分隔标题（“我的心绪”），他其实在之前给雷诺兹的一封不安的信中（3 月 25 日）用这个标题开过一次玩笑了。在给贝利的信里，他写道：“我带着心绪或是身体方面的问题打扰你了——我的心里一片空白。”

济慈并没有陷入真正的犹豫彷徨——除了这几个星期的反侧之外——他倾向于直面困境的习惯再次出现。假如“黑暗的甬道”就在那里，那么“活着并继续思考下去的话，我们也将探索这些甬道”。这个决定是个转折点，若没有其中所蕴含的认识，他就不可能创作出后续更加伟大的诗歌。

九

济慈给雷诺兹的长信，写于泰格茅斯那关键的、自我反思的几个星期行将结束之际，这封信还有另一层重要性。因为信里还夹入了他两天前(5月1日)刚刚写下的几行诗：这是一个十四行的片段《迈亚颂》或曰《五月颂》。好些年来，四月至十一月之间济慈家族一再发生的家庭成员过世状况没再出现了，这实属不幸中的幸运。这几个月对他来说总像是缓刑期，一年又三个月后，当他活跃的创作生涯几近结束，他将谈及这个时刻：

五月中病恹的东风
倏然南移，一阵暖雨
融化花上冻住的芳香，
空气里填满喜人的康健
连垂死的人也会忘记裹尸的寿衣。

过去的两个冬天(1816年至1817年的冬季和1817年至1818年的冬季)很考验人的意志力，但也以其特有的方式带给人安慰——它们并未改变这个季节在济慈心中强烈的、具有象征意味的辛酸感。这种辛酸感在接下来的一年中又将袭来。这一年里，他所有的伟大颂歌(除了一首之外)都是在五月节前后完成的(那首例外的颂歌也毫不掩饰地被命名为《秋颂》)。

济慈写给雷诺兹长信中的片段诗，长度与十四行诗相同——某些方面也颇像十四行诗——这首不完整的《迈亚颂》是一八一九年五月颂歌的前期试验或入门之阶。那时他终于放弃了十四行诗(自从他在埃德蒙顿诊所写下第一批十四行诗起，这种抒情诗形式就成为他的写作习惯)，转而从彼特拉克体和莎士比亚体两种十四行诗形式中汲取元素，将它们凝聚为更丰富、灵活的诗节。《迈亚颂》已经表现出了这种丰富性。一旦新诗节不再被视为一个自足的单元，而是倾向于受到戏剧发展影响的部分时，其灵活性就凸显出来了：它的戏剧性便是心灵与理想和

336

现实经验三者之间的对话。

未完成的《迈亚颂》在力量方面显得温和而节制，它只不过是一个接续了愿望和希冀的问题。从某种意义上说，这个连缀着希冀的问题（或者说一系列问题）塑造了济慈一首又一首诗歌的框架，从给乔治·济慈和考登·克拉克的诗信，到《睡与诗》，再到《观弥尔顿一绺头发有感》，皆是如此。这种模式以不同的形式延续至最后。他一次又一次将自己擢升至郎吉努斯式的伟大理想；随着他撰写《海伯利安》和《海伯利安的覆亡》，其伟大和希冀也逐渐加深。但是，偶尔也会有努力带来直接回报的时刻：那就是视野突然扩大，心灵的愿望与现实之间逐渐激烈的论辩终于得以普遍化。《迈亚颂》中这些未完成的诗行便是如此——尽管实现的规模比较小，但它比济慈不到一年半前创作的那首十四行诗（也就是为一八一七年《诗集》所写的献给李·亨特的十四行诗）丰富得多，济慈当时曾问，早前世界充满想象力且十分直率的诗歌拥有“神奇的瑰丽”，假如它们真的已经“逝去”，那么人们是否还能走向那种诗歌和所有支撑它的东西。

在断章中，他是这样起笔的——“赫尔墨斯之母”——信使的母亲，人与神之间的沟通者，生命易逝的人类与理想之间的交流者：很久以前人们赞颂她时，吟唱的诗歌纯朴并有着“古老的魄力”（old vigour），现在的诗人还能获得这样的纯朴和活力吗？即便只是对着“一小族人”，他还能带着同样的自信和“满足”来创作吗？数星期以来，他脑海中一直有这样的想法，即现代诗人要么不得不退缩，要么认定自己只能退缩，放弃纯净和自由。济慈也许会在这封给雷诺兹的信中表示，早先的年代对此知晓不够；他也可能诚恳且敏锐地论及华兹华斯所开辟的新道路。然 337
而，正如在其他语境中一直遇到的状况，那个熟悉的问题又出现了，且回响至其人生终了：那便是，现在的诗人还能够留下“伟大的诗篇”吗？

赫尔墨斯之母！依旧年轻的迈亚！
我可否向您歌唱
如您在拜依海岸曾被赞颂的那样？
我可否向您述讲
用古老的西西里语？可否博您一笑
希腊岛屿上的吟游诗人也曾如此寻找，
他们死于葱郁宜人的草地，心满意足，
把伟大的诗篇留给一小族人？
哦，赐给我，他们古老的魄力吧，
除了静默的樱草，头顶的苍天，
还有你轻声低语的寥寥数人，
我的歌声不为人知，它慢慢逝去
同他们的一样荡人心魂，
对一天的纯朴崇拜让它秾丽馥郁。

十

从现在至其生命终结，济慈的大部分断章实际上都是完整的。他将自己想表达的都付诸笔端；《恩底弥翁》之后，他再也没有刻意用多余的内容填出一首诗。[①] 眼下《迈亚颂》便是如此。他告诉雷诺兹，“我是在五月节写下这几行诗的”，“打算未来适当的时候把这首颂歌写完”。他确实“到了适当的时候”才又回到这首诗；事实上，直到第二年五月节

① 应该至少到《奥托大帝》和《帽子与铃铛》之后才是如此，这两首诗都是为糊口而写的仓促之作。

临近，这一天才到来。这一次，他又重新开始，比创作以往任何一首诗都更加细致。新版本被冠以《赛吉颂》的标题；这首诗是对赛吉的感喟（济慈说，就古典的等级来看，赛吉出现得“太晚了”：“人们从未带着古老的狂热去崇拜或祭祀过她——古老的宗教也许从未念及于她”），经历了一年的个人困苦以及成果丰饶的试验后，济慈回归至更加坦诚的态度——那是全然靠自己觉悟出来的认识——即，诗歌如今的主要作用是磨砺“透视人类心灵和本质的洞察力”。与过去时代伟大史诗的作者相比，现在的挑战、目标和做法都是“晚生”的。

《迈亚颂》的新版本，也就是《赛吉颂》，还远不能解决问题：它只是 338
应对问题的一种方式。然而，在尝试应对问题的过程中，于《赛吉颂》中，济慈不仅写出了一系列伟大颂歌的第一首，而且为过去一个半世纪更为出众的抒情诗创造了某种范本。

第十四章　乔治·济慈的离开与苏格兰之旅

(1818 年夏)

一

339　即便没有新的难题出现,为接下来的几个月做规划也不是件容易的事。虽然济慈一直尽可能节俭,但很快他就迫切需要赚钱。艾比对济慈外祖母留下的遗产,总是表现得遮遮掩掩、含糊其词(对其外祖父的遗赠更是只字不提),他也许愿意提前发放足够的钱,让济慈再撑一年;但他还是诱使济慈兄弟们习惯性地接受如下想法,即一切必须等到范妮年满二十一岁(1824 年 6 月)才能得到最终解决。因此,济慈的现实需要是在一两年之内确立自己的诗人地位,他也很希望《恩底弥翁》——即便其本身赚不了很多钱——至少能大受好评(但这个希望在随后的秋天就破灭了)。济慈心态很乐观,比如,他急切想要出门旅行,也看不出有什么理由,等再出上几本书之后,自己不能"一处处把欧洲游个遍"。他的乐观情绪并非痴心妄想,因为一首诗假如碰巧流行起来,确实回报可观。[1]

---

① 例如,朗文(尽管他只为《抒情歌谣集》〔*Lyrical Ballads*〕第二版向华兹华斯和柯尔律治支付了八十镑)为《拉拉·鲁克》支付了三千基尼给托马斯·摩尔。约翰·默里(转下页)

然而,几个月以来,急于赚钱的经济压力与济慈所要做的准备一直相冲突,他知道若要写出自己真正想写的那种诗歌,这类准备是必需的。正如他告诉约翰·泰勒的那般,"我懵懂无知,学识浅陋,但我想要按照所罗门的训示行事'要得智慧,要得聪明'"。除了提升拉丁文和法文水平,他还打算学习希腊语和意大利语(当然,他没有其他的选择,只能自学,他买了各种词典和一本希腊语语法书);他还希望自己能准备好 340
"在一年左右的时间里询问海兹利特,哪条路是我能走的最好的形而上学道路"。除了"隐退尘世"、一贫如洗地生活一段时间以外,他似乎没有办法做到这一切。但同时,他也非常清楚,"一个终日以书为伴,对书中思想念兹在兹的人,是有很多欠缺需要弥补的"。

早在二月,济慈还未前往德文郡之时,查尔斯·布朗就邀请他今年夏天同自己一道去湖区和苏格兰旅行,布朗习惯于每年夏天进行十分消耗体力的长距离徒步旅行。他们可以花费很少的钱完成旅行:大部分行程都靠徒步;而在住宿方面,如果标准够低的话,费用也很少。这个可能的出行计划非常诱人。它比济慈之前零零星星的短暂游览更具挑战性:它可能会在某种意义上成为另一首"开场序诗",如《恩底弥翁》一样,"若天假以年,它应当算是一首不太出众的开场序诗,先行于我一生的内心追求"。(就此而言,这种序诗也包括他现在正在写的任何其他东西。)到了四月一日,他感觉汤姆的身体"大有起色",乔治的计划(至少就济慈所知)也还没有完全确定下来,他开始认真地考虑于五月初启程,开启这段旅行——假如布朗也能这么早动身的话;他在信中告诉海登(4 月 8 日):

(接上页)为《恰尔德·哈洛尔德游记》中的一个诗章(第四章)向拜伦出价一千五百基尼,拜伦听闻后以朗文付给摩尔的数额为由,索要两千五百基尼。约瑟夫·约翰逊从威廉·库珀长诗《任务》(*The Task*)的持续销售中赚取了上万基尼。

> 我准备一个月内背上背包，徒步穿行英格兰北部和苏格兰的部分地区——为我打算追求的人生谱一段“序曲”——这么说吧，我想用最低的花费把整个欧洲写一写，学一学，看一看。

但是，到了四月中旬，乔治已经决定在初夏就离开英国；汤姆的身体短暂好转后，又有些反复无常；济慈对徒步旅行犹豫了一阵（4 月 24 日），之后，他似乎已经放弃这个念头。他开始考虑是否要在德文郡多住几个月（4 月 27 日），全身心地投入到研读学习之中；因为汤姆已经成了杰弗里姊妹们宠爱的人，他显然更喜欢留在泰格茅斯，而不是回到汉普斯特德。然而，汤姆心里很清楚哥哥的沮丧和对改变的渴望（多年后，乔治说起，没有人“完全理解约翰的性格，除了可怜的汤姆”）；于是，他开始假装自己真的很想回去。不管怎么说，他们两人都希望再见见乔治，毕竟他
341 五月底就要结婚了。最终，他们不再犹豫，突然下定决心返回伦敦，乘坐的是五月四日或五日的长途马车。

二

马车到达多塞特郡的布里德波特时，汤姆又一次大出血，失血量如此之大，以至于他们在旅馆住了两三天才走。他们回到汉普斯特德后（5 月 8 日或 9 日），汤姆极力掩饰，让自己看起来似乎好多了（他甚至信心十足地表示也打算去南欧旅行），由此，济慈才开始再次考虑苏格兰徒步旅行的事。他将信将疑地告诉自己——正如乔治春天时所做的一样——汤姆终于走上了康复的正轨：汤姆也努力强化这种印象，戏谑笑闹，十分畅快，以至于济慈在给杰弗里姊妹的信中写道，“汤姆简直被人当成了狂夫”。兄弟二人都认为，济慈应该继续徒步旅行

的计划。济慈四处奔波一两个星期,拜访了大部分朋友——他每次离开一段时间返回伦敦后都会这样做。海登举办过一次小型正餐宴,济慈出席了这次活动,海登将之描绘为“真正有天分的人”从紧张的努力状态中放松下来的“古怪行径”。[①] 不过,乔治的离开,让济慈每天都觉得心情愈发沉重;当《恩底弥翁》最终出版时(5 月 19 日),他几乎没有表现出——也可能没有感受到——第一本诗集出版时所带来的兴奋感。接下来的一个月里,两篇友好但不那么有影响力的评论文章见报了,它们之所以出现,都是因为作者知道《恩底弥翁》可能会在季刊上遭受攻击。[②] 其中一篇评论是贝利所写,刊登于牛津的一份报纸。济慈当然感谢了贝利,但也同时感到“受伤”:因为贝利写文章时带着如此淳朴的善良情谊,而“这世界却那么邪恶,要对最值得敬佩的质朴
讪笑不已——这想法让我十分厌恶”。最近,他发现自己时常陷入绝 342
望,不仅对所有事物都抱着消极的想法,而且“怀疑每一个人”——贝利在很久以后对这句话做了评价:“正相反,济慈始终如一地为可怜、脆弱的人性辩护。”

济慈还没来得及消化乔治将永远离开的想法。他把乔治的计划告诉了贝利(5 月 21 日),也讲起自己打算北上旅行并在途经卡莱尔的时候去看望贝利,突然间他停下笔,中断了信件,写道:“我的心情太低

---

① “5 月 11 日。真正有天分的人,经历苦思冥想后,再次相聚时那种过分疯狂的古怪行径,对没有头脑去深入思考的人来说是完全无法理解的,因为后者从来不需要放松。济慈、比威克和我一起吃饭,济慈带了个朋友来,这人就是个傻瓜。餐宴后,他期待我们都去讨论弥尔顿、拉斐尔等人,但让他吓了一跳的是,我们尽情地狂欢作乐……我提议搞一场音乐会。济慈模仿巴松管,比威克是长笛,我则扮演管风琴,如此种种。我们不断嬉闹着……直到准备好爆发出一阵大笑。然后我又模仿钢琴,他们换成了别的乐器,如此这般,而那位智者坐在一旁,一言不发,脸红红地小口抿酒,仿佛我们这样做是要羞辱他似的。”(《本杰明·罗伯特·海登日记》,第二卷,页 198–199)

② 贝利的评论发表于《牛津大学和城市先驱报》(1818 年 5 月 30 日和 6 月 6 日);第二篇评论文章发表于《捍卫者》(6 月 7 日和 14 日),作者可能是约翰·斯科特。

落了,不知道往纸上写什么好——我的手像灌了铅——但这却是令人难受的麻痹感,不能消除生存的痛苦——我真不知道该写什么。”四天后(也就是乔治婚礼前三天),他又试着拿起笔继续写:

> 你看我竟拖了这么久——即便现在,我也对自己该干什么一头雾水……我现在的心情,简直就是被扔到水底下,都不愿意扑腾几下浮上来——我很清楚,这都是胡言乱语。

但一想到乔治在面对自身困境时所表现出的勇气,济慈就感到羞愧,而且年轻的乔治安娜也十分勇敢积极地面对未来的考验,她展现出的“无我”以及剪火自我中心主义的态度,给济慈留下了很深的印象。他告诉贝利,最优秀的女性对现实的适应力以及她们很少被忧思的焦虑和愧疚所纠缠的情形,都让他“感到困惑”,因为那些焦虑和愧疚折磨着许多男人。也许“女人欠缺想象力,她们应该为此感谢上帝”。

乔治在两种选择之间徘徊不定,但不论选哪一个,用济慈的话说,他都得去“美国边陲的殖民定居点”,“成为一个农民,靠双手劳动”。乔治自然对农耕一无所知。他和约翰更加无法想象出,砍倒哪怕一百英亩的阔叶树林需要花费多少力气,这种树覆盖了中西部大部分地区,他们也想象不出,田地真正能够耕种之前,带着牛队慢慢地、一根根拔出树桩需要洒下多少汗水。但他们都知道,乔治和他年轻的妻子会很孤独,那里的劳作对他们来说不仅陌生,而且繁重,此外他们甚至可能要自己盖房子。乔治的两个选择之一,是支
343 付一点象征性的金钱,从美国政府那里买下老西北地区(俄亥俄、印第安纳或伊利诺伊)南部一片一千四百英亩未开垦的土地。另外一个选择的花费要高一些,就是加入一个特定的定居点,关于这个地方的情况他在泰勒和海西刚刚出版的一本书中读到过——这本书就

是莫里斯·伯克贝克的《伊利诺伊来信》。伯克贝克买下一万六千英亩的土地,现在正分割出售,每块地大概六百四十英亩——其中的一些已经清理掉树木,适合耕种。

乔治最终决定选择伯克贝克的定居点,虽然大部分较好的土地已经被人买走,也没有任何一块剩下的地上盖有建筑物。乔治把伯克贝克的书还给约翰·泰勒时说,虽然"没有房子等着我们",

> 但我们不太失望;这些事情假如[已经]做好了,条件自然看起来很优越,但一想到能够亲手搭建劳作,我只觉得自己承担并完成这个任务时又多了一份额外的自豪感。[①]

济慈赞叹弟弟的勇气,并同他一样感到骄傲。他告诉贝利,乔治"思想太独立,也太自由,没法在我们国家做生意"。济慈"宁愿让他自己耕地,也好过向顾客鞠躬"。不过,济慈还是有些瞬间觉得非常沮丧。此后,六月初,他似乎得了重感冒,因而对徒步旅行的事又犹豫了起来,他告诉贝利(6月10日):"我不确定是否还能[继续]旅行,一方面是因为我的弟弟汤姆,再加上我本人也有点不舒服。"但汤姆还是积极地支持他,最终他决定去旅行。艾比极不情愿地将五百镑划入济慈名下,心里的想法可能是,在六年后范妮年满二十一岁之前,他不会再拨给济慈任何钱了,艾比可能希望六年后收回一份个人投资,毫无疑问他将受托资金挪用到了这份投资上。无论如何,艾比此后似乎再也没有给过济慈钱,除了偶尔的三五镑。五百镑只支撑了一年左右,主要原因在于济慈总是无可救药地把钱借给朋友。

---

① 《济慈社交圈》,第一卷,页29-30。

三

乔治预定的航船估计在六月二十四日或几天之后离开利物浦；彼
344 时，跨大西洋的航船并不严格执行时间表。济慈很希望陪伴乔治和他的妻子去利物浦，再从当地与布朗一起开启北上的旅程；布朗和善地同意了这个计划。为预防航船在六月二十四日准时出发，乔治决定搭乘星期一(6月22日)早晨的马车离开伦敦：马车路上要花费三十二个小时，因此他们会于六月二十三日下午晚些时候到达利物浦。

九点钟离开齐普赛德街的马车上，除了布朗之外，他们所有人都为即将到来的离别感到心神不安。济慈也许会谈论——并在接下来的几个星期里不断说起——未来两三年之内到美国去看望乔治。然而遥远的距离——尤其是从东海岸到内陆之间一千一二百英里的艰难旅程，实在令人望而却步。马车在圣奥尔本斯附近的雷德伯恩停下来，让乘客就餐。亨利·斯蒂芬斯，也就是济慈在盖伊医院学习期间的室友，如今正在雷德伯恩开业行医，做外科医生。济慈从客栈差人送了封信去；斯蒂芬斯连忙在马车出发之前赶来，同他们聊了几分钟。[①]

---

① 斯蒂芬斯关于济慈的描述写于将近三十年之后，里面提到此事。"我们这次见面时间很短，他问了我一些有关未来前途的问题，我也询问了他的情况。我注意到他无意于行医，仍热衷诗歌。他弟弟乔治的妻子个头不高，严格来说也不算漂亮，但看上去却是任何一位有着中等鉴别力的男人都容易爱上的类型。她有着极富想象力的诗意气质。她的着装有些奇特，且带有少女气息，不知道是源于她自己的品味，还是因为她让自己迎合了丈夫的品味或是诗人济慈的喜好，显然约翰是这个家庭的主宰；不过，她身上有一些新颖独创的东西，约翰似乎视她为一个自己愿意尊敬的人，并带着一种显而易见的满意和自豪把她介绍给我。正如我之前提到的，我们此次见面的时间很短——他们很快就坐着马车离开了，我也回家去了，这是我最后一次见到约翰·济慈。"(《济慈社交圈》，第二卷，页212)

等一行人到达利物浦皇冠客栈时，对济慈兄弟来说，拖着不肯道别似乎没有任何意义了。但这个话题又不可能被他们故作轻松地聊起来；毕竟这件事太重要了。他们一起共度夜晚，彼此道别；第二天济慈和布朗会在乔治起床前就离开。一八二〇年一月，乔治回国收取汤姆留给他的那份遗产，当时他与济慈匆匆团聚了几天，除此之外，他们再也没能见面；乔治安娜直到济慈去世几年之后才有机会回到英国。

乔治当时还只有二十一岁，摆在他面前的漫长旅程将带给他和年仅
二十岁的妻子许多意外和挫折。他们在费城登陆时，乔治对穿越阿利根 345
尼山脉意味着什么一无所知，他买了一辆马车和几匹马，准备西行。他和妻子出发，打算穿越山脉前往匹兹堡——这是一段蜿蜒曲折、危险重重的旅程，全程超过五百英里。到达匹兹堡时，他们内心有些动摇，但接着就乘坐内河货船沿俄亥俄河又行进了六百英里，来到伊利诺伊地界，却发现这里剩下的大部分土地都是尚未开垦的原始森林。于是，他们只好失望地南下，前往肯塔基西部靠近边境的亨特森定居点。

正是在这里，也就是林肯在肯塔基的一个小木屋出生后不到十年，乔治即将度过糟糕的一年，损失他带来的一大部分钱。之后，他沿河而上，前往路易斯维尔，从头开始。到了十九世纪三十年代初，乔治的生活蒸蒸日上，开办了一家大型木材场，还有一家磨坊；他在路易斯维尔的大房子建成于一八三五年，成为有文学兴趣的人士聚集的中心。乔治四十四岁时死于肺结核（1841 年 12 月 24 日），这个时间差不多是约翰·济慈去世后二十一年。他留下来的七个孩子里（五个女儿，两个儿子），有一个继承了诗人约翰·济慈的名字——这个孩子长大后成为密苏里州的一名土木工程师，去世时享年九十岁（1827–1917）。[①]

---

① 《南方文学先驱》1941 年八月号刊载了至 1941 年仍在世的后裔名单。（第四卷，页 356）乔治·济慈去世两年后，他的遗孀乔治安娜（卒于 1879 年）嫁给出身于（转下页）

四

第二天一大早(6 月 24 日),济慈和布朗就登上了前往兰卡斯特的马车,他们的徒步旅行将从那里开始。

从此时直至济慈人生终了,布朗的位置都十分突出。他如今三十一岁,与济慈几乎所有朋友一样(除了他一八一七年春天之前结交的朋友外——也就是亨特、海登和雷诺兹等人),这个身材高大、有些谢顶但精力充沛的男人也具有实际谨慎、稳重牢靠和坚韧不拔地关注细节的能力。这四个朋友(即贝利、迪尔克、伍德豪斯和布朗)当中,只有伍德豪斯可以算是敏感细腻。除了贝利之外,他们都与商业世界有着密切的联
346 系,同时拥有艺术兴趣和乐于欣赏想象力的倾向,十九世纪有许多这样的商人,他们是其中的典型(理查德·艾比并不属于此类)。济慈十分信赖的弟弟乔治·济慈也是这种人。

布朗有部分威尔士和苏格兰血统,家中七个儿子他排行第六[①],十四岁时他便开始在伦敦的一家商行工作,十八岁时与自己的兄弟约翰合伙到圣彼得堡做生意。生意失败后,他回到伦敦,又与兄弟詹姆斯合伙——詹姆斯也是个商人,在东印度公司迅速发迹 布朗用业余时间写了一部喜歌剧(《纳兰斯基,或通往雅罗斯拉夫之路》),这部歌剧于一八一四年在德鲁里巷皇家剧院上演。最近布朗从詹姆斯那儿继承了足够的收入

(接上页)苏格兰的土木工程师约翰·杰弗里。正是杰弗里帮米尔恩斯抄写了乔治·济慈留下来的大量文献,包括济慈的诗歌手稿,以及弟弟移民后他寄来的珍贵信件。

① 1838 年,布朗给自己加了一个中间名“阿米蒂奇”(Armitage),这个名字来自他母亲的姓氏,按照布朗儿子的说法,加名字的原因是“为了铭记爱德华·约翰·特里劳尼告诉他的一句话,‘布朗,你的名字是一个部落的名字,不是一个家族的名字’”。

(每年约三百镑),过上了理想的文学闲适生活。他与老同学查尔斯·迪尔克一道,在汉普斯特德盖起了现在著名的两家并排的小楼——温特沃斯寓所。汤姆去世后,济慈就住在布朗的那一半房子里。布朗第一次见到济慈是在一八一七年的夏天,当然,那年秋冬,他也经常见到济慈,因为后者时常到住在另一边的迪尔克家做客。不过,两人之间的亲密友谊始于一八一八年夏日的这次徒步旅行。

某些朋友对济慈思想产生的影响(比如亨特、海登和本杰明·贝利)是布朗从来无法也永远不可能企及的;另外一些人——肯定包括雷诺兹——济慈可能会觉得更亲近。但粗犷强健且对他人要求不高的布朗,以自己独特的方式令人感到轻松;他后来不仅在帮助济慈方面达到他人似乎都不愿意或是不能企及的程度,而且还以处理日常事务的态度来做这些事,让济慈免于承受持续受惠于人的煎熬。布朗的儿子在他去世很久以后写的回忆录中这样描绘他——"办事有条不紊,待人热情,心地善良,临危不惧"——布朗有着敏捷、坚韧和充满好奇心的特质;他深深地热爱旅行;而且,正如他给济慈画的肖像所展现出来的,他也称得上是位心灵手巧的艺术家。三十一岁时,他就以自己的方式形成了坚定成熟的特点。他和济慈到达马尔岛时,济慈给贝利写信说,布朗

> 不停地给迪尔克写冒险故事——有天晚上,我可能已经在椅子上休息了,他竟从背包里拿出几样东西,第一样是纸——第二样是笔,最后又掏出了墨水,这简直是公然轻蔑我的懒散和奢侈。我现在才不在意他是不是有所改变——哎呀,为什么贝利不能偶尔先拿出笔呢——不过,我还不如在母鸡喝水之前告诉它昂起头,而不是它喝水过后再说。 347

布朗有条不紊的习惯、工整的字迹和细致的财务账目,都是自我控制的附带产品,但这种自我控制源于其精力充沛、极其多疑同时又粗犷奔放的个性,而不是某种温和呆板、缺少内心活动性格的产物。他的幽默感显露出粗糙的质地。我们可以在《帽子与铃铛》这部作品中看到其影响——这是一首乏味的讽刺诗,是布朗(带着最美好的善意)怂恿患病后的济慈写的,他认为写诗能够让济慈的头脑忙于思考,不至于忧虑重重;此外,他与女仆阿比盖尔·奥唐纳修建立了亲密关系,后者还给他生了个儿子,这也透露出他粗鄙的一面。虽然他很精明,且井井有条、相当冷静,但也容易冲动地陷入偏见(济慈后来说起,布朗见到伍德豪斯时,不知怎么就产生了“滑稽古怪的反感”)。假如他内心受到伤害,其怨恨感之烈与忠诚度之强几乎不相上下。据布朗的儿子记述,在圣彼得堡时,布朗曾与一位肯尼迪小姐订婚,但后者为了一个更有钱的英国商人抛弃了布朗。尽管这个商人后来破产且约一年之后就死了,但布朗“受的伤害太深,无法忘记和原谅这一过往;他打算在一本已经动笔的小说中公开羞辱这位女士,不过这本小说没有完成”。[①] 数年后,布朗与迪尔克陷入争吵,他认为后者对自己“厚颜无耻、背信弃义”,布朗告诉儿子(1839 年):“假如他无意中遇见你,且礼貌地与你搭讪——你一定要啐他一脸。”这场争吵是因乔治·济慈而起,据布朗说,他在哥哥约翰急需用钱的时候(1820 年),从他那儿拿了钱走。布朗的反应之所以那么激烈,部分是因为他对朋友矢志不渝的忠心,仔细研究过账目后,他认为济慈遭到了弟弟冷酷无情的对待;而迪尔克无视布朗手中的证据,支持了乔治。布朗一八四二年在新西兰去世,六年后迪尔克对他做的一段评价经常被人们引用(迪尔克这段话讲到了布朗寄给乔治的账单,里面
348 包括他借给约翰·济慈的所有款项,且附带上了利息)。迪尔克说,布朗

① 《济慈社交圈》,第一卷,页 lv。

是我所认识的人里，最诚实乃至到了一丝不苟程度的——但他却缺少一种高尚感，把自己的诚实从商业的暗沟里摆脱出来——他会毫无保留地原谅约翰欠他的所有东西——但是，假如约翰有能力，并主动提出要还钱的话，他不仅会接受，而且会收取利息，就像他对乔治做的那样。他也会有一些慷慨义举——但却不是按人们通常的做法。他的正义感时而会让他显得很大方——但有时也十分吝啬刻薄——后者总是被人们注意到，而前者却常遭人忽视——因此，在他早年朋友的心里，其性格中最不可能的特质就是慷慨大方——但他其实真的是个慷慨的人。[①]

五

济慈和布朗到达兰开斯特时（6 月 24 日），客栈都住满了。议会选举临近，由于生产纠纷严重，选举通常有很大争议；整个城市喧嚣、拥挤，人们推杯换盏，好不热闹。济慈和布朗足足等了两个小时，才吃上晚饭，并最终在一家私宅里找到了住处。

他们凌晨四点就起床，准备出发。早餐不能在住处吃，但雨又下得太大，他们没法开始徒步旅行。布朗随身带了本弥尔顿的书，济慈则带了一套三卷缩微版的亨利·卡里译但丁。这就是他们身上仅有的书了。除此之外，他们的背包里只装了笔、纸、墨水和几件衣服。两人坐了三小时，等待雨停。布朗记了一本详尽的日记，写到两人用这些时间谈论弥尔顿，他自己“宣扬了《力士参孙》中描写的忍耐力”。七点钟，大雨变成毛毛雨，他们走了四英里来到博尔顿镇，在那里吃了早餐。当天晚些

① 参见他对米尔恩斯版《济慈传》的注释（摩根图书馆）；《济慈社交圈》，第一卷，页 lxix。

时候,雨又下了起来。他们在恩德摩尔过夜,济慈开始撰写给汤姆的一系列日记体信件中的第一封。第二天(6月26日),他们终于抵达美丽的乡村,济慈心里一直把这儿与华兹华斯联系在一起。"我无法忘记我这位朋友的快乐与狂喜,"布朗说,"他突然间第一次体会到了山光水色
349 的整体感受。"[①]这是他们进入鲍内斯村之前看到的景色,济慈当晚给汤姆的信是这样描绘的:他们突然看见——

> 温南德的湖泊和山峦——我无法描绘它们——超出了我的预料——美丽的湖水——湖岸和岛屿的边缘都氤氲成了绿色——群山环绕着云彩……我们所看到的两处景色都显露出最崇高的温柔——这样的印象永远不会消逝——它们让人忘记对生命的种种划分;衰老和青春,贫穷和富有;它们将人的感官视像升华为北极星一样的东西,永不合上眼帘,坚定地凝视着伟大力量的奇迹。

两人留步鲍内斯村的白狮客栈吃晚餐,济慈兴奋地询问侍者是否见过华兹华斯。"他说自己认识华兹华斯,后者几天前还来过,为劳瑟拉选票。"("劳瑟"指的是托利党的议会候选人威廉·劳瑟,他当时正与

---

① 布朗在日记中记录道:"乡村是野性、浪漫的,虽然不算阳光明媚,但天气宜人,清新的山间空气和周身许多云雀,带给我们无尽的快乐。我们走近湖边时,景色变得越来越壮丽;我们不时停下脚步,目不转睛地凝视着。迄今为止,济慈还从未见过比德文郡更美的景色;不过,虽然这里美不胜收,他现在还是忍不住于言谈间表现得不偏不倚。就在路的第一个转弯处,进入鲍内斯村之前,我们俩同时停下了脚步。整个湖呈现在我们眼前。济慈明亮的眼睛突然看向山尖,山顶下轻柔地飘浮着一朵银色的云;接着,他又看向我们下方一个非常小的岛屿,岛上点缀着簇簇绿叶,周围一片水光辉映,他惊叹道:'怎么会有这样的美景?——这简直让人难以置信!'他热情地断言世界上没有别的风景能与之媲美——这里肯定胜过意大利所有的景致——然而,我们才往前走了不到一百码——济慈看到湖的另一端,又觉得它'更加奇谲瑰丽!'远远近近的树木,环绕着我们的绿草,以及生长得最为茂盛的蕨类植物和荆豆花都让这里更加迷人。"(这篇文章最早以"北方漫步"的标题刊载于《普利茅斯与德文波特周刊》,1840年10月1日至22日;重印于罗林斯编辑的《济慈书信集》,第一卷,页421-442)

辉格党的亨利·布鲁厄姆竞争。)济慈继续对汤姆写道:"你对此怎么想?……可悲——可悲——可悲啊,劳瑟一家一直是他的朋友。我们又能说什么呢?"无论如何,济慈和布朗都想在第二天拜访华兹华斯,"我会把拜访的一切细节都告诉你"。

两人在安布尔塞德住了一晚,第二天"早晨我们六点钟起来"——这个时间比他们开始徒步旅行以来的起床惯例晚了一两个钟头——"因为我们要去拜访离这里只有两英里远的华兹华斯,我们将这天算作休息日"。早餐前,他们急匆匆赶去看安布尔塞德的瀑布——"这是我第一次见到瀑布"。轮廓中包含运动的新景象(或者换个方式说,只存在于运动中的轮廓)让他产生了移情的喜悦,就像麦浪起伏的"内海"带给他的感受一样,彼时风儿翻滚的气浪穿过麦田,济慈会跳到旁边的台阶上,大声呼唤"潮水"!在写给乔治和汤姆的信中,他都提到了这一 350
新奇景象的"基调和智慧"。尽管他觉得"描写总是不好的",但他还是尝试把这个景象更具体地描绘给汤姆听:

> 比任何东西都更令我惊奇的是这里的基调、色彩,岩板、石头、苔藓和岩礁上的海藻;或者,能这样说的话,是这种地方的智慧和泰然镇定的样子。这里的空间摆设,以及山峦和瀑布的大小,在人们看之前就已经构想好了;但是,其容貌或智慧的基调却必然超过任何想象,藐视一切回忆。

旅行的头几天确实令他激动不已,以至于他一直将这种感觉记在心头;他怀着激动的决心,立刻告诉汤姆:

> 我要在这里学习诗歌,比以往任何时候都更勤动笔,因为要殚精极思才能给这宏伟的美增添一星半点,它是由最上乘的心灵从壮

> 丽的材质中收获并放入以太缥缈的存在里，供同伴欣赏。海兹利特认为这样的景致让人感到渺小，我不能苟同。我从未如此彻底地忘记过自己的身高——我存在于双目之中；我的想象力被超越了，它安歇停止了下来。

当天上午晚些时候，他们步行前往莱德尔去拜访华兹华斯。但是华兹华斯和家人都不在。“我失望极了，写了张便条留给他，贴在一张画像上，我觉得那十有八九是华兹华斯小姐的画像。”当时，华兹华斯已经和家人一起前往劳瑟府邸，积极帮助劳瑟竞选。布朗在其撰写的济慈回忆录手稿中，加了一句话，后来又将其删去：“这位年轻诗人对其前辈如此暴露于人前，似乎若有所思。”对济慈本人来说，“暴露”一词也许太过强烈。正如他告诉汤姆的，劳瑟一家一直是华兹华斯的私交；而且，“我们又能说什么呢？”

那天余下的时间里，他们继续向前走，穿过格拉斯米尔，来到海芙琳峰脚下的威斯本村，海芙琳峰雾气太浓，没法攀登，他们就待在老马头客栈(6 月 27 日)。布朗记述道，“床上有很多跳蚤”。济慈在这里给乔治写信，开了一个头，还为乔治安娜写了一首离合诗。第二天，济慈和布朗又走了八英里，然后在凯西克吃早餐，漫步德温特湖畔，并最终看到了罗多尔瀑布。这个瀑布后因骚塞的诗而出名，但对那些渴望看到景致的游客来说，它通常到六月底水量就大大减少，几乎只剩下
351 涓涓细流。再往北走，凯西克以东两英里，他们看到了“德鲁伊石环”。第二天，他们四点钟就起床，在早餐前去爬斯基多峰。这趟上下山路程相当艰难，差不多十英里。济慈将之简单描绘为早餐前“洗个冷水澡”：“我觉得自己像要去参加比赛似的。”不过，从此处开始，我们注意到他时而会感到疲倦。

六

第二天,也就是六月三十日,济慈和布朗来到卡莱尔市。济慈向汤姆讲起他们半路上在厄比集镇看到的孩童乡村舞蹈学校:

> 这的确"不是从法国新传来的花式舞"[他写下这话的时候,想到了彭斯的《泰姆·奥桑特》(Tam o' Shanter)中的诗句]。不,他们用非凡的耐力踢着,跳着,飞快拂过,闪避,脚尖点地,踢腿,旋转,跺脚,挥汗如雨,像疯了一般地敲击着地板;我们的乡村舞蹈和这些苏格兰舞步的差别,就像慢悠悠搅拌一杯茶和连续打着面糊布丁。我极度快意地想到,假如我有一些他们全然无知的快乐,那他们也有我无论如何也不可能体会到的欢喜。我希望不要还没看到高地苏格兰舞就回来了,那里有你见过的最漂亮的男孩女孩,美丽的面庞,精致的嘴。我从未觉得如此贴近爱国的荣耀,那种用任何可能的办法让国人更加幸福的荣耀。这比风景更让我爱重。

布朗觉得,再走三四十英里"只是劳而无功";济慈似乎也很愿意听从布朗的建议,乘马车穿过苏格兰边境进入邓弗里斯,到达邓弗里斯后,他们在正餐前去拜谒了教堂墓园里的彭斯墓。

登上斯基多山顶的艰难攀爬让济慈仍感觉疲惫。对一个来自英格兰南部的人来说,这里的七月有些寒冷;光线和风景看起来也略显原始,与漫长而温暖的夏季全然不同,他将这种长而暖的夏天与古典欧洲或具有骑士精神的中世纪南部欧洲相联系:"不知怎么回事,这里的云、天空和房子,似乎都是反希腊、反查理曼风格的——我要尽量摈除偏见,公平地告诉你关于苏格兰的一切。”在给汤姆的信中,他附上了一首十四行诗《访彭斯墓》,这首诗是“在一种奇怪的半梦半醒的状态下写就的”。
352 “一切美而冷。”*苍白的夏天只是从几乎无所不在的冬天身上夺回了一个小时;对夏季和人生之短的领悟,仿佛梦的记忆一般袭来。后面的诗句预示着未来的《忧郁颂》:“痛苦说不完”;为什么人类的头脑,就像做审判的弥诺斯,能够将美与充斥于美之体验的有关短促和死亡的知识客观地分隔开来? 在其回应中,济慈“冒犯”了彭斯“故乡的天空”。①

他们两人从邓弗里斯西行,往海岸方向前进的时候,济慈尝试着以更强烈的意趣投入到这段新的旅程中。“我们现在开始喝威士忌了——这里管它叫**瓦士凯**(whuskey),很不错的酒——还有种香甜热酒,像我们的酒里掺上糖和水,很好喝,彭斯曾对之大大称赞。”当他们走入

---

* 语出《访彭斯墓》,使用穆旦先生的译本。下一条注释中的译文为对应贝特教授的论述,略作改动。

① 这个小市镇、这墓场、这圆山、
　　云、树木和夕阳,虽然美丽,
　　却冰冷、陌生,仿佛我久已
梦见过的,现在重又梦见。
这样短促而苍白的夏天
　　仿佛只是冬之疟疾的回光,
　　这星星虽似蓝玉,却不闪亮,
一切美而冷;痛苦说不完:
因为呵,谁像敏诺斯,能体会
　　美底实体,使它不致染上
　　　　虚弱的想象和可厌的虚荣
　　所投的暗影! 彭斯呵,我常常
　　　　敬重你。隐去吧,伟大的阴灵!
我不该冒犯你的故乡的天空。

这首诗的标点符号很有争议性(唯一的抄件来源于约翰·杰弗里抄写的济慈书信),足以影响中间几行的含义。相关讨论可参见 J. C. 麦克斯韦尔,《济慈-雪莱丛刊》,第四卷(1955);J. M. 默里,《济慈》(修订版,1955),页 199-201;G. 约斯特,《英德语文学学刊》,第五十七卷(1958),页 220-229。

柯尔库布里附近与司各特相关联的乡村时，布朗给济慈讲起《盖·曼纳林》(*Guy Mannering*)这本小说——济慈还没有读过。布朗说，书中梅格·梅瑞里斯这个人物引起了济慈的兴趣——他曾突然指向路旁的一个地方，沉思地说，"那儿，就在那个地方，毫无疑问"，"老梅格·梅瑞里斯经常在那儿烧水"。等他们暂停行程去吃早饭时，济慈便开始给范妮写信，为了逗她开心，他写了一首歌谣《梅格·梅瑞里斯》("梅格是个吉卜赛老妇，/ 她在旷野上居住")。* 他说，假如范妮喜欢这种歌谣的话，"我会时不时写几首给你"。第二天晚上(7月3日)，他又重拾起前一天没写完的信。他们现在身处柯尔库布里，"我要在这里给你写一首关于我自己的歌"：

从前有个顽皮的男孩 353
　　顽皮的男孩就是他，
他不愿乖乖待在家，
　　不愿静静不说话——
　　　　他背包里塞上
　　　　一本书
　　　　里面全都是元音，
　　　　一件衬衫
　　　　几条毛巾——
　　　　一顶便帽
　　　　当作睡帽——
　　　　一把发刷
　　　　和类似的梳，
　　　　几双新袜

* 文中《梅格·梅瑞里斯》使用屠岸先生的译本。

因为旧袜
咔嚓一下就裂开口！
这只背包
紧贴背上，
他定定站着
紧跟着鼻子
一直向北走
一直向北走
紧跟着鼻子
一直向北走。

接着，他就这样又写了九十三行打油诗，在一些我们已经提到的部分，他回忆起与外祖母一起住在埃德蒙顿的日子。诗的结尾处，他写到自己发现旅途中至少有些东西和家里是一样的——

他只好杵在
自己的鞋里
想啊想
想啊想
杵在自己的
鞋里，想啊想

亲爱的范妮，写这样的东西给你，我很羞愧，假如不是因为走了一天的路太累，我也不会写得这样差。我恨不得一头栽到床上，太疲倦了，我睡着的时候，你简直可以把我的鼻子缝在大脚趾上，然后滚大木环似地拖着我在城里转，也不会吵醒我。

七

济慈和布朗平均一天走二十英里，这基本形成了常规。他们通常五 354
点钟左右起床，在布朗的催促下，他们总能在早餐前就走上五到十英里。两人下午过半的时候吃正餐，那时他们按惯常的期待是已经走完了二十英里。这之后，如果不用继续向前走，他们就阅读或写作。布朗一丝不苟地记着日记，济慈常常把各种经历完整地记录给汤姆；不过，他写的东西篇幅越发长短不一。他当然很仔细地读着随身携带的但丁译本。到了晚上八九点，他们会喝点茶，或是简单吃些点心。食物变得不那么有吸引力，济慈和布朗不久就对燕麦饼产生了某种困扰。他们一离开湖区，就发现徒步旅行的游客十分罕见。他们的背包和布朗的眼镜引起了人们的注意。"我们一度被当成卖眼镜的小贩，"济慈说，"卖剃须刀的，卖珠宝的，旅行麻布商人，间谍，税务官……我到波特帕德里克的邮局问有没有我的信时，邮局里的人问我是哪个兵团的。"济慈戴着一顶破旧的皮帽。布朗则在一封寄给迪尔克父亲的信里这样描绘自己："想象一下，我手里拿着根粗棍，背上背着包，'鼻子上架着眼镜'，头戴一顶白帽，身上穿着格子呢外套和长裤，肩头披着高地人的彩格呢披风……济慈管我叫红十字骑士，说我的影子跟在我身后随时都要笑破肚皮。"[①]

他们两人本想穿过北部海峡，至少在爱尔兰逗留几天，去参观巨人岬。到达波特帕德里克(7月6日)后，他们乘坐邮船前往多纳哈迪，第二天步行至贝尔法斯特。但意想不到的高额开支让他们十分担忧：这里任何东西都得花苏格兰的三倍价钱。于是，他们后面一天就步行回到

---

① 《济慈书信集》，第一卷，页362。

多纳哈迪，并坐上了回程的船。不过，这次短暂的游览却触动了济慈，旅行第一周的新鲜劲儿过去之后，他的注意力已经逐渐从风景转向了人。他们一走出苏格兰长老会的领地，他就惊异地注意到了差别。身处苏格兰，他总是感受到长老会带来的压抑：孩子们“几乎都不会笑”。这到底
355 是好是坏？它有助于将成长中的年轻人培养成一支“节俭的军队”。鉴于苏格兰和他目之所及的一小部分爱尔兰都很贫穷，很难说哪里过得更好：在爱尔兰，就连客栈的女仆都很“漂亮、和善、笑脸盈盈”；而在苏格兰，上至老人、下至幼童都“小心谨慎”，“他们甚至禁止了双关语、大笑和亲吻（除非在某些特定的情况下，危险和罪恶让它变得美好和悦目）”。

济慈想起了彭斯(7 月 9 日)：

> 这可怜、不幸的家伙——他的性情是南方人的——多么可悲啊，这样一个有着奇幻瑰丽想象的人，为了自我防卫，不得不抹杀其敏感精致，使丰富的想象力屈服于粗俗，在那些容易到手的事物中挥霍才华，却没有闲暇去狂热地追求难以企及的目标。

由于济慈缺乏“足够的推理能力来确立有关节俭的学说——而它与人类社会的尊严是相关的”，因此他只能哀叹贫穷，哀叹村屋里织工悲惨的命运，哀叹人们若不厉行节俭，就会陷入肮脏和饥饿：

> 当前的社会状况要求人们如此做，这让我相信，整个世界还很年轻，仍处于非常无知的状态——我们生活在一个野蛮的时代……要改善这些人的状况是多么艰巨的工作——我没法想象“孕育”着仁慈的心灵能够抓住这种可能性——对我来说，这完全令人绝望。

尽管他的思考变得越发阴郁，但旅程中还是不乏绝妙非凡、风趣活泼的时刻——其中的一个“我永远也忘不了”——那是个老妇人被人抬着，坐在一顶像轿子似的东西上：

> 垃圾山公爵夫人——这可不是开玩笑——想象一下你见过的最糟糕的狗窝，架在两根从发霉的篱笆上拆下来的杆子上——在这邋里邋遢的鬼东西上蜷缩着一个脏兮兮的老妇人，像是从马达加斯加到好望角的路上因缺少饼干而饿得半死的类人猿——她嘴里叼着烟斗，眼睛瞪得圆圆的，眼皮打着褶子，眼神空洞地向外看——她的头水平方向仿佛白痴似地摆动——她又矮又胖，身体倾斜，坐在那里吞云吐雾，两个衣衫破烂的女孩一路扛着她走——她的**人生**和轰动一时的往事该是多么令人惊奇的故事。

回到苏格兰之后，他们就开始往北走，到了巴伦特雷、艾尔和格拉斯哥。由于查尔斯·迪尔克觉得自己算是个古文物收藏家，布朗就想要戏弄他一番，让济慈用苏格兰方言写了一首民谣去糊弄迪尔克，以假乱真。济 356
慈试着帮这个忙，写了一首名为《盖勒韦之歌》的诗，取材于他们在旅途中看到的一场婚宴；但其效果正如济慈所言，“完全不行”——任何一个苏格兰人读过头两行就会发现它是假的。他们后来走过阿丽沙巉岩，这块从海面上陡然耸立超过一千英尺的岩石，“突然带给我强烈的震撼——真的，我甚至有点惊恐”；在格文的客栈（7 月 10 日），济慈试着写了一首十四行诗《咏阿丽沙巉岩》，这首诗虽然不如《访彭斯墓》那般趣味盎然，但却显得平衡一些。

济慈总是不断想起彭斯，于是他开始期待看到彭斯在艾尔出生的小屋。当他们在距离小屋九英里的地方歇脚吃饭时，济慈的心情愈发激动，他花了几分钟的时间给雷诺兹写了封信的开头（7 月 11 日），“因为我正在迅速接近彭斯故居”：

> 最令人愉快的消除自我的方法之一就是走近彭斯故居这样的圣地——我们无须想起他的痛苦——那些都过去了——诅咒它吧——我要带着纯粹的快乐看这里，就像同贝利一道去埃文河畔的斯特拉福德时一样。

然而，他渴望“消除自我”的想法却受到了冲击，他感受到了见多识广的人惯常感受到的恼怒，因为这里的房屋看管人说出来的话不仅机械呆板，而且缺少感知力。除此之外，彭斯故居的一部分空间还被用作威士忌酒肆，掌柜的是“一个红褐色脸盘的老笨蛋，他认识彭斯”：

> 我们去了彭斯故居，喝了些威士忌——我写了首十四行诗，仅仅是为了在这个屋檐下写上几行——写得太糟糕了，我没法抄给你看[1]——住在故居的那个人非常惹人厌，尽说些彭斯的轶事闲话……噢！充满了恭维废话的名人诞生地！言不由衷！做作！虚伪！简直让英灵五内俱焚——许多真话偏偏都用玩笑的口吻讲……我没法描写旅途风光……对你来说，彭斯的一首诗远比我在他的故乡待上一年所想的还要有价值——他的苦痛是沉重的负担，压在羽毛笔上，让人没法挥洒自如——我试着忘记这些——心无挂碍地喝点香甜热酒——写一首快乐的十四行诗——但这却行不通——他与淫妇闲聊——与恶棍饮酒，他十分痛苦——在这样一个人的作品中，我们无比清晰地看见了他的整个一生，仿佛我们是上帝派来的暗探。

---

① 布朗把这首诗抄写了下来；十四行诗《“写于彭斯诞生的村屋”》被米尔恩斯当作济慈遗墨刊印了出来(1848 年)。

接下来的十天里，济慈为汤姆记录的见闻变得愈发马虎了事。当然，旅行的新鲜感逐渐消退；其他的关切和担忧开始回潮；对一个非苏格 357
兰人来说，这里的天气和乡村都有些压抑；济慈也变得越来越容易疲倦。这段时间（7 月 12 日至 21 日），他们继续北上，穿过格拉斯哥和因弗雷里，最终到达奥本。这段旅程的最后十五英里，雨下得很大。尽管济慈不喜欢发牢骚，但他还是开始抱怨食物不好（总是吃鸡蛋和燕麦饼），可见他在身体和精神方面都感到难捱：

> 七月二十日。过去的两天里，我们食宿条件都太差了，食物尤其粗糙，导致我完全没有心情提笔……［七月二十一日］总的来说，饭菜太粗糙了——我觉得有点……我今天偶然发现了一点白面包，就像麻雀那样扑上去——味道太好了——我就是受不了那要命的燕麦饼。

此时，他偶尔写下的诗行语气也发生了变化。这十天里他写的三首诗，其中两首表达了烦躁之情，基调是疲惫而滑稽的①，第三首虽然开头不乏幽默（“脚步缓慢地行走自有魅力”），但逐渐演变为忧郁的沉思。

在浑身湿透的情况下，他们抵达马尔岛，接着步行了三十七英里横跨岛礁，路上全是“沼泽、巉岩和河流，我们把裤腿挽了起来，袜子也拿在手里”。这段旅行途中，济慈得了重感冒，不过他当时没有提及。爱奥那岛令他感到着迷：“谁能想到会在如此偏僻的岛屿上发现一座精美的主教座堂的遗迹呢？还有修道院、教士团建筑、隐修院和女修道院的遗迹。”他给汤姆写了一点教徒在这里定居历史的概述，并捡了几块鹅

① 一首诗是《牛虻》，表达出他对北地夏日之苦的怨念；还有一首是讽刺口吻的十四行诗《听风笛有感》。

卵石带给范妮留念。斯塔法岛也令他浮想联翩，尤其是芬格尔洞穴让他十分着迷，它看起来如同“反抗朱庇特的巨人扛起了许多黑色的石柱，并把它们像火柴棒似的捆在一起——然后用巨大的斧头在这些石柱身上凿开了洞”。

济慈的北方之行计划持续四个月。现在(7 月 26 日)距他们在利物浦与乔治和乔治安娜告别已过去一个月零三天。

八

济慈曾告诉贝利，他对这次徒步旅行的期望之一，是让旅行经历帮
358 助自己更擅于“甄别精妙的景象，大量地观赏宏伟的山峦，增强对诗歌的领悟”。值得关注的是，这一时期他的书信中自发使用的表达和意象，有多少在后来的诗歌尤其是颂歌中得到了呼应，然而，我们也要坦率地承认这个数字并没有本质性地大于其他两三个可相类比的时间段。[①] 他寄给汤姆的信(7 月 1 日)里，有一行诗预示着《赛吉颂》中的意象，他写到“**星星**似**蓝宝石**般温暖”，同时，信中对巉岩的描绘——“都**覆盖着**白蜡树和其他美丽的树”——也同样预示了《赛吉颂》中的意象。另一个场景的描写让人联想到后来《希腊古瓮颂》中的小母牛的“哀唤”、“青葱”的祭坛和一座小城——“河边的，海边的，/ 还是靠山”的。他们离开凯恩后，济慈给汤姆的信写道，我们的路“就延展于**青绿色多山水岸**的半山腰上”，之后，他和布朗又拐进一个峡谷，这里“**山涧小溪**蜿蜒而下……牛儿哞哞的叫声从未听起来如此悦耳”。《夜莺颂》中的一行诗“神奇的窗扉朝着海浪打开”也频频在这时的文字中显山露水；

① 可参见大卫·珀金斯给出的列表，《济慈-雪莱丛刊》，第二卷(1953)，页 52-60。

他与布朗在温南德湖畔散步时，时而瞥见湖水，这也是他“永远无法忘却”的记忆之一，正如他初见这湖泊时所说的那般。因此，到了十月份，他在列出最吸引其想象力的图景时，提到了“朝着温南德湖推开的一扇窗”。就在他和布朗第一次见到温南德湖的第二天清晨，他们早餐前匆匆赶去观赏安布尔塞德瀑布；他给汤姆的信里的措辞让我们不禁又想起一年后的《夜莺颂》——这首诗的结尾处，夜莺飞了起来

越过幽静的溪水，
溜上山坡；而此时，它正深深
埋在附近的豁谷中。*

他们找寻安布尔塞德溪流时，是顺着水声发现它的；因为“它在**山谷**底，**埋在树丛下**——这**溪流**本身就很有趣”；济慈与布朗看见它“在第一级瀑布半腰处，**深埋**于树丛下”。除了颂歌之外，其他诗作也呼应了这一时期的表达和意象。《海伯利安》中“德鲁伊石环”的再次出现已经引起人们注意；此外，济慈描绘攀登本·尼维斯山时所使用的意象（“巨大的 359
穹顶幕布”和“云雾面纱”）都令人联想起海伯利安宫殿的“穹顶”和“黎明的云幔”。他在描述最初两次见到温南德湖的景色时，说它们留下的印象“永远不会消逝”，而且“将人的感官视像升华为北极星一样的东西，永不合上眼帘，坚定地凝视着伟大力量的奇迹”。之后，在十四行诗《明亮的星》中，我们可以看到这样的表达——“我祈求像你那样**坚定**”，“注视着，永不合上**眼帘**”。①

---

* 此处使用穆旦先生译本。

① 基廷斯先生（《约翰·济慈：生年》，页25-26）对十四行诗《明亮的星》中的呼应印象深刻，因此质疑人们传统上认定的这首诗的创作时间，这一时间（1819年）是根据布朗的权威所确定的。基廷斯先生认为《明亮的星》一定创作于1818年10月（因此是写给（转下页）

一年后,《海伯利安的覆亡》中对巨大圣殿的描绘可以窥见济慈对芬格尔洞穴的回忆,圣殿有着"令人敬畏的屋顶",巨型石柱占据了"庞大的空间",超越他见过的所有"灰色教堂","没落王国的枯朽,/ 自然的岩石在风浪中挣扎"。济慈给汤姆描绘芬格尔洞穴时写道——"就庄严和宏伟而言,它超越了任何最精美的教堂"——他试着为汤姆勾勒出这样的图景,"整整一大片黑色的石柱",高高的顶"弯成了哥特式的拱形",洞穴很深,"大海已经完成深挖的劳作,并不断地冲刷着它"。济慈在这段描写末尾感叹道,"然而这是不可描述的",随后他写下一些诗句寄给汤姆:

就算阿拉丁的魔术师,
也无法创建这般珍迹,
…………
帕特摩斯岛上的圣约翰,
在受难的艰辛苦痛中,
见到天上建起七圣堂,
内有黄金铺成的甬道,
也会凝视这奇崛景象。

(接上页)伊莎贝拉·琼斯夫人的)。因为济慈那时把徒步旅行期间写给汤姆的前三封信转寄给了乔治;所以后来,他身边不可能有这些信来辅助创作;但是"只有面前确实有这些篇章(上文引述的内容),他才能写出这首十四行诗的前八行;两者的相似度如此之高,不可能纯粹是靠记忆写出来的"。基廷斯先生更相信这首十四行诗是济慈在保有这些信件的情况下写的,因为"此种引用"(基廷斯先生称这些呼应为"引用")"后来再也没有出现过"——也就是说,1818年10月31日后,这些呼应就销声匿迹了。然而不仅1818年10月之后的诗歌措辞在这些信件中有迹可循,而且正如我们反复看到的那般,自1817年开始,济慈一般性书信里的意象和表达也经常会在诗中再现。

济慈想象利西达斯的样子——他睡在这个巨大的“海上教堂”冰凉的大理石地面上（这个意象让我们想起《海伯利安的覆亡》中冰冷的大理石路面，诗人被迫于其上受苦受难）；随后，这首诗转向和济慈自己一样的游客，他们乘坐着“时髦的游船”，穿戴着“领巾和……衬裙”，贸然闯入这拥有上古威严的圣地。 360

济慈突然打断诗句，给汤姆写道：“真抱歉我竟如此懒惰，写出了这样不像话的东西给你。”整场旅行让他越来越清楚，纯粹的文字描写是多么地无用。“一流的绘画”远比对某个场景忠实的文字描述要好。一个月之前，他曾对汤姆说：“随便找我一个朋友看看我的信吧。”（6 月 27 日）当然，“他们可能对描绘不感兴趣——描写总是不好的”。他之所以竭尽全力地为汤姆描写各种景致，只是因为他知道汤姆眼下实在没有什么能消遣的东西。给雷诺兹写信时，他就无拘无束地避开了细节描写，写给雷诺兹的唯一一封关于这场旅行的信中，他开篇便说道：“我不会把走过的地方都重新描绘一遍给你”；这就跟“述梦一样糟糕——除非我用勒普泰岛印刷机的方式来做这个事”（济慈此处指的是《格列佛游记》中第三次旅行所写到的一台精妙的计算仪器——它“给世界提供全部人文艺术和科学的完整体系”，其中的名词、形容词和动词都是由几个年轻学生投放的，他们在拉加多学院工作人员的指导下做这件事）：——

> 也就是说，我把山川、河流、湖泊、谷地、峡谷、巉岩和云彩统统记录下来，然后用美丽、令人陶醉、哥特式、风景如画、雅致……宏伟、崇高等词描绘——用诸如此类的词语装饰一番——这样你就了解我们迄今为止的所有行程了。

九

济慈中断了那首有关斯塔法岛和芬格尔洞穴的小诗后,向汤姆透露说:“我的咽喉有点痛,可能最好在奥本逗留一两天。之后我们就要前往威廉堡和因弗内斯。”穿越马尔岛上三十七英里潮湿的沼泽地时,济慈染上了感冒和咽喉痛,这些病症(到7月26日)已经困扰了他四天。

当济慈和布朗前往威廉堡和本·尼维斯山时,天气变得更糟糕了。本·尼维斯山是大不列颠最高的山峰(四千四百零六英尺),所以他们觉得必须要攀登一下;攀登之后(8月2日),济慈告诉汤姆:“我决不会再爬这个帝国里的任何一座山峰了……我打心眼里高兴这趟攀登结束
361 了——我们简直就像苍蝇攀爬护墙板。”他们凌晨五点便开始登山;济慈第二天在一封标题为“啊,我的本”的信中向汤姆描绘了这趟行程,他试着充分欣赏那里广阔的峭壁和巨大的云雾幔帐。然而,本·尼维斯山峰是一次可怕的磨炼。在随后的疲惫中(“这是非常糟糕的下山之路”),他开始用快速的滑稽模仿,来讲述他们如何在爬行过程中仓皇地抓住松动的石头:

> 有时两条腿着地,有时三条腿,有时四条腿——有时两腿加木棍,有时三腿加木棍,有时四条腿又上阵,然后两腿接着走,没两步又一跳,我们用种种办法、翻来覆去,不停地变换于脚、手、棍子、跳跃、迟疑、跌跌撞撞、脚、手、脚,(十分谨慎地)再用木棍,然后又匍匐爬行之间。

毕竟,就在几年前,某位年逾五旬的卡梅伦夫人——“全因弗内斯郡最

胖的女人”——爬上了这座山。当然,她带了仆人。“她应该雇佣西西弗斯——‘在高高的山上他举起一个巨大的圆球——卡梅伦夫人。’据说山和这位女士之间展开了一场小小的对话。”接着,济慈就停下来写了一些诗句,其中如山一般的卡梅伦夫人喝着威士忌酒宽慰自己,与她的山伙伴辩论几句。济慈试着在山顶写一首十四行诗。当然,这只是一种姿态;山顶的环境本身对深思熟虑的创作并没有多大助益(他后来曾提及写作时用一堵白墙来填充视野的好处)。按照布朗的话说,济慈坐在“石头上,它们离可怕的峭壁边缘只有几英尺远,与下面山谷的垂直距离大约一千五百英尺,他就在这里写下了那首十四行诗”。这首十四行诗引人关注的点在于,它展现了济慈身处山巅之时,心中盘桓不去的想法(“我们处于迷雾之中”,正如他在“初觉之室”一信中告诉雷诺兹的那般:“我们看不到善与恶的平衡”)。在“云雾缭绕的尼维斯山巅”*,这首十四行诗开篇这样写道:“给我上一课吧,缪斯。”他仰望上空,“上面愁云惨淡”;那似乎是人类对天堂的全部想象。向下望去,还是雾气:这是人类对地狱所知道的一切。除此之外,

尘雾正布满
　　在我下面的大地上,像这样——
人看自己也像是这样的朦胧!
　　这里,我的脚下是嶙峋的山石,
我知道,像个可怜、愚笨的精灵,
　　我踩着石头,我见到的一切仅仅是
迷雾和巉岩,不但在这座山峰上, 362
在思想和智力的天地里也一样!

* 《写于本·尼维斯山巅》使用屠岸先生译本,根据上下文略作改动。

他病得越来越重,没法再往前走了。他仍像往常一样什么也没说,只是偶尔和汤姆提几句咽喉痛,或是从本·尼维斯山上爬下来太难受,"震得我浑身骨头都要散架"。又过了三天,济慈和布朗走到因弗内斯(8月6日)。当天他想要给乔治安娜的母亲詹姆斯·怀利夫人写一封轻松愉快的信,此外,布朗可能敦促他去看医生,按布朗的话说,医生认为济慈"太瘦了而且还发着烧,不宜再继续旅程"。布朗计算了一下,两人已经走了六百四十二英里,途经道路艰难的乡村,还在湿冷的天气下穿过沼泽、翻越高山。他们吃的食物十分粗粝,休息也就在小木屋里凑合。精力充沛的布朗并不打算返程;他已准备好把济慈送上回程的船,独自一人继续旅行。他们原本的计划是沿着东海岸一路从因弗内斯走到爱丁堡,接着去卡莱尔市看望贝利,最后再返回伦敦。

毫无疑问,济慈尽量不在意自己的病。他们乘坐马车前往克罗默蒂海港时,路上停车参观了比尤利修道院,见到了堆积如山的头骨,他们觉得这肯定是早已死去的僧侣的头骨。布朗建议两人一起就这些骨头写一首幽默诗,他无疑觉得这能够让济慈不要胡思乱想。然而,疲惫不堪的济慈只写了几行零散的诗句;布朗倒是努力挤出了九十行。八月八日,济慈乘船离开了克罗默蒂港前往伦敦,启航时间可能是深夜。八月十八日,济慈抵达伦敦,并于当晚赶往汉普斯特德。

恩菲尔德的克拉克学校

詹姆斯·克拉克

查尔斯·考登·克拉克

哈蒙德医生的诊所，埃德蒙顿

一八〇六年的埃德蒙顿

一八二〇年左右的博罗

济慈时代盖伊医院的北面

济慈时代的马盖特

齐普赛德街，可见济慈兄弟位于 76 号的住所

查尔斯·布朗绘制的济慈侧影像

约瑟夫·塞文绘制的济慈微型画

济慈肖像，海登作

济慈肖像，约瑟夫·塞文作

乔治·济慈

汤姆·济慈

威廉·华兹华斯，时年四十八岁，一八一八年

李・亨特

约翰·济慈，剪影，李·亨特夫人作

本杰明·罗伯特·海登

济慈漫画海登

海登自画像

约翰·汉密尔顿·雷诺兹，约瑟夫·塞文作，一八一八年

塞缪尔·泰勒·柯尔律治

约瑟夫·格林

济慈时代的怀特岛尚克林丘陵

牛津的米特雷旅馆和济慈乘坐的马车“挑衅号”

一八一四年牛津的莫德林堂

本杰明·贝利

一八二八年的查尔斯·布朗

查尔斯·迪尔克

玛利亚·迪尔克

玛丽安·雷诺兹

詹姆斯·莱斯

济慈时代的柯文特花园剧院

查尔斯·兰姆

亨利·克拉布·罗宾逊

威廉·海兹利特

海兹利特时代的萨里学院

约翰·泰勒

詹姆斯·海西

弗朗西斯·杰弗里

埃德蒙·基恩

约翰·吉布森·洛克哈特

约翰·威尔逊·克罗克

威廉·吉福德

巴里·康沃尔

约瑟夫·塞文，自画像

威廉·希尔顿，自画像

乔治·达令医生

威廉·尤因

济慈时代的安布尔塞德风景

凯西克附近的德鲁伊石环

阿丽沙巉岩

斯塔法岛芬格尔洞穴的外貌

温特沃斯寓所

霍勒斯·史密斯

济慈在温彻斯特最喜爱的散步线路上的三景

一八一九年七月的约翰·济慈

范妮·布劳恩的微型肖像

范妮·布劳恩剪影

济慈时代的罗马西班牙广场

临终的济慈

范妮·济慈

范妮·布劳恩，路易斯·林登夫人，一八五〇年代初期

理查德·蒙克顿·米尔恩斯

西德尼·科尔文爵士

第十五章　评论、《海伯利安》的创作及汤姆·济慈之死(1818 年秋)

一

八月十八日晚,济慈回威尔步道的路上顺便过访迪尔克家,**令人忧心的消息**正等着他。迪尔克夫人说,济慈看起来"面色暗黑,衣衫褴褛,几乎是你能想象到的极限,他脚上的鞋破得不剩下什么,外套的后背也撕烂了,他戴着一顶皮帽,披着彩格呢披风,拿着背包"。他很快就猜到又有麻烦出现了,但是只往后一靠,享受着已经陌生的软垫椅子的舒适感(这是约瑟夫·塞文后来听说的),脸上带着疲惫的微笑,抬起头来,引用了《仲夏夜之梦》中的一句话道:"天哪!波顿!天哪!你变了。"

自从哥哥离开后,汤姆·济慈一直保持着乐观快活的情绪。有一张他写下的便笺留存至今,那是他听说迪尔克身体不适时送去的问候。十八岁的汤姆大部分时间都得待在家里,相比之下,迪尔克的病痛并不严重。然而,汤姆还是缓步走到了汉普斯特德的小水果摊,买了一些樱桃送给迪尔克:

> 本特利太太今早告诉我,你病得很厉害,我很担心。你和迪尔克太太再出门时,肯定会发现我已经下床了——人们总认为病人的胃很脆弱,就我而言,我很想吃一块半熟的牛排。我给你送去了一点水果——但这些樱桃没我想得那么好。[①]

然而,几乎就在济慈中断旅行、回到伦敦的同时,汤姆又一次大出血,病情如此严重,以至于索里医生(正如迪尔克夫人在济慈突然回来两天之前给她公公的信里所说)

> 恳求派人赶紧去叫他的哥哥回来。迪尔克应医生的要求迅速写信给济慈,这真是令人难过的事。然而,上星期五布朗寄回来的日记
> 364 里说,济慈咽喉痛了很久,只能放弃旅行。对此我甚至感到有些高兴,这样他就不会收到那封信了,信里的内容可能会吓坏他。[②]

济慈立刻回到他和汤姆在本特利家合住的房间。我们只能猜测他的感受,也只能猜测除了房东本特利太太能够提供的帮助以外,汤姆是否得到了妥善护理。当然,有几个朋友确实来拜访过,其中包括威廉·哈斯拉姆,他对汤姆的友善令济慈十分感动。毫无疑问,济慈痛心疾首地自责,谴责自己六月份竟盲目相信汤姆的病正在好转。第二天,他给妹妹范妮写了封信,解释自己为何早归(除了咽喉痛,他还患上严重的牙痛),并告诉她自己会立即去见艾比,让他允许妹妹回来探望汤姆。范妮回信的语气显示出她还没有听说汤姆旧病复发的事。显然,没有人会告诉她这些消息:除了迪尔克一家以外,济慈比较亲密的朋友都不

① 汉普斯特德济慈博物馆。

② 迪尔克,《一位批评家的文集》(*Papers of a Critic*, 1875),第一卷,页5。

在；而迪尔克一家对范妮知之甚少，只晓得她在沃尔瑟姆斯托受到艾比夫妇的严密监视。关于这混乱的一周，我们一无所知。济慈太忙了，他没有给任何人写信。他自己也一直不舒服，艾比显然不愿意让范妮离开沃尔瑟姆斯托——因为济慈回来一个星期之后，又给她写了封信描述汤姆的情况，并补充说他自己"也有点不舒服"，没法去看望她。

艾比近乎病态地想要阻止范妮与兄长见面，这可以从几方面来解释。作为单纯的猜测，一个可能的解释是，他的阻挠是出于一个罪人长期的疑心，他觉得范妮的哥哥们比范妮年长且更精明，他们可能会开始好奇地思考遗产的事，毕竟他们只得到了其中的一部分——而且是较少的那一部分——艾比还有一种担忧，唯恐范妮被哥哥们怂恿去暗中窥探——虽然她年纪还很小。最终，他总算同意范妮去探望汤姆。然而，当她真的去了之后，济慈把她介绍给自己的朋友，范妮回到艾比处滔滔不绝地谈论起这次拜访，而艾比恰恰以此为借口禁止她再去看望兄长。为了让艾比允许范妮再来探视汤姆，济慈与他展开了为期几个星期的唇枪舌剑。最终，为了抑制日益高涨的怒火，济慈写信给范妮（10 月 26 日），温和地责备她不应该告诉艾比说自己还见到了汤姆以外的人： 365

上星期初，我拜访了艾比先生：他似乎反对让你再来，因为他听说你上次来的时候去了威尔步道以外的地方——我并不是说，你对别人讲起拜访的经历有什么错，因为这种事情照理不该有争议：但是你知道的，我们整个童年被迫要与什么样的人打交道；是谁的行为迫使我们口是心非，不得不撒谎。即便对最坏的人，我们也应该坦诚直率：但是与任何人交流时，假如这种交流会妨碍你可能拥有的一点点小快乐，那就一定要谨慎。我并不是让你表里不一，而是对这种人要务必小心。

二

成年之后的济慈早就认为事物的不可预知性是理所当然的,然而它还是以更剧烈的方式命中了要害。早在二月份,他曾认为“春天”将会是“收获的季节”。但此时的“收获”看起来却是一连串的打击,而且这一年还远未过完。先是有德文郡那令人难熬的几个星期,那段时间里,他一直挣扎着想要真诚地思考当今诗歌所面临的挑战和欠缺其实质是什么——这些挑战和欠缺有时似乎与他最强烈的诗歌理想相抵牾。随之而来的便是乔治·济慈的离别——他的离别显然是永久的——对济慈个人的自由、幸福和三人曾经拥有的家庭生活产生了无可忽略的影响。接着,他怀着莫大的希望开启徒步旅行——这趟艰苦卓绝且必须厉行节俭的远足旅行,目的是帮他摆脱狭隘的环境和习惯,而且也是一种新生活的“序曲”,在那样的生活中他将遍览欧洲和美国——然而,这场旅行却在几个星期之后,因他本人的病痛而突然结束(他可能也开始担心此病将不止于咽喉痛而已,咽喉痛本身不论多么令人心烦,毕竟还不严重;但他现在很容易疲劳,这个状况是新近出现的)。再后来,他返回伦敦,却发现汤姆的身体状况极度糟糕。他还没有打算开始写任何严肃的东西,整整一年,他都认为下一段写作需要一个漫长的准备期。

八月剩余的日子和九月份的大部分时间,济慈都较少出门。汤姆几乎需要一刻不停的照料,济慈自己的身体也不太好。与此同时,在一个
366 月的时间里,托利派杂志上出现了三次针对《恩底弥翁》的著名攻击:包括九月一日出版的《布莱克伍德爱丁堡杂志》八月号;几乎总是延迟出版的《每季评论》在九月二十七日刊行了它的四月号;六月号的《英国评论家》也在九月份的某个时间出版了。

自从《布莱克伍德爱丁堡杂志》一年前发表了一系列论“伦敦佬诗派”的文章之后(济慈将这些文章称为对亨特“猛烈的攻击”),济慈就认为自己也会遭到类似的待遇。当时的评论文章普遍使用匿名,受到这种匿名写法的庇护,洛克哈特和威尔逊享受着亨特和其他人试图找到笔名为“Z”的作者的真实身份但却屡次受挫的乐趣,他们无法判定“Z”的身份也就无从斥责这些攻击。洛克哈特(如果他没有执笔《布莱克伍德爱丁堡杂志》上全部关于《恩底弥翁》的评论文章的话,也可能写了其中的大部分)对济慈的个人毁谤比之前针对亨特的要少:因为他所了解的济慈生活细节不多,无法在文章中运用。具有讽刺意味的是,洛克哈特正是经由本杰明·贝利的善意,才无意中收集到了一些资料。[①] 七月下旬,贝利去苏格兰时,见到了洛克哈特,人们都知道他是《布莱克伍德爱丁堡杂志》的撰稿人。洛克哈特“毁谤了可怜的济慈,尽管当时我们围坐在主教的餐桌边[此处指格雷戈主教,也就是贝利未来的岳父],我也无法缄默不言”:

> 我说,我猜想济慈会在《布莱克伍德爱丁堡杂志》上遭到攻击。他回答说“不是被**我**攻击”;这话就意味着济慈会遭到**别人**攻击。他说,这些批评是极端无足轻重的。他们主要是尊重**韵律**。

于是,贝利就试着告诉他一些关于济慈的事,想把济慈与亨特及亨特的政治观念分隔开来(贝利自己也不认同亨特的政治观):

> 因此,我利用这个机会,严肃地向这位先生提出有关如何看待济慈的忠告;我说,他是一个年轻人,亨特先生向他表达出善意,并

---

① 贝利的三段详细记述参见《济慈社交圈》,第一卷,页 34–35,页 245–247;第二卷,页 286–288。

在他年轻而温暖的胸膛中唤起了感激之情,——然而,他自己并未参与党派政治,我可以自信地说,我从他本人口中曾听到过对这位朋友弱点的批评,他认为将自己的名字与亨特先生这样一位坚定的党派人士混在一起是多么地不恰当。我简单给他讲了一下济慈的成长史——他曾求学想要成为一名外科医生和药剂师;虽然他受到的教育水平不算很高,但至少也得到了体面的教育。如果我没记错的话,我坚持认为这样谴责和打压一个年轻人是不公正且十分残忍
367 的,因为这位年轻人只是出于人性中最可敬的感情,从个人的角度支持了一位曾友善对待自己的人,毕竟他当时形单影只、没有朋友,迫切地需要友善的眼神和援助之手。但我十分清楚地记得,我说了类似这样的话:“请不要利用我以这样友好的方式告诉你的信息,在下一期的《布莱克伍德爱丁堡杂志》上攻击他。”我也很清楚地记得,他的回答大致是**他当然不该那么做**。

贝利透露的消息激起了洛克哈特的热切渴望,他以悲伤的情绪展开评论,但其中却点缀着隐秘的喜悦:

在这个疯狂时代所有的狂热中,最难治愈,也最常见的,非**爱写韵诗**莫属。罗伯特·彭斯与[乔安娜·]贝利小姐的声名已经产生了忧郁的效果,让不知道多少农场仆人和未婚女士头脑发热、神魂颠倒;我们的男仆也创作悲剧,岛上几乎没有哪位年老的女家庭教师不在圆筒纸板盒里留下一卷抒情诗的。

对“Z”来说,目睹心灵的“疾病”,特别是在那些仅拥有微弱才智的人身上看到这种“疾病”,实在令他痛苦。然而,遇到后面这种情况,他的忧思就会更加深沉:那就是看到一个人拥有才能,且这种才能若善加

运用，就能够让此人成为“一位受尊重的公民，即便他还无法成为一位杰出的公民”。这便是济慈的状况：

> 据我们所知，他的朋友们都认为他注定从医，几年前他也被伦敦一位值得敬重的药剂师收为学徒。但一切都被我们前面提到的病症突然爆发所破坏。约翰先生被遣送回家，到底是因为给某个深陷于诗歌狂热的病人开了利尿剂，还是创作了一大通，我们不清楚。可以肯定的是，他已经染上了病，而且是彻底地感染了。

除了有关“伦敦佬韵式”的评论以外，“Z”没有对济慈的风格作太多评价。他决定让引文自己说话，但是，显然他从济慈诗歌里择选了那些自己觉得最差的部分。他回过头在济慈的第一本《诗集》中寻觅，把他关于崇高诗歌理想的表述摘出来嘲弄一番，说“我们冒昧地做一次小小的预言，我想他的书商不会再冒险花五十镑购买他写的任何东西了”：

> 做个挨饿的药剂师总比当个挨饿的诗人要好得多，也明智得多；所以，约翰先生，还是回到店里去吧，回到“橡皮膏、药丸和软膏盒子”身边去吧。看在老天的分上，年轻的医生，与你的诗歌相比，请你在行医时少用点镇痛剂和催眠药。

多年后，洛克哈特娶了沃尔特·司各特爵士的女儿并转变为更加平和，不那么充满戒备心和自我陶醉性格的人，他以自己当时太年轻，为辩护的借口：他说，那些早期评论只是一个“毛头小子”的“调侃和玩笑”。然而，这个“毛头小子”却比济慈年长一岁零三个月。 368

《布莱克伍德爱丁堡杂志》一直以来都惧怕招惹海兹利特，因为他有能力保护好自己，而且一旦被激怒，他所爆发出来的迎头痛击对手的能力远胜于洛克哈特和威尔逊那点微弱且尖刻的粗野言辞。然而,这两位评论家的胆量如今与日俱增;就在攻击《恩底弥翁》的同一期杂志上,“Z”还写了一篇辛辣的文章《海兹利特遭到盘问》(“Hazlitt Cross-Questioned”)。这篇文章的语气又充满那种幼稚空洞且野蛮的自命不凡(它说海兹利特是个伦敦的“江湖骗子”,没受过足够的教育,天天混迹三流书店,过着道德败坏的生活)。

作为一名“沙场”老手,海兹利特无疑渴望一决胜负。他自然就开始采取法律行动。实际上,他再清楚不过了,这种做法意味着一套复杂而昂贵的程序;然而,这是他力图吓退《布莱克伍德爱丁堡杂志》并迫使其支付庭外和解费用的有效开端。他让弗朗西斯·杰弗里和其他人准备好帮助他,然后就着手写了一篇充满意趣的回击文章(《对Z的答复》〔“A Reply to Z”〕),并将之送往阿奇博尔德·康斯特布处以备后用。威廉·布莱克伍德听说海兹利特写了《对Z的答复》,十月六日他又收到了海兹利特要求赔偿损失的诉讼传票,这都让他比表面上看起来的担忧得多,于是他私下里支付了海兹利特一百镑和其他费用。海兹利特觉得这也算是对自己遭受的侮辱的充分赔偿,同时又因为撰写《对Z的答复》所感受到的乐趣而发泄了不满——加之他还有旁务缠身——于是,海兹利特就把此事放了下来。[1]

三

《布莱克伍德爱丁堡杂志》的攻击,不论多么令人不快,其实并不危险。因为它太针对个人了。人们已经开始理所当然地认为这份杂志信口

---

① 赫歇尔·贝克在《威廉·海兹利特》一书中详细记述了此事。(页370–376)

胡言、不负责任(事实上,著名的出版商约翰·默里,也就是《布莱克伍德爱丁堡杂志》在伦敦的经销人,在海兹利特发起诉讼的时候就撤出合作了)。相较之下,更有影响力的是《每季评论》所采取的立场,尽管其主编 369
的性格不久之后就会损害杂志的威望——这位主编就是性情冷漠乖戾的威廉·吉福德,他无疑是当时最乏味的人物之一。约翰·泰勒一直担心吉福德会抓住机会攻击济慈(毕竟他曾在一首早期的讽刺诗中吹嘘自己生来就是"为了用蔑视去烙印招人现眼的无知"),泰勒甚至去拜访他,希望《恩底弥翁》至少不会因政治原因而自动遭到谴责。吉福德宣告评论文章已经写好,与他后来表现出来的一样无动于衷,据海登说,霍普纳夫人,也就是艺术家约翰·霍普纳的妻子,愤愤不平地去找吉福德,发现他"正低头写东西,眼前是绿色的灯罩,对所有的责备和恳求不理不睬。'吉福德,你怎么能用这样可怕的方式挫败一个从未得罪过你的年轻人?''这对他有好处,'吉福德回答说"。

吉福德把处理济慈的事交给了约翰·威尔逊·克罗克,海兹利特曾戏称此人为"会讲话的马铃薯"。麦考利曾略微夸大其词地说,克罗克会"在十二月的夜晚,冒着冰雹和大雪,坐在马车顶上,赶一百英里路去查询教区登记簿,就为了证明某个男人是私生子,或是某个女人比她自己报的年龄大"。克罗克有吉福德的冷漠和自命不凡;然而,与吉福德不同的是,他只是缺乏感知力和脾气不好,却并不恶毒。克罗克的名字总让人想起狄更斯笔下的人物,他是一个极其勤恳的人,但每当遇到与自己浑身渗透出的沉闷有所不同的东西时,他就不停地抱怨说遭到了单调乏味的侵扰。他以沉重的倦意开启了针对《恩底弥翁》的评论文章,他说自己"为了搞懂这首长诗,付出了近乎超人的努力"。然而,"我们却没能挣扎着读完济慈先生这首四卷长诗的第一卷(不知'济慈'是否为他的真名,因为我们怀疑任何有判断力的人竟会把真名附在这样一首狂诗之上)"。这位诗人以如下的方式,放弃或滥用了他可能拥有的任何天分:

[他成为]一个新诗派的门徒，此诗派在某些地方被称为伦敦佬诗派；他们的诗歌可以被定义为用最粗野的语言表达最不协调的思想……此诗的作者是亨特先生的模仿者；不过，与其原型相比，济慈的诗更加晦涩难懂，几乎同样的粗糙，两倍的冗长，十倍的招人厌烦与滑稽可笑。

370 克罗克对他的主题有些兴趣，但随后嘲笑了《恩底弥翁》的序言以及济慈承认缺乏经验和不够成熟的自谦，“每一个错误都意味着一次头脑发热的尝试，而非造诣纯熟的成就”。“此诗所讲的故事，我们能弄明白一些，但也不多；它似乎是个神话故事。”由于评论者不想再看第一卷之外其余的几卷，就只好专门讨论第一卷的语言和诗体韵律。克罗克展示了其中的一批“新词”，说济慈“通过模仿李·亨特先生，装扮了我们的语言”。他猛烈地抨击了《恩底弥翁》的诗体韵律：济慈“一直在用无休止的**结尾押韵**（bouts-rimés）游戏自娱自乐，也让读者疲惫不堪；但是，假如我们没记错的话，这场游戏中一个必不可少的条件，就是韵律填好了之后要有意义”。克罗克无法找到其中的意义；济慈“只是个新手”，他以为只要会押韵，就是在写诗。克罗克建议读者不要购买《恩底弥翁》。

最后，《英国评论家》在九月份出版了六月号。他们的攻击结合了洛克哈特嘲弄人的本事和克罗克选择除了会被指摘的词句之外不提任何其他内容的能力。其中有句话相当长，是他们评论风格时的典型表述：

似乎有天晚上，太阳停下了“他那呼哧行驶的四轮车”，“一张铺了圣洁围帐的魔床突然绽放”（疑为“帷帐”?），然后他望向“睁着眼的一连串行星”，看到“一个完整的完整形态”，“长着戈尔迪的卷发和珍珠一样圆的耳朵”，他亲吻了这一切，直到陷入“愚蠢的睡梦”,在梦中他被“轻柔的蠕动声”唤醒(请注意,蒂芬先生是我们这个时代最能干的灭虫能手),去看什么“垂死的鱼翻卷起来的鳃”。

文章的作者带着耽迷于性的人那种挑衅似的假正经,猛烈地批评“轻薄文字面纱”之下的“不道德意象”:

我们不会向读者兜售被邪恶修饰过的低劣艺术品,让他们感到厌恶。在“光滑的极乐、闪烁的眼眸、柔和的面庞和细腻的双手”的幌子之下,他把更适合妓院的想象力偷偷地塞给了那些单纯、毫无猜忌之心的人。

评论文章是这样结尾的:

我们非常庄重地向读者保证,这首四千零七十四行的诗印刷在精美的热压纸上,由一位非常令人尊敬的伦敦书商以9／—的价格出售。此外,作者把名字印在了扉页上,并告诉我们,虽然他仍是介于男人和男孩之间的年龄,但他将来想要“磨炼自己写出能够流传下去的诗”。我们认为有必要补充一句,整首诗都是用押韵的方式写就的,大部分情况下(在音节充足时)作者运用了英雄对句。 371

四

这三次攻击都发生在一个月之内,而且是在济慈觉得无依无靠的时候——乔治离开了,汤姆病得很重,他本人也身体欠佳——这些攻击部分表达出他自己曾想到的一些疑虑,仅此而言,它们自然命中了要害。

但比起济慈自己,这些文章可能更令他的朋友担心。正如他后来所言,“真实的痛苦,是激情的取代者。虚构的幻想把人钉在十字架上,当作受难者;而真实却鞭策他快去行动”。他受到太多“真实的痛苦”的围困(在写作中,他更关心的是下一步要做什么的重大问题),而根本无暇多顾这些攻击——它们充斥着考究的痛苦,这些感受来自精神上没有太多负担且习惯于旁人给予的舒适和支持性认可的人。

贝利试图说服《布莱克伍德爱丁堡杂志》让他在上面发表一份针对评论文章的回复。他的请求遭到了拒绝,于是他把文章寄给了康斯特布的《苏格兰人杂志》。然而,文章被退回,未有置评。身在德文郡的雷诺兹写了一篇辩护文章,但几乎未能激起什么水花。[1] 十月三日的《晨间纪事报》也发表了一篇文章,反对《每季评论》的不公正攻击,文章署名为“J. S.”——可能是约翰·斯科特(他后来在与 J. H. 克里斯蒂的决斗中丧命,后者是《布莱克伍德爱丁堡杂志》的撰稿人),也可能是霍勒斯·史密斯的兄弟詹姆斯·史密斯。几天后,《晨间纪事报》又刊登了第二篇抗议文章,作者是署名为“R. B.”的记者。詹姆斯·海西想要鼓励济慈,于是给他寄去了第一篇文章,济慈回信(10 月 8 日)道:

> 我非常感谢那些站在我这边的绅士——至于其余,我已经开始认识到自己的长处和缺点。——对于抽象美的热爱,使人成为自己作品最严厉的批评者,因此,赞美或责备于这样的人来说只有短暂的影响。自我批评所带来的无可比拟的痛苦,远超过《布莱克伍德
> 372 爱丁堡杂志》或是《每季评论》所能激起的感受。而当我认定自己是对的时候,我针对“什么是美的”所做出的孤独反思和认可便

① 文章发表于 10 月 6 日的《阿尔弗莱德:西英格兰杂志》;亨特在 10 月 11 日的《检查者》上重印了一份节略版。

绽放出夺目的光彩，任何外来的赞美都不可能比它更耀眼。J. S. 对马虎草率的《恩底弥翁》所做的判断是全然正确的。

接着就是一段非常有价值的话，我们之前在另外一部分讨论中引用过。

> 假如我只顾着紧张，希望写出来的作品是完美的，带着这样的观点寻求意见，每写一页都在颤抖，那么这首诗就永远不会被写出来，因为我天性不会支支吾吾——我独立写作，**不带任何评判**——今后我可能是独立写作，**带上了评判**。——诗歌天分必须在人身上锤炼出自我救赎：它的成熟不可能依靠律法和规诫，而是凭借敏锐的感知和警觉的自省——有创造力的东西必须创造出它自己——在《恩底弥翁》中，我一头扎进海里，于是，比起待在绿色的海岸上，吹着傻乎乎的风管，喝茶之余听取人们送上的安逸建议，我一下就熟悉了如何探测海水的深度，更加熟悉了流沙和礁石。

济慈对海西说的都是真心话。本能的常识让他能够吸收这些打击，只要它们符合对其作品的真实评价。[①] 不过，他当然很焦虑，唯恐这些阻碍会扼杀其作品的销量，怕它们不仅会彻底打压《恩底弥翁》的销量——这几乎是必然的——而且会导致他未来一两年写的任何诗都卖不出去。他未来能否有闲暇写诗，完全取决于他能否靠写作谋生。

---

① 参看济慈对乔治提起《布莱克伍德爱丁堡杂志》和《每季评论》的攻击之后所说的话（10 月 14 日）："这只是一时一地之事——我想，我死后将跻身英国诗人之列。即便就眼前而言，《每季评论》想要打压我的做法，也只是让更多人注意到了我，文人现在常说的一句话是：'我很惊讶《每季评论》竟会自寻死路。'他们想要让我显得渺小、可笑，但这在社会上根本没有对我造成丝毫伤害：一个人如果比我高明，我肯定会知道并且给予他应有的尊重——他是最不会嘲笑我的人，至于其他人，我觉得我给他们留下了印象，这样就保证他们看到我的时候得表示尊重——不管我背过身后他们会说什么。"

不过,他决不允许自己带着牢骚哀号的情绪去提起这些评论。这些评论的效果只是间接地显现过,而且是过了相当长一段时间之后。当济慈开始人生最后三个月的努力时(1819 年 7 月),他告诉尚年幼的妹妹不要担心:他还有足够的“药罐子”知识,能够回到药剂师的行当去(就像洛克哈特建议的那样)并以其为生。一八一九年春天,当他读到海兹利特对吉福德的抨击时(济慈和其他人都认定吉福德就是撰写《每季评论》文章的人),他显然感受到了一种情感的宣泄。

373 正如海兹利特在遭到《布莱克伍德爱丁堡杂志》攻击之后,曾间接地作为复仇者介入这场纠葛一样,《每季评论》的文章出现后不久,海兹利特又一次卷入争吵,而且言论更加强劲有力。因为《每季评论》也选择在这一年用一篇针对“论英国诗人”系列讲座的评论文章向海兹利特发起攻击。海兹利特进入论战后,着手写下英语世界中最经久不衰的檄文之一,也就是著名的《致威廉·吉福德的一封信》(*A Letter to William Gifford*)。从开篇第一句话(“你的丑陋伎俩,就是针对任何自己不喜欢的人散播谎言;这封信的目的就是要治好你这个毛病”)起,海兹利特的《致威廉·吉福德的一封信》——恰如济慈带着钦佩宽慰之情跟乔治讲起的那般——“躁动发酵了起来”。在长达四十页的文章里,海兹利特一步步攻陷了这位趋附社会地位的“文学马屁精”,鞭挞了这个“宫廷的试食侍从”,其故弄玄虚的自负随时准备好“迎合”陈旧的兴趣,其积习难改的恶谋在与“权力之爱”发生冲突时,是随时准备好停手并“讨好谄媚”的——这种“文学与警察”之间的“无形联系”在其“为腐败效劳”的过程中变得肮脏而昏暗。我们完全可以理解,济慈为海兹利特这几十页文章所表现出的斯威夫特式的愤慨而感到高兴,他给乔治抄写了其中的两三页(3 月 12 日至 13 日)[1],但随后——一想到整场争吵以及人们在

① 参见后文第十八章,第四节。

悲剧性的短暂生命中为了把对方拉下水所耗费的精力，他突然间就感到泄气、疲惫了——于是，他放弃了这个话题，转而谈论别的事情。

吉福德在海兹利特旋风般猛烈的回应之后，变得更加谨慎。为了强辩到底，他在第二年亲自撰写了《每季评论》对海兹利特《政治论文集》(*Political Essays*)的攻击文章；然而吉福德的语气沉闷平淡，后来他就不再招惹海兹利特了。不过，海兹利特的兴头才刚刚燃起，他在《时代精神》(*The Spirit of the Age*, 1824–1825)一书中关于吉福德的精彩文章比《致威廉·吉福德的一封信》更加凝练，也因此更为有力。济慈的读者可能会对这篇文章有兴趣，因为海兹利特在其中将济慈的部分篇章(当时济慈已去世四年)与吉福德本人的一些诗情流露做了一番犀利的对比。

五

九月份的一段时间里，济慈的咽喉痛症状消失了。汤姆似乎也不再需要没日没夜的照顾，济慈白天偶尔会外出。九月十四日，他参加了詹姆斯·海西举办的餐宴，海兹利特、伍德豪斯和其他几个人也受邀在 374
列。他们可能没有讲起太多有关评论文章的事。当时《每季评论》的文章还未刊登，宽厚和善的海西希望这场餐宴是令人愉快的。

不过，我们知道有一个话题是他们讨论过的；济慈自己的言论反映出他开始撰写《海伯利安》时心中的沮丧和不确定感。这个话题就是新近出现的、近乎独特的有关艺术原创性的现代自我意识，以及这种意识在何种程度上迫使诗人退缩到越发次要和主观的兴趣上去。这个想法，以及与之相伴的有关“人与过去之间关系”的整个问题，几个月来在济慈的脑海中挥之不去。[1] 然而眼下,他内心挣扎着是否要立即投入撰写一首长诗,这个问题就变得愈发迫切了:在这首诗中,不论他多么想要不折不扣地应对诗歌巨大的现代挑战,他也仍旧希望尽力捕捉到早期作品中为人所珍视的广博与活力,但与此同时他又生怕自己的所作所为不过是模仿同时代人。他曾在五月节写的小诗,亦即《迈亚颂》的片段中,感叹道"赐予我,他们古老的魄力",那他就满足了,不论注意或关心自己的人多么稀少。倘若我们的主要的情感之一是急于让自己显得与众不同,那么,我们如何才能获得他们那种"古老的魄力"呢?——济慈所钦佩的海兹利特(当晚也在场)称之为"喜好冒险的崇高"。正如海兹利特经常指出的那般,这种焦虑最先出现的结果之一,就是作家的眼光开始从其他主题转向自身;或者,他会出于自卫退缩到一个专门的独占区域,用济慈的话来说,变得像"汉诺威的选帝侯"似的,专注于自己的"一小片领地"。以前,济慈还偶尔能拿整体境况开玩笑,现在却十分明确心里的悲观情绪。完全达到新颖独创的要求是不可能的,若真的遵从就只能把人引向窄小偏僻的角落。就济慈自己而言,他准备停止写诗,把空余时间花在读书上。我们之所以知道这个特殊夜晚的情况,是因为伍德豪斯——他当时正准备离开伦敦,出去探亲一段时间——在接下来的一个月中,一直焦急地担忧着济慈的言论。伍德豪斯离开期间,克罗克的评论文章在《每季评论》上刊登了出来。伍德豪斯思忖,济慈当时在海西家的感受如彼,而今时今刻,他的感受又如何呢?伍德豪斯回到
375 伦敦后,给济慈写了一封深思熟虑的长信(10 月 21 日)。谈及《每季评论》上的攻击文章后,伍德豪斯转向了这封信的重点[2]——也就是:

---

① 参见前文第十三章。

② 信件全文见《济慈书信集》,第一卷,页 378-382;参看《济慈书信集》,第一卷,页 383-385,页 388-390。

我想和你谈谈最近在海西家谈话的主题，我后来经常反思，每次想起来总有些痛苦——我可能误解了你——但我认为你的意思是，你觉得现在已经没有独创新颖的诗歌可写；诗歌的财富已经耗尽——它所有的美已被人捷足先登——因此，你不应该再写诗了。——我不能同意你的前提，也非常真诚地反对你的结论。——就我而言，我怀着最诚挚的心意，相信诗歌的财富并未耗尽，而且它是取之不尽用之不竭的——从我们的感官中弥生出的想法，以单一或相互组合的形式，在我们的头脑里存入无穷尽的自然美以及精湛美的意象——激情增添了生命与律动——反思和道德感为这个巨大的、无机质世界带来了秩序、宽慰、和睦与协调。

但实际情况是，海西家晚宴一个星期之后，济慈已经开始撰写《海伯利安》了。他很清楚现在还不是动笔写诗的时候：他知晓得还远远不够。然而，他告诉迪尔克(9 月 21 日)："我的喉咙好了点之后，又变得更糟，我决定在家休息，直至完全康复。"汤姆病得很重，却从无怨言——"他的状况让我终日忧心忡忡"——济慈偶尔需要出门一趟；回家后，他就"必须写作，全身心地专注于抽象意象"。

济慈收到伍德豪斯来信的时候，已经完成《海伯利安》的第一卷；因为当时已经过去了一个月，而他撰写前两卷总共也就用了两个月多一点的时间——从九月二十日左右至十一月底。不管怎么说，他眼下就算对任何事物都不太肯定，至少对自己的创作还是颇有信心的。在其反复斟酌且满怀感激之情的回信中(10 月 27 日)，济慈试图向伍德豪斯表达"关于两个基本问题的看法"。谈及第一点时，他详细阐述了自己对诗歌想象力的同情特性的全部看法——即它缺少自身张扬的"同一性"。[①]

① 济慈的观点和伍德豪斯后来的评论参见前文第十章"消极能力"。

他甚至有些调皮地用这一论点来安抚伍德豪斯：他发现自己充满同情心地卷入了某些观念和某些人之中，甚至缺少足够坚固和稳定的“同一
376 性”去对大多数事情发表明确坚定的观点。伍德豪斯不用把他那天晚上的话太当回事。

> 其次，我要谈谈我的观点，说说我打算过什么样的人生——我胸中的抱负，是为这个世界做点什么：假若天假以年，那会是我更加成熟年华的作品——在中间这段时间，我将要尽胆魄所能承受的极限，攀登诗歌的高峰。我对未来诗歌隐约朦胧的构想，简直让我的前额热血沸腾。

他让伍德豪斯放心，说自己一定会继续创作，“即便我夜晚的辛劳，到清早就被付之一炬”。

六

济慈开始创作《海伯利安》几天后，顺道拜访了雷诺兹的母亲和姐妹。他并不十分期待见到她们。尽管济慈很喜欢约翰·雷诺兹，却愈发觉得“他在家的时候显得十分沉闷无趣”；两人经常沉默地坐在那里，四个女孩和雷诺兹的母亲在他们身旁说长道短、喋喋不休。雷诺兹不在家的时候，情况就更糟糕了；此时他恰恰外出不在。雷诺兹已经和伊丽莎·德鲁订婚，并抓紧机会前往埃克塞特看望伊丽莎本人和德鲁一家。

自从济慈两年前结识了亨特一家和雷诺兹一家以来，到现在，除了迪尔克夫人之外（济慈非常喜欢迪尔克夫人，这很容易理解），他再也没

有任何真正熟悉的女性了。虽然他很快就喜欢上了乔治安娜·怀利，但是乔治安娜与乔治结婚那个月之前，济慈很少见到她。杰弗里家的女孩，因为远在泰格茅斯，几乎不能算在他熟识的女性之列。她们年龄太小；济慈在那混乱的几个星期里，也一直心事重重。他起初并没有意识到，雷诺兹夫人及其四个女儿已经潜移默化地影响了他惯常且未经深思熟虑的女性观念。毫无疑问，济慈对任何与"卖弄学问的蓝袜社女子"有关联的事物，都会言辞激烈地咒骂或是给予近乎可笑的惯性反应，这些行为都缘起于他同雷诺兹母女的接触，以及海兹利特的观念。对海兹利特来说，"蓝袜社"是文学发生变化的象征之一，也是现代艺术有别于早期勇敢无畏艺术的象征。这种反应伴随着济慈，直到其人生终点都不曾发生改变，与众不同的范妮·布劳恩之所以对他产生吸引力，也与此不无相关。然而，就济慈对女性的一般态度而言，他只须稍加提示，再辅以几个瞬间的诚实反思，就会意识到自己产生了一种"顽固的偏见"，从而打定主意"找到问题的根源"并"矫正它"。事情的起因与积习难改的求爱者本杰明·贝利有关。 377

六月间，济慈突然对贝利冲口而出，谈及自己残存的家庭生活面临支离破碎的危险，他为之十分烦恼——一个弟弟被"'社会的重担'逼迫着去了美国，另外一个对生活充满细腻的爱，但如今却奄奄一息"；接着，他又讲到由于早年失去双亲，兄弟们之间的感情变得十分浓烈，"只要一想到他们，任何女人可能留给我的印象都无法与之比肩"。[①] 这封信的整体语气让贝利为济慈即将面对的孤独而忧心。贝利当时还没有放弃对玛丽安·雷诺兹无望的追求；他自然认为，济慈应该像他一样，在雷诺兹家寻找自己未来的妻子，这才是明智之举。然而，他却听说——并且可能是从雷诺兹夫人和女儿的尖刻言论中得知，济慈已经不再造访

① 《济慈书信集》，第一卷，页293。

她们家了;这令贝利"感到悲痛"。济慈的回应(7 月 18 日)一开始有些刻薄,毕竟,他"有书要读,有诗要想"。也许是因为意识到这听起来像是对贝利的批评——毕竟贝利曾持续拜访她们,济慈补充道:"此外,我的健康状况经常不佳,所以我最好不要冒险吹夜风。"不过,他明显为这话感到良心不安。去年五月,尽管他十分忙碌(内心也很压抑),但他仍旧愿意冒险吹着夜风,参加海登家的喧闹宴会。真实的情况是,他"对那类社交提不起兴趣,不管人多人少",因为人们在那里做的事、谈的天都无法吸引他。他更喜欢和三五好友相聚。而女人在社交聚会上恐怕也希望离他远一点。济慈搪塞了一番后,突然承认道:"我确信,我对女人缺乏正确的感知——此时此刻,我尽全力对她们公正,但却做不到——是不是因为她们与我男孩气的想象力落差太大?"(贝利后来告诉米尔恩斯,他曾被济慈对待女性的"诗意感受"所打动;贝利口中的济
378 慈,正是他最了解济慈、与之相交甚笃时所观察到的样子——那个时间约为一年前,贝利彼时每天都能见到济慈。)

济慈的信写得很快,他开始仔细考虑事情的原委。还在学校读书时,他就经常产生迷恋之情:"我的心是一个柔软的窝巢,她们当中有人在其间歇息,尽管她自己并不知道。"但这也许不是最好的方式:"我无权企盼她们超过现实。"当他发现女人并不比男人"更超凡脱俗"时,他意识到她们"可能与男人相差无几"。几个月之后(12 月 31 日),济慈在写给乔治和乔治安娜的信中,详述了这一观点:"我们知道得越多,就发现世界的缺陷越多——这是一个陈旧的观察;但我已经下定决心,决不将任何事视为理所当然——我甚至打算检验最常见谚语的真实性。"比方说:

> 泰伊夫人和比蒂曾令我十分欣喜——然而,现在我却看透了他们,不能从他们身上找到任何闪亮之处——也看不出缺点——但他们仍让许多人心旷神怡!或许更出色的人会用同样的眼光看待

> 莎士比亚——这可能吗？哦，不——同样的缺陷也在女人身上被发现了，几乎没有例外（原谅我，小乔治［乔治安娜］——你知道，我无意让你卷入一团混乱之中）——裁缝、蓝袜社的女学究和最迷人的感伤主义者，其差异只是程度稍有不同，但同样都可以点了做烟抽——我不会再说下去了——否则可能就要说一些大不敬的话了。

再回到济慈写给贝利且试图把思考理出头绪的那封信：他认为，自己总体来说没有什么“坏脾气”，也没有戳穿矫揉造作的欲望，事实上，他把那类事视作“恶意”——看作对另一个人的“犯罪”或“侮辱”。然而，他身处女人之间时（特别是与雷诺兹家的女性打交道时），这种感觉就会涌上头来：

> 我站在男人中间时，没有邪念，没有恶意，也没有坏脾气——我想说话的时候就说，想保持沉默的时候就不吭声——我可以倾听，能从每个人那里学到东西——我把手插在口袋里，心里没有任何猜疑，自在得很。但是，当我身处女人之间时，心中就有了邪念、恶意和坏脾气——我既不能开口，也不能沉默——我心中满是狐疑，什么也听不进去——我急着要快点走。

这封信的语言提醒我们，我们此刻面对的是一个在感知习惯、榜样遵循、风格、终极成长与同化和几乎其他所有方面，都有着强烈共情力和同情力的心灵——这颗心如此习惯于认同它所体察到的事物，以至于这样的认同一旦缺失，它就会感到不自在，并迅速夸大其所不熟悉的反应，使用 379
那些较少同情心的天性专用于描绘更具攻击力感情的词汇（如“恶意”“坏脾气”）。

不管怎么说，正如他告诉贝利的那般，“我必须克服这个问题——

但该怎么做呢？唯一的办法就是找到恶的根源，并矫正它”。这并不容易。“顽固的偏见很少发生，它只会从戈尔迪式的复杂情感中产生*，而这种情感必须要花时间去解开，并小心翼翼地保持它不要再纠缠起来。”但是，他结束苏格兰之旅回到汉普斯特德时，并没有顺道去拜访雷诺兹一家。过去的一个月发生了太多事情，他没有精力将解决问题摆在第一位。当简·雷诺兹提议来汉普斯特德看望他和汤姆时，济慈推辞了（9 月 1 日）。他十月份给乔治和乔治安娜写了封长信（10 月 14 日），里面讲起他最终去拜访了雷诺兹家。“雷诺兹小姐们都对我很好——但她们最近却让我感到不高兴。”她们“风言风语谈论了一位表姐妹”——简·考克斯，她是雷诺兹夫人一个去了印度的兄弟的女儿：

> 我去拜访的时候，雷诺兹夫人正在楼上和她交谈，雷诺兹小姐们则在楼下热情地赞美她，说她彬彬有礼、卓有风趣，还讲了一千种好话，我都没有注意，我对轰动一时的人和物都没有偏好——现在一切全变了——她们憎恨她；据我所知，她并非没有缺点——那是一些真正的缺点：但她还有别的缺点，更容易让魅力不如她的女人憎恨她。她不是克里奥帕特拉，但至少也算是个查米安。** 她的长相具有浓郁的东方风情；明眸善睐，举止优雅。她走入房间时，给人的印象仿佛母豹的美丽，令人难以忘怀。她太漂亮，也太知道自己仪态万方了，所以她不会赶走任何跟她讲话的男人——从习惯上来说，她觉得这不算**调情**（particular）。［摄政时期的俚语中，“particular”指的是“跟人调情”。］我总觉得自己和这样的女人在一

---

* 戈尔迪（Gordius）是希腊神话中弗利基亚的国王，传说他打的绳结没有绳头，因此“戈尔迪之结”常用来隐喻复杂难解的问题。

** 查米安是深受克里奥帕特拉信任的仆人。

起时更自在；眼前的画面总给我生命和活力，任何差一点的东西都不能让我产生这种感觉——这种时刻，我总是太忙于欣赏，顾不上局促或是哆嗦。我全然忘记了自己，因为我变成了她。此时，你一定认为我爱上了她；所以，继续说下去之前，我要告诉你，我没有爱上她——她让我彻夜难眠，效果就像莫扎特的曲子一样。

简·考克斯与雷诺兹姐妹之间反差巨大。她非常美丽，与众不同（"母豹"的类比让我们不由想起《无情的妖女》和《拉弥亚》）。此外，她身上完全没有蓝袜社女学究那种拙劣的对男性的模仿，这种模仿令济慈 380
觉得十分别扭。而且，她似乎也不受嫉妒和怨恨之情的影响，讲起话来带着自信且温和的直接。与此同时，济慈还很喜欢她务实、成熟的智慧。① 在这个时间前后，济慈给雷诺兹写了一封未标明具体日期的信，也提到了这件事。谈到雷诺兹订婚一事，济慈说道：

我从未陷入过爱河——但这两天，有位女士的声音和身形总在我心头挥之不去——当此时刻，诗歌狂热的抚慰之情就显得没有那么罪孽了［考虑到汤姆的危急情况，诗歌就显得没有那么罪孽了］——今天早晨，诗歌攻克了我——我又重新陷入幻想，出神了许久［撰写《海伯利安》］，它们是我唯一的生命所系——我感到自己从一种新的陌生、凶险的悲伤中逃离了出来。——对此我心存感激——我的心仿佛包裹着令人敬畏的温暖，承载着不朽。

① "你可能以为，我这时已经同她攀谈了许多——没有这回事——雷诺兹小姐们留神着呢。她们以为我毫不欣赏她，因为我没盯着她看——她们跟我说，她是个卖俏的女人——这是多么无知啊！她走过房间的样子，让男人仿佛受到了磁力的吸引。她们管这叫调情！她们什么都不懂，不懂女人为何物。"

七

在阅历丰富的伊莎贝拉·琼斯夫人身上,同样的风度与成熟智慧也打动了济慈。一年多以前(1817 年 5 月或 6 月),他在黑斯廷斯遇见这位女士,他羞怯地与之调情,并亲吻了她。[①]

见到简·考克斯两三个星期之后,济慈从贝德福德路往兰姆道街走的路上偶遇琼斯夫人,他把这次相遇告诉了乔治和乔治安娜(10 月 24 日)。乔治可能还记得,五月份他同济慈一起去莱塞姆剧院(Lyceum Theatre)*时,曾与她短暂相见。是的,"我又见到了那位女士"。他在街上同她擦肩而过,又转身回去与她打招呼。"她似乎为此很高兴。"她正要去伊斯灵顿看望一位开寄宿学校的朋友,是个叫格林太太的人。济慈同她一道漫步了一阵。"对我来说,她一直都是个谜——她曾和你、雷诺兹同处一室,她希望与我在没有任何熟人知晓的情况下认识。"由于
381 她要求保密,济慈的好奇心难免变得更强烈起来。他可能还不知道,琼斯夫人(琼斯先生的身份是个谜)是他两位单身汉朋友——约翰·泰勒和理查德·伍德豪斯的熟识(尽管周密谨慎的伍德豪斯可能只是因为其与泰勒的友谊才认识她)。但济慈肯定清楚,她有一位我们称之为庇护人的朋友——一个名叫多纳特(或多纳尔)·奥卡拉汉的年长、富有的爱尔兰人,他常在黑斯廷斯及其附近度夏。

"我们一路往前走,"济慈在他那令人放下戒备心的、冲动的描述中

---

① 基廷斯的《约翰·济慈:生年》给出了琼斯夫人的详细信息,页 30–33,页 57–83,以及书中各处零散出现。另外基廷斯的《济慈面模》(*The Mask of Keats*, 1956)也有相关信息。(页 45–53)此处关于琼斯夫人的细节均从基廷斯的书中总结而来。

* 此处系音译,通常译为兰心剧院。

写道,“我们有时穿过破旧的街道,有时走过体面整齐的街道,我心中产生各种猜测,不知后面会遇到什么,也准备好迎接任何出乎意料的事。”但他们所做的,不过是到目的地停下来,进入寄宿学校拜访格林夫人。这次见面后,济慈紧接着写下的所有内容,都让人察觉到某种情感的结合。其中有大量纯粹的年轻人的好奇心,还有些许幽默——对整件事的幽默,对琼斯夫人“神秘”状况的幽默,以及针对自己充满窥探欲的好奇心之幽默。此外,他显然被这位既精明又和善的神秘女郎所吸引。她的友善是真挚的。人们通常不会指望她对这个毫无阅历又不富裕的年轻人产生强烈兴趣。她所熟悉的男人生活在另一个全然不同的世界;她也十分敏锐地觉察到,这个年轻人的兴趣多少是出于纯粹的好奇心。然而,她同济慈交往时的言谈举止,不仅展现出低调的礼貌,而且表现出温和的圆通。济慈说,从伊斯灵顿回来,“我竭力要求护送她回家”——他很高兴有机会能给乔治和乔治安娜详尽讲述一个对他本人来说充满新奇味道的故事:

　　她同意了,于是我的头脑又开始思考这会导致什么情况发生,尽管我的思绪已从寄宿学校处得到了某种彬彬有礼的暗示。我们漫步的终点是格洛斯特街 34 号[如今的旧格洛斯特街]王后广场——不过,这不全然准确,因为我们走上楼梯进入她的起居室——那是个非常有品味的处所,摆放了书、绘画和波拿巴的铜像。这里有音乐、风弦琴;一只鹦鹉,一只朱顶雀——一箱上等的利口酒,等等。她表现得十分友好——让我带一只松鸡回家给汤姆吃——她还要了我的地址,以便以后送来更多的野味——由于我以前就曾与她交好,还亲吻过她——我想现在不这样做,就仿佛活倒退了——她却有着更好的品味:她当然意识到这件事多么重要,却反而回避了——但不是以假正经的方式,而是如我所说,展现出好

382 的品味：她想方设法地让我没能“得逞”，但她的方式比一个简单的吻更让我感到愉悦——她说，如果我只是紧握一下她的手，然后离开，这会令她更快乐。不论她是否与我们以前见面时性情不同——或者我在幻想中曲解了她，我无法判断——我希望时不时可以同她共度一些美好的时光：在这些时光中，我会就知识和品味方面为她服务：假如我能做到的话，我将非常乐意。

我对她没有任何淫欲邪念——她和你的乔治安娜是与我年龄相仿的女性中，只因心灵和友谊而结识便会让我十分满足的人。

济慈的描述涵盖了我们所知道的他与琼斯夫人之间关系的大部分情况。在接下来的四个月中，他至少时不时见到这位夫人。她确实信守承诺，给汤姆送去了野味；甚至在汤姆去世后，这样的馈赠也持续了一段时间。根据伍德豪斯的说法，正是琼斯夫人建议济慈把圣亚尼节作为诗歌浪漫传奇的主题。同年晚些时候，济慈写的一首短抒情诗或是一首歌可能暗指琼斯夫人与年迈的奥卡拉汉的关系。① 她回忆起济慈时总是

① 这首歌开头是“嘘！嘘！轻轻地走”，夏洛特·雷诺兹说济慈写此诗是为了应和她在钢琴上弹奏的一首西班牙风格的曲子，布朗将其创作日期确定为1818年。尽管J. M. 默里提出反对意见，但基廷斯先生还是很有说服力地指出了其中一些诗行与琼斯夫人和老奥卡拉汉的关联（《约翰·济慈：生年》，页54–63）（“整幢房子都睡着了，但我们却知道 / 那嫉妒、嫉妒的老秃头，可能会听到， / 你拍拍他的睡帽——哦，亲爱的伊莎贝尔”）。不过，基廷斯先生不赞成一丝不苟的布朗给这首诗确定的创作时间，还将此诗视为济慈与琼斯夫人之间私通的迹象，这两点我们很难赞同。这首诗实际上可能写于1818年12月，应和的是夏洛特·雷诺兹弹奏的一首曲子，但济慈调皮地利用这个场合在诗中引入了雷诺兹家女孩所不知道的主题（他在雷诺兹家的女孩身边时，总是免不了“坏脾气”）。基廷斯先生认为琼斯夫人与济慈之间有男女之情的观点，主要基于这样一个假设，即十四行诗《明亮的星》不是济慈后来写给范妮·布劳恩的，而是写给琼斯夫人的。然而，这毕竟只是一个假设，它反过来又基于此诗与苏格兰旅行期间所写的一封信在语言上的相似之处。正如我们已经指出的，这种相似之处在济慈的许多诗中都有表现，包括颂歌和《海伯利安的覆亡》，而这些诗的创作时间是很明确的。

带着善意；无疑，约翰·泰勒得知他们两人相识之后，偶尔会同琼斯夫人谈起这位他寄予厚望的年轻诗人。济慈去世后，泰勒给她看了塞文涉及济慈人生最后几个星期的信件。琼斯夫人对男人的判断如此敏锐，以至于她对这些信件的反应与维多利亚时代人们对塞文的感伤化理解形成鲜明对比。她一眼就看出，塞文所写的东西暴露出这个软弱（或许亲切和蔼）的人身上以自我为中心的倾向。[①]

假如我们将目光投向后来的范妮·布劳恩，就自然会对济慈同 383
简·考克斯和伊拉贝拉·琼斯的会面以及他对两人产生的反应发生兴趣。我们可能会立刻产生一些想法。首先，这三个女人——不论在其他方面有多人的差异——至少与雷诺兹姐妹截然不同。其次，这种新的敏感和兴趣与他不稳固的家庭生活的解体和消失同时出现，他与弟弟们长期分隔两地，好不容易搬入齐普赛德街 76 号（1816 年 11 月），他那并不牢靠的家庭生活便是从那时开始，当时他还写了一首有感于与兄弟重建新家的十四行诗（《致我的兄弟》），此诗温柔且充满令人感动的希望。第三点——不那么明显，也有些令人费解——就是范妮·布劳恩与另外两位女性的差别。人们觉得，前两位女性娴静、敏锐的优雅立刻深深地打动了济慈（他半开玩笑地同乔治和乔治安娜讲起简·考克斯，说她拥有“母豹的美丽”，“我甚至想让她毁了我，让你来拯救我”），范妮·布劳恩身上那种变动、近乎青春期的活泼，以及她对服饰和舞蹈的兴趣，创造出一种更为分裂的印象（不论其有多么强烈），当他们两人于一八一九年夏天开始鸿雁传书时，这种印象仍然存续了下来。

其时，他并不打算被束缚住。结婚的念头时常出现在他的脑海里，尤其是想起乔治与乔治安娜的时候。如今他们两人正等待孩子出生；

---

① 这封信在基廷斯的《约翰·济慈：生年》中刊印了出来。（页 231–233）

济慈告诉他们,假如“你们的孩子里有人成为第一个美国诗人”,他会非常开心。他还特意为乔治夫妇写了首摇篮曲,里面包含这样的叠句:

> 你是十足的吟游诗人
> 西部荒野的
> 小孩子。

但对他自己来说,太多的需求和兴趣“构成了障碍,阻止我为婚姻感到欢喜”。他讲述了与琼斯夫人的会面后,立即告诉弟弟和弟妹:

> 我很快会写信给你们,讲讲迄今为止我打算如何度过自己的一生——汤姆现在病成这样,虚弱不堪,我没法思考这些事。尽管你们现在很幸福,也建议我去找另一半,但我希望自己永远不会结婚。哪怕是最美丽的人儿在旅途或是行程终点等着我;哪怕脚下的地毯是丝绸织成,帷幔是朝霞编就;哪怕座椅和沙发是用幼天鹅的绒毛
> 384 充填;哪怕食物是甘露,酒水比波尔多红葡萄酒还甜美,一推开窗子就看到温南德湖,我也不觉得——或者说,我幸福的美好并不会比孤独的崇高更让我感受深刻。与刚才所描述的一切不同,迎接我回家的是一种崇高。风的咆哮是我的妻,窗玻璃那边的星星是我的孩子。我胸中关于万物之美的强大的抽象观念,将分散开来的、细碎的家庭幸福遏制住了——我把可亲的妻子和可爱的孩子视为美的一部分,但我必须要有一千个这样美的粒子来填充我的心灵。随着想象力的增强,我日复一日更加强烈地感觉到我并不仅仅生活在这个世界上,而是生活在一千个世界中——我只要一独处,便有史诗般伟大的幽灵侧身两旁……根据心境的不同,我与阿喀琉斯一道在战壕里呐喊,或是与忒奥克里托斯在西西里的山谷中徜徉。又或

是，我将整个身心投入特洛伊罗斯的躯壳之中，重复着这样的诗句："我失魂落魄，在冥河岸徘徊，等待着随水漂来的船。"我带着微妙的快活，融进了空气之中，全然满足于独自一人……

我写下这些话，是为了让你们知道，我也有属于自己的至高快乐，尽管我可能选择独自生活，但我并不孤独。你瞧，这当中没有任何乖戾之气……人能够有多幸福，我便感受到多少幸福——也就是说，假如汤姆身体好起来，我自己便足够快乐，我知道，你们过得很舒心——这真让人羡慕之至——但我心中仍对美丽的事物充满了渴望的激情，它们借着我非凡才智所拥有的抱负，联结在一起，融为一体。

八

到了十月中旬，济慈的喉咙疼痛似乎暂时消失了；接下来的两个星期里，他经常外出，不过通常只是在白天。[①] 彼时他已快完成《海伯利安》的第一卷，过了好几个星期闭门不出的日子。自然，他希望能够换换气氛。汤姆有几天身体状况不好（10月9日至15日），眼下似乎又有好转。有天晚上，乔治安娜的两个兄弟——查尔斯和亨利来到汉普斯特德，与济慈和汤姆一道吃了正餐（10月18日）。我们基本可以认定，本特利太太端上来的食物是非常朴素无华的。

---

① 济慈拜访了乔治安娜的姑母米勒太太（10月15日），第二天又拜访了迪尔克夫妇。差不多这个时间，他见到了海登、亨特夫妇和詹姆斯·莱斯。10月22日，他在城里遇见海兹利特，并同后者一起走到柯文特花园（"他正打算去玩壁球"），之后他又与怀利夫妇一同在米勒太太家吃饭，并于晚间见到海西。第二天，他拜会了亨特，偶遇查尔斯·奥利尔。10月24日，他遇到琼斯夫人。雷诺兹去看望过他和汤姆（10月25日），威廉·哈斯拉姆在济慈生日当天拜访了他（10月31日）。

385 除了去艾比的账房请求其允许范妮回来探望汤姆，济慈如今很少离开家。十一月五日，他告诉范妮，“为了你的事，我已经找了艾比先生三次”，“但还是没有得到他的同意——他说从现在到圣日之间，你再回来一次就够了。我又有什么办法呢？我本来要去沃尔瑟姆斯托几次［去看望范妮］，但我没法离开汤姆那么长时间”。艾比的焦虑竟然会让他在汤姆身患重病之时阻止范妮去探望，这进一步证实了此前让人不断产生联想的怀疑：即这个看起来一本正经但惊慌失措的茶叶商人已经深深卷入投机买卖里，他用的钱正是属于济慈家孩子们的；他最主要的情感，凌驾于其他一切考虑之上的情感，就是惧怕济慈家的孩子们凑在一起。

与此同时，济慈还在继续创作《海伯利安》，一心一意想要摈除其他思虑。十一月初，一个令人愉快的时刻突然出现了。一位署名为“P.芬班克”的男人（或女人）从泰格茅斯给济慈寄来了一首十四行诗和二十五镑钞票。这个人可能是伍德豪斯，更有可能是他找来帮忙的其他人。济慈为此思考了几个星期。不论这首十四行诗写得有多糟糕[①]，其中的赞美之意打动了他。这封信是在《布莱克伍德爱丁堡杂志》和《每

---

① 前程无限的星！——你柔和的光亮与美好
　　定然不属于这黑暗的时代，
　　因为它盲目、褊狭又败坏；
它无视冲向苍穹的飞腾，嗤笑
灵魂的怒火，发动仇恨的战争，
　　打压维护诗歌真诚的人。
　　但你清朗的光芒将照耀千载，
为最成熟的时代送去光明和馈赠。
如今也自有珍爱你声名的朋友，
　　你不羁的韵律将他们包裹起来，
他们热爱你抒情歌曲的自由——
　　他们的目标远在迟钝部族的视线之外——
有一个人，他的手儿绝不吝惜，
他储藏不多的果子，你想要什么尽可拿去。

季评论》对他发起攻击之后寄出的，他自然也是在那之后收到的。[①] 济慈当即把这件事告诉了所有朋友。他的愉快情绪和略感讽刺的尴尬，可以从其几个星期之后（12 月 29 日）写给乔治的记述中看出来。他之前已对乔治提起此事。“我现在就把此前同你说过的那封信和十四行诗 386 抄给你看。”他描绘了信的腔调，然后把那首十四行诗连同其日期（1818 年 11 月）一起完整地抄了出来，不过又写道“除了你，我不会抄［它］给世界上任何人看——你知道，我才不屑于‘柔和的光亮与美好’［诗中的一句］，或者任何这样的胡话”。随后，他讲起二十五镑钞票的事。“现在，这看起来非常妥当——要是我拒绝了——我就表现得像个狂妄的傻瓜——不过，这礼物却让我心里有点不是滋味。”他很好奇，假如自己发现了这位捐赠者的身份，是不是该把钱还给他，“为了打听他，我徒劳地写了许多信”。

九

汤姆的状况一天不如一天。整个十一月间，济慈不仅一刻无休地陪伴着他，而且除了三四封马马虎虎的短笺之外，他也提不起精神去写信。

虚弱的汤姆不停地咳嗽，辗转不能入睡，济慈没办法直接帮助他的时候，就坐在他身边继续写《海伯利安》。他将所有的“判断”能力都集中在这部作品上。唯有将全部官能都调动起来，全神贯注，才能带给他

---

① 济慈至少认为自己肯定能够区分男人和女人的笔迹（参见《济慈书信集》，第二卷，页 90）；他推断这份礼物和十四行诗来自一个男人。但杰弗里家的女孩们——正如基廷斯先生所暗示的那般（《约翰·济慈：生年》，页 39）——有可能是馈赠者，玛丽安或许是十四行诗的作者。关于杰弗里姐妹不可能寄来这封信的观点，其最强有力的论据是，她们就住在泰格茅斯，自然应该是济慈最先联想到的人，但是济慈似乎已经把她们排除在可能性之外。

些许解脱和满足,来对抗每天压抑得无法喘息的悲伤。如今,在这首凝练的诗歌中,他行进得很慢——至少与早先的创作相比,他速度不快。他平均每天写十行左右。十一月十八日,汤姆的生日悄无声息地过去了,他终于年满十九岁。但是,到了十一月三十日晚间,汤姆显然已经气息奄奄。

第二天早晨八点,这个温柔、开朗的病人,这个总觉得为哥哥们带去了负担的弟弟,静静地离开了人世。济慈所剩无几的家庭生活终于连最后一丝也消逝殆尽。他一个人,漂泊无依。他离开汤姆的遗体,走到温特沃斯寓所。他或许不想打扰迪尔克夫妇。他并不是在寻求别人的同情,要面对的事太多了。他的本能倾向是求助于一个冷静、超然且大致独立的人(因为他觉得自己也必须学会成为这样一个人)。他没有敲开迪尔克夫妇家的门,而是走进了寓所的另一侧,也就是他苏格兰旅途同伴的家。布朗当时仍在睡觉。正如他后来记述的那般,“我是在床上被
387 叫醒的”,“觉得有人压住了我的手——是济慈,他来告诉我他的弟弟已经不在了”。布朗赶紧起床,给济慈兄弟所有的朋友写去短信。他写给伍德豪斯的一封短笺(12 月 1 日)留存了下来:“济慈先生请求我告知您,他的弟弟托马斯今晨八时平静过世,没有任何痛苦。济慈先生安好,并希望向您问好。”

约翰·济慈，二十一岁

阅读中的济慈

济慈在汉普斯特德荒野听夜莺歌鸣

基督进入耶路撒冷；济慈和华兹华斯位于图中基督左手边

第十六章 《海伯利安》与写作的新高度

一

《海伯利安》创作于济慈写作生涯最后一年的开端。济慈被后人铭 388
记的大部分诗歌，都跟随着这番辉煌炫目之努力的彗尾而来。纵览过去三个世纪所有诗人的人生，《海伯利安》所开启的一年（从 1818 年 9 月中旬开始）可以毫不夸张地被描绘为最富创造力的一年。在同样的时间限度内，仅论风格变化的多样性，也鲜有人能够比肩。

如济慈所言，这首诗是在近乎“对立方的围攻”[*]之下开始的。因为它原本应该是经过深思熟虑和充分准备而写就的作品——对这部作品来说，他迄今为止所做的一切都只是“微不足道的开场序诗”。“一头扎进海里”自有其好处；过去那段时间内，他从“扎进海里”的果决中学到了不少。但如今他将近二十三岁，其他的准备也十分必要——一年的四分之三时间里，他急切地强调这些事的必要性：他已经开始阅读历史，认真地准备研习哲学，并即将开始学习希腊语和意大利语。（詹姆斯·海西写信告诉泰勒，即便在这令人痛苦的秋季，“济慈仍紧锣密鼓地学

---

* 语出弥尔顿《失乐园》，第九卷，第 120–121 行。

习，捡起他的拉丁语”；动笔《海伯利安》的那个星期，他从迪尔克那儿借来了吉本的剩余几卷，同时还趁空余时间重温法语，翻译了一首龙萨的十四行诗。）与此同时，一年半以来，他浸淫于莎士比亚，后又埋首于弥尔顿，他深信，假如我们赞美莎士比亚和弥尔顿的成就时确然发自肺腑，那就不应满足于在小小的领地内惬意地躲在歇脚处栖息，白昼睡觉，直到主体性那具有保护作用的黑暗降临时才清醒过来（“假如能做雄鹰，为什么还要去做猫头鹰呢？”）。过去的一整个春天，他对整体现代需求和挑战的性质做出了探索性的反思。

389 他面前有着不同的理想——古典史诗以及弥尔顿史诗的紧凑和宽广（他也一直在阅读但丁），华兹华斯和现代诗人对人类心灵的探索，以及作为终极理想的莎士比亚戏剧——他无法只关注其一，而对其他视而不见。只有通过吸收，而非排斥，他才能自信地前行。然而，吸收是需要时间的——至少要给他须臾片刻。他头脑中甚至没有清晰可行的主题，只有一个非常笼统的想法；他越来越频繁地感觉到“现在已经没有什么原创的东西可以写进诗歌里了”——更充沛、富有创造力的时代从我们脚下把地毯抽走了。

开始撰写《海伯利安》的那个星期，济慈告诉迪尔克，现在过早地“投身其中”，“对我来说就像犯罪”；绝望感情的宣泄如此强烈，以至于他觉得应该烧掉这封信。当然，他没有提到自己的健康问题、乔治的离去、充满敌意的评论以及金钱的焦虑。但是汤姆的“状况每天压在我的心头……他的面容、声音和虚弱无力”；

> 虽然我打算独自学习一段时间，但却不得不拿起笔来写……对我来说就像犯罪，可我必须这么做，否则就痛苦得很——很抱歉给你也带来了痛苦——我几乎下决心要烧掉这封信——但我真的没有足够的自制力和气度反向而行。

不论试着再写一两首浪漫传奇来打发时间,还是轻而易举地写些短诗,都不是解决问题的办法。他必须做一些自己真正在意的事情。

二

然而,济慈动笔写第一行诗之前,就面临一个巨大的问题:使用何种风格的语言和诗体形式。其他的事可以推延,其他的问题可以边写边解决,一旦对风格做出整体选择,他就必须保持一致——不论这首诗后面发展成什么样;因此,选定的风格很可能会成为一个限制因素。

九月初的两个星期里,济慈试着迎接每一天的到来,心中犹豫是否要开始写这首诗,或许在没有完全想好的情况下,他给自己设置了每天的定额。至少,他得写出与自己最初那种精巧且华丽流畅的样式尽可能不同的东西——原先那些诗的特点令如今的他感到痛苦难堪。朴实无华的庄严风格具有很强的吸引力。借助这种风格,他也许能够一劳永逸 390
地摆脱那些他回想起早期创作时最厌惧的东西。整个春天,他一直带着强烈生动的共情去阅读弥尔顿;最伟大的英国史诗的力量与磅礴气势(无论济慈觉得自己的终极目标与弥尔顿有多么不同)提供了一段极具挑战性的阶梯,让人能够永久地攀升并远离舒适精巧的狭隘。或许就算再晚一年创作《海伯利安》,他也会选择《失乐园》的语言风格和诗律作为让人产生联想的样式。这很难下定论。当然,早至一月份他开启新的起点时,弥尔顿就是他心中最主要的天才之一;他写下有关弥尔顿的诗句作为新起点的开场前奏,就在第二天(1 月 22 日),他立即转向莎士比亚,当作一种必要的补充,他还带着某种仪式感,再次阅读了《李尔王》(正如他在一八一七年四月开始撰写《恩底弥翁》之前所做的一样)。如今,弥尔顿学徒中最具天分的这一位准备好拜倒在大师脚下一段时间,但他却本能地发现自己再次于闲暇时光中转而阅读莎士比亚，尤其是《李尔王》。他手头那本《李尔王》对开本中“可怜的汤姆”[*]几个字下面，标注了下划线，旁边写着“一八一八年十月四日，星期日晚”。

几乎一年前济慈就想到了新的题材——不论它多么模糊。他开始修改《恩底弥翁》时，另一个神话主题——或者说其主要基底——已经出现了：那就是古典神话中提坦被奥林匹斯山众神所取代的故事。这个主题，若得到富有想象力的处理，似乎有数种不同的可能；针对意识发展的探索、史诗的恢弘，甚至某些存在戏剧性的东西，都具有潜在的可能性。因为首先，每一组都可以用来代表意识的不同阶段。逐渐展开的知觉，这个主题（被他自己的经验所清晰证实，并反过来强化了他对知识形塑效果的信念）已经被强烈地感受到，但随着其“不断开枝散叶”变得不那么清晰、简单了。除此之外，与恩底弥翁世界的人物相比，提坦可以被赋予史诗的高度（尽管在绝对必要的情况下，他愿意放弃这种高度，但至少他希望能尝试企及这种境界）。济慈对雕塑感的热爱也被激发了出来——埃尔金石雕所蕴含的“静止中拥有力量”的感觉，以及“崇高的神力，支着自己的右手，半睡半醒”的理想之美，都令他心醉不已。
391 《海伯利安》前两卷在结构上的干净整饬也是值得注意的。这年一月，他誊写并匆忙修改《恩底弥翁》的时候，曾为其松散的结构而烦恼。于是，他下定决心，新诗的节奏一定要更加轻快——甚至（与《恩底弥翁》相比）要“毫不偏离正题”：他告诉海登（1818 年 1 月 23 日），这回他一定要用“赤裸的、希腊式的风格来处理——其强烈情感和行动的行进线路将遵循轨迹而毫不偏离”。

最后，这首诗不是《阿拉斯特》或《恩底弥翁》那种孤独的自我发现。它需要更宽广、更客观的尺度。与《恩底弥翁》相比，其活跃的人物数量

---

* 《李尔王》中爱德伽曾乔装成疯乞丐“可怜的汤姆”。

更多，且类型更多样化。假如我们只把注意力集中于自己所认定的济慈的主要关切，（忘记任何一位大艺术家在形式和风格方面的浓厚兴趣）并以机械规律的方式直接进入这首诗的第三卷，且将重点放于阿波罗这个人物身上——那么我们未免就有些短视了。诚然，阿波罗很重要——他与诗歌本身密切相关，且对济慈来说，他从一开始就是一个强有力的象征符号；同样理所当然的是，阿波罗痛苦的成长、不断增强的意识，也叩击着济慈的个人经验，或许还与之十分相似。然而，诗歌想象力的成长所需要的不仅仅是沉浸于自己的困苦之中。（没有什么比非凡诗艺方面的努力更能说明这一点了，眼下它开始表现于措辞、意象和诗体韵律等方面。） 年多来，济慈一直在细致地思考戏剧问题；我们还记得他修改《恩底弥翁》时满溢的兴奋之情，他突然间发现恩底弥翁关于意识发展的话语以及“幸福的不同层次”的观念是具有戏剧潜能的，这种强烈的愿望是看待事物的一种方式，是感情相互作用、人与人之间相互影响过程中的一种声音——“是我通往戏剧性的重要尝试的第一步——用欢乐与悲伤扮演不同的秉性”。因此，在这更深的“一步”中，被听到的声音不止一种，“不同的秉性”面对的是无可阻挡的认识——喜悦与悲剧性的失败——认识到不可避免的变化。虽然济慈在《海伯利安》中选择了史诗的框架，且这种风格倾向于激发他“静止站定”和雕塑感的天赋，“不同秉性”的“特质”却也得到了清晰的考量，这种思考至少是准戏剧性的；因此，前两卷整整百分之五十八的诗行是由对话构成的。济慈创作这首诗的早期阶段，曾写信给伍德豪斯，说诗人没有“同一性”， 392
总是满怀同情地进入“其他人或事物的躯壳”中，这番话之后，他说道：“那个时刻难道我没在”——此前他曾说了一些令伍德豪斯十分苦恼的话（他说诗歌的题材都已经耗尽，自己可能会放弃写诗）——“那个时刻难道我没在思考萨图恩（Saturn）和俄普斯（Ops）？”——难道他不正是在为这些人物的失败和徒劳而感同身受？更重要的是海伯利安本人。假如这首新诗中奥林匹斯的核心神祇是阿波罗,那么——由于这部史诗戏剧要包括冲突、悲剧和覆亡——他就要把重点放在海伯利安身上,因为诗的标题(以及行动的主要人物)都是海伯利安,且海伯利安是阿波罗在提坦中的对应者。

三

由这番思索和努力所产生的气势雄伟的未完成诗作(主要写于九月下旬至十二月一日汤姆去世之间的两个月),比济慈任何其他作品都更受到同时代人的赞誉。尽管人们的欣赏品味会发生变化,但这首诗仍强烈地吸引着后来的作家和读者。

与济慈的同时代人一样,我们也好奇他是如何做到的。从现在的眼光来看,使用素体诗形式的弥尔顿式史诗,恐怕不是现代诗人的理想选择。此外,《海伯利安》还只是一个未完成的片段;二十世纪的形式主义渴望错综精巧的匀整,在未完成的作品面前会习惯性地失去耐心。但济慈于最后一年所取得的丰富多样的成就,冲淡了这样的偏见,不仅解放出更经深思熟虑的真诚,也使我们人类天生的好奇心被释放出来。我们发现,我们不得不承认,济慈现下选择的作为其创作基础的风格,终究是所有形式中要求最为苛刻的;为了达到这种风格——而且是在短短几个月中实现这种风格——所需要的训练令人望而生畏,与我们能想到的极限并无二致。且不论惯有的反应如何,我们可能会开始琢磨,这种训练是不是比我们宣扬的类型更有效。也许,我们对"模仿"的过分恐惧(这种"模仿"似乎从来不包括对同时代艺术家的模仿,或是对过去那些比较次要、较少被注意到的艺术家的模仿)不是开始创作时最富成效的精神状态;猛烈冲击大门的勇敢的纯真,与它寻求进入的境界相比,对自身

及其迈过的每一步的考量都少得多，而这种纯真——如郎吉努斯 393
所言——反倒能够触及并赢得更多。我们面对这部未完成之作时，从偏见逐渐清醒并转向诚实，我们的好奇心也被进一步激发出来。因为这首诗创作于济慈一生中的特殊时期，按照大多数标准来看，这段时间绝对称不上顺利。

自弥尔顿之后，没有任何一首英文长诗——不论完成还是未完成的作品——比《海伯利安》在开篇之处运用的语言更庄严和稳健。尽管《恩底弥翁》已经出版，距离《伊莎贝拉》的创作也不到半年，我们却突然发现济慈抵达了一个完全不同的写作高度：

浓荫笼罩下，忧郁的豁谷深处，
远离山上早晨的健康的气息，
远离火热的中午，黄昏的明星，
白发的萨图恩坐着，静如山石，
像他巢穴周围的岑寂般缄默；
树林叠着树林，就像云叠着云，
挂在他的头边。那里没一丝动静，
不像在夏日那样虎虎有生气，
撼不动羽状草叶上轻的种子，
它只能歇在死叶飘落的地方。
小溪默默地流过去，死气沉沉，
因为他的坠落的神性向溪上
撒下了阴影：那雅得在芦苇丛中
用她冰凉的手指紧压着嘴唇。*

* 本书中《海伯利安》使用屠岸先生的译本，少数字句因上下文所需稍作修改。

措辞令人信服的必然性、诗律的丰富与控制力(与弥尔顿如此相像又如此不同)贯穿了前两卷且没有丝毫松懈。济慈在如此短的时间内所取得的文体风格的进步——且保持了如此长的篇幅(整整七百四十八行),这成绩可谓无与伦比。《海伯利安》不是他在风格方面绝无仅有的精妙杰作。尽管作为独特的风格成就,《海伯利安》已经足够令人钦佩,但它还仅是济慈最后一年多变的精湛诗艺的开篇。

考察未完成作品的时候,稍作概括可能会有所助益。如果一首诗可能采取的线路仍如此不清晰且尚存争议,而我们只有在仔细审视手头确有的全部材料后,才能诚实地做出推断,在这种情况下,纯粹归类或根据主题做出的分析很可能会成为批评者特殊兴趣的主观反映。类型式的批评——除非其只关注风格的某些特定方面——往往需要事实的支撑,而这种支撑只有具备公认结论的完整作品才能够提供。《海伯利安》(或许因为济慈创作时心中怀着矛盾的意图)尤其表现出
394 在某些绝对类型方法之间的拉扯。有的批评者看了一眼这首诗弥尔顿式(或半弥尔顿式)的风格,便推论济慈采取了错误的方法——因为他本人是“莎士比亚式的”,而不是“弥尔顿式的”。还有的批评强调俄刻阿诺斯的话语:认为这是在讨论人类的发展和进步,济慈的书信中可以找到与之相吻合的言论。此类批评认为,这无疑是《海伯利安》的核心,也正是济慈想说的话;说完了这些,他的诗也就基本完成了。还有可能,我们考虑到济慈自身诗歌发展的戏剧性,便忘记了前两卷(或是简单将之视为“背景”),转而猛扑至这部未完成作品结尾处阿波罗的形象上。难道济慈没有把自己等同于阿波罗吗?这个形象对他来说始终是个重要的象征。我们轻而易举地认定这就是关于阿波罗的诗。

四

济慈以静谧的隐退处开启这首诗，众提坦之王萨图恩出现了——他看起来仿佛被打败的、更富于史诗感的李尔王：

他的衰老的右手
搁在湿地上，倦怠，麻木，失去了
权杖；失去了江山，他闭着两眼。

海伯利安的妻子西娅走近萨图恩，脸上带着“倾听的慌张神色”，“仿佛不幸的灾祸已开始降临”。她跟萨图恩沉默的身形讲起了话。她的话语（表面上是为了安慰自己——因为她无法为萨图恩带来任何慰藉）给出了故事的背景，强调已经发生的事情无法改变。这第一段话刻意保持简短，仿佛济慈怀疑他开启对话的能力。（“哦，多么脆弱！”他在这段话前面写道，“同早期诸神的宏论比起来！”）这段话一结束，济慈便立刻用英语素体诗中最优美的描绘性段落之一来强化其效果：

仿佛在一个令人昏睡的夏夜，
广袤的森林中身穿绿袍的元老，
高大的橡树，枝叶被星光催眠，
做着梦，整夜一动不动地做梦，
除非有一阵大风渐渐刮起来，
盖过这里的静寂，又渐渐止息，
退潮的气浪似只有一朵波花；

同样,那些话说过了,她流着眼泪,
把美丽阔大的前额触碰大地,
她那垂落的头发恰好给萨图恩
做一只丝绸般柔软光洁的脚垫。
一轮皓月,缓慢地变着,向夜空
洒下了四个季节的银色光芒,
这两位保持着一动不动的姿势,
像宏伟岩洞里自然形成的雕像;
冷漠的神依然蹲伏在土地上,
悲伤的女神在他的脚下哭泣:
直到最后衰老的萨图恩抬起
暗淡的眼睛,看着他失去的王国。

假如说,济慈让西娅说一大段话时仍显得有些犹豫,萨图恩的回答便已经没有了那种犹豫羞怯。此处约整整五十行,济慈能够行走于他如今十分倾心的严肃史诗般具有雕塑感的形式和戏剧性本能之间(这一边界原本几乎是不可能的),从而将这位被推翻的国王的内心暴露出来。不断敲击着萨图恩跋扈傲慢心灵的问题是“谁?”——

谁有权力
使我受难?这力量从哪儿来的?
当命运仿佛被我扼住咽喉时,
怎能蕴积而爆出这样的力量?

作为一个国王,萨图恩习惯于将秩序与他本人等同起来,因此他的困惑是关于自身的。他对统治权势有着专横跋扈的习惯,而这种习惯所遭受的挫败令他的“同一性”感丧失殆尽，使他成为自己的陌生人：

> 我已离开自己的胸膛：我已把
> 我的强壮的本体，真正的自己，
> 留在我的神座和现在我坐的
> 地方之间。

眼前的这位李尔王问道：“是谁？”“为什么？”他的正义感遭到冒犯，导致他站起身表示抗议（尽管这抗议只是断断续续的）：

> 难道我不会创造？
> 我不会建立？难道我不会造出
> 另一个世界，造出另一个宇宙，
> 来把这一个世界都压成齑粉？
> 另一个混沌在哪里？哪里？

与此同时，其他提坦仍被恐惧、失落和愤怒所控制，等待着萨图恩的引领。巨神族中仍有一员保持着他的统治权——“光辉的海伯利安依然端坐在燃烧的星球上”——尽管凶兆和恐惧“刺激着巨神的神经”， 396
让他感到苦恼。济慈运用充满想象力的弥尔顿式的语言，怀着愉悦和信心转而描写场景：

> 他辉煌的宫殿
> 以金光灿烂的金字塔作为城堡，
> 披着青铜方尖碑投下的阴影，
> 让血红的光芒透过千万间宫室，

拱门，和圆顶，以及如火的走廊；
黎明时云霞织成的帷幕全都
怒成红色；神祇和好奇的人类
原先没见过的鹰的翅膀，有时
遮暗了这块地；可以听到神祇
和好奇的人类没有听过的马鸣。
他呀，想品尝从圣山群峰升起的
一阵阵氤氲缭绕的香烟，可是
他的宽腭尝到的并不是美味，
恰恰是破铜烂铁致命的恶臭。

这位焦虑不安但仍未被打败的提坦，每晚在巨大的宫殿厅堂里踱步，直到白天到来，他才能乘着太阳穿越天空。此时，他从一个殿堂大步走到另一个殿堂，从一个穹隆来到另一个穹隆，最终抵达巨大的主穹顶，他脚步沉重，道出了自己的不确定和决心，这些话与《失乐园》中撒旦的话语遥相呼应：

萨图恩倒下了，难道我也要倒下？
难道我要离开这休憩的港湾，
我的光荣的摇篮，温馨的地域，
…………
倒下！——不，凭忒卢斯和海衣起誓！
越过我这领地的起火的边疆，
我要伸展出一只可怕的右臂，
吓死那造反的娃娃，乱吼的约夫，
邀请年老的萨图恩复辟登位。

为了撼动难以忍受的不确定感,海伯利安不得不采取行动,他突然转向东边的大门,这时距离太阳升空还有整整六个钟头。他骤然打开大门,来到他所驱策的熊熊燃烧的火球跟前;太阳十分顺从,准备好迎接他的到来,展开了自己的双翼。然而,海伯利安的姿态是徒劳的;因为在整个情形之下,太阳没法在规定的时间前升起。此处,济慈表现出片刻犹豫,这是可以理解的,因为他不确定如何呈现某种必然性——在此必然性面前,就连太阳之神也无能为力。他只是做了一番断言,然后就转向了海伯利安,这位神祇

> 不惯于低头,但感情强烈地震动, 397
> 只好让灵魂屈服于当代的不幸。

在向宇宙显示自己权威的冲动尝试中,海伯利安感到威风扫地,他只好躺下稍事休息;刻琉斯(乌拉诺斯,天空之神,提坦之父)低声的耳语传米,他也尢能为力,只能惊叹于宇宙无边的神秘。但有一件事刻琉斯很确信:"天生""地育"的提坦们失去了神性,部分原因是他们向恐惧、愤怒和挫折低了头;海伯利安,"我最光辉的孩子",是否也会做同样的事?

> 我见到我的儿子们极不像神。
> 你被创造成神祇,你那忧郁的
> 举止也是神圣的,庄严而沉静,
> 泰然自若,像天神,你存在,主宰着:
> 可现在我见你恐惧,盼望,愤怒;
> 行为狂热而激烈;简直就像是
> 我所见到的那些人,在下界,尘世,
> 死去的凡人那样。

海伯利安至少还能部分自由地行动，而刻琉斯只不过是

> 一个声音；
> 我的生命只是风和潮的生命，
> 我丝毫也不能比风和潮更有用：——
> 可是你能够。——因此你应该走在
> 形势的前面。

海伯利安被敦促着去寻找萨图恩，他冥思了一阵之后，跃入深沉的黑夜。

五

伴随着第二卷的开启，萨图恩和西娅抵达提坦们巨大的岩穴。这里的情境和论辩都令人联想起《失乐园》中堕落天使的群魔会议。两者之间的主要差别在于提坦的性格，尤其是济慈笔下刻画出来的性格。他们总体上是一群相当纯真的巨神：其统治远称不上邪恶；如果说他们现在缺乏远见和宽厚，但至少他们有自己的理由。不论有意还是无心，济慈开始满怀同情地将人性赋予这些巨大的史诗角色——尽管他所使用的形式结构和语言风格都离凡人稍远："伤痕累累的提坦"躲藏在这个"悲
398 伤"的地方；他们本能地退避到一个洞穴里，"那里没有侮辱性的光"，不会出卖他们愤怒的眼泪和困惑的犹疑。在这个隐蔽的处所，"他们硕大的心脏 / 痛苦地起伏"；庞大的亚细亚正在睡梦中（"她忧郁的脸上思虑多于悲伤"）；恩刻拉多斯——不管他现在躺倒沉思、重温过往和谋划未来时如何"像老虎般激动"——他"过去曾驯服而温和"，像牧场上吃草的牛一样平静。

提坦们需要面对的问题是，当形势滋养灌溉并从“事件的广袤土地”中带出不可预知的幼芽时，他们应当如何面对这样的形势。（永远“应该走在 / 形势的前面”，刻琉斯小声对海伯利安说。）应该如何面对失去带来的伤痛？济慈从八岁起就熟悉这个问题了。自然，近在眼前的诱惑就是面对形势的不公而无力地摇摆。“我们必须采摘的毒果”生出不可预知的嫩芽，而它们常常是不合当的。对这些庞大的提坦来说，情况就是如此，济慈将他们构想为接近埃及巨石像的模样，只不过他们很快便具有了人性。在那“初创的世界”中，他们的时代曾是黄金时代。宇宙本身，有什么根本的错误吗——那种全然不公的错误，无视其自身过程所创造出来的心灵？然而，这种纯粹展现人性的抗议，与伊阿珀托斯的抗议同样徒劳，这位提坦巨人手里抓着一条大蛇：

蛇的尖舌
从喉头挤出，蛇的身体直直的，
死了；因为这家伙未能把毒液
吐进战胜者约夫的两只眼睛里。

尽管其他提坦表达出对不公的愤慨，但萨图恩才是愤慨最主要的声音——直到沉思的恩刻拉多斯站起来回应俄刻阿诺斯冷静的智慧，这种情况才发生改变：正如俄刻阿诺斯所言，对一位“因至高无上的权威而盲目”且不习惯于屈尊的国王来说，萨图恩的反应确实再自然不过。提坦议事时，萨图恩（像李尔王一样，时而专横，时而摇摆）重复地讲起剧变所隐含的不公给他造成的困惑：

我悲伤的心胸，尽管

他审判和探索自己,我无法从中
找到为什么你们会沦落的缘由;

各种“标记、象征或征兆”中,也无法找到理由来“解惑”。他惊异地发现,睿智的大海之神——被打倒的海神俄刻阿诺斯脸上流露出“严肃的满足”模样,于是他对这位提坦中的智者说道:“给我们帮助吧!”

399 俄刻阿诺斯相当长篇幅的回答,当然是这首诗的关键部分之一,同时也是济慈在某种意义上的胜利。这七十行诗是他初次在诗歌中以一定的篇幅呈现“无我”理想,这个想法从他头一年在牛津大学莫德林堂与贝利一起读书时便产生了,之后一直萦绕在他的脑海。同样重要的是,他终于能够对这一想法做出戏剧性的改编,让它成为塑造俄刻阿诺斯这个人物本身的载体。一旦我们受到诱惑,狭隘地关注这段演说本身,并把它视为济慈最终论点的表述,我们就应该提醒自己不要忘记它的戏剧性功用。这段演说当然是论争的重要组成部分——甚至可能是其顶点——但它并不是全部。俄刻阿诺斯开篇便指出,提坦在失败之前就已经分崩离析了,因为他们陷入了自我关注,“滋养”了自己的失败,徒劳地惦记着复仇。他带着禁欲者的骄傲,告诉众提坦,在真理面前他们“势必要安心于沦落”。这个真理的要义如下:

是自然规律,不是雷霆或约夫的
暴力,使我们覆亡。
…………

　　你似乎并不是神的始祖,
你因此也不是神的末代;不是!
你呀,既不是开头也不是结尾。

济慈可以说呼应了那部最能够俘获其想象力的戏剧——爱德伽在《李尔王》中说道：

　　　人们必须忍受
退场，就像来势一样：
成熟即是一切。

起初，“太始的黑暗混沌”出现了“阴郁的纷争”：

　　　　　有奥妙目的的纷争
正在成熟中，成熟的时辰来到，
光随之而来。

光“一旦从母体 / 内部脱颖而出”，就产生了另一番成就——即“我们巨神族”，我们此刻在觉悟、行动自由和友谊方面都胜过前一辈：

我们的形态坚实而美丽，我们
有意志，行动自由，是友善的群体，
我们有无数纯粹生命的标志；
所以我们的后面又有新一代，
一群更美的神祇，我们的子女，
注定要胜过我们，在我们满载
荣耀告别黑暗的时候：比之于 400
被我们征服的混沌，我们也不是
失败得更惨。

泥土应该与“它所哺育的骄傲的森林”争吵吗，还是树木应该怨恨其枝条庇护的自由飞翔的鸟儿？就像林中的树木一样，提坦也“养育了……金羽的鹫鹰”：

最美的就该是
最有力量的，这是永恒的法则：
凭这条法则，征服我们的诸神
将被另一代战胜，像我们一样哭。

俄刻阿诺斯亲眼见到了年轻一代的海神——也就是他自己的“取代者”——不得不承认自己的帝国已经结束。然而，另一种形式的“统治”仍是可能的——那就是以充分而公平的理智，向必将发生的事物致敬：

忍受赤裸裸的事实，
冷静地面对周围发生的形势，
这就是君权的极顶。

这位尤利西斯式的、谨慎的俄刻阿诺斯给出了长长的劝诫，这份劝诫的前提来之不易：知识（也就是哲学，或者说受到智慧影响的知识）不仅本身是好东西，而且就像济慈此前五月份写给雷诺兹的信中所言，它“带走激情与狂热；思索的广度一旦拓宽，神秘的重负就减轻了：这一点我开始有所领悟”。俄刻阿诺斯所要求的正是“思索广度的拓宽”：将关注点从个人的损失转移到更大的进程之中，而个体只是进程的一部分。但另一方面——正如济慈在给雷诺兹的同一封信中立即补充的那样——对知识和理智的信赖能够减轻个人的痛苦和困惑，就像“琢磨抽取出来的益处”；当济慈提及心灵仿佛可以立刻开始跟随或“比得上”头脑时,他显然已“趟出思想的深潭……就像学童踏水一般”。知识可以产生形塑作用——“这一点我开始有所领悟”——但我们不可能在“胸膛和头脑之间划出严密的平行线……也不可能知道,假如遇到朋友的死亡或是‘皮肉承受’病痛,知识在多大程度上能够提供安慰”。等到后来(1819 年 4 月)济慈放弃《海伯利安》时,他对此就更不确定了:“让鱼儿冬天在远离河流的地方像哲学家似的思考寒冰,它们会在夏日微温的喜悦中嬉闹个没完。”“接受事实吧,”俄刻阿诺斯在演说结束处说道,“把 401
它当作香膏吧。”他对提坦们的劝告,给出了一个合理甚至也正是他们需要的答案;但不论别的评论为何,至少这番话在同伴情谊方面并非莎士比亚式的。事实上,这番话在某些方面略显自以为是。诚然,提坦最初并不是按照凡人的形象来构想的;反复无常且具有防御意识的凡人之心,会对事实和原本需要的知识表现出抵制和抗议,按道理讲这放在提坦身上是说不通的。然而,眼前这些提坦已被击溃;他们变得与凡人无异;无论如何,济慈习惯性的共情正将提坦变得越发具有人的特性。

俄刻阿诺斯带着“严肃的”满足提供给提坦同伴的“香膏”,似乎未能带来多少安慰,尽管温柔的女提坦刻吕墨涅受到感动,并补充了自己的经验对俄刻阿诺斯的话加以证实:她听到了年轻的阿波罗歌唱,“同时感到悲伤又喜悦”。巨大的恩刻拉多斯靠在自己的手臂上,用轻蔑的口气驳斥了俄刻阿诺斯(“大海的僭越之君”)和刻吕墨涅——前者“过于聪明”,后者“过于愚蠢”。他奚落聚集在一起的提坦胆小怯懦。看到众提坦的反应,恩刻拉多斯高兴地站起身来(“怎么,难道我只用 / 简单的几句话就引得你们发火?”),提醒众提坦这一切所涉及的“不仅仅是失去疆土”:“和平高枕无忧的日子”已经过去了,与战争无缘的日子已经消逝了;无瑕的纯真已经被强行闯入的新生代打破。最后,海伯利安,“我们最辉煌的兄弟, / 仍然保持着荣耀”——海伯利安就快要来到;提坦们的脸上反射出光芒,“他两脚发光 / 踏着花岗岩山峰”(济慈此处使用的是他所谓的弥尔顿式的“静态描摹”)：

他的努米底亚式短鬈发呈金色，
他仪态威严像帝王，他一身光辉，
含着巨大的阴影，像是门农的
庞大身形在太阳落山时呈现在
来自幽暝东方的旅行者眼前。

但他夺目的光辉却将提坦的悲惨处境展露给了他们自己。海伯利安一动不动地立定脚跟，忧心忡忡地俯视着眼前的景象。面对他情绪低落的忧思，被打败的提坦再次变得沮丧，他们中的许多试图遮住颜面，避开海伯利安锐利的光芒。然而，恩刻拉多斯和另外三位提坦却勇敢地迈步
402 上前，喊出了“萨图恩”这一声对君王的敬称。其余提坦的回应是从空洞的喉咙中发出的；但海伯利安在花岗岩峰顶的应答，却坚定无比。

六

李·亨特曾用具有暗示性的语言，将诗中至此为止的发展称为《海伯利安》的“超验宇宙政治学”，现在，呈现这一发展的舞台已经搭好了。构筑前两卷引人注目的背景实在令人精疲力竭。除此之外，假如济慈想让叙事更加流畅，对话更具戏剧性，那么他已经开始使用的风格，可能会在形式和语言特性方面造成一些技术性问题。最重要的是，他撰写《海伯利安》时那令人痛苦的秋冬，对任何创作来说都远非理想条件，而对眼前这首诗来说尤为不利——因为它被乐观地假定为崭新的、更经深思熟虑的“创造的试炼”：正如他几个月前曾满怀希望地宣告，在这首诗中

"强烈情感和行动的行进线路将遵循轨迹而毫不偏离"。

济慈每日照顾汤姆，为了稳定心绪，他也可能试着"沉浸于抽象的画面，让自己忘记汤姆的面容、声音和虚弱无力"。然而，十二月一日汤姆去世后，这条线突然被掐断了。再返回到写诗的状态，几乎无比困难。汤姆去世两个半星期后（12 月 19 日），济慈写信给远在美国的乔治："我觉得必须再捡起我的诗。"如今，出门拜访朋友或是参加聚会都令他"窒息"：

> 除了写作之外，我从未感到过解脱——所以我要连续地写。星期五[也就是第二天]。我想你离开英格兰之前就知道，我的下一个主题是"海伯利安的覆亡"，昨晚我又写了一些——但重新找到原来的脉络还需要点时间。

十二月二十二日（三天后），济慈写道："刚才我拿出那首诗，想接续写下去——但一想到最近给你写的信太少，我就没法继续了。"济慈由于咽喉痛，在家待了一段时间。其他活动也穿插着出现在他的生活里。二月十四日，他写道："我没有继续写《海伯利安》——说实话，最近没有写作的心境——必须等待春天轻轻把我唤醒。"他也许断断续续地又创作了一点《海伯利安》。最终，到了四月二十日，他放弃了这场现在看来是违 403
反规律的努力。

假如在这首诗的文本中寻找十二月一日左右写作线索掐断的迹象，我们有充足的理由将这个节点确定在此诗开篇相对扎实的前两卷之后，也就是不完整的第三卷之前。第三卷的风格发生了奇特的变化。首先，第三卷里，涉及情节发展的行动几乎消失殆尽。阿波罗进化成神的过程，对接下来崭新的诗歌探索部分极其重要，它意味着"初觉之室"周围现出的甬道，但这部分突然间被压缩为短短几行，似乎要为接下来将发生的事提供不完整也不够热切的暗示。当然，人们也可以做出这样的论辩，即济慈接近第三卷具有挑战性的主题时，已经触及其经验的极限——他的古典神话阅读经验无法为这个主题提供清晰的引导。的确，面对这一挑战时，济慈需要比前面两卷更多依靠自己的力量。但是，他的阅读并不局限于古典神话；他于一八一八年写的那些极富想象力和创见的书信，都表明他并不缺少思想资源。不管怎么说，伴随着这段疲惫但匆匆了结的概述，还出现了另外一种更令人费解的风格变化。此处的意象、语言风格，甚至对阿波罗本人的构想，都令我们不安地联想起《恩底弥翁》。汤姆去世后，济慈试着强迫自己继续创作《海伯利安》，但他仿佛麻木地退却了——这是我们面对灾难时都会作出的反应——他倒退回熟悉的姿态和习惯的语言风格上去；《恩底弥翁》之后，济慈为了寻找新的起点，曾刻意抛弃那些早期的陈腐措辞，但如今这些表述开始重新浮现："多利安长笛吹出柔美的颤音"；云朵像"白絮团飘过"。阿波罗也十分危险地肖似恩底弥翁。他离开"美丽的母亲和他的 / 孪生妹妹，让她们睡在遮阴处"，自己则沉思着漫步向前，"谷中丛丛百合花盖没脚踝"。从《恩底弥翁》复活的意象继续如鬼魅般出现在后面这些强行挤出来的诗句里：例如，阿波罗拥有"纯真悠扬的嗓子"，有一双迅速"满含热泪的眼睛"，当他内心激荡的理想超越了自己所生活的狭小、寂寞岛屿时，他会鲁莽地"哀叹"，或是"践踏双脚憎恶的绿草地"。

济慈试着寻找某种方法，从宏伟的前两卷向后过渡，他以近乎机械
404 的方式，通过第一次短暂祈求缪斯女神的做法，开启这段过渡。这里向神灵祈求助益的写法，无疑在勉强能相提并论的诗当中也是最弱的，这表明，当济慈继续强迫自己完成此诗时，他惯常十分敏锐的感知力变得无比麻木。在五行诗句中，他三次重复地请求缪斯离开提坦，转向别处。（"啊，离开吧，缪斯！让他们各自去苦恼吧……让他们这样吧，缪斯！"）

眼下的主题是“孤独的哀伤”和“寂寞的痛苦”——这些语句呈现出赤裸裸的主观,其内容远未在后面的诗句中得到实现。济慈描绘阿波罗于拂晓时分,漫步经过一片山谷,他晶莹的泪珠“顺着手中的金弓滴下”。女提坦摩涅莫绪涅(记忆女神,众缪斯之母)从树枝下面走了出来。阿波罗知道,自己以前不是见过就是梦到过这张脸。女神告诉他,他的确曾在梦中洞见过自己。女神之所以离开提坦,就是因为“对你的预言,也为了一种 / 新生的美的缘故”——阿波罗将成为“所有诗歌之父”——女神从他初生时起便一直守护着他;正是她在阿波罗身边留下了赤金的里尔琴,等他从梦中醒来时,就看到了这把琴。为何他现在被胸中茫然的痛苦所困扰?正当阿波罗准备回答之际,女神的名字突然出现在他的脑海:“摩涅莫绪涅!”他继续说自己不明白这种悲伤的缘由,尽管女神肯定知道究竟。他蔑视当下,渴望了解“未知的事物”:“这座岛之外还有别的地方吗?”星辰和其他的天体到底是什么?雷霆的神秘之处又是怎样:是谁的手,哪一位神明在各种元素中发出这样的警号,而与此同时他自己却坐在海岸边悠闲地倾听,“陷于无畏而痛苦的无知中”?难道摩涅莫绪涅不能驱散这“痛苦的无知”吗?女神始终一言不发。但对于阿波罗来说,等待的时刻已经到来;当他询问那沉默的身影时,他开始读到这样的讯息:

> 你沉默的脸上读到奇妙的训示;
> 广博的知识造就我成为一尊神。
> 名声,功绩,旧传说,可怕的事变,
> 反叛,王权,君主的声音,大痛苦,
> 创造,毁灭,所有这一切顷刻间
> 倾注到我这头脑的广阔空间里,
> 奉我为神明,仿佛我已经喝过

宇宙间无与伦比的佳酿或仙露，
从而成为不朽。

这一段情节十分危险地在怪诞的边缘摇摆。阿波罗从“痛苦的无知”到清醒了悟那至关重要的演化发展，是通过某种近乎催眠的方式
405 来实现的，阿波罗在沉默的女神面前“颤抖”（他的眼睛变得“炯炯有神”），并急于将“涌入”脑海的一系列经验（“名声，功绩，旧传说，可怕的事变，反叛”）记录下来，直到最终

狂暴的骚乱震撼他，使他的
四肢顿时亮出了永恒的华彩；
这非常类似死亡门前的挣扎；
也许更像是向那苍白而永恒的
死亡道永别，痛苦得灼热，正如
死时痛苦得冰冷，猛烈地抽搐着，
由死进入生：青年阿波罗经历着剧痛。

在这场决定性的挣扎中，

摩涅莫绪涅举起
双臂，像个预言者。——阿波罗终于
尖声叫起来；——瞧呵！从他的四肢
天国的……

到这里，《海伯利安》未完成的片段戛然而止。

七

我们自然忍不住推测,如果济慈能够继续往下写,后面会发生什么。按照理查德·伍德豪斯的说法,这首诗原本的计划已经相当周密。它会

> 详述阿波罗推翻前一任太阳神海伯利安——也会顺便描绘俄刻阿诺斯被尼普顿推翻,萨图恩被朱庇特推翻,如此等等。此外还有巨神们为了重新恢复萨图恩的王位而发动的战争——以及其他的事件,关于这一切我们只在希腊和罗马的神话诗人作品中看到过非常隐晦的暗示。事实上,这些事件纯粹是诗人智慧天赋的创造。[①]

但是,正如欧内斯特·德·塞林科特很久以前指出的那样,这个庞大的计划在《海伯利安》的前两卷就被改动过了。除了海伯利安以外,所有的提坦都已被打败;真正的"战争"已经结束。诚然,恩刻拉多斯呼唤众提坦加入新的战斗,海伯利安似乎也同意这样的呼唤。然而,这样的战斗本来就不得不局限于少数神祇,其他提坦不算热情,也心存迷惑,所以给予的支持多半是象征性的。

不过,在怀疑最初的计划原本能否得到执行的同时,我们也无须摇 406
摆到另外一个极端,认定这首诗在未完成片段本身截止的地方无可避免地结束了。后人经常认为情况如此;主要论点在于,阿波罗演化成神的过程曾经是——或者说,至少现在成为——此诗的主要关切,一旦这步达成,济慈就没有其他需要说的了。但阿波罗演化成神真的是此诗唯一

① 欧内斯特·德·塞林科特,《济慈诗歌》,第五版(1926),页486。

的（甚至说首要的）关切吗？诗的前两卷显露出更为宏大的情节行动模式，阿波罗的演化只是其中一部分，不论其重要性有多强。不管怎么说，这种演化是真的已经发生了，还是我们只拿到了济慈为其可能的发展所作的一个突兀乃至不太具有创造力的草率总结？也许，刻吕墨涅说了有关阿波罗的那段话之后（第二卷，第252–299行），诗歌有必要呈现出阿波罗在其岛屿上的模样。不过，在诗歌那么早的阶段就预示阿波罗将演化成神，并无必要，甚至也是不可取的，更何况把这一变化压缩在几行之内。我们倾向于相信，这几行诗是济慈决定不再继续完成此诗后（至少一段时间内搁置此诗）才写下的，他草草记下这几行的目的，是将这一篇章从心中抹去，并为以现存状态阅读此诗的读者提供一些线索，告诉他们接下来可能发生的事。

及至这一未完成诗篇中断之时，三个特别重要的人物已经出现了：海伯利安本人；冷静且深具洞察力的俄刻阿诺斯——他已被确立为解说者的角色；当然，还有阿波罗。不论阿波罗身上发生什么——无论济慈以何种方式来描绘他的发展（对济慈来说，这可能是比呈现提坦更加棘手的问题）——至少海伯利安肯定会得到戏剧性和史诗性的运用。毕竟，这首诗是以“海伯利安”的名字命名的；济慈使用人物名字作为诗歌标题时，总是十分直接：从《卡利多》到《恩底弥翁》，再到《伊莎贝拉》和《拉弥亚》，诗歌标题中的人名总会成为诗中的主要人物，或者至少是两个主要人物之一。

此外，海伯利安作为一个悲剧人物的铺垫已经精心完成。他在奥林匹斯山众神中有一个对立角色，此神将取代他的位置，另外，他身边还有一个说教者（俄刻阿诺斯）一直强调必然发生的事情不可避免。众提坦中，海伯利安是唯一一个以特殊方式描绘出来的形象，这种方式能够让他产生令人印象深刻的进一步发展。他是在充满惊恐和紧张的环境下被呈现出来的，此时危险还未真正到来。各种迹象都显示，他感受到了

危险却并不理解它。值得注意的是,济慈是在俄刻阿诺斯长篇大论的告 407
诫之后,才安排海伯利安来到提坦巢穴,加入他们的队伍:由此,海伯利安并未被迫过早地参与论辩;无论他后来知晓什么,都必须从经验中获得。实际上,海伯利安是唯一可能成为悲剧叙述主体的人物;至少有一年的时间,悲剧作为一种诗歌理想一直萦绕于济慈的想象中,时而与他有关史诗的想法相冲突,时而又与之融合在一起。海伯利安不仅是这首诗中唯一具有悲剧发展可能性的人物,我们甚至可以进一步说——在济慈选择的神话史诗框架的范围里——海伯利安是悲剧的理想人物。他恢弘又壮丽,但同时又受到危险的胁迫,我们(从俄刻阿诺斯那里)知道这种危险是无可避免的。然而,海伯利安本人并不清楚这一切,虽然他来到众提坦面前时,俯瞰众神,在脚跟站稳之际("他两脚发光 / 踏着花岗岩山峰"),其先前茫然的担忧又得到了新思考的补充。由于他不像俄刻阿诺斯那般——了解眼前的危险——因此,海伯利安会做出抗争,尽管这场悲剧性的抗争可能不会——确实也无法——以持久战斗的形式上演,它最终可能会以痛苦的内心冲突而告终。

但到此处,济慈已经遇上几乎无法克服的困难,它与技术和形式上的困难一道为他设置了难题,而技术和形式的困难本就紧密——甚至有机地——关联在一起。尽管众提坦仍壮丽辉煌,但他们不仅变得具有人性的特点,而且作为诗歌人物,他们还与这整首诗的基调一样,变得相当文雅。使新旧相结合的理想,将史诗的宏伟(以及戏剧性的悲剧)与华兹华斯式对内心探索相结合的理想,迎面撞上了一堵又一堵高墙。因为,如果希望得到原始宏伟的崇高感,那又怎么能够展现精妙琢磨内心时所产生的复杂纠葛和关于选择的局促不安呢?此前的春天时节,济慈已经表达出这方面的疑惑,而现在实际的经验似乎也证实他疑惑得有理。比如,战争在通常简单的理解下,很难用作塑造个体和内心挣扎的框架;这肯定会改变直接行动的可能性——假如人们要继续使用传统的史诗术语来解释这种行动的话。在《海伯利安》中，真正的对手并不是个体，而是如俄刻阿诺斯所说的时间本身。假如真的有“智识的行进”(march of Intellect；即便有，也必然涉及痛苦的经验和失败的事实)，那么作为大格局中的一部分，
408 某种神秘的进程也必然参与其中，济慈写诗信给雷诺兹时(1818年3月)就曾受到它的震撼：

　　　　　　　　我望向
大海深邃的地方，每一张血盆大口
食物越少，胃口越足。——
……我看得透顶清楚，
那永恒而令人生畏的毁灭。

诚然，阿波罗最终将成为“预见之神”——能够像“预见之神那般塑造自己的行动”。但他也不得不面对“法则”，正如俄刻阿诺斯所言，凭借那法则，

　　　　　　征服我们的诸神
将被另一代战胜，像我们一样哭。

除此之外，作为“预见之神”，阿波罗的成长就其本身而言，也必将包含他对自己注定要取代的悲剧人物海伯利安的深切同情。

八

当济慈试图融合如此多种构想时，形式问题便不可预测地出现了。

《海伯利安》一诗的整体尝试，与浪漫主义诗歌的发展方向是相悖的；浪漫主义的成就在于对个人的书写，然而，《海伯利安》却是以史诗的客观性为出发点的；浪漫主义的理想风格崇尚情感的自然流溢，但《海伯利安》却是精心雕制的。就算一开始告诉济慈这一点，他也不会感到苦恼。这首诗将成为一种抗议，代表的是新旧结合的可能性。真实的情况是，尽管他可以在论辩的双方均讲得头头是道，但却很难同时兼顾两者。短诗可以运用对比反衬的方式同时展现两种不同的理想（济慈放弃《海伯利安》后不久就创作了一首类似的短诗）；在诗剧中，语言风格与诗体韵律方面的多样变化不仅是可行的，而且是受欢迎的做法。然而，不论济慈多么渴望在《海伯利安》中融入些许戏剧元素，它毕竟不是戏剧；其文体标准也是英语诗歌中最庄重的（用他后来的话说，是“艺术性的”）——即《失乐园》的风格。正是由于济慈成功地实现了类似的庄重，《海伯利安》才呈现出某种尴尬的窘迫。济慈的成功与人们经常提到的修辞手段——如名词与形容词的倒置（“预兆沉闷的”“宫殿明亮的”）没有太大关联，甚至可谓毫无瓜葛。实际上，这种手法令人再次联 409
想起约翰逊对某类人的叹息，这些人认为“不写散文肯定就是在写诗”；它还让人联想起约翰逊对托马斯·沃顿的戏仿，“耗尽人生的夜晚灰色”（“**灰色夜晚**很普通，”约翰逊说道，“但沃顿认为**夜晚灰色**就很不错”）。若把《海伯利安》与十八世纪“弥尔顿式”的仿诗相比，甚至与济慈同时代普通的素体诗相比，其对独特风格的模仿还是较为节制的。

济慈真正开始接近弥尔顿的地方，是在一些更棘手和更本质的方面——即节奏和停顿。[①] 对诗人和韵律学者来说，济慈的迷人魅力之一，在于他能够准确无误地捕捉到他用作底本模型的任何诗人对停顿的

① 《济慈风格发展》，页66–91。关于济慈与弥尔顿在行中主要停顿的肖似情况，见页74–76。

运用。当时,诗行中主要停顿的处理方式仍被视作诗人的基本考验之一。(文体风格的现代研习者,往往不像他们所探讨的早期作家那般清晰地意识到这些问题;现代研习者强烈渴望深奥晦涩的分析,因此更倾向于视觉思维,关注意象和隐喻。)在试图模仿弥尔顿诗行的诗人中,济慈是唯一一位在诗歌《海伯利安》中几乎完全按照弥尔顿的做法来分配其行中主要停顿的人,他频繁地使用第六音节停顿——这种安排同样常见于弥尔顿的诗歌,也被约翰逊认为是五音步诗行中最高贵的写法:

But where the dead leaf fell, (x) there did it rest. (第六个音节)
A stream went voiceless by, (x) still deaden'd more... (第六个音节)
Had stood a pigmy's height; (x) she would have ta'en(第六个音节)
Achilles by the hair, (x) and bent his neck... (第六个音节)

使用最庄重的风格起笔所造成的一个巨大负累,就是后续的任何变化,不论带来何种效果,都免不了降格之感。弥尔顿式的宏伟步幅和掌控力,成功地激起济慈对崇高的共情,以至于他在《海伯利安》中创造出了某种他自己既无法忍受又不能割舍的东西。即便是在其他方面对济慈评价十分刻薄的拜伦,也不得不承认,这部未完成的《海伯利安》"仿佛真的受到提坦的启示,与埃斯库罗斯一样崇高";《唐璜》中有一个毫不客气的诗节,写到济慈被"一篇评论文章掐熄了生命",但也承认济慈在《海伯利安》中

试着讲述诸神于当今,
仿佛他们真当如此交谈。

前两卷之后，济慈接近下一个阶段——诗歌向阿波罗的过渡，以及 410
这个变化所涉及的一切——降格似乎是不可避免的，而此时它造成了一个特别令人不快的问题。济慈确实已经超越了秀丽和感伤的阶段；他已经在新的、具有挑战性的高原区域完全掌控了自己的步伐。但他还未给中段区域创造出一个唾手可得的风格。一旦从庄重宏伟的风格上降落下来，就意味着他可能要一路滑至亨特的山谷，或是与亨特风格相类似的低谷。这两个月中，济慈还未能创造出一种现成的语言风格和诗体韵律，在低谷和特定的高原之间作为居中平衡的部分，我们承认这一点时，尤其应该着重强调的词就是“现成的”；我们还得提醒自己，眼下所讨论的时间线只有短短几个月而已，而非数年。能够直接攀登、攻克悬崖的力量，在开辟道路方面恐怕也不在话下；除了无与伦比的锤炼之外，在此过程中，济慈还得到了许多其他收获。不过，成果的凸显还需要几个月的时间。

放弃《海伯利安》对济慈来说代价沉重。原因正在于，我们（忘记他所面临的其他困难，以及时间的紧迫）总是轻率地认定其尝试是不可能实现的——也就是说，他试图将如此多各不相同的东西纳入一个整体，但我们认为这难若钻火得冰。

九

济慈正是在撰写《海伯利安》的过程中，形成了许多特质，我们将这些特质与他自此时起至生命终了所创作的诗歌联系起来，尤其与他写出伟大颂歌的八个月相联系，不过，在伟大颂歌之后，他的风格仍有进一步发展。由于这些风格着实丰富多样，任何介绍性的总结，不论多么凝练，都显得有些愚蠢。不过我们现在可以在某一总体品质上停留片刻，谈论它所采用的一些特殊形式——这个品质就是紧凑的艺术密度与克制的结合，从维多利亚时代至今，此特质吸引着一代又一代读者。

这种吸引力的本质，部分在于塑造它的方式种类繁多：如果某一种形式在特定的一代人中没有得到尊崇，那么另外一种形式也会得到重视。不过，其中的某些方式超越了之前一个半世纪诗歌品味的变化。方式之一便是具有移情效果的意象，也就是莎士比亚式的内入感受，自沃尔特·兰多和阿诺德的时代以来，此种写法总是让人不由得比较起
411 莎士比亚和济慈的风格。我们已经谈论过济慈本人对这种语言和意象的赞同。当然，他早期诗歌中的例子也不胜枚举（米诺鱼“用摇摇晃晃的身体抵挡着水流”；“瘦弱的蝙蝠丰满它冰冷的皮肤之前”的有机意象）。而如今，济慈对内入感受的运用几乎成为习惯，即便在《海伯利安》中他以弥尔顿式的恢弘步伐向前行进，仍能保持这样的习惯：

> 他呀，想品尝从圣山群峰升起的
> 一阵阵氤氲缭绕的香烟，可是
> 他的宽腭尝到的并不是美味，
> 恰恰是破铜烂铁致命的恶臭。
> …………
> ……一阵剧痛逐渐从脚踵
> 到头顶卷过他全部庞大的身躯，
> 像一条弯曲的蛇，粗大又强壮，
> 缓慢地爬行，蛇头和蛇颈因用力
> 过度而抽搐。

我们不禁回想起济慈学生时代非常欣赏的斯宾塞的一句表述——“肩负大海的鲸”，以及他很喜爱的莎士比亚诗行：

蜗牛那柔软的触角被击中，
只疼得缩回了带壳的洞。

与斯宾塞和莎士比亚相同的意象动觉天赋，在济慈这里得到了有机的摸索和提炼，表现在感官印象的相互作用之中，他的表达远远超过其去世后半个多世纪里人们的各类尝试（在有效程度和设计的精巧方面均是如此）。作为一位开拓者，济慈并不将自己局限于某个特定方面。我们后来所谓的“联觉”——用一种感觉替代另外一种感觉——在济慈创作中出现的频率远远超过他的同时代人，这个范畴可以包括他同时代的英国人、法国人和德国人等，他使用“联觉”的频繁程度甚至与七十年后的作家不相上下——除了少数专精于此道的作者之外（如“芳香的……光”“气味的触觉”“猩红的疼痛”等）。不过，这种意象与其说是用一种感觉来替代另外一种感觉，倒不如说是用一种感觉来充实另外一种感觉，使之具有更丰满的维度和深度——这是后来十九世纪其他诗人未能如此成功实现过的。在这一点上，济慈又让我们想起了莎士比亚：“**潮湿的花香**”，香气变得可触碰，甚至可以看得见，在越来越深的黑暗中“飘垂着”：

我看不出是哪种花草在脚旁，
什么柔软的清香挂在树枝上。

这种情况不仅在意象中可见，于纯粹的措辞独特性方面也是如此。412
济慈从莎士比亚和弥尔顿那里捕捉到了过去分词作为形容词的用法（有几个月，他在这方面的使用频率甚至超过莎士比亚和弥尔顿）：把过去分词用作形容词时，动词的能量能够得到束缚和集中；其效果与以“y”结尾的形容词（“sphery”“streamy”“towery”“spangly”）那种转瞬即逝的效果恰恰相反，亨特及其效仿的伊丽莎白时代诗人倾向于使用以“y”结尾的形容词。“高大的橡树，**被**恳切星辰**所迷醉的枝条**”（“Tall oaks, *branch-charmèd* by earnest stars”），在这样的诗句中，橡树的枝条得到了能量：诚挚恳切的星辰所施加的符咒，在它们的体内得以汇聚。济慈还将《圣亚尼节的前夕》里的一句诗改成“把**已被温热的珠宝**一颗颗摘取”（“Unclasps her *warmèd jewels*, one by one”）：温度如今已不只是一种特性；它被捕获并集中于物体之内。济慈的许多作品在修改后实现了表述词的凝练，这种情况于《海伯利安》中可见，在《圣亚尼节的前夕》中尤甚（因为这首诗其他方面的挑战较少，因此他更加关注这类风格问题），甚至在颂歌中也不乏例证（《夜莺颂》对酒“将长时间冷却”〔“Cooling an age”〕的描写，也改为“在深陷的地窖被冷藏多年”〔“Cool'd a long age in the deep-delvèd earth”〕）。结果《海伯利安》和《圣亚尼节的前夕》中以“y”结尾的形容词从百分之三十下降至百分之七，过去分词用作形容词的情况（类似“branch-charmèd”这样的形容词）占据《海伯利安》全部表述词的五分之一，在《圣亚尼节的前夕》中更高达四分之一。

从音步律的角度来看，由于济慈渴望最凝练的表达，所以他越发倾向于增加重音值的诗行（weighted line）。这一情况会以多种方式呈现。例如，尽管他在《海伯利安》中效法弥尔顿的诗歌格律，但却避免使用弥尔顿密集的跨行连续句，只保留了大约一半的使用频率。他已经在《恩底弥翁》中用够了跨行句（尽管那首诗的模仿对象和写作目的都大不相同）。他同时通过一些音步律方法，努力实现凝练，在这些方法中，我们可以特别提一下扬音部行中停顿（也就是重音音步之后的停顿），他改变了之前从亨特那里学来的抑音部行中停顿。此外我们还可以略谈他对扬扬格（也就是包含两个重音的音步）日渐浓厚的兴趣——

Tall oaks, | *branch charm*|èd by the earnest stars
Dream, and|*so dream* | *all night* | without a stir. *

有一些研习济慈诗歌的人,更关注某首不太重要的即兴诗的创作日期,其兴趣之浓甚至超过对济慈诗歌艺术的关注,他们把上面的考量视为迂腐学问的巅峰。每当我们遇到与自己浑身渗透出的沉闷有 413
所不同的东西时,就显得很不耐烦,然而,我们着实应该停下来(就像圣伯夫所言),想想我们研究的作家会如何看待**我们**以及我们讲出的话,我们在多大程度上注意到了作家本人对文学技艺的兴趣。济慈现在就《恩底弥翁》产生了一些反思,并称之为"拖沓"的《恩底弥翁》,不久之后他甚至对斯宾塞的"芜蔓铺散"也开始感到烦恼,由此,对增加重音值音步(如同对增加重音值的诗行和诗节一样)的偏爱占据了他的内心。在早期诗歌中,他会使用不重读的抑抑格对抑扬格音步进行变格处理:

A thing of beau|*ty is*| a joy forever:
Its love|*liness* | increas|*es*; *it*| will never. . . **

如果频繁使用不重读的抑抑格,会增加亨特喜欢的那种温雅自信和轻快活泼的效果(有时表现出做作的轻松)。与亨特的诗歌相似,济慈早期诗歌中扬扬格用得比较少。事实上,我们可以就他使用扬扬格的情况作出一张令人惊讶的图表:他在颂歌中越来越多使用扬扬格,且在其最馥郁浓烈的作品中达到顶峰。即便在他最薄弱的颂歌里(如《怠惰颂》),

* 斜体部分为扬扬格音步。
** 斜体部分为抑抑格音步。

扬扬格的使用频率也是早期十四行诗的五倍，而到了《忧郁颂》和《希腊古瓮颂》，其频率更跃升至六到七倍。之所以言及于此，只是将它作为有趣的音步律方面的伴生物，它是伴随着济慈如今想要凝缩（不仅以某一种方式，而是极尽各种可能）和“将每一条裂隙都填上矿砂”（借用他写给雪莱的著名信件中的一句话）的愿望所产生的。不出几个月，他就会感觉到自己在追求有分量且满载意蕴的丰富性方面做得太过头了。《拉弥亚》和《海伯利安的覆亡》开启了新的风格。他把后一首诗的开篇序言抄写下来，寄给了理查德·伍德豪斯*（1819 年 9 月 21 日），并思忖道：“我的诗永远不适合任何它没有充分涵盖的东西——你瞧，她完全措手不及，一动也不动……现在但凡破坏一下扬扬格，她就完蛋了。”

十

我们发现，从《海伯利安》直到次年五月的颂歌，济慈都将半谐音理念和其他形式的元音交互观念付诸实践，他对这些问题的思考已有一年甚至更长的时间。其中的基本原则——就我们所能理解的情况而言——绝对称不上独一无二。但首先，最不寻常的是这些理念被演示出来的程度。乔治·森茨伯里曾说，济慈首开英诗中刻意且连续使用半谐音的先河，这个判断是有道理的。更不寻常的是，与其他风格方面的追求相比，这一令人惊叹的技巧实验并没有占据济慈太多的关注和兴趣。与埃德加·爱伦·坡和斯温伯恩这样的诗人不同，济慈远没有到唯一关注甚至主要关注诗歌音乐潜能的程度。即便我们只谈论狭义的风格（对于一个发生了许多大事的年头来说，只谈狭义的风格是一个巨大的

414

* 原文此处误将该信标注为写给“乔治”。

限制），济慈心中所想的也绝不仅限于元音的音乐性。

本杰明·贝利回忆起济慈一八一八年九月在牛津的日子时（他也有可能回忆的是后来两人之间的谈话）说道：

> 他最喜欢的话题之一是诗歌的音乐性原则，关于此，他有自己的观点，尤其是对开元音和闭元音的处理。我想我看到过类似的理论，有人说提出者是华兹华斯。但我不记得他把这些内容写下来过。就算真是这样，济慈的理论也是自创的。他就是他自己，如前所述，他是一位音乐性的大师，这一点从他诗歌的无数篇章就可以看出。援引一例的话，我想可以用《海伯利安》最完美篇章中的几行作为例证，这几行被不止一个评论家引用过——即被推翻的萨图恩陷入忧郁孤独的图景。济慈的观点是，元音需要处理好，避免彼此碰撞，破坏音乐美——它们应该相互轮替，就像音乐中使用不同的音符，以防止单调。[①]

从贝利的话中，我们至少可以得出两个推论。首先，他所说的“开”元音和“闭”元音并不是现代语言学家所谓的开元音和闭元音，而是指传统和宽松意义上的“长”元音和“短”元音。一旦使用这个标准，我们就会发现，从《海伯利安》开始，到《圣亚尼节的前夕》，再到一八一九年四月和五月的颂歌，济慈写出的一行又一行诗都符合贝利提到的模式或者相近的模式。[②] 如果我们用“*a*”来代表传统意义上的“长元音”和二合元音，用“*b*”来代表传统意义上的“短元音”，就可以看到清晰的轮替：

---

① 《济慈社交圈》，第二卷，页 277。

② 关于这个问题以及半谐音问题更详尽的论述可见《济慈风格发展》，页 50–65。

415 And purple-stainèd mouth

(*b a b a b a*)

Away! Away! For I will fly to thee

(*b a b a b a b a b a*)

在这种轮替之前,可能会出现一连串急促的“短”元音:

Sudden from heaven like a weeping cloud

(*b b b b b* | *a b a b a*)

宁静、阴郁的诗行中,可能会使用逐渐增多的“短”元音:

As are the tiger-moth's deep-damask'd wings

(*b* | *a b* | *a b b* | *a b b b*)

这些都是确凿无疑的清晰示例,不过还可辅以三个相关要点来补充说明:济慈使用这些轮替的频率远超过其他任何主要诗人;这一阶段的诗歌在使用轮替的频率上也远超过济慈本人于《海伯利安》之前和颂歌之后(除了《秋颂》外)所创作的诗歌;假如再包括稍微不那么规则的轮替,则其频率更远超出济慈其余诗篇和其他主要诗人的创作。

从贝利的记述中得出的第二个推论是,他同样提到了半谐音。(相关的例子“‘Sat grey-haired Saturn’——和‘forest on forest’”就说明了这一点。)从《海伯利安》开始,尤其是自《海伯利安》一直到颂歌这个阶段,济慈诗歌中精心设计的半谐音可谓英诗格律史上最令人感兴趣的事情之一。它之所以引人关注,是因为在坡、西德尼·拉尼尔和斯温伯恩等诗人的创作中没有发现同等程度的、针对半谐音的使用,我们通常会把这几位诗人与声音方面的实验联系在一起（他们对半谐音的使用相对简单得多——比如“Pale beyond porch and portal”）。这种情况在另外一些诗人的创作中反而更常见（虽然程度比不过济慈一八一八至一八一九年的诗歌），我们通常认为这些诗人心中有着其他更加急迫的关切：他们是——莎士比亚，尤其是其十四行诗（莎士比亚戏剧中的一些特定演说部分也能见到这种情况），此外还有弥尔顿。其他在半谐音方面最接近莎士比亚和弥尔顿的诗人包括柯尔律治、雪莱（十分精彩但出现的次数较少）、丁尼生（使用较为频繁，但相对简单）和偶尔为之的查特顿。实际上，贝利谈起济慈对诗歌“音乐性”的敏感时，曾写道“我想，我现在 416
还能听到他背诵或吟唱”查特顿的一首诗，诗的开头是这样的：

Come with acorn cup and thorn

在济慈自《海伯利安》到颂歌的创作中，这种元音间的交互是很常见的。其中有我们刚刚在查特顿诗歌中提到的简单轮替：

I cannot see what flowers are at my feet

元音的三层重复也几乎同样寻常：

And still she slept an azure-lidded sleep

Nor let the beetle, nor the death-moth be

但这还仅仅是个开始。连续半谐音可能与三层重复的元音交织在一起：

Cannot I form? Cannot I fashion forth

济慈在《海伯利安》中写下这一行诗（“And bid old Saturn *seize* his throne again”）之后，将“seize”改成了“take”，就是为了和行末的“again”形成半谐音：

And bid old Saturn take his throne again

到《圣亚尼节的前夕》之时，这种元音交互变得更加丰富。它甚至经常超越单行的限制，几个例子可以说明这种情况：

The wakeful bloodhound rose and shook his hide. But his sagacious eye an inmate owns

And diamonded with panes of quaint device, Innum'rable of stains and splendid dyes

417 Saying, "Mercy, Porphyro! hie thee from this place: They are all here tonight, the whole bloodthirsty race"

尽管贝利说，济慈认为元音应该像“音乐中的不同音符”交互着使用，但人们容易过度强调这个观念所包含的自觉艺术企图。正如学习演奏乐器一样，自觉的艺术追求在刚开始尝试时是最强烈的。很可能这些刻意的努力绝大部分出现在济慈撰写《海伯利安》之时，也就是汤姆·济慈生命最后的八个星期中。彼时，他以平均每天十行的缓慢速度创作（对济慈来说，这个速度的确不快），并坚定地将自己能开发的一切资源压缩到这首诗中，他想要迎接挑战，正如其感受到的那般，他早已在不成熟时就“深陷”其中：这个挑战就是既留存过去最伟大的诗艺成就，同时又向前探索“黑暗的甬道”。正是在尝试这项挑战的过程中所学到的东西，让济慈摸索到他日后真正企及的高度。

第十七章　范妮·布劳恩;《圣亚尼节的前夕》(1818 年冬–1819 年)

一

418 济慈叫醒查尔斯·布朗并告诉他自己的弟弟刚刚去世时,布朗就意识到,如果让济慈继续待在那个与乔治和汤姆有着紧密关联的房间里,他该感到多么寂寞。布朗问道:"你现在和那个住处没有关系了——而且你就一个人,是不是最好和我住在一起?"济慈想了一下,说:"我想这样是好一些。"①

大约两个星期之后,济慈搬到了温特沃斯寓所。在布朗客厅的对面,济慈有一间独立的小起居室——这个房间位于屋子靠后的一侧,布朗的客厅则在靠前的一侧——济慈位于楼上的卧室恰巧就在起居室的正上方。同这个时期大部分的房子一样,寓所的厨房和简陋的餐厅都在地下室(一年中大部分时间很潮湿)。济慈每个月付五镑费用。这在当时算一笔不菲的食宿费:他和汤姆两个人每月可能也就付给本特利太太七八镑。多年后,迪尔克与布朗生了怨怼,前者含沙射影地攻击后者

① 布朗,《约翰·济慈生平》,页 53。

在当时做出的安排。迪尔克谈及布朗的“济慈回忆录”时，颇为恼怒地描绘了“‘搬来和我一起住’的场景——为什么布朗从一开始持家，到离开英格兰前往新西兰的最后一刻……都习惯于找人和他同住——因为这能帮他赚取一点收入”。① 然而，正是这种接近商务性质的约定成为吸引济慈的主要因素之一，毫无疑问是他自己坚持要交每月五镑的费用。除了离开伦敦的旅行之外，济慈在这里住了一年半，一直待到一八二〇年五月；正是这些房间，同迪尔克那一半的房子一起，被保留建成了汉普斯特德的济慈博物馆。

济慈的朋友忙着用各种方式款待他，占据他的思绪。早在汤姆辞世那最后一场令人麻木的灾难前许久，济慈就已经厌倦了零零总总的琐事和社交生活带给人的强制性快乐，如今，他发现自己在接下来的一两个 419
月里被卷入一场又一场的约会，其中一些还源自费尽心机的处事手腕。十二月五日，他被带去观看萨塞克斯郡克劳利猎区举行的著名拳击赛（杰克·兰德尔对战内德·特纳）。十二月七日，汤姆在科尔曼街的圣斯蒂芬教堂下葬，两三天后，迪尔克夫人同济慈一道前往沃尔瑟姆斯托去看望范妮。济慈这才知道艾比不打算让范妮继续上学（她才十五岁），他为此感到十分痛心。就在这段时间，济慈活跃的社交生活仍在继续。他去看过戏剧，拜访了怀利一家，见了海登和其他朋友。“上个星期，”他告诉乔治（12 月 16 日），“我到处逛了个遍。”他已经停止所有写作。“我的笔就像生了痛风似的，不适合写诗了。”

我们很容易理解，他的脑海中一直浮现有关“分别”的想法：

> 可怜的汤姆最后的日子是最难捱的；但他生命终了的时刻并不那么痛苦，咽下最后一口气时没受太多折磨——我不想像教区牧师

① 《济慈社交圈》，第二卷，页 105。

> 那样评论死亡——然而，最普通的人对死亡的普遍言论就像箴言那般真实。我毫不怀疑，的确存在着某种性质的不朽——汤姆也是如此……有时，我幻想一种无边无垠的分离，有时，就像现在这样，我幻想精神与你直接相通。这便是不朽的光辉处之一——那里没有空间，因此，精神之间唯一的交流就是通过彼此的悟性——他们完全地理解对方——而我们在这个世界上，只是不同程度地理解彼此而已。

但是，不论别人近在咫尺，还是远在他方，如果我们的心灵确实捕捉到并分享着他们的“举止言行”——他们的“思考方式”，他们悲欢的“情状”——这样的分享难道不构成自身“同一性”真正的延伸吗？济慈此时感到绝望的孤独，他说了很多（“我最近太不习惯写作了，都怕你没觉察我的意思”）。他知道——也感受到印记——那是乔治和乔治安娜所感受到的悲喜的“情状”——“你们走路、站定、漫步、坐下、大笑、打趣和每一个动作的方式，我都知道得如此真切，以至于我常感到你们似乎就在身边”。或许，他们也是以同样的方式记住他的。

420 济慈突然产生了一个想法：“我将在每个星期天十点钟读一段莎士比亚——你也在同一时间读一段，这样我们就会像同一个房间里的两个盲眼人那般亲近。”

二

孀居八年的弗朗西斯·布劳恩夫人租下了布朗那半边的房子，当时是六月份，布朗和济慈离开当地，陪乔治前往利物浦，随后就开始了他们的徒步旅行。布劳恩夫人带了三个孩子：一个叫范妮的女孩，八月份满十八岁;一个叫塞缪尔的十四岁男孩;还有一个年仅十一岁的女孩玛格丽特。① 她丈夫(其父是著名纨绔子布鲁梅尔的表兄弟)在范妮十岁时死于结核病,但布劳恩夫人有独立的收入来源,能够在较为宽松的环境下照顾几个孩子。事实上,她娘家(里基茨家族)的一些人曾在西印度群岛(牙买加、多巴哥和巴巴多斯)担任过行政官员,可以说他们过得相当富足。布劳恩一家已经在汉普斯特德或附近居住多年,范妮本人就出生在西区附近的一个小村庄里。

济慈从苏格兰回来的那天晚上(8 月 18 日),在前往威尔步道的路上顺便造访了迪尔克夫妇。自然,布劳恩一家此时仍住在温特沃斯寓所的另一侧。不过,接下来的七个星期里,除了碰巧遇上之外,济慈几乎没有意识到他们的存在。他大部分时间都困在威尔步道的家中,有时,他自己也身体不适,且一直在照顾汤姆;九月下旬,他开始撰写《海伯利安》。十月中旬,他终于有几天空闲,但也是一有空就跑到城里去。如果说,在这几个星期里,济慈脑海中出现过什么女人的形象,那也是简·考克斯和伊莎贝拉·琼斯。这时布劳恩一家已搬到汉普斯特德区域内德文郡山的榆树小楼,不过他们还是会不时拜访迪尔克夫妇。到了十一月,汤姆的身体状况变得非常糟糕,济慈几乎不再进城了,此时他除了 421
拜访迪尔克夫妇,就没有其他可以短暂造访的地方了。或许十一月中旬左右,在数次拜访中的某一次,济慈遇见了范妮·布劳恩。

---

① 塞缪尔不到二十四岁就死于肺结核(1828 年)。第二年,布劳恩夫人遭遇了一场致命的事故。一位客人穿过花园时,她举蜡烛为他照亮,但是她的衣裙却引着了火,这最终导致她被火烧死。范妮和玛格丽特都于 1833 年结婚,范妮的丈夫名叫路易斯·林铎(后改为林顿),来自一个著名的西班牙犹太人家庭。夫妇二人育有三子,埃德蒙、赫伯特·瓦伦丁和玛格丽特,1859 年之前,他们大部分时间都生活在欧洲大陆。后来他们回到英国,范妮于 1865 年去世,她的丈夫(比她小十二岁)于 1872 年去世。玛格丽特·布劳恩嫁给了一位巴西贵族,大部分时间也生活在欧洲大陆,她于 1887 年在洛桑去世,享年七十八岁。关于布劳恩、里基茨和林铎家族的详细信息,参见乔安娜·理查森撰写的《范妮·布劳恩》(1952)。

三

济慈去世后第一个百年间,没有哪位女性像范妮·布劳恩那样,名声遭到了毫无正当理由的严苛贬损。经久不衰的维多利亚传说,是一位垂死的诗人爱上了狠心无情的卖俏女,但他的爱情没能得到回报,反而被耗尽了生命。这个传说广为人接受,以至于我们虽经常努力纠正它,但却发现它作为一种普遍印象,在人们心中挥之不去。有三个情况似乎特别助长了这个传说的生根发芽。

首先,蒙克顿·米尔恩斯为济慈的第一本传记(1848)收集资料时,认为调查一位已婚女性的过往情史是缺乏教养的。因此,他小心翼翼地绕开任何提及范妮·布劳恩名字的可能,只是笼统地将她称为济慈曾心仪的女性。由此,一片真空地带便形成了,几乎任何说法都可以钻这个空子。

其二,济慈的朋友们在他去世之后,难免用怀疑的眼光看待这位他们仅了解一星半点的女人,而这个女人也相应地以一种不那么上心且独立的态度对待他们。所有人,包括乔治,在济慈死后都有些内疚。他们就算救不了济慈的命,也总逃脱不出心神不宁的感觉,认为自己原本可以多帮济慈一些。所以,将范妮·布劳恩视作替罪羊就为他们带来了一种解脱感——他们可以说服自己,由于济慈在英格兰的最后几个月里无可救药地迷恋着范妮·布劳恩,他们也没有什么能真正帮助他的办法。他们也可能感到自尊心有些受伤,因为那最后几个月之前,他们都被蒙在鼓里,对济慈与范妮·布劳恩的关系几乎一无所知。当济慈的身体状况明显恶化时,雷诺兹姐妹的嫉妒敌意甚至已影响到她们的兄弟。济慈本人感受到了这一点,他颇为痛惜,并最终为此愤懑不已。雷诺兹曾写信给泰勒说起济慈的意大利之行(1820 年 9 月),信中写道:“离开那个可怜的无所事事的女人,离开那个他莫名其妙依恋的女人,总不至于是什么坏事。”乔治(他回到英格兰后见到了范妮)、迪尔克夫妇,甚至连布 422
朗也不赞成济慈对范妮·布劳恩的心意。接下来几年,这些人在他们小圈子内所说的话,直到最近三五十年才为公众所知。那造成的后果是,迪尔克一家对范妮·布劳恩的偏见得到了强化和传播;正是他们家成为维多利亚时代人们获取有关济慈信息的宝库。及至查尔斯·迪尔克爵士出版其祖父的书信文件集时(1875 年),他的叔祖老威廉·迪尔克还说服他相信范妮·布劳恩“不像是约翰·济慈这样敏感的诗人会爱上的女人。你祖父可能会说,她是在并未真正钟情于济慈的情况下挑逗他的”。① 查尔斯爵士本人也愿意相信这最糟糕的评价,并为这个见解给出了半官方的支持。他在缺乏语境的情况下引用了范妮·布劳恩的一句话,这句话此后流传很广:“有人提出撰写第一部关于济慈的回忆录[查尔斯·布朗的济慈回忆录],他曾深爱的女人几乎不怎么相信他的诗歌声誉,以至于她写信给迪尔克先生,说‘最仁慈的行为莫过于让他永远安息于寂寂无名之中,他命本该如此!’”而真实情况是,布朗在意大利为其回忆录做准备,他曾去信询问范妮·布劳恩是否可以在不暴露她名字的情况下,把济慈从罗马写给他的一封关于布劳恩的信囊括进书里,此外他还想把济慈写给布劳恩的一些诗也辑录于书中。布劳恩收到布朗信件的时候(1829 年 12 月)正遭遇新的人生灾难。她弟弟死于肺结核;就在一个月之前,她母亲也因为衣服着火而被烧死。范妮·布劳恩身上典型的自制力让她对这些灾难只字未提。她同意了布朗的请求,只是在回信同时,心情沮丧地写下了前文查尔斯·迪尔克爵士引用的那句话,迪尔克爵士

① 《济慈社交圈》,第二卷,页 338。关于范妮·布劳恩在十九世纪声名状况的扼要概述,可参见《济慈社交圈》,第一卷,页 l–lii。

引用这句话时只说这是出自一封写给他祖父的信。[①]

第三,对于已经准备好向不利于范妮·布劳恩方向倾斜的人来说,一八七八年公开的济慈致范妮·布劳恩书信,似乎进一步提供了谴责她的理由。然而,如果那时人们得知真实的背景,则其中一些信所流露出
423 的痛苦暗示,恐怕可以视为济慈内心冲突的表达——这种冲突出现在特定时期,即他感到自己最渴望的一切正在从他指缝中溜走的时刻。

当然,过分极端也会招致相反的效果,二十世纪二三十年代,维护范妮·布劳恩、反对维多利亚时代观念的态度逐渐积蓄力量。一位奇怪的波士顿收藏家F.霍兰德·戴多年前从济慈妹妹在西班牙的家族成员那里得到了三十一封信,它们是范妮·布劳恩于一八二〇年九月(也就是济慈前往意大利的时间)到一八二四年六月之间写给范妮·济慈的。这位收藏家是个接近精神错乱的人,他只让艾米·洛厄尔阅读和使用信中很少的片段,通过这种方式他跟洛厄尔玩了一场精心设计的猫鼠游戏。[②] 尽管这些信并未透露出多少信息,但至少让人看到了范妮·布劳恩和蔼可亲的一面。但人们对她的成见如此根深蒂固,以至于洛厄尔小姐引用的较为温和的部分也遭到猛烈抨击,被认为是伪造的。戴把这些信件交给汉普斯特德的济慈博物馆后,它们被公之于众;接下来的二十年间,这些信一直被视为将范妮·布劳恩从维多利亚时代传说中拯救出来的依据。挽救的努力如此热切,以至于她要么被转变为济慈力量支柱的形象,要么就被赋予过多浪漫化的色彩——她本人恐怕会第一个鄙视这种浪漫化的想象:她被呈现为一个黏人且温柔天真的女孩,随时准备好带着被动的单纯委身于人。第二次世界大战之后,另外一种逆反应开

---

① 参见J. M. 默里的《济慈》(第四版,1955)中"范妮·布劳恩"部分,页69–76。

② 有关戴及其收藏信件的怪诞故事,可参见H. E. 罗林斯和斯蒂芬·帕里西的《济慈与波士顿人》(*Keats and the Bostonians*, 1951)。

始出现。

其结果是济慈从一八一八年十月或十一月至一八一九年夏天的生活图景变得模糊不清。一个严酷的事实是,济慈人生的所有重要方面里,我们知晓最少的就是一八一九年夏天之前他与范妮·布劳恩的关系。人们可以非常严肃地争辩说,在那之前,两人的关系并不特别重要——因为同一时间还混杂了太多别的情况。但我们不能等到那时才开始谈论范妮·布劳恩。我们也无须过早提及济慈后来的反应:这从很大程度上来说,属于其个体故事的一部分。不过,我们可以合理地后移时间线,了解一下范妮·布劳恩其人。关于这个十八岁的活泼少女(济慈遇到她时,她正是十八岁的年纪),我们所知甚少的一点信息,只能从后来对她的了解中拼凑、推断出来。信息源包括:济慈写给她的信,但他们之间的通信直到七个月后才真正开始;济慈的朋友和熟人很久以后发表的言论;她本人写给济慈妹妹范妮·济慈的信;汉普斯特德 424
济慈故居所保存的剪贴簿和其他纪念品,但这些东西大部分都与后来较晚的时期关系更紧密;以及我们所知晓的有关范妮·布劳恩与路易斯·林铎婚后直至其六十五岁去世(1865 年)这段时间内的家庭生活状况。

四

济慈第一次提到范妮·布劳恩,是在他一八一八年十二月十六日写给乔治的日记体书信中:

> 布劳恩夫人租下布朗的房子度夏,她现在仍住在汉普斯特德——她是个很友好的女人——她的大女儿,我觉得,是美丽、优雅、不懂世故、时髦且有点奇怪的——我们时不时斗嘴——然后她

会表现得好一点，否则我肯定就避开了。

二十年后，范妮也讲起她对济慈的第一印象：“他的谈话非常有趣，精神健旺，但有时对弟弟健康的担忧会让他显得沮丧。”济慈初次提及范妮两天后，又在写给乔治和乔治安娜的详细信件中补充了一点关于她的内容，语气显得比较随意。在这封信里，他几乎把每天发生在自己周围的事都罗列出来。十二月一日汤姆去世后，济慈停止撰写《海伯利安》；朋友们试图用社交生活来占据他的心思，他也深陷其中，无暇他顾；由于无法创作诗歌，他转而撰写这种篇幅很长的闲聊信，感受到某种解脱。他在信里写到雷德霍尔——精力充沛、热爱举办聚会的小个子男人，接着讲到社交聚会的运转和喧嚣，然后又回到范妮这个话题上来（12 月 18 日）：

要我给你们介绍布劳恩小姐吗？她跟我身量差不多——面孔略长，但面容姣好——她的五官不大表现出伤感的柔情——她设法让自己的头发看起来很好——她的鼻孔不错——虽然看着让人有点着恼——她的嘴有时难看，有时好看——她侧影比正面好看，正脸不够丰满，苍白而瘦削，没有显出骨骼的样子——她身段优美，动作也很优雅——她的手臂很好看，但手却有点丑——双脚还说得过去——她不是十七岁［实际上是十八岁零二个月］——但她很无知——行为粗鄙可怕，张牙舞爪，恶言恶语辱骂别人——导致我最近不得不用**疯丫头**（Minx）这个词说她——不过我想，她这些行为不是因为天生的道德败坏，而是因为她特别想要表现得很时髦。

425 从旁人后来的描述来看，济慈此处简短的勾勒似乎相当客观。比如，范妮·布劳恩的脸的确很瘦，也长了一副鹰钩鼻。她有两幅肖像留存了下来：一幅是微型画，另一幅是奥古斯丁·埃多特制作的剪影。

当时许多人认为埃多特是英格兰最优秀的剪影师。那幅剪影展现的是布劳恩二十九岁的样子,她的孩子们认为剪影画捕捉到了她典型的姿态。济慈说她的鼻孔“看着让人有点着恼”,这个描述也符合其他人的观察,即她有时看起来相当傲慢。几乎每个人的描述都会强调她敏捷活泼的举止和动作。我们阅读同时代人对她的评价以及她后来写给济慈妹妹的信件,会得到一个接近于“小鸟”的印象;我们在她的言论中感受到某种尖锐、直接的东西。她曾告诉范妮·济慈,自己“从不忸怩,也很少显得谦恭”,若她试着说恭维话,就会束手束脚,显得十分尴尬。济慈所说的“疯丫头”这个词,并不像艾米·洛厄尔感性推测的那般,仅仅是为了向乔治掩饰他对范妮·布劳恩的感情。乔治本人于一八二〇年一月见到范妮·布劳恩时也产生了类似的印象,并在几年后(1824 年 4 月)写给妹妹的信中提及:

> 我知道约翰对那位年轻女士的感情,我很愿意对她表示好感[;]尽管我敬重的人[此处可能指的是雷诺兹家的人]告诉我,她是个狡猾、坏心肠的姑娘,但就我所见,她身上让人不喜欢的方面只是看起来对妹妹缺少关爱和对母亲不够敬重。[①]

此外,我们也知道,范妮·布劳恩长大后是个相当有自制力的女人,后来的她说话尖刻也是个公认的事实。随着时间的推移,她的机智为她赢得了一定的声誉。杰拉德·格里芬本以为范妮是个头脑简单、多情憔悴的女人,等到一八二五年他见到范妮时,却惊讶地发现后者“十分欢快、活泼,言语间甚至显得机智过人”。她在汉普斯特德的一位老邻居——罗莎·佩林斯太太告诉 H. 巴克斯顿·福尔曼,她记得汉普斯特德的人

① 《济慈社交圈书信及诗歌补遗》,页 20。

(她指的是济慈去世后的那几年)“曾常常重复范妮新近说过的**妙语箴言**(bon mots)”。我们可以推断,她十八岁时这种总体来说轻快活泼、敏锐直接的举止风格,主要还是天生的;这种风格有时确实显得“张牙舞爪”。

426 我们在济慈的几位朋友身上(主要指的是他于亨特和海登时期之后结交的朋友)可以看到生意人的那种活力,而它显然也出现在范妮身上——尽管是以非常特殊的女性形式呈现出来的。如果说,她相对而言不为更宏大的人类悲伤所扰,那么她也同样不为私人情感而脆弱忧郁。在一个对感性的崇拜空前极端的时代,她甚至称不上特别多情。事实上,济慈一开始就迅速意识到了这一点:“她的五官不大表现出伤感的柔情。”由于济慈本人如今痴迷于努力和专注的理想,范妮专注于细致工作的能力(不论是阅读法语、学习德语、做精美的针线活,还是制作与自己的爱好——时装图样和传统服饰相关的剪贴簿)绝不会令他感到厌烦。

她以自己的方式,拥有某种我们称之为不受外界影响的效率。诚然,这只是小规模的效率——类似于查尔斯·布朗对账目的精心维护(或是他针对各种“问题”的专注思考——他拥有一个酷爱解决问题的头脑),也类似于迪尔克、伍德豪斯和贝利这样的人身上可见的那种对细节近乎挑剔和迂腐的喜爱。这种集中精力的能力,如果说相对而言显得不那么具有共情力,但也表现出某种独立、不受影响的主体“自信”,正如济慈后来所说,他很乐于思考这种自信(“这个造物有着自己的目标,眼睛闪闪发亮”)。上述特点势必会吸引济慈这般丰硕的同情想象力,因为它乐于欣赏别人的自立自足。除此之外,从一八一八年九月起,济慈一直在与一张可怕的时间表较劲,也在与开阔的同理心所必然带来的内心堵塞较劲——这些堵塞包括细微的冲突、内心的窘迫和犹豫不决,它们源于面对洞察力的多重性和“对立面”的存在时所表现出的公平。一八一八至一八一九这两年中,他越发感觉与明朗、直接且不复杂的人在一起更为宽心。

尽管范妮·布劳恩还不足以被称为通晓数国语言之人,但她已经较好地掌握了法语,可以轻松阅读和开口交流了。此外,她至少已经尝试学习德语——这在当时的英国十分罕见。她想要学习各种语言;与大多数这样做的人一样,她也渴望阅读用其他语言写出来的诗歌和文学作品。对济慈来说,这确实是令人眼前一亮的差别,让范妮·布劳恩与雷 427
诺兹姐妹显得截然不同,后者总是对种种动机自欺欺人。范妮当然渴望在更广阔的世界中活动,而语言与那个更广阔世界的一部分是联系在一起的。年纪尚轻时,人们做事的动机可能比长大之后更为混杂。无疑,范妮所付出的努力部分是由济慈所说的那种"特别想要表现得很时髦"的想法支撑起来的(对我们许多人来说同样如此)。生活让她有机会实现这个独特的爱好。一八三三年,范妮与路易斯·林铎结婚,之后她同丈夫、孩子一道在欧洲大陆生活多年。那时,她不仅已经习惯性地说法语和德语,还学会了意大利语——毫不出人所料,她以一种轻快忙碌且务实的方式开始了意大利语的学习。她甚至还翻译出版了一些德语故事,其中一份手稿留存至今(一个关于德国强盗的故事《尼克尔·利斯特和他的好汉们》〔"Nickel List and His Merry Men"〕)。不过,她并没有什么文学抱负。她喜爱哥特恐怖故事;至于一般的小说,她更喜欢那种生动有力、情节紧凑的作品,就算其他方面较为欠缺也不太要紧。她曾不止一次地承认,若与心中并不敬重的人交谈,她便一定要为自己的品味辩护:这能让时间流逝得更轻快些。但在敬重的人面前,她就会立刻卸下咄咄逼人的攻击性,这并非出于对自身见解的羞愧,而是因为她知道自己的喜好与人不同且较为狭窄,她确实更关心其他的事情,这无须掩饰。认识济慈之前,范妮很欣赏拜伦;她喜爱拜伦的生动有力。济慈当然不怎么中意拜伦;范妮后来告诉济慈的妹妹,由于济慈对拜伦的严肃诗歌评价颇低,她也逐渐"在较为认真的场合不那么欣赏[拜伦],而只喜欢他的机智和幽默了"。济慈对通俗小说毫无兴致,不过,范妮后来承认(1821 年 11 月 15 日),“我还是照常,阅读每一本进入我视野的花哨廉价小说,糟蹋我的品味和理解力”。她还对范妮·济慈坦言:“我从来都称不上伟大诗歌的阅读者——莎士比亚作品里**不是**喜剧的东西,我都不怎么喜欢。各种类型的喜剧都能让我开心。”

她还告诉范妮·济慈(1821 年 12 月),自己决不会“在聪明男人面前张口谈论书籍,至于愚蠢的男人,我对他们十分粗暴,根本不屑与他们讲话。通常女人之间谈论的东西很不一样”。她说这话时并非无意中流露
428 出单纯的腼腆或是不坦诚的图谋,她只是讲了实话。济慈后来写信给她,说很高兴发现她“喜欢的是我本人,而非别的什么东西——我遇到过一些女人,真觉得她们愿意嫁给一首诗,或是在婚礼上由一本小说把她交给新郎”。范妮感兴趣的东西当然也包括书,只是它们并不占据中心地位。

五

范妮·布劳恩这个精力充沛的女孩将在语言方面表现出造诣,未来很长一段时间她也会生活于欧洲大陆。不过,她在十八岁的年龄,已经开始展现出一种伴随其终生的兴趣,此爱好某种程度上甚至有些学究气,那就是对所有与服装相关的东西感到痴迷。或许知晓她父亲是纨绔子布鲁梅尔的表兄弟这一情况,更加助长了她的兴趣。范妮长了一双蓝眼睛,她会为自己棕色的头发选择与眼睛颜色相配的丝带;她还每天小心翼翼地卷起头发。她不仅研究布料的颜色和质地,观察服装设计的每一个变化,而且还逐渐为自己对传统服装的深入了解而感到自豪。她也许已经开始整理从法国杂志和服装卡片上汇编的材料,制作出精美整齐的服装剪贴簿(那些仍保存在汉普斯特德济慈博物馆的剪贴簿似乎是较晚期制作的)。济慈前往意大利之后,她开始给济慈的妹妹写信,那

时以及之后的许多年,她的信都会极其详尽地描绘服装。由于范妮·济慈被长期隔绝于艾比在沃尔瑟姆斯托的房子里,范妮·布劳恩便会精心地绘制礼服、袖子和帽子的草图,帮助这个天真的女孩。范妮·济慈二十一岁生日前几个月,范妮·布劳恩给了她一些有关仪态和举止的有益建议,它们也透露出她自己的特点:

> 不要为兰卡斯特斯小姐的外表而感到惊慌,我相信你会比她更加出众。起初你也许会感到羞涩(据我所知,她没有这样的弱点),但任何一个有智慧的人,只要稍微出去走走,就能克服这个弱点——衣着、举止和仪态正是她所缺少的,一个人若少了这些方面的加持,那就必须是个大美人才能看起来出众。但任何有判断力的人都能够实现衣着、举止和仪态的得体。[①]

关于这个机敏、直接且整体来说较为自制的女孩,我们已经描绘了足够多的细节,为济慈最初的评价提供了某些背景——他的评价是,她“特别想要表现得很时髦”,以及除却其他零零总总的特点,她的确是很 429
“时髦的”。霍勒斯·史密斯家那次相当造作的宴会后,济慈对比之下想到了莎士比亚和“消极能力”——自那时起,至少有一年的时间,“时髦”这个词意味着他诗歌理想的对立面。不过,他在范妮·布劳恩身上遭遇的至少不是文学的“时髦”,因为那会让他立刻附和海兹利特针对蓝袜社女学究的评论,那些评论是海兹利特谈论他所认定的真正敌人的间接方式之一——也就是说,在他们看来,真正的敌人出于蔑视和虚荣而滥用文学、艺术,使之显得琐碎。这种情况的典型代表就是世界上那些乏味无趣的年轻洛克哈特们,以及那些在“成千上万谈论绘画和书籍

① 《范妮·布劳恩致范妮·济慈书信集》,F. 埃奇库姆编(1937),页92。

的叽叽喳喳闲聊者”中无休止的推搡和争夺时尚潮流的举动。他们用“喧嚣、可憎的文学闲谈”分散了人类精神对伟大之质朴的关注,阻碍人诚实地触碰丰硕的过往,阻挠人从丰硕的过往直接出发前行。这真的是“时尚、纨绔习气和各种喋喋不休的狼藉”,与之相比,纯粹社交场合的装模作样都算不了什么。是的,就在几个月前,济慈曾在一次餐宴上戏弄了文学以外其他领域的“时髦”,“令金斯顿大为吃惊”——金斯顿是霍勒斯·史密斯聚会上“大谈时髦”的人之一,他们“不论吃喝,甚至连捏酒瓶都拿腔拿调”——济慈“故意让面前的两个杯子忙个不停”,令金斯顿感到十分惊讶。但这些事现在看来已经微不足道了。

六

济慈对范妮的印象显然是有些互相抵触的,我们可以推断,在接下来的六七个月里,他对范妮的印象仍不统一,但好感无疑在增强。济慈那些著名的情书出现于一八一九年七月,但彼时我们看到的反应远不够纯粹,而直到秋天他才转向诚心实意的接受。但这一切都还未发生,眼前我们只知道济慈在一八一八年十一月底之前见到了范妮·布劳恩,而他将自己的看法告诉了乔治和乔治安娜。除此之外,我们还可以自行从另外两段话中做出各种推断——这两番言论,一则是济慈说的,另一则是范妮说的;它们都反复以各种方式遭到曲解和反驳。济慈的言论出现
430 在他数月后写给范妮的一封信中(7月25日)。尽管这些话出现的语境带有为自己辩护的味道,但我们没有理由不从字面上理解他的意思。他显然是在回应范妮的怨念,她觉得济慈花了“很长时间”才和自己达成一致。“相信我,我还没到让你占有我的年龄;我认识你的第一个星期,就写信说愿做你裙下之臣;但我后来把信烧了,因为紧接着再见到你时,

我觉得你有点讨厌我。"第二则言论出现在范妮·布劳恩写给济慈妹妹的信中(1821 年 12 月 13 日),她在信里谈到即将到来的圣诞节,届时布劳恩一家将与迪尔克一家共进晚餐。她说,那个时刻可能会

> 和大多数人的圣诞节一样忧郁。你的圣诞节会怎样?[范妮·济慈仍住在艾比家。]我问这个问题时心情并不愉快。我不认为你的圣诞节会比我的更糟糕,因为我必须记住,三年前的那天是我度过的最快乐的日子,但我不去想这些话题,因为还有更美好的时光和更好的方式去记住它们。①

我们忍不住假设,范妮和济慈交换了类似爱的宣言的东西,但上述话语也可能仅指范妮第一次真正了解济慈,或是他们初次用一种互有好感的方式单独交谈。"最快乐的日子"绝对不是指订婚。因为我们从范妮·布劳恩本人处得知,两人直到一八一九年秋才订婚。② 除了这些言论

---

① 《范妮·布劳恩致范妮·济慈书信集》,页 55。

② 洛厄尔小姐是第一个知道范妮·布劳恩曾写信给范妮·济慈的传记作者,她急于抹去维多利亚时代建构起来的对范妮·布劳恩的负面印象,这是可以理解的。在此过程中,她倾向于将济慈与范妮·布劳恩的恋爱时间前推,甚至提出范妮·布劳恩的上述言辞透露出她是在 1818 年圣诞节与济慈订婚的。(洛厄尔,《约翰·济慈》,第二卷,页 148–149)洛厄尔小姐之后,这种观点开始变得十分流行。但济慈研究者长期以来持相左观点。范妮·布劳恩明确无误地表示,两人是在 1819 年 9 月之后的某个时间订婚的。她在写给范妮·济慈的信(1821 年 5 月 23 日;《范妮·布劳恩致范妮·济慈书信集》,页 33)中提到了乔治("我不怎么喜欢他,他也从来都不喜欢我"),还提到约翰曾表示要给他提供"力所能及的金钱援助"。济慈做出这个表示是在 1819 年 9 月。范妮·布劳恩继续写道:"那时,他还没有和我订婚。"乔治回到英格兰之前(1820 年 1 月)可能都"没有想过要接受他的帮助"。"那时候你大哥自己也想结婚了,可又不好意思说给不了钱了。"简言之,范妮和济慈是在 1819 年 10 月(济慈回到汉普斯特德)到 1820 年 1 月之间缔结婚约的。这也符合范妮写给查尔斯·布朗的一封信件草稿(1829 年 12 月 26 日)里的描述——这句话经常被人引用来批评范妮,它是这么说的:"十年前我比现在更大方[此处指 1819 年 12 月],我如今可不想和那种与贫困以及各种糟糕状况抗争的人联系在一起。"(参见 J. M. 默里,《济慈》,页 72;以及后文第二十二章,第八节)

431 之外，我们几乎没有其他可信的证据，来推测两人之间的情况——直至一八一九年七月第一封情书的出现。

七

由于接二连三地参加各种社交活动，济慈很快就感到腻烦了。他十二月为乔治和乔治安娜积攒起来的书信，不知不觉带上了烦躁和疲惫的口吻。他对自己尤其不满，因为似乎再拾起《海伯利安》的希望渺茫。他拜访了乔治安娜的姑母米勒太太（"米勒小姐用她那讨厌人的方式捏了我一下，说真的，我不喜欢这样"）。"亨特还是老样子——我已经完全厌倦了——他最近出版了一本小册子，名曰文学袖珍手册——里面塞满你能想到的最令人作呕的东西。"那是一本一八一九年的微型日记簿，除了空白页之外，里面还刊印了亨特针对这一年未来每个月所撰写的短文，另包括文学领域的信息、一部短小的诗歌选集等。（济慈的两首十四行诗《人的时令》和《咏阿丽沙巉岩》也收录其中。）亨特带济慈和布朗一道参加了管风琴演奏家兼作曲家文森特·诺维洛家的聚会——诺维洛的女儿于一八二八年同查尔斯·考登·克拉克结婚：

> 一整套的莫扎特和双关语——我厌烦透了，假如能随心所欲地按自己的心意行事，我再也不要见这帮人里的任何一个……[亨特]是懂很多美好的事物；但是，他接下来不是赞美其他人也有着与自己同样深度的感知——却开始以一种匪夷所思的方式作出解释，以至于我们的品味和自尊不断遭到冒犯。亨特的害处是把美好的事物变得琐碎，让美丽的事物变得面貌可憎——由于他的缘故，我对莫扎特都提不起兴趣，对雪白的半身像也没有兴致——许

多美妙的东西,和他联系在一起就变得空洞无物——这真是扭曲了人的心灵。

整个状况必须停止:

我觉得,我必须再度提笔写诗——假如我的身、心没有行动,我会很痛苦——正因此,参加聚会也让我痛苦不堪,因为在这些地方,出于社交的规则和天性的骄傲,我不得不压抑自己的精神,看起来像个傻瓜——我觉得,假如听凭自己的冲动做事,我会让他们大吃一惊——我生活在无休无止的克制中——只有写作才令人感到解脱——所以,我要连续不断地写下去。

第二天,济慈又继续给乔治和乔治安娜写信,说自己昨晚"写了一点" 432
《海伯利安》,"但要再回到当时的心境,也不是一时三刻就能做到的"。就是在这段信中,他对范妮·布劳恩做出了第二次、较为完整的描述。①

这段描述的结尾处,济慈突然又想起诺维洛家的那个晚上。他告诉乔治和乔治安娜,范妮·布劳恩"特别想要表现得很时髦";他还向乔治夫妇介绍了范妮·布劳恩的朋友卡罗琳·罗宾逊,说范妮觉得她是

时尚的典范,说她是自己唯一愿意交换身份的女人——真是个傻瓜——她原是那个高高在上的,就像玫瑰胜过蒲公英。我们上床时,布朗一边吹灭蜡烛,一边说"罗宾逊小姐以后会变成多么丑的老太婆啊!"——对于这话,我足足哀叹了十分钟,我确信肯定有那么久。

---

① 参见本章第四节。

济慈从罗宾逊小姐,转而提到金斯顿——这个人在“拿腔拿调捏酒瓶”方面造诣深厚;此后他又插入海兹利特作为对照——在这样一群人中,海兹利特显出别有韵致的傲慢和格格不入——紧接着,济慈写下了一段小小的喜剧场景(如果我们遵循罗伯特·基廷斯先生的建议,把这个场景当作一出戏剧的节选摘录于此,而不是把它视为济慈匆忙塞进信里的一段,那就容易理解得多了):

哪天我要把这些家伙都含沙射影地写到一出喜剧里——没准把亨特也写进去——

场景:一间小客厅——亨特、加蒂[奥利尔的姻亲]、海兹利特、诺维洛太 太和奥利尔上场。

加蒂:哈!亨特!搬到新房子去了吗?哈!诺维洛太太,看过《阿尔塔姆和他的妻子》[查尔斯·奥利尔写的一个新故事]了吗?

诺维洛太太:看过了(**咧嘴一笑**),是亨特先生写的,对吧?

加蒂:亨特写的?哦不是的。哈!奥利尔先生,祝贺您获得了我所听过的对一本书最高的褒奖。海兹利特先生,希望您身体安康。

海兹利特:挺好,先生——不,先生。

[**亨特走到钢琴边**。]

亨特先生(伴着音乐):金发女郎,啊……[唱着歌]。海兹利特先生,你听过这个吗?——金发女郎,啊……[继续唱]。

海兹利特:噢,没有,先生——我从未听过——

奥利尔:亨特,再给我们唱一遍吧——**太棒了!**

加蒂:**太棒了!**——亨特,你的《袖珍手册》什么时候出来?[此处指他的一八一九年《文学袖珍手册》。]

亨特:“是什么如此吸引我?”[引用蒲柏的《一位临死基督徒与

灵魂的对话》]哦,我们正在润色呢[此处指《文学袖珍手册》],我们会让它发展成长的[成形出版],我希望很快就能出来——这样的东西总是很欠缺——人们现在除了捞钱什么都不想——我现在总是倾向于事物自由人文的一面——但别人总认为我在基督教原则方面太马虎——如此等等。 433

早在九月份,伍德豪斯就开始担心济慈的精神斗志,如今汤姆去世了,他就更为济慈感到焦虑。他写信鼓励济慈,还告诉他两位欣赏他诗歌的女作家很希望同他见面。这两人就是善良的简·波特和她的妹妹安娜,简是《华沙的达太》(*Thaddeus of Warsaw*)和《苏格兰酋长》(*The Scottish Chiefs*)的作者。但济慈此时刚好有机会写作。布朗带着侄子们去参观伦敦风景了,邮差本特利刚刚从济慈在威尔步道的旧住所拿来一洗衣篮的书。济慈给伍德豪斯回信(12 月 18 日),说他感到十分荣幸,但现在有些疲惫,他很愿意见到波特姐妹,"假如只有她们而没有其他男人来评判"他想写的那种诗。时间飞逝,他必须赶快开始自己的创作:

我很愿意结识这两位女士——但是你瞧,伍德豪斯——我又要翻开新的一页了——我必须要工作——必须阅读——必须写作——我没有时间结识新朋友——我几乎对老朋友都不能尽到义务——这事还是听天由命吧。

八

迪尔克夫妇认为,济慈如果跟布朗一起去奇切斯特,并在那儿同迪尔克的父母一起住上几个星期,然后再跟迪尔克的妹妹拉缇蒂娅·斯努克和她丈夫一道在贝德汉普顿待上一段时间,这样的安排可能会令济慈感到很愉快。但济慈本人却不太想去。他告诉乔治(12 月 18 日):“他们说,我会过得很快活——但我不确定——我太想待在书斋里研究了——我必须这么做——我必须待在家里,让那些想看我的人自己来找我。我不能总是(那话怎么说的?)四处闲逛。”几天之后(12 月 22 日),他又有点咽喉痛。塞文在十一月和十二月与济慈见了一两面,他回忆说济慈似乎经常“心烦意乱,失去了他特有的像鹰一般敏捷警惕的神情”。他下定决心不出门,布朗准备独自前往奇切斯特;但济慈后来也与他会
434 合了。济慈觉得,现在没有理由不立即着手工作。于是,就在这一天,他不顾咽喉痛,坐下来准备找找感觉。但过了一会儿,他仍没有进展,便将《海伯利安》放在一旁,愉快地接受了给乔治和乔治安娜写长信所带来的放松感,他告诉乔治夫妇:

> 刚才我拿出自己的诗,想继续写下去——但一想到最近给你们写的东西太少,我就无法再继续了——所以我胡乱地随便开始写——脑子里要说的话一个字也没有——思绪却全是你们,别的什么也做不了。因为咽喉痛,我得关在汉普斯特德几天不出门。

于是,这封信接下来的内容就是他回溯过去的日子,找些新鲜事,告诉乔治夫妇过去一个月中某些事的细节。这些内容我们已在前文论及。

差不多同一时间,又出现了一件恼人之事。它本身无足轻重,但因涉及金钱,且更严峻的是,金钱的目的是为了帮助一个朋友,我们需要在此略说一二。海登以前常受目疾困扰,如今他的视力更是格外糟糕。他需要一些帮助,渡过难关,才能继续《基督进入耶路撒冷》那无休无止的工作。不出所料,他求助于认识的人里面最慷慨的那位朋友。济慈受到同情心的折磨:虽然在过去的一年中,他已充分意识到海登的局限性,

但作为朋友的忠诚并未动摇,一种巨大的忧虑开始取代他两年前更为单纯的钦佩之感。当然,他会尽全力帮助海登,但海登就不能“先问那些家底丰厚的人吗”——“先问问那些有钱的艺术爱好者”?(这一天是十二月二十二日,令他感到难受的咽喉痛又卷土重来。)他继续写道:“我告诉你原因吧——我是有一点钱,可以让我学习和旅行三四年——我从来没指望靠自己的书赚到什么钱:而且,我甚至希望避免出版。”然而,海登并没有明白他的暗示,反倒热情地回信说:“济慈!天哪!我为你的信而落泪;看到了真诚的心和感情……”他会先去尝试向其他人借钱,但也满心感激地准备好接受济慈的帮助。济慈不胜其扰,便专程进城去见艾比,一是想请求艾比让妹妹留在学校,二是为海登争取资金。艾比坚决不同意让范妮留在学校,但暂时没有对第二个问题表态,济慈一时被搪塞过去了。

九

又过了一个星期,济慈的咽喉痛开始好转。然而,他对《海伯利安》束手无策,这令他十分焦虑。第三卷开头处需要一个较大的转变,否则整首诗就会失去发展方向。 435

他很久以前就发现,假如他能在短时间内写一些截然不同的东西,就有可能猛地将自己重新带回持续创作的状态。但那些截然不同的东西,并不仅仅意味着一两首简短的抒情诗(过去的一个月中,他已经写了几首即兴短歌)。[①] 十二月中旬到一月十八日或十九日之间的某个时

① 包括《我有只鸽子》(济慈说这是“一首小诗,我一口气写成,本是为了与音乐相和”)和《嘘!嘘!轻轻地走》。

候，伊拉贝拉·琼斯曾建议他再写一首较短的诗歌浪漫传奇，就用圣亚尼节前夜的传说作为主题。可以肯定，这将是一首与《海伯利安》迥异的诗。然而，这种改变看起来或许像是倒退。他现在对充满感性的东西感到厌倦，就像他看腻了“时尚”。正因此，亨特那原本无害的《文学袖珍手册》在他眼里显得“令人作呕”，他一想到自己写的《伊莎贝拉》，便觉得难为情。

因此，济慈没有立刻转去写一首诗歌浪漫传奇，而是回到了灵巧、轻快的音步和十七世纪的精神，这些特点都出现在他二月份寄给雷诺兹的诗中（《罗宾汉》和《咏“美人鱼”酒店》）。当时，他渴望开启一段新的征程，所以也对许多现代诗的感伤和充满自我陶醉的一本正经表示抗议。十二月中旬到一月二日之间的某个时候，他又创作了两首诗，同样使用的是七音节对句，这两首诗在其他方面也与前两首诗十分相似，只不过诗歌的层次更高了。就像《罗宾汉》一样，一个潜在的严肃主题与轻快的音步交织在如下诗句中——“应该永远让幻想漫游，／欢乐决不在家里停留”*：它们结合得如此之深，以至于这首诗的前提若是以他后来撰写得更好的诗歌作为参照，反而能够得到最为深刻的理解，后来的诗尤其是颂歌进一步发展了此诗的前提。眼下，我们可能只需要指出，不论这首诗的节奏多么欢快，其主题仍是严肃阴郁的：事物的昙花一现与心灵本身的无法满足相匹配。“春天的享受”与现实的“绽放”一样会凋谢衰颓；秋天丰盈的满足感，就算能保持静止，也最终会“令人厌烦”；“哪
436 有红颜永不凋零，／永远悦目”，哪有让人永不“厌倦”的眸子？只有用想象力不断地对事物做出重新安排和组合，才能让心灵的愿望得以实现。然而在这首诗中，济慈后期诗歌所强烈关注的负赘，仅得到了和婉的暗示。济慈为乔治抄写了其中的一百一十二行（他后来省去了一些

* 《幻想》和《诗人颂》使用屠岸先生译本。

内容),并稍作感叹:“我没想到这首诗竟有那么长了。”《歌唱激情和欢乐的诗人》延续了《咏“美人鱼”酒店》的思想(“已经升天的诗人的幽魂”),只不过正如他告诉乔治的那般,这首新诗的主题是“诗人的双重不朽”。他们不仅有自己的乐土,还“在尘世留下了灵魂”,“教世人怎样去寻找你们”——仍继续“向凡人 / 述说着自己短促的一生”。我们不禁想到济慈说,弥尔顿去世很久以后仍是“人们活跃的朋友”——正如希腊古瓮本身也是“人的朋友”一样。

不论人们对这两首诗还有任何其他评价,至少它们与《海伯利安》之间形成了差异,而且也与如今在济慈看来令人腻烦的十四行诗的熟悉感不同——此种熟悉感源于逼仄空间内单调的缓步慢行。这两首诗的音步太过轻快,根本容不下感伤的缠绵停留。济慈告诉乔治,它们“是某种回旋诗的样本,我想我以后会偏爱这种诗体——因为与十四行诗相比,运用这种诗体,你的想法会更容易得到充实,且带来更多欢乐”。当然,它们是很简单的诗,是偶尔为之的短小作品。他会目睹它们如何随着时间积累起来,并从中择选一些:“我打算几年后再出版这种小诗——到时,我希望它们能凑成一卷有价值的诗集。”

十

时间已经来到一月初,《海伯利安》仍旧没有任何进展。两首回旋诗似乎未能起到促进作用。正如济慈写信告诉海登的(1 月 10 日),他在过去几个星期的写作“根本不值一提”。他觉得自己仿佛经历“蜕皮”,且在这个过程中习惯性地对自己感到不满。与此同时,海登已经准备好接受济慈的借款——“坦率地告诉你,”海登写道,“我会接受你友好的帮助”,他说自己克服“画作最终困难”的唯一希望“就在**你**身上”了。济慈在回信 437

中表态,说会尽力而为,也让海登"千万不要提利息的事"。

一月十八日或十九日,济慈前往奇切斯特,到迪尔克的父母家与布朗会合。这对和蔼的老人完全了解汤姆缠绵的病情和最终的死亡以及乔治的离别,因此他们一早就准备好尽全力让这段时光显得快活宜人。布朗非常喜欢和蔼可亲的长者,他已然将热情和幽默带进了这个家。他还想要转移济慈的注意力,所以朋友到来之后他就更有拼劲了。他不停地扮傻开玩笑。萨拉·马林斯小姐是一位七十多岁令人愉快的老妇人,布朗假装和她调情,而她则劝说布朗剃掉了胡须。大家都为这一变化捧腹大笑,并告诉布朗他看起来像个女人。布朗迫不及待地想让大家开心,于是身材魁梧的他在早餐时戴着老迪尔克夫人的头巾,用尖尖的女声讲话。就这样,四五天过去了,按照济慈的说法,其中两个晚上,所有人一起出门"参加老贵妇的牌局",聚会直到夜晚十点才结束。

不过,济慈拜访老迪尔克夫妇期间,一直沉思着要开始写点什么,甚至还带着表决心的姿态,随身携带了纸张(威廉·哈斯拉姆赠送给他的几张薄纸),就是在这些纸上,他匆匆写下了寄给乔治和乔治安娜的长信。也就在一两天之内,他开始认真思考伊莎贝拉·琼斯的建议,即他应该以圣亚尼节前夕的传说为题材写诗(圣亚尼节前夕恰巧就在1月20日);他甚至可能已经开始动笔了。随后,他与布朗两人走了十三英里的路,到达贝德汉普顿(1月23日),来到约翰·斯努克夫妇——也就是迪尔克的妹妹、妹夫家住下,这座房子至今仍矗立在原地(老磨坊屋)。[①] 接下来的九到十天,济慈就是在这座房子里完成了《圣亚尼节的前夕》,平均每天写三十五至四十行。那些天他几乎没有离开过房子,除去跟所有人一道出门(1月25日)观看刘易斯·威建造的小教堂的

---

① 相关讨论参见盖·穆奇,《济慈笔下地方的精神》(*The Spirit of Place in Keats*, 1955),页141–151。

落成典礼。刘易斯·威是个有钱人,刚刚买下斯坦斯特德庄园(贝德汉普顿附近一个占地五千五百英亩的巨大庄园),并准备把这里翻修成教士团居住的建筑,供犹太人皈依基督教使用。[①] 第二天,布朗 438 回到汉普斯特德。济慈则继续留在这里五天(直到 2 月 1 日或 2 日),其间他又患上了咽喉痛。到他返回汉普斯特德时,《圣亚尼节的前夕》可能已经完成了。

十一

同许多其他作家一样,对济慈来说,长时间持续专注于一部严肃诗歌——尤其是像《海伯利安》那样的诗歌,如果其进展不如他原本的构想——往往会产出其他的成果。假如他暂时将视线转向不同形式且不那么雄心勃勃的诗,灵感的大门便会迅速打开,他会发现自己不仅写得相当流畅,而且还能以迅捷且毫不费力的丰富性融入某些语言风格和诗律的特色,这些特色属于早些时候要求更为苛刻的作品之设计构想的一部分。《圣亚尼节的前夕》在各方面都意味着从《海伯利安》的解脱。

---

① 基廷斯完整记述了刘易斯·威的情况以及教堂的落成典礼(《约翰·济慈:生年》,页 75–82),他令人信服地指出(页 87–89)《圣马可节的前夕》中第三十至三十八行的意象与斯坦斯特德教堂有关。一个有趣的可能性是其中窗户的细节描写与《圣亚尼节的前夕》中的窗扉诗节或有关联。(页 79–81)但是,这部分诗中的形状和颜色,无论济慈描述得如何华丽,都属于普通常见的类型。假如我们非要强调特定出处,那么恩菲尔德的教区教堂同样有可能是其灵感源头,因为济慈在易受影响、更可塑的年龄经常去那里参观。恩菲尔德教区教堂里,祭坛上方的中央大窗(当时曾令当地人感到十分骄傲)以及十扇巨大的侧窗都是"三重拱形"的。那时,中心圆花窗下方,还有两扇菱形的大窗,每一扇又分成四个小菱形。一侧的窗户上绘有骑士,另一侧绘有"祈祷的女士";所有的窗上都绘有"盾牌"和"纹章"。相关的图版和描述,可参见威廉·罗宾逊,《恩菲尔德的历史及文物》(*History and Antiquities of Enfield*, 1823),第二卷,页 5,页 25–30。墓碑(部分现已移走)上的各种图形,参见第二卷,页 32,页 41–56。

诗的情节很简单。他能够借此缓和秋天那场勇敢的勉力尝试,当时他想同时追随和仿效莎士比亚、弥尔顿和华兹华斯三人——将史诗的力量、(如果可能的话)戏剧的多样性和对现代意识以及模糊可辨的“智识的行进”之探索结合起来。他可以尽情挥洒自己在场景描写方面的天赋,在写作的过程中通过创造场景的势头来暗示事件的发生——甚至还可以令其暗含人物的发展。济慈从《海伯利安》那“赤裸的、希腊式的风格”暂时解放出来——那种方式已经给他造成严重的问题——现在,他为《圣亚尼节的前夕》选择了斯宾塞诗节,因为它可以形成独立的绘画
439 单元。至今,有一种说法仍被人们频繁提起,那就是济慈从《海伯利安》转向《圣亚尼节的前夕》,实际上是转向了与自己天赋更加“气韵相投”的主题和诗歌类型。但是,这种说法要么是在假设更加“气韵相投”的东西要求更低,也因此显得我们仿佛带着怪异、格格不入的傲慢态度屈尊俯就;要么(假如这句评论是对《圣亚尼节的前夕》的赞美)就流露出我们自己在诗歌兴趣方面的温和偏见。

假如济慈没有觉得与撰写《伊莎贝拉》时相比,自己已变为更成熟的艺术家——纵然撰写《伊莎贝拉》也是不到一年前的事——那么他可能不会乐意投入精力创作另一首诗歌浪漫传奇,就算它只是作为暂时的放松,且目的是为了用熟悉的方式重新磨炼自己。然而,这年秋天苦熬《海伯利安》的付出,带来了巨大的改变。旦我们在更险峻、陡峭的路上成功行走过,再回到一般道路上时,定会走得更快,对前方转弯处的焦虑也会减少许多。《伊莎贝拉》一诗中显而易见的不确定感,如今已全不见踪影;始于《海伯利安》的表述词、措辞和音律方面的丰富性,在新的浪漫传奇中毫无阻隔也毫无迟疑地蔓延开来。其效果如此催眠、如此持久,以至于我们时常忽略它与早先浪漫传奇——《恩底弥翁》和《伊莎贝拉》——之间的另一巨大差异,也致使我们甚至会忘记诗中真正发生的转变。因此,像后文这样用一句散文体的陈述来概括诗中情节的发

展,似乎比其他叙事诗遭受同等程度直白的概述更显得过分简化、不够妥当——这种做法似乎愈发违背了我们对这首诗的总体印象。热切的情人波菲罗(Porphyro)利用圣亚尼节前夕的机会,略施"巧计"来到毫无戒备的梅德琳(Madeline)的卧房;于此地,他事实上能够在她半梦半醒之间引诱她。诚实地记住这一点——济慈后来说,他希望更加明确地强调这一点——会让我们今天急于把这首诗超脱为某种准哲学性表征的做法,显得十分狼狈。但这首诗仍有不少吸引人关注的方面。首先,济慈显然将自己部分等同于诗中热切的情人。梅德琳的确不是范妮·布劳恩。事实上,两者截然不同:梅德琳羞怯而顺从,范妮显得"张牙舞爪";梅德琳庄重而虔诚,范妮喜爱服饰,关注时尚,伶牙俐齿——她会"恶言恶语辱骂别人"。借助波菲罗这个人物,济慈能够从情人的"巧 440
计"中获得某些代入感的快乐;后来,伍德豪斯对诗中的引诱场景表示反对,济慈任性地回答说(苦恼的伍德豪斯继而将济慈的话告诉了约翰·泰勒),他"鄙视情感上如此缺乏男子气概的人,那种人竟会在这般情形之下,离开一位有着如此性格的少女;假如他创作出这样的场景,他都会鄙视自己,等等等等——还有种种类似的济慈狂言"。但济慈与波菲罗的关联认同只能帮我们理解到这种程度,其他的要素也进入了情节的发展过程。

与情节中心事件十分相关的,是济慈越来越厌恶那些使这一时期浪漫传奇变得甜腻的枯燥无味;他的厌烦有其本身的优势。济慈初入诗坛时,此类浪漫传奇是其最早的模仿对象,那既是他的幸运,也是他的不幸;它们的腔调和矫饰造作的风格很快就被他吸收、同化进自己的写作习惯里,以至于他一用浪漫传奇的形式创作,就无法摆脱它们的影响。至少《伊莎贝拉》流露出此种痕迹。这令人联想起他后来如何尴尬地对伍德豪斯提起"幼稚到令人作呕"的《伊莎贝拉》("他说他再也无法忍受这首诗"),以及他想要"写一些无论如何都不会遭人嘲笑的东西"——

他不希望自己的作品因为“缺乏生活经验、见识浅薄”而遭人嘲笑。当然,一个避免隐患的方法就是彻底避开浪漫传奇,正如他在《海伯利安》中所做的一般;而写完《圣亚尼节的前夕》之后的一小段时间里,他也正是那样做的。他下一次也就是最后一部可被视为类似浪漫传奇的创作,就是六个月之后的《拉弥亚》,它将叙事转变为对幻觉的探索,幻觉被毫无掩饰地戳穿;那首诗还刻意使用令人联想起德莱顿和蒲柏的诗体形式,与济慈时代常见的诗歌浪漫传奇颇不相同。济慈后来想要彻底颠覆诗歌浪漫传奇的冲动,那种惟愿摆脱所有与之相关的枯燥无趣的冲动,在他撰写《圣亚尼节的前夕》时已见端倪。这并不是说,颠覆浪漫传奇的冲动是这首诗压倒一切的首要考虑。此诗开篇后,便短暂地回应了许多其他方面的需求和兴趣,包括面对失败和困难时,以某种方式退缩回熟悉事物的需求——也就是说,退回到他事先便知道可以轻松达成的目标——尽管熟悉的事物也有必要改进,从而符合他现在更为严苛的标准。

十二

441 《圣亚尼节的前夕》采用特殊(仍相对简单)的形式,部分原因在于济慈对作为一种体裁的浪漫传奇感到越发忧惧,他渴望写出与“幼稚到令人作呕”的《伊莎贝拉》全不相同的东西,这种愿望一方面持续违拗着场景描写和音乐的丰富性,但另一方面其本身也不断遭到改变。谈及场景描写(这首诗中极其明晰、成功的重要元素),我们应该记住斯宾塞诗节本身在此诗中的独特际遇和局限性。济慈开始写这首诗前不久,曾去信乔治道:“泰伊夫人和比蒂曾令我十分欣喜——然而,现在我看透了他们,不能从他们身上找到任何闪亮之处——也看不出缺点。”他仿佛本着公开挑战的精神,选取了泰伊夫人和比蒂用过的诗体形式,即斯宾塞诗节,尽管他对这种形式毫无经验,事实上,除了年少时的第一首诗(撰写于埃德蒙顿诊所的四节诗《仿斯宾塞》)之外,他几乎从未用过这一形式。当然,选择斯宾塞诗节也有充分的形式上的理由;仅是济慈选择了斯宾塞诗节以及迅速着手挖掘其潜力这一事实,便有助于塑造这首诗的品质。首先,斯宾塞诗节的容量足够大,不会像**八行诗节**(ottava rima)那样,频繁将诗人挤压进强作简练风格的拿腔拿调中去,济慈在《伊莎贝拉》中发现了这个问题。与此同时,斯宾塞诗节又自成单元。结果,它将诗歌叙事引向艺术性的画面构图,充盈但又能够独成一体。斯宾塞诗节在音乐潜能方面也有着类似的效果,既能显得宏伟厚重,也能产生统一感(即在每一个单独的诗节中创造统一感)。因为占据核心位置反复出现的韵("a b a b b c b c c"中的"b"韵)不仅能够延续不息,而且能形成相互扣锁的效果,继续扮演回声板,直到反复的回响在诗节最后一行六音步的长波中消失。不论其诗体形式的性质如何特殊,这种诗节还有特别的潜力,能够将简练利落和丰饶华美结合起来,总的来说,这个特点让济慈从《海伯利安》到颂歌的创作显得与众不同。此特性也让《圣亚尼节的前夕》(无论这首诗在其他方面有何欠缺)从第一个诗节开始,就与其他英诗浪漫传奇迥然有异。

于如此富有音乐和绘画生动性的场景中出现的人物,绝不是理想化 442
的(至少两个主要人物之一,甚至对自己的动机也表现出自我欺骗感)。但随着令人难以忘怀的诗节庄严地结束,并为下一个诗节让位,这些人物——如同诱惑本身一样——要么被抬高,要么又被保护性地抑制住了。这种情况在各方面都显得十分有价值——就算济慈动笔写诗前没想得很清楚——它也有利于诗歌开篇后迅速形成的特质,即不断浮现的对比和部分的解决在诗中此起彼伏,例如两个次要人物的年老和脆弱,与恋人的青春形成对比;内心短暂的温暖与包裹万象的寒冷形成对比;音乐与静默对比;宗教与爱欲相互影响(这是济慈从《罗密欧与朱丽叶》

中学来的);甚至人物内心也有着分裂、相抵触的反应(尤以波菲罗为甚,他一想到梅德琳对圣亚尼节前夕的传说怀有天真的信赖,便感动得潸然泪下;但他又不断推进自己的诡计,利用梅德琳的天真)。随着中心情节在济慈熟悉的主题“梦与醒”之上建立起来时,诗歌达到了最高潮。

所有人物中,年迈的祈福人是第一个——也是最后一个——与整首诗“色彩”和“纹理”既匹配又产生反差的人物,济慈认为,假如这首诗尚有任何优点可言,那便是其“色彩”与“纹理”了:

圣亚尼节前夕——啊,彻骨的凛冽!
猫头鹰披着厚羽也周身寒冷;
野兔颤抖着拐过冰冻的草叶,
羊群拥挤在羊栏里,寂静无声:
祈福人数着念珠的手指已经
冻僵,他呼出的热气凝成白雾,
像古铜炉里敬神的香烟上升,
没一刻停滞,向天空袅袅飞去,
飘过圣母的画像——他不断把祷辞念出。*

“清癯,赤足,又疲劳”,他从跪着的地方起身,沿着冰冷的教堂过道,走过“死者的塑像”。人们不由想起济慈十分喜爱的莎士比亚十四行诗中的说法:“死亡永恒的寒冷”。祈福人经过那些早已故去的骑士和贵妇,他们仿佛“在黑色炼狱的围栏里坐牢”,这个虚弱的人“神志疲弱”,被强烈的同情心触动,“想到冷的头巾和铠甲把他们冻得受不了”。辛酸的

* 《圣亚尼节的前夕》使用屠岸先生的译本,少量词句根据上下文需要稍作调整。

感受只得到了简短的表达,便听到悠扬柔和的音乐前奏从厅堂传到他的耳畔:

穿过了一扇小门,他转身向北, 443
还没走三步,传来了音乐悠扬,
可怜的老人听了便流下喜泪。

然而,他顺着一生的习惯,转而离开了音乐:

在圣亚尼节前夕,他该去忏悔:
于是他走向另一个地方,马上
坐进了灰堆,为他的灵魂赎罪,
他整夜没睡,为众生之罪而痛苦伤悲。

这位祈福人就像他在诗中的另一个对应人物老妈妈安吉拉一样,很快就会死去;诗歌末尾的暗示——温和而自然——那就是祈福人之死并没有什么值得钦羡之处,那只是无法违逆的冬天到来之前,树叶必然的飘落。① 此时,大厅中,柔和的音乐前奏渐渐消退,"清亮、狂放的号角"开始"震响",仿佛是为了迎接此时涌入的嘉宾,他们的头脑"塞满"了对浪

---

① 济慈后来对这首诗最后三行做了冲动轻率的修改,没有什么比这更能生动地显示出他后来对此诗的态度:

安吉拉老妇
因瘫痪亡故——临终时变了面容
祈福人骤然僵硬——笑叹之间
他微弱地咳了一下,突然停止了念珠。

伍德豪斯说,他希望这首诗"不要再牵扯此类情感的转变——但这正是济慈的目标,而且因为我表达了反对意见,他很高兴地发现自己成功了"。(《济慈书信集》,第二卷,页163)

漫的期许。在震天响的号角声和攒动的人头之上：

飞檐下站着一群天使的雕像，
他们永远睁大着凝望的两眼，
头发向后飘，一双双翅膀交叠在胸前。

另一组充满反差的对比开始浮现。天真无邪的梅德琳，头脑里“塞满”了“从老妈妈那儿听来的”圣亚尼节前夕的传说，她打算一丝不苟地遵从传说：若依循某些仪式，不进晚餐就上床，那么她将在梦中见到未来丈夫的模样。梅德琳“心中充满幻想”，压根没有注意到走向她的追求者；“音乐声声，像天神在痛苦呻唤，／ 她没听见”。她“蒙在幻境里；这些她全然不顾，／ 只把圣亚尼和她的羔羊记住”。可是，城堡里弥漫着仇恨的气氛，恫吓这爱的骚动。与朱丽叶和伊莎贝拉一样，梅德琳身边也有一个家族，与她渴望结婚的男人有着难解的世仇。

444 与此同时，年轻的波菲罗期望一睹梅德琳的芳容，他骑马穿过凛冽的旷野，像罗密欧一样，进入一个危险四伏的欢宴大厅。唯一可能为他提供帮助的就是梅德琳年迈的老妈妈安吉拉——她可没有朱丽叶的看护保姆那么忠实可靠。她瘫软的虚弱被塑造得近乎可笑——她不仅“头脑发晕”而且“心里慌张”（诗歌末尾处，她“麻痹抽搐”着死去）。然而，同祈福人一样，她总是被氛围所同化，可是在氛围中又会做出暴露反差的举动。潜在的怪诞姿态得到了缓和——当这位老妈妈看到梅德琳对即将到来的梦境轻易就付出了全部信任，她不禁轻笑起来（“淡淡的月光下，她笑容微弱”）；当她把波菲罗领到敌人找不到的地方时，她陷入了年老糊涂的喃喃自语：

他跟她走过矮矮的穹顶甬道，

头上高高的羽饰扫过蜘蛛网,
老妈妈咕哝着"唉呀,真正苦恼!"
他走进一间小屋,洒满了月光,
银白,有窗格,凄清,静得像坟场。

安吉拉把梅德琳对视像的憧憬告诉波菲罗,波菲罗内心很受触动,但又灵机一动想出一个计策:他要让安吉拉把自己秘密带入梅德琳的房间,藏进一个能偷偷向外张望的壁橱里,安吉拉会为他的饮宴带来鲜果佳肴。然后,他将唱起歌,唤醒梅德琳,她会看到自己梦寐以求的未来丈夫。可以理解,安吉拉对这个提议感到异常震惊(他如此"狂妄""不恭",不是表面上看起来的那个模样)。波菲罗发誓自己绝无歹意,而且他也打心眼里相信自己的意图是好的("安吉拉,凭我的眼泪你该放心");随后他甚至冲动地威胁道,安吉拉若不听从,他便要高声叫喊,直到城堡里的敌人发现他的行踪。这威胁让麻痹瘫软的安吉拉不知所措。反复无常的波菲罗似乎有些羞赧;他说话带着"如此深沉的悲伤",安吉拉终于同意,将他领进了梅德琳的卧房。

波菲罗的精神再次振作,不等梅德琳(仿佛一只"斑尾林鸽")进屋,这个热切的情人便"躲藏"起来:

准备好,注意,
年轻人波菲罗!你看那边床头。

济慈此处呼应《辛白林》中的著名一幕,邪恶的埃契摩把自己藏起来,想要在伊摩琴睡着时借机偷窥;诗中的一些措辞甚至也呼应了莎士比亚。 445
济慈笔下年轻而冲动的情人并非埃契摩之辈,但他的行为与济慈同菲尔顿·马修("英勇的埃里克")曾读过的浪漫传奇英雄的举止大相径庭,甚至与我们对《伊莎贝拉》中高贵正派的洛伦佐的期待也相去甚远。[①]不管怎么说，氛围再次弥漫开来，并对人作出改变；在这个关键时刻，它——通过对波菲罗本人产生效力，戏剧性地达到了效果。梅德琳进入房间后，紧接着就出现了描写三重拱形窗扉的华丽诗节（第24节）。窗扉将冷冷的月光转变成色彩的丰富交融，起到了保护作用，它不仅遮蔽了梅德琳脱去衣衫的举动，而且当她跪下祈祷时，色彩的变换也再次动摇了波菲罗的决心：

玫瑰红染上合着的素手一双，
银色十字架变作紫水晶炫亮，
光环罩发丝……
……波菲罗如醉如痴：
她跪着，如此纯洁，没尘世的一点瑕疵。

此处及接下来的几个诗节中，波菲罗感觉自己仿佛身处“天国”。然而，前人对这首诗的讨论过分强调“天国”一词。窗扉诗节之后，准宗教的意象明显消退，除了一处小小的例外，这种意象在全诗剩下的一百五十行里，仅存于波菲罗的两句话中（其中之一，他说自己是“饥饿的朝圣者——因奇迹而得救”，这话显然并未诚实向梅德琳描述他是凭借怎样精心策划的“巧计”才得以进入房间）。换句话说，如果我们将诗中宗教与情欲内容等同起来，就失之偏颇了。济慈在手头的《忧郁的解剖》一书上写下过一句话，与此十分相关：“在我眼里，没有什么比成为倚赖眼、口、鼻之流更让人不齿的了”，这种人“总是把山羊般淫荡、媚态的

---

① 有关波菲罗的性格以及整首诗较透辟的讨论，参见J. C. 斯蒂林格，《语文学研究》（*Studies in Philology*），第五十八卷（1961），页533–555。

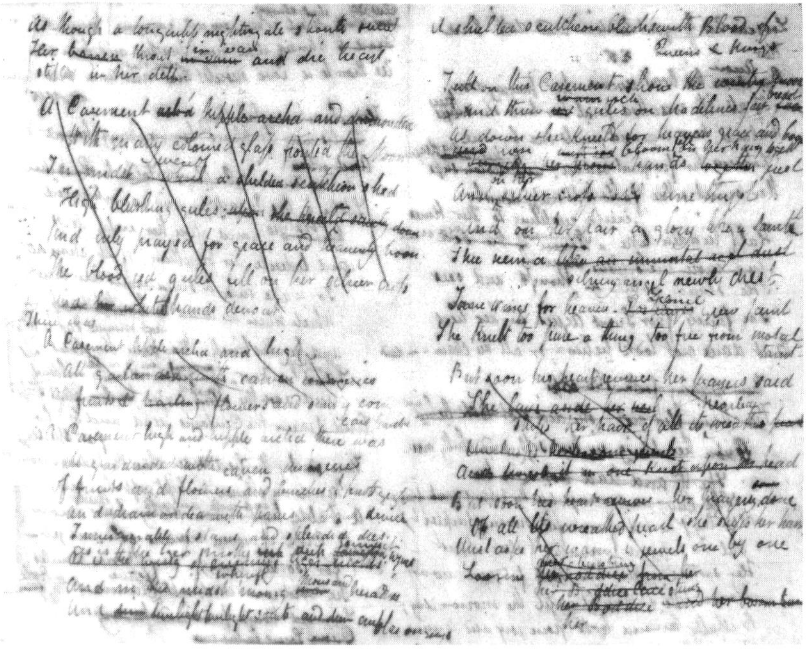

《圣亚尼节的前夕》第 24–26 诗节手稿（哈佛大学济慈藏品）

情欲之爱,与对神性的抽象崇敬混为一谈”。也就是说,“天国”完全是主观的,存在于波菲罗的内心。对他来说,此处之所以成为天国,绝不仅仅因为情欲不加掩饰地以融入其他情感的方式实现自我强化——任何激情都有此趋向。更确切地说,波菲罗实实在在被繁复多样的印象所打动,那些印象十分浓烈(它们也包括恐惧和内疚:他“偷进”了天国;“蹑
446 足”从壁橱里出来)。实际上,正是这种印象的丰富差异让他感到麻木。它以一种特殊的方式,运作于一个特定的人物身上,我们提前看到了如此这般的“麻木”(“过于快乐”)——它为后来的《夜莺颂》奉上了一个开端:心中充盈的“渴望”和“痛苦”,并不来自单一情感的满足(济慈在《幻想》中写道“哪有红颜永不凋零, / 永远悦目?”),而在于各种不同的情感积极地交互作用,它们处于追求解决和“赢得近在咫尺的目标”的过程之中。波菲罗从壁橱里蹑足走出,生怕被发现,他“忐忑不安”地铺好宴席的桌子,恳求梅德琳醒来,“要不然我就会晕在你身旁,心痛难耐”。但昏眩虚弱之际,他其实只是在“耳语”。他伸出手臂搂着她;梅德琳未曾醒来。最后,他抽身离开,拿起诗琴,凑近她的耳畔唱起了歌谣《无情的妖女》。她的双眸终于打开。

然而,梅德琳从梦中半醒过来——这并不能让人感到安慰。它近乎于亚当之梦的变奏(“他一觉醒来,发现一切成真”),梅德琳感到,看见波菲罗是“令人痛苦的变化”:梦境远比现实更有吸引力。现在盯着她看的眼睛这般“忧悒”,她梦中的眼睛“清澈、神采奕奕”。身旁的这个人“苍白、冷峻”,那“不朽的睥睨”去了哪里?梦与现实的运转变幻就这样融入了情节。由于济慈在别处使用此变幻时更为严肃,若我们借此认定,该变幻无论何时何处都带有同样深沉的象征意义,那么就过分曲解了这首诗。作家会被类似的情境所吸引,那是很自然的事,尤其是在情节比较稀薄、创作时间较短且关注点特别集中于语言特色和诗体韵律之时(这首诗的情况便是如此),诗人就更会求助于这些情境。但这首诗

的上下文至少让我们注意到济慈心中一个相对较简单但又反复出现的思想,这个思想在他一八一九年的诗歌中变得更为突出:那就是,梦——与纯真一样——不可能在这个世界上不受侵犯;然而,不论失去什么,若缺少从梦境到现实的觉醒,真实的幸福是不可能企及的。不管怎样,梦再次完全吸引了半睡半醒的梅德琳。这首诗的第一个版本——也是最后付梓的版本——迅速灵巧地向前推进。情人波菲罗站起身来,"仿佛已超凡脱俗":

> 他完全溶入她的幻梦中,有如 447
> 玫瑰把温馨揉进紫罗兰芳馥——
> 甜蜜的交融。①

然而,事情的终局显而易见。"圣亚尼的月亮已经落下",窗外的暴风雪即刻喧嚣。梅德琳完全清醒过来,明白了自己的处境。("这不是梦!可悲!";她是个"受骗的人儿";一个"叛徒"把波菲罗带到了这儿;若他现在抛弃她可怎么办?)波菲罗申辩说自己的爱情诚恳坚贞,还向梅德

---

① 济慈恰于此处做出了令伍德豪斯强烈反对的修改。后者补充道,如果说之前的版本里"有惹人怀疑发生了什么的空子,那也是[济慈自己]没有写清楚造成的"。伍德豪斯告诉泰勒,"这个改动涉及大约三个诗节"。现存的稿件只牵涉其中两个诗节。第 35 节结尾处(梅德琳只说"把我从无限苦恼中拯救出来, / 假如你死了,我不知生命的目的何在")临时改为"她说话时,他的手臂慢慢伸来 / 环绕着她,心连心——夜晚的风儿呼啸着吹"。第 36 节(出版刊印的版本如正文所引)更具体地强调梅德琳陷在睡梦中,将她的梦描绘为"狂热的",省略了"甜蜜的交融"这种柔腻的表述,突出暴风雪的骤然来临:

> 迷魅仍未解除
> 保护着她安睡
> 他与她狂热的梦交融,有如
> 玫瑰的馥郁与紫罗兰的香气媾和。
> 她仍继续,继续做梦——霜风吹得更猛烈了。

琳保证两人一定会结婚,但他又本能地利用了梅德琳渴望延续圣亚尼节前夜魔法的念头,也利用了他自己的半信半疑——即他本人"因奇迹而得救":他说,屋外的暴风雪是小精灵为了让他们逃跑而吹起的狂飙;("小精灵从仙国吹来了狂飙,/它虽然暴烈,对我们却是恩典")。诗的结尾,梅德琳没有给出热情、确信的回答。"她一听,急忙起身,害怕得发抖。"这对忧心忡忡的恋人"幽灵般潜入宽大的厅堂",穿行过城堡,悄悄地将门闩一一抽出。诗歌最终也没有确保他们活了下来:

他们俩永远去了,在很久以前,
这对恋人逃入了暴风雪之中。

当天晚上,男爵和好斗的宾客都遭到噩梦的折磨;安吉拉死去了;而

祈福人向圣母颂过千遍祷文,
在一堆冰冷的灰烬里,长眠不醒。

十三

448 这番努力的结果,是一首以混杂乃至负面情感开启的诗(那些情感既有疲惫和悲伤,也有在艰难时刻保持头脑忙碌的渴求,还有对范妮·布劳恩的挂怀,对自己无法继续创作《海伯利安》的深刻焦虑,以及决不复归以前的风格、避免写出翻版《伊莎贝拉》的决心),然而,这首诗同时又成为诗歌技艺方面的壮举——是语言风格和诗体韵律战胜主题局限性的非凡成就——因为济慈从《海伯利安》中新近获得的艺术技巧得到了新颖但十分纯粹的挑战。现存我们能看到的济慈诗

歌最完整的草稿就是《圣亚尼节的前夕》的第一稿,这绝非偶然。因为他创作的速度很快,使用的是同一份稿子,而非连续多份修改稿;写第一稿时,他便逐行修改,有时搜肠刮肚,有时跳跃前行寻找更有效的表达。《恩底弥翁》之后的任何一首诗中,他都绝少写出《圣亚尼节的前夕》中某个诗节、诗行或是某句话开头处那种平淡、陈腐的表达。这首诗本身并不能吸引他全神贯注地思索如何去写。然而,一旦他匆匆写下只言片语,其判断力就即刻被激发出来,随后他就会做出改动,接着他又迅速感到恼怒,再次进行修改。[1] 某些表述很有趣,但至少有一处流露出辛酸。济慈十二月写信给乔治和乔治安娜时问道:"你们有暖和的裘皮吗?"第二年,他病情恶化,延绵不绝的寒意给他带来巨大的困扰——他在一封又一封信中告诉妹妹和范妮·布劳恩:"冰雪融冻时节,切记穿暖";"一定要小心敞开的门和窗,出门别忘了穿上灰呢风雪大衣";"一定要非常小心,注意多穿点"。在《圣亚尼节的前夕》中,诗歌尾声处波菲罗唤醒梅德琳,准备逃入暴风雪("看天色快要破晓;—— / 食客们酒足饭饱,早松了防范:—— / 亲爱的,我们逃走吧"),济慈发现自己一落笔就冲动地写下"穿上温暖甜美的衣裳,无所畏惧"。他所有挣扎中,最棘手且伴随着落入深渊般骤降的,便是梅德琳准备落榻就寝的诗节(第 26 节)。雷德利先生的记述一步步抽丝剥茧地展现了整个诗节的撰写过程,只有读了这段记述,我们才能明白其中近乎喜剧性的挣扎以及济慈逐渐增强的恼怒感。[2] 我们可以从 449
中选择几个片段。《圣亚尼节的前夕》最终版里,这个诗节是如此开启的:

① 有关手稿修改情况的完整讨论,参见 M. R. 雷德利,《济慈的手艺》(*Keats's Craftsmanship*, 1933),页 112–190。我仅从雷德利先生详尽且敏锐的分析中总结出些许例子。

② 雷德利,《济慈的手艺》,页 153–156。

Anon his heart revives: her vespers done,
Of all its wreathèd pearls her hair she frees;
Unclasps her warmèd jewels one by one;
Loosens her fragrant boddice; by degrees
Her rich attire creeps rustling to her knees.

他的心重又跳动:她做完晚祷,
把她发上成环的珠玉解下来;
卸除一颗颗沾着体温的珍宝;
又把溢满体香的胸衣松开;
一件件绣衣窸窣地滑下膝盖。

但是,济慈第一遍写时陷入了各种麻烦,其中之一是多余的突然动作强行挤入画面——梅德琳几乎将头饰从头发上扯下来:

But soon his heart revives — her prayers said
She <lays aside her veil> pearled
Stript her hair of all its ∧ wreathed <pearl>
Unclasps her bosom jewels

他的心重又跳动——她做完祷告
把缀满珍珠的面纱在一旁放好
剥去头发上成环的珍珠
卸除胸前的宝石

济慈写下这些后,远未感到满足,尤其是紧接着为了与"said"这个词押韵而凑出的一行,更令他不满——“在头顶一拧打成花结”(“And twists it in one knot upon her head”)。他从头开始,逐步改进这些诗句,进入诗节的下一部分时,他心中全无定数,他写道:“从她的……松开胸衣”,随后又将这行划去,依次做出如下修改:“松开她胸衣的饰带”,“松开她的胸衣,袒露出胸脯”以及“松开她盈满的胸衣”(这句的写法很难解释,只能说他可能因愤懑而感到慌乱)。厘清这部分之后,他继而描写梅德琳“半隐半现如海中塞壬”。不过,他回想起“塞壬”相关的联想有令人不快的一面,便最终用如下内容做了替换:

by degrees
Her rich attire creeps rustling to her knees:
Half-hidden like a mermaid in sea-weed.

一件件绣衣窸窣地滑下膝盖:
像条美人鱼半裸在海藻下面。

要想简洁明了地弄清楚一整个诗节,我们可以从窗扉诗节下手(第24节)。济慈在这节的开头写道:“一扇拱形的窗扉”(“A casement ach’d”;同往常一样,他一旦写得很快,就会漏掉“r”)。接着,他又删掉“a[r]ch’d”,详尽地描绘道:

A Casement <ach’d> tripple arch’d and diamonded
With many coloured glass fronted the Moon
In midst <of which> wereof a shilded scutcheon shed
High blushing gules, upon

一扇三重拱形光彩装饰的窗扉，
彩色的玻璃朝向月亮，
中央是遮蔽起来的盾牌
流溢出鲜艳的红色光芒，落在

450 光要落在梅德琳身上。但就在前一个诗节，她才刚刚走进门，心中兴奋不已。济慈需要先让情势平静下来，稍作安置，于是他删去“落在”一词，写道：

a shilded scutcheon shed
High blushing gules: she kneeled saintly down
And inly prayed for grace and heavenly boon;
The blood red gules fell on her silver cross
And her white hands devout.

遮蔽起来的盾牌
流溢出鲜艳的红色光芒：她虔诚地跪下
内心深处祈求恩典和上天的眷顾；
血红的光落在她银色的十字架上
还有她那双虔诚的素手。

最后的半行显得尤其平淡乏味；济慈对整个诗节都有些犹豫不定，他删去了“她(的)”(“her”)，将这一行表述改为“还有那双虔诚的素手”。

眼下这些匆匆拼凑起来的东西，还只是原材料。正如雷德利先生所言，济慈“将它们全部拆成碎片”，然后“再把碎片以全然不同的设计构思拼起来”，他将对梅德琳的描绘推后，现下更专注于窗扉本身。他划掉所有已经写出来的内容,从头开始(“triple”一词中再次漏掉了“r”),并于这一节的开头处加上了“有”(“There was”),继续写道:

There was a Casement tipple archd and high
All garlanded with carven imageries
Of fruits & trailing flowers and sunny corn.

有一扇三重拱形高大窗扉
框边雕刻着花纹,精巧的图像,
果实和蔓生花朵,金黄的谷粒。

但是第三行缺少韵律。于是他删去了“蔓生”(“trailing”),这句话变为“果实和花朵,金黄的谷穗干枯悬挂”(“Of fruits & flowers and sunny corn ears parch’d”,最后两个词远不能令人满意,但他此刻心中只惦记着押韵的问题;另外,他还想把第一行末尾改为“high and triple-arch’d”)。这一番修修补补之后,突然间,他感觉突破性的进展出现了。他再次划掉已经写出来的全部内容,紧接着他写得飞快,导致“garlanded”这个词短暂地消失于鲜花与果实的园圃中,被他写成了“gardneded”:

A Casement high and triple archd there was
All gardneded with carven imageries
Of fruits and flowers and bunches of knot grass;
And diamonded with panes of quaint device
Innumerable of stains and splendid dies
As is the wing of evening tiger moths;
And in the midst ’mong < man > thousand heraldries

And dim twilight

卧室有三重拱形高大的窗扇，
　　框边雕刻着花纹，精巧的图像，
果实和花朵交叠，两耳草铺垫，
　　窗玻璃设计得别致，晶莹灿亮，
　　五彩缤纷的板块，交错着嵌镶，
　　仿佛夜晚豹灯蛾的翅膀；
　　窗子上四面拼绘着图案纹章，
　　依稀朦胧

济慈又将“依稀”和“朦胧”两个词分开，这样结束诗节：

And twilight saints and dim emblazonings
A shielded scutcheon blushd with Blood of Queens and Kings.

451 依稀的圣徒形象，朦胧的花饰，
中央是盾牌，染着帝后们暗红的血渍。

为了与“Kings”和“emblazonings”押韵，济慈现在必须把“As is the wing of evening tiger moths”（“仿佛夜晚豹灯蛾的翅膀”）这句中的最后一个词替换掉。手稿里，他在这一行的上面写道“As is the tiger moths rich”（“如同豹灯蛾般富丽”），后又删去了“rich”（“富丽”），改为“deep damasked wings”（“深色锦缎似的双翅”），但好像又对“锦缎”感到犹豫不决，于是又在上方改为“落日”（“深色落日般的双翅”），然后就搁在那里不管了。不过，最终版里此处仍使用“仿佛豹灯蛾深色锦缎似的双翅”：

A casement high and triple-arch'd there was,
All garlanded with carven imag'ries
Of fruits, and flowers, and bunches of knot-grass,
And diamonded with panes of quaint device,
Innumerable of stains and splendid dyes,
As are the tiger-moth's deep-damask'd wings;
And in the midst, 'mong thousand heraldries,
And twilight saints, and dim emblazonings,
A shielded scutcheon blush'd with blood of queens and kings.

卧室有三重拱形高大的窗扇,
框边雕刻着花纹,精巧的图像,
果实和花朵交叠,两耳草铺垫,
窗玻璃设计得别致,晶莹灿亮,
五彩缤纷的板块,交错着嵌镶,
仿佛豹灯蛾深色锦缎似的双翅;
窗子上四面拼绘着图案纹章,
依稀的圣徒形象,朦胧的花饰,
中央是盾牌,染着帝后们暗红的血渍。

总体而言,济慈的任何其他诗歌都没有像这首如此充分地表现出被释放的自由,依靠这种自由,写作技巧本身能够成为一种主导的情感。济慈可算是海兹利特的追随者,不可能真的认为仅靠对技巧的兴趣,就能够让艺术家超越学徒似的写作。(海兹利特曾说,提香"画风景画时……会炫耀地自诩为全世界最优秀的配色师吗?他会借观察自然让自己成为最出彩的配色师吗?")事实上,人们很少创造或发现技巧——

因为那是达到目的的手段——只有尝试超越纯粹的技术运用,人们才会制造和发现技术。但此刻济慈并不想要更大的挑战。他曾每日护理汤姆,感到精疲力竭,这已经造成他过早地强迫自己创作《海伯利安》。然而,他从《海伯利安》中学到的东西,似乎暂时悬置了——最初的希望受挫了,至少目前如此,但这反而使他学到的东西更能随时为己所用。他后来轻蔑地提起《圣亚尼节的前夕》中的“色彩”(colouring)与“纹理”(drapery)。当然,在理想的情况下,他更希望“这首诗中的人物和情感能够成为纹理本身的图案”。在这场完全必要的缓解修整中,一切都暂时朝着“纹理”或挂毯丰富多彩的构图画面方向努力,其中也包括编织构图的新能力,以及某种令人感到欢喜的短暂自由——从他所认为的更有分量、要求更高的题材中暂时解脱出来。

第十八章　不确定期(1819 年 2 月–4 月)

一

济慈回到汉普斯特德后，再次被突然发作且愈加恶化的咽喉痛所扰，他决定彻底摆脱这个病，但凡有必要，就尽可能地待在室内。他唯一能得到的医疗救治，就是这条医嘱，而他此前却一直懒于理会。[1] 咽喉痛不仅变得令人恼火地反复发作，而且还引起些许担忧。自打七个月前在马尔岛患上重感冒之后，咽喉痛就断断续续地缠着他，没好彻底。他不能放任这种情况再继续下去：未来还有太多事情等着他做。 452

二月初约有十天，济慈强制自己待在家里，以阅读消磨大部分时间。由于无法重新开始撰写《海伯利安》，他每日对自己越发不满；虽然可以着手写一些旁生的东西权当练习，但这个想法也因为他已写下《圣亚尼节的前夕》而显得缺少吸引力。他同艾比之间一直有矛盾。济慈前往奇切斯特之前，曾见过艾比，心里仍希望给急切的海登弄些钱。两人谈话间提及汤姆那份财产的事，艾比隐约说起某些遗嘱条款要求他们等

① 关于济慈的咽喉痛症状与后来疾病的关系，参见后文第二十二章，第四节。

范妮年满二十一岁再处理此事——那就是五年半之后。[①] 艾比对济慈的试探深感不安，而且他总怀疑济慈与妹妹之间的通信对他不利，于是他告诉范妮，说自己非常反感他们兄妹之间如此频繁的通信。艾比的
453 严厉令范妮有些发怵，济慈还在贝德汉普顿时，她就写信告诉他这件事。济慈对此深感困惑和苦恼，但远未猜出艾比背后的居心，于是他把自己关在汉普斯特德的房间里，回信给范妮（2 月 11 日）："你寄到贝德汉普顿的信，让我十分受伤——他为什么要反对我跟你通信呢？"济慈觉得自己是范妮"仅存的保护者"。他没有告诉妹妹自己打算给艾比写信或是跟他面谈此事，但心里已经打定主意。他只是简单地回复范妮："我希望艾比先生不要再反对你隔三岔五收到我的来信——多么不讲理的要求！"随后，正如他后来告诉乔治的那般，他给艾比写了一封措辞强硬的信。"我想从现在起，多多见到范妮——她几乎都被阻隔起来，很难和我联络了。"济慈曾许诺给乔治和乔治安娜写篇幅很长的日记信，现在他开始写了——信的语气有些疲惫，说他现在

> 很少见人——几乎厌倦了人和事——布朗和迪尔克对我很好，很周到——雷诺兹小姐们最近在邻家短暂停留——但都很沉闷——布劳恩小姐和我，时不时聊聊天，斗斗嘴——布朗和迪尔克正在花园散步，手插在口袋里，四下观察。文学界的情况我一无所知。

他的心情显然不算太愉快。差不多就在这个时间，情人节即将来

① 他似乎并没有断言情况就是这样，他可能担心济慈产生用法律手段争取财产的想法。艾比想给人一种他不确定情况到底如何但正在认真调查的印象。因此，济慈给海登写信时也没有把握，他告诉海登："我本来应该已经借给你的钱……以前是属于可怜的汤姆的——困难在于，我是否可以在妹妹成年之前继承它。"但他肯定已经开始怀疑艾比了——因为他写道："我几乎有把握断定，这只是个花招"——也就是，一个骗局。（《济慈书信集》，第二卷，页 40）

临。布朗总是时间很充裕,正为这个节日写一些乏味的滑稽诗。他为女人们创作情诗,其中就有写给范妮·布劳恩的,他总觉得布劳恩之前怠慢了他。就布朗而言,这个行为并没有特别的意味,他还不知道济慈对布劳恩的感情。但是,布劳恩收到情诗后表现出的快乐和喜悦让济慈颇为着恼(这首诗深深地留在她的记忆里,以至于她多年后还能背给孩子们听)[①],尽管他当下没说什么。差不多同一时间,他以一种无所谓的冲 454
动姿态,把亨特的那本《文学袖珍手册》送给了布劳恩[②],这本袖珍手册已经成为某种象征,代表着他现在极其厌恶的矫揉造作与多愁善感的结

① 这首诗写得并不出色。范妮·布劳恩的女儿回忆起四个诗节,并为巴克斯顿·福尔曼誊写了出来(刊印于《查尔斯·布朗的信札及杂记》〔*Some Letters and Miscellanea of Charles Brown*〕,M. B. 福尔曼编〔1937〕,页 xiii-xiv):

每当我们偶然遇见
　　你知道为什么
你当街经过我身边
　　还把头高昂着——

因为我的步行手杖
　　不是纨绔子的树芽,
因为我的皮靴粗壮,
　　因为我戴一顶假发。

因为你瞧我的衣衫
　　总是破破烂烂,
还有脖颈上的领结
　　边角露出破绽。

你见我穿戴成这样
　　傲慢是多么憨傻!
难道你从未在学堂
　　为淘气遭受责罚?

② 范妮·布劳恩在这本袖珍手册里抄写下济慈提及伊莎贝拉·琼斯和她的老庇护人多纳特·奥卡拉汉的那首歌(《嘘!嘘!轻轻地走》)。她可能只是看到了这些诗,并提出要抄写它们。但基廷斯先生令人信服地指出(《约翰·济慈:生年》,页 83-85),济慈实际上要么是因为赌气,要么是为了说服自己——他对范妮的感情并不那么认真,才把这些诗给她看的。

合体。大概几个星期之后,或是更早一点,她可能发现济慈对这本袖珍手册评价很低,不过她还是继续用它写点备忘录。

二

济慈在家待了十一天没出门,二月十三日星期六这天,他终于进城了。他去见了艾比,遇到了另外几个朋友,包括伍德豪斯——他正巧看到伍德豪斯向纽盖特街一家书店的橱窗里张望。

仅仅是出门、进城带来的兴奋感,就可能促使他无论如何也要下笔写点什么。因为当天晚上,他便开始撰写另一首短叙事诗《圣马可节的前夕》,三四天之内,他洋洋洒洒地写了约一百行,然后就将它搁置一旁。他跟乔治提起这首诗时,称它是个“小东西”,谈到其标题和《圣亚尼节的前夕》的标题时,他又补充道:“你瞧,我用了多么有拉德克里夫婆婆风味的名字。”[*]他告诉乔治,如果自己完成了这首诗,会寄给他看。但他最终未能写完这个作品,几个月之后,他才把诗寄给乔治,评论说刚开始写这首诗时“我秉持小镇宁静的心境,我想,它带给人的感觉是凉爽的夜晚在古老的乡村小镇漫步。不知我是否永远也不会完成它了”。他完成的部分只不过是一首诗的背景设定,勾画了春日的一个星期天晚上——也就是圣马可节的前夜,某个拥有大教堂的小镇;他显然联想到了奇切斯特:

圣马可前夜恰逢安息日;
神圣的钟声敲响两次,
呼唤着人们去做晚祷;

---

* 这里济慈指的是哥特小说家安·拉德克里夫(1764–1823)。

城市的街道洁净美好，
四月的雨水满是生气； 455
看，那西边的窗玻璃，
冰凉的落日轻声叮咛，
未熟的翠谷凛冽寒冷。

一个年轻的女人住在老敏斯特广场，她名叫“伯莎”（济慈可能是从查特顿那里借用的名字）。暮色渐浓，她开始阅读一本关于圣马可的书，那是绘有插图的手抄本。接下来的一些诗行（济慈可能是后来添加的）使用了中世纪英语，令人想起查特顿对前人的模仿，济慈的写法似乎更接近乔叟，或是更像高尔。不论这首诗原本可能发展成什么样，伯莎只是在读圣马可殉道的故事。罗塞蒂的推测更有可能是正确的：济慈的故事大约想借用这样一个传说，在圣马可节前夜，黄昏时分站在教堂门廊附近的人会看到幽灵进入教堂，这是未来一年将染病之人的幽灵，倘若其中部分幽灵未能离开教堂，那么对应的人便会死亡。自然，这个传说可能会让济慈颇感兴趣，至少它比《圣亚尼节的前夕》更好地摆脱了过分的感伤色彩。

这部未完成的作品有几点值得关注，总体来说，都是风格上的特色。首先，济慈仅仅在四五天之内就写出了约一百行，而且这些诗句让半个世纪之后的拉斐尔前派作家欣喜若狂（也预兆着他们的创作）。对他们中的一些人来说，尤其是罗塞蒂，这首诗与济慈的《无情的妖女》一道，并列为拉斐尔前派理想诗歌风格最出色的样本；它简洁、清新、纯朴，仿佛四月一般洁净，令拉斐尔前派的艺术家想起中世纪晚期的绘画和挂毯以及乔叟的八音节对句。（看似矛盾的是，这首诗的背景全然不是中世纪的：故事——至少开头部分——设定在济慈本人的时代。）同样是因为这些特性（但剔除其引发的中世纪联想），二十世纪早期的意象主义者也被这首未完成的作品所吸引。

如果我们回头看济慈本人的情况，这首诗后来所产生的感染力也与之十分相关。他开始写这个被他称为“小东西”的诗时，正把自己关在房间里尝试着断除咽喉痛，他想用一种完全不同的诗律和主题，驱策自
456 己进入某种势头，借此回归到真正重要的作品上去。就在这三五天内，他以缩微的规模生动地展现出未来七个月将要呈现的状况：他已触及某个临界点——我们通常只在最伟大的诗人身上才能规律性地发现这种状况，即不论撰写任何长度的严肃诗歌，都必须单独为之创造出仅属于它的新风格。这种情况贯穿于他撰写伟大颂歌（每一首颂歌在某些方面都不尽相同）、《拉弥亚》和《海伯利安的覆亡》的各个阶段。如《圣马可节的前夕》所展现出的独特风格，对济慈本人来说可能是一个较不显眼的关切点；但对后世作家而言，独特的风格仍可以作为某种起点，甚至是某类最专门化（且闲暇）创作的理想目标。《圣马可节的前夕》浸润于近乎奢侈丰富的创造力，它仅仅是作为一种过渡期临时的尝试被写了下来（更准确地说，是起了个头；因为它只有一个开头，并未完成）。在接下来的几个星期里，假如济慈只用平常速度的一小部分去撰写，他也有足够的时间完成这部作品。然而，他却对传奇丧失了兴趣。

三

二月十七日，济慈中断了《圣马可节的前夕》。此后的两个月，他写的诗比离开盖伊医院之后的任何时期都少。借由临时撰写一些截然不同的东西，让自己重新焕发创作活力的做法第一次遭遇了失败。即便对最严格的监工来说，《圣亚尼节的前夕》这样的诗歌，甚至《圣马可节的前夕》这个未完成的片段，在质量上也是绰绰有余。但对济慈来说，它

们几乎不值一提。毕竟，写完“消极能力”一信之后，他再次投身诗歌已过去整整一年——在这一场专注的奉献中，诗歌“浪漫传奇”以及它所意味的一切，都被搁置一旁，济慈心里取而代之的是更伟大的诗歌形式。诚然，过去的一整个春天——乃至整个夏天，他都在设想十分缓慢的“智识力量的逐渐成熟”之必要性和价值。按照他的想法，他已做好迎接困难的准备。但以磨炼自身为目标的许多苦难，并非真正降临到我们头上的困苦；即便它们确然降临，也不一定是以意料中的方式或在预期的时间出现。从此刻一直到济慈的人生尽头——直到全然超乎预料的意大利之旅（他发现自己在一年前从未设想过的时间和情形之下身处罗马），这个念头以及事物不可逆料的陌生感都在他心中不断滋长。至 457
于漫长的准备期，他曾想要用“很多年”认真研习，夯实基础，只是偶尔创作：他已深深扎根于写作的习惯，若不保持某种程度的创作，便会焦躁不安；如果他内心觉得至少取得了一点点进步，也会稍感快意。但是，从他自己的视角出发，哪里能看到进步呢？他真正的作品《海伯利安》停滞不前。不论这段艰苦的时光对写作多么不利，这首诗从根本上来说之所以停滞不前，是出于最令人不安的原因：济慈对它失去了信心。以前，他也曾对《恩底弥翁》的价值丧失信心，但仍能继续往下写，且速度极快。不过那已经是十五个月之前的事了；他当时觉得自己仍在学习入门知识——用他自己的话说，尝试从“学步的牵引带”走向“能扶着手的童车”。

在济慈努力寻找自己方向的阶段——即便过去八到十个月间他过得风平浪静，耗费两个月，甚至两年的“休耕期”也是理所应当。然而，那些迷恋于他戏剧性成长的人，似乎绝少会停下来，思考一番，给予他成长的空间。即便是那些十分熟悉写作所造成的紧绷压力的人，那些对“休耕期”的必要性有第一手了解的人，一旦谈起济慈人生中这段短暂的时光，仿佛也忘记了自己的经历。济慈的健康状况，汤姆之死，那些纠缠他的评论文章所带来的影响,对金钱的焦虑,甚至范妮·布劳恩的亲近,都被单独或以各种组合方式视为这段创作间歇期的罪魁祸首。当我们表现得渴望他轻捷迅猛地成长,并认定只有尖锐的个人困境才能妨碍他前进时,我们并非缺少同情心。相反,我们正是在同情中变得过于急切(也因急切而过于褊狭)。我们迷恋于如此稳定且具有自我修正能力的成长,以至于我们发现,自己体验到的是通常只能在小说中获得的**净化过程**(katharsis):漫长的岁月被融入许多瞬间,在它带给心灵的轻击中,我们急不可耐的抱负伴随令人快意的认同得到释放,但也超出了我们对自身经验的回忆。我们比原本应有的状态更加焦急,渴望看到济慈的成长毫无阻碍地进行下去。到底是什么在妨碍着他?假如我们提出这个问题时,能够诚恳地承认头脑中的真正念头,那么我们看待这
458 几个月的态度就可能被带回到一个更理智的角度——承认这一点,就能立刻暴露出这个问题的愚蠢:我们明知伟大的颂歌会于四月下旬到五月初出现,接下来的夏天也将见证济慈惊人的创造力;我们随之推论,既然情况如此,到底是什么阻止了那样的创作或类似质量的诗歌一刻不停,于当下便问世呢?

当然,济慈本人觉得即将步入的阶段是贫瘠无果的:我们很难在生命中一段空档期结束之前将它视作良性休耕期,只有这段时期结束之后——看到了令人激昂欣慰的东西,也就是休耕期之后真正产出了成果,我们才能接受良性休耕期的假设。在那痛苦的几个星期中,济慈明显表现出一种发自内心的疑惧。更重要的是,这种感觉对他来说还比较陌生。以前,他离开盖伊医院前往马盖特,心里自然也是害怕的,唯恐自己真的无话可写。但他那时没什么好损失的,全可以破釜沉舟。当他试着开启《恩底弥翁》且从一个地方转战另一个地方时,也曾经历过痛苦、惊惧的几个星期。但即便那样,他也能够接受自己仍是新手的事实。然而,现在他确实有些资本,可以患得患失了。这资本并非名望或金钱

（约翰逊曾评论说，那些“被迫”挣扎以不辜负心中自认名望的人，遭受了许多无妄的痛苦，假如济慈知道这番评论，定会十分欣赏）。他如今唯恐失去的是一个立足点，即他终于感觉自己触碰到了诗歌的更大功用。他告诉海登，“我一点点地看到了更多需要做的事，以及如何去做——假如我真的有一天能够企及目标”。他可能担心自己会失去这个立足点；汤姆去世前后他中断了《海伯利安》的创作，自那之后他又做了什么呢？他尝试着拒绝令他透不过气的社交活动（“你瞧，伍德豪斯——我又要翻开新的一页了——我必须要工作——必须阅读——必须写作”）。本特利把他的书也送了过来。他已准备好认真写作，但他所谓的认真并不是指在奇切斯特和贝德汉普顿休养期间再写一首短小的诗歌浪漫传奇。

当济慈在二月十七日决定停止撰写《圣马可节的前夕》时，诗歌浪漫传奇的大门砰的一下就关上了。他之所以停笔并不是因为缺少一个可行的故事。这些枝蔓的短途旅行已经走得够长了。他压根也不怎么在乎这些创作。尤其是短诗，接下来的两个月里，它们从未出现在他的脑海中。[①] 他必须回到主要创作上去，并试着做出些名堂来。然而，每 459
当他尝试回归《海伯利安》，这首诗就似乎走上了更加错误的道路，或者说，走上了一系列各不相同的轨道。其前提下包容性的乐观主义，也许如今在他看来只算是欢快活泼或者（用他眼下常用的一个词来形容）“可以点了做烟抽”；这首诗的风格无疑开始显得过于僵化，太正式，不适合他那日益增长的对人的关注，他希望用这种关注来丰富《海伯利安》（不论在戏剧表现力上，还是在沉思冥想的深度上）。

---

① 科尔文认为，济慈写给范妮·布劳恩的两首诗《抚慰心灵的自然》和《明亮的星》创作于这段时间。（《约翰·济慈：生平、诗歌、其友、其批评者及身后名》，页 334-336）对第一首诗来说，另外一个同样可能的创作时间是 1819 年秋天；第二首也有可能创作于 1819 年晚秋或初冬（关于《明亮的星》一诗，参见后文第二十二章，第五节）。

简言之,《海伯利安》此刻已变成济慈既不能忍受也不能离开的东西。他的批评判断力已远胜此诗。有了《海伯利安》,他至少已经开始朝着更伟大的诗歌前行,不论现下仍多么力有不逮。但这首诗真的比他以前所写的诗更接近《李尔王》、弥尔顿或是但丁吗?诚然,在风格的某些方面,它已经取得了进步。济慈告诉海登(3月8日):"是的,心情极度狂热的时候,我也被诱使着写下了一些不错的篇章,但那不能算什么。"若与他自己的标准相比,这当然不能算什么;因为他的标准就仿佛地平线,随着他一路追赶,地平线也总飘浮在眼前,靠近不了。不过,没有其他诗歌来替代《海伯利安》的情况下,济慈没法简单地把它放下,忘记它的存在;他的视野里没有什么东西可以替代《海伯利安》——没有任何可想象的方式,能够在诗歌中承担他感受最深刻的思想,而《海伯利安》本身,照其现在的构成方式,还无法为这些思想提供容身之地。这几个星期里,反映济慈挫折感的言论持续复现:

[3月8日(致海登)]我大部分时间待在汉普斯特德,无所事事……还未能真正走上通往史诗的路……我已经下定决心,永远不为了写作而写作,也不纯粹为作诗而作诗,而是凭借多年思考可能被赐予的一点点知识和经验而创作——否则,我宁可缄默不语。

[3月13日(致乔治)]不知道为什么,诗歌最近与我如此疏远。我必须尽快取得一些进展,否则她就会彻底跟我断绝往来了。

[3月17日(致乔治)]星期天……我吃了饭——然后打了个盹。我没法忍受一天就这么消磨掉了——轻松的懒散与心神不安的怠惰之间区别巨大。

[4月12日(致范妮·济慈)]我也想过经常去信给你,我很遗
460 憾地承认,我忽视了这事只是我近期怠惰状况的一个小小例证——

这种懒劲在我身上悄悄滋长，需要奋力振作一番才能甩脱。我什么也没写，几乎什么也没读——但我必须翻开新的一页。

［4月13日(致海登)］我像害怕瘟疫一样怕我的懒病，真怕再过两个月还没有任何结果。

［4月15日(致乔治)］我在诗歌方面仍停滞不前——依旧不能愉快地写诗——我的意思是，我要环顾一下四周，看看有什么资源和手段——想想不写诗我还能做什么。

四

当然，同样是在这段时间，济慈正消化和领悟过去的一年。最严重的事，是汤姆患病的冲击——尤其是其生命的最后三个月，济慈每天同他在一起度过无望无助的时光——可能直到现在，他才开始真真切切地感受到这一冲击。与之相比，与他对写作的焦虑相比，大多数眼下较为私人的烦恼都显得无足轻重。及至二月下旬，他的咽喉痛开始好转，接下来的三个月或更长的时间内，他都免于咽喉痛之苦。济慈对范妮·布劳恩的不确定之感，与大多数刚起步的恋情一样，并没有显得特别剧烈。他与艾比的不和，对他内心的平静毫无助益；但他也还不至于迫切地需要钱，而且他感觉自己至少在一件事上战胜了艾比——那就是能够随心所欲地去探望妹妹并与她通信。

但另一方面，他显然为一件事感到不安——他的第二卷诗集实质上已经同第一卷诗集一样，被人遗忘了(他新近听说，约翰·默里刚刚售出四千册拜伦的《恰尔德·哈洛尔德游记》最后一章)。他试着以超然而坚毅的态度将这个消息告诉乔治(2月19日)：

> 之前的任何一封信里,我都没说过自己的事——总之,我对自己的事业并不绝望——我的诗一点也没有成功——再过一年左右,我会尝试再次出版——从某种自私的角度来看,我得经受自己的骄傲和对公众舆论的蔑视,让自己保持沉默——但是,为了你和范妮,我会振作精神,再试一次——假如我坚持不懈,我毫不怀疑自己几年内一定会成功——但那需要足够的耐心。

如今,他第一次带着些许痛苦,谈论起别人写的评论文章,不过,他的话
461 都很笼统,并未特别提及那些针对他个人的攻击。他告诉乔治,想要取得任何成功都要经历旷日持久的斗争,因为评论文章的影响力越来越大。阅读受众中有太多人似乎恐惧"自己思考",甚至不敢在没有评论嘉许的护卫下自由翻看一部落到他们眼前的作品。接着,他换了个话题,试着谈论一些更轻松的事。布朗正在写一首讽刺诗,但进展痛苦且缓慢。他"在房间里来回踱步,酝酿思路——就在这会儿,他写出来一组对句——我敢说,肯定和预期的一样好——天哪!——他生下了一对双胞胎!"然而,几天后,济慈拜访约翰·泰勒时,那些滞销诗集的景象又令他动摇。他告诉乔治(3月3日):

> 我曾在不同的时刻,思前虑后,想自己是不是该到爱丁堡去学医;但我恐怕很难喜欢上学医,也确信接受不了费用——然而我很想这么做;至少不会比写诗、把诗挂出来在评论屠宰场遭人玷污更差——每个人都有自己的糟心事。

随后的一个星期里,济慈一直都在思考此事,随着对自己不满情绪的加剧,他也对周遭事物愈发愤懑。在写给海登的一封信中(3月8日),他突然爆发:

我们生活在一群多么渺小的人中间啊。前几天，我走进一家小五金店，我的知觉没有任何变化——这年头，人和白铁壶没什么差别……对话不是为了追求知识，而是为了达到目的。在这方面，两个截然相反的人，比如华兹华斯和亨特，也都是一回事……至于我的生计，我是断然不会为了生计写作的，因为我才不要和人群中那些最庸俗的人——文人——混在一起。

搁笔九天后，济慈又继续写起给乔治的日记信（3 月 12 日），他说最近一直在读新近出版的一篇近乎杰作的抨击谩骂鸿文——海兹利特的《致威廉·吉福德的一封信》。济慈带着一种难以掩饰的、间接体会到的愉悦之感，说道："也许你想让我从这些极其老到成熟的段落里摘录一两处给你看"，接着他就顺手抄录了一些内容出来（且评论道"它带着魄力和天生的力量，鼓噪，让强度逐渐攀升——它对社会风尚的感受；拥有天才的风格——[海兹利特]是个高手，就像他对拜伦勋爵的评价一样"）。这些内容带给济慈些许宽慰。接着，他的心思就转向了乔治和乔治安娜，他好奇此刻二人正在做什么， 462
试着想象他们的模样。他为乔治夫妇描绘了自己眼下的样子，正是他希望他们夫妻也描绘给他的那种类型。蜡烛已经燃尽，"火苗只剩下最后的咔哒声"：

我背对着它坐，一只脚歪斜在地毯上，另一只脚的后跟略微从地毯上抬起——我把信纸垫在《少女的悲剧》上给你们写信，我从下午茶时就开始饶有兴致地读这部剧本。除了博蒙特和弗莱彻的这本书之外——桌上还有两卷乔叟和一本汤姆·摩尔的新作《汤姆·克里布的集会纪念书》——无甚新意。这些都是琐事——但我对你们的要求不高，就希望不论你们写信给我时是什么样子，都能像我刚才那样描述一下自己——假如我能看到任何一个早已故去的伟人,曾被人以同样的方式描绘过,那将是件极其令人高兴的事:这样人们就能知道,莎士比亚写下“生存还是毁灭”时是什么坐姿——从遥远的时空望去,这类事情会变得非常有趣。我期望你们俩都沉浸在甜蜜的梦中,没有人比你们更该享有这样的梦了——我一定要把你们想成那样——然后幻想自己对你们和你们的生活送上祈祷和祝福——上帝保佑你们——我在你们耳边轻声说晚安,你们会梦见我。

五

显然,要想摆脱一成不变的状况,济慈必须做点什么。如果说他还没法动笔写自己真正钟意的诗,至少他可以去见见朋友。尽管他仍受到咽喉痛困扰,但还是参加了乔治安娜表亲玛丽·米勒举办的舞会(2月19日)。不过,他觉得此事颇为空虚,便告诉妹妹,这是他“十二个月内参加的最后一场舞会”。[①] 从二月二十四日起,他频繁进城:跟泰勒在一起待了两天,同塞文一道参观了大英博物馆。他还每隔几天去见见艾比,不过艾比并不欢迎他的到访,为了转移济慈对汤姆遗产的关注,艾比又想出了一个新的计策——建议济慈去做个帽匠;那样一来,济慈就会

① 人们通常认为济慈不会跳舞,因为他在写给范妮·济慈的一封信(1819年2月27日)里说,希望她能够教自己“几个常见的舞步”。然而,自从马修家的姑娘们和她们的表亲菲尔顿举办舞会以来,济慈就一直前去参加。(参见罗林斯的注释,《济慈书信集》,第二卷,页42)他可能舞艺不精,也可能认为范妮能够帮自己温习精进一番;此外,他还有可能希望让范妮指导自己,为她带去一些快乐,范妮曾在塔基姐妹的学校里学过舞蹈,但是现在艾比已经不让她上学了。

去琢磨艾比的心思和奇怪的兴趣了。[①] 463

海登的一些说法从表面上看适用于这一时期，它们被反复引用，否定，再被提起，后又遭到否定。海登讲话总是喜欢夸张，他倾向于把人们想象成极端绝望或极度快乐的样子。他很久后写到，济慈被评论文章蹂躏，因此

> 没有足够的精神力量让自己像豪猪那样振奋起来，只把刺对准敌人……他开始显得泄气，把胡闹的玩乐当作解脱，这些给他带来短暂的高昂情绪，随后他就又陷入比以往更深的沮丧中。他大概有六个星期几乎从未清醒过——显示出一个人一旦被食欲打败，他为了满足口腹之欲会做些什么——济慈曾把舌头和喉咙能触及的地方都用辣椒盖上，就为了领略“干红葡萄酒芬芳清冽的风采”——这是他自己的原话。
>
> 弟弟的死，给他带来了深沉的悲痛。我觉得，他从那一刻起，就开始意志消沉了。我十分喜爱济慈，他对我也怀有深深的友情。我生气的原因，在于他不肯将自己伟大的力量集中于某些明确的目标，我总是这样跟他讲。后来，他跟我生气了，因为我总会对他的不当行为摇头哀叹，念叨他那样会自取灭亡。[②]

海登《自传》出版时（1853 年），这段话曾引得考登·克拉克义愤填膺，批评“海登，头脑昏乱的家伙”，因为克拉克在上文提到的那段时间见过

---

① 艾比在制帽生意里投了钱；济慈并不知情，但他已经开始怀疑这一点。济慈告诉乔治（3 月 17 日），艾比“又开始讲做帽子的事”——“他最近经常这样”——还说乔治本人也对这个想法感兴趣。“他想让我做个帽匠——我真的觉得这一切都有利益瓜葛：因为从他说话的方式和给我的卡片来看，他自己肯定参与了制帽生意。”

② 本杰明·罗伯特·海登，《自传》，页 259-260。

济慈：克拉克说,济慈负担不起那么长时间纵酒宴乐的花费;不管怎么说,这完全不像他;至于辣椒的轶事,“假如他真的玩过那愚蠢的把戏,我也决不相信那是出于严肃的真诚”。正如克拉克所暗示的那般,我们无须将辣椒事件看得太过认真。几乎可以肯定,海登并未亲眼目睹;不论实际发生了什么,海登想象力的大熔炉拥有二十五年的时光,足以改
464 变事情的样貌。[①] 至于他说济慈有六个星期“几乎从未清醒过”——假如我们说,济慈开始自己最伟大的创作之前,经历了一段痛苦的浪荡挥霍期,那么海登的话势必会增添戏剧性的内容。但是,济慈若真的像海登描绘的那样饮酒,只消一半长的时间就会令布朗担忧,也会被迪尔克夫妇注意到,让他们感到震惊,同样也不可能在汉普斯特德这样一个局促的街坊里瞒过旁人。更加平淡无奇的事实是——这个事实可能以其独特的方式令人感到有趣——少量饮酒对济慈有好处。他很喜欢干红葡萄酒的味道,此酒很难醉人(约翰逊曾说,干红葡萄酒是“给男孩喝的”——“男人还没被它灌醉,就先被溺死了”);济慈自己则认为,喝下半瓶干红葡萄酒,就已是过分放纵了。他告诉乔治(2月19日),“我现在喝葡萄酒从不超过三杯”,“决不喝烈酒加水”。不过,他提到了一场令人愉快的例外：有一次进城,“伍德豪斯带我去咖啡馆　点了　瓶干红葡萄酒　我现在很喜欢它的味道,只要有机会,我就一定要喝”;接着他就用联想和想象的方式来赞美这种酒,效仿福斯塔夫为萨克葡萄酒唱的颂歌。他觉得干红葡萄酒“清凉爽口”,将之与“凉亭下的夏夜”联系在一起,他想到了巴克斯,并轻蔑地

---

① 有关克拉克的叙述,参见《济慈社交圈》,第二卷,页 319–321。这类事正是济慈可能忍不住夸口自己做过的事(或更有可能的情况是,他心里想做的事),毫无幽默感且容易偏信的海登自然会表示不赞同——海登自己的背俗行为主要是在思想意见领域的。假如他真的亲眼见到济慈不合矩的举止,几乎肯定会告诉济慈的其他朋友,这个故事便会广为流传。至少,海登必定会在《日记》中提及此事。

称其他葡萄酒口味太重、太烈。两个月后(4 月 16 日),他又和乔治讲起另一场“干红葡萄酒宴”,“我们都有一点点醉——但算是愉快的微醺”。“一点点”恐怕是恰当的描述;因为在场的其他人都属于相对节制的群体,包括迪尔克和布朗。换句话说,海登故事中真实的部分,可能只是济慈偶尔会喝上半瓶或更多一点的干红葡萄酒;而这对他来说已经有些超出节制——无论此看法对摄政时期的男人来说有多么可笑,因为他们一晚上可以干掉五六瓶波尔图葡萄酒。

然而,海登提到的沮丧之感却是真实的。三月中旬左右,某个相当空虚的夜晚,济慈一直试图摆脱低落的情绪,之后他写了一首十四行诗,这首诗的后半部分令人想起一年前他创作的一首十四行诗(《“每当我害怕”》),当时他同样想要辨明自己所处的位置:

为什么今夜我发笑?没声音回答: 465
　　上帝在天堂,严于应对的恶魔
在地狱,都不屑回答这句问话。
　　我随即转向自己的心灵求索。
心灵!你和我在发愁,感到孤单;
　　为什么我发笑?啊,致命的苦痛!
黑暗啊!黑暗!我无时无刻不悲叹,
　　问天堂,问地狱,问心灵,全都没用。
为什么我发笑?我知道生存的租期,
　　我让幻想伸展到极乐的境界;
但我也许在今夜停止呼吸,
　　见到尘世的彩旗一片片碎裂。
诗歌,名声,美人,浓烈芬芳,

死更浓——死是生的最高报偿。[①] *

他立刻为这首诗感到羞愧难当,把它丢在一旁。且不论其自我怀疑、空虚感和疲惫感如何强烈,他长期形成的对牢骚和自怜的厌恶更胜一头。若不是两三天之后济慈的自信心开始恢复,他决不会把这首诗附在寄给乔治的信里:

> 我本不打算把下面这首十四行诗寄给你们——但请你们看看最后两页,你们认为我是否拥有那种能承受世界冲击的东西。这将是对我十四行诗的最好评论;它向你们表明,我写这首诗的时候没有任何痛苦,只有无知;被推到极限时,除了对知识的渴求之外,别无他求,尽管通往它的头几步是以人的激情为踏板——但当激情消失后,我只以头脑写作——或许我必须承认,也依靠些许内心。

他所指的"最后两页",包含了几个月以来他信中第一次出现的严肃、竭尽全力的思考。

六

真正的情况是,济慈觉得自己开始在思考里多带了一些"无我"的成分。无法解释发生这一变化的原因。三月十八日,他决心做一些积极的尝试,便外出去打板球。一只球击中了他的眼睛。"这是我离开学校

① 依照济慈在信中(3月19日)抄写给其弟乔治的版本。

* 此处使用屠岸先生的译本。

以后,第二次被打得眼圈发青。”布朗手头有一点鸦片,当晚就给济慈吃了一些,缓解痛苦。济慈告诉乔治(3 月 19 日),第二天他的所有感觉“从我睡着到将近十一点,全部休止了”。当他描述这种无痛而懒散的 466 状态时,过往的幽默感又回来了:“假如我拥有珍珠的牙齿和百合花的气息,那么我应该把这种状态称为倦怠——但就我自己这个模样,我只能称之为懒惰。”也许他想起自己以前做过的一个梦,继续说道:

> 诗歌、雄心和爱情从我身边走过的时候,脸上都没有流露出警觉的神情:他们仿佛希腊陶瓶上的三个身影——一男二女——他们伪装了起来,除了我没有人能够分辨。这是唯一的幸福;也是肉体优势压倒心灵的罕见事例。

就在此时,他停了笔。因为门外有人送来信件,来自他那位慷慨豪爽的朋友威廉·哈斯拉姆。济慈去苏格兰旅行时,哈斯拉姆对汤姆表现出深切的友爱和同情(济慈曾告诉乔治,“我不在时他对汤姆的照顾,以及我回来后他的仁慈慷慨,都让我永远喜爱上了这个人”):

> 我此刻收到了哈斯拉姆送来的一封短笺,说他父亲可能快去世了,老人已经昏迷了一段时间——他说他母亲表现得很坚强——我明天要进城去看看他。这就是人世——……命运仿佛云雾,不断地聚散——我们欢笑的时候,苦难的种子已经被播撒进各种事件构成的广袤可耕种的土壤里——我们还在欢笑,它就发芽、生长,突然间结出我们不得不摘取的毒果——即便如此,我们仍有闲暇来思考朋友的不幸;因为我们自己的不幸距离太近,触动太深,无法用言语来表达。很少有人能企及心灵全然无我的状态:很少有人纯粹出于利他的愿望而被感化——大多数对旁人有恩典的人,由于抱有一些

> 不诚恳的动机，也导致他们的伟大性遭受玷污——一些耸人听闻的场景令他们着迷——从我感受哈斯拉姆家灾祸的方式，我察觉到自己距离无我的朴素标准还有多大的差距。

接下来的几页书信中，他思索了自己与“无我的朴素标准”之间的巨大差距，触及一些重要问题，而仅在一个月之后，他就将以新的深度来追索这些问题。我们可以在后续语境中深入探讨。

这种新的思维活动——很快就会证明具有心灵治疗的功效——而眼下，它至少帮助济慈把自己的问题看得不那么紧迫，他也开始比之前几个星期更有信心。他重返《海伯利安》做了最后一次尝试，写了第三
467 卷开头的大部分片段，然后坚定地放弃了整部作品。《海伯利安》已经在他头顶悬了足够长时间。假如他找不到自己真正心仪的内容去写，那么还有其他更具保障的谋生方式。在此期间，他写给乔治和乔治安娜的日记信暂时停了下来，我们对他的行踪知之甚少，只知道他去城里拜访了一些朋友。塞文想把他给济慈画的微型肖像画挂在皇家艺术院的展览里。济慈试图劝阻他，但没成功：“这难道不会对你造成损害吗？……即便是大的画作也会在那样一个浮华的地方迷失——一幅微型画像简直像是沧海一粟。”碰巧看到这幅画的人，“假如听过我们俩当中任何一个人的名字”，知道“我们是什么人，[他]该多么长久地嘲笑其中一个的自负和另一个的虚荣”。差不多同一时期，迪尔克正准备离开温特沃斯寓所，搬到威斯敏斯特，好离他的儿子更近一些，小迪尔克将以走读生的身份就读威斯敏斯特学校。迪尔克夫妇作为济慈近在身边的朋友，十分宝贵。若不是知道迪尔克夫妇会把房子租给布劳恩夫人，那他们的离去肯定会比实际情况更令济慈难过（事实上，他自己也开始考虑搬往威斯敏斯特）。布劳恩一家现在的住所很可能一直租住到六月，汉普斯特德的许多房子每年到这个时候都会租给度夏的住客；到六月份

时，布劳恩一家肯定安顿在温特沃斯寓所了。但他们可能五月初甚至更早的时候就搬入了。

四月十一日星期天，济慈散步穿过汉普斯特德荒野，往海格特方向走去，柯尔律治此时住在那里。济慈告诉乔治，他走到了小巷附近，

> 这条小巷蜿蜒于曼斯菲尔德勋爵的庄园边上，就在那儿，我遇到了格林先生[约瑟夫·格林]，他是我在盖伊[医院]学习期间的示教讲师，他正与柯尔律治交谈——我眼神询问是否方便之后，加入了他们的交谈——我同柯尔律治一道，用他那市政议员餐后散步的速度走了大约两英里。在两英里的路程中，他谈了一千件事——让我想想，看能不能给你列个清单——有夜莺、诗歌——诗意的感觉——形而上学——梦的不同属和种——梦魇——伴随着触感的梦——单重和双重触感——一个相关的梦——第一和第二意识——解释了意愿和意志之间的差别——由于缺少对第二意识的察觉，才出现了那么多形而上学者——怪物——北海巨妖——美人鱼——骚塞相信它们的存在——骚塞的信念太淡薄了——一个鬼故事——早上好——他走向我的时候，我听见他的声音——他离开的时候，我听见他的声音——中间我都听见他的声音——如果可以这样说的话。他彬彬有礼，让我去海格特拜访他。

柯尔律治本人很久以后才回忆起这次会面；但是，由于他在交谈中占据主导地位，他将这趟缓慢、长达两英里且历时约三刻钟的漫步记成仅仅持续了“一分钟左右”，他的想象力也为这番会面增添了戏剧性色彩： 468

> 一位松松垮垮、衣衫不整的年轻人，在海格特附近的一条小巷遇到了——先生和我。——先生认识他，跟他讲了话。这个年轻人

是济慈。他被引介给我,逗留了一分钟左右。他走了一会儿之后,又跑回来,说:“柯尔律治先生,请允许我带走曾握住你手的记忆!”济慈走后,我对——说:“那手里有死亡的气息”;我相信,这是在他明显表现出结核病迹象之前。①

与柯尔律治的会面,恐怕比济慈平静语气所表露出来的更引起他的关注。我们此刻还不必说窥见了济慈下一阶段创作的实质计划——许
469 多人急于看到这样的发展。柯尔律治所提及的话题——至少从济慈的总结来看——几乎都是济慈本人长期思考的主题(当然除了那些非常典型的柯尔律治式区别,如“第一和第二意识”以及“意愿和意志”)。这

① 《桌边杂谈》(*Table Talk*),1832 年 8 月 14 日。约翰·弗里尔 1830 年记录的一次谈话,对济慈和柯尔律治的会面做了另一番记述。(该记述被 E. M. 格林刊载于 1917 年 4 月的《康希尔杂志》;参见洛厄尔,《约翰·济慈》,第二卷,页 210–212)在这段记述中,柯尔律治同往常一样沉浸于自己的想法,据他的印象,两人的会面仅持续片刻。弗里尔与柯尔律治的对话如下:

弗:先生,我想您没怎么读过济慈吧?

柯:确实,没太读过。我看到过他的两首十四行诗,我认为这两首诗显示出伟大天才的痕迹,假如他能活得更久就好了。我还读过一首,诗名是古典的——但我忘记是什么了。可怜的济慈,我见过他一次。你曾听我提过的那位格林先生,当时与我一起在附近散步,意外地遇见了一位面容引人注目的年轻人,格林先生认出他来并握了手,还提到了我的名字;我多希望格林先生能介绍我们认识,因为我不知道他是谁。这个年轻人继续往前走,但过了一会又折返回来,和我说:“柯尔律治先生,请允许我荣幸地同您握手。”

我被他生动有力的讲话方式打动,就向他伸出了手。

他走后,我们站在原地看着他的背影,格林说:“你知道他是谁吗?他就是诗人济慈。”

“天哪!”我说,“我握住他手时,感到了死亡的气息!”此时大约是济慈去世两年前。

弗:那是什么感觉?

柯:没法描述。手心又湿又热。要说他的死是因为那些攻击他的评论文章造成的,太过荒谬,但也很难充分地想象那些评论对他产生的影响。

那些在世间占有一席之地且独立的人,可以轻松地谈论这些事,他们能承受住这样的打击,拥有强烈宗教信仰的人也不怕;但并非所有人都是天生的哲人,也并非所有人都拥有出身和教育的优越条件。

可怜的济慈就没有,所以我说,很难想象这种评论文章对他产生的影响,尽管我们知道——正如他本人也知道——他要用自己的努力,以自己的方式闯出一片天地。我们清楚他的天才。

样一位杰出人士的谈话——虽然此人已被众人视作没落无望——必定会在某些细节方面打动济慈,也更会以一种笼统、不那么容易界定的方式给济慈留下印象。毕竟,他知道眼前的这位诗人,无论成功与否,正在思索哲学的一些终极问题。但济慈暂时没有空闲来领悟这次短暂的会面。海登由于筹不到钱且眼疾难耐,几乎已经变得偏执多疑,就在济慈与柯尔律治见面后第二天,海登给济慈写了一封尖刻、鲁莽的信,抱怨始终没有收到济慈的借款,而这些钱是济慈出于善心勉强答应筹措的。海登抱怨说:"为什么你要在每封信里都给我如此虚幻的希望,而它们又建立在如此不牢靠的基础之上?——你一步步、一天天让我走入歧途;从不告诉我确切的情况;你让我停止了找其他人争取帮助的努力……你应该当时就告诉我的。"济慈感到十分震惊,第二天他试着平静地回了封信:

> 跟你说想帮助你的时候,我以为这些钱在我的掌控之中;我觉得没有其他的选择,义不容辞。我遇到的困难源于艾比的多疑和猜忌,尤其是相关事务还掌握在律师手里——过去六年中,他收的每一笔费用都在榨干我们的财产。我无法同时做两件事,因此这事造成的牵挂从各个方面都阻碍了我的追求。

然而,与海登发生的这场冲突触动了济慈现在努力保持的并不稳固的平衡。他继续往下写时,突然冲口而出,说出了迄今为止一直深藏心底的话。他已经借给各路朋友将近两百镑,接着,他又以完全不同于平常的言辞,说自己"再次遭到了伤害",并透露这几个星期他在其他方面的痛苦:"我已经不止一次把钱借出去,那些钱本可以帮我逐渐积攒起符合我品味的藏书——它们加起来将近两百镑,我几乎不指望朋友能把钱还给我,要还也是在遥远的将来。"为何海登信中的言辞会如此尖刻?

> 一定是因为其他令你失望的事;上次我见到你,你似乎确信会得到某个重要的帮助——如今你再次伤害了我;我本来恢复了,又
> 470 开始看书——你的短笺送来时,我正全神贯注地读一本书——我像害怕瘟疫一样怕我的懒病,真怕再过两个月还是没有任何结果。天一放晴我就会出门:到时去看看你的事怎么样了,如果情况还是不好,我就到伦敦城去找艾比。

那天晚上,济慈参加了他从前的家庭医生所罗门·索里举办的聚会。尽管他很喜欢索里医生,但还是害怕想到又一场大型社交活动,并称那些活动是“乌合之众的狂欢——我一点也不喜欢”。但“由于雷诺兹也在场,我们还和我见过的最美丽的姑娘之一交谈,这次聚会变得比较愉快”,这句话(就像他想要搬去威斯敏斯特,同迪尔克夫妇住得近些的念头一样)说明他此时还没有完全被范妮·布劳恩吸引。

两天后,他前往本特利家,进入他和汤姆以前合住的房间,整理了仍存放在此地、属于三兄弟的信件。翻看那些信时,他注意到一些两年半前寄给汤姆的情书,寄信人是虚构的“阿曼娜”——实际上它们是查尔斯·威尔斯当成恶作剧写给汤姆的。济慈愤怒地思索着这些信,因为它们让死去的汤姆又栩栩如生地浮现在他脑海里。他告诉乔治,以后会给他写信具体讲这些事,同时又沉重地补充了一句:“我想知道,人们如何能心存忧虑而生活下去。”布朗的侄子们此时正在温特沃斯寓所拜访。“他们喧嚷不休——等他们走时,我一点也不会感到遗憾”(第二天,他又在信里补充道,“他们对我来说简直就像牙痛……叽叽喳喳的声音仿佛黄蜂在蜇人”)。他继续往下写,想要用各种道听图说的小道消息来填满书信,突然间他停下来,问道:“要不要我给你们来点即兴创作?”接着,他开始编造一些奇怪的诗句,不论这些句子能引起什么样的兴趣,至少它们在两方面尤有特色。首先,如果济慈真的是用这些诗句

描写自己和弟弟们（他这天刚刚翻阅了旧信，以及威尔斯写给汤姆的“阿曼娜”信件，在那些信中，威尔斯嘲弄地模仿了济慈的早期风格），那么这些句子表现出一种噩梦般的恐怖喜剧效果。其次，人们可以发现，它们与他五天后将要创作的诡谲而美丽的谣曲《无情的妖女》中的情形有些相关。它们还意外地具有某种德莱顿对句的特质，济慈可能已经开始阅读德莱顿的作品，不到三个月后，他会在《拉弥亚》中将德莱顿的风格作为一种试探性的模型。这些即兴诗行从表面上看，是喜剧叙事诗的 471
节选（《“当他们来到仙女的宫殿”》）。一位“苦恼的公主”与一只猿人、一个侏儒和一个傻瓜一起来到宫殿。当发现这里没有人，公主勃然大怒：侏儒吓得浑身颤抖，猿人盯着她看，傻瓜什么也没做。公主拿起皮鞭，想要抽打这三个随从，“面容凄惨的侏儒开始作诗”，试图分散公主的注意力。曾有人认为，济慈在这些诗句里，把华兹华斯当作猿人，把柯尔律治视为傻瓜，他自己则是侏儒。但如基廷斯所言，更可能的情况是，这些诗句有某种家族关联，乔治看一眼就能明白：乔治本人长着长长的下巴，是其中的猿人；故去的汤姆是睡着的傻瓜（“笨蛋汤姆”〔Tom Fool〕）；济慈则是作诗的侏儒。侏儒在诗里告诉公主，他们三人原本生来也是王子，但每个人都犯下了“罪”。侏儒自己，年轻时在人烟稀少的偏远地带长大，轻率地把魔杖当作“鞭杆”抽打陀螺玩。结果，他的“陀螺”（top）——双关语中也指他的脑袋——“在仙灵之境转得很稳（在仙灵之境睡着了）”。猿人“窃入仙女的闺房”——这可能指的是乔治的婚姻；傻瓜“在仙女的舞会上打起了呼噜”（假如傻瓜真的是“笨蛋汤姆”，那么当他把“阿曼娜”来信当真，也算是陷入了梦境）。

第二天下雨，济慈待在家里，推迟了进城的计划。他给乔治讲了自己新近做的一个梦：

> 我最近越来越喜欢但丁《神曲》的第五歌——就是他遇见保禄

和弗兰切斯卡的部分——许多天以来我心情都很低落，这些日子里，我梦到身处地狱。这个梦是我人生中最惬意的享受之一——同诗中描写的一样，我在旋转的空气中飘浮，与一个美丽的身影唇齿相对，仿佛时间过了很久很久——置身那寒冷和黑暗中，我感到温暖——花朵般的树梢迅速生长，我们有时像云朵一样轻盈，在上面休息，直到风再度将我们吹走。

济慈甚至还试着写了一首关于这场梦的十四行诗(《"像赫尔墨斯拍起
472 轻捷的翅膀"》)。[①] 接下来的一天，雨后放晴，他进了城，并顺道在莱斯特广场参观了亨利·阿斯顿·巴克新展出的门票为一先令的全景画——这幅全景画，他"非常喜欢……画有北极的航船——有冰山、山脉、熊和海象——海豹和企鹅——一头巨大的鲸鱼，漂浮着，背部露出水面"。之后，济慈同莱斯和雷诺兹一道去了柯文特花园，观看了带有音乐的新戏剧《中洛辛郡的心脏》(*The Heart of Midlothian*；济慈对它的评价是"沉闷")。接下来的两天，他还是在城里，拜访了泰勒、怀利夫人等人。四月十九日星期一的下午，他匆匆赶回汉普斯特德，因为泰勒、伍德豪斯和雷诺兹要同他与布朗一道进餐。雷诺兹写了首谐谑模仿诗，模仿

---

① 这场梦里，他

不去周天寒彻的伊达山顶，
　　不去任约夫伤心的滕陂河谷；
而去悲惨的地狱的第二圈里，
　　这儿有狂飙突起，旋风刮来，
阵雨和暴雹肆虐，恋人们何必
　　互诉愁肠，——我见到柔唇苍白，
我吻的红唇也苍白，而同我一道
随凄风苦雨飘动的形体——却窈窕。

同一天(4月16日)，济慈还在信里写了三个斯宾塞诗节，把布朗描绘为"忧郁的乡巴佬"；他说，因为布朗"用斯宾塞体写诗讽刺布劳恩太太、布劳恩小姐和我；所以我也拿他消遣一下"。(《"像赫尔墨斯拍起轻捷的翅膀"》使用屠岸先生译本)

的对象是华兹华斯的《彼得·贝尔》，他说服济慈写一篇评论文章，发表在下星期日的《检查者》上。当晚一场大风暴袭来，客人们都没法回城。于是，他们从九点钟左右开始打牌，一直打到天亮。伍德豪斯对纸牌不感兴趣，便利用这晚的时间翻看济慈的手稿，第二天早晨，他带回了《海伯利安》《圣亚尼节的前夕》和《圣马可节的前夕》的手稿，打算把这些诗都誊抄下来。

这些诗从屋里被拿到外面，此做法有某种终结的意义。过往已经一笔勾销。通宵达旦的活动之后，济慈第二天自然感到疲惫，“简直潦倒不堪”。但是到了次日上午，他还是坐在桌边写了针对雷诺兹滑稽模仿诗的评论文章。下午某个时刻（4 月 21 日，星期三），他开始撰写谣曲《无情的妖女》。夜幕刚刚降临，他便回头继续给乔治写日记信，匆匆记下已写好的诗节，并于此时完成了整首诗。[①] 同一天晚上，他又写下关
于“造魂谷”的精彩篇章。这个夜晚启动了济慈写作生涯最后五个月的 473
非凡创造力。

七

与大部分理想一样，“无我”的追求似乎在初次抓住济慈想象力时更容易实现，随着时间的推移，其实现难度反而提升。这种通过关联认同来剥离或净化自我的思想，同过去一样，深深地吸引着他的共情本性。然而，此间的画面，就像其他方面一样，也开始变得不那么简明、清晰：

① 这首诗的后半部分是他在信中记下诗稿时完成的——之所以得出这个观点，是因为信中诗稿有不少修改之处，尤其是倒数第二个诗节做了一些必要的修改，以实现押韵。（《济慈书信集》，第二卷，页 96）

各种境况总体来说，比他预料的更变幻莫测，而人心也比他料想的更无常和执拗。尽管前一年，他曾表达过许多期望，但几个月来他一直深陷于各种问题——虽然他用能想到的所有**特别**(ad hoc)方式，尝试把自己带回创作的活跃状态；然而，与此同时（正如3月19日传来的消息——哈斯拉姆的父亲濒临死亡——带给他的警醒一样），在“各种事件构成的广袤可耕种的土壤”里，每个人和每件事的苦难都不断萌芽和收获，而他自己却对这一切浑然不觉。“我察觉到自己距离无我的朴素标准还有多大的差距”。

除此之外，“永恒而令人望而生畏的毁灭”使一种东西以另一种东西为食粮，当我们“望向大海深邃的地方”，这个想法令心灵感到震撼，就在一年前，此想法在我们的理解中还似乎与生命的本质格格不入、可与之分割开来。然而，当我们囊括在“邪恶”一词中的大部分内涵，似乎不可避免地与同样有限的生命本质结合在一起时——正是这种本质准许有限度的生物得以存续——如下情况就出现得越来越频繁：它们包括死亡，包括我们所爱的事物在其他方面的短暂无常，包括那样一个绝对的事实——我们无法在不放弃其他方向机会的前提下，往另一个方向前行，还包括人们享受当下的能力与当下本身一样有限度且难以延长。同样，在短暂的有限性中，生灵敏锐且急切地集中精神，本能地冲向自己的目标，从出生的第一刻起就陷入行动之中；因此，其关注的焦点无可避免地受到限制和扭曲。在这样一种强制性的、本能的环境下，我们当然不必担心全然无私的道德理想会抵消人性。危险恰恰存在于完全相
474 反的方向。心灵无法达到那样的高度，这一点如此明显，以至于任何关于“无我”的理想——正如济慈后续写到的那样(3月19日)——都应该

大力发扬，因为根本不必担心它会危害社会——不过一旦推向极致，我恐怕它还是会带来伤害——在荒野自然中，鹰隼会放开它用

知更鸟做的早餐，知更鸟会失去虫子做的早餐，狮子会同燕子一样挨饿——大多数人以同样的本能前行，带着鹰隼般动物的饥渴，死死地盯住目标——苍鹰想要成双入对，人也一样——看看鹰和人这两种生物吧，是不是都四处寻觅，以同样的方式觅得配偶——他们都想要个巢，也都以同样的方式着手搭建巢穴——他们以同样的方式获取食物——人，这种更加高贵的动物，以吸食烟斗为乐——而鹰隼则以云端翱翔为乐——这是两者在闲暇娱乐上的唯一差别。对热衷思辨的心灵来说——生活中的乐趣就是这样产生的。我穿行于田间，瞥见一只白鼬或是田鼠从枯草中探出头来——这家伙盯着个目标，两眼闪闪发亮。

然而，在充满本能生命的激烈起伏中（这正是诗歌应该捕捉和描绘的领域），我们确实发现了一些事例，关于人类通向"无我"的奇特宝贵能力——为了拓展目标和同一性而产生的自我修正和自我净化能力：

我穿梭于城市的楼宇之间，看见一个人步履匆匆——他要去干什么？这人心中有个目标，两眼闪闪发亮。但正如华兹华斯所言，"我们都有一颗人类的心"——人性中有一团具有净化力量的电火——因此在人这种生物里，不断有新的英雄主义诞生——遗憾的是，我们偏偏得对此感到惊诧：就像在垃圾中找到珍珠后应该发出惊叹一样。

毫无疑问，"成千上万从未听说过'无我'的人，拥有全然无我的心灵"。他立即联想到了"苏格拉底和耶稣——他们的历史记载便是明证"。不论那些将耶稣精神"修改"进入制度体系的人做了什么（两个星期前，济慈告诉乔治，他想尽快研习教会史，想要从约瑟夫·米尔纳和艾萨克·

米尔纳撰写的五卷本《基督教会史》入手),“但我仍透过这些看到了他的光辉”。就自身而言,他确实与那些“成千上万”无我之士相距甚远(四五个月之后,他在《海伯利安的覆亡》中令人动容地阐释了其间的差
475 别,第一歌,第 154 行及其后)。[1] 在这样一个满载“不确定、神秘与疑惑”的世界中,他依靠自己的努力去理解:

> 我自己也像你所能想到的十足动物性的人一样,追随着同样的本能过程——不论我有多年轻,写得有多么随意——我仍在巨大的黑暗中努力捕捉光的粒子——不知道任何一种主张或观点的意思。难道我不能在这一点上免于罪过吗?

伴随着这些思考,他发现自己为两个“对立面”增加了更细微的差别,这两个“对立面”自从他一年半前在牛津的几个星期第一次想到“无我”理想时,便对位相互作用了:其中之一,是对我们自身和周遭每一种生物之生命天生“能量”的同情领会(不论那些能量和目的是否“错误”),对其进行戏剧性和富有表现力的演绎显然是诗歌的首要目标;另外一面,便是“无我”的自由,他将这种自由与哲学联系在一起:

> 当我被白鼬的警觉或小鹿的焦躁逗乐时,我的心会落入快意却本能的状态之中,难道冥冥之际不会有神明被我的心境逗乐吗?街头争吵固然是令人厌恶的事,但其中展现出的力量却是很好的;最平凡不过的人也会在争吵中表现出某种优美——对高高在上的神明来说,我们谈理论经也是同一回事——虽有错误,但仍是好的——诗正是存在于这样的东西里;如果真是这样,那么诗不如哲

① 参见后文第二十一章,第十节。

学精妙——其道理就如雄鹰不似真理那般精密完美一样——相信我吧——你不觉得我是在努力地——了解自己吗？相信我的话，你就不会认为我是为了自己才重复弥尔顿的诗句：

神圣的哲学多么迷人，
不像傻瓜想的那般苦涩难懂，
反似阿波罗的鲁特琴悦耳动听。

最后一段尤其重要。“诗不如哲学精妙”的思考，是济慈思想下一步发展的本质内容。它反映出诗歌史上最臻于完满的文体艺术家日渐坚定的信念，即对具体现实的激昂表达，无论在诗歌中多么必要，仅靠其本身是不够的——诗歌必须在更广阔的领域内证明其价值。

而眼下，济慈引用了弥尔顿关于哲学的诗句后，继续强调，援引这些诗句的原因并不是因为它们适用于他本人——他离哲人还差得远： 476
“不——不是为我自己——我只是庆幸自己进入了一种心境，能够恰当地品味它们。”考虑到济慈自身的经验主义本性——他“在巨大的黑暗中努力捕捉光的粒子”——对这样的人来说，“任何事物都只有在经历后才变为真实——倘若未经过自己人生的证明，即便谚语对你来说也不算真的谚语”。

八

一个月后（4 月 21 日），济慈现下又开始思考这个话题。他此时很孤独无助地想要知道乔治和乔治安娜的近况（他还未收到两人的来信，随着每星期时光的流逝，他越发担心起来），在这种情形下，他开始阅读威廉·罗伯逊的四卷本《美洲史》，其中部分内容他在恩菲尔德学校读书时就看过。他还同时阅读伏尔泰的五卷本《路易十四时代》，“这感觉仿佛与皮萨罗和伟大的小个子君王手挽着手走在一起”。他将路易十四的宫廷与半个世纪以来一直被歌颂为简单且更健康的生活——也就是中美洲和南美洲印第安人的生活——做了比较，“在美洲，人们似乎能从质朴简单的感官中承继安宁的心灵”——济慈认为，这两种情况下，失望、困苦、挫折乍一看似乎都相互抵消了。假如文明的宜人环境在某些方面减轻了我们的负担，那么，我们同样会遭遇“一连串新冒出来的烦恼”，它们同样是通往幸福的阻碍。因此，我们首先要看到的是人类有限性这一不可回避的事实：

> 一切似乎变成这样——人原本就是“可怜的模棱两可的生物”，与森林中的野兽一样受制于同样的厄运，注定要经历这样或那样的苦难和忧虑。要是他逐步改善了自己肉身的生存环境和舒适度——那么每个阶段，每上升一步，都会有一连串新冒出来的烦恼等着他——他是必死的凡人，但头顶上方仍笼罩着一片星空。

此外，还有对寻常事物含义的思考，正如他十二月份告诉乔治的那般，他又开始反思这个问题：

> 我最近的想法是这样的——我们知道得越多，就发现世界的缺陷越多——这是一个陈旧的观察；但我已经下定决心，决不将任何事视为理所当然——我甚至打算检验最常见谚语的真实性。

477 他“最近的想法”发生转变的一个直接结果，是一两天之后完成的回旋诗《幻想》（“欢乐决不在家里停留”）。尽管这首诗有着跳跃的节奏，但是其隐含主题无外乎约翰逊所描绘的“不断向生命祈祷的想象力的饥渴”——这种饥渴会寻求“额外的满足”以充盈当下,或赋予当下意义,它总是跳跃到未来、跳回到过去,或是跃迁至其他不在场的要素、意象和幻想事物面前(它们同样容易受内心愿望左右,原因在于它们是缺场的,因此与经验上尖锐在场的、更加紧迫且不可否认的痛苦隔绝了开来)。

当然,那些重组或再精炼,我们称之为“理念”,与连续按部就班的粗野感官经验不同,它们能够变为对事实的完全逃避。然而,与此同时,将想法进行择选并重新排序形成“理念”的过程,正是我们实现人类本性的方式——我们借助这样的方式来理解现实,与现实达成妥协,并为之带来“心灵的呵护”。诚然,可以说每一件事物都取决于被择选的内容、如何被择选以及组合的方式。我们都在抽象意义上赞同先决条件和目的。真正的难题源于我们每时每刻于情感中做出的实际且特别的选择;在那里,可争辩的领域同生命本身一样宽广;因此我们便再次回到了“神秘的重负”,回到了黑暗的甬道,在甬道中“我们看不到善与恶的平衡”。

无论如何,不管理念化的能力以何种方式得到了运用,当必然发生且走向真实的“返家旅程”开启时——尤其是走向我们有限的本性中所固有的真实时,理念化行为本身便加剧了我们的“不胜任”感。这个想法自然深刻地激起了济慈的兴趣,因为它适用于艺术(艺术可望而不可即且变化莫测的难题,在他接下来四五个月的所有创作中变得极其重要)。艺术锻炼且培养能力,这些能力可运用于许多迥然相异的方向(因此,他才会在一个月前说出那样的话:若他当时关于诗歌的判断都是正确的,那么诗歌便“不如哲学精妙”)。考虑到这一切,最为开放未决的问题便是,人类想象力极其多样化的用途以及它的各种功用在增益和局限方面的平衡。济慈接下来创作的颂歌,将以崭新的深度和精度来 478
探索想象力的可能性和局限性;随后《拉弥亚》将聚焦于局限性,但其风格轻快活泼甚至带着些许幽默;《海伯利安的覆亡》会再次考量二者,且以一种开启更深层问题的方式做出探索。

九

恰于此时,也就是济慈下一个阶段的成长即将开启之际,四月二十一日这天他写下了谣曲《无情的妖女》。那只是发生于一个下午或傍晚时分的插曲,但其中的诗节却令一个半世纪以来的读者和诗人着迷。当然,这首诗即便在缩微的意义上,也远离他如今思想的纲领,就像他早期的许多诗一样距离他现在的思想很远。这首诗是对形形色色情感的抒情性提炼,它诞生于一个忧虑不安却又充满丰富创见的时刻。简言之,它是一个副产品,就像比这首永恒的短谣曲更伟大的艺术所表现出的一样:它是这样一种副产品,若没有前期大量的思考和关切,它便不可能存在,但与此同时,它也势必要求有效地脱离之前的关切。这种切割部分通过新的音步律来实现(对济慈来说,此音步律是新的,因为他自己已经习惯于五音步诗行更为丰富的潜在可能),还有一部分则通过典型的传奇综合方式来实现,即将中世纪与利落简洁的感觉结合起来。济慈生活和阅读中的所有东西,都可能被召唤出来,辅助、阻碍乃至取代我们对这首诗的接纳力。因为一首好诗原本就应该凝练大量的内涵。[①]

不论针对这首谣曲还有何其他评论,至少诗中的一个基本要素构成了人们对它迟疑或搁置判断的关键论据——假如说这个论据还较为隐

① 与这首诗浅略相关的文学渊源(包括只言片语和其他方面)范围很广,诗标题取自阿兰・夏蒂埃的中世纪法语诗歌,济慈吸收借鉴了斯宾塞、威廉・布朗(他的叠句"莫让鸟儿歌唱"被济慈仿效为"也没有鸟儿歌唱")、伯顿的《忧郁的解剖》,以及他同时代诗人华兹华斯、柯尔律治和皮考克。最主要的文学渊源是斯宾塞:《仙后》中杜艾莎引诱红十字骑士和亚瑟的视像(第一卷第二章;第一卷第九章),并结合以赛摩克里斯与菲德莉亚(第二卷第六章)以及虚假弗洛里梅尔故事(第三卷、第四卷)的细节。

秘。“悲伤”的骑士与“妖女”的相遇，实际上是将济慈在《恩底弥翁》之后常用的具有象征意味的配对，放置进了一个新的场景中——这组配对便是凡人与不朽，它很快还会表现为不同的形式，如赛吉、希腊古瓮、拉弥亚以及《海伯利安的覆亡》中的莫内塔。（即便《夜莺颂》——它的许多方面之一——通过末尾处对鸟儿的呼语，也运用了这样的配对；就这一点而言，《忧郁颂》也是同理，“至尊的神龛”挂满来自凡尘的战利品。）然而，在《无情的妖女》中，所有通往现成判断的线索都被截留了，但假若我们展望济慈的其他创作，尤其是《拉弥亚》和修改后的《海伯利安》，也许会发现某些无意中留下的线索。诚然，骑士在秋日的世界里感到孤苦伶仃，其中蕴含的意味，因济慈后来所做的最刺耳的无谓改动而增强（这个改动显然是在亨特的建议下做出的），在该改动中，“骑士”被唤为“可怜的人”①： 479

骑士呵，是什么苦恼你，
　　独自沮丧地游荡？
湖中的芦苇已经枯了，
　　也没有鸟儿歌唱！

骑士呵，是什么苦恼你，
　　这般憔悴和悲伤？
松鼠的小巢贮满食物，
　　庄家也都进了谷仓。

---

① 做这番修改时，济慈病得很重，对自己的判断全无信心（1820 年 5 月初）；亨特将修改后的版本刊登在《指标》杂志上（1820 年 5 月 10 日）。我们只能猜测亨特——也可能是伍德豪斯——以短视的善意认为，这首诗神秘、梦幻的特性会被人视为“感伤多愁”，并希望济慈选择一个不那么暧昧的立场。

你的额角白似百合
　　垂挂着热病的露珠，
你的面颊像是玫瑰，
　　正在很快地凋枯。*

然而，尽管骑士处境悲凉，但真正的问题仍未有答案。是否真有一个喀耳刻似的人物，故意把骑士引诱到片刻的虚妄幸福之中？难道骑士不是一下子就爱上了她，随后坚持要与这不完全是人类的生灵建立彻底的
480 关联吗？骑士带她骑在骏马上，她只是“侧过脸”看，唱起了他听不懂的“妖女之歌”。就连对他爱的回馈，也只是骑士自说自话，认为她确实报以琼瑶，只是语言不够清晰。（“她用了一篇奇异的话，／ 说她是真心爱我。”）她为骑士找来食物——草根、“野蜜和甘露”——既不是为了迷惑他，也不是借由妨碍他吃其他食物而使其挨饿。不论这些食物对骑士来说多么不够格，在妖女看来已是相当合适，也是她唯一能够提供给骑士的食粮。提到这个神秘人物时，诗中还有另一层纠葛复杂的感触（等我们讨论《拉弥亚》时，这个问题还会再次出现，而就在《拉弥亚》之前，那首古怪、疲惫的《怠惰颂》中，在所有经过诗人面前而他无法触碰的身影中，济慈讲到了他最爱的那一位——“我的诗歌之精灵”）。骑士来到妖女的山洞后，她落泪了：

她带我到了她的山洞，
　　又是落泪，又是悲叹，
我在那儿四次吻着
　　她野性的、野性的眼。

---

* 《无情的妖女》使用穆旦先生译本，部分引文根据上下文需要稍作改动。

济慈对这首诗唯一的评价写于成诗之后，此诗是他写给乔治书信的一部分。他的议论故意显得异想天开，特别提到上面的那个诗节（实际上他只是按照谣曲的惯例，陈说了亲吻的具体次数）：

> 为什么吻了四下呢？——你会问——那是因为我想要抑制住自己诗歌缪斯的轻率冲动——她会很乐意用“二十次”（score），而且这个词也不会破坏韵律——但我们必须像批评家说的那样，用判断力来调和想象力。我不得不选个偶数，这样两只眼睛才能够得到公平的对待：老实说，我觉得一只眼睛吻两下足够了——假如我用数字七，那么每只眼睛要亲吻三下半——那可是非常尴尬的事。

最后一点，虽然人类与这个难以捉摸、半人的生灵最终不可能实现真正的接触，此前提贯穿始终，但是除了骑士自身想象的主观反应之外，全诗并没有暗示妖女是否邪恶不祥。骑士本人并未目睹这场尝试性的结合可能带来怎样的饥馑“灾祸”。这种预感或许是真实的，也可能源于其自身的不安，它仅浮现于梦中——而这个梦也将“妖女”驱逐了出去。481
若这场梦被证明是对未来的预示，那么它还是源于骑士矛盾的内心、他自身的行为，以及即便到了秋去冬来时分，他仍游荡于冰冷山坡的坚持：

> 我看见国王、王子和骑士，
> 　　都苍白得像是骷髅，
> 他们叫道：无情的妖女
> 　　已把你做了俘囚！
>
> 在幽暗里，他们的瘪嘴
> 　　大张着，预告着灾祸；

我一觉醒来，看见自己
　　躺在这冰冷的山坡。

因此，我就留在这儿，
　　独自沮丧地游荡；
虽然湖中的芦苇已枯，
　　也没有鸟儿歌唱。

济慈写下《拉弥亚》时，这首谣曲又以另外一种形态呈现出来。然而，假如将《拉弥亚》的解读套用在这首谣曲上，我们的后见之明可能会把它过分简化。因为《拉弥亚》是在三个月之后完成的，济慈所考虑的是进一步专攻某些欠缺之处，而它们是从与《无情的妖女》相关的不足中择选出来的。因此，相较之下，《无情的妖女》没那么急迫，也更为开放。

十

就在撰写《无情的妖女》的当晚，济慈在信中又提到“一连串新冒出来的烦恼”，当我们在理想的映衬下感受到事物的“不足”时，那些烦恼就会切中要害。该想法附带着打动了他：如果心真的完全实现了其愿望，同时也发生了改变，以适应实现愿望的状态，并长期且深刻地品味这种感受，那么死亡将会是多么可怕的事：

但说句实话，我根本不相信这种可臻完美性——世界的本质不允许它存在——世间栖居的生灵自会与世界本身保持一致——让鱼儿冬天在远离河流的地方像哲学家似的思考寒冰，它们会在夏日微温的喜悦中嬉闹个没完。看看南北极、非洲的沙漠、漩涡和火山——让人类根除它们，我敢说人会领略某种世间的幸福——然而，人所能企及的至福，最多与无生命的自然相平齐，不可能再多——譬如说，若玫瑰有感觉，它在美丽的早晨绽放，且欣然自得——但冷风袭来，烈日升起——玫瑰无处躲藏，没有办法剪灭它的烦恼——这些东西与它本身一样，是这个世界固有的；人也没什么可多得意的，这世上有许多东西等着折磨他呢。 482

如果我们站在济慈未来诗歌的有利视角，回望当下的几个星期，最吸引人的表述便是“烦恼”——此处借用济慈所选择的温和字眼——我们遭遇的任何事物，“与它本身一样，是这个世界固有的”——与物或人一样，是事物过程固有的，物或人正进入存在，或经历存在，它们既倚赖有限性，也克服有限性，正是有限性让它们变为实在，即便过程十分短暂。

那些关于复杂性的思考，关于持续幸福所遭受的重重阻碍的思考，关于各种不确定和局限性的思考，都令人想起“这世界的别名”——“泪之谷”。更怀揣希望的人认为，我们会从这块“谷地”，“借由上帝的独断干预而得到救赎，进入天堂”。但那肯定是个“太过狭隘”的观念。济慈觉得，如此这般的宽慰不仅忽视也违背了过程的本质，而我们时时刻刻经由这个过程获得经验。能不能将“泪之谷”换个说法？——

你愿意的话，称这个世界为“造魂谷”好了。那么你就会发现世界的用途（我现在正用最高的标准谈论人性，承认它是不朽的——我把这一点视为理所当然，目的是表达我心血来潮的一个想法）。我所说的“**造魂**”，灵魂与智能有别——智能或神性的火花，或许千千万万——但在获得特性之前,它们都算不上灵魂,除非它们成为独特的个体。智能,是感知的原子——它们能知、能视,且纯洁,简言之,它们便是上帝——那么,灵魂又是如何造就的?这些等同于上帝的火花,是怎样获得特性——从而拥有每个个体存在所独具的幸福?不以这样的世界为媒怎可能做到?我真诚地希望思考这一点,因为我认为,它是比[基督教]宗教更宏大的救赎体系——或者更准确地说,它是一个精神创造体系——是由三种宏大的质素,经历长久的相互作用才实现的——这三种质素是:**智能**——**人心**(有别于智能和思想)以及**世界**,后者可以称为**原初空间**,适合于**思想与心**的相互作用,从而形成**灵魂**或**注定要获得独特意识的智能**。

483 然后,他又从头论说了一遍,因为没有很好地表达出"模糊感知到的东西":

但我想我确实感知到了——为了让你更清楚地判断,我要尽可能用最朴实的话来解释——我要把**世界**称作为了教小孩子读书而设立的学校——把**人心**称为学校里用的**角帖书***——然后把**学会读书的孩子**称为这所**学校**和**角帖书**造就的**灵魂**。你难道没看到多么需要一个充满痛苦和烦恼的世界,来培育智能,并把它铸成灵魂?多么需要一个让心灵以一千种不同的方式感觉和受苦的所在!心灵不仅仅是角帖书,它还是思想的圣经,是思想的经验,是思想或智能啜饮独特性的乳头——人的生命丰富多彩——灵魂也变得各

* 旧时用来教儿童认字、识数的入门书,将印有字母、数字等基础知识的纸片裱糊在带有手柄的木板上,再覆盖透明角片,防止磨损。

> 不相同，这就是上帝创造不同个体的方式，这就是他铸造灵魂——用他自己精髓之火花造就同源灵魂的方式——我看，这就是不违拗理性与人性的救赎体系的粗略模样。

写下这段话时，济慈心中并无把握。他试着清理通往真理的路，使用的方式无疑属于“你所能想到的十足动物性的人……在巨大的黑暗中努力捕捉光的粒子”。“精神创造”这个表述紧紧抓住了他的心。他想知道，拜火教、印度教以及基督教徒所引申出的许多东西，是否包括类似于“造魂体系”的先决前提。

四月二十一日星期三的晚上，夜已经很深了。《无情的妖女》以及他想说的一切，都挤在这一晚表达了出来。他怀疑自己是不是下笔太冲动，想要弄清自己所处的方位。他说，他会把乔治和乔治安娜领回到

> 这一切思想的起点——我的意思是说，我之所以开始想这些问题，是因为看到人是如何被环境塑造的——但什么是环境呢？——仅仅是心灵的试金石吗？——那么试金石又是什么呢？——仅是心灵的验证吗？——心灵的验证是什么，仅是增强或改变其天性的东西吗？——改变了的天性不是灵魂又是什么呢？——尚未进入这个世界，尚未获得验证、改变和完善之前的灵魂又是什么呢？——是智能——没有特性的智能——特性是如何形成的？通过心灵的媒介。要不是处在充满环境的世界中，心灵又如何成为媒介呢？

到此处为止，他真的没有别的可说了。“好了，我想因为写的是 484
诗歌和神学，你们可以谢天谢地，我还不算喋喋不休。”

十一

九天之内,除了一些较短的诗歌外[①],济慈完成了伟大颂歌中的第一首《赛吉颂》。又过了一两天,他写出了《夜莺颂》。及至五月中旬,他已完成另外两首颂歌《希腊古瓮颂》和《忧郁颂》。从四月二十一日起的三个半星期,他的多产在任何一位现代作家的写作生涯中都极其罕见。然而对济慈来说,这甚至算不上新的起点。这些创作只是让他更有活力,为下一次启航做准备。

他几乎立刻就觉得状态比过去几个月好多了。他妹妹一直希望他能去托特纳姆的苗圃买些植物,这样她就可以在沃尔瑟姆斯托开辟一片小花园。济慈一直没抽空去买,然而五月一日这天,他兴致勃勃地写信给妹妹,说马上会给她买一些"时令植物"。天气转暖,"哦,没有什么比得上好天气、好身体、书、美丽的乡村、满足的心灵、勤奋阅读和思考的习惯,还有抵御无聊的护身符"。他写着写着(此时他刚刚完成《赛吉颂》,或许还有《夜莺颂》),突然亢奋地作起打油诗:

> 两三朵花儿,
> 配两三片叶儿;
> 两三个鼻子,
> 配两三个脓疱——

---

① 包括《致睡眠》《咏声名》(二首)和《"假如英诗"》,其中的一两首或许是之前写的。4月21日,他还附上了——也可能是在给乔治的信里即兴创作了诗行短小的《仙灵之歌》。这是一系列接近胡话诗的创作,写于《无情的妖女》和后文论及的深思熟虑之间。

两三个聪明人，
配两三个傻蛋；
两三个钱包，
装两三个基尼；
两三下笃笃声，
敲两三扇门；
两三个盹儿，
混过两三个小时——

打油诗就这样拉拉杂杂又写了十六行；当接下来四个月的丰硕成果即将到来之际，这封信收尾了： 485

再见，我要去赴个约——不能再写了——再见——别起来，我自己开门——回头聊——周一见。

第十九章　一八一九年四月与五月的颂歌

一

486 没有任何一种对济慈单首颂歌的阐释，能够令阐释者本人以外的读者完全满意——更不要说将它们作为一个整体来解读。那些颂歌中有太多不同的元素汇聚至一处。当然，这是它们之所以成功的原因之一，任何伟大艺术品的成功都离不开这一点。这个再寻常不过的道理，如约翰逊所言，属于那种虽无须被告知，但却应该被不断提醒的真理。因为，尽管很少有人从原则上否定它，大多数人却容易在实践中背叛它。对人这样有限的存在来说，于特定的细节里寻求宽慰是必然的。阅读一首诗或思考一件艺术品时，我们可能会真切地感受到多样元素的主动凝聚。但谈论它时，就需要按照逻辑顺序连贯进行：一件事必须在另一件之前被提及；单独述及它们的过程中，我们发现，有一些思考比另一些更打动人，如果原因仅在于用言语来表述它们时，我们开始发掘内心的根本关切，那么我们就会被相互配合的雄辩所产生的势头，引领着去缩窄阐释的空间。（当然，一部伟大的作品不仅允许，而且会吸引人们对它的不同部分做出热切的主观反应。）此外，如果我们感到需要贡献自己的一份绵薄之力，前人评论的存在会进一步限定我们的态度。因为在激烈的论辩中，甚至当我们怀着真诚的渴望，想要回到艺术品广阔的振幅中时，对自认为片面、单一阐释的反感会进一步鼓励我们去捍卫自己眼中被忽略的细节，去反驳或贬低我们原本仅是希望补充的考量。

无论我们对济慈一八一九年四月下旬到五月创作的颂歌作何评价，只有将之——不是全部，而是部分地——放入济慈思想主要倾向的全景中审视，才能够充分地欣赏它们。济慈思想的主要倾向是在他写给雷诺兹的"初觉之室"信件（1818 年 5 月 3 日）中开始厘清的。经历了艰难而 487
又丰硕的一年后，他现在重新返回头一年五月节时只写了十四行的《迈亚颂》——他曾说"打算以后适当的时候"把这个未完成的片段补齐。他从一八一九年二月起开始给远在美国的乔治和乔治安娜写长长的日记信。四月三十日这天，新一年的五月节即将到来，这也是他活跃创作生涯中的最后一个五月节，他在信中写道：

> 下面这首诗——是我最近写的，这是我第一次，也是仅有的一次用适度的心力完成一首诗——其中的大部分，我都轻而易举地挥笔写就——这次我写得比较从容——我觉得它读起来反而更加富丽，我希望它能鼓励我怀着更平和、健康的心态来写别的诗篇。

二

新诗《赛吉颂》的六十七行诗句一直令读者感到困惑。人们有充分的理由认为，这首颂歌可能是接下来一个月他将写出的其他颂歌的原型——人们认为济慈是在第一首颂歌中做出尝试，借着这首诗发展或改变后续颂歌的方向。然而，我们发现这首诗如此难以捉摸，只有在更深入地理解了其他颂歌之后，才能重新谈论它。如果我们希望将后续的颂歌当作钥匙，那就难免发现它们不太适合这把锁。而且，后来的颂歌提供了一套难以匹敌的标准。因此,我们要么对《赛吉颂》感到失望,要么因为想起济慈可能给予它的关切,再次将这首诗搁置一旁,待后续考量。

人们的困惑也延伸到技术性细节上,部分原因仍在于我们知道他创作这首诗的状态比写之前大部分诗歌都更加“从容”。后来的颂歌可能成诗更快(至少《夜莺颂》的初稿仅用一个上午就完成了);但《赛吉颂》的结构似乎不那么牢固。此外,自《海伯利安》起,即便在他最迅速的创作中,措辞的笃定也已成为习惯。然而,这首新颂歌开篇的几个诗节里(从某种程度上说,他最近一直在写的《海伯利安》第三卷也是如此),我们看到一些用词的平庸,令人联想起《恩底弥翁》,比如“惊奇得目眩神迷”[*],“在欢爱的黎明睁眼来到的时刻”,以及后来修改删去的“啊,最盛开的花”。其中一些表述来自玛丽·泰伊的《普赛克》(1805),他年少时
488 曾读过此诗,就在四个月前,他还对乔治说:“泰伊夫人和比蒂曾令我十分欣喜——然而,现在我却看透了他们,不能从他们身上找到任何闪亮之处——也看不出缺点。”泰伊的诗歌语汇重新出现在他脑海里,但他基本没作甄别批判,这说明写这些诗节时,他的心正挂念在别处。

那么,济慈在这首诗的哪些部分或方面,付出了新的“心力”和“从容”呢?他也许指的是笼统的努力(在一定程度上是技术性的),以找到某种比叙事诗或悲剧更短小的方式,来捕捉他给本杰明·贝利的信中提到的“心灵的呵护”及其对象之间的戏剧性。自弥尔顿时代以降的“智识的行进”已经揭示或创造了新的复杂性和疑虑,令上述“呵护”的信心和完整性都陷入窘迫。不论人们喜欢与否,诗歌——若还想要保持诚实——就必须变得更加内转。至少这是他整整一年前的感受。因为伫立于一侧的是古典诗歌和文艺复兴诗歌雄伟的自信——这些诗歌建立于“看似确定”的理据点上;伫立于另一侧的则是不断增长的不确定感,

---

* 《赛吉颂》使用屠岸先生的译本,少量词句根据上下文需要稍作改动。

是更深层知识的冲击，济慈在渐渐变暗的“初觉之室”的意象中也暗示了这一点，房室的门逐渐打开，但都通向黑暗的甬道（“我们看不到善与恶的平衡……**我们**正处在那种状态下”）。华兹华斯在这一召唤面前一直是诚实的，尽管他可能于此过程中让自己“殉道”，通过限制自己的尝试而被迫放弃史诗的宏伟；“在我看来，他的天才在于对那些黑暗甬道的探索。假如我们活着并继续思考下去的话，我们也将探索这些甬道”。

随着人类的心灵尝试接受生命，尤其是与不断增长的知识相调和，未来的挑战包括进一步探究心灵。济慈再次于莱姆普里埃的著述中阅读有关普赛克女神的内容，随后他直接从莱姆普里埃转向阿普列乌斯*，并发现普赛克于奥古斯都时代之后才被人当作女神——只有等“奥林匹斯［如今］暗淡的神族”时代结束后，她才成为女神——济慈被这个“晚来”神灵的重大意义所打动，现在对他来说，这似乎是诗歌及他自身努力的合适目标。抄下这首新颂歌之前，济慈在信中对乔治说道：

> 你们一定记得，普赛克在阿普列乌斯的时代之前还不算女神，阿普列乌斯是个柏拉图派学者，生活在奥古斯都时代之后，因此，这 489
> 位女神从未得到过任何带有古人狂热的崇拜和献祭——或许也从未在古代宗教中被人念及——我可是更为正统，不愿意让一位异教女神遭受如此忽视。

济慈在威廉·艾德灵顿翻译的阿普列乌斯（1566 年版的英译《金驴》第二十二章）中读到了普赛克和丘比特的故事。这个故事也有潜在的道德寓意，抓住了他的想象力，并在某种程度上与此诗的整体思想相

* 莱姆普里埃指约翰·莱姆普里埃（John Lemprière，1765-1824），英国古典学者。阿普列乌斯（Apuleius）为公元二世纪罗马作家和哲学家，著有《金驴》和《论柏拉图及其学说》等。

融合。普赛克是三位公主中最年轻、最美丽的,她招来了维纳斯的嫉妒,后者命令她的儿子丘比特——也就是厄洛斯——迫使普赛克爱上他能找到的“最贫穷、最扭曲、最邪恶”的造物。与此同时,普赛克所有的追求者也都因为维纳斯的插手退缩了。她的父亲十分困惑,祈问阿波罗的神谕,却被告知要让她披上丧服,留在一块光秃秃的巨石上:过段时间,她会与一条蟒蛇完婚。眼见别无选择,悲惨的普赛克只好同意。“他们把她带到高山中指定的岩石……就这样离开了。火把和光都被熄灭。”终于,温柔的西风把哭泣的普赛克“带进了一处深谷”,她“甜蜜地躺卧着……仿佛睡在一张甜蜜芳香的花床上”(艾德灵顿的一些表述和意象在济慈的诗里重现)。休息过后,普赛克徘徊了一会儿,来到一座宫殿。一个声音告诉她,这是她丈夫的宫殿。她由看不见的仆从服侍,晚上她未知的丈夫便会回来,日子这样一天天过去。

自然,真正发生的事是:迄今为止顽皮且游移不羁的爱神,被心灵或灵魂所征服——厄洛斯或曰丘比特,本是被派去让普赛克迷恋上最邪恶、“最扭曲”的对象,可是他自己却爱上了她。不过,他只能在黑暗中悄悄地与她见面。好奇的普赛克从未见过她的丈夫,心生疑虑而憔悴不堪。她可以探望自己的姐姐,她们说服她相信,她的丈夫正是阿波罗神谕里的蟒蛇。她听取姐姐们的建议,藏了一盏燃烧的油灯,等丈夫一睡着就拿出来,并准备用一柄利刃割下他的头颅。然而,她一见到丘比特的身形,便颤抖着跪倒在地,藏起了利刃。一滴滚热的灯油落在爱神的肩头;他被灼伤,醒了过来,一瞬间便消失匿迹。普赛克想要跟上丘比特。她四处流浪,颠沛流离(其中的一段旅程把她带到了险峻荒凉的
490 “山脊”——济慈也在诗中呼应了这一措辞,“野岭荒山”)。不久,伤口愈合后的丘比特从“被关起来的房间窗户”逃了出来,与普赛克会合。朱庇特在丘比特的恳求下,准许了这桩婚姻,将普赛克变为不朽的神;因此,可以说爱神拯救了心灵。

三

“心灵的呵护”及其对象仍是可能实现的，换句话说——由心灵去呵护更早时期某些未被完全了解和探索的东西，仍是可能实现的，济慈现在称之为“快乐的虔诚”。心中怀着某种信条——他的许多诗都是由信条构成的——他试着直面主题：用这首诗直接对赛吉女神本人致言。

这首新诗较靠后的高潮部分，又是一次意图的宣言，就像《睡与诗》《再读“李尔王”之前有感》和《观弥尔顿一绺头发有感》一样。但是，他明确希望，这首颂歌不仅仅由信条或曰意图的陈述构成：它要有一个更客观，可能的话，更接近戏剧性的结构。新的从容和“心力”很可能包含如下做法：尽力贯彻阿普列乌斯的普赛克与丘比特故事，然后思考其潜在的用途。但严格意义上来说，这种关切也是技术性的。在叙事诗或准史诗性质的《海伯利安》之后，他重新回到了抒情诗，《海伯利安》没有成功，如我们所见，他试图绕过十四行诗（他如今已经非常习惯于十四行诗的写法），发展出一种篇幅更长、更灵活的形式。

伴随着蔓延近半首诗的不确定感，济慈开始了这个故事。神话中，爱神（厄洛斯或丘比特）只能在黑暗中接近普赛克。然而诗人（尽管这可能只是一个梦）此时却于白昼中看到两人并肩。这景象可能是真的吗，是凭借一种新的理解和“觉醒的眼睛”来到他面前的吗？这个在济慈早期诗歌中常见的问题，如今几乎于所有颂歌中都占据根本地位，尤其是《夜莺颂》《怠惰颂》以及换了一种方式呈现的《希腊古瓮颂》：

女神呵！请听这些不成调的韵律——

由倾心的执着和亲切的回忆所促成——
请原谅,这诗句唱出了你的秘密,
直诉向你那柔软的海螺状耳轮:
491 无疑我今天曾梦见——我是否
用觉醒的眼睛见到长着翅膀的赛吉?
我在树林里无思无虑地漫步,
突然,我竟惊奇得目眩神迷,
我见到两个美丽的精灵相依偎。

这两个身影,就像希腊古瓮上的一样,互相有些距离:“他们的嘴唇没接触,也没告别。”诗人无法不认出丘比特。他自己的境遇与爱神类似(不论他离神祇有多远):哪怕只是因为无知,他自己也曾游移不羁;他也被心灵征服;也准备为这个新的主题,为这新的内心需求建造一所宫殿,就像丘比特(在阿普列乌斯的故事中)为普赛克建造的一样。但是,诗人如此急切地想要确定他们的身份,以至于他对丘比特之外的那个身影所产生的转瞬即逝、佯装的犹豫,是由他早期诗歌中平庸的措辞表达出来的(“哦,幸福的、幸福的小鸽”),快速的过渡,也就是确认普赛克身份的表达,是由三个词的纯粹感叹完成的:

带翅的男孩我熟悉;
可你是谁呀,幸福的、幸福的小鸽?
他的好赛吉!

至此为止的二十三行,都只不过是补白点缀:它们存在的目的是提供一个背景。三年前,济慈在盖伊医院期间自学尝试着写了《诗前序言样本》,他发现描绘性的背景会不可避免地侵占诗人的注意力;背景描写之后,诗歌就衰减不振了。他年少时的第二次叙事诗尝试是《卡利多》,他想要克服背景描写的诱惑,让他的主人公——在描绘性的开场过后——滑稽地疾驰过湖面,进入一座城堡,然后“跳跃着穿过”大厅。《赛吉颂》开场,诗人快速认出女神并点头致意,叹道“他的好赛吉!”——这一写法便源于先前的尝试。花费在《赛吉颂》上的“心力”影响了诗歌的前三分之一,其影响范围在于它们压缩了序幕,也就是背景描写的篇幅。在后来的三首颂歌中,类似的序幕被省略了,或者仅仅以暗示的方式简略提及。对《赛吉颂》采取现代、尊重的态度是应该的。但是,对新奇事物的渴望可能“怂恿”一些批评家认为,这首诗在某些黑暗却基本的方面,从整体上看比后来的颂歌更有意义。这首诗的诸多重要性中,为首的价值在于,通过撰写这首诗,济慈更好地掌握了如何推进诗歌的进程。

伴随着背景设定被压缩至二十三行,济慈现在可以转入他真正想 492
表达的内容。这首颂歌结尾由一个长长的、被扩展开来的句子构成,它前面真正的序幕放置于二十三行之后的两个诗节。这两个诗节在形式和用词上是相似的,但重点却稍许对立。前一节强调,迄今为止,这位“奥林匹斯山暗淡的神族”中“最晚出生”却最为“秀美”的女神没能得到充分的承认。这个人类心灵和理智的化身,远远超过奥林匹斯山神族体系中的简单构想,如月神狄安娜和美神维纳斯:

你比她们美,虽然你没有神庙,
　　　　没堆满供花的祭坛;
也没童男女唱诗班等午夜来到
　　　　便唱出哀婉的咏叹;
没声音,没诗琴,没风管,没香烟浓烈
　　　从金链悬挂的香炉播散;

没神龛,没圣林,没神谕,没先知狂热,
嘴唇苍白,沉迷于梦幻。

那一连串名目,不论用多么抒情的方式吟唱,都因其毫无节制而自贬身价,而且充满虚假的怀旧色彩。因普赛克变为神祇太晚而没能得到的东西只是外在的东西——仪式用的装饰。(也许济慈不知不觉中想起并呼应了弥尔顿在《基督诞生的早晨》(〔"On the Morning of Christ's Nativity"〕中关于异教神祇的语句。)上述诗节中这一连串名目的使用,促成下一诗节的修辞:敬神器具的名目——它们如果这时才第一次出现,就会显得多情且夸张,但现在却可视为应答性的重复。济慈给乔治抄写这首诗时非常匆忙——甚至没注意到诗节的开头写成了"啊,最盛开的花!(O, Bloomiest!)你虽没赶上古代的誓约"——在终版诗稿里他继续写道:

啊,至美者!你虽没赶上古代的誓约,
更没听到热切坚信的祝歌,
可神灵出没的树林庄严圣洁,
空气、流水、火焰纯净谐和。

遗憾虽然真实,却并不完整。导致几大要素被视为圣洁的"虔诚",的确是"快乐的虔诚";我们不由想到后来颂歌中夜莺的"快乐"和希腊古瓮上"幸福"的树枝和人物。但"热切坚信的祝歌"中的"热切"(fond)一词,本也包含了"愚蠢"的旧义。无论如今离单纯、快乐的信仰时代多
493 么遥远,诗人仍可以在奥林匹斯山诸神隐约的影子间看到("透过灵感启示的双眼"——这样的洞察力必须是自己赢得的)普赛克的双翅生气勃勃地拍打着,这位女神传统上以蝴蝶为象征:

即使在那些远古的日子里，远离开
　　快乐的虔诚，你那发光的翅膀
　　仍然在失色的诸神间振羽飞翔，
透过灵感启示的双眼我看到了，我唱起来。
就让我做你的唱诗班吧，等午夜来到
　　　　便唱出哀婉的咏叹！
做你的声音、诗琴、风管、香烟浓烈，
　　从悬空摆动的香炉播散：
做你的神龛、圣林、神谕、先知、狂热，
　　嘴唇苍白，沉迷于梦幻。

四

现在，这首诗最核心的部分出现了——重申济慈开始创作此诗时的目标，即探索"黑暗的甬道"和"未涉足领地"的信念；如果说玛丽·泰伊《普赛克》中的措辞（如"未涉足的森林""人迹罕至的道路"）又回到了济慈笔下，那么他其实也呼应了自己的十四行诗《致荷马》：

呵，黑暗的边沿岂不是光亮！
悬崖上现出人迹不到的青绿。*

因为在《赛吉颂》结尾的信条中，心灵"未经践踏的地方"也与悬崖和陡峭的山坡相关联。早在《睡与诗》中，济慈就曾谈及接近"诗的神殿"时

* 此处《致荷马》使用穆旦先生译本，根据需要略有改动。

所产生的期望与焦虑，也讲起过“热切的希冀”以及无可胜任之感。但恐惧和希望纯粹是设想出的。他现在渴望探索的新领域中，“神殿”并非矗立于彼，等待着被发现。它必须被建造出来。在那片“有沉思如树枝”向上生长，覆盖周遭山脉的地方，他承诺要搭筑起神殿（我们不禁回想到，他在给雷诺兹的有关“初觉之室”的信中，描绘了思考的“迷宫”——“抽枝散叶走出去的方法有很多”）。意识的成长将带来新的痛苦和愉悦，或者更确切地说，会带来两者未可预见的组合。

是的，我要做你的祭司，在我心中
　　未经践踏的地方为你建庙堂，
494 有沉思如树枝长出，既快乐，又苦痛，
　　代替了松树在风中沙沙作响：
还有绿荫浓深的杂树大片
　　覆盖着悬崖峭壁，野岭荒山。

在这座尚待探索的具有防护性的迷宫中，会有一间“圣堂”，里面包含着“思索的人脑”能发现或构想的一切。“幻想”被视作“园丁”，他就像伍德豪斯半年前试图安慰济慈的那样，种植着完全未知且“没有名字”的植物。伍德豪斯曾写信给济慈（1818 年 10 月 21 日）说：“我认为你的意思是，现在已经没有独创新颖的诗歌可写；诗歌的财富已经耗尽。”伍德豪斯接着强调说，思想的组合几乎是无限的；活跃头脑中“反思和道德感”的发展，能够打开新的大门；抱怨没有东西可写，是为主观恐惧和“自己迟钝的头脑”所找的合理化借口（济慈两个星期后将在《夜莺颂》中使用“迟钝的头脑”这个表达）。《赛吉颂》继续道：

在这寂静的广阔领域的中央，
我要整修出一座玫瑰色的圣堂，
它将有花环形构架如思索的人脑，
　　点缀着花蕾、铃铛、无名的星斗
和“幻想”这位园丁捏造的一切奇妙，
　　雷同的花朵绝不会出自他手。

这里显然也蕴含了不确定性。“捏造”一词是双刃剑：它可能意味着创造力，也可能仅仅是幻觉。济慈还想起华兹华斯《隐士》中的一些诗句，后者将之作为其伟大尝试的“纲要”刊印出来，济慈在“初觉之室”信件中有所引用（“人类的心灵—— / 我出没生息之所，我诗歌的主要领地”）。为了前方的任务，华兹华斯祈求一位比弥尔顿所祈求的“更伟大缪斯”的帮助：“因为我必须踏在幽暗的地面”。在济慈自己的展望中，思想难免“幽暗”（“我们看不到善与恶的平衡。我们如处迷雾之中”）。其中也没有必然的前途可言：华兹华斯本人不得不牺牲的史诗激情不一定会出现，戏剧性的紧凑强力也没有必然的保证。“愉悦”可能只是“温馨柔和的”，但至少会有“幽暗冥想能**赢得**的一切”。简言之，这种精神包括只能称之为“爱”的奉献和承诺。济慈可能从阿普列乌斯的故事中回忆起可怜的普赛克被抛弃在高山岩石上的那一段；人们离开时，495
“火把……被熄灭了”。他甚至可能想到了故事接近尾声时，丘比特从关着的房间里穿窗而出的那扇窗户，尽管对济慈本人来说，“敞开的窗户”早已成为他习惯的意象。不论是何种情况，诗里将有一支火把燃烧得很明亮，窗户也会是完全敞开的：

将为你准备幽暗冥想能赢得的一切
　　温馨柔和的愉悦欢快，

一支明亮的火把，一扇窗敞开在深夜，
好让热情的爱神进来！

济慈为乔治誊抄完新诗时，带着因满足和突然振奋的信心所释放出的俏皮，写道："《赛吉颂》至此结束。"

五

我们至少应关注一下《赛吉颂》的诗体形式，它是济慈早期抒情诗到后来伟大颂歌所采用形式的过渡。济慈经历了《海伯利安》《圣亚尼节的前夕》和《圣马可节的前夕》片段的充分磨炼后，又回归抒情诗，但他遭遇了更强力的阻挠。因为同往常回归抒情诗遇到的情况一样，十四行诗又挡住了他前进的路。在他易受影响的可塑期——盖伊医院的一年以及遇见李·亨特之后的头几个月，十四行诗已成为他的习惯。一八一八年春天，济慈转向莎士比亚体十四行诗，但那只带来了短暂的满足。过去的一年中，他间歇地尝试全面摆脱十四行诗的形式——他有时写歌，有时写"回旋诗"（如《激情欢乐的吟游诗人》）——他曾说自己越来越偏爱回旋诗——还有时写谣曲，如《无情的妖女》。然而，他从未完全满足于短诗句。五音步诗句远为丰富的潜在可能总是将他吸引回来。济慈创作《赛吉颂》的部分背景是他对十四行诗越来越失望，尤其是用篇幅更宏大的诗歌形式写了八九个月之后。[1] 但这一次，他没有试图避

① 加罗德（《济慈》，1926）是第一个指出颂歌诗节形式与济慈内心愿望之关联的人——济慈致力于"寻找一种比既有形式更好的十四行诗诗节"。（页 85–90）加罗德的观点得到了 M. R. 雷德利（《济慈的手艺》，页 202–204）和本书作者（《济慈风格发展》，页 125–133）的发展和修正。

开十四行诗（他在自己所谓的"回旋诗"中避开了十四行诗的写法）。取 496
而代之的是，他直接将自己已经十分熟悉的、由十四行构成的诗体拆分，保留五音步作为规则，并吸纳从两种十四行诗体（尤其是莎士比亚体）中提取的**碎片**，将它们用于篇幅更长的抒情诗中。

实际情况是，单独发展起来的两种不同兴趣在这一刻突然合并。济慈有一个总的愿望，即找到一种比十四行诗容量更大的形式（就此而言，容量也要超过歌和谣曲）。这实际上指的是一个世纪以来被称作"大颂歌"的类型（区别于诗句较短的贺拉斯体颂歌）。他有两种可用的模式。一种是不规则的颂歌，一个世纪之前从所谓的"伪品达体"发展而来。一个成功的例子便是华兹华斯的《颂歌：忆童年而悟永生》，济慈非常欣赏其强有力的诗语。这是一种完全"散开"的诗歌形式。但是，由于济慈对自己的《恩底弥翁》颇有不满，一年来他一直向着更紧凑坚实的方向前进。不规则颂歌的散开状态此刻对他没有吸引力或挑战性。当然，另外一个可选模式就是"真品达体"。但它是一个薄弱的选择，因为它在形式上的过分复杂会让说英语的人听起来很难受，比如托马斯·格雷的品达体颂歌就被认为非常古怪。其效果古老得脱离时代，又复杂牵强。

与此同时，济慈一直渴望为十四行诗本身找到一种更令人满意的形式——假如他还打算继续写十四行诗的话。当他为乔治抄写新诗《赛吉颂》时，他告诉乔治，自己一直

> 致力于寻找一种比既有形式更好的十四行诗诗节。正统的十四行诗诗体［即彼特拉克体或意大利体］因韵脚猛扑出来而不适合我们的语言——莎士比亚体又太过哀伤——诗尾的对句几乎很少能产生令人愉快的效果。

济慈的耳朵仍在对《恩底弥翁》的两千余组对句做出反应,在这样的耳朵听来,彼特拉克体前八行中的三个对句联韵显得很突兀(*a*　*b b a a*　*b b*　*a*),每组对句的第二行都“猛扑”出来,以机械的齐整规律去匹配第一行。莎士比亚体十四行诗中,三组隔句押韵的四行诗(十八世纪传统的“挽歌”四联句)因其诗句规则的钟摆式节奏“*a b a b*, *c d c d*, *e f e f*”而产生了挽歌式的单调感;结尾的对句(*g g*)造成强烈反差,就算在莎士
497 比亚笔下,它也常常像是可以被拆掉的诗末警句。济慈想要在三首尝试性的十四行诗(《致睡眠》《咏声名(第二首)》和《“假如英诗”》)中避免这类效果。[①] 这三首十四行诗的最后一首,展现出他保守谨慎的倾向——其目标是保存十四行诗的某些要素,并从内部有机地创造:

假如英诗必须被呆板的韵式
束缚住,而甜蜜的十四行
不管受多少苦,也得戴上锁链;
假如我们必须受一种节制,
那就让我们给诗的赤脚穿上
编得更精细的草鞋,处处合宜。
让我们把诗琴检查一下,弹弹
每根弦的重音,不断地尝试,
看怎样能找出最适切的音响。
让我们像米达斯吝惜金钱
那样地珍惜声韵吧,要精于

① 除了以下两方面之外,前两首十四行诗主要是莎士比亚体的:(1)改进了三组隔行押韵的四行诗句样式,第三组四行诗句要么被对句插入,要么就挪至诗末尾;(2)避免使用末尾叠句。《“假如英诗”》则干脆避开了对句和四行诗句,倾向于以三句为一组(*a b c*　*a b d*　*c a b*　*c d e*　*d e*)。

使用每片枯叶去编织桂冠；
这样呵，假如缪斯必须受制，
至少是受制于她自己的花环。*

济慈琢磨这些尝试性的十四行诗时，想到了一种比十四行诗篇幅更长的新的抒情诗形式。该形式摆脱了彼特拉克体和莎士比亚体两种十四行诗的标志性特点，使其具有可塑性和延展性。在新的情境下，《赛吉颂》突然开始融入济慈于上述十四行诗中已经做过的实践。它的前十四行与《咏声名（第二首）》类似；然后，一连串零散的诗句（第15–23行）之后，接下来的十二行诗采用常规莎士比亚体十四行诗的韵式，只是没有最后一组对句：随后的十四行与济慈自己的十四行诗《致睡眠》的押韵方式相差无几。《赛吉颂》的末尾十八行（信条）是由一首莎士比亚体的十四行诗构成，但济慈在前八句结束后插入了一组对句（可能是为了打破隔句押韵的规律），而不是将对句放于末尾，最后他用莎士比亚体的四行诗句结尾（*a b a b*）。

这样做的结果自然是复杂的——也可能是不必要的。稍微调整之后，济慈发展出了一种诗节样式，我们将它与《赛吉颂》之后的伟大颂歌联系在一起。这种十行的诗节以单个莎士比亚体四行诗（*a b a b*）开始， 498
但它没有继续使用隔行押韵的四行诗，而是以一个彼特拉克体六行诗（*c d e c d e*）结束：如此一来，"猛扑出来的韵脚"、"挽歌式"的隔行押韵以及末尾叠句都得以避免。这便是济慈接下来创作的四首颂歌《夜莺颂》《希腊古瓮颂》《忧郁颂》和《怠惰颂》的基本模式。① 终于，他现在有了一种能够

* 《"假如英诗"》使用穆旦先生译文。

① 《希腊古瓮颂》的不同之处仅在于第一节和第五节的六行诗韵式变为 *c d e d c e*，第二节变为 *c d e c e d*。《夜莺颂》的第二节继续使用了 *a* 的韵脚（*a b a b c a d c a d*）；《忧郁颂》最后一节为 *a b a b c d e d c e*；《怠惰颂》第五节为 *a b a b c d e d c e*，第六节为 *a b a b c d e c e d*。

延伸的诗歌形式,可以将一首诗的长度扩展到十四行诗的许多倍,而同时它也是"紧密交织且完整的"。

六

事实证明,《赛吉颂》以最有价值的方式起到了催化作用。因为就在两三个星期——最多一个月之内——除了《秋颂》之外,济慈其余的五首颂歌都完成了。这些诗创作的准确顺序不明。传统观点认为,最先完成的是《夜莺颂》,写于四月末或五月初,接着是《希腊古瓮颂》和《忧郁颂》,最后为《怠惰颂》。

三个月的不确定期过后,在这种突然的释放和泉涌般的文思中,最初的刺激可能比我们倾向于承认的情况更深切地与形式和技巧相关。新的颂歌一首接一首出现,它们很难被单独视为曾许诺过的对"心灵未涉足领域"的初步探索。这种自我要求是针对更广阔的领域而言的。除了对《海伯利安》能有所改进之外,该要求指的是再创作一首"长诗"——或是一系列长诗——它们将代表真正的开端——正如他在接下来的十一月告诉泰勒的那般——这些诗最终"会让我振作起来,写出几部好的戏剧——那是我最大的抱负"。假如济慈对新颂歌形式的运用,不是恰好也叩击到他另外一些迫切心事的话,那么这种新形式可能很难对他产生如此强烈的吸引力——事实上,他兴奋不已,以至于迅速连续创作了四首(总共二百二十行之多)。这些心事三个月以来一直在"逃避构思"或是踌躇退缩,找不到表达的出口。

无论济慈接下来写的是哪首颂歌——很可能是《夜莺颂》——他突然发现自己拓展出了一种新的、具有两股截然不同声音的乐器,它能够
499 承载两种不同的抒情表达方式,而它们罕见于并用。第一种是颂赞,

《忧郁颂》和后来的《秋颂》是成功范例。保持了高水平的“潘神赞美诗”胜过《恩底弥翁》的其他任何部分，但它是用对句写就的，而且与济慈急于忘记的《恩底弥翁》这个整体不可分割。此后，他似乎再没想起过颂赞的可能性，直到他有意识地寻找一种“更紧密交织且完整的”十四行诗结构，这一尝试才将他引向（或恰好写出）过渡性质的《赛吉颂》。当然，他没有理由想到这种潜在的可能。自从他匆忙地修改了《恩底弥翁》之后，这一年就像任何一个作家生命中的一年一样令人目不暇接；他的诗歌抱负比往常更加强烈地集中于长诗——直到一八一九年二月，济慈的大部分努力奉献给了篇幅较长的诗歌。写单纯的即兴诗时，他会简单地用一些八音节诗句，或是偶尔写点歌或十四行诗；这年春天，他觉得应该稍微妥协一下自己的野心，至少可以短暂考虑一种更严肃的抒情诗形式（萦绕于心的谣曲《无情的妖女》是个例外），这时，他自然会通过重新审视自己最熟悉乃至最习以为常的形式——十四行诗——来开启这段思考。

除却我们在《希腊古瓮颂》和《夜莺颂》中注意到的颂歌其他用途之外，济慈迅速发现颂赞这一形式本身也为英语抒情诗创造了新的基调。首先，颂赞的容量至少能够让他过去三个月的部分丰富思想跨越过诗歌的门槛——他最早的诗歌理想以及他作为诗人艰苦的自我教育，都让他习惯于与长诗而非“短诗”相伴。不论他的创作过程有多么愉快，这些由英国最伟大的抒情诗人之一所写下的短诗都是其他方面努力的副产品；理想与实践的习惯，让他比没有这些习惯的人更加不喜欢大多数抒情诗受迫于快速、齐整解决的状况。这并不是说，他希望回到开放性的诗歌去，比如他以前写的诗信或《睡与诗》这类作品。新颂歌形式之所以吸引人，也是因为它有足够的限制性，能够挑战他作为诗歌手艺人的良心。最后，广度与形式挑战的结合也为他从《海伯利安》开始掌握的诗歌语言的凝练强度和具体准确提供了独特的机会——他在长诗的写 500

作中显著地习得了这些品质，它们在《圣亚尼节的前夕》中被毫不费力地挥霍掉，可以说，从那时起这些品质就一直漂浮着，找不到真正能下锚停泊的归宿。

在《夜莺颂》和《希腊古瓮颂》中，第二股声音与颂赞的声音相互交织，它质疑，仿佛不大情愿地做出限定，并融入积极走向戏剧性的抒情论辩形式里。这不是一颗分裂的心在面对两种选择时与自己展开的简单对话。忠诚与同情的分化是因事物的必然性而强加于这颗心的，也只有在诗的发展过程中才会出现；戏剧性则是通过实际经验显露出来的，这经验便是“心灵的呵护”及其对象——不论心灵多么渴求——永远不可能彻底完满和持久。这些缺陷也不仅仅是我们自身有限性的结果。在这两首诗中，主要的象征——古瓮与夜莺的歌声——都被赋予重要的声音，并得到诗人能提供的所有共鸣和赞颂；正是通过它们自己的缺陷，以及尝试接近它们的那颗有限心灵的弱点，犹豫、疑惑乃至担忧开始出现。因此，我们还发现，正如大卫·珀金斯精彩论述的那般，这两首颂歌为象征性论辩在现代诗歌上的发展创造了最令人瞩目的独特先例，尽管同时“我们面对的是一种天赋，确切地说，是一整套诗歌方法，在其中，象征无论多么必要，恐怕都无法成为诗歌的首要关切——就像在莎士比亚那里一样——它只能是有关人类反应的诗歌和戏剧中的一个要素”。[1] 这些颂歌本质上是戏剧性的，与人类反应及其对象相关，所以它们与作为整体的经验类似。因此，我们持续回归这些颂歌，假如它们因过度简化而辜负了经验，我们就无法那样做了。其挑战，或曰经验，保持鲜活，因此也就能常年保持丰饶，吸引人们论辩。

---

① 《对永恒的追求：华兹华斯、雪莱与济慈的象征主义》（*The Quest for Permanence: The Symbolism of Wordsworth, Shelley, and Keats*, 1959），页228–257，页299–301。

七

大概是在撰写《夜莺颂》的过程中，新颂歌形式的全部潜力最终
显露出来。查尔斯·布朗曾暗示，这首诗是《赛吉颂》之后不久完成 501
的。[1] 假如真是那样的话，那么——就像济慈身上经常发生的那般——对一首诗的深思熟虑为另一首诗奠定了基础，并使后者能够被快速写出来。《夜莺颂》仅用了一个上午就写成了。事实上，十几首——或二十几首最伟大的英语抒情诗中，我们不知道还有哪一首是在如此短的时间内创作出来的。此外，这首诗并非篇幅简短的歌，而是一首由八十行组成、以错综复杂但又有规律的诗节呈现出来的颂歌。我们完全可以怀疑，是否还有任何一首长度与质量相当的英诗，是以如此快的速度写就的。两年前在怀特岛，济慈痛苦地开启那长达四千行的“创造力的试炼”，当时他面前摆着莎士比亚的小幅肖像——莎翁如同“引领者”，如今这“创造力的试炼”再次结出了果实。（他写作时，这幅肖像依旧常伴身边，上面装饰着乔治安娜编织的流苏，是她与乔治前往美国之前制作的；二月份时，济慈信中写道“我正坐在这幅肖像前”。）查尔斯·布朗把济慈创作《夜莺颂》的时间描绘为“两三个小时”：

---

① 这至少是根据布朗提到此诗后所说的话做出的推论，“紧接着，我又搜寻他还有没有（实际上的）即兴偶成诗，在我的要求下，他又帮了我一把”。（《济慈社交圈》，第二卷，页65）济慈在4月30日的信中告诉乔治，“布朗一直翻箱倒柜地找我的一些旧罪证——也就是十四行诗”。因此，有人会提出假设，认为《夜莺颂》写于4月30日之前。但是，布朗是在时隔二十二年之后才描述这件事的；他可能于4月30日当天抄写了一些诗；而《夜莺颂》可能写于几天后；或许布朗之后更卖力地抄写了其他诗歌。此外，济慈在4月30日的信中也称《赛吉颂》为其“最近的”一首诗。

> 一八一九年春天，一只夜莺在我家附近筑了巢。济慈在她的歌声中感受到宁静、持久的快乐；一天清晨，他把椅子从早餐桌旁搬到李子树下的草地上，在那儿坐了两三个小时。他进屋时，我注意到他手里拿着一些纸头，正悄悄地插进书后面。询问之下，我才知道，那四五张纸里面写着他对那只夜莺歌声的诗意感受。

最能表明终于降临的喷涌文思之情状的，莫过于《赛吉颂》以后所有颂歌——尤其是《夜莺颂》中突然觉醒的措辞和意象，它们源于前一年的信件，尤其是刚刚过去的春天的书信。[①] 除了意象和语言之外，
502 熟悉的技巧也出现了，但形式有所改变。例如，同往常一样，诗里会有一段信条；但值得注意的是，这番断言并非出现在诗末，而是在最后一个诗节之前；此外，虽然济慈使用了旧有的问答交替模式，但问题却出现在最后。他与两种十四行诗的形式（彼特拉克体和莎士比亚体）的搏斗，（如同济慈与诗歌形式的大部分纠葛一样）最终通过同化的方式解决了。对梦、睡眠和觉醒的运用再次浮现——从纪念外祖母去世的小小挽歌（《死能算休憩吗》），到《睡与诗》，再到《圣亚尼节的前夕》，我们对这方

① 参见大卫·珀金斯，《济慈-雪莱丛刊》，第一卷（1953），页51–60。可引几例如下。“来一口葡萄酒吧……冷藏……在深深的地窖里”，《夜莺颂》中提到了“花神”“酒神”和“夏夜”，与他的书信相对比：“夏夜喝干红葡萄酒……清凉爽口……巴克斯……葡萄酒窖”；“一英里深的酒窖里拿出来的干红葡萄酒……花神”。（《济慈书信集》，第二卷，页56、64）《夜莺颂》中青春渐渐地“苍白，瘦削”，还有那“适宜时令”的花，试比较《济慈书信集》，第二卷，页51–52，页56。在《夜莺颂》享有盛名的结尾处，夜莺的歌声“深深地埋湮 / 在附近的密林幽谷”，济慈的书信中亦有回响，其中之一便是他给汤姆的信，里面描写安布尔塞德溪流“位于山谷底，埋在树丛下”，“深埋于树丛下”。（《济慈书信集》，第一卷，页300）比诗中打开的“窗扉”意象更早出现的例子也有一些（亨利·斯蒂芬斯说，在盖伊医院附近的房间里，济慈最喜欢的位置就是窗边），其中两例可以在信中找到。他曾告诉乔治和乔治安娜，自己能想象的最美丽的东西，便包括“朝着温南德湖推开的一扇窗”（《济慈书信集》，第一卷，页403）；他三月份给妹妹的一封语气俏皮的信里写到，他想坐在“一扇美丽的彩绘窗前……我希望这幅画朝着日内瓦湖的方向——我要坐在窗前读一整天书，就像画里的读书人一样”。（《济慈书信集》，第二卷，页46）

面的用法十分熟悉——但如今在《夜莺颂》中，它们是戏剧性互动的一部分。

《夜莺颂》和《希腊古瓮颂》的形式在某些方面非常相似，但由于其各自象征符号的根本差异，它们的形式自然也有所不同。古瓮揶揄地沉默着，而夜莺吸引力的本质在于它“于如此狂喜中”“倾吐”的歌声。无生命的古瓮是人类想象力和手艺的杰作，而那生机勃勃的鸟儿却机敏地避开了人。古瓮被人近观，但夜莺却难觅踪迹，只能认定它身处“数不清的阴影”中“某块响着优美歌声的所在”。夜莺终于飞走，《夜莺颂》以一个问题结束；古瓮“停留如旧”，《希腊古瓮颂》至少以一段有保留的断言收尾。简言之，《希腊古瓮颂》中象征符号的平稳使这首诗获得了循序渐进的发展，《夜莺颂》中的象征符号显出更有生命力的直接，但又难以捉摸，因此这首诗的发展表现为不断的消长。它以心开始——也以心结束，诗人的内心如此渴望移情进入那只看不见的鸟儿的歌声，以至于此刻，那颗躁动好问的心仿佛被毒鸩麻痹：

我的心疼痛，困倦和麻木使神经 503
　　痛楚，仿佛我啜饮了毒汁满杯，
或者吞服了鸦片，一点不剩，
　　一会儿，我就沉入了忘川河水。*

正如济慈笔下经常出现的那样，濒临梦境的麻木与多种强烈的印象联系在一起，一种印象活跃地变化为另外一种，在这些印象中，不同的可能性“接近目标”而非达到目标，因此它们仍能处于悬置状态。诗人与鸟儿的关联认同并不完整；自我意识仍部分存在（“我的心疼痛”）。简言之，

---

* 《夜莺颂》使用屠岸先生的译本，少数字句因上下文所需稍作修改。

我们看到的状态是，自我意识尚未失去，但处于失去的过程之中，关联认同的可能性正在增强。

《夜莺颂》分为两个几乎相等的部分，中断停顿出现于第四个诗节结尾处。诗的前半部分持续断言对夜莺鸟或其歌声不稳固、但几乎实现的关联认同。这首诗真正的先决前提是，心灵渴望放缓过程的无情：也就是于精炼中占据过去与未来，同时充分体验和保存当下。与其他几首颂歌相比，《夜莺颂》更充分地恢复了几个月前济慈写下的即兴诗的主题，“应该永远让幻想漫游，/ 欢乐决不在家里停留”：他想要“快敞开心灵牢狱的大门”，“一起”结识“四月的云雀”，“五月中旬”的风信子，盛“夏”，秋日远方的“丰收歌调”。带着“神秘的气息”，被解放的幻想（《夜莺颂》的结尾承认它便是“骗人的小奴”）可以

把种种欢乐协调在一起，
像三种美酒在一只杯里。

《夜莺颂》的前半部分不仅回顾了那些快捷、饱满的诗句，而且还回溯至它们几乎同时伴生的回旋诗（《激情欢乐的吟游诗人》），其中，在纯粹幻想出来的乐土上，雏菊被赐予玫瑰的芳香，

夜莺歌唱的地方
没有无知昏睡的东西，
只有神圣悠扬的真理。

然而，这两首回旋诗轻快的感觉，在《夜莺颂》开头馥郁而忧虑的诗节中完全消失了。因为离那些轻快表达出来的愿望相差不远的东西，已经得
504 到了辛酸的体验，以至于诚实坦率和谨慎小心的情感被迅速唤醒，且从

第一个诗节开始，就将构思复杂化。由于心几乎被音乐麻痹，夜莺鸟——在接近五月初的时光——就让人感受到“放开了歌喉，歌唱着夏季”，后来——就算诗人与鸟儿尝试性的融合松弛了下来——半释放的幻想仍能在渐浓的黑暗中继续“猜想”，它不仅猜想四月“易谢的紫罗兰”，还猜想“五月中旬”“即将开放的麝香玫瑰”——花儿在想象中已成为“夏夜蚊蚋嗡嗡盘桓的温巢”。然而，从诗一开始，人们就能感觉到现实与非现实之间的犹疑不决。这无法确定位置的“轻翼”仙灵，部分被当作非真实的——它是阿卡迪亚之境来的“林中天仙”。

这种体验的短暂是早已知晓，且一开始就得到清楚暗示。诗人仿佛要进一步强调这点（因为夜莺很快就会“隐入那幽深的林木”），第二个诗节转而直接渴望得到外力辅助的迷醉，而这种陶醉恐怕没那么短暂：

哦，来一口葡萄酒吧！来一口
　　长期在深深的地窖里冷藏的佳酿！
尝一口，就想到花神，田野绿油油，
　　舞蹈，歌人的吟唱，欢乐的阳光！
来一杯酒吧，盛满了南方的温热，
　　盛满了诗神的泉水，鲜红，清冽，
　　　　还有泡沫在杯沿闪烁如珍珠，
　　　　　　把杯口也染成紫色；
　　我要痛饮呵，再悄悄离开这世界，
　　　　同你一起隐入那幽深的林木。

不过，随着第二个诗节的结束，与葡萄酒相关的一连串联想——“田野绿油油，舞蹈……欢乐的阳光……南方的温热”——都在渐渐消失：“离开这世界”，“同你一起隐入”，这些话语都透露出诗人必然会回

归自我,从而引出了第三个诗节,它现在只能从反面来继续其断言:

远远地隐去,消失,完全忘掉
　　你在绿叶里永不知晓的事情,
忘掉这里的疲倦,病热,烦躁,
　　这里,人们对坐着相互听呻吟,
瘫痪病颤动着几根灰白的发丝,
　　青春渐渐地苍白,瘦削,死亡。

即便说诗人与夜莺鸟的尝试性关联认同正在变弱,断言也转向消极(或
505 者,就像在下一个诗节中那样,变得反复无常且显露出狂烈的决心),但这绝不意味着诗歌本身有任何衰减或动摇,尽管有时这些诗行被描绘为如此。部分因其不加掩饰的语言,第三个诗节带着对汤姆之死痛苦的指涉,加固了前两个诗节,其方式是将它们(以及第四个诗节)强行带入戏剧性率直的紧迫之中:那些想要离开这世界的人——"这里,只要想一想就发愁,伤悲"——并非懒散虚度光阴,而是被看作有极其正当的理由,但同时——在如此不可抗拒的环境中——最终又是无助的。

八

正是这种终极的无助,潜存于苦恼不安的第四个诗节之中,在此诗节接近结尾处,这首诗做出了最为重要的转折。前面几行诗句表现出毫无掩饰的直接,其后便没有其他选择,只能给出紧张的断言("去吧!去吧!我要向着你飞去";"我已经和你同往!")。能够缓和"呵护的心灵"与其难以捉摸的对象之间不断增长的分隔的,不是葡萄酒,而是

“诗神”和写作的行为：

我要向着你飞去，
不是伴酒神乘虎豹的车驾驰骋，
尽管迟钝的脑子困惑，犹豫，
我已凭诗神无形的羽翼登程。

然后，仅用了三个词（“Already with thee!”），诗人与夜莺的结合便宣告完成。但是，“诗神”短促的努力——仅以这种方式逃避或沉溺于幻觉——只产生了两行无效的装饰性诗句（“月亮皇后”被“群星仙子”拥戴）。这种诗歌超自然主义的短暂姿态，令我们想起恩底弥翁在“回返自我本色的旅途”前的幻觉（第二卷，第184–195行），它也同样适用于《夜莺颂》的结尾。恩底弥翁相信自己已经与月神和“所有听［她］差遣的星辰”同行：

我确信无疑：
围困我心灵的铁栅已破——而我
正同你一起在炫目的高空驶过！

他的幻想几乎即刻破灭（“我神思恍惚—— / 女神，帮帮我！否则张口的天空将 / 吞没我”）；他回到了一个地方，“既不亮，也不是一片漆黑……明和暗掺杂”，如此才得救。因此，在《夜莺颂》中，这几句没有说服力的诗行后面，跟着的是诗人承认自己毕竟不是真的在那里，而是在“这里”，一片幽暗中：

已经跟你在一起了！夜这样柔美， 506

恰好月亮皇后登上了宝座，
群星仙子把她拥戴在中央；
但这里是一片幽晦，
只有微风吹过朦胧的绿色
和曲折的苔径才带来一线天光。

从此处一直到颂歌结尾，诗人与夜莺鸟的分离便是预设好的先决条件。从此处起，诗人就坐下聆听（“我这里看不见脚下有什么鲜花……我在黑暗里谛听着”）。具有讽刺意味的是，这般接受现实后，向诗歌寻求解放的恳求得到了回应，尽管这回应全然不是以最初恳求的方式出现——不是以乘着“无形的羽翼”“飞向”夜莺鸟并离开真实过程世界的方式。（从一月起，济慈就希望自己正在“蜕变”，而七月份他再次说起，“不是要长出新的羽毛和翅膀：它们都过去了，我希望能替代它们的是一双立足于尘世、坚韧有耐力的腿”。）在这首颂歌中，我们第一次看到了这样一个诗节，于其中，诗人想要逃避的一切都完全消失了。同往常一样，这种解脱来自对具体现实直接且充满同情的回应。过度绷紧和激烈的呼喊（“哦，来一口……哦，尝一口”；“去吧！去吧！”）消失了；诗人满足于“猜测”；成簇密集的古典联想被用来增强几乎不可能的想象飞跃（“列斯忘川”“树神得律阿德斯”“诗神的泉水”“酒神巴克斯”），它们让位于自然主义的细节，虽然黑暗越发浓稠，细节却得到了强有力的想象：

我这里看不见脚下有什么鲜花，
看不见枝头挂什么温馨的嫩蕊，
只是在暗香里猜想每一朵奇葩，
猜想这时令怎样把千娇百媚
赐给草地，林莽，野生的果树枝；

那白色山楂花,开放在牧野的蔷薇;
隐藏在绿叶丛中易凋的紫罗兰;
那五月中旬的爱子——
盛满了露制醇醪的麝香玫瑰,
夏天的蚊蝇在这里嗡嗡盘桓。

当然,对过程的接受也牵扯到对死亡的接受,正如安详宁静的颂歌《秋颂》所表明的那般;当夜莺鸟那有催眠神力的歌声继续唱响,以前几乎无法忍受的关于死亡的思考("青春渐渐地苍白,瘦削,死亡"),如今也变得"安谧":

此刻呵,无上的幸福是停止呼吸,
趁这午夜,安详地向人世告别,
而你呵,正在把你的精魂倾吐, 507
如此地心醉神迷!

个人的辛酸已表露无遗:济慈从八岁起就不断接触死亡;过去四年的勉力,积劳深重;从苏格兰回来后,"缠人的咽喉痛"一直不好,他为自己的未来感到不安。除了这一切之外,他努力地小心处理好对死亡无可避免的关注。如果说,他的一部分自我试着将死亡摒除于心外,另一部分则本能地想要抑制住死亡的残酷和不公之感,倾向于将死亡的想法和象征归结为两种在他情感生活中经常交替出现的吸引力——"强烈"与"缓和"。在其他相关诗句中,十四行诗《为什么今夜我发笑》常被人引用:

为什么我发笑?我知道生存的租期,
我让幻想伸展到极乐的境界;

但我也许在今夜停止呼吸，
　　见到尘世的彩旗一片片碎裂。
诗歌，名声，美人，浓烈芬芳，
死更浓——死是生的最高报偿。

不过，关于这首十四行诗"最好的评论"——如济慈写完此诗后立即对乔治说的那般——便是他在日记信中所写的内容，他希望，这些内容可以表明他拥有"那种能承受世界冲击的东西"。[①] 因此，在《夜莺颂》的第六个诗节中，"安谧的死"的想法又变成另外一个元素，参与正迅速演变为象征性论辩的戏剧。

首先，这个想法并不是一心一意被死亡所吸引；它的对立声部是第三诗节中针对必死性的大规模抗议。它只是在诗人放弃逃离过程世界的挣扎之后才浮现出来，而死亡与过程世界有着必然的联系。即便如此，它还是略有缓和：就像以前类似的时刻一样，诗人只是"几乎堕入了死神安谧的爱情"；尽管歌声弥散出令人迷醉的效果，十四行诗《为什么今夜我发笑》中冲动的直陈——"但我也许在今夜停止呼吸"——现下也被修改缓和为济慈所谓的"沉思"（"**似乎**无上的幸福是停止呼吸"）。同时，死前吐出的气息的意象，又开启了另一组对比："请他把我这口气化入空明"，让我"安详地"死去，这可以视为夜莺鸟鲜活气息与歌声的对立面，鸟儿"把[其]精魂倾吐，／如此地心醉神迷"。对比仍在继续：
508 伴随着死亡——不论其如何"安谧"——诗人都将在充满生机的歌声环绕下，成为一抔"土"；肉身上的耳朵，只能"徒劳地"存在，因为歌声现在变成了死者的"安魂曲"。简言之，如果能以唯一可行的方式实现"悄悄地离开这世界"的愿望，其结果便是与夜莺鸟结合的对立面：

---

① 参见前文第十八章，第五节。

你永远唱着，我已经失去听觉——
　　你唱安魂歌，我已经变成一堆土。

我们不禁联想到济慈离开英格兰之前的最后一封信，当时他知道一切都结束了。他在一艘船上给查尔斯·布朗写信（1820 年 9 月 30 日），船停泊在怀特岛附近——这令他痛苦地联想到自己第一次充满抱负的努力，他那“创造力的试炼”：

我日夜盼望死去……但后来又希望死亡走开，因为死亡甚至会消灭掉那些痛苦，有痛苦总比什么都没有强。陆地与海洋，虚弱与衰落，都是巨大的隔阂，但死亡永远是最强大的别离。

想到必死的凡间一抔“土”上方所环绕的“安魂曲”，这种对比将整首诗中不断发展的两个主要暗示汇聚至一处，并准备在最后两个诗节中分别凸显它们，这两个暗示即：对象和经验的信念与价值，以及它对于人的局限。与此同时，济慈在这种新形式中发现的两股声音——颂赞与问题和论辩的交互——在这一由两个诗节构成的终止或尾音处有所分离。这两个诗节中的第一个，是对夜莺鸟的赞美，构成颂赞的升华，直到这一节的最后一个词“失落”之前，相对来说它没有被问题限制：

你永远不会死去，不朽的精禽！
　　饥馑的世纪也未能使你屈服；
我今天夜里一度听见的歌音
　　在往古时代打动过皇帝和村夫。

诚然，跳跃到呼语的写法有些紧涩，就像《希腊古瓮颂》中的并列断言一样（“美即是真，真即是美”）。正是诗节的第一行造成这种紧张感，引向人们熟悉的有关鸟儿和人之必死性的论辩。不过，第三行通过将关注点转至夜莺鸟的“歌音”而有所弥补，此处还含蓄地暗示歌音是夜莺鸟
509 这一物种的声音。它间接表明这歌声所能触及或萦绕的范围，这个诗节从实际的过去（“皇帝和村夫”），轻柔地向前移动，穿过或然性和圣经故事的领域，来到遥远的幻想世界——或者说，从遥远海岸去想象幻想世界的念头：

恐怕这同样的歌声也曾经促使
　　路得流泪，她满怀忧伤地站在
　　　　异国的谷田里，一心思念着家邦；
　　　　　　这歌声还曾多少次
　　迷醉了窗里人，她开窗面对大海
　　　　险恶的浪涛，在那失落的仙乡。

诗节结尾处的词“失落”（forlorn）成为其与最后一个诗节的铰接点：

失落！呵，这个字眼像钟声一敲
　　催我离开你身边，回复了自己！

那些不真实的仙乡之所以“失落”，在于它们根本不是为凡人准备的。它们仿佛《希腊古瓮颂》中想象出来的“小城”，“荒芜”是因为没有人能够回来。正如济慈曾在信中跟贝利说的，“风景很好”，“但人性更好——因为被真正的、有力的英国人的脚踩过，草地才显得更丰茂——因为被登山能手朝里瞅过，鹰巢才显得更漂亮灵气”。如果不能利用幻想从现实中解脱出来——如果“幻想这个骗人的小妖，/ 名不副实，

再不能使人着迷”——那不仅是因为我们自己的局限性，也是因为“半现实的东西”的局限性，不论它们作为“人的朋友”是多么宝贵，乃至必要。但遗憾无比强烈；随着夜莺鸟的离去，诗人“回归习惯自我的征途”也就完成了。如果说夜莺鸟的歌声之前被当成“盛大的安魂曲”，那么随着声音的消逝，它现在只有“哀怨”。

像其开头一样，这首诗也以心结尾，只是这颗心现在更加坦率地提出疑问。这短暂的“心灵的呵护”及其对象，是否真的实现了经验的提升，带来了“幻象”一类的东西？诗人现在是否回到了“酣眠”的无觉？还是说，他从主观臆想的半梦中醒来，回到了现实？

> 再见！你哀怨的歌音远去，
> 流过了草地，越过了静静的溪水，
> 飘上了山腰，如今已深深地埋湮
> 在附近的密林幽谷：
> 这是幻象？还是醒时的梦寐？
> 音乐远去了：——我醒着，还是在酣眠？

九

布朗描绘的画面令人难忘，济慈结束上午的写作后，从草坪回到屋 510
里，悄悄把写有《夜莺颂》的几页纸头塞进书后面——布朗认为，这是济慈的典型举止，他对自己创作的某些短诗十分随意。但是，新诗歌形式的深层潜力显然引起了济慈的兴趣。因为《希腊古瓮颂》不断被赋予《夜莺颂》所欠缺的品质——尽管在此过程中，它失去了《夜莺颂》中的个人紧迫感——以至于无论还有什么进入了这首诗的写作过程，我们在其中都留意到第二次尝试的专注以及从第一次尝试中汲取经验的自觉努力。夜莺歌声的运用是偶然的。在选择古瓮这个更平稳的象征符号之前,他可能做过一些思考——这个象征为更近距离的聚焦提供可能,也更适合对其潜能和局限性展开工匠般的巧妙探索。与《夜莺颂》中节奏的快速更迭不同,《希腊古瓮颂》与《忧郁颂》一样,反映出济慈渴望以从容、“平和”的心境来撰写这些新诗。最后,在《希腊古瓮颂》中,诗人呈现出坚定的客观性,尽可能隐身——相较之下,在《夜莺颂》中,诗人的存在十分凸显。从各方面来看,《希腊古瓮颂》都比《夜莺颂》更经深思熟虑。这并不是说,它就更好,它之所以成功的部分原因,便在于它对于想表达的内容更加节制。

《希腊古瓮颂》中隐含且贯穿的抒情论辩(值得注意的是,这是一首“**关于**”古瓮的颂歌,而不像《夜莺颂》那般是“**致**”夜莺的颂歌),都以最为有机的方式生发于同情之心,此同情之心无私且坚定,但又相互抵牾,而个人的专注也同样显见且无可避免。最为简略的名目也足以提醒我们一项信念所拥有的力量,这名目包括:读查普曼译荷马有感的十四行诗,有关埃尔金石雕的十四行诗;有关“紧凑强度”的总体理想;在静止的瞬间捕捉到力量的趣味(“弥尔顿式的静态描摹”)等。济慈仍经常重访观看埃尔金石雕,他可能还在最近这几个月里完成了苏西比奥斯瓶
511 的映描图,这幅画仍保留在罗马的济慈故居。[1] 然而,另外一个信念如今

---

① 苏西比奥斯瓶的图画出自《拿破仑一世博物馆》(*Musée Napoléon*),此书是一套四卷本版画集,其内容为拿破仑掠夺的艺术品。济慈可能在海登那里看到了这本书。人们一直尝试确定济慈撰写这首颂歌时到底联想的是哪一尊特定的陶瓶或古瓮。对这样一首以普遍性闻名的诗歌展开如此刻板的考据,不禁令人想到济慈本人写于《希腊古瓮颂》创作前不久的一句话,“凡事只看表面的人是很浅薄的”。他写这首诗时,十有八九主要联想的是埃尔金石雕。但是一大批藏品可能很难给予他现在所需要的焦点,不论他两年前是否就已经准备就绪——当时他就埃尔金石雕写了两首较为笼统的十四行诗。除了苏西比奥斯瓶之外,大英博物馆的汤利瓶以及卢浮宫的博尔盖斯瓶——尤其是其表面的雕刻(参见科尔文,《约翰·济慈:生平、诗歌、其友、其批评者及身后名》,页416),都可能启发了古瓮的想象。

可能更加强烈，可用那句他念兹在兹的表述传递出来，那就是“神秘的重负”；还可以用他认为华兹华斯比弥尔顿更深入地思索人心的论断传递出来；再就是可以凭借把人心视为“角帖书”的想法表达出来，心灵在一个充满“不确定、神秘和疑惑”的世界中，通过角帖书试着读懂经验。这种对人类反应保持诚恳的信念，也就是说，运用询问与疑惑来探究人心的方式——支撑起与颂赞之声交织的第二个声部；当我们专注于诗的最后两行（“美即是真……”），将之当作绝对的信条，并假以信奉或抨击时，对人类反应保持诚恳的信念就成了我们忽视的几项考虑因素之一。

但论辩绝非一开始就得到断言。古瓮的精髓在于其潜力静候被实现。与夜莺的歌声不同，古瓮如此独立于人的需求之外，其缘起便预设了一种希望，即它将被后来的某种“心灵的呵护”所拯救，成为完整的存在。因为古瓮的实际起源是某个被遗忘的大理石雕刻艺术家。后来它才“受到‘沉默’和‘漫长时间’的抚育’[*]，尽管它已呈现出养父母的特质：它存续了如此之久，描绘着一个业已逝去的世界。经过漫长的养育期，它定然已成为“‘宁静’的新娘”。但这位纯洁的新娘“仍保持着童贞”，既没有被言语的不忠染指，也未与“宁静”本身完婚。[1] 最后，它已经能够在一定限度内“叙讲”一个“故事”，故事“如此美妙”，因为它就像济慈去年十二月描绘给乔治的早期意大利版画一样，“为想象力留下了巨大的空间”。因此，与《夜莺颂》中提问仅出现于诗尾的样式不同，此处的模式是问题从第一个诗节起，便开始同直接称谓的对象交互作用。512
尽管这些提问是半开玩笑的，但仍预示着部分自信。它们开始是笼统的沉思，想到的是超越古瓮表面的人物之外是否还有飘忽的故事或意义：

* 《希腊古瓮颂》使用屠岸先生的译本，少量字句因上下文所需稍作修改。

① 作为副词，“still”强化了仍“保持着童贞”的可能性。但这个词最初也可能是打算用作形容词的，因此这首诗在《艺术年鉴》第十五卷（第四期〔1820〕）中刊印为：“你——宁静的、保持着童贞的新娘”（“Thou still, unravish'd bride of quietness”）。

“绿叶镶边的传说在你的身上缠 / 讲的可是神,或人,或神人在一道……?”但随着想象力越发被牢牢俘获,它便不可抑制地开始详细列举,这不仅出于其自己的作用或“呵护”,也出于其对回应的渴望:

什么人,什么神?什么样姑娘不情愿?
怎样疯狂的追求?竭力的脱逃?
什么笛,铃鼓?怎样忘情的狂喜?

这些急切的问题,在不断增强的移情共鸣中积聚,但却未被理睬。任何从古瓮中传递出的音信,都必须以其他方式“对心灵奏出”。恰恰因为古瓮回避了问题,它在普通人看来“沉默”的事实,不仅得到了接受,而且被肯定,甚至在当下更为人青睐:

听见的乐曲是悦耳,听不见的旋律
更甜美;风笛呵,你应该继续吹奏;
不是对耳朵,而是对心灵奏出
无声的乐曲,送上更多的温柔。

如果一个传说或渴望的意义“萦绕于”古瓮四周,那么想象力也必须效仿——“满足于半知半解”,而不是“烦躁地寻求”确定。因此,此刻的方法就应该是深思冥想。诗人只是单纯地同古瓮上的人物说话,并不试图辨认出他们。换句话说,他采用了**诗如画**(ut pictura poesis)的传统浪漫主义形式,在这种形式中,诗人凝视思量艺术品,同时还直接对它讲话,并从中提取出冥想的主题;此冥想的主题——从某种意义上说,济慈除了《赛吉颂》之外的所有颂歌的主题——都是过程,以及对过程的接受,或是逃离过程的渴望,又或是两者之间戏剧性的相互作用:

树下的美少年，你永远不停止歌唱，
那些树木也永远不可能凋枯；
大胆的情郎，你永远得不到一吻，
虽然接近了目标——你可别悲伤，
她永远不衰老，尽管摘不到幸福，
你永远在爱着，她永远美丽动人！

然而，如果说第一个诗节结尾处的问题并未得到理睬，那么人类需求的声张和受挫便开始温和地寻找另一种伪装以重新出现，甚至打算变得 513 更加果决自信。具有讽刺意味的是，它们在接近古瓮的行为中重新浮现，这次不是带着难以对付的问题，而是怀存沉思的公平和喜悦，认可古瓮的独特性，承认它既摆脱了过程，也不受直接的个人痛苦的困扰。脱离过程的自由，并不仅仅局限于外形变化方面的豁免。正如济慈在《幻想》中写下的那般，“春天的享受”与“花开”一样会无可挽回地消逝；秋天的成熟最终会“使人生厌”；最美丽的眼眸也很快就“消沉”；“哪里有嗓音，尽管温馨”还能“恒久长新”。

然而，“认可”在一定程度上就是限定和区分，因此也就意味着分隔。在认可的顶点（即第三个诗节也就是中间诗节的起始部分；此处的后半部分，颂歌开始转折），我们看到了局外人的怀恋之情：

啊，幸运的树枝！你永远不掉下
你的绿叶，永不向春光告别；
幸福的乐手，你永远不知道疲乏，
永远吹奏出永远新鲜的音乐。

想象力尝试以自有的方式接近古瓮，同时也被引导着将自己——或者说,人类的总体境地——与古瓮进一步分隔开来。其结果便是,第三个诗节的中间处,各种情感突然释放,彼此变换,但根本上仍处于对立状态。同情心产生了分歧。它部分开始抛弃古瓮,寻求痛苦的过程世界,而古瓮早已忘却这个世界;与毫无保留的同情无法相容的嫉妒随之而来。但是,分隔并非单向的——任何边界至少都有两侧——除了敏感的心灵能够给予的抚慰,古瓮上的人物不可能拥有任何满足感。当一种同情从古瓮身上抽离开,另外一种同情便试图补救,再造平衡,其方式不仅仅是回应,还有馈赠:在这些永葆姿态的人物身上,爱情不仅永远年轻,而且"永远热烈","永远悸动"。因此,这里便出现了奇特的、无节制的感叹,其中急促的抚慰与它的对立面——怀恋的嫉妒——同时汇入。与《夜莺颂》中出现转折的第四个诗节一样,此处呈现出紧张感。《夜莺
514 颂》中的重复("去吧!去吧!我要向着你飞去")与这里的重复十分相似:五个"永远"以及"幸福的爱情!更加幸福的爱情!"它们恐怕同样迫切,也必然同样无奈。这一诗节的结尾,情感的角力逐渐消退,变成了一种看似过于简单的对比:

这一切情态,都这样超凡入圣,
永远不会让心灵餍足,发愁,
不会让额头发烧,舌敝唇焦。

但是,古瓮上的人物被剥夺的比其受到的馈赠更多。他们现在是经由自己缺乏的东西,被消极构想出来的;只有在比较疲弱的最后一行,他们缺少的东西才表现出优势。"这一切情态"是着重的表达:"超凡"是半讽刺性质的,失去了评价的力量,并暗示着他们未有知觉。"餍足"至少意味着满足。最后,"极度悲伤的心灵"能够体会到哀恸的神秘,济慈不久之后在《海伯利安》的修改版中为这种感受找到了一个形象,那就是莫内塔。

十

第二、三诗节，尤其是第三诗节，是枝蔓出去的。我们只须运用一个简单的测试，即删去它们，或是仅删去第三诗节，就能发现剩余部分仍可构成一首完整的诗歌，尽管不可否认这样整首诗会单薄许多。相反，如果我们把第四诗节删去但保留其余，或者是只看第三诗节的末尾和第五诗节的开头，就会注意到两者之间没有任何过渡，而且济慈在第三诗节处已经发现自己正在远离古瓮最初使他联想到的主要情感，那就是：对其形态之永恒，对其神秘感和难以捉摸的特质所产生的接受性喜悦。

因此，第四个诗节的主要作用是以更具体的方式回到希腊古瓮和诗歌伊始出现的感觉上去。随着这番转移，我们发现其结果类似于《夜莺颂》的第五个诗节。这两个诗节之前都出现了某种僵局：一个过于热切、主观且最终受挫的同理心想要让象征符号承载过多，超出其负荷，并利用它对局限性或有限性展开广泛的抗议，尽管这种抗议本身也并不统一。在这两种情况下，超越象征符号和想象认同可能性的尝试最终都被放弃；诗人再次接近古瓮时选用了更加缓和的基调；吊诡的是，真正的共 515
情反而突然间产生了。当他的思想不再受制于将古瓮上的人物视作活生生的人之后，反而能够进一步开拓这些人物所提供的联想和启发——即便还达不到彻底完整的程度。用济慈热情援引的海兹利特的一句话来说，“想象力将自身投射到特定情境……使其想象的感觉上升至现实的高度”，想象力从人物本身轻柔地转移至他们仍作为象征标志存在的世界中。对古瓮上人物的指称变得笼统：“神秘的祭司”，“小牛”以及“居民们”。他们赶赴的“青葱的祭坛”甚至没有出现在白色的古瓮上，那座“小城”也没有形迹，其方位同样无人知晓：

这些前来祭祀的都是什么人?
　　神秘的祭司,你的牛向上天哀唤,
让花环挂满在她那光柔的腰身,
　　你要牵她去哪一座青葱的祭坛?
这是哪一座小城,河边的,海边的,
　　还是靠山的,筑一座护卫的城砦——
　　　居民们倾城而出,赶清早去敬神?
小城呵,你的大街小巷将永远地
　　寂静无声,没一个灵魂会回来
　　　说明你何以从此变成了芜城。

并非仅仅因为这些人物永远被囚禁于古瓮上,才导致无人能够回到这座空荡荡的小城,更重要的原因在于真正的居民消失在了遥远的过去——那个遥远的过去,除了古瓮或其他艺术品上的人物能够在其间停留,再没有任何人能够驻足彼处。

当思想转向古瓮之外遥远的、被遗忘的生活时,古瓮上的人物就凝练成了"大理石男人和少女"那风格化的"雕纹";正如诗歌开头处一样,现在诗人倾诉的对象是作为整体的古瓮。但与开头不同的是,诗歌伊始,古瓮曾被视为潜在的"史家",它仿佛能够叙讲"神或人"的"传说",而现在诗人承认它只是一个"形状"或"形体":

啊,雅典的形状!美的仪态!
　　身上雕满了大理石少女和男人,
树林伸枝柯,脚下倒伏着草莱;
　　你呵,缄口的形体!你冷嘲如"永恒"
教我们超脱思虑。

接下来出现的便是这首诗长年引发争议的结尾。争论的焦点落于最后两行，针对这两句诗的探讨已经可以结集成一小册批评文集。理解上的主要困难有三，其中一个几乎已经完全解决，另有一个主要是我们自己造成的。首先，“美”和“真”的抽象概念，被迫承载了济慈在其快速撰写的信件中习惯性赋予它们的沉重且主观的意义。然而，在诗歌中，他往往很有节制地使用这些抽象概念，主观性也远没有那么强烈。第二，一八二〇年的诗集出版时，济慈可能已经病得太厉害，无法监督出版的具体情况，诗集中这两行被排版刊印为： 516

“美即是真，真即是美”——这就是
你们在世上所知道、该知道的一切。

因此，人们很长一段时间以来都认为，最后这句话是诗人本人就上一句箴言所发的评论，它要么是对人类同胞的抚慰劝诫（人类同胞被他称呼为“你们”，尽管他前面使用的字眼一直是“我们”和“我们之外的 / 另一些哀愁”），要么就是对古瓮上人物俯首欠身的赞同（尽管这个诗节的整体要旨就是作为“朋友”的古瓮向人类提供的启迪）。几个抄本上的记录都清楚地表明，这两整行诗都是古瓮给予人类的信息或安慰，并没有诗人的介入。① 第三，部分出于这些原因，部分因为最后两行格言警句似的特质，导致它们不停被分离出来，不仅是从诗歌的上下文中被剥离出来，甚至还从其置身的句子当中被剥离出来。将它们重新归置回语境的努力，反而徒增对这些率真词句的关注。假如维多利亚时代的人没

① A. 惠特利和 J. C. 斯蒂林格充分讨论了这个问题，见《济慈-雪莱纪念公报》，第五卷（1954），页 1–3；《美国现代语言学协会会刊》，第 LXXII 期（1957），页 447–448。四个抄本（乔治·济慈、布朗、伍德豪斯和迪尔克）在“真即是美”后面均没有句号，也没有引号，破折号将最后两行分为三个部分，而不是两个部分。迪尔克抄本十分典型：“美即是真，——真即是美，——这就是……”

有那般频繁地将这两行诗从语境中孤立出来，把它当作 I. A. 理查兹所说的“伪陈述”展开热情的引用，那么现代批评界对这两句诗歌措辞的恼怒可能就不会那么尖锐。没有什么比我们所认为的欠考虑的赞同更容易激起批评意见上的对立，尽管我们的恼怒急躁很可能会令人更关心
517 如何驳斥维多利亚时代人的狂热，而不是专注于讨论对象的全部特质。二十世纪以来，对这两句诗持不满态度的情况逐渐蔓延，以阿瑟·奎勒-库奇爵士和 T. S. 艾略特等风格迥异的作家为代表。奎勒-库奇认为，这两行诗“对任何被生活教会面对事实的人来说，都是含混模糊的观察……实际上是一种**未受到良好教育的无知**结论，尽管在一个如此年轻且热情的诗人身上是可以原谅的”。艾略特的态度虽然包容许多，但也认为这个结尾是处“败笔”，至少“在语法上没有意义”。[1]

十一

《希腊古瓮颂》完整的终止句是这样的：

冷色的牧歌！
等老年摧毁了我们这一代，那时，

---

① 艾略特对 I. A. 理查兹的看法提出异议，理查兹在探讨“伪陈述”时，提及那些误读《希腊古瓮颂》结尾的人，说他们“囫囵吞下‘美即是真，真即是美’，视之为一种美学哲学精髓，而不是某种情感交融的表达”。（《实用批评》〔*Practical Criticism*, 1929〕，页 186-187）艾略特接着论述道：“我起初倾向于赞同［理查兹的观点］……但重读整首颂歌后，我觉得这行诗是一首美丽诗歌中的严重瑕疵，原因要么是我没理解它，要么就在于它是一个不真实的陈述。我认为济慈这句话是有意义的，不管他所说的‘真’和‘美’与我们日常使用的意义相距多么遥远。我敢肯定，他会驳斥任何称这句诗为伪陈述的阐释……济慈的这句陈述在我看来没有意义，或者说，它在语法上毫无意义的事实掩盖了另外一重意义，让我看不出来。”见《但丁》，载《散文选》（*Selected Essays*, 1932），页 230-231。

你将仍然是人类的朋友，并且
会遇到另一些哀愁，你会对人说：
“美即是真，真即是美，——这就是
你们在世上所知道、该知道的一切。”

最后两行的风格类似于希腊碑石上写给路过的陌生人所看的铭文。其难以捉摸的讯息是古瓮留下的，而不是诗人的话。即便在一年半前那些最为自然的信件中（值得注意的是，为了找到类似的评论，我们不得不追溯到很久以前），济慈也从未写过任何将“美”与“真”这两种抽象概念简单等同起来的东西（更不用说提出与接下来的文字可相提并论的内容）——但他在这首诗中准许古瓮讲出“美”与“真”的等同。济慈早期的言论并不像纯粹主义者认为的那样是不相关的，因为它们至少暗示了古瓮讯息所涉及的一些基本前提。就济慈的个人思想而言，这种基本前提就是，“心灵的呵护”本身既是自然或现实的一部分，也是其对象。在 518
构想的过程中，呵护的心灵及其对象产生了和谐（“美”“紧凑强度”），我们在自然中获得了全新的成就：一种“真——不论它之前是否存在”，如今在这个“真”中，现实已经觉醒，成为意识。

更确切地说，这首诗以一个臆断结尾（它可能并没有得到完全的辩护），即要表达的内容已经全然具备：借用古典主义的术语——古瓮通过与自己例示的特性（某种特定类型艺术品的特征）极其相符的表达，合乎了经典的规范性。它经历时光的洗礼，但仍随时可以鲜活起来（“完整地存在”），就如同乐谱上标记的音符被后人读懂和诠释后，原本在纸面的音乐又获得了生命。正如济慈观赏埃德蒙·基恩的表演后，为《捍卫者》写的戏剧评论文章所说，“当字符文字的字母和点，如美丽的象形文字一般出现时，精神的东西被感觉到了”；当这些“神秘的符号”获得了生命和意义，我们从另一个时代接近它们，如同与它们一道缔结了“不朽的心照不宣的默契”。这种经验中的某些元素被古瓮当作可能性提供给我们。如此，它“仍然是人类的朋友，并且 / 会遇到另一些哀愁”。所以，恰如济慈早先所言，弥尔顿即便“去世很久以后”仍是“人们活跃的朋友”。这个思想与济慈十二月所写的回旋诗(《激情欢乐的吟游诗人》)中的思想是类似的。除了过去的伟大诗人现在可能置身的乐土，他们还留下了灵魂，“在此间，教导我们找寻[他们]的方法”。他们从不酣睡，“从不厌烦”，不断地“向凡人 / 诉说可爱的日子”。

即便如此，诗人也先强调了古瓮的特殊性和受限制性，随后才让铭文的启示释放出来。先决条件逐渐在最后两个诗节中建立起来，尤其是尾句。人类经验的“真”中非常重要的一部分在于这样一个事实——每一代观赏古瓮的人，都处于消逝的过程中，生活在“另一些哀愁”里。古瓮远离人类生活短暂和急切的索求，这使它一方面更自由，但也更受限制：它可以更自由地以人类自己无法确信做到的方式送出它要传递的启示，但同时，作为一件艺术品，它又被限制在其启示所适用的范围内。这启示就如同其本身：“戏弄缠扰”，永远可用于某些有价值的人类经
519 验，但却对其他经验全未察觉——它仅严密地适用于自身有限的禀性，其间，美不是“一种真理”(济慈平时常用的是“一种真理”这个措辞)，而纯粹是“真”，这就是它所知道、该知道的一切。但这不是人类知道或需要知道的一切：“灵魂又是如何造就的？ 不以这样的世界为媒怎可能做到？……你难道没看到多么需要一个充满痛苦和烦恼的世界，来培育智能，并把它铸成灵魂？”古瓮无生命的特质在最后一句的开头得到强调，那是诗中其他地方没有的——“冷色的牧歌！”其启示是来自“形状”“形体”尤其是“仪态”的，它包含着由此带来的不可避免的限制。在这个“形体”首次“教我们超脱思维”之前，我们甚至接受不到其启示。

“仪态”(attitude)这个词实为此诗结尾的精髓，当我们忍不住集中关注诗的最后两行并将之视为诗人的主观介入时(无论是当作直接介

入，还是视为一种腹语形式），回想起“仪态”一词对我们的理解也颇有助益。同样有益的是，要记住济慈坚定的现实主义取向、他的分寸感和随时可以调动的幽默感，这些既适用于他本人，也适用于其他事物。和维多利亚时代的人一样，我们总忍不住以更庄严的方式来对待济慈四月和五月的伟大颂歌（我们常常把庄严等同于真诚），这种庄严甚至超出了诗歌作者认为可取或可承受的范围。抽象意义上，我们愿意承认，济慈的幽默感即便在最严肃的场合下也是压抑不住的。他竭力理解过去的伟大诗歌与未来挑战之间的差异，他非常清楚自己的不足，在这样的情况下，他可以动情地写下有关“神秘的重负”和“初觉之室”的想法，但又能同时玩味自己制造“捕鼠器”的场面，其间上述两种巨大的需求（以及弥尔顿和华兹华斯的形象）在两侧隐约耸现。当他因罹患疾病不得不停止充满希望的北方徒步旅行时，回到伦敦的他遭遇的是奄奄一息的汤姆、充满敌意的评论文章以及针对下一首宏大诗歌的严肃努力，即便在这种情况下，抵达汉普斯特德后，他仍能舒适地坐在软垫椅子上挪动，带着疲惫的笑容抬起头来，说：“天哪！波顿！天哪！你变了。”但是，一旦我们谈论充满激情的颂歌时，便会觉得面对的是一个非常不同的济
慈。然而，他却能用人们难以从华兹华斯、雪莱或其他任何诗人笔下想 520
象到的炫耀性语句，来标记那首雄心勃勃的《赛吉颂》的终止：“《赛吉颂》至此结束。”而在创作《希腊古瓮颂》之前不久，济慈告诉妹妹，他打算在泰西的店里给她买一点融制宝石的印章，就像他用在自己信件上的蜡封印章一样，他问妹妹是否想要“带有伟人头像的，比如莎士比亚、弥尔顿什么的——或是别致的艺术品；比如名人啊，阿多尼斯之类的——以及那些能在英语词典末尾读到的出身高贵的人”。“别致的艺术品”，上面雕有人物：那不就是希腊古瓮吗？词典后面能读到的“出身高贵的人”不仅包括令他难堪的《恩底弥翁》中的人物，还有他最新的伟大尝试《海伯利安》中的人物。四月三十日，济慈正准备写完他给乔治的长信，

前面的一部分内容以关于“造魂谷”和人心作为识字祈祷书或“角帖书”的篇章结束。就在济慈等待布朗誊抄其最近撰写的十四行诗时，他有几分钟空余时间可以打发，于是，他本人也把这些十四行诗和《赛吉颂》抄入寄给乔治的信里。就在这空闲的几分钟时间里，济慈又写了首即兴十四行诗《咏声名（第二首）》（“这人简直在发烧”），其中有一两行转向了与标题意味截然不同的东西。它转而谈论人无法“心平气和”地接受自己作为必死的凡人、有限的状态，它探讨人心的倾向，即人心通过自损的反抗和焦虑，来“破坏”我们作为活着的、有意识的生灵可能拥有的体验。济慈完全了解自己的心境。他自娱自乐地在这首十四行诗前面加了一句座右铭——还用下划线标注了出来——这句箴言不仅适用于他如今转向的颂歌，也适用于颂歌之后紧接着出现的奇特但又轻快生动的《拉弥亚》：

你不能既吃糕，又有糕。

——*谚语*

十二

与此同时，在撰写《忧郁颂》的过程中，济慈运用新诗节的势头保持了下来。这首诗在语言和诗律方面有节制的强度与《夜莺颂》和《希腊古瓮颂》相似。但一个重要的差别在于，它缺少主导的象征符号。因
521 此，济慈不得不直接猛冲主题的大门。这并非决定性的障碍。济慈早已习惯于这样的状况。部分原因在于他缺少正规的教育，而他早期也不受正规教育所产生的自我意识的约束，他以这样一种方式开始写诗，且因早期诗歌的直接坦率而受到鼓舞，也没有想到过“螺旋状的阶梯”——照培根的说法，这样的阶梯往往是上升所必需的。在主要的现代诗人

中,济慈是唯一一个避开了螺旋式上升的人。《秋颂》就是一个成功的例子。然而,在超过一年半的时间里,济慈的终极理想是实现戏剧性;在《夜莺颂》和《希腊古瓮颂》中,他终于发现自己发展出一种包含象征性论辩的戏剧抒情诗形式。《忧郁颂》的重负是由令人印象深刻的最后一个诗节承载起来的,这让我们又想到济慈笔下那些直截了当的信条:这首诗的信条复杂浓郁,提炼出其他颂歌(尤其是《夜莺颂》)中已得到有效戏剧化的东西。然而,不论旁的方面评价如何,对信念的直接断言很难拥有戏剧性,除非存在某种形式的论辩,或是诗人对自己真正信仰的东西表现出不断变化的觉识。但是《忧郁颂》中两者皆未出现。济慈本人对这一点的认识,或许可以解释他决定给予这首诗的不寻常的立场——不论对别人来说多么常见,对他来说极不寻常——那就是诗人用抗议或规劝的方式,向一个虚构的人讲话。华兹华斯尤其喜欢这种方式,常常将之变为近似于威吓的形式("起来!起来!朋友,把书本丢掉");济慈曾谈及那些"威吓胁迫我们"的诗歌,并说"好像一旦人家不赞同它,它就立刻把手插进马裤口袋,摆出不肯善罢甘休的样子",毫无疑问,他说这番话时心里想到的是华兹华斯在风格上的个人癖好之一。这种模式与济慈的惯性思维方式格格不入,以至于他的其他诗歌都没有直接使用这一手法。

不过,济慈面临一个实际问题。鉴于情感带着雄辩和力量在最后两个诗节逐渐就位(因为正是这两个诗节把他真正想说的话表达了出来),但同时缺乏一个可用于论辩的主导性象征符号的稳固感,这首诗如何才能获得与他眼下所使用的容量较大的诗节相适配的长度,并且呈现出运动感和鲜活的声音?一个有吸引力的做法是将自己引入,如同正在与旁人辩论。与其他颂歌的开篇相比,《忧郁颂》的第一个诗节以突如其来的抗议发端:

522 不呵！不要到忘川去，也不要拧绞
根深的乌头，把它的毒汁当美酒。[①]

第一诗节的抗议针对的是遗忘、死亡和忧郁的传统象征。对诗人渴望回应的缺场声音的间接呈现中，第一诗节没有向前进展，尽管其语言的凝练程度并不亚于后面的部分。相反，传统写法上与忧郁相关联的意象只是简单地堆积在同一个点上（济慈最近在阅读伯顿的《忧郁的解剖》）：

别让你苍白的额头把龙葵野草——
普罗塞嫔红葡萄的亲吻承受；
别用紫杉的坚果做你的念珠，
别让甲虫和墓畔的飞蛾变为
你忧伤的赛吉，别让批羽的鸱枭
分享你心底隐秘的悲哀愁苦；
阴影来亲近阴影会困倦嗜睡，

① 前面还有一个诗节最终被济慈否定，部分是因为他更喜欢现在这个诗节直截了当的开篇方式，部分是因为这里如果放置两个诗节，就用了太多笔墨描写忧郁不是什么。其可怖的幽默可能让济慈觉得太过火，最后三行也显得仓促：

尽管你用死人的骨头做轻舟，
竖起幽灵的绞架作桅杆，
把信条缝起来当风帆，用呻吟
鼓起它，血迹斑斑，惊骇万分；
虽然你的船舵是被切断的
长龙尾，痛苦而坚硬，
你的帆索是美杜莎头骨上
拔下的发辫，你确实找不到
忧郁——不管她是不是
在昏暗的忘川岛上做梦。*

* 《忧郁颂》使用屠岸先生的译本，少量词句根据上下文需要稍作改动。

会把灵魂中清醒的创痛淹没掉。

从阴影到更深的阴影，从黄昏到夜晚，只会带来意识的麻木。清醒受到珍视，因为它是品味、欣赏的能力，即便它包含“清醒的创痛”——正如济慈在《希腊古瓮颂》中所写，那是“发愁、餍足”的心。

《忧郁颂》的第二个诗节，先于四个月后的《秋颂》，直接转向对过程的生动接纳。花儿突然涌现、山坡新绿之际，短暂的瞬态如同“雾衣”在它们萌发的时刻降落下来。然而，死亡隐身其间的过程同样引导着事物走向存在，抚育着它们趋向圆满。这是“四月的雾衣”，同时预示着存在与死亡：

但一旦忧郁的意绪突然来到， 523
有如阴云洒着泪自天而降，
云雨滋润着垂头的花花草草，
四月的雾衣把一脉青山隐藏；
你就该让哀愁痛饮早晨的玫瑰，
或者饱餐海浪上空的虹彩，
或者享足姹紫嫣红的牡丹，
若是你钟情的女郎娇嗔颦眉，
就抓住她的酥手，让她说痛快，
并深深品味她举世无双的慧眼。

即便我们紧紧抓住的对象，像希腊古瓮一样，比较不受过程的影响，我们自己的反应却不能如此。正如济慈在《幻想》中写到的，“哪里有眸子”“能永远迷人”？

哪里有红颜永不凋零，
永远悦目？

然而，即便我们的感情及其对象能够相互维系，即便我们拥有不间断的幸福——就像他四月份在给乔治的信中写的，“被推向极致的幸福”，

> 它又将怎样结束？——死亡——在这样的情况下，谁又能忍受死亡……但说句实话，我根本不相信这种可臻完美性——世界的本质不允许它存在……人所能企及的至福，最多与无生命的自然相平齐，不可能再多——譬如说，若玫瑰有感觉，它在美丽的早晨绽放，且欣然自得——但冷风袭来，烈日升起——玫瑰无处躲藏，没有办法剪灭它的烦恼——这些东西与它本身一样，是这个世界所固有的；人也没什么可多得意的，这世上有许多东西等着折磨他呢。

对我们自身短暂性和所寻求事物的短暂性的认识，能够唤醒困倦的、易被分散的注意力，滋养某种更为出色的意识，能匹配其所赞颂的瞬态过程——这种意识本身必然通向忧郁的“神龛”。因为给人带来悲恸的，并不仅仅是对短暂性的认识。在足够强烈的反应下——也就是说，这种反应认可并分享活跃的过程，它复制且认同这种过程——那么，我们本性全部的情感资源就会被调动起来。悲伤与“痛苦的快乐”有机地交融，仿佛蜜蜂吸吮的蜜露琼浆进入其体内的毒刺。快乐与痛苦的意象在
524 最后一个诗节中融合起来。因为此时出现的对比不再是一者与另一者的差异，而是两者有机结合起来与朦胧的寓言背景相对比（“庙堂”，“隐藏的‘忧郁’”，“她至尊的神龛”以及“悬挂在云霄的战利品”）——济慈曾热情地将这些寓言性的意象融入叙事，但如今（恰似后来的《海伯利安的覆亡》）它们却抽象，如影子一般浮现，暗示着不属于人类的永恒：

她与**美**共处——那必将消亡的**美**；
　　还有**喜悦**，他的手总贴着嘴唇
说再见；令人痛苦的近邻**欣慰**，
　　只要蜜蜂啜一口，就变成毒鸩：
啊，就在**快乐**的庙堂之上，
　　隐藏的**忧郁**有她至尊的神龛，
　　　　虽然，只有舌头灵、味觉良好、
　　能咬破**快乐**果的人才能够瞧见；
他灵魂一旦把**忧郁**的威力品尝，
　　　　便成为她的战利品，悬挂在云霄。

十三

大约三个星期之内，济慈已经写出四首伟大的抒情英诗。不管他眼下对这些诗的评价如何（写这些诗时，他太过入神，无暇写信，随后其他事情又突然变得很紧急），至少它们让他恢复了写作的习惯，同时还重塑了前几个月里动摇的信心，尽管信心的提升在最初几个星期不算显著。这四首颂歌总共两百二十七行，远超过《海伯利安》半卷的长度；当然，他真正渴望的是《海伯利安》或类似的诗歌。然而，一想到被迫搁置《海伯利安》后没多久就要"为某首宏大的诗歌绷紧神经"，这想法令他望而却步。他还需要时间。但到了五月中旬，时间——至少在几年之内——似乎没有了。

第二十章　最后的启程：《拉弥亚》(1819 年 5 月－7 月)

一

525 几个星期后，济慈又得找地方住了。查尔斯·布朗像往常一样，打算在夏天把自己住的那半边房子租出去；他从未设想过别的安排。每年夏天出租房屋赚回的钱都能带来经济上的补益，而且布朗也很享受暂时离开伦敦的机会。济慈从来没想过向布朗提出丝毫异议，让他改变计划。特别是他已经亏欠布朗很多，也希望尽可能少给别人带去麻烦。然而，这个念头一直折磨着他。令人烦躁的无助感、对他人的依赖，以及缺少一处属于自己的、合宜的生活和工作场所，这一切都象征着他还无法在任何一件事情上顺利地起步。

五月十二日，济慈等待很久的乔治来信终于寄到了。乔治在信里除了其他话题之外，还谈到他现在很缺钱。济慈突然表露出从决意到不确定感、再到内疚的一连串情绪，这显现出他此刻承受的压力。事实证明，伊利诺伊的伯克贝克定居点令人失望透顶。还未被占掉的土地都被密林覆盖，想要耕种就必须把树木清理干净。乔治打算自己盖房子；但与此同时，乔治安娜还怀了孩子。乔治转而南下，现在他们已经身处肯塔基，因为他觉得有机会在那里开始做生意。他给艾比写信，讲起自己的困难；但寄给济慈的这封信，含蓄的意思是假如哥哥有一分一厘闲钱愿意借给他，他也来者不拒。

济慈将乔治的需求夸大了，其夸大的程度反映出他此时的心境；由于他过去两三个星期几乎都沉浸于撰写颂歌，乔治的信带来的震惊可能更令他烦忧不安。具有讽刺意味的是，此时此刻，乔治即将失去他带往美国一半的钱——不过，钱财亏损的消息直到九月份才传到济慈耳中。
济慈的同情心本就呼之欲出，此时更是心痛不已。曾经时时帮助他的 526
乔治，如今要依靠他的帮助。济慈离开盖伊医院后不断积蓄的负罪感，也突然流溢而出。虽然他自己是几兄弟中最年长的，但却经常是乔治在照顾汤姆，与艾比周旋，扮演了坚忍的兄长角色，正如济慈不久后在信中所写（5 月 31 日）："直到现在，我几乎一直像只苍蝇一样，对这个世界并不关心，无忧无虑——我烦恼的都是想象力的问题——我的弟弟乔治，总是在我与世界的交往之间为我遮风避雨——现在我必须自己与世界搏斗了。"

济慈一收到乔治的来信，就赶紧到伦敦把信拿给乔治安娜的母亲怀利夫人看，并将信留在她那儿，以便她的两个儿子也可以阅读。他当天匆匆写了一封短信给威廉·哈斯拉姆，说怀利家的人会很快把信转交给他，请他一读完"就像闪电那样把它送还给我"，这样济慈就可以立刻把信带给妹妹看了。同时，他寄给妹妹一封短笺："我终于收到乔治的信了——从各方面看，信里都是好消息。"他还告诉范妮，等他从哈斯拉姆那儿拿到信，就立刻带给她看。但这时，他没什么能帮助乔治的。假如他本人去见艾比，不仅什么都得不到，还可能会损失一些东西，因为艾比讨厌见到他，仍然在阻挠他去看望范妮。不过，艾比对乔治似乎一直比较友好，如果济慈能别碍事，他倒反而有可能答应乔治的请求。

但是，在接下来两个星期内，济慈又悄悄地做出了新的决定。他会在两种选择中取其一。如果经济上允许的话,他也许会在接下来的几个月里,全情投入写作。这种情况下,他会试着把其他想法完全抛诸脑后,包括范妮·布劳恩。此时,我们几乎可以肯定他还没有同布劳恩订婚。这个选择还意味着毫不耽搁地开始撰写另一首长诗,不管他觉得是否做好了准备。第二个选择就是立即将他自认为已经学会的另一项技能付诸实践——那就是做一名外科医生。他以最极端的方式来考虑这种选择,甚至打算报名在定期行驶于英国与印度之间的大商船上当一名船医,这反映出他当时绝望的程度。也许只有采用这种极端的方式,他才
527 能确定若真的做出那样的选择,自己会坚持下去。假如留在伦敦当医生,他仍身处与文学相关的一切联系之中,忘不了过去四年的努力,那挫败难免太过辛酸。唯一的解决办法就是把一切抛诸脑后。哈斯拉姆归还乔治来信时,已经过去许久——这封信不小心与其他文件混在一起被撕成几半,丢失了一段时间——五月二十六日,济慈给范妮写信说他第二天会过来,告诉她信里的内容;他还温和地加了一句:"我还想和你谈谈我自己的事。务必记得,我并不打算像乔治那样离开英格兰;但我恐怕不得不出海一两次。"他告诉范妮,他们"几个月之内"不必考虑远航的事,他试图用这种方式暂时让她放宽心。但事实上,仅仅三四天之后,他觉得自己差不多已经下定决心了。

他开始急切地做出表露决心的姿态,来稳住自己。他步行前往沃尔瑟姆斯托去看望妹妹,两天后,他给自己的出版商泰勒和海西写信,说:"我今天早晨全面清理了借的书——所有的书。"他没有解释自己心里在想什么,但有一封写给查尔斯·迪尔克的未标注日期的短笺留存了下来,它无疑写于同一时间,上面说道:

> 由于布朗不会在汉普斯特德常住,我最终下定决心把所有借的书都送回去——本来此前应该见见你——但我的心思一直在全世

> 界打转，琢磨要做什么——我有三个选择——或者至少两种——要么去南美，要么到大商船上做一名船医——我认为这将是我的命运——我得在几天之内做出决定。

二

显然，诗歌作为一种生活的可能性开始消退。他试着说服自己，说自己并不在意。就在一种疲惫又充满自我防御的心境下，他发现自己又写了一首颂歌，即六十行的《怠惰颂》。在这首颂歌前，他加上了一句箴言：“它们不劳苦，也不纺线。”[*]为了找寻这首诗的大致框架，济慈返回到三月十九日在信中对乔治描述的那个早晨（也就是他打板球受伤被打得眼圈发青的第二天），他当时“睡到将近十一点……感到倦怠，极其闲适”，并且放松到了

> 如此幸福的程度，以至于愉悦没有了诱惑，痛苦也不再让人难以忍 528
> 受地蹙眉。诗歌、雄心和爱情从我身边走过的时候，脸上都没有流露出警觉的神情：他们仿佛希腊陶瓶上的三个身影——一男二女——他们伪装了起来，除了我没有人能够分辨。

《怠惰颂》的水平远低于其他颂歌（一个奇怪的特点是，它很大程度上慵懒地呼应了那些颂歌中的词句和意象）[1]，其价值主要是传记意义上的。

---

* 语出《马太福音》6:28。

① 例如，“我枕着阴凉花野的头颅”呼应了《赛吉颂》；“困住我的眼”“但愿呵”“一个男子小小心灵阵发的热病”“苦想生翅膀”“去追随”以及“打开的窗户”让鸫鸟的歌声进入等表述来自《夜莺颂》；此外，全诗的意象让人联想起《希腊古瓮颂》。

其他颂歌出现于后来的诗集，但这一首却被略去了，直到济慈去世后二十七年才付梓。但是，真的决意开始做一些事的压力如此之大，以至于这首诗暂时令济慈感到很愉快。它至少代表了温和的反抗姿态。济慈告诉萨拉·杰弗里（6 月 9 日）："我告诉您，这一年来我感到最快乐的事，就是写了《怠惰颂》，你可以凭这句话判断出我一八一九年的情绪。"

与其他颂歌不同的是（除了《赛吉颂》的开头之外），这首六诗节的颂歌松弛至运用了第一人称叙事：

一早，我看见面前有三个形象，
　　他们垂着头，携着手，侧过了脸庞；
一个挨着另一个，举步安详，
　　穿着透明的晶鞋，典雅的素装；
他们走过，像石瓮表面的浮雕，
　　石瓮转动着，可以看到另一面；
　　　　他们又来了……*

这些身影两次从他身边经过，然后消失。第三次，也就是最后一次，他们转过脸庞。他此刻认出了他们：爱情、雄心和——

第三位，我最爱，人们骂她越凶狠
　　我越爱，是个最不驯服的女孩——
　　　　我知道她是我的诗歌之精灵。

这首诗令人感兴趣的地方，在于最后两个诗节里浮现的令人意想

* 《怠惰颂》使用屠岸先生的译文。

不到的剖白。最初只是作为消极情绪所表达出来的东西,开始显露出分裂的态度,这种态度还遭遇了易变无常的自我劝说。诗人认出那几个身影后,发自内心地想跟随他们。只是因为他做不到,才会将他们从头脑中驱逐,以此为结局。首先,爱情——至少此刻——是处于第三位的。 529
一个简短的修辞就足够说明问题:什么是爱情?它在哪里?对“可怜的雄心”表现出俯就的优越感,对它置之不理,这就需要在措辞方面更加谨慎。而在诗歌面前(“我越发爱它”),他实在无法抗拒:诗人极其忠诚坚定,根本找不到有力的理由,假装抛弃它。他当然不打算像对待雄心那样,使之沦为“阵发的热病”。他只能笼统地说一句“不”(紧接着就限定“至少对于我”):

我想要羽翅:
傻话!什么是爱情?它在哪里?
还有那可怜的雄心!从一个男子
小小心灵阵发的热病中它跃起;
呵诗歌!——不,她没有欢乐,至少
对于我,不如午时甜甜的睡眠,
不如黄昏时惬意的懒散游荡,
但愿呵,来一个时代,避开烦恼,
让我永远不知道月缺月圆,
永远听不见常理的繁忙喧嚷!

诗歌如今证明正是这样一种努力,这种想法又成为另一层含蓄的坦白。努力追求、逆流而上的感觉,经由至少两个原因而增长,两者又凭借彼此的结合而相倚为强。即便在收到乔治的来信之前,济慈也明显感受到需要在接下来的一两年中取得些许成功,以维持生计。整个秋天,他能够泰然放下《恩底弥翁》遭受的评论，部分原因在于他每日都为汤姆的身体担忧，部分原因则是他忙于撰写《海伯利安》，这首诗那时正迅速推进。然而，汤姆过世后的几个月，充斥着疑虑和自我不确定感的时刻显著增加。尽管评论文章也许带有偏见，但有一个事实，那便是它们恐怕意味着审美品味的晴雨表，因此，也就预示了可能的销量；至少，它们会影响诗集的销售情况。不过，并不仅仅是谋生的需求——虽然这种需求很迫切——造成令他灰心丧气的阻碍。他结束北方之旅回到伦敦的几个月又带来了什么？颂歌确实重新唤醒了他的信心，甚至比他当时感知到的还要有效。可是《海伯利安》那样真正的大手笔（这首诗对他来说意义非凡）却消逝于无形。它，或者说“某种宏伟的诗”，才是最重要的东西。六月九日，济慈写道，“最近我
530 一直很闲，非常不想写诗”——他这么说部分是因为“已故诗人的思想太过强大”——他所说的“最近”也并不是指五月初写罢颂歌以来的两三个星期。他此时想到的是《海伯利安》那首庞大的诗歌断章问世以来的几个月。从去年十二月之后，他只能写出缺乏艺术价值且未完成的第三卷。不论是一首完整的“宏伟诗歌”，还是微薄的经济回报的些须迹象，都显得十分遥远。

如果说他真的签约受雇做一两年的船医，是不是放弃了太多？诚然，他从一小群和善的朋友处得到了充分的赞美和期待。但这并不能确保他不是另一个像亨特那样“自欺欺人”的蹩脚诗人。（“除却七大罪，最大的罪过莫过于将自己吹捧为一个伟大的诗人。”）不，《怠惰颂》中他打算驱散的三个身影，就像希腊古瓮上他不能跻身其间的人物一样，是无法获得且从根本上不真实的。就让他们以其本相被人看待——也就是，纯粹的形象。他不会为了这三个“鬼魂”从草地上抬起头颅。他不会被引入歧途。

我不愿人们喂我以赞誉,把我
　　当作言情闹剧里一只羊来宠爱!
从我眼前褪隐吧,再一次变作
　　梦中石瓮上假面人一般的叠影。
…………
　　　消逝吧,鬼魂们!离开我闲怠的心灵,
　　飞入云端去,不要再回来,永远!

三

济慈一边归还过去一两年中借阅的所有书籍,一边决定“把旧书信和备忘录付之一炬”。收拾的过程中,他发现泰格茅斯的杰弗里姐妹寄来的一些书信。头年间,她们对乔治和汤姆都很友善。济慈当时为了照顾汤姆且让乔治返回伦敦,动身前往德文郡,他于此时同杰弗里姐妹成为朋友。

他突然想起德文郡海边或附近的小村庄。住在那里也许可以花费很少。而且,他会不得不完全独处;没有任何诱惑能使他分心。以一个 531
全新的开始再最后尝试一把的想法,对他越来越有吸引力;独自离开的决心,再次吸引了他对坚定果决的渴求。他犹豫了一两天之后,就写信给杰弗里姐妹中年长的萨拉(5 月 31 日),请她看看是否可以

> 到泰格茅斯周围的村庄打听一下,有没有便宜的房子出租;到时告诉我它在什么位置,价格如何。我有两个可以说像毒药般的选择(但我不该把它叫作毒药),一个是往返于英国和印度几年,另一个是独自与诗歌打交道,过着不安定的生活——后者最适合我——因

为我没法下定决心，放弃我的研习。我突然想到，叫你去帮我打听，恐怕不太合适——请你代我向你母亲问好，并麻烦她帮忙打听打听。是的，我宁愿克服我的懒惰，绷紧神经去追求宏伟的诗歌——也不想去愚蠢的大商船上。

他为自己身处这样的窘境而感到尴尬；因为那听起来肯定很奇怪。“请你务必别让泰格茅斯的任何人知晓此事。”他才刚刚开始勇敢地正视自己的责任：

我必须立足于有利的位置上，开始搏斗——我需要在绝望和活力之间做出选择——我选择后者——尽管世界对我展现出贵格派似的一面，我曾认为那是毫无可能的——

什么也换不回那时光，
草儿光鲜，花朵芬芳。

我曾以为那是忧郁者的梦——

但我为什么要这样对你说话呢？……我不会对陌生人这样做。我还没有完全下定决心。

萨拉·杰弗里建议他在布拉德利村找个地方住。但济慈又开始重新考虑前往德文郡南部的计划是否可行，因为那会让他不停地想起汤姆。正是出于这个原因，他才不想回到曾经和弟弟一起居住过的汉普斯特德旧居，那是他们从邮差本特利家租住的房间，除此之外的其他原因，包括本特利家孩子们的吵闹声——“小胡萝卜”——以及他自己的感觉：假如真的想要全身心毫不间断地投入到写作中，他必须彻底离开伦敦。不管怎么说，就在这时，又有朋友乞求他慷慨的帮助。詹姆斯·

莱斯六月八日请求济慈来怀特岛陪他住一个月,莱斯身体状况如今比往常更糟糕。尽管与莱斯的交往通常很愉快,但他的疾病却是一种考验: 532
很长一段时间以来,济慈都得面对最亲近之人的病痛;汤姆去世前的最后一个秋天尤其困扰着他;而现在,他自己的身体也不算很健康。可是,他没法对莱斯说"不"。而且,帮助别人的必要性也使他摆脱进一步的犹豫不决。他暂时不再考虑报名当船医的选择。第二天,他写信给杰弗里小姐,说自己准备与莱斯待一个月,之后十有八九会去布拉德利。

济慈一直在思考事情整体的模糊复杂性。整个春天,他都给乔治写信,不仅谈论面对环境之不可预知性的必要,还提及这种不可预知性所带来的机会。但当他将此认识运用到自己的生活上时,是否有那么达观?正如他六月九日在给萨拉·杰弗里的信中所写,他想起了自己最近创作的带有防御心理的《怠惰颂》。诚然,他创作此诗时很享受;他也确实"最近一直很闲,非常不想写诗;一方面是已故诗人的思想太过强大,另一方面也是因为我追逐浮名的欲望越发淡漠"。但是,比起单纯地放弃写作,诗人还是有一些更有效的方法,避免成为"言情闹剧中被宠爱的羔羊":"我希望自己比之前更像个哲学家,这样就离'会作诗的宠物羔羊'更远一点。"杰弗里小姐建议他放弃到大商船上做船医的想法"正好合适"。杰弗里小姐认为那会侵蚀"心灵的能量",济慈倒不这么认为。他告诉她,这样的挑战恰恰能够"增强它们":

> 被扔到那些对你漠不关心,你也缺乏共鸣的人中间,会使心灵依靠自身的力量运转起来,让它自由地思索人性的差异,并以植物学家的冷静对其分门别类。大商船就是一个小世界。

只有直接面对挑战,才能够从本质上以深层形塑的方式获得启发。他当然是在自我安慰,但其中的一些洞见来自他本人的经验:

> 英国人中产生了世界上最好的作家，这其中的一个重要原因就是：他们活着的时候，受到英国社会的虐待，死后却受到这个社会的接纳和鼓励。他们几乎都被践踏于人生的小径，目睹世间疮痍。
> 533 他们从未得到过意大利的拉斐尔们的待遇。有哪位英国诗人，能像博亚尔多*那样，仅是为其笔下英雄的坐骑命名，便能举办盛大的宴会款待客人？他在亚平宁拥有城堡，是一位撰写浪漫传奇的贵族诗人，而不是吟咏人心的那种悲愤遒劲的诗人。莎士比亚的中年时期笼罩在阴影之中……本·琼生曾做过军士，他在低地国家作战时，于两军阵前与一名法国骑兵单打独斗，并将之斩杀。

这并不是说，济慈会因为这个原因盲目地冲上大商船，“或是为了给他人树立榜样而一头扎进漆黑的小巷：我敢说，我的修行还未到来，到时会有很多苦等着我”。

最终做出决定后，他突然感到松了口气。他当天匆忙给妹妹写了封信，说起上次去艾比家看她的事（“他们家的礼仪真是令我吃惊——艾比太太是怎么做到的？”），他兴高采烈地戏谑模仿了那天午餐桌上的对话，结束了这封信。艾比太太怎么会奢侈到给他一杯里斯本葡萄酒呢？

> 她是把劣质香槟酒喝完了吗？我简直等不及再去拜访了——她问我要不要一起吃午餐，要不要喝啤酒，或是葡萄酒加糖——不要苦艾酒——要奶油——薄面包片加黄油——再来一杯——太好喝了——糖够了——再加一点奶油——太淡了，十二先令，等等等等。天啊，我一定要再去一次。

---

* 马泰奥·马里亚·博亚尔多（1440–1494），意大利文艺复兴时期诗人。

四

几天之后,他不得不强打精神再去找艾比。他需要一些钱,不仅仅是去怀特岛的旅途需要用钱,夏天的剩余时间也免不了有花费;而他几乎一无所剩。《艺术年鉴》的主编詹姆斯·埃尔姆斯从海登那儿听说了《夜莺颂》,便开始商谈在杂志的七月号上刊登这首诗。但这能带来的收益甚微。六月十四日(星期一),济慈无法兑现看望妹妹的承诺。因为他付不起去沃尔瑟姆斯托的马车费,而且“我的喉咙又疼起来了,没法走路过去”。

六月十六日(星期三),济慈终于打起精神进城见了艾比。但艾比早已准备好意想不到的消息等着他,艾比故意蒙蔽济慈家的孩子们,让他们对外祖父母的遗产事务一无所知,所以这个消息很奏效。他拿出一封玛格丽特·詹宁斯的律师寄来的信,这位玛格丽特是济慈表叔米奇利 534
的遗孀,据济慈说,这封信里“有一个‘好’消息——她打算向大法官法庭起诉我们”。艾比告诉济慈,那会导致他们外祖母的遗产完全被冻结起来。但事实上,并不会有这样的后果。就算真的打起官司——尽管艾比接下来的几个月一直说诉讼很快就会开始,但是它并没有发生——这份诉讼也只会触及财产的一小部分:也就是米奇利在其父遗产中占的那一半份额,他去世之后,法庭把这份财产转移给了他母亲。[①]爱丽丝·詹宁斯留给孙辈的那部分则完全不受影响。艾比通过故意说谎,从济慈的慷慨中牟利。他说,即便玛格丽特·詹宁斯在这场官司中败诉,他们的花费也很高昂;而且这些费用得从艾比的口袋里掏。因此,

① 据“1811年7月26日大法官令”,转移的总数为1 690.12镑。参见附录二。

济慈第二天写信告诉海登(6月17日):“在事情没确定之前……我没法再管他要钱了。”假如诉讼对艾比不利,济慈认为“凭良心,我也应该把剩下的一点钱转让给他”。济慈离开之前,艾比给他看了一封乔治的来信,里面提到他和乔治安娜的女儿出生了。

济慈自然大为震惊,努力思考下一步该怎么办。他没法即刻把这件事告诉妹妹:他比三天前更负担不起马车费,而且他的喉咙还疼痛不已,不能走很远的路。于是,他给妹妹写信描述了他与艾比的面谈。他说自己打算找个“药剂师的职位”。不过,查尔斯·布朗能借给他一些钱供当前开支,布朗还说服他“再尝试出版;我要投入全部的心力和才能”。布朗的建议之一是两人合作一部戏剧,也许他们能引起埃德蒙·基恩的兴趣。布朗可以筹划出戏剧的轮廓——因为他可能已经构思了一段时间——并用散文体写下每一场。这样,济慈即便忙于其他创作,也能够把这些场景转换为韵文。作品很快就可以完成。

正如济慈告诉妹妹的那般(6月17日),他立刻写信“给我借过钱的几个人,请他们还钱”,他当时过于乐观了。他心中充满改过自新的念
535 头。“我要摆脱懒散的毛病,所有的变化中有一个就是要更勤快地给你写信。”他带着些许难堪的心情给海登写信,几个星期之前,他费了相当大的力气才筹措了三十镑借给海登:

> 我现在的计划就是再试试写诗出版,如果失败了,就像乔叟说的,“你将再不会听到我的消息”——布朗借了些钱给我暂渡难关。请你为了我,一定去借或者求人弄点钱来。除了这事逼着我不得不向缺钱的人伸手之外,千万别认为我对此有任何不自在的感觉。[①]

---

① 《济慈书信集》,第二卷,页120。

海登没办法还钱给他。"这不足为奇",三个月后,济慈写信给乔治(9月20日)时是这么说的;但令他感到受伤的是,海登"似乎并不在意",他"本可以卖掉他的画来帮助我"。济慈给其余欠他钱的人也写了信,也许这些信措辞太过微妙,不管怎么说,他一点钱也没讨回来。他最终(8月23日)极不情愿地给约翰·泰勒写了封信:

> 最近在钱的事儿上,我一直很倒霉——因为有人威胁说要到大法官法庭起诉我——我一下子就被剥夺了向监护人求助的权利,我曾想靠收回债务来过活——这笔钱数额上还说得过去[实际数额达到了二百三十镑]——但我一镑也没要回来。

从此处起,这封信变得复杂难懂、拐弯抹角,还显得为难不安——信里说骄傲既有好处,也会造成不利;还说自己有信心成为一个"受欢迎的作家";又说决心不做"受芸芸众生追捧的作家"——信的内容太过缠杂,以至于泰勒在绝望之中不得不把这封信寄给伍德豪斯,希望弄清楚济慈到底想要表达什么。①

济慈后来回顾这几个星期时,向乔治坦言,在"人生的跷跷板游戏"中,这个时刻是他觉得"最贴近地面的低谷"。离开之前,他与范妮·布劳恩谈论了两人的未来。假如他们此时讨论过正式订婚,几乎可以肯定的是他们达成了某种共识,即现在还不是时候。不论我们猜测这次谈话的内容是什么,猜测的根据都在于济慈不久之后(7月1日)写给范妮·布劳恩信中的一句话:"就像我离开汉普斯特德前一两天跟你说的那样,假如我的命抓不到王牌,或者至少是花牌*,那我就再不回伦敦了。"

---

① 参见后文第二十一章,第四节。

* 这里的花牌(Court-card)指的是纸牌中的K、Q、J。

五

536 六月二十七日(星期日),济慈搭乘马车前往朴茨茅斯。为了省钱,他坐在车顶上。但是那天天气突然变冷,大雨倾泻不停,就像他写信告诉妹妹的:“我可以说是从水路去的朴茨茅斯。”他到达怀特岛之前,就患上了重感冒,同往常一样,这场病迅速侵袭了他的喉咙。直到三个星期后,他还深受咽喉痛之苦。钱的问题以前就够麻烦的了,他到达怀特岛一个星期后,问题变得更加严峻。七月六日,他又收到乔治寄来的一封信,这一次,乔治明明白白地问他能不能借些钱给自己。济慈立刻去信艾比(7 月7 日),杳无音讯,于是他又写了第二封信(7 月 16 日)。这封信留存了下来,但是损毁严重,我们不由得推断是艾比本人恼羞成怒,把信撕了,但最后又决定将它保留下来。

很不可思议的是,他又回到了两年多前孤注一掷地开始《恩底弥翁》“试炼”启程的地方。如今,恰似当年,他又拿出书和纸。但现在却没有了第一次来时那样兴奋想要休息一天去看风景的诱惑。何况他咽喉痛,也不愿意出门。与莱斯短暂交谈后,他试着立刻开始全身心地写作。他心中至少有三个规模不小的计划。第一个是写一首新叙事诗《拉弥亚》,其风格与他之前的任何作品都不同。第二个是把查尔斯·布朗的五幕悲剧转写为素体诗。这部戏剧名为《奥托大帝》,济慈离开伦敦之前,布朗把散文体撰写的第一幕交给了他,这一幕共有三场。最后一个计划则是《海伯利安》,济慈现在决心要对它做点什么。一个星期后,他取得了不错的进展,至少能以轻松的样子呼应洛克哈特去年秋大做出的野蛮评论(“回到店里去吧,约翰先生,回到‘橡皮膏、药丸和软膏盒子’身边去吧”)。济慈又一次对妹妹说(7 月 6 日),他决心“再试试自己的文学运气”，并让她放心，“我对成功有信心”；假如进展不顺利，“我也有足够的药罐子知识，确保我有份工作，能维持生计”。

他首先专注于《拉弥亚》，把剩余且自己感觉更疲劳的时间用来转写《奥托大帝》。大约十二或十三天之内，“《拉弥亚》就已经向前推进了 537
不少”，他告诉雷诺兹（7 月 11 日），说“差不多完成了第一部分，大概有四百行”，同时，他也改写好了《奥托大帝》的第一幕。更重要的是，撰写《拉弥亚》时，“我对成功抱有很大希望，因为我比以往更能深思熟虑地运用自己的判断力；假如在世间碰壁，我也能找到自己的满足”。简言之，即便略去《奥托大帝》，他每日也几乎能完成四十行，与一八一七年九月撰写《恩底弥翁》第二卷所保持的每天五十行的速度相差无几。然而，质量上的差异几乎不允许我们将这两首诗放在一起比较；咽喉痛仍不停困扰着他；与此同时，《奥托大帝》第一幕的写作接近于每天再多创作四十行。“独自一人静心写作”的补偿，就是脱离了伦敦“喧嚣可憎的文学闲谈”，在过去的一年里，这些闲谈的装模作样变得越来越令他不快。他与莱斯住在尚克林大街南端的小屋里，他几乎足不出户。当时差不多是怀特岛的旅游旺季，随处可见带着望远镜四处闲逛、寻找如画风景的游客。过了一段时间后，济慈觉得自己也应该出去走走。他跟范妮·布劳恩说（7 月 15 日），假如“明天我的身体状况在夜里持续好转”，“我就会到更远的地方去看看，到这里的聚会上仔细观察那些像猎犬一样搜寻如画风景的人”。但是，到了月底，就像他告诉迪尔克的，仅见的那点东西并没有刺激他继续观赏。他试图称赞这个地方，假如他不是两三年前就已经看过这里的风景，失去了“伦敦佬的童贞”，那么他很可能会感到“惊奇”。“但我实在可以自称是识赏风景的老手，除非看到极其雄伟的景观，感受到咄咄逼人的气势，否则我很难体会到独特的滋味。”

济慈和莱斯如此幽闭在小屋里，难免互相折磨得精神疲惫。济慈后来对查尔斯·迪尔克总结这个月的感受时（7 月 31 日），承认道：

> 莱斯和我这段时间相当沉闷。但愿他不要后悔同我一起来这里。他身体不适,我的健康状况也不怎么好:我担心我们精神上相互影响,会把彼此弄得更糟。再这样下去,我们会变得很忧郁。
> 538 坦白说,我不能忍受和一个病人待在同一屋檐下,尤其是独处——这种感觉日夜压在我身上——倘若这个人的病可能无力回天,压抑感就更难熬——我真的感觉莱斯病情堪忧。

由于莱斯不断努力地讲笑话,或是说一些“牵强的双关语”,来“克制自己的感受,对我隐藏他的情绪”,两人相处的状况就更加令人痛苦。

六

来到怀特岛的第三天起,济慈写作和睡觉的斗室就让他想起了“坟冢”,后来,随着他越发感觉房间狭小,他不禁将之联想为“小棺材”。整个白天,他能够专心工作,坚定地贯彻自己冷峻的决心——没有扎实的成就,决不回伦敦。然而夜晚却令他消沉。他怀着近乎怨恨的心情,将思绪转到了范妮·布劳恩身上;济慈那一系列著名情书(它们始于此时)的第一封,语气十分奇怪,很可能令范妮·布劳恩感到担忧。他首先告诉她(7月1日清晨),自己头天晚上给她写了另外一封信;但最终决定不要寄出,因为那封信读起来像是从卢梭的《新爱洛伊丝》里摘出来的。原因在于那封信是晚间写的,夜晚他孤独又疲惫,很容易陷入激情的“狂热,我以前觉得自己不可能写出这种东西,还总嘲笑别人痴言乱语”。接着,关键的段落出现了:

> 很长时间以来,我未曾品尝过不掺杂任何东西的纯粹的幸福:

> 身边人的死亡和病痛总是让我感到不安——而现在,没有这样的烦恼折磨我了,我却不得不艰难地承认,你所造成的另一种痛苦又缠绕在我心头。我的爱人,你扪心自问,你这样束缚着我,摧毁我的自由,是不是很残忍。

他试图用某种开玩笑的方式来缓和前面说的话。她得坐下来,“承认”这是对她来说很不合当的事,并将她的忏悔之情写入

> 你即刻写给我的回信里,在信里尽你所能地抚慰我——让它像鸦片饮剂一样浓郁,令我陶醉——写下最温柔的字眼,亲吻它们,这至少让我的嘴唇可以触碰到你曾经亲吻的地方。就我自己而言,我不知如何表达对这般美好形式的热爱:我想要比光彩夺目更加耀眼的词,想要比美轮美奂更加美好的词。我几乎希望我们就是蝴蝶,痛快地在夏日活上三天——与你待上三天,我心里能装上平常五十年 539
> 都盛不下的快乐。

济慈十月底回到汉普斯特德之前写给范妮·布劳恩的信里,有三条一再出现的线索,其中的两条在第一封信的开头处就已浮现。第一条是强烈的抗议或抵制意识,它是凭借令人惊讶的坦率(或至少是缺乏抑制的)方式表达出来的。用来平衡这一点的,是以充满激情的臣服所表达出的爱意,这令维多利亚时代的人感到十分尴尬。(一个生动的例子就是他[七月二十五日]所写的第四封信中经常被人引用的话:“我能带给你的,只是对你的美心醉神迷的爱慕……我痛恨世界……我多希望能从你的唇上舔到一口甜蜜的毒药,让我离开这个世界……今夜我会把你想作维纳斯,对着你的星星像异教徒那样祈祷,祈祷,祈祷!你永远的、美

丽的亮星。")[①]这两种反应如此紧密地相互联系,除去少数例外,两者中任何一种的强烈表达,都会即刻引出另一种反应。它们偶尔也会合并出现在一两句话中:

> 我不会带着愉悦的心期待所谓的安身立命;一想到家庭琐事,我就颤抖不已——但为了你,我愿意面对它们,要不是为了让你快乐一些,我宁愿死也不肯那么做。(7月25日)

> 我觉得,再多想你一会儿,我就会形销骨化——我不能这样下
> 540 去——我得再去专心写作——假如失败了,我也要死撑到底——
> 哦,我的爱,你的嘴唇在我的幻想中又变得甜蜜——我得把它们忘掉。(8月16日)

---

① 范妮·布劳恩写给济慈的信无一留存后世。但从济慈下一封信(8月5日)开头的第一句话,就可以推断出范妮·布劳恩的不安反应:"你说你不想再收到上次那样的信了,我会尽力不再那么写……"

由于这一时期济慈写给布劳恩的信件在措辞上与《明亮的星》有相似之处,人们可以提出一个论点,即《明亮的星》创作于此时。参见德·塞林科特编,《济慈诗歌》,页588;A. 沃德,《语文学研究》,第五十二卷(1955),页75-85。但是,如我们之前所见,济慈书信与诗歌的相似之处从来都不是确定诗歌创作时间的有效论据,它们时常比诗中的表述早几个月出现(例如《希腊古瓮颂》和《夜莺颂》中的语言与苏格兰之旅时期书信措辞的呼应)。此外,对星辰的使用方式也完全不同:在书信中,范妮是与长庚星金星联系在一起的;而在十四行诗《明亮的星》中,济慈希望将自身与星辰的坚定不移关联起来(这是济慈常用的意象:试比较《海伯利安》中"热切的星辰""明亮而忍耐的星")。关于这首十四行诗,我们知道的一条事实是(据布朗记载)它创作于1819年。"白雪初次降落, / 面具般轻轻戴上高山和大地",这样的说法并不是决定性的证据,然而,在其他条件保持不变的情况下,此诗句会稍微改变我们的想法,将诗歌创作时间从七月提至1819年初(但这个时间可能过早;当时济慈与范妮的关系似乎还没有那么热切),或是推延至1819年冬,那时济慈已经回到汉普斯特德,也几乎放弃了其他的抱负。最后,假若济慈是在七月份创作的这首十四行诗,他几乎肯定会将之抄录进自己寄给范妮的信中(范妮保留了这段时间济慈的全部来信)。他没有理由把这首诗藏起来;它甚至还不如他寄去的信那般将心迹袒露无余。

济慈离开范妮·布劳恩三个半月之后,终于又与她相聚了一天(10月10日)。三天后,济慈又写信给她,无意中吐露真情,这无疑给范妮·布劳恩带来更深一层的慌乱。漫长的几个星期中,济慈虽然写着如此充满激情的书信,但他一直试图平息自己的感情,甚至在见过她之后又开始这样做:

> 你用我无法抗拒的力量夺魂摄魄;在见到你之前,我还能抗拒;甚至见到你之后,我还努力"反驳我爱你的理由"。但我现在却没法这么做了——痛苦太深——我的爱是自私的。

济慈写给范妮·布劳恩的第一封信尾声处,第三条线索出现并延续了下去。那就是强烈的、充满疑惧的嫉妒(经常伴随着对自己内心"自私"的抗议,以及想要学着不那么自私、减少占有欲的决心),这给范妮·布劳恩造成了轻浮的名声,给人留下的印象是她总是不断刺激济慈。但第一封信的语境很能说明问题。济慈提醒范妮,他离开前曾说过的话,"假如我的命抓不到王牌,或者至少是花牌,那我就再不回伦敦了"。简言之,济慈本人才是那个投身于其他兴趣的人(当然,他所取得的任何成功都可以合理地解释为不仅是为了他自己,也是为了范妮)。[①] 然而,济慈在这句话之后没有任何过渡,就立即写出下面的话,结尾处以菲利普·马辛杰的戏剧《米兰公爵》(*Duke of Millan*)中的一段摘录结束(他那时一直在读这部戏剧,可能是希望借此进入《奥托大帝》的氛围):

---

① 从济慈写给范妮·布劳恩的第四封信(7月25日)中的一句话,我们可以推测出,正是他本人而不是范妮·布劳恩不愿意达成具体的婚约。作为对她的回答,济慈提出异议:"相信我,我还没有到让你占有我的年龄。"(《济慈书信集》,第二卷,页132)

尽管我可以把自己的幸福集中在你身上，我不能指望将你的心全部占为己有——说实在的，要是我觉得你对我的感情就像此刻我对你的一样强烈，我想我就无法克制为了一个拥抱的快乐明天再去见你。但是不行——我要靠希望和机缘活下去。哪怕发生了最糟糕的状况，我仍旧会爱你——但我对他人是多么的憎恨！前几天我读到的几句诗，仍在我耳边不断回响：

541 看着我珍视胜过自己双目的明眸
向别人送去秋波——
还有那甜蜜的双唇（滋生不朽的甘露）
不是被我，而是被旁人轻吻——
想想吧，弗朗切斯卡，这是多可恨的事，
没法用言语表达！

当我们持续看到这样的表达后，两种古怪的感觉开始给人留下深刻印象，它们并非完全不同。第一种感觉——这个想法只能是推测——就是嫉妒所必需的不确定感，经常因为济慈自己对范妮·布劳恩的分裂态度所强化，也就是被一种不安的、半愧疚的怀疑所强化，这怀疑的内涵是：当他与自己对布劳恩的感情抗争时，她可能也会拿出至少相同分量的努力，来质疑自己对济慈的爱。我们越发倾向于肯定激情爱恋所产生的常见结果——至少，如果一个人在极其有限的时间内，还需要拼命实现另一个目标，那么这种结果就很常见——因为他很可能把自身境况的其他面向投射到对方的身上。一个令人动容的例子就是关于健康的，济慈在接下来的冬季病入膏肓：他自己的身体状况越差，他就越担心范妮·布劳恩的健康；他越是经常感觉到刺骨的寒冷，就越频繁地催促布劳恩穿上暖和的衣服。

但是，不论他自身疑虑的投射，在多大程度上潜入这种武断嫉妒的情感，一个更加全面且重要的考量是不可否认的，那就是这浮动无依的焦虑缺少具体的目标和焦点。两人之间实际上并没有第三者介入，济慈知道这一点。（旧时人们认为范妮·布劳恩一定是个不能自我约束的轻浮女子，这个看法是没有根据的。）[①]换句话说，我们所注意到的东西，与其说是普通意义上的嫉妒，不如说是准备就绪的嫉妒状态，是针对嫉妒趋向具体所采取的预期防范措施。他的焦虑完全是想象出来的，它从当下跳跃至可能出现的未来："哪怕发生了最糟糕的状况，我仍旧会爱你——但我对他人是多么的憎恨！"；"所以，让我来说说你的美吧，虽然这会危及我自己；若你对我如此残忍，跑到别的地方去试试它的威力"；"假如你对一个男人第一眼产生的感觉，就像我对你那样，那我就完了"。如果济慈没有给范妮·布劳恩写下这些信，我们恐怕不那么容易 542
确认，自他八岁起，环境（包括人们对他诗歌的接受情况）对他产生了多大程度的影响——在他心里种下了强烈的诱饵，使他对大多数事情都抱有最坏的打算。这方面的迹象几乎没有出现在济慈的其他信件或谈话中。事实上，人们的总体印象与之差异很大。他的同理心使他能够专注于身外之事，这是防止自己陷入自怜的有效屏障。但决心与努力也是十分必要的：毕竟，他所面对的环境条件是较为极端的。济慈很少承认自己倾向于预计最糟糕的情形，而这种罕见的坦诚几乎只能在他写给范妮·布劳恩的书信中发现端倪：

到此时，你一定已经发现，我有点相信乌鸦这样的凶兆；那是我

① 如果两人之间的关系牵扯进第三个人，我们可以肯定的是，此人的名字一定会出现在济慈随时准备冲动发泄忧虑的信中。很重要的一条线索是，济慈不得不前往意大利的前夕，他仍找不到帮忙的人选。情急之下，他只好找到查尔斯·布朗。

> 的苦命造成的,并不是我的过错;它源于我生活环境的总体基调,每一件事都变得可疑。不过,我不会再拿不吉利的预言来为你我平添烦恼了。(7月15日)

> 以前我有能力劝你、警告你当心我那前途渺茫的人生初年,但这样的时间已经过去了——爱让我变得自私。(10月13日)

对他来说,人生又何止“初年前途渺茫”。可以预料的是,他越来越频繁地怀疑自己是否有未来可言。但是,济慈却没法让自己言说那更深层的焦虑。不安之感最好还是维持在迂回的层面上:将它更多地聚焦于范妮身上,而远离更加宽泛、难以驾驭的雄心抱负,这样做的话,就可以设想某个未来的情人、未来的丈夫,于他仍然在世的时候取而代之。“哪怕发生了最糟糕的状况,”至少他依然不离不弃,“我仍旧会爱你。”

不论我们从这些书信中能得出什么结论,都需要谨记济慈和范妮·布劳恩此时的年龄。济慈二十三岁,范妮·布劳恩将于八月九日年满十九。这些信件是在很长时间以后被人发现并刊登出来的,它们引发了人们巨大的惊讶之情(这种惊讶时而掺杂了真心的厌恶,有时则夹杂着散播流言蜚语的喜悦),我们应该牢记这些信件的实际背景。济慈作为诗人的境界,使和他相关的事物都浸染了隔绝时间性
543 的品质;这些事物也包括他的情书。我们想到和谈论这些情书的时候,仿佛它们贯穿了济慈活跃创作生涯的大部分时间。但实际上,这些情书只有两组:一组是从一八一九年七月到十月下旬济慈返回汉普斯特德为止所撰写的十封书信,另外一组是始于一八二〇年二月的那些书信。第一批信写于一切情况都于他不利的时节,他当时尝试做出最后一番努力,不过,此番努力被许多忧虑的阴影所笼罩,因此与以

往任何时候相比,他都需要更大的勇气,耗费更多的才智。还有一重考虑,适用于一八二〇年二月至八月那些令人心酸的信件,彼时,他已经无法再率直地与范妮·布劳恩通信。那些信件是在他最渴望的一切都开始烟消云散之际写下的。

七

济慈只用了十二三天就完成了《拉弥亚》的第一部分,之后,他把这部分搁置一旁静候酝酿(7 月 10 日或 11 日)。他迫不及待地想看看自己能否在一个总给他带来难题的任务上再次出发,那就是重新考虑《海伯利安》——如果有必要的话,他可以重新构思,改写旧作。当他告诉范妮·布劳恩(7 月 25 日),说自己"整天忙于一首非常抽象的诗歌"时,他所指的正是这首新的《海伯利安》的开头部分。

要不是查尔斯·布朗突然来到尚克林的小屋(7 月 22 日),迫不及待地想要推进两人的诗剧《奥托大帝》,济慈肯定会比实际情形更快地重返《拉弥亚》。济慈十分体贴地答应了布朗,几天后,就像他告诉迪尔克的那样,他与布朗"再次装备好,套上马车,准备出发了"。这部剧作完成后(8 月 23 日),济慈又迸发出一阵活力并保持了一个星期左右,才完成《拉弥亚》。此诗被人认为与初夏相关联,那是有理据的,因为它的前半部分确实是在初夏写就的。诗的情节取材于伯顿的《忧郁的解剖》中的一段描述,因此情节大致是预设好的。它将以戳穿幻觉而告终。情节的解决已准备就绪,主要人物有所发展,诗的第一部分也已在七月十一日之前完成;济慈还在他所选定的诗歌形式中游刃有余——对他来说,这种形式又是一次新的开始。一般来说,把诗引向尾声所需付出的努力通常小得多。但是,他许诺了要改写《奥托大帝》,也急于为新的 544

《海伯利安》做一番探测性的尝试,除此之外,他自己也可能不愿意过于匆忙地结束《拉弥亚》。他写完这首诗的第一部分时,对人物和故事的认同感已经超过了他此前创作的任何一首诗;若非这样,《拉弥亚》本该浅薄空泛得多,能挖掘出的迫切关注点也会更少,甚至没有。这首诗与他此时对范妮·布劳恩的复杂反应之间的关联,尤其明显。(那并不意味着两者之间的关系是简单或操控性的;就像别的好诗所经历的情形一样,这种关联对作家人生和思想的揭示,远超过从其生活中搜集的点滴细节。)《拉弥亚》预设好的结局,包括一个人物的死亡以及另一个人物可能遭遇的终结——或至少是痛苦的消融,也许会产生令人反感的一面:若读者的感受太过投入,则这样的安排会导致对抗的情绪,或至少是悲怆的感伤。但是,无论对抗的情绪,还是悲怆的感伤,都不是他想要的结果。他这一次对神话的全新运用将是轻快、客观、超然的,且至少具有一些喜剧的元素。

济慈在伯顿的《忧郁的解剖》中读到了这则简单的寓言故事,其主要魅力在于新奇感所带来的挑战。它可以变为一个倒转的《恩底弥翁》,以新鲜的方式摆脱《伊莎贝拉》那"令人忍俊不禁的清醒的悲伤",也涤去《圣亚尼节的前夕》的感伤(他认为,在这个问题上《圣亚尼节的前夕》与《伊莎贝拉》相比,只是"没那么显眼")。新起点所带来的整体挑战,让他像手艺人一般感受到了吸引力,而且他还希望再次尝试《海伯利安》,除了这两点之外,至少还有另外两种兴味被潜在的新奇感所调动。济慈想到的是读诗的公众,他希望写一首叙事诗,能够"以某种方式吸引住读者——给予他们愉快或不愉快的感觉。他们真正想要的是某种感觉"。[1] 还有一种兴味,就是想运用干净利落甚至有些激烈的解决,为那个迷住他几个月的问题提供诗意的处理方

① 《济慈书信集》,第二卷,页189。

式:那就是与幻觉共处,随后被强制从幻觉中剥离。过去的半年里,他一直试图探索这个问题,但路径总归是抒情诗,且受到限制:比如欢快的回旋诗《幻想》;《无情的妖女》中具有暗示性的片段;冲动而主观的十四行诗《为什么今夜我发笑》。当然,两首颂歌《夜莺颂》和《希腊古瓮颂》也以睿智光辉的方式与这个主题周旋,只是提出的问题比解决的问题更多。至于篇幅较长的诗歌当中,《圣亚尼节的前夕》对此略有涉及,而《圣马可节的前夕》则一无所及。《拉弥亚》寓言令人感到愉快的一面,是它有两个特性让济慈不得不尝试新的、险峻的处理方式,并且看起来对抗了多愁善感或缺憾的微妙所造成的诱惑。吸引力的源头是拉弥亚——一条巨蛇,至少她大部分时候是一条蛇。诗的开端就强制限定了令人满意的距离感。那不仅仅是"无情的妖女",若妖女被当作真正的人物搬上舞台,也许会发展出自己的困难和考验。同样,与拉弥亚生活在一起的热切的牺牲者,不可能像《无情的妖女》中的骑士那般,在事后憔悴怀念、徘徊游荡。他死去了。济慈在诗的结尾处刊印了伯顿的记述,内容如下: 545

> 菲洛斯特拉托斯在《阿波罗尼传》(*Vita Apollonii*)第四卷中写到一个令人难忘的同类例子,我不得不提。那是一个叫门尼普斯·里修斯(Menippus Lycius)的二十五岁年轻人的故事,他在森屈里到科林斯的途中,遇到了装扮成美丽淑女的鬼魂。鬼魂牵起他的手,将他带回科林斯郊外的屋子。她告诉年轻人,自己是腓尼基人的后裔,如果他愿意与她在一起的话,就能够听她唱歌弹琴,喝到从未饮过的玉液琼浆,谁也不会来打扰他;美丽可爱的她,愿与年轻人同生共死,这看起来多么动人。这个年轻人是个哲学家,原本稳重而谨慎,能够克制住自己的激情,但这场热烈的爱情却除外,他与姑娘待在一起,不久便别无他求,最终与她结婚。参加婚礼的宾客中出现

了阿波罗尼，他根据一些可能的推测，发现这个女人是一条蛇，一个"拉弥亚"，她所有的家具，仿佛荷马描述的坦塔罗斯的金子那样，都不是实体，只是幻象。她发现自己被识破，哭泣了起来，希望阿波罗尼保持沉默，可是他不为所动，于是，她本人、餐盘、房屋和里面的一切，瞬间化为乌有：许多人都注意到了这件事，因为它就发生在希腊境内。

准备这首诗的过程中，济慈也在寻找一种与以往诗歌尽量不同的诗体形式，只是这种形式需要足够灵活，适于快速推进叙事。[1] 此形式不
516 仅要能助他避免感伤，若可能的话，最好还能与感伤对抗。这种形式亦不期求崇高或雄伟。因为这类品质会造成荒唐可笑的冲突。几个月前，济慈开始阅读德莱顿；他的鉴别力触发他考虑以德莱顿那种轻快、世俗的对句为模板，而两三年前，德莱顿式的对句恐怕对他来说意味着诗歌理想的反面典型。

按照布朗的说法，济慈开始撰写《拉弥亚》之前，仔细地研究了德莱顿的诗律。然而，自他以逐渐成熟的独立性开启《海伯利安》的创作以来，他那非凡的捕捉风格并将之发扬光大的摹仿天赋就受到某种克制。他研习了德莱顿（也稍微深入地了解了蒲柏），目的倒不是为了追随，而是为了择选。济慈在早期的对句中，曾刻意尝试新古典主义对句所避免的一切——实质上是将之彻底颠覆。如今，转向另外一个极端的诱惑，是受到明确目标左右的。济慈的对句大部分情况下是内容完整的封闭对句，但与德莱顿相比还是要少一些。济慈承袭了德莱顿和蒲柏诗中常见的对称和平行对偶：例如，形容词短语的对称（"条纹像斑马，斑点像

---

① 读者可以在我的《济慈风格发展》（页 146–171）中找到比本段更详细的讨论。

豹,/ 眼睛像孔雀,全是深红色线条”*“Strip'd like zebra, freckled like a pard, / Eyed like a peacock, and all crimson barr'd”);动词的平行对偶(“珍珠,在陆地上他们枯槁,他们爱恋”“Pearls, while on land they wither'd and adored”)以及形容词的对偶(“在甜美而剧毒的唾珠下立刻枯凋”“Wither'd at dew so sweet and virulent”)。济慈对停顿和变格一向敏感,在使用第四个音节的强音节停顿方面(“在她常常去沐浴的泉水近旁,/ 在她有时去闲游的青草地上”“Fast by the springs (x) where she to bathe was wont, / And in those meads (x) where sometime she might haunt”),以及运用亚历山大诗行和三行联句对五音步对句的整齐形制造成变化方面,他与德莱顿最为接近。更广泛意义上令人感兴趣的一点,是他能够抓住德莱顿口语化的语言特性,但又避免新古典主义迂回曲折的表达,时常用散文的正常词序来衬托对句的拘谨形式(“我原是女人,请让我再次得到 / 女人的身形,跟过去一样窈窕。/ 我爱上一个科林斯少年……”“I was a woman, let me have once more / A woman's shape, and charming as before. / I love a youth of Corinth...”)。最后,还有一个引人关注的点,就是《拉弥亚》中风格手段的突变。从《海伯利安》起,济慈就一直朝着凝练丰富的表达品质努力。《海伯利安》到颂歌之间的几个月,即便是在他最急促的创作中,这种写法也成为习惯,以至于它在《拉弥亚》中的相对缺失只能解释为是故意为之。一个例证就是形容词性的过去分词(“摘取已被温热的珠宝”“unclasps her warmèd jewels”;“高大的橡树,被恳切星辰所陶醉的枝条”“Tall oaks, branch-charmèd by the earnest stars”),在这样的表达中,能量得以汇聚于潜在的动态静止内,但这种写法在《拉弥亚》中出现时走向了传统(“带翅的脚跟”“wingèd heels”;“深红色的线条”“crimson barr'd”),或是显得相对不 547

* 《拉弥亚》使用屠岸先生译本,部分译文根据上下文需要改动。

受到微调的影响（“缀满花圈的坟”“wreathèd tomb”）。另外一例就是，除了在比较随意和简单的形式中，元音交互几乎全然消失，而这种写法在《海伯利安》到颂歌的创作中已经进化得非常精巧，并于《圣亚尼节的前夕》中达到顶峰。

八

与济慈早先的大部分诗歌不同，《拉弥亚》以这样的方式保证了某种相对的单一率真和不事渲染的简朴——牺牲了丰富性，以摆脱共情所造成的过分阻塞和复杂化。从情节到拉弥亚这个人物，再到自觉的新古典主义诗歌形式等方面，这首诗都闪避了距离和超然之感。济慈认为，任何好诗都应该是“对真的追寻”。但是，他眼下想做的事，是带有刻意审慎的限度的。他最主要的期望是以流畅的节奏和蓬勃的生气来处理诗歌叙事——这是他确实感到自己还没有学会的东西。

《拉弥亚》并非这个夏天他最主要的创作，在接下来半年左右的时间跨度内，它就更称不上心血之作了。济慈本人称其为“一首短诗”；这句话同往常一样，意味着它不过是为后续更严肃的创作所做的准备。然而，这首诗内容仍然过多——与颂歌那般篇幅较长的抒情诗不同——不由得引导他将压在心头的许多思想放置进去，其中一些想法是高度冲突的。仅这一点就足以防止人们贸然对此诗做出简单的阐释。济慈开始这首诗时，拥有形式上的保障，因此他也许会觉得更加自由；这种感觉是有道理的。对现代读者来说，这首诗非凡的形式趣味，在于其保障措施直到诗歌结束之前，一直持续有效地发挥作用，使英语叙事诗中所能见到的快速变换的含混交互，在这首诗中成为可能。然而，我们仍时常被这则寓言原初的简单所诱惑，试图将《拉弥亚》锁定于一种排他性的阐释。维多利亚时代的读者,执着于被他们自己戏剧化的科学与诗歌间的斗争,认为《拉弥亚》是一场寓言式的攻击,其主题是科学和分析哲学对感官想象或幻觉想象类诗歌的毁灭性影响。我们则把这一点颠覆过来, 548
往往认为其控诉是反向的:拉弥亚毕竟是一条蛇;她提供的只是幻觉;里修斯是软弱的那类人;承受不住哲学分析之对峙的诗歌,本身终是虚幻的。

同时,基于济慈生平的解读方式,仍扑向他与范妮·布劳恩的关系问题,排斥其他的考量:(1)无辜的范妮·布劳恩被等同于半蛇的拉弥亚(就像她也曾被当作"无情的妖女");她以及爱情对济慈的独立性来说是一种威胁,无法带给济慈任何东西,只有幻觉,而从这种幻觉中会产生痛苦的觉醒。(2)济慈如此深陷于爱情,以至于从伯顿那儿借来《拉弥亚》的寓言故事后,他不可自拔地希望以最吸引人的方式实现其主人公的人性化——也就是,赋予她范妮身上最令他动心的品质(若不是在范妮身上发现这些品质,他恐怕无法想象或在其他人身上注意到)。两人幸福爱情所遭受的威胁,主要来自冰冷、充满敌意的世界(类似于《圣亚尼节的前夕》中城堡外的冰雪暴)。哲学家阿波罗尼偶尔也会被视为对《恩底弥翁》怀有敌意的评论家。(3)里修斯与拉弥亚居住的脆弱的爱情宫殿,全然是隐退静居之所;济慈本人也极力希望能够退居避世——他受疾病所困,事业也难以出头。里修斯之死表明济慈自己的死亡愿望。十四行诗《明亮的星》的原始版本中,他希望能够死在爱人胸前,"半无激情,就这么昏醉而死"。(4)济慈确实可以被视作里修斯,他也真诚地希望退隐:到高潮为止(不包括高潮),整个故事是完整的愿望达成。但是济慈意识到他需要振奋努力。里修斯肯定是死了;但济慈与他的关联对等在这一点到达之前就结束了。

最后,出于对各种寓言式和传记式阐释的回应,这首诗有时会被看作某种形式上的、对立面的逻辑辩证。此方法虽然容易阐释过度,但至少有个突出的优点，那就是帮我们重返其诗歌成熟完善的品质：这种方法预设一个事实，即济慈自《恩底弥翁》之后有所成长，事实上，无论这首诗创作得多么迅速，其写作环境多么艰难，我们面对的都是一位正在成长为英诗巨匠的作家。

九

549 几乎从这首诗一开端，对幻觉和现实的处理就比济慈特意的计划显得更丰富、更多面。因为这个故事触及他十分感兴趣的话题，自他两年半前创作《睡与诗》至今，此兴趣已急剧加深。正如他曾经说的那样，他有个"一贯信条"，那就是在拥有独创性的头脑中，任何兴趣或想法都会迅速成为引向其他兴趣和思想宇宙的"出发点"，它是一个活跃的开始，也是"心智世界的中心"。现实与幻觉的整个主题也是如此。他早就发现，这个主题可以引向对其余所有事物的思考。

事实上，当我们从"幻觉"的简单概念过渡到对广泛的人类反应所作出的思考时（这些反应不停地与人类的现实体验相对抗——或相互渗透），"幻觉"本身就不再是一个非常有意义的概念了：它涉及占领了头脑的野心、恐惧和利益；即便人改善了"肉身的生存环境和舒适度"，"不安"和"一连串新的烦恼"仍在每个阶段"等着他"；我们多大程度上替代性地生活在过去、未来或猜测别人正在思考什么。如果生活中大部分的幸福和痛苦——实际上，除了由直接感觉所决定的快活和痛苦之外（甚至可能这些感觉中的很大一部分也是一样）——都存在于想象之中，那么我们经验的"真实"与实质上无所不在的虚幻之间的界限在何处，又如何划定呢？"对热衷思辨的心灵来说——生活中的乐趣就是这样产生的。"我们穿行于田间，瞥见一只白鼬或是田鼠，"从枯草中探出头来——这家伙盯着个目标，两眼闪闪发亮”。在城市的楼宇之间，我们看见“一个人步履匆匆——他要去干什么？这人心中有个目标，两眼闪闪发亮”。[1] 对热衷思辨的心灵来说，这个问题不断再现：“步履匆匆——他要去干什么？”我们心中充满了想象。不论是现实生活中，还是在文学里，构成人类悲剧的事件，如果关涉的人不再去关心，那么事件就显然不复为悲剧了。假如李尔突然间不再关心——不再抗议——那么《李尔王》中便没有了悲剧——李尔那充满强烈情感的挂念，那“热烈人生”的“残酷冲撞”背后，又有多少是“幻觉”？济慈写完十四行诗《再 550
读“李尔王”之前有感》之后的几个星期内，这个想法持续浮现在他心头。正如他在信中对贝利所言（1818 年 3 月 13 日）：

> 我有时疑心很重，偶尔觉得诗歌也如鬼火般行踪不定，像一盏提灯，明亮的光芒让时而被其吸引的人感到快慰——正如商人们说的那样，每样东西能吆喝到多高的价钱，就值多少，所以也许每一种精神追求都从其追求者的热情中获得了它的现实性和价值——尽管它自己可能是虚无的。

当然，这种说法还过于简化；他立即对之做出限定，区别了“真实”“半真实”和原本仅是“虚无，但在热烈的追求下变得伟大而庄严的东西”。难题当然在于“半真实的东西”（比如希腊古瓮或夜莺的歌声）；正如我们前文所及，在过去的两三个月中，这块**未知的领域**（terra incognita）或“未涉足的领地”——呵护的心灵与半真实偶尔相遇的地方（更多的时候只是部分相遇，甚至擦肩而过的地方）——似乎开始呈现为诗歌和艺术中最具挑战性的领地：任何其他的东西都不可能奢

① 参见前文第十八章，第七节。

望以如此完满的方式企及这个领地（“按部就班的逻辑推理”当然也无法触及）。因为艺术本身就像雅努斯朝向两面——一面朝向幻觉，另一面朝向现实。

他自己的经验也无疑不停地引导他反思这个问题。极富黏性的想象力的同情，给了他抓住具体现实的牢靠立足点，正是这种想象力的同情多年来也以同等的关联认同和忘我转向了诗歌。如果这种双重经验总是不断进入结合的状态，那么它同样也不停地走向持续分裂。可以肯定的是，艺术是——或者可能是——现实的延伸：正如海兹利特在那些令济慈感到十分愉悦的篇章中所断言的，艺术是对现实体验的一种无与伦比的精妙表达和显像渠道。然而，它也是不同的东西，不仅仅因为许多艺术都是以远离经验的方式刻意构思出来的。这可以被视为理所当然。但是，即便那些顽强扎根于经验世界的诗人的作品（仅仅因为它们是艺术创作），也与直接、个人的经验不是同一回事，尽管当“我们与作者走过同样的路时”，我们能够更清楚地看到其艺术创作与经验的密切
551 关联。在补充或衍生我们具体经验的过程中，艺术创作挖掘了心灵的用途——投射、通过他人经验实现替代感受，以及梦的潜在力量——这些都可以积极地展开与现实的对抗，同时也能够让我们更接近现实。真正起到作用的，与其说是艺术所涉及的投射和替代体验的程度——生活的其他侧面也会召唤（或需求）同样的东西——倒不如说是艺术必然使用的某些材料的有限性和另一些材料那不可避免的缺场。这也是《希腊古瓮颂》所生动表达出的含义之一。

每一次新的邂逅，这个主题就会变得更加复杂，更难被简化为老一套。颂歌开辟并例示了其他方面的思考，让他又前进了一步。我们理所当然地认为，幻觉自然是逃避性的；那么现实的逃避性又如何解释（这包括关涉如下方面的现实和真相：幻觉，愿望和目标的整体起伏波动，以及人类心灵带给生活的“幽暗冥想”和情感）？“消极能力”书信那个

时期以及后续几个月中他所使用的表述，不断出现于他的脑海：我们需要接受“半知半解”，以免因僵化或“烦躁”地想要抓住某个排他或系统性的逻辑链，而坐失某种不符合模式的“美妙孤立之真实”。人们尤其会回想起《致雷诺兹的诗信》（1818 年 3 月）：“事情不会依循”专横推理的“意志”，而“得到解决，它们教我们超脱思维”；真诚的想象——“迷失于某种炼狱般的黑暗”——显然“无论天堂或人间，／ 难求公理为标尺”。这并不是说济慈欣然接受了简单的怀疑主义。只是，“滔滔不绝地玄谈，／ 我可不敢”。他现在也没准备好这么做。

十

似乎开始出现这样一种感觉：当人们试着面对宏大问题（包括作为一般概念之现实的难以捉摸）时，很少有其他的选择，除了以相互对照的措辞来表述它——用对比的思想和表达来补充或引出被另外一极所忽略的东西。运用对立面一直是济慈的思维倾向（一旦超越了稚嫩期的创作，这也逐渐成为他的诗歌风格），他使用对立面的习惯得到了真正、有机的发展，部分原因在于其同情心的本能范围，还有一部分原因则 552
是因为他不得不独立工作，没有机会让自己的许多思考得到预先消化。济慈书信对“初觉之室”的整体讨论以及他关于华兹华斯的思考（“他与弥尔顿是多么的不同”），提供了生动的范例。及至他撰写《圣亚尼节的前夕》时，运用对立面已经成为其语言风格和意象方面的突出品质之一；又过了三个月，这个特点也被戏剧性地融入三首主要颂歌（《夜莺颂》《希腊古瓮颂》和《忧郁颂》）的主题和结构构思中。对二十世纪的读者和诗人来说，这确实是济慈令人着迷的众多魅力之一。人们或许会怀疑，在过去的一个半世纪中，是否还有其他作家以更加本质、更为内在的方式运用对照，且同时在性情和终极目标方面，如此鄙视悖论偏好和为了差异本身而玩弄、权衡差异的做法。与济慈的其他诗歌都不同，对比深深地植根于《拉弥亚》，成为其肌理。至少，这首诗中的对比更多，种类也更丰富；与颂歌中凝缩且渐进的发展相比，这首诗给人的印象是迅速更替的交互作用（由于济慈运用了新古典主义对句所带来的对偶契机，这种印象进一步加强）。

贯穿于济慈这段时间表达中的几组对照措辞（并不一定是截然相反的对立面），总以这样或那样的方式出现于《拉弥亚》中。诗歌与哲学、不朽的神与凡人、永恒与变化、愉悦和“它邻近的痛苦”，这些措辞都显得十分突出。与其交织在一起的，还有梦与现实、爱与雄心、追求与餍足、激情与思考、避世与入世。相互对照的一组组表达，以万花筒式的变化，仅通过对立或互补就创造了另一个层次的比衬。因此，快乐（也许是神视所见）的梦和严酷不可知的现实，与它们的对应面——虚幻的梦和对现实的健康认知——相匹配。至此为止，比《圣亚尼节的前夕》更明晰的是这样一种对比，一边是归隐或退避（以及随之而来的爱），另一边则是敌对的世界。不过，《拉弥亚》中同样着重强调的——若非更加突出的情况——是一种逆转的对比，这种对比在《圣亚尼节的前夕》中全不可见：那就是归隐或退避——以及从某种程度上来说爱，与公共世
553 界的有益挑战和冒险精神之间的对比。如果说，激情与“迟钝的头脑”中那连续不断的吃力思索和受限的见解相对立，那么，它暗中也与“无私无我”的思想相对立——之所以说是“暗中”，那是因为哲学家阿波罗尼也与此理想相距甚远。盘旋于两者之间的，是激情和纯粹反思行为的对立，不论这种反思是有限且片面的，还是无私且全面的，抑或只是注意力的短暂游离。因此，当里修斯在他们隐居的宫殿里开始焦躁不安地想起“喧嚣世界”时，“始终警惕”的拉弥亚感到惊恐，“清楚地知道 / 瞬间的思索成为热恋的丧钟”。

《拉弥亚》正是围绕着这一系列对比而铸就的。济慈使用了一段小插曲来引入诗歌,其功能之一就是强调对比之于人性的必然：这段插曲是赫尔墨斯与林泽女神的缩微版爱情牧歌,其结局与主线故事的结局相反。其寓意是,里修斯后来渴望得到的幸福结合,只属于不朽的神祇。这无异于说幸福的结合是完全不可能的。因为此间浑然没有济慈以往时常在神话中插入的严肃情感——也就是重新捕捉"快乐的虔诚"的怀旧愿望。这段插曲仅仅是神话而已;济慈对它的处理是半嘲弄的,简慢的,甚至轻浮的。不仅其境界是虚幻的,这段神话还反映出创作它的人内心的焦躁不安,赫尔墨斯与林泽女神之间没有体现出超凡的爱情。真正发生的情况是,一位处女被赫尔墨斯以迅速、果决、完全脱离自我质疑的态度带走。(济慈可能希望这种轻快的处理方式,也能产生世俗老到的效果,就像他在自己的模仿对象德莱顿身上发觉的那样：毕竟,他想要这首诗给人"某种刺激的感觉"。)对四处游荡的、"永受神罚的赫尔墨斯"来说,这不过是又一次征服;他的欲望之不加掩饰,不仅得到了强调,而且近乎遭到嘲笑,他"仙国的热切"面红升腾,"从他带翅的脚跟燃烧到耳朵"。他专注的急切之心的主观性也得到了暗示:"啊,她脚下是一个可爱的世界！/ 赫尔墨斯这样想。"林泽女神出现在他面前时,那可能是一个梦。但这不重要。神话的领界与我们的世界不同,对立面并不造成问题。梦幻与现实可以互相交换位置而毫无损失:"诸神的梦是真实的。"

这段插曲的第二个作用是将拉弥亚从里修斯的简单故事里提升出来,突出济慈打算赋予她的神秘复杂性：伯顿的叙述只是"一个习惯装扮成美丽淑女的鬼魂",遇见里修斯,并把他"带回了家",这里面是没有神秘复杂性的。实际上,即便是神祇也需要依靠拉弥亚所拥有的独一无二的能力。这条深富同情心的蛇让林泽女神隐身,以保护她免受追逐而来的森林神的威胁。她只要对着赫尔墨斯的眼睛吹口气,就能让林泽女 554

神回到他的视野中。这条蛇不关涉道德,又充满同情心,只要赫尔墨斯愿意反过来帮助她恢复女人的身形——纵使她身负奇谲本领,也无法自行恢复形貌——她就准备好帮助赫尔墨斯。

十一

从拉弥亚的首次出现开始,她就被刻意设计为一团谜:几乎每一种品质都有其对立面,不论它是真实的还是潜在的。首先,我们从不确定她本质上到底是一个女人,还是一条蛇。她只是自称“曾经是个女人”;但这并不意味着她本初就是女人。这首诗至少假设了她的四次变化:她“曾经是个女人”,如今是条蛇;她又变成了一个女人;而最终,她消失的时候,很可能又变成了蛇,除非死亡降临到她的头上。我们同样不清楚她到底来自凡尘,还是长命不朽,或是介于两者之间,抑或更有可能的是,与两者皆有本质差别,但又能同时涉足两类存在。与诸神相关的天文意象(赫尔墨斯被称作“亮星”和“忘川列斯之星”)也运用于她身上,但被当作瞬息即逝的东西,或处于持续且难以捉摸的动态之中。这条“悸动的蛇”身上有

> 月亮的银光,她呼吸的时刻,
> 银光就溶化,或增强,或把光泽
> 同幽暗的织锦画面交织在一起。

她头上戴着类似冠冕头饰的东西,但那并非实体:它是“一团苍白的火焰 / 洒满了星星”。就像她所象征的制造多种幻觉的巨大能力一样——至少部分如此——矛盾是如此的极端,乃至怪诞。当满载神性的
555

月光在她不断移动的皮肤上交替照耀和消退时,她“彩虹般”身体上的颜色和花纹也令人联想起其他动物身上的颜色和图案:

身上的条纹像斑马,斑点像豹,
眼睛像孔雀,全是深红色线条。

与此同时,诗里还写到了“一整副”牙齿,也就是田园爱情诗中经常描写的意象,蛇的头脸上突然间看到这样的牙齿(“她有女人的嘴,满口的珠贝”)。她似乎

像个悔罪的妖精,
又像恶鬼的情妇,或恶鬼自身。

然而,她也楚楚可怜,她“眼含忧思”,不停地“流泪,再流泪,这双眼长得这么美”;当她向赫尔墨斯承认自己深陷爱恋时,不禁面颊绯红。赫尔墨斯满足了她的愿望之后,她的变形引起严刑拷打般的痛苦,在这种痛苦面前,她无能为力。她口吐白沫;“两眼凝固”,睫毛全枯,眼神呆滞,眦目欲裂。

她因深重的痛苦而抽搐,扭动:
火山喷发般深深的黄色取代
她周身银月般温柔优美的色彩;
当火山熔岩蹂躏草地的时候,
全毁了她的银甲和金色刺绣;
使她的斑点、条纹全变得暗淡,
蚀她的娥眉月,舔去她的星星焰:

这样子,在顷刻之间,她被卸去
宝石蓝亮色,紫水晶光泽,青绿,
红玉的银光:这一切全被拿走,
给她剩下的只有痛苦和丑陋。

无论对她有何评价,她本质上绝非邪恶。除却她自己遭受的痛苦以及她对林泽女神保护性的同情之外,还有一个事实就是,她决不想伤害自己所爱的凡人。这首诗在较早的地方描写她看起来像“恶鬼自身”(尽管她也可能是“悔罪的妖精”),短暂地提到她“喀耳刻似蛊惑的头颅”,以及她在变身过程中痛苦颤抖时口吐的白沫是“甜而剧毒”的,除此之外,诗中没有什么迹象表明她有任何危险性。当然,若没有她,里修斯不会落到那样的结局。然而不论是里修斯对她的承诺,还是他后来感到无法
556 满足,里修斯本人都对这个结局负有根本的责任。尤其值得注意的是,蛇女并未使用巫术迫使里修斯爱上自己(除了试图让他以为她是真的女人,这是可以理解的)。里修斯对她一见倾心。我们甚至可以推断,她并不能强迫里修斯爱上自己。

拉弥亚性格的整体发展,都是为了突出这个天赋异禀、令人费解的造物(“野狂又羞怯”)对他人的特殊依赖,因为她原本能做许多事情。她(像艺术一样)渴望贴近现实,但又无需完全属于现实。她的梦是现实的(“她有时会把睡梦送到一座座 / 城市里”);她身上也有一些属于不朽神祇的东西(“诸神的梦是真实的”)。如果她能够制造幻觉,那么也能将现实带到人眼前,正如她对林泽女神所做的那般。与艺术又一次肖似的是(但并不是说她“代表”艺术;艺术是进入构思的一个元素,尽管是个很大的元素),她也依赖于人的识鉴和反应。有了人类的反应,她能够满足不同的——甚至是相互冲突的——欲望和要求,并且是以纯真和洞察力、美感和无与伦比的见识做到这一点:

嘴唇最纯洁的处女,在她的心头
对爱的学问却作了精深的研究:
年龄只半小时,却有科学的头脑
教幸福不受邻近痛苦的困扰。

如果得到了全然的接受,拉弥亚能够保护爱人远离现实——假如他希望如此;在她用假象建造的宫殿里,里修斯实际上让自己成为一个被供养的男人。但是,若他想离开宫殿,拉弥亚则无力阻拦。尤其是,当里修斯坚持认为宫殿是真实的,就像他曾放弃的生活一样是真实的,拉弥亚没有办法阻止他自我毁灭——不论她多么渴望他不要那么做。最后,我们其实不能确定这座宫殿**就是**完全不真实的。至少,最终证明它不真实的证据——就像拉弥亚本人一样——只是因为它经受不住阿波罗尼那深具穿透力的目光。

十二

由于里修斯时而被等同于诗人,拉弥亚与哲学家阿波罗尼就经常被
看作对比物,代表两种不同的生活方式。根据人们的观点,这两个人物 557
反映了济慈本人的两种不同追求,一方面是对诗歌(或对爱、隐居和梦等)的献身,另一方面则是对哲学的投入。对比,或者其可能的侧面,当然会进入画面。然而,济慈的关联认同不仅分布于所有的人物中(里修斯得到的同情最少),更重要的是,它还参与了故事本身的进程,基于此,所有人物都暴露出自己的局限性。此外,很难说里修斯在拉弥亚和阿波罗尼之间感受到撕扯;他只希望远离后者。哲学家阿波罗尼也没有因为要拯救学生,而与拉弥亚争斗。尽管他的诊断以杀死自己的学生而

告终,但他更感兴趣的是解决问题。因此,当他不请自来,冷静地走进婚宴,目光锐利地环视四周时,

他微露笑容,
好像有棘手的问题,曾经愚弄
他忍耐的头脑,现在已经开始缓解。

里修斯的困苦,对他来说只是另一个问题;尽管他的笑容主要源于问题得到解决的自我满足("可见他预见的正确"),但也流露出对拉弥亚和里修斯无情的嘲讽。

一个更为根本的对比,存在于两个凡人(里修斯和阿波罗尼)之间,那就是他们面对拉弥亚的两种极端态度:前者完全沉浸于自己见到、想见的那一面;后者则仅仅将她视为可被看透并应随后抛弃的东西。正是他们的两种态度,支撑和摧毁了她。拉弥亚完全依赖于如何被人观看,她能够为里修斯创造宫殿和他渴望的迷人生活,部分原因在于他的双眼一刻不停地凝视着她的眼睛,就在拉弥亚的眼眸之中,他看见自己"映在天堂里缩小的身形"。相反,拉弥亚初次瞥见阿波罗尼时,就害怕"他的锐眼"。转折点出现于阿波罗尼进入婚宴大厅之后,他

早已一眨也不眨地把眼睛盯着
那突然惊恐不安的新婚美人。

拉弥亚开始凋枯之际,里修斯向阿波罗尼叫嚷"闭上你魔术的眼睛,残酷的老人"。随后,由于哲学家继续盯着拉弥亚,里修斯无助地向宾客们呼喊:

“科林斯人！你们瞧那个白胡子歹徒！ 558
注意他着了魔,没睫毛的眼皮围住
他恶鬼般的眼珠！科林斯人,瞧！
我可爱的新娘在他的逼视下枯凋。”
…………

诡辩家的眼睛
有如枪尖,刺穿了她的全身。

如果说拉弥亚的梦是——或者说,可以是——现实,那么里修斯的现实就变成了一个梦。他全心致力于热情地参与不朽(济慈在《希腊古瓮颂》中以不同的方式考察和探索了这个愿望);有一阵子,里修斯似乎满足了自己的欲求(“啊,幸福的里修斯!”)。拉弥亚似乎为他带来了一个完全逃离时间的机会,也让他逃离了苦痛疲劳与快乐相互渗透的残酷过程。她违抗寻常经验的流动,不仅能够杜绝快乐与它们令人厌烦的对立面“交互往来”,隔开“两者的接触点”,而且还能够将它们与其他通常不肖似的快乐结合起来:

跟外实内虚的混沌密谋,用绝技
把其中浑浑噩噩的原子分离。

拉弥亚拿出来的那只“令人眼花缭乱的杯子”,使人联想起回旋诗《幻想》中的杯子:采撷春、夏、秋三季的快乐,被释放的幻想“把种种欢乐协调在一起,/像三种美酒在一只杯里”。但《拉弥亚》还与回旋诗《幻想》有一重关联,那就是即便能保住情感的对象,也不可能永远保持情感不被稀释。里修斯一段时间之后回想起外面的世界——如拉弥亚忧惧地看到的那般——开始渴望“比她那欢乐的统治”所能给予的更多的东西。这本身并不致命。没有什么能阻碍他时而待在宫殿内，时而置身宫殿外，尽管这自有其危害。真正的困难在于他选定的行动路径。首先，他会更加忠于拉弥亚，并与她结婚。与此同时，他会将现实扭曲，使之走向最终且完整的献身：他公然邀请现实作为一个积极的参与者来共同介入，利用它强化这种极度特殊的体验。简言之，他已失去辨识的能力；幻觉变成了妄想。
559 他继续举办那盛大公开的婚宴；济慈短暂地停顿，以流畅的风格呈现出这一幕（正如他七月间告诉迪尔克的那般，自己毕竟是“识赏风景的老手”）。里修斯心怀轻快的自信，甚至以为阿波罗尼也被同样的热情所感染。他的目光从拉弥亚身上短暂移开，他“抑制住爱的出神”，拿起一满杯酒，转向阿波罗尼，举杯祝酒，却发现哲学家布满皱纹的脸看向拉弥亚，死死盯着她。

济慈在这年夏天写给贝利的信（8 月 14 日）中说道：“我越来越确信，（除了人类之友哲学家之外）一个好作家是世界上最真诚至纯的存在。”心中的哲学是面对和忍受现实的哲学——现实尤指改变和死亡，对事实的丰富程度持“公正不涉私利”的开放态度，具有完全能够共识共享的人性。阿波罗尼远未能体现这一理想，他只是局限于对分析哲学的简化运用，其本质是将一个事物简化为特定的元素，然后用简单的解释来替代原本复杂的现实。不能见容于如此化约做法的东西，只是简单地被否定了。这就是著名的“彩虹”诗段的观点——它之所以著名，是因为经常被人从诗的语境中抽出，并当作一种反理智主义的主张，加以拥护或指摘。事实上，这段诗出现的地方是济慈在最后一幕上演之前，轻松地提议要为这部近乎喜剧的诗歌中的人物戴上不同的花冠，此处他半开玩笑地嘲讽了李·亨特家的桂冠诗会，他自己曾十分热切地参与这类活动：

拉弥亚戴什么花冠？里修斯戴什么？
什么花冠给阿波罗尼这位长者？

拉弥亚“正在发痛的额角”挂上了柳叶花冠，令人想起奥菲利亚，花冠上还有“瓶尔小草”的嫩叶；陶醉的里修斯戴着酒神杖或巴克斯权杖上的葡萄藤叶，能够帮他维系住幻觉：

　　　　　　对那位聪明的学者，
让针茅和毒草蓟花在他的太阳穴
开战。是不是所有的魔法一旦
触及冷峻的哲理就烟消云散？
一次，可畏的彩虹在天上升起：
我们知道彩虹的密度和质地；
她列在平凡事物可厌的编目里。
哲学将会剪去天使的羽翼，
会精密准确地征服一切奥秘，
扫荡那精怪出没的天空和地底—— 560
会拆开彩虹，正像它不久前曾经
使身体柔弱的拉弥亚化为一道虚影。

济慈尽管回想起海登那场“流芳百世的餐宴”上著名的祝酒辞，但还是无法用处理里修斯这个人物过程中忽隐忽现的嘲弄（“假如里修斯活着把故事传流，／ 他准定会使卫道士痛心疾首”），来呈现阿波罗尼。事实上，阿波罗尼自始至终被赋予其他人物所没有的、令人敬畏的庄严。因此，当拉弥亚——以及我们——第一次见到阿波罗尼时：她不安地抓住了里修斯的手，

这时有人走近，
这人白须鬓，目光尖，头顶光秃，
脚步缓慢，穿着哲人的袍服。

相较之下，济慈对婚宴宾客的处理几乎充满蔑视。[①] “人群来了”，“众人的眼睛”茫然呆望着宫殿，然后就匆匆加入闹宴——“除了一个人”；那人“睁眼苛刻地观察，/ 挂着一脸严峻，踱着沉静的步伐”。诚然，阿波罗尼被称为“诡辩家”。这个联想许多古代诡辩家的还原论否定精神相关。里修斯死前曾这样指责阿波罗尼：神会因他持续、好斗的怀疑主义而惩罚他——

因为诸神的威力遭忤逆，
因为你进行了不敬的傲慢诡辩。

阿波罗尼确实有很多东西看不到。他只能看穿事物。换句话说：阿波罗尼与里修斯一样，只能看到自己正在寻找的东西，两人都否定那些自己不想寻找的事物。简言之，他们对待一个特定现实——拉弥亚——的方式都是主观的，她远比他们意识到的状况复杂。但是，随着他们的局限性被戏剧化地展现出来，主观性的程度以及类型的本质差异变得无可争辩。活下来的人是阿波罗尼，而非里修斯。如果说，阿波罗尼看到的只是部分真实，而这部分与其他许多真实的东西似乎是相冲突的，但它是不能被忽略的；然而，里修斯的方式从一开始就被一种更为彻底、故意的退缩精神所玷污。济慈撰写《拉弥亚》的目的，并不是为了把

① 在原始版本中，其处理是公然的藐视和讽刺。参见济慈信中删去的诗行。（《济慈书信集》，第二卷，页 158–159）

它当作那种特别适于表达诗歌未来及其面临的危险的道德寓言。但是，561
当他写到这首诗的第二部分时，他已开始撰写新一版的《海伯利安》。在那首诗中，诗人——以及他所代表的一切——都濒临死亡，因为他是一个做梦的人。他之所以能够及时获救，仅是因为他开始朦胧地意识到，想象力对于诗歌和梦的作用必须是“多样的、彻底相反的、针锋相对的”。

《拉弥亚》完成后不久，济慈便对它生出喜爱之情，这种感情中还寄寓着一丝凄凉。此番夏日颇多艰难，似乎只有这首诗留下了一点果实。尽管修改版《海伯利安》的序幕远远超越了《拉弥亚》的任何元素，但这轮“宏大诗歌”的全新尝试——此尝试仅限于三四个星期的专注努力——甚至比第一版的《海伯利安》还要支离破碎，济慈从未想过要将之出版。不过，《拉弥亚》极大地提升了他的信心。他告诉乔治(9 月 18 日)：“我确信，里面有一团火，一定会以某种方式吸引住人们。”他部分想到了这首诗反感伤的倾向。不论他写的是什么，都不再会是《伊莎贝拉》那样带着“浅薄见识”的诗(“《拉弥亚》没有这种毛病”)。感伤的东西实在太流行了，令人沮丧；“我打算对公众多施些巧计”。他也对《拉弥亚》的节奏更有信心了。他终于开始克服困扰自己许久的叙事诗难题(尽管不可否认地做出了一些牺牲)——这个难题就是“对地面的覆盖还不充分”。

这年冬天，济慈反复考虑下一卷诗集可以收录哪些长诗——这些诗似乎都与他希望在更充裕的时间里实现的目标相去甚远——《拉弥亚》至少流露出一些迹象，表明时间充裕的情况下，他能够达到的程度。《拉弥亚》被列在那本诗集标题的第一位，诗集的名称是《拉弥亚、伊莎贝拉、圣亚尼节的前夕及其他》。

第二十一章　丰硕之年渐进尾声：《秋颂》与《海伯利安的覆亡》(1819 年 7 月—9 月)

562 七月二十二日，查尔斯·布朗来到尚克林，他像往常一样精力充沛，准备好与济慈一道合作戏剧《奥托大帝》。这时济慈写作生涯的最后一个夏天已经过去三分之一。剩下的两个月中，相互冲突的目标始终困扰着他，而到了最后一两个星期，进一步恶化的财务问题更令他不胜烦恼。首先，三个星期中的大部分时间都被这部戏剧消耗掉了。在三个星期之内完成一部诗体悲剧(或者说，这部戏剧的大部分——五幕中的最后四幕)的想法，本就有些怪诞；济慈对其做的迅速处理，显示出他的急迫感。九月十日，乔治那里传来了坏消息，他向济慈求助；从彼时直至九月二十一日(济慈放弃了新版的《海伯利安》)，焦虑、试图帮助乔治却徒劳的努力，以及转向其他行业的决心都扰乱了济慈的生活。在这种情况下，留给其他创作的相对空闲的时间就仅剩三个星期。这段短暂的时间内，他抽出几天完成了《拉弥亚》的第二部分，并尝试继续创作新版的《海伯利安》，可能其中的大部分是在这一时间撰写的；九月十九日，济慈写下了《秋颂》。至此，济慈活跃的诗歌生涯基本结束。

二

布朗抵达济慈和詹姆斯·莱斯在怀特岛尚克林居住的小屋时,还带来了他们意气相投的好友约翰·马丁。[1] 变化来得很突然。"闲逛的杰克和慵懒的乔"——济慈曾这样称呼自己和莱斯——两人此前一直过着忧郁但至少平静的生活。在这突然间拥挤起来的住处,济慈自然无法工作;他们必须做点什么来招待访客;病弱的莱斯像往常一样,渴望欢快 563
的交际。就在济慈和莱斯用作起居室的小房间里,四个男人——就像济慈告诉范妮·布劳恩的那般——"夜以继日地打牌,没留下任何不受干扰的时间",甚至连写封短笺都没空。

三天后,莱斯和马丁离开了。济慈怀着被压抑许久的决心,迅速回到那首"非常抽象的诗"——也就是《海伯利安的覆亡》——并花了一整天时间琢磨。布朗可能在周围转了转,一两天之后,他们便开始创作《奥托大帝》。布朗是个精力充沛的徒步旅行者,他说服济慈多接触户外环境。他自己也会带上纸笔出门;他算得上是个技巧娴熟但没受过太多训练的画家。济慈告诉迪尔克(7 月 31 日):"有一天,布朗正在画尚克林教堂的素描,我去看他进展得怎么样,便向他挑战,试试技巧——他把铅笔和纸借给我——我们保留了素描画去竞争画廊的奖项。"毫无疑问,正是在这天,布朗给济慈画了肖像,他的作品恐怕是除了海登的面部模型之外,最符合济慈形象的肖像。布朗的孙女撰写了如下记述:

---

① 约翰·马丁来自罗德维尔与马丁出版公司(新邦德街 46 号),他也是迪尔克和雷诺兹的朋友。

> 济慈同我祖父一起外出写生；他们回来的时候，济慈有点累了，他半躺在沙发或是安乐椅上。我祖父打开画夹，画下了这幅铅笔肖像。他很满意，并保留了这幅画作。后来，这张肖像画被传给我父亲；父亲去世后，母亲把它交给了我。[①]

身体强健的布朗后来又抽出两天（8 月 1 日至 2 日），“背着他的旧背包在乡村游荡”，济慈赶紧抓住机会投入到其他创作中去——这时写的很可能是《海伯利安的覆亡》。尽管济慈喜爱布朗的陪伴，但他对“布朗的归来有些惆怅”——他告诉范妮·布劳恩，“那就像一道霹雳，闯进我的生活”。济慈希望不久后能去伦敦看望范妮，但逗留的时间必须很短，“因为我现在正处于一连串的创作中，很怕思绪被打乱”。与此同时，他总觉得缺少一间书房。他越来越想去温彻斯特，尤其是那儿的大教堂十分吸引他。布朗也同意换地方。尚克林附近的风景无论有多迷人，“我也要衷心地向它们道别，去换取我的大教堂……我渴望去
564 温彻斯特，因为我已经开始讨厌尚克林的门柱了——这儿的名字和鹅卵石”；“路边老妪的声音”——一个叫沃德太太的人——“吵得人不得安宁”。[②]

济慈显然在不顾死活地用功，经常通宵达旦工作。由于白天的大部分时间都花在了《奥托大帝》上——布朗坐在他对面，为他提供诗体改写的素材——我们可以由此推断，《海伯利安的覆亡》只能在他感到很疲劳的剩余时间里撰写。一天清晨（8 月 6 日），济慈工作了一整夜之后，开始给范妮·布劳恩写信，突然“布朗穿着晨衣、戴

① 载《观察家》，1922 年 9 月 24 日。布朗移居新西兰时（1841 年）将这幅画带走，现在它保存在伦敦的英国国家肖像馆。关于济慈其他肖像的讨论，参见前文第六章，第四节。

② 《济慈书信集》，第二卷，页 137–138，页 142。

着睡帽走了进来，说他睡了个好觉，精神振作，现在觉得很饿——我留他自己在那儿吃东西，便赶紧去睡觉了，我太累了，不想讨论任何话题”。到了八月十二日他们前往温彻斯特时，两人几乎已经完成《奥托大帝》中间的三幕——共约一千行诗。济慈在温彻斯特能够更加独立地创作，在那儿的第一个星期或十天之内，他写下了这部戏剧的最后一幕。

当我们想要从这部戏剧中挖掘出一些内涵时，我们应该记住，布朗本人认为两人合作的方式是很“奇特的”。因为直到创作这部戏剧最后一幕之前，济慈都不知道接下来的情节会往哪个方向发展，他在这样的情形下将每一场改写为诗体语言：

> 我［布朗］忙于给他提供悲剧的情节、人物和戏剧动作等内容，他则把这些以诗的方式呈现出来。工作的进展十分“奇特”；因为我就坐在他对面，他捕捉到我对每个场景的描述，进入每一个将要登场的人物、事件以及与场景相关的所有东西。就这样，他一幕幕地填充，在第四幕完成之前，他一直都不知道也不探究后续的场景。正是在第四幕完成后，他表示要即刻知晓第五幕的所有事件。我向他做了一番描述；然而，他耐心地倾听和思考后，坚持认为我放入的插曲太多，用他的话讲，就是太像情节剧，太夸张。于是，他按照自己的想法写了第五幕。[①]

尽管《奥托大帝》直到一九五〇年才真正上演[②]，它却并不比同一时期创和制作的一般悲剧水平差。除了质量问题之外，还有其他因素影响了

① 布朗，《约翰·济慈生平》，页 54–55。
② 11 月 26 日，这部戏剧在伦敦的圣马丁剧院上演。评论自然以褒奖为主。

565 这部戏剧的接受：两家主要剧院此时以及接下来的一年都卷入了内部和彼此间的激烈冲突；两家剧院都在亏损；公众口味正迅速发生变化。[①] 即便如此，这部具有伊丽莎白时代戏剧风格的传统哥特情节剧，受制于复杂预设情境的干扰，这也给济慈本人带来了不必要的困难。布朗的思维方式颇类似于国际象棋手：他欣赏细节，喜欢解决问题。戏剧情节开始之前，一系列令人困惑的事件就已经发生，它们均无甚趣味，却都必须在剧情先期透露出来，以便让后续的情节具有实际意义。[②] 很显然济慈主动提议，随着戏剧接近尾声，它应该更多聚焦于鲁道夫——这是他希望埃德蒙·基恩扮演的角色——其他让这部戏剧显得杂乱无章的次要人物应大多被推到背景之中。诗剧中的韵文本身并不算特别笨拙，或是缺乏戏剧性，尤其是这部戏剧的后半部分确有亮眼之处。我们能够做出的评价是，它的语言确实被冲淡了——考虑到这部戏剧的创作速度以及济慈本人缺乏深度参与的状况，这是不可避免的。《奥托大帝》中自然有许多莎士比亚的回响，有时其诗句也实现了莎士比亚式的抑扬顿挫和隐喻意味。济慈写给乔治的信（9 月 27 日）所引用的一些诗句，就是很好的例证（强调部分出自济慈本人）：

我不以剑士的身份，而是作为一个儿子

---

① 参见伯尼斯·斯洛特，《济慈与戏剧原则》（*Keats and the Dramatic Principle*, 1958），页 117–119，此处详细讨论了《奥托大帝》。

② 德意志皇帝奥托之子鲁道夫领导了一场失败的起义，他发动起义的原因是父亲不允许他同惹人嫌弃的女孩奥兰瑟结婚，奥兰瑟是法兰克尼亚公爵康拉德的妹妹。奥托为儿子挑选的新娘是鲁道夫的表亲埃尔米尼亚。就在此时，匈牙利人入侵德意志。之前因帮助鲁道夫叛乱而蒙羞的康拉德十分英勇，他在与匈牙利人的战斗中证明了自己的价值，重新获得奥托的恩宠。伪装成阿拉伯人的鲁道夫也表现得很英勇。其他涉及埃尔米尼亚和奥兰瑟的行动，也必须作为预设条件呈现出来。于是，这出戏剧本质上就变成了鲁道夫的悲剧。奥托感激儿子在战斗中的贡献，遂准许他同奥兰瑟结婚。然而，堕落的奥兰瑟背叛了鲁道夫的爱。发现这一切的鲁道夫最终发疯；愧疚的奥兰瑟选择自杀，而饱受折磨的鲁道夫最终心碎而亡。

来祈求宽恕：坚强的百夫长
在外国疆场久经磨炼，**他的丰功伟绩**
被长长的战矛林立遮蔽，
只为自己的兵团知晓，他比我
更有理由祈求陛下您的恩宠。

济慈创作《奥托大帝》时所表现出的好脾气，令布朗都感到困惑，这说明他真正的关注点在于其他地方。他想让一个曾给予自己很多帮助 566 的朋友满意，这位朋友觉得合写戏剧的主意很好。布朗借给济慈的钱显然得用济慈从这部戏剧中可能获得的收益偿还（根据范妮·布劳恩的说法，他们希望各自从这部戏剧中获得两百镑的收入）[①]；济慈欠布朗一个人情，他需要为之努力，不论他对这部戏剧有什么看法。此外，始终存在这样的可能性，即布朗真的知道什么样的作品会吸引演员以及那些操控戏剧界的人士。因为布朗不仅写过一部在德鲁里巷皇家剧院上演的戏剧——喜歌剧《纳兰斯基，或通往雅罗斯拉夫之路》（这部歌剧于 1814 年 1 月连演十晚）——而且还因此获得了三百镑的收入，以及终身免费前往德鲁里巷观剧的机会（暂且不论这一机会价值几何）。济慈觉得自己没有资格评判一样东西到底销路如何。正如他稍后（9 月 17 日）告诉乔治的那般，他最终陷入了“一个坏名声的泥潭，它同我作对个没完”：

摩登文学人士把我的名字归为粗俗一类——我对他们来说就是个织布男孩——写一部悲剧能够使我摆脱这种困境。就我们的钱包而言，情况确实一团糟——但你不要像我一样沮丧。比起想象的痛苦，我觉得我更能忍受现实的痛苦。

① 《范妮·布劳恩致范妮·济慈书信集》，页 34。

济慈觉得自己更没有资格去衡量戏剧品味的不可预知性。一年半前,他还为进入柯文特花园剧院的后台而兴奋不已,如今他早已不是从前那个醉心于舞台的年轻人。再早些时候,他甚至认为整个文学界,包括菲尔顿·马修那样的人,都有一颗“热爱天才的心”。一八一七年的整个秋天,他目睹了亨特与海登的争吵,感受到来自年轻的洛克哈特那超乎想象的恶意,在霍勒斯·史密斯家遇到了一些小作家,经历了他们那些矫揉造作且以自我为中心的谈话,所有这些事都令他感到“困惑”,也使他确信,“造就一个有成就的人,尤其是在文学领域有成就的人”的主要品质(“这种品质在莎士比亚身上显得尤为突出”),就是让自己沉湎、消融于一些更重要事物的能力。参加史密斯家餐宴(1817 年 12 月)的作家谈论“时尚人士”,谈论“基恩和他那群下等朋友——可我当时心里想,我宁愿和他们在一起也不想同你们来往”。相形之下,戏剧界的
567 人似乎活力充沛、直接且灵活。但是,济慈拥有如此强大的同情想象力,他很快便注意到单纯的历史共情所导致的局限的思考和想象力的贫乏,他还注意到戏剧界在何种程度上利用并鼓励虚荣心和同情认同。当然,这一切都可以带着宽容和善意被接受;事实上,很长一段时间以来,它一直得到这样的接受。但是济慈很疲惫,他克服巨大的困难去创作;他身体不太好——比他自己知晓的情况更糟;疲劳的烦躁越来越频繁地侵袭他。除了埃德蒙·基恩之外,伦敦的整个演员群体都令他沮丧。他告诉妹妹(8 月 28 日):“柯文特花园剧团简直糟糕透顶——扬[查尔斯·梅恩·扬]是那群人当中最好的,但他也是个大叫大嚷、自以为了不起的俗气演员……这些演员真是一群索然无味的蠢驴!”

当然,布朗比他本人更有资格判定什么能行、什么不行。济慈也能从这样的锻炼中学到些东西。正如他告诉贝利的那般(8 月 14 日),他的终极抱负之一就是“在现代戏剧创作方面发动一场革命,就像基恩在表演上做的那样”;革命是迫切需要的。然而,由于他靠着借来的

钱生活,就得急着利用这个夏天,并在秋天带来"事件广袤土地"中可能滋生的新的复杂情况之前,尽可能多地进步一些。他想当然地认为,自己接近戏剧的步伐必须是非常循序渐进的。正如济慈所言,《奥托大帝》更多是布朗的"孩子",他本人只是扮演了"接生婆"的角色。假如有一天,他打算严肃地开启一部戏剧创作,他必须完全靠自己一个人完成;这部作品可能会像他过去一年半的所有新作一样,同时发展出一种新风格。他已经为《拉弥亚》发展出一种较新的风格,并正在为《海伯利安的覆亡》形成另外一种风格。不论如何,他都必须先学会运用"戏剧技巧"来处理叙事诗。事实上,这是中间的一步(《拉弥亚》只是其开端)——也就是在未来六年左右的时间里写出一系列叙事诗,它们会逐渐"让我振作起来,写出几部好的戏剧"。

出于对布朗的忠诚,济慈不仅不愿贬低《奥托大帝》,甚至不愿从负面来设想这部作品;随着他拼命将布朗设计的场景转化成素体诗,他也试着参与和感受布朗的热情。不过他也会无意中透露一些评价。当他 568
与布朗创作到一半的时候(7 月 31 日),他告诉迪尔克:"布朗和我,再次装备好,套上马车,准备出发了。我指的是那部进展得很颓唐的悲剧。"济慈在给范妮·布劳恩的信中说,他透过"计谋、台词、反计谋和反驳的台词"来看她——"剧中的恋人[鲁道夫]比我还要疯狂——我跟他比起来不算什么"。济慈愿意以如此稳定的速度创作这部戏剧,布朗感到很高兴。当他们快完成第四幕时(8 月 12 日),布朗写信给迪尔克说,"济慈非常下功夫"。但是,济慈表现得"顽固得可怕"的时刻越来越多。他想给严肃的奥托增添"一丝古怪滑稽的味道",还主张让"公主训斥她的理发师,因为后者用头油弄脏了公主的脸,搞花了她的胭脂。在他看来,这或许更自然,但很多别的事情也可能更自然"。[①] 事实上,布朗很认真

① M. B. 福尔曼编,《济慈诗歌及其他著述》,第八卷,页 19–20。

地对待这部戏剧，剧本一完成，他就开始用最整洁的字迹誊写一份抄本——济慈告诉他妹妹，说抄写得“极为杰出——远比这部戏剧应得的待遇要好”。

《奥托大帝》完成后（8 月 23 日），济慈或许开始撰写更为出色的《斯蒂芬王》，这部戏剧他写了约两百行。不过，更有可能的情况是，他于十一月才开始动笔该剧。[①]

三

搬到温彻斯特的做法（8 月 12 日）给济慈带来了巨大的解脱，尽管他渴望在那里找到一间书房的希望落空了。他与布朗搬到温彻斯特后的第
569 四天，他写信给范妮·布劳恩道：“我在尚克林小棺材似的斗室，换成了一个大房间——我可以在里面随心所欲地走动——向外望去，可以看到一座美丽房子——它的白墙。”这样的景色比“尚克林窗口看到的海景”更合他的心意；对他此刻最紧要的任务（写作）来说，如此景致是理想的。就在

① 9 月 5 日，济慈写信给泰勒说：“我完成[《奥托大帝》]之后，又完成了《拉弥亚》。”8 月 12 日至 9 月 5 日之间的十二天中，即使是济慈——在如此疲惫的情况下——能否写完《拉弥亚》的整个“第二”部分，继续撰写《海伯利安的覆亡》（为此他在 9 月 10 日之后几乎没有任何闲暇），并写出《斯蒂芬王》的许多内容，这是值得怀疑的。布朗誊抄这部戏剧片段时，于顶部标注了标题、作者和日期——在这种语境下，日期清楚地表明了戏剧的撰写时间：“《斯蒂芬王》，一出悲剧的片段，约翰·济慈写于 1819 年 11 月。”关于此作品的创作时间本不会有什么分歧，只是布朗在二十一年后写的回忆录中说了这样的一番话——当然，时隔多年，时间线索缺乏严密的精确性是可以谅解的：“济慈一完成《奥托大帝》，我就给他指出了另一个主题……”；布朗在回忆录中讨论了《斯蒂芬王》的片段之后，又补充说：“济慈再也没有重拾第二部悲剧，它让位给了《拉弥亚》。”（《约翰·济慈生平》，页 56）基廷斯先生没有提出任何证据来支持其观点——“布朗十一月份誊抄这部戏剧的片段时标注了日期，他标注的日期往往不是创作日期，而是誊抄这天的日期。”（《约翰·济慈：生年》，页 164）这里的“往往”可能指的是布朗在《明亮的星》这首十四行诗上标注的日期，基廷斯先生也认为这个标注造成了不便。

这封“言辞硬邦邦”的信中，他告诉布劳恩自己没有闲情逸致，也没有心情去写情书。他已经计划好了整整四个月的紧张工作：

> 请相信我最早给你写的那几封信：我向你保证，我的感觉就像当时写的一样——可我现在写不出来——脑海里掠过上千种形象——我不安的灵魂——我未卜的命运——所有这些都如同面纱般在你我之间展开……既然船帆已经升起，我就想象自己不间断地航行几个月——我已完全进入情绪——高度兴奋；这四个月，我要大干一场——刚刚快速浏览了这页信，它看起来实在不像恋人的情书，一点也不殷勤——但我控制不了——我不是清闲打着哈欠的官吏；也不是罗密欧的牧师——我脑袋都塞满了；塞得像只板球——如果再使劲填点什么，它肯定会爆掉。

他即刻投入《奥托大帝》第五幕的创作，试着更加独立地写，并将行动进一步集中在主要人物身上。不过，他最主要的精力还是撰写“抽象的”新版《海伯利安》。他对这部作品逐渐变得极其投入——以至于他不久后放弃此诗时，除了以最间接的方式外，他几乎无法提起精神讨论这个话题。

极度疲劳的时候，济慈有时会试着把自己作家的形象变得生动，并通过将自己与投射形象关联起来的方式（用海兹利特的话来说），来强化自身的努力。这年早些时候，他曾语气俏皮地告诉妹妹，说渴望在一扇美丽的彩绘窗前读书、写作，窗口朝着日内瓦湖（“我要坐在窗前读一整天书，就像画里的读书人一样”）；他还曾向乔治描绘自己写信的方式——一只脚歪斜在地毯上，突然间想知道“莎士比亚写下‘生存还是毁灭’时是什么坐姿”。[①] 他如今被许多分散精力的目标所困，

---

① 参见前文第十八章，第四节。

但又受到近乎绝望的决心之驱策（“我必须开始搏斗”；“我需要在绝
570 望和活力之间做出选择——我选择后者”），他紧紧抓住代表平静、坚定和迅捷的象征符号与姿态。（正如他告诉萨拉·杰弗里的那般，他的愿望之一就是学会用“植物学家的冷静”来看待事物。）他现在告诉乔治（9月17日）：

> 每当情绪低落时，我就让自己活跃起来，洗漱，换上干净的衬衫，梳好头发，打理好衣服，把鞋带系得整整齐齐，总之我把自己打扮一番，仿佛要出门赴约一样——一切都弄得干净舒适后，我坐下来开始写作。这是我现在最大的宽慰。

他告诉范妮·布劳恩，“我的心现在仿佛是铁打的”；他觉得“此刻我如同骑兵般冲锋陷阵”。坚定和树立决心的姿态如今在他的信里反复出现。他在给雷诺兹的信中说（8月24日），“我越是明白自己的勤奋能产生什么样的结果，我的心就越是因为骄傲和固执而膨胀——我觉得自己有能力成为一个受欢迎的作家——我感到有力量拒绝公众令人厌恶的选择”。若健康状况能够承受，他会很乐于在孤寂中度过余生。几天后，他告诉泰勒，说自己坚信健康的本质在于“忙碌”与勤奋努力。假如一个人慢慢走过布满热病的沼泽，生怕会患上疟疾，那么他肯定逃不脱感染。可是，让麦克白“走同样的路，在空中挥舞着匕首为自己开路，那么他绝不会染上疟疾之类的病。你应当把这些事认真考虑一番”。

然后，突然，所有钢铁般坚毅的决心一时间都消失了。他跟妹妹说（8月28日），他“现在很想”与她在园子附近“散散步”：

> 尝尝苹果——品品梨子——品评李子——轻咬杏子——咀嚼桃子……还要有棵白醋栗树作伴——我向往懒洋洋地躺在开满睡

莲的池塘边的草地上，吃着白醋栗，观赏池里的金鱼，要是身体好的话，晚上还能去趟集市。

四

若不是因为钱这个恼人的问题，温彻斯特本是很理想的创作地。八月份的天气已经变得炎热而干燥；济慈的咽喉痛逐渐消失；城外“干燥的石灰岩丘陵地”上的空气仿佛“价值六便士一品脱”。秋天邻近，但八月白昼的时间很长。在一段相当长的时间里，人们“不会被冻成红鼻 571
子——不会冷得发抖——能够在美好的环境下思考”。

济慈和布朗搬到温彻斯特时，手里只剩几镑现钞。布朗拥有的财产此时动不得，而且他已经赊借济慈几个月的钱了。过去一两年中济慈借给各色朋友的两百三十镑，一分钱也没有收回来。他五六月份寄出去讨账的信件，言辞太过温和、太不直接；他的朋友们都很拮据，或者认为自己比济慈更需要钱，毕竟大家都知道他继承了一点财产。由于艾比坚定地拒绝提前支付任何钱款——除非玛格丽特·詹宁斯夫人提起的大法官法庭诉讼得到解决，因此，济慈唯一可能的钱财来源就只有他的出版商泰勒和海西了。跟他们接洽令他非常尴尬。《恩底弥翁》已经让他们亏了钱，因为济慈创作这首长诗时，他们就十分有信心地预付了钱款。他别无选择，只好硬着头皮给约翰·泰勒写信，比起海西，他跟泰勒更熟一些。他一直等到自己与布朗合写的悲剧完成，也就是摆脱了他所谓的悲剧之“爪”时，才给泰勒写信。他希望能够告诉泰勒，自己完成了一部可以带来点收入的作品。因此，剧本一写完，他就即刻去信泰勒(8月23日)。正如前文所述，每当济慈请求提前支付钱款时，他讲话就迂回曲折。但他此刻如此苦恼，全然无法忘记泰勒对《恩底弥翁》所抱有的期许遭到了多么残酷的落空,以至于他对旁人性格的同情意识都出现了根本性的偏差。他很久没有给这位朋友写信,但开头的第一句话却显出无心的粗鲁:“你大概能察觉,若非迫不得已,我是不会给你写信的;对此我深表歉意。”至此,这封信还看不出他在请求预支钱款。他告诉泰勒自己会很唐突地直奔主题;他要使用“公事公办的措辞”。这封信提及他可能面临的大法官法庭诉讼、别人欠他的钱(他忍住没说有多少,只说是“尚可容忍的数额”),还说到了他与布朗“刚刚完成”的戏剧,明眼人看到这儿都知道济慈需要钱。他有些忧愁地表示想要留张“借据”。之所以提出这一点并不是因为泰勒对借据有所指望。济慈想提供这一保证的原因在于它能够对抗他“过于散漫的生活感”。(查尔斯·布朗最终提供了担保,他附上一份声明,表示将为预支给济慈的所有钱款提
572 供担保。)济慈的信继续说道:“我有十足的信心,假如我愿意,我能够成为一个受欢迎的作家”;但他不会屈服。谄媚讨读者喜欢的想法与他对爱情和范妮·布劳恩的想法铆合了起来:

> 公众的欢心和女人的喜爱,两样我都同等厌烦——它们是粘住独立之翼的甜腻糖浆。我要永远把他们(公众)视为欠下我诗句的人,而不是把自己当作亏欠他们赏识的人——他们的赞美,我有没有都可以。在下定决心再也不写序言之后,最近我又放任自己的不满,写了一篇针对他们的序言。

泰勒读到这些的时候,可能会想:“孤寂的生活多么容易产生骄傲和自负啊。”济慈大声断言:“没错!”这样的骄傲和自负能帮助他“写出更好的东西”。这封信的势头继续提升;他长期以来一直试图掩盖的强烈痛苦(假若可能的话,他会用宽容和同情使之升华和消释)爆发了出来。他考虑到的不仅仅是公众,还包括那些“小有名气的庸俗之众”,他

们推搡拥挤，交头接耳，“扮演着伪君子”，为了什么？——就是“为了在文学贵族的长椅上乞求一席之地”。这些笨拙而强烈的表达（之所以说笨拙，是因为它们不属于济慈的习惯表述）与《海伯利安的覆亡》中的情感迸发类似。他差不多在同一时间撰写了《海伯利安的覆亡》中的内容，写完之后不久便明智地删掉了那些诗句：在其中，他写到，尽管自己被迫“与他们共同呼吸死亡”，但看到那些背叛文学的人“在我之前匍匐着爬入坟墓”，有如畅饮“生命的源泉”。济慈告诉泰勒，正如他“为自己难以企望的天才”而感到自惭形秽，他也同样“得意洋洋，带着仇恨与蔑视的眼光看待文学界”。

这样写了一通之后，济慈却忘记向泰勒提起打算问他和海西预支的具体金额。在等待回复的时候，另一件令他失望的事发生了。仅仅四五天之后（8 月 27 日或 28 日），他和布朗就听说埃德蒙·基恩正准备出发去美国巡演。正如济慈后来告诉乔治的，这是“我最近听到的最坏的消息”。他坚信，基恩是唯一一个会对这部戏剧感兴趣的人；这里的主角就是专门为他设计的；即便其他人接受这出戏，也只有基恩能够让它获得成功。眼下济慈只想对此轻描淡写，他说，“我本希望再给基恩一次大放异彩的机会”。

在缺少几首有分量的作品可供选择的情况下，济慈并未想过再出版 573
一本诗集。但如今，这个需要很迫切。他将立即汇编出一本诗集。首要任务当然就是写完《拉弥亚》。《海伯利安的覆亡》是一部更加充满不确定因素的作品：它的篇幅更长；济慈能够对它做出怎样的安排还很不明朗；即便这首诗最终完成，也很难立即受到公众欢迎，而他对《拉弥亚》是有这种期待的。于是，他即刻专注于撰写《拉弥亚》，并于九月五日之前写完了第二部分。接着，他开始修改《圣亚尼节的前夕》，希望将之改成一首质量尚可的诗。同时，由于没有收到约翰·泰勒的回信，济慈又写了一封更加简短、平静的信，至少在这封信里他能把自己的困难讲得比较明确——尽管还是有些避重就轻——他说自己“需要一个月的现金——相信我,之所以向你求助,并非我觉得你像有座金矿……告诉我你手头也不宽裕,我会衷心地感谢你”。

济慈并不知道,泰勒最近身体一直不好,已前往诺丁汉郡同父亲住在一起。济慈复杂难懂的第一封信被人转交给他。泰勒自然感到困惑。济慈到底需要多少钱——几镑,几百镑,还是其他数额?这封信的语气也令人不安。济慈十分清楚,他上一本诗集让泰勒和海西出版行亏了钱,可他现在却在大讲特讲自己的骄傲和对公众认可的蔑视。身体欠佳的泰勒将这封信寄给理查德·伍德豪斯,希望他能够读懂济慈的意思。伍德豪斯篇幅颇长的回信令后人对他刮目相看[①],在这封回信里,他试着分析并解释济慈所谓的“骄傲”是何含义。那不单纯是个人自豪感。济慈表达了自己对文学传统的认同(这是无可非议的)。公众自然是受惠于诗人的创作,而不是诗人亏欠了公众的认可。至于钱款问题,伍德豪斯本人愿意垫付五十镑(他现在能拿出来的只有这么多了);为了保护济慈的自尊,这笔钱应该由泰勒和海西出版行提供:“人们总是说,(他们)对不能为莎士比亚或查特顿做些什么而感到遗憾,因为自己不生活在他们的年代,我想将之体现为一个理性的原则,(适当考虑某些权宜之计)为济慈做些事。”然而,由于伍德豪斯本人的经济来源也很紧
574 张,他自然不愿意“让别的牛来分食燕麦。我希望他能改掉乱借钱出去的恶习——对穷人来说,肆意借钱就是种恶习”。由于泰勒这段时间不在伦敦,伍德豪斯就往济慈在泰勒和海西出版行的账户里存了五十镑。海西一开始只寄给济慈其中的一部分(三十镑),其余的部分则留作备用,以期有机会了解到济慈真正需要多少钱。

九月五日是济慈感到快乐的一天。那天早上,他不仅收到了海西寄

① 信件全文见《济慈书信集》,第二卷,页150–153。

来的三十镑——他觉得这是出版行对自己表达出的真诚的信任——而且他还听说,有个朋友已经还了他一笔钱(数额为三十镑,也可能是四十镑);之前朋友的信送错了地址。与此同时,布朗也成功地借到三十镑。[①] 这样,他们总共就有差不多一百镑了——尽管大部分都是暂借来的钱。济慈精神大振,现在只需要有人送他"一对驴耳朵",他就能"变成完完全全的迈达斯"。恰于此时,《拉弥亚》全部完成了。布朗几天后要离开大约三周,去拜访他在奇切斯特和贝德汉普顿的朋友。[②] 这样的话,济慈独自一人不受打扰,就能够在秋天之前挤出点时间撰写《海伯利安的覆亡》。

五

济慈新产生的欢欣鼓舞的感觉只持续了五天。九月十日星期五

① 威廉·哈兹拉姆曾向乔治借过钱,他一时间心不在焉,把信寄到了奇切斯特(此前的一月份,济慈曾与布朗暂居奇切斯特);哈兹拉姆的信件在奇切斯特邮局放了三个星期。借给布朗钱的朋友可能是约翰·斯努克,也就是迪尔克的妹夫。

② 偶有观点认为布朗欺骗了济慈——他此时实际去了爱尔兰,而这趟旅行的目的在布朗儿子 1890 年所写的回忆录中有所提及:"1819 年 8 月[实际上应该是在 9 月 7 日至 30 日之间的三周之中],布朗把济慈留在了温彻斯特,动身前往爱尔兰与阿比盖尔·奥唐纳修结婚,阿比盖尔是一个来自农民阶层的漂亮女人;两人的婚礼是由一位天主教神父主持的,因此是不合法的。"(《济慈社交圈》,第一卷,页 lvi)博德沙与波普有理有据地反对这个故事的真实性。(布朗,《约翰·济慈生平》,页 108)另见罗林斯的注释。(《济慈书信集》,第二卷,页 159)布朗可能把这个故事告诉了自己的儿子,而他的儿子(出生于 1820 年 7 月 16 日)或许会很欣慰地知晓母亲怀孕之前,父母之间毕竟缔结了婚姻——即便是非法的。布朗与阿比盖尔·奥唐纳修的交往当然始于 1819 年 10 月之前;如果说布朗九月份拜访了阿比盖尔的话,他在伦敦同样可以这样做。阿比盖尔后来在温特沃斯寓所做过兼职的仆人,也可能早就开始这样的工作了。济慈 1820 年 1 月 15 日曾说过如下的话:"我们的爱尔兰女仆今早让我很痛苦,她说自己在爱尔兰的父亲与莎士比亚长得很像,只是比雕版画像显得更有生气。"济慈这里所说的女仆就是阿比盖尔。正如博德沙和波普所言,济慈并非不知道布朗与阿比盖尔的关系;直到济慈前往意大利后,阿比盖尔才搬来温特沃斯寓所居住。

575 这天,他收到乔治寄来的一封信,里面说自己赔了不少钱——可能远超过他从英国带去的一半。人们不禁联想到济慈生命快走到尽头时一系列信件中的一封(1820 年 11 月 1 日):“有乔治的消息吗?哦,要是有什么幸运的事曾发生在我和我兄弟身上就好了!——这样我就能怀有希望——但我已经习惯了绝望。”

乔治向西前行的时候,遇到了约翰·詹姆斯·奥杜邦——此人后来成为著名的博物学家。奥杜邦是一个长期不成功的商人(他的整个商业生涯曾令好几个合伙人破产,包括他的两个内兄)。奥杜邦成为乔治·济慈夫妇的好朋友,并邀请他们去其位于肯塔基州亨德森的木屋住一段时间。奥杜邦浑身散发出自信的光辉。他在亨德森拥有一家表面上看起来很繁荣的谷物磨坊兼木材场,但实际上这个地方已经濒临破产。他劝说乔治把大部分的积蓄都投资到一艘装满货物的汽船上,这艘船顺流而下开到孟菲斯或新奥尔良,货物就能以很高的利润卖出去。可以肯定的是,这艘船当时并不在亨德森:它已经向南出发了。

奥杜邦身上具有米考伯式的乐观主义精神,除了最充满希望的观点之外,他完全不把任何其他想法放在心上,这种精神对身处英格兰的乔治来说也许没有如此大的说服力。然而,开拓者的生活于乔治是完全陌生的;他还只有二十二岁;迄今为止走过的漫漫长路令他感到恐惧;而且其他人也都忙于投资自己完全没有见过的项目——由于距离遥远,他们在投资之前根本不指望看到项目的全貌。后来的真实情况是,乔治投入
576 大量资金的那艘船当时就已经沉到俄亥俄河底去了。[1] 奥杜邦本人或

---

① 斯坦利·C. 阿瑟,《奥杜邦》(*Audubon*, 1937),页 91–92。具体的细节还远不清楚。乔治的信件没能留存下来,奥杜邦则未在日记中提及任何有关此事的情况——这是可以理解的。娜奥米·J. 柯克(《济慈诗歌及其他著述》,第一卷,页 lxxvii–lxxxviii)推断乔治失去了手里剩下的全部资产,一个原因就在于他不得不找奥杜邦的内兄威廉·贝克威尔借钱,以应付当前的开支(以及他后来为了得到汤姆遗产的份额而前往英格兰的旅费)。但乔治似乎还投资了另一艘船,这次投资可能发生在同一时期,由此可以解释他为何没有现金。(转下页)

许也投资了那艘船（他涉足几个不同的产业），并急于让乔治接手这单生意，但原因可能是他急需用钱，而不是因为他知道船已然沉没。乔治坚信自己遭到了诈骗，并准备起诉奥杜邦。然而那时，奥杜邦的磨坊突然倒闭，债权人一拥而上。这个倒霉蛋因债务问题被关进监狱，直到他宣布破产之后才获释。（正是此次生意失败后，奥杜邦放弃经商，开始全心投入到鸟类绘画上，并最终以此为人熟知。）

乔治乞求哥哥立刻去见艾比，因为他写给艾比的信似乎从来没有任何效果。乔治现在不像以前，只是为了得到更好的安置而要求拿到更多的钱。他的处境令人绝望。尽管济慈兄弟认为自己继承的东西很少（他们实际拥有的比艾比透露给他们的要多得多[①]），但他们也知道，外祖母的遗产中能够拨给汤姆的部分至少有一千镑。他们还没有办法碰到这笔钱，因为正如我们前文所述，汤姆死后，艾比的第一项策略就是隐晦并错误地暗示，济慈家的所有孩子都必须等到家里最为年幼的范妮成年（1824 年）才能拿到遗产。济慈当时“几乎就有把握断定，这只是个花招”——一场骗局。六月份的时候，艾比已经可以利用他们舅舅的遗孀米奇利·詹宁斯太太提出的模糊威胁来进一步阻挠济慈家的孩子们，

（接上页）乔治（1820 年 6 月 18 日）告诉约翰，“我已经接受了一艘船的报价，但是住在纳齐兹（距离新奥尔良仅三百英里）的一方要到好几个星期之后才能收到我已经接受报价的信息”（《济慈书信集》，第二卷，页 295），后来他说没有收到那个人的回信，尽管这艘船的价格“只比去年报给我的那艘多五百美元”（《济慈书信集》，第二卷，页 356）。这里的“去年”显然指的是 1819 年。济慈 1819 年 11 月 12 日信中提到的“汽船回来了吗？”可能指的是这艘船，而不是沉没的那艘。

① 不算外祖母从丈夫那里直接继承来的钱财——外祖母将这部分资产留给了孩子们，并委托艾比为受托人——济慈家的孩子至少还有一笔总数为四千镑的钱款（算上累积的利息），这些钱包括外祖父和母亲去世时直接留给他们的钱，以及外祖父的妹妹（玛丽·斯威廷伯格）去世时留下来的钱。（见附录三）到 1819 年时，济慈兄妹三人每人至少应该从这些钱中得到一千三百三十镑，但艾比从未提起过。此外，尽管艾比将大法官法庭诉讼作为托词，但这笔钱其实并不会受到影响。假如那场诉讼真的启动过，它最多也只能触及詹宁斯夫人本人留下的遗产；正如我们注意到的，艾比从未完整透露过遗产的数额。

米奇利·詹宁斯太太想要通过起诉获得一些钱财,但她的丈夫只有资格使用这笔钱带来的收益(所以这个威胁完全无效;大法官也早就做出判决)。整桩事件显得毫无必要地混乱和模糊。钱显然就在那儿,难道艾比不能从汤姆的遗产中预支一些乔治应得的钱给他吗?

577 济慈即刻乘坐夜间马车前往伦敦。旅程长达十二小时,他星期六早晨九点到达伦敦,一下马车就赶往艾比位于潘克拉斯巷的账房。艾比不愿意被催促,他需要时间才能集中精神。济慈给乔治的信中说道,艾比"约定星期一晚上七点见我","并说他那个时间应该在喝茶"。济慈把乔治的信拿给艾比看,"他真的显得很着急;答应会尽快把你的钱转过去"。艾比会马上同自己的律师商谈有关大法官法庭诉讼的事宜。

到星期一晚上之前,济慈除了等待没有其他事情可做。于是,他步行到弗利特街的泰勒和海西书店。他以前总想等着攒出一本出色、精选的诗集再出版,如今他比以往任何时候都更加摒弃这个想法。他在书店里见到了海西和伍德豪斯。(根据伍德豪斯写给约翰·泰勒的信描述)他突然闯入书店,明确表示想要"**立即**出版《圣亚尼节的前夕》和《拉弥亚》;但海西告诉他,现在还不能这样做"。伍德豪斯推测,济慈来到伦敦的原因与大法官法庭诉讼案有关,他想要试着"劝说那位老舅母不要上法庭"。他没能提及乔治那令人难过的消息。伍德豪斯很忙,但还是邀请济慈第二天共进早餐;他们可以聊整个上午;之后伍德豪斯就会乘下午的马车去韦茅斯。

济慈离开书店,不知道星期一晚上见到艾比之前还能做什么打发时间。他离开伦敦太久了,此前完全沉浸在自己的创作中,"伦敦似乎成了一个非常奇怪的地方……我在街上走来走去,仿佛身处一片陌生的领地"。他的大部分朋友此时都不在伦敦——雷诺兹、迪尔克夫妇以及约翰·泰勒。"我有另一种奇怪的感觉[;]谁家也不想去拜访。"他当然可以轻而易举地到汉普斯特德去看望范妮·布劳恩。但他却害怕那样做:

他心里很困惑；他需要对赚钱和降低生活花费做出果断的决定。他去了柯文特花园剧院——他可以“半价”进入此地，随后就“一头扎到床上睡觉了”。

第二天，济慈来到伍德豪斯位于圣殿教堂区域的住处吃早餐。他又提及出版新诗集的事。伍德豪斯在给泰勒的信中写道：“我很好奇，为什么济慈对《伊莎贝拉》只字不提，我向他担保这首诗会比《圣亚尼节的前夕》更受欢迎。”“他说自己现在再也无法忍受这首诗，觉得它幼稚到 578
令人作呕。”两人为此争论了许久。济慈带来了新版本的《圣亚尼节的前夕》：最后三行有所改动，“给读者留下了任性的厌憎感”；此外，他还做了另一处改动，清楚地表明这对恋人的结合（在梅德琳半梦半醒间）已经完成。① 伍德豪斯反对这样的改法，因为它似乎是不必要且愚蠢的。“济慈说他不想让女士读这首诗：他是为男人写的……等等等等……还有各种类似的济慈狂言。”②两个朋友在一道聊了六个小时。

伍德豪斯去坐马车时，济慈陪他一起走；两人继续交谈，一直走到马车门口。这时终于只剩下济慈一人，他想了想接下来该做什么，就去拜访了怀利一家——乔治安娜的母亲和她的两个兄弟亨利和查尔斯——并留下来吃了晚饭。他并未向他们透露乔治的消息，“我觉得最好不说，因为好日子一定会来到的”；他在给乔治和乔治安娜的信中继续说道：何必要让他们无谓地烦心呢？

然后就到了星期一早晨。济慈乘坐马车去沃尔瑟姆斯托看望妹妹之前，又到泰勒和海西的店里停留了片刻，他想借用纸墨，给范妮·布劳恩写封短信。他告诉布劳恩自己因乔治的一封信回到伦敦，但没有说具

---

① 见前文第十七章第十二节对这首诗的讨论。

② 《济慈书信集》，第二卷，页 161–165。济慈后来抱怨（1820 年 8 月），说女人对他的诗“很反感”。他到这时的想法有一部分属于祈盼或期望；因为从 1818 年至其生命终点，济慈对其早期诗歌的平淡枯燥感到尴尬。

体内容，只说“里面不是太好的消息”。他现在无法见她，“我爱你太深，不敢去汉普斯特德”。这不是一次真正的访问。对范妮·布劳恩来说，济慈的信可能给她造成了一些冲击。因为他没有给出任何解释或背景说明，就继续写道：“认真地说，我到底能做什么？明知我的人生必将于疲惫和困苦中度过，我一直努力让自己远离你：因为对我一个人来说，什么又算得上苦难呢？”接着他去看望了妹妹，至少透露给她一些有关乔治的情况；当天下午，他见了莱斯和约翰·马丁，消磨掉这段时间。然后，他步行至艾比账房，走到楼上的房间，与之见面。

艾比这时已经准备好了。济慈以往图方便对钱的事很是信任，如今他显然产生了疑心；假如艾比表现得冷漠无情，济慈就有可能在乔治的鼓动下，开始考虑采取法律措施（事实上，范妮·济慈成年后就是这样做
579 的）。艾比最不想看到的就是自己对济慈家遗产的管理受到严密的审查。他现在的做法就是借着表达强烈但又不承担责任的同情，来消解济慈的怒气。当然，他必须做些什么，而且“要尽可能地快”。诚然，他不能从自己的口袋里掏钱作为暂借款。他需要保持个人财富的流动性，以便在大法官法庭诉讼案发生时保护济慈家的孩子们；万一他把钱借给乔治，乔治又亏掉了呢？不过，济慈确信，乔治的信“打动了他——没被打耳光，他是不会明白事情必要性的”。艾比思忖着，棘手之处在于詹宁斯太太也许会提出大法官法庭诉讼，但如果他立刻采取强有力的措施，或许可以做点什么（他“让我相信他也急于把问题解决”），尽管与律师打交道是一项复杂、耗时的工作。此时，济慈提出愿意留在城里，“担任艾比处理这些事情的信使”，这个提议肯定吓了艾比一跳；但是艾比马上“说如果他本人是整件事情的代理人，人们办起事来可能会更高效”。

艾比相信他现在已经掌控住济慈，于是拿起一本杂志——他曾在里面看到一段从拜伦的《唐璜》中摘取出来攻击文学野心的内容（“名声的终极目的是什么？不过是 / 为了填充糊涂纸张的一角”）——他把这

部分大声朗读了出来。“他说，拜伦这家伙时不时讲些真话。”济慈满心信赖地告诉乔治：“艾比先生一把事情解决掉，就会写信给我。”离开艾比后，济慈沿着齐普赛德街走，又调头返回一段路寄了几封信，这时他再次碰见艾比。两人一起在珀特利街溜达了几分钟，一直走到一家帽店——艾比参与了这家帽店的生意。他再次向济慈提议，说他应该做个帽匠。就在之前的春天，艾比也曾多次提出这个建议。

九月十五日，济慈回到温彻斯特。布朗的夏季租客内森·本杰明还要等一个月后才会搬出汉普斯特德的寓所。然而，济慈不能再占布朗的便宜了，他必须要找到稳定的工作，但那就意味着要住在城里。他现在的日子受到这样一种信念的困扰——过去一年的努力，或者说过去三年的努力，都必须无限期地搁置下来了。

六

济慈刚到温彻斯特不久，就发现了一条他最喜欢的步行线路，他经 580
常在晚饭前散步一小时。他向乔治和乔治安娜详细描绘了这段路的第一部分(9 月 21 日)，因为他知道他们在四千英里外的异乡是多么思家，有些东西能让他们想起英格兰；两年前他刚开始撰写《恩底弥翁》时使用的直率质朴的表达，如今又回到他关于英国乡村最近一次短居的信件中(“这里有我见过的最美的溪流”；“最美丽、清澈的河”；“整个城镇都被美丽的树木覆盖”)：

> 这个时间很美好。我每天晚饭前散步一小时，大致的路线是这样的——我从后门出去，穿过一条街，进入教堂庭院，那里总是很有意思；然后，我沿着一条铺好的小路从树荫下走过，经过教堂美丽的

> 正面，行至一个石头门道下左拐——这样我就来到了建筑的另一侧——我继续向前走，穿过两个学院式的广场，它们似乎是为院长和受俸牧师的住所而建——这里装饰着草坪，被树荫笼罩。接着，我穿过一扇古老的城门，就到了某条学院街，我走过它，在其尽头步行穿过一片草地，最后到达花园的乡村小径，也就是说，我的敬意抵达了圣十字医院的创立之地。这是个非常有趣而古老的地方，既因为它拥有哥特式的塔楼和救济广场，也因为其丰厚的租金拨给了温彻斯特主教的亲戚。再之后，我走过圣十字草地，一直来到最美丽、清澈的河边——这还只是我步行路线中的一英里而已。

夜晚变得越来越凉爽，随之而来的是冬天渐近的讯息。不过，白天的时间仍然很长。

从伦敦回到温彻斯特的那个星期日，济慈又选择了同样的线路，走到清澈的伊钦河河畔的圣十字草地（9 月 19 日）。他在两天后写给雷诺兹的信中提到这次散步的感受：

> 现在这个季节多美好啊——空气清新。周遭有种温和的凌厉……我从来没有像眼下这般，那么喜爱收割过后的麦茬地——是啊，比春天寒冷的绿更好。不知怎的，这一片收割后的田野看起来很温暖——和某些画作瞧上去的感觉一样——星期天散步时看到的这个场景让我十分触动，于是我就着它创作了一首诗。

这首诗便是伟大颂歌的最后一首——《秋颂》。

581 正是因为《秋颂》显出如此独特的凝练——且是在不同的层面上的——每一代读者都把它视为英诗中最接近完美的诗歌之一。我们无须忌惮继续使用“完美”这个形容词。从其严格意义上来说，这个词尤其适用：这首诗的整体恰是通过特定的部分得到了“完善”——达到完满的程度；部分通过对整体做出直接的贡献，而遵守了新古典主义的规范性，诗里没有留下任何悬垂或孤立的东西（在过去的两个世纪中，没有其他任何一首诗能如此适用于古典主义的批评语汇）。举个例子，《夜莺颂》尽管是一首更伟大的诗，但却没有那么“完美”。《秋颂》的独特魅力不仅在于它的解决程度，而且在于其短小的篇幅之中，实现了如此多种不同类型的解决。

四月和五月间，济慈对颂歌诗节的结构做出了发展，在《秋颂》中，其大部分创新都毫不费力地再次浮现（这首诗似乎写得很容易）。诗中只有一个新的变化，此变化可谓简单但总体合适：颂歌诗节被赋予更为延长的效果；满足感的延长本身就是这首颂歌主旨的内在组成部分。[①]在其主题面前，不仅形式结构，且整个颂赞的构思都变得明白清透。诗人本人完全不在场；诗里没有“我”，也没有读者在其他颂歌中注意到的发散性语言的暗示；这首诗全然是具体的，它于具体性之中且通过具体性实现自足。如果说戏剧性论辩、异议和限定没有出现，原因并不在于它们生发的先决条件遭到了忽视，而在于这些先决条件已于每一阶段提前得到考量和吸收。（与《夜莺颂》和《希腊古瓮颂》相比）其结果也是理想——内心的渴望——与现实的成功结合；是“心灵的呵护”与其对象的结合。内心真正想要的东西，正被找寻到（第一个诗节表现圆满与完整；第二个诗节则是满足过程的延长）。由此，这里终于显出某种接近真正天堂的东西。它甚至有了自己的神祇——那是一位仁慈的神，他不 582

① 基本的十行诗节（一个莎士比亚体四行诗后面接上一个彼特拉克体六行诗：*a b a b c d e c d e*）在这首诗里被扩展到十一行。济慈以前一直想避免的对句又出现了，并且不是作为末尾叠句，而是放在最后一行之前（第一诗节为：*a b a b c d e d c c e*；剩下的两个诗节为：*a b a b c d e c d d e*）。如此放置对句的效果是，能够抢在诗节于最后一行诗句消退之前，把即将到来的休止维持于一个短暂的高峰之上。

仅想“让枝头挂满果实,送上祝福”(他与密友太阳“合谋”),还想要“宽恕”,延长,“让更多嫩芽萌出”。不过,所有这些都是以具体、精确的方式表达出来的。

这些解决的达成,部分是依凭济慈诗歌经常渴望实现的另一个解决完成的:那就是过程与静止(也就是济慈所谓的“静态描摹”)的结合。《秋颂》三个诗节中的每一节都聚焦于秋天的一个主导乃至具有原型特征的方面,但是,它们在这样做的同时,也承认并吸收其对立面。第一个诗节的主题是关于成熟的,在“催熟万类的太阳”照耀下,生长于此刻抵达了最高峰——沉甸甸的果子压弯了苹果树,藤蔓挂着累累硕果。蜂房的巢室已经溢出蜜糖。然而,令人惊讶的是,生长仍在继续,因为秋天与太阳合谋“使迟到的花儿这时候 / 开放,不断地开放”,蜜蜂受到了欺骗,以为和煦的夏日永不会落幕:

雾霭的季节,果实圆熟的时令,
　　你跟催熟万类的太阳是密友;
同他合谋着怎样使藤蔓有幸
　　挂住累累果实绕茅檐攀走;
让苹果压弯农家苔绿的果树,
　　教每只水果都打心子里熟透;
　　　教葫芦变大;榛子的外壳胀鼓鼓
　　包着甜果仁;使迟到的花儿这时候
开放,不断地开放,把蜜蜂牵住,
让蜜蜂以为暖和的光景要长驻;
　　　看夏季已从黏稠的蜂巢里溢出。*

* 此处《秋颂》使用屠岸先生译文。

如果说,第一个诗节里,我们发现"过程"在静止和已经达成的完满所构成的情境下延续,那么,在第二个诗节(它类似于第一个诗节的反面或镜像)里,人们便于期待看到过程的地方发现了静止。此处,秋被想象为一位收割者。然而,它是未在收割的收割者。这位仁慈的神衹最初一动不动,"漫不经心地坐在粮仓的地板上",或者在"收割了一半的犁沟里酣睡",它的"镰刀 / 放过了下一垄庄稼和交缠的野花"——不仅饶恕了鼓鼓的麦穗,还放过了与麦穗相互扣锁的新开的"迟到的花"。动态的行进等到诗节的后半部分才出现。即便出现,也只是暗示,它闪烁于短暂瞥见的拾穗者的身影,他跨过溪水,保持"沉重的头颅不晃摇";这时,秋再次停下脚步,看着苹果随着时间推移,被慢慢地榨成果浆:

谁不曾遇见你经常在仓廪的中央? 583
谁要是出外去寻找就会见到
你漫不经心地坐在粮仓的地板上,
让你的头发在扬谷的风中轻飘;
或者在收割了一半的犁沟里酣睡,
被罂粟的浓香所熏醉,你的镰刀
放过了下一垄庄稼和交缠的野花;
有时像拾了麦穗,你跨过溪水,
背负着穗囊,抬起头颅不晃摇;
或者在榨汁机旁边,长时间仔细瞧,
对滴到最后的果浆耐心地观察。

这里面有一种暗示:终结即将到来——那是"最后的果浆"——在随后的内容里弥漫的想法是秋天的消退,是一个年头正在迫近的死亡,当然还有我们熟悉的与人生的顺序感相匹配的原型关联。如果说,前两个诗节的构想,部分是由相反的意象完成的——如:仍在继续却已经完满的生长;不事收割的收割者——那么,第三诗节则几乎完全是间接的,纯粹留给了推断。秋的人格化形象被生命的具体意象所取代,而且是不受任何死亡想法所困扰的生命:比如蚊蚋、篱边的蟋蟀和红胸的知更。就算在秋天之外的其他时间,生命也能以同样的方式存在。只有两个意象是这个季节所独有的——“收割过后的麦茬地”和“长大的羔羊”。心灵能够自由地将蚊蚋的哀鸣与即将逝去年份的挽歌联系起来,但这样的声音并不局限于秋天,任何一天的“柔和绵延的死亡”也不局限于秋;假如燕子正“群集飞翔”,那它们并不一定是为了南渡迁徙:

春歌在哪里?哎,春歌在哪方?
　　别想念春歌,——你有自己的音乐,
当层层云霞把渐暗的天空照亮,
　　给大片留茬地抹上玫瑰的色泽,
这时小小的蚊蚋悲哀地合唱
　　在河边柳树丛中,随着微风
　　　　来而又去,蚊蚋升起又沉落;
长大的羔羊在山边鸣叫得响亮;
　　篱边的蟋蟀在歌唱;红胸的知更
　　从菜园发出百啭千鸣的高声,
　　　　群飞的燕子在空中呢喃话多。

我们所思考的解决是形式上的:因为我们一直将这首诗作为一件
584 艺术品来考察。若要记述其他方面的考量(就像考量他写的每一首重要诗歌一样),则不免涉及对济慈主要人生轨迹的概括。然而,由于《秋颂》是济慈撰写的最后一首伟大的抒情诗,我们可以提及能够追溯至其创作伊始的数种关切与理想中的三个。第一个主要关切是文体风格。我们甚至可以回溯到他创作的第一首诗——相对平静的《仿斯宾塞》。然后，还可回想起《睡与诗》中的句子，以及动态被短暂地捕捉于静止之中的早期理想（诗歌是“神力支着自己的右手，半睡半醒”）；之后，我们想到了埃尔金石雕、济慈关于“紧凑强度”的种种评论（“亚西比德——他倚靠着战舰上深红的长榻，宽阔的肩膀仿佛难以察觉地随着海浪起伏”），以及他在《失乐园》一书上写的旁注。于静止中捕捉力量的想法贯穿于《秋颂》的意象，实际上也充斥于对“秋”的整体构思和“静态描摹”（这或许是英诗中“静态描摹”在季节这样的抽象概念上得以实现的最佳范例）。第二个主要关切是将“秋”与期望和等待相联系，这当然更为直白地与济慈的生平相关，但也同风格不无联系：我们不禁回想起他早期的十四行诗《漫长的冬季》，在这首诗里，等待其第一本诗集出版的近乎病态的焦虑以某些意象和语汇表达了出来，而它们则再次出现于济慈的最后一首颂歌《秋颂》；此外，我们又联想到他于春天开始撰写《恩底弥翁》时写下的诗句，它们跳跃地抵达想要在秋天之前完成全诗的想法。

第三重思虑，同样有着很长的历史（如果说“长”这个形容词能够用于济慈这般短暂的人生之上），那就是他无法想象没有期望之春内隐于其中的完满。这种思虑的表达形式，可能是对结局之荒凉的抗议，比如一八一七年十二月他完成《恩底弥翁》后记下的诗句（《阴郁的十二月夜》）传达出他对光秃秃的枝丫的艳羡之情，因为它们不会记得从前绿色的快乐（他继续说道，如果是这样，人心也是如此）；此思虑的其他表达形式，还可能是自否的肯定和绝望的希望，正如《希腊古瓮颂》所表现出的那般（“希腊古瓮”上那“落不了叶子”的“幸福的枝丫”）。然而，济慈真正渴望的解决，是他两年半前阅读莎士比亚十四行诗时触动其内心的模式：

当我看见木叶脱尽的高树,
曾帐篷般为牧群带来阴凉;——

585 凭借这种解决("意趣"或"紧凑强度"),心灵在构思现下时,能够同时纳入过去与未来,"呵护的心灵"之构想由此在忠于事实的前提下,匹配正在展开的未来和沉重的过去,而这些正是它试图呵护并拯救进意识的对象的部分本质。

七

这段漫长而温暖的日子(只是夜晚有些"温和的凌厉")几乎已经结束了。全新的生活必须很快开始,不能再拖延。九月十五日从伦敦回来后,济慈可能一直思忖自己不得不放弃《海伯利安》——而这份努力是他渴望"跻身英国重要诗人之列"的明证。写完《秋颂》后三天,济慈去信雷诺兹,告诉他自己已经"放弃《海伯利安》"了(同样是在这封信中,他描绘了温暖的麦茬地,以及撰写《秋颂》前散步的场景)。

初夏时撰写的《拉弥亚》第一部分或许预示着处理《海伯利安》的新方法。布朗于七月二十二日到达,此前一两个星期里,济慈几乎立即将注意力投注于《海伯利安》。同许多诗人一样,他也发现写一首诗的行为,很快就会为另一种模式的创作提供灵感。第二首诗以及第二种风格,让他得以追求或发展第一首诗的形式局限性所妨碍的东西。《拉弥亚》轻快的叙述——至少他自己的处理方式是轻快的——使幻觉与现实那可望而不可即的难题更接近于表面;然而,出于故事和诗体形式的要求,这首诗也阻碍了针对主题的严肃讨论。

事实上,如前所论,"幻觉"这个简单的词早已不再适用。只要借助些许反思和诚恳的态度，我们就会发现自己从通常称之为“幻觉”的窄小切口，转向了宏大、未经探明的反应流，此种反应流构成了绝大部分人类经验：也就是说，我们意识到自己转向了人类愿望、恐惧、嫉妒、“对天堂的猜测”和对过去（或明智、或空想、或交织混杂）的阐释所构成的无尽变化与巨大谜团——是的，每一种精神追求都是从“追求者的热 586
情”中获得“现实性和价值”的。简言之，我们进入了人类的终极问题之一：也就是自我的问题，以及个体和一代又一代的个体（用《夜莺颂》中的话来说，就是“饥馑的世代”），为了与现实达成妥协或避免妥协而做出的不懈努力——这种热切的努力让自我与我们所能瞥见的现实（“真”）协调一致，或是将现实扭曲使之符合内心的愿望，不管其扭曲的方式是温和的、试探的（如《夜莺颂》和《希腊古瓮颂》中内心愿望所做的那般），还是激烈的（如《拉弥亚》中里修斯所要做的那样）。

济慈想要逐步了解这一切以及与之对抗、难以捉摸的现实，他的愿望在“无我”的理想中得到了关键性的指导，这一理想在他一年半前阅读海兹利特的《论人类行为准则》时曾使其兴奋异常。正如我们之前所论，他的大致心理学前提也是海兹利特的前提——这个前提非常适于促进嫁接和发展。其本质是自我（或想象力以及这个术语可能包含的所有内容）那依赖、同情和投射的特性。即便最根深蒂固的自私也牵涉迂回的道路：我们的想象力需要锚定某些固定、有限（且往往是错误）的观念，这些观念是关于我们自身、我们的需要和安全感的；在这种情况下，想象力所关联认同的形象或抽象概念，与其他更加利他或更富精神滋养且利于成长的关联认同一样，都属于心灵的一部分——这个行为涉及的投射程度也相当。[1] 正如海兹利特所言，假如我们不能同等地将自己与其他事物的利益相关联的话，我们就不可能“爱”自己——因为如彼那

① 参见前文第十章，第十一节。

般,想象力就不能将其自身与我们未来的利益“产生关联认同”。

“无我”的理想如此深刻地打动了富有共情特质的年轻济慈,它是对投射、同化心灵的发展性运用,用于除自我之外的对象和目的,并对任何事物的到来持完全开放的态度。一八一七年十二月,济慈在写给乔治和汤姆的信中使用了笨重的表达——“消极能力”。自那以后发生了很多事情,使他不断扩大的经验范围变得模糊阴郁。更多问题持续开放,更多的门“都通往黑暗的甬道”,它们是事先未能预料到的。第一版《海伯利安》本身就证明了这一点。济慈以一个热切的前提开启了这首诗,那就是我们可以寻找到一个意义,帮助自己

587 忍受赤裸裸的事实,
冷静地面对周围发生的形势。

一个可能的意义是“最美的应该也是最有力量的”。但这真的是一个“无我”的判断吗,抑或只是内心的另一种渴望,就像他后来在颂歌中戏剧化呈现的渴望那般?此渴望绝非虚假,但也只是对某种可能真相的一瞥?换句话说,第一版《海伯利安》的中心前提是人类意识在历史上的扩展。这种成长当然给很多人带来了问题,包括他本人。事实上,济慈就是在这个问题的阴影及其造成的个人挑战下开始撰写《海伯利安》的。因为,当我们缺少过往伟大诗人所拥有的“看似确定的理据点”时,史诗的“宏伟”就可能“受到限制”。他早在《海伯利安》动笔前的六个月就承认了这一点;但他还没有准备好就过早投入其中,因为在照顾汤姆的同时,他迫切需要一些东西来分散注意力,此时,他真切地与某种焦虑作斗争:那就是留给现代诗人的东西太少了。不过,经过一番努力的思考,他还是能够把此种阻力和焦虑视为自身不成熟造成的结果。如果说,某些类型的传统“宏伟”必须被牺牲掉,那么只要有双慧眼,就能够

看到其他的宏伟。“智识的伟大行进”本身是存在的,不论它通过意识的成长带给一些人多么痛苦的变化。然而,《海伯利安》试图将此信心与史诗般的质朴结合起来,却遭遇到越来越大的阻碍。这并不是说“智识的伟大行进”的观念是荒谬的,而是说,这个概念似乎太简单了。我们不难感受到,及至一八一九年夏天,济慈已经超越第一版《海伯利安》,他正在寻找一条通向完全不同的诗歌的道路。

八

济慈已经写出来的强有力的片段,预示着一个世纪后的诗歌想要探讨的话题。此片段优先的关注点是自我,因为它试图与现实达成和解。其他的关注点自然也会进入或发生冲突。我们只能猜测其相对重要性。毕竟,我们面对的是比第一版《海伯利安》更不完整的碎片,是济慈去世三十五年后才从其手稿中抢救出来的东西。浮出表面的相关重点里,有 588
几个尤其突出:包括针对诗人与人类团结一致的肯定,以及因诗人的差异而感受到的不安;不断发展的想象力陷入孤立隔绝,但同时又获得了进一步结合的可能性;对未来诗歌的挑战,即继续保持过去伟大诗歌的某些精神以及背叛此精神的诱惑。上述内容中的任何一点,都可以作为毯子的一角拎起整体——而事实也确实如此。它们均源于同一个前提,最早出现于“人生之宅邸”(Mansions of Life)的书信中,如今则被纳入《海伯利安的覆亡》的象征性结构里:当我们把知识的一小块空地延伸至心灵和未知事物的密林及“未涉足的领地”,我们接近未知事物的触点数量就会增加,问题的数量也会随之增加。

形式上的考虑也加剧了济慈面对的复杂性。他对这首诗做出最后一次尝试时,手头已有两卷半扎实的华美诗歌,其中至少有一部分是他想要再利用的。这已经是个大问题了。然而，与此同时，他还在向另一种迥然不同的风格行进。

这首诗仿佛自愿应对挑战——它包括对诗歌作为梦、退缩或逃避的整个观念的猛烈攻击——但其本身又被济慈直白地设定为梦境视像。简言之，与主题之间最近身的搏斗已经埋好了伏线，而这种搏斗将牵涉形式本身。《拉弥亚》中迅速交锋的对比的极端，在这首诗里被赋予坚固的力量，仿佛是为某种更为重要——即便不牢靠的——解决奠定基础。过去几个月中，济慈心头一直记挂着但丁的《炼狱》，它似乎尤其适合探索想象力的用途——正如济慈曾经描述的那般，想象力身陷“某种盲目的炼狱”，无论在天堂还是人间，都无法找到明确的“标准法则”。如人们经常提及的，济慈甚至捕捉到了但丁风格的韵味，虽然他才刚刚开始学习意大利语，且主要是通过亨利·卡里的素体诗译本来了解但丁的。《海伯利安的覆亡》本身就是炼狱般的。我们不禁回想起十四行诗《再读“李尔王”之前有感》，里面有诗句是关于“诅咒与热烈躯体之间 /
589 残酷的冲撞”。“热烈躯体”（“Impassioned clay”）与那些“灵魂”只是用“泥土”造就的人不同*，前者不可避免地受到“视像”的影响。《海伯利安的覆亡》开头就暗示了渴求的范围和梦无休止的活跃情形：

狂热者有他们的梦，用来编织
一个宗派的天堂；野蛮人也一样，
从睡眠最玄奥莫测的方式
猜测天国……
…………
每个灵魂不是泥土造就的人

* 英文“clay”有“上帝造人的泥土”这一含义。

都有视像,都会说话,只要他爱过
并在母语中得到良好的滋养。

如果说诗歌有所不同,那我们也只能对其一个方面保持自信——至少作为开端前提是如此:诗歌能够“讲述”它的梦,从而“拯救”这些梦使它们不被遗忘——

仅凭文字的精妙魅力就能
从阴暗的迷醉和无言的入魔中
拯救出想象力。

至此,诗人没有对诗歌提出其他要求。检验的标准仅是这个梦是否会为人铭记:

现在打算讲述的梦,
是诗人还是狂热者的?一切自会揭晓
等温暖的抄工,我的手,进入坟墓时。

接下来的梦里,我们再次看到济慈运用成长的不同阶段的理念,这个想法在过去的三年间一直留存于他的想象中。诗人首先发现自己身处某个类似阿卡迪亚的地方,这似乎回应了他内心想要摆脱过程的渴望,以及摆脱经验有限性所强加的分隔的欲望。这里有“各种地带的树”,也即是说,可能性的森林极其丰富多样。这不仅是心灵内部的花园,也是心灵所构造的花园。凉亭、“棚架上的藤蔓、铃铛花冠和更大的花朵”都与《赛吉颂》中的心灵花园相关:

它将有花环形构架如思索的人脑，
　　点缀着花蕾、铃铛、无名的星斗
和**幻想**这园丁构思的一切奇妙。

同样，我们还看到这首诗中第一次出现的圣经联想，它们在整首诗
590 里不断深化（也展现出济慈创作的一些新意）。[①] 那是类似于伊甸园的意象，但运用方式比较奇特：从很大程度上看，做梦的人是一个迟来者；这个地方已经被旁人造访过。然而，他不是单纯的闯入者；他可以自由利用那里的一切。一场"盛夏的水果筵席"已经摆好，仿佛是在欢迎他。只有靠更仔细的观察，才能发现这盛宴是从单纯、遥远的过去来访的其他游客留下的残羹冷炙——"天使和夏娃母亲品尝过的 / 饭食的残渣""空壳"和其他"边角剩料"。然而，这里还是留下了丰盛的许诺，正如伍德豪斯一年前向济慈保证的那样（无论前辈诗人从诗歌财富中汲取了什么，"诗歌的财富并未耗尽，而且它是取之不尽用之不竭的"）：

比传说中角制的容器盛得还多
在筵席上三番五次倾泻而出。
普罗塞耳皮娜回到自己的田地，
那里白色的小母牛哞哞直叫。

这顿神圣餐宴暗示着与久远过去的结合，也让他相较之下更加渴望清爽素淡的饮膳。他不希望用葡萄酒来加强对阿卡迪亚的印象。该想法与《夜莺颂》的第二个诗节正好相反。此处暗含着对人类短暂生命坦率且现实的承认，这种承认也的确是必要的。他喝下"透明的汁液，/ 曾被

① 不用说，其中的一些联想与《失乐园》的关联程度，与之同圣经本身的关联程度相当。

四处漫游的蜜蜂啜饮”，

祝愿世间所有凡人，
我们口中念及的死者，都能畅饮。
那满满的一口是我思想的源泉。

结果证明，这甘饮和誓愿出乎意料地有效。因为全然不同的东西突然间取代了第一处的花园：

我环顾古老圣殿雕饰的四壁，
庄严的屋顶，巍峨耸峙，
朦胧的云彩仿佛在下方铺展，
悬于天空的星星之上；
这地方如此古老，我不记得
尘世间还有类似的所在：
我见过的灰色教堂，加固的墙壁，
破损的塔楼，衰败的下陷之地，
或自然界遭受风吹浪打的岩石，
对那永恒的穹顶遗迹而言，
仿佛只是枯朽事物的缺点。

九

这种体验是有限的造物面对浩瀚无垠时产生的感觉（用他几个月 591
前信中的话说，是“在巨大的黑暗中努力捕捉光的粒子”）。此时，济慈所有较长诗歌中运用的意象和口吻第一次直接趋向宗教和神圣的虔诚。(希伯来和基督教)圣经产生的强大吸引力,被一种尽量使宗教追求普遍化的努力所抵消——或者至少被宗教追求中的某一部分所抵消,这部分追求以敬畏、谦逊和富有成效的困惑(即便这种困惑令人感到痛苦)去接近"神秘的重负"。在接下来的五十多行诗中,我们发现了中世纪基督教精神、犹太教信仰(如雅各的天梯、耶和华的四角祭坛等回响)和希腊罗马的古代风格的联合。与之相结合的还有埃及和德鲁伊特教的联想。对见识广博且"无我"的人来说,即便是人类不断努力"猜测天国"的副产品也依旧留存于潜在的当下。他周遭看到的"堆积如山"的物品——如长袍和帷幔——要么

是染色的石棉织就,
要么虫子都不会蛀坏,
亚麻布如此洁白。

那些凄美的余骸是人类试图穿透事物奥秘的努力,它们来自遥远的过去,在其面前,简化还原和匆匆否定都不可接受。诗人心怀谦恭,将目光从这些余骸转向在他头顶延伸至目力所及之处的石柱,它们于"空茫的雾气中/消失"。孤独感越发浓烈,因为东方

　　黑色的大门
永远地挡住日出,
随后我向西望去。

从此处起,直到济慈在这一片段中所写的其余内容结束为止,二十世纪的读者都为其中的意象、断言乃至基本前提所震撼,因为它们都预

示着我们后来认为与存在主义相关联的想法(再没有十九世纪的其他主要诗歌于同等程度上企及这一点)。但我们也对这种创造性的、自我获取的努力,骤然止步于存在主义观念之前的突兀程度而震惊:这种止步并不是因为诗人懒惰,不情愿将深层暗示弄得水落石出(这些暗示已 592
经表达得过于明显),而是因为其他考量因素的活跃存在。首先,二十世纪的人在广阔的可能性空间(物质宇宙乃至人类自身在这个星球上的有限过去)面前感受到的威胁不断发生变化:埃及人和德鲁伊特人——一排排的石柱"在雾气中消失",黑色的大门于身后紧闭,禁止人们再回到第一处花园和最初的承诺——这都表明某种趋于抽象、形式和遥远事物的引力,以及远离温暖人性的拖拽力。颂歌中渐次发展的象征手法,在这里变得极端和绝望。但另一方面,与之产生的论辩和抗议,都是用坦率、直接的方式表述出来的。这种抗议(从一个角度看)来自一只"寒碜的两脚动物"(用济慈从《李尔王》中吸纳的语汇来表达)。正如哈姆雷特所言,我们在天地之间爬行。此外,这种巨大孤独的恐怖感之所以更加强烈,是因为那抗议的动物沉湎于视像和恐惧的渴望,因此其体内便携带着深渊:"热烈躯体"本身的有限性,就包含着未被发现的隐秘角落,这些角落与它在外界遇到的甬道相匹配。诚如济慈一年前在"初觉之室"信件中所暗示的那般,不论在主观还是客观意义上,我们确实身处"迷宫"之中;我们自己创造且不断累加迷宫。

这首诗以遥远和抽象作为背景,与之相结合的是一种全新的、敏锐的以身体为中心的分析意识,它将身体意识作为简短而又复杂的解剖学事件。因此,我们在诗的开头处就发现叙述者一边写一边清晰地意识到自己的手,并联想至即将降临的寒冷。接下来的梦究竟是"诗人还是狂热者的",只有"等温暖的抄工,我的手,进入坟墓时",才会揭晓。这个意象一直伴随着济慈。后来,他在未完成的幽默讽刺诗《帽子与铃铛》中再次使用了此意象,那首诗的手稿里有几行潦草的诗句是这样写的:

“这只活生生的手，此刻温暖 / 能热切地紧握，天若寒凉 / ……我把它伸向你。”移情主要集中于肉体的生理功能：舌头在“有屋顶的房间”里寻找音节；恐惧让“心脏缩得太小，装不下血液”；巨大的寒意从铺平的地面爬升，顺着四肢“冷冷地抓住 / 喉咙旁跳动的血脉”；想要穿透莫内塔头脑中黑暗“密室”的挣扎——

我发现
593 山腰上的一粒金子，
我的眼因贪婪而疼痛，费力地
寻找那布满矿砂的阴郁山体。
看到悲伤的莫内塔的额头，
我渴望窥见那空洞的大脑后面
埋藏着什么：何种全盛的悲剧
恰在她头骨的黑暗密室里
上演。

有可能与存在主义关联起来的元素——浩瀚无垠所产生的压迫感与身体短暂而纠葛的温暖，这两者之间交互影响——不过，它们不是作为最终结果呈现的，而是作为不断深化的体验所造成的生动副产品展现出来的。首先，它们被不断增长的神秘感所充盈——也因此避免了过分简化。能够借助扩大自身经验范围而独立发现它们的想象力，也同样能够保持对其他事物的开放性。不论何种情况下，这样的想象力都不会断定我们面前的门已经全部关闭（因为它自身有关前进的经验是靠真诚努力获得的），尽管我们身后的门可能已经砰地关上。事实上，紧跟着第一处花园之后的部分使用了复杂的处理方式，其精髓就是花园不能为我们留存——即便是作为休息的地方。发现自己身处此地的凡人只有两个选择：要么就“在硬石铺就的路面上腐朽”，要么就继续运用当初将他带至此处的不安分的心灵能力，从这荒凉的路面再向前行。

十

做梦的人转向西方，面对着远处一尊巨大的影像，它的脚下矗立着一座祭坛。梦者慢慢走向它（“压抑着匆忙，因为那显得太不虔诚”）。[①] 一段阶梯通向神龛，祭坛旁有一个人在照料祭祀的圣火。焚香是“迈亚的”——这令人想起十五个月前济慈写的《迈亚颂》片段，里面有对久远过去的吟游诗人的怀念（“哦，赐给我，他们古老的魄力吧……对一天的纯朴崇拜让它秾丽馥郁”）。古老的迈亚焚香暗示着遥远的过去，甚至比梦者祝福的“我们口中念及的死者”还要早，它（起初）带来了健康的抚慰： 594

五月中病恹的东风
倏然南移，一阵暖雨
融化花上冻住的芳香，
空气里填满喜人的康健
连垂死的人也会忘记裹尸的寿衣；
即便如此，那崇高的祭祀之火，
也散发出迈亚的焚香气息……[②]

---

① 我们可能对严格意义上的自传性信息做了一些夸大，但却很难不联想起他在“消极能力”一信之后几个月所表达出的执着信念，即他必须慢慢走近自己称之为“诗的神殿”的地方：“后续多年，我的供祭必须悄无声息。”

② 这些诗句部分受到《炼狱》的启发，也同样回顾了他 1817 年 1 月写的十四行诗（《漫长的冬季》）。彼时那几个星期里，他感到十分焦虑，等待着第一本诗集出版，并展望思量着漫长的未来。

然而，令人感到宽慰的时刻，马上接续着火焰旁那人影发出的不祥之声：

“若你不能登上这些台阶，
就会死在此处的大理石上。
你的肉身，寻常尘土的近亲，
因缺少滋养而干瘪——你的骨头
几年后就枯萎，消失得毫无影踪，
最锐利的眼睛也寻不见一丝痕迹
看不到此刻冰冷石面上的你。”

做梦的人试着痛苦地爬上台阶。寒冷顺着脚上的神经攀爬，直至收紧喉咙处的动脉，让他没法说话。转过脸去或是停下脚步，似乎都不可想象：“我的步履缓慢、沉重、死气沉沉。”但最开始努力的冲动带来了宽慰。他“冰冷的脚”触碰到最低一级台阶时，“生命似乎 / 自脚趾间涌入”。梦者现在以出乎意料的速度向上爬，走近“有角的神龛”。下一个考验就在这里开始——神龛的角就像耶和华面前祈求者抓住的角一样：

“神圣的力量，”
我喊道，走近有角的神龛，
“我是什么人，竟会如此免于死亡？
我是什么人，下一场死亡竟没有
捂上我的嘴，在这里渎圣？”
蒙面的影子说道：“你已在
命中注定的时刻之前，感受到了
什么是死而复生。你能这样做
是你自己的康宁；你已见过了

自己的末日。""崇高的女先知,"我说,
"仁慈啊,若你愿意,请除掉我心灵的薄雾。"
"没有人能攫取这样的高度,"阴影回答道, 595
"除了那些把世界的苦难当苦难,
且无法安宁的人。
那些在世间找到避风港的人,
能无忧安眠消磨时光的人,
若他们碰巧来到这座神殿,
会在你半朽的地方彻底腐烂。"

随后是一段毫无遮掩的对话,似乎质疑诗人存在的权利。"成千上万"的人"感受到世界的巨大痛苦","为现世的利益劳作"。很难说他们在这个世界上无忧安眠,消磨时光。他们在何处?为何诗人形单影只来到此地?

"你说的那些不是好幻想的人,"
那声音再次响起——"他们不是孱弱的做梦人;
他们不求奇迹,只想看人类的面孔;
他们不要音乐,只求快乐的声音——
他们不会来这儿,从没想过要来——
而你在这里,因为你不像他们——
你和你的部族,能为伟大的世界
做些什么?你是个造梦的家伙;
你自己的狂热——想想这尘世吧。"

此处谈及的区别很重要,但还不是决定性的。它呼应了济慈三月份长篇日记信中的观点，那封信是在他写下“造魂谷”内容之前的一个月撰写的。[1] 我们不禁联想到另外两段评论，而那两段话是他努力琢磨《海伯利安的覆亡》时写下的——其措辞的密切重复程度说明这个观点在他心中的重要性。“我越来越确信，（除了人类之友哲学家之外）一个好作家是世界上最真诚至纯的存在——对我来说，莎士比亚和《失乐园》每天都意味着更大的奇迹”（8 月 14 日）；“我一天比一天更确信，世上最绝妙之事除了美行之外就是美好的创作”（8 月 24 日）。

简言之，这个地方只有“充满幻想的人”才能来。假如一个彻头彻尾的“做梦人”偶然间从尘世的宁静误入此处，他就会“在石面上彻底腐
596 烂”。若他能从瘫痪和迅速瓦解的路面上爬起来，那么他面临的结果（其本身也只是另一个开始）就是与自己、与人类过去的全部努力以及与诚实和谦逊的极致要求展开激烈碰撞。济慈试着用“莫内塔”这个形象来表现上述内涵，在“潘神赞美诗”中，他曾称这样的形象为“神秘之门可怕的开启者 / 引人通往普遍知识”，“莫内塔”就是这个形象的新变体。济慈现在使用的是其名字的罗马形式，而非希腊神话中的“摩涅莫绪涅”（记忆女神、缪斯之母）。她不是但丁笔下维吉尔或贝雅特丽齐那样单纯的指引者或导师，虽然她身上也包含了这两个人物的性格和功能，她既是悲剧过去的贮藏者　　负载“我们口中念及的所有死者”的沉重记忆——而且，正如她的拉丁语名字所示，也是一位“劝诫者”。

对过去伟大艺术理想那种朗吉努斯式的陶醉，一路支撑着济慈令人瞩目的成长，及至《恩底弥翁》完成之时，还引发了针对这一理想的论

---

① “我毫不怀疑，成千上万从未听说过‘无我’的人，拥有全然无我的心灵。”随后济慈提到了耶稣基督和苏格拉底，将他们视为为了人类整体利益而超越自我的例子。相较之下，他自己“多年轻，写得有多么随意——我仍在巨大的黑暗中努力捕捉光的粒子……难道我不能于这一点上免于罪过吗？”也许诗歌“不如哲学精妙——其道理就如雄鹰不似真理那般精密完美一样”。（《济慈书信集》，第二卷，页 80–81）

辩——我们在前文均有论及。依据这样的理想,若济慈竭力想为自己的特性以及未来诗歌的特性辩护,那么他也觉得有必要在某些细节上将两者脱离开来,认可不能避免且情有可原的差异。对此,他曾来回摇摆。如果说,一八一八年二月,他还将现代诗歌与古代以及伊丽莎白时代的诗歌相比较,攻击了现代诗歌的局限和自我中心主义,那么到了五月,他开始把现代方法视为一种注定要更深层地"思考人类内心"的进路。如果说,一八一八年十月,他沮丧地认为诗歌能做的大部分事情已经"被耗尽"或"遭人捷足先登",但就在同一个月内,他又开始大胆地尝试《海伯利安》的第一个版本,将早期诗歌的广阔与宏伟与诗歌接下来的任务相结合——即更深入的探究和考察。自《海伯利安》之后,他的论辩变得更具象、更抒情,也更具试探性:比如《赛吉颂》中的信条,它渴望在心灵"未被涉足的领地",在"朦胧的思想"中建造;又比如,有关艺术极限的论辩构成了《希腊古瓮颂》的一个主题。

同时,在书信中,一个对解决方式有所提示的前提已经出现,它在一定程度上是以扩大整个参照系为路径的。在浩渺庞大的不可知面前,即便是过往艺术最伟大的成就——不论其有多么高尚、珍贵甚至不可或缺——都会显得没有那么可畏。有关人类"特性"的发展以及"造魂谷" 597
的书信,暗示了环境的普遍性意义,而这一点也在新的人物"莫内塔"身上表现了出来,论辩已经转移或上升至她的身上。

十一

诗人与莫内塔的相遇和对话,不仅仅是现代诗人与过去积累下来的成就的相遇和对话——因为莫内塔是所有缪斯(也就是全部人类艺术)的母亲和源头,而且也是与人类整体经验的相遇和对话——即便从最远古时期算起,艺术本身也只是人类经验的一部分。事实上,那是与人类神秘悲剧命运意识的相遇,这种意识超越凡人,进入巨大的“黑暗”之中,其间集体意义上的人“努力捕捉光的粒子”;当“劝诫者”终于掀起面纱时,

我看到一张苍白的脸,
不是为人类的悲哀而枯槁,
却是因不致死的永生疾病而灰白;
它造成持续的变化,幸福的死亡
也不能让它终止;向死行进
那张面庞无视死亡;它已走过
百合与白雪;除此之外
我而今不应再想。

在这样一个令人生畏的人物面前,诗人不得不“决定如何运用幻想能力,要写怎样的诗。他孤独一人……因为在创作中,每个艺术家都得孤军奋战”。[①] 莫内塔所言,并非对诗歌的控诉,而是一种挑战(除非这位特定的诗人,出于真心的内疚或单纯的胆怯,将之解读为针对自己的控诉)。毕竟,这首诗的预设前提在一开篇就明确陈述了出来,那便是:

每个灵魂不是泥土造就的人
都有视像,都会说话,只要他爱过
并在母语中得到良好的滋养。

① 大卫·珀金斯,《对永恒的追求:华兹华斯、雪莱与济慈的象征主义》,页278。

换句话说,诗人是——或者可以说——等同于那些"没有想过要来"这个地方的人类的施惠者。他们每个人都有"视像",诗人的语言天资并非责任——其他人如果可以的话,也"会这样说"。然而,在直接施惠者 598
身上,整体想象力(超越自我,达到"无我",无私地"为凡人的利益而劳作")就其本身而言是隐含存在的。但另一方面,诗人对"视像"的习惯性运用,以及不可避免的将诗歌技艺视作艺术的专注,总会诱使他成为一个"好幻想的人"——让他更珍视"视像"本身,而且他以这样的方式开始生活在一个独立、封闭的世界里,就像《拉弥亚》中的"做梦人"里修斯尝试去做的那样。

艺术可能存在的背叛的感觉不断加深,这种感觉如今被坦诚地公开出来,事实上,我们以截然不同的方式在《希腊古瓮颂》和《拉弥亚》中发现了此种背叛——它们似乎与艺术的独特价值和非凡成就密不可分。所有内涵都通过莫内塔这个人物传递了出来,它们是必须面对和回答的问题——值得注意的是,它们也是**能够**被面对和回答的问题。与人类的直接施惠者相比,诗人的"不足"在于他来到了此地——一个炼狱般的过渡性的地方——若他能从这里再前进,就没有了相较之下的"不足"。

济慈此部分创作遇到了困难,那是可以理解的:他提出了根本性的问题,而且也是在心烦意乱和极端焦虑的状态下写作的;他的时间非常紧张,只能在几个星期之内完成整首诗;因此,悬在他头上的急迫需求是写出一段过渡部分,从而能尽可能多地用上第一版《海伯利安》中的内容。特别是有两个难点,在非必要的情况下使这段诗变得复杂了起来,几乎所有诗歌读者都对这段诗篇很感兴趣。首先,济慈让莫内塔在谴责"做梦人"的时候加了几句话:

"每个造物都有自己的家;
人人都经历快乐和痛苦的日子,

不管他的劳作是崇高还是低下——
唯有痛苦和欢乐，毫不含糊：
但做梦的人怨愤全部的时光。”

此时，济慈的基本前提之一（伴随着他每半年的成长而逐步加深）就是：对清醒、诚实的意识而言，快乐和痛苦是不可分隔的（正如十四行诗《再读“李尔王”之前有感》中所说的莎士比亚那枚“苦涩的甘果”）。阿波罗之歌代表新的诗歌，代表着即将到来的更加清明的世界，在第一版《海伯利安》中，阿波罗之歌令刻吕墨涅“同时感到悲伤又喜悦”；《赛吉颂》中“未经践踏的地方”，有沉思如树枝般长出，既给人带来快乐，也给人
599 造成苦痛；快乐和痛苦的交互作用，在《夜莺颂》中得到了戏剧性的运用，也是《忧郁颂》中最重要的主题。拉弥亚“将幸福与邻近的痛苦分离”的神奇能力，是她激发虚幻快乐之感的基础：快乐与痛苦的分隔，正是彻底的“做梦人”里修斯最渴望寻找，且认为自己已经找到的。

简言之，莫内塔的话是她对质诗人时提出的挑战（而非控诉）的一部分。这些诗句不应被过分扭曲、孤立地看待，而应被视作这个诗歌片段所留下的悬而未决的东西——它是某种质疑，整首诗大致是要回应这个质疑；真正的问题是：拥有快乐和痛苦的开放意识应如何派上用场。事实上，我们已能隐约感觉到，这个问题将以戏剧性的方式提出来，因为莫内塔带着神秘的讽刺口吻告诉诗人，在将来的经历中，他会“免于任何痛苦，若惊奇不令你难受”。言外之意就是，他之所以会“免于”痛苦，正因为他是个做梦者——因为莫内塔所承受的意识的重负，于他而言只是“惊奇”。当然，他经历的不仅是纯粹的惊奇。相反，那是一种可怕的、共情式的痛苦承受，超越了他所遭受的任何苦难。

另外一个更重大的难题完全是由我们自己造成的。伍德豪斯曾指出，济慈显然打算删去一段长达二十四行的诗篇（第 187–210 行）。

我们想保留这部分的愿望是可以理解的:像济慈这样天赋异禀的诗人,尤其当他即将往新的方向发展时,内心自伤自苦的怀疑必然让人产生强烈的兴趣。一旦我们忘记这些诗行偏离了诗歌的进程——(如济慈本人所见)在某种程度上甚至与之冲突——而我们又试图用它们来解释上下文时,难题就自然出现了。济慈陷入莫内塔对做梦者的控诉中,开始将这些话套用到自己身上。他是个诗人;莫内塔是否在控诉诗人这个整体?——

"庄严的影子,告诉我:唱进
世间耳朵里的旋律不都是
无用的,诗人当然是圣贤;
是崇尚人道的,抚慰苍生。
我觉得自己一点不配,就像
雄鹰翱翔时,兀鹫也不配称鸟。
那我是什么?你说过我的部族:
那又是什么部族?"

莫内塔以不祥的重复回应道: 600

"你不属于做梦者的部族吗?
诗人与做梦者泾渭分明,
很不相同,完全相反,决然对立。"

他暂时忘却自己已经获救(虽然十分惊险),也忘记自己在路面上只是接近半朽,还忘记了只有他因后续的发展**得到**拯救,这首诗才有其他东西可讲。在这样的情形下,他想当然地认为,自己现在甚至与所有背叛了诗歌,将诗歌降格为琐碎和自我中心的“伪抒情诗人”共同呼吸死亡。他乞灵于阿波罗,这位神祇是瘟疫的制造者,也是治疗与诗歌之神:

后来我不由自主地
呼喊,心怀皮提亚*的怨怼
“阿波罗! 消逝了! 远去的阿波罗!
你朦胧的瘟疫蔓延到何处,
穿过所有伪抒情诗人的门缝,
钻入宅舍,浮夸的自我崇拜者,
用傲慢糟糕的诗,虚张声势?
尽管我与他们共同呼吸死亡,
但见他们在我之前匍匐爬入坟墓,
我如畅饮生命的甘泉。”

这段强烈、带有个人色彩的离题诗篇被删减掉了。

诗人随后谦恭地乞求共享这不朽的“记忆之荫”所怀有的知识。她掀起面纱;眼前的面庞上,诗人既读到无情的苦难积累,也读到了它的超越。此处,基督教的隐含意味得到了充分的强调。通过莫内塔这个形象,对“神秘的重负”的象征性呈现——不论多么无意识或不够充分——都与耶稣基督承担世界罪孽的做法相类似。诗人站在她身旁,“仿佛庄严松树旁的矮株灌木”,诗人想要获得更多认识和领会的请求得到应许。智识在他体内增长(正如第一版《海伯利安》中阿波罗在女神摩涅莫绪涅面前感受到的一样);但现在这首诗强调的是智识的特殊品质——即刻共情的能力:

---

* 皮提亚(Pythia),希腊神话中阿波罗神庙中宣布阿波罗神谕的女祭司。

像肉眼观测
尺寸和形状一样，
敏锐把握事物的深度。

诗人现下思考的东西中，每走一步，同情的牵扯都会加深：

没有停留或支撑， 601
只有我脆弱的肉体凡胎，承担着
重负……

不论这首诗在其他方面如何发展，其核心，甚至可以说其极度渴望的关注点就是"幻想"（视像）能力具有形塑意义的运用和发展方向：这种运用能够符合莫内塔提出的极具挑战的区分，也就是具有"视像"想象力的人与"无我"的人类施惠者之间的区分。视像想象力是想象力在艺术中的运用，它将诗人带到此地的"路面"；人类施惠者的同一性则已直接融入对他人的担忧之中。

十二

然而，济慈周遭的一切都不利于这首诗的进一步发展。即便不考虑他九月初时间十分紧迫，还承受着严重的个人焦虑，我们也得认清一个事实，即他迄今为止写出来的部分——作为第一版《海伯利安》中能够挽救回来再利用部分的序言或框架——已经远远超出了第一版诗歌片段所能承受的重复利用的可能性——不论他写得多么谨慎，这都是可望而不可即的。他重新开始写此诗的整个流程，都不利于补续几个月前未完成的诗作。诚然,这是他身上最有趣的品质之一,尤其对其他作家而言更是如此:他似乎总是需要一种新风格的刺激,才能在创作中开个好头。过去的两个世纪里,没有哪位诗人能够于自己的创作习惯之内,如此充分地表现出风格与主题的有机不可分割性——我们总是口头上敷衍,将之视为理想,但在具体操作中却茫然不知所措。最初版本的《海伯利安》的开篇——或者可以说前两卷整体——都没有什么大错。但是,济慈需要重新开始,以点燃兴趣、获得动力,因此,他强化了新的序言——以至于前一版的叙事在新开篇的映衬下显得力不从心。

覆亡提坦的故事,即便仅仅作为象征性表征——有关意识那无情但最终有益的发展——也流露出一些不利状况。纵观整整两卷,在济慈转向更专精,最终也更内转的目标之前,这首诗似乎确实可以企及客观史
602 诗的宏伟境界。但是,当需要过渡的地方出现时,问题就迅速复杂化了。如今,在新一版《海伯利安》中,相反的情况发生了。对现代意识的成长做出诗化处理所涉及的问题,一开篇就需要直接面对。这些问题曾激起过他强烈的好奇心,因此至少从四月份撰写《赛吉颂》时起,他就让这些问题在自己的思想里占据了优先地位。他于序幕中——也就是前三百行左右——直面这些问题,随后需要做的是回到早前的故事,试着改编并使之普遍化。他四处择选,修改了某些表述,增加了几行,最终从第一版片段里撷取了约两百行诗——刚够引出海伯利安本人——然后这个片段就终止了。按照他所期待的,接下来的内容将比第一版更多地集中于海伯利安(当然还包括其他提坦)的悲剧。因此,他使用了清晰明了的标题:《海伯利安的覆亡》。第一版《海伯利安》第三卷中阿波罗的情节被提前截断。阿波罗这个人物可能还有其他用途。

第一版《海伯利安》之所以结束,部分是因为众提坦占去了太多篇幅:那就导致后续无论发生什么,都可能冒着反高潮的风险。现在,未写下来的续篇(至少是一年后重新思考过的续篇)被赋予新的力量和新

的语言风格。然而，若要回到早前的故事中，莫内塔就开始失去其普遍性——因为她在前一版里被具体化为想要保存众提坦悲剧记忆的女祭司。这是济慈从盖伊医院时期起一直面对的老问题。开启“长诗”的新历险时，他会把力所能及的最好的创作放在开头，希望能够在初始努力的基础上继续推进和修改。到达极限之后，如果他遇上僵局，便会停下来，在中间的几个月里寻找方向；此时，他就有可能写出较短或截然不同的诗——若不在这种情形下，这些诗可能不会出现。

我们至少可以对这个片段的作诗法稍加评述。就像《拉弥亚》一样，《海伯利安的覆亡》的作诗法（以迥然不同的方式）标志着济慈特意脱离了第一版《海伯利安》至一八一九年四五月的颂歌这八九个月里丰富凝练的风格。我们已经谈论过语言特色上的一些变化：有意识的平静（在最出色的部分达到了维吉尔式的醇厚稳健）；对身体官能产生的秘密而又敏锐的移情专注，令人联想起撰写《哈姆雷特》时的莎士比亚 603
以及那个时期的其他戏剧；而与之相对应的是，其他意象趋向抽象与形式的伸展，此外还有紧缩至全无修饰的陈述。一种新的敏感雅致与朴实无华、抽象和成熟交织在一起。这首诗的作诗法与所有这些品质相映照，避免了从《海伯利安》到《圣亚尼节的前夕》再到颂歌当中出现的密集的音韵专注。[①] 我们之前注意到的精巧的元音交互，在这首诗里几乎与《拉弥亚》中一样罕见踪影。正如济慈在这一时期的书信里表露出的一样，他似乎避开了过分带有自觉艺术气息的东西。他为了反思《恩底弥翁》而持续了一年的强化音步、行中停顿和诗行完整性的努力都松弛了下来。对比前后两版《海伯利安》中的几行诗，就能发现一些差异。第一个示例展现出坚定的扬音部行中停顿（也就是重音音步之后的停顿）、弥尔顿经常使用的近中句号（以 xx 标记出来）以及对抑抑格二短

① 有关作诗法更详细的探讨参见《济慈风格发展》，页 174–182。

音步有节制的运用。如第二个示例所见,《海伯利安的覆亡》中的诗句通常是后部弱化的:通过抑音部行中停顿、三音节音步以及更频繁的重音失效(要么直接使用抑抑格二短音步,要么运用轻薄、摇摆的重音,来造成下行、口语化的节奏:

But horrors, (x) portion'd to a giant nerve,
Oft made Hyperion ache. (xx) His palace bright
Bastion'd with pyramids (x) of glowing gold,
And touch'd with shade (x) of bronzed obelisks . . .
(*Hyperion*, I.175–178)

In neighbourhood of fountains, (x) by the noise
Soft-showering in my ears, (x) and, by the touch
Of scent, not far from roses. (x) Turning round,
I saw an arbour (x) with a drooping roof . . .
(*Fall of Hyperion*, I.22–25)

亨利·卡里的但丁译本使用了比较松散、时常乏味的素体诗形式,他的译本显然并非济慈模仿的榜样,而是一种激励。当然,从第一版《海伯
604 利安》到颂歌之间的八个月,济慈获得的经验已经被充分吸收。但是,增强语句强度的自觉做法(也许也包括济慈对此方面的兴趣)已经有所减弱。现在,他的个人感受就像《海伯利安的覆亡》中诗人发现东方的大门永远地挡住了日出,他如今需要缓慢而刚毅的耐心。他告诉雷诺兹(7 月 11 日):“我最近在蜕变,不是要长出新的羽毛和翅膀:它们都过去了,我希望能替代它们的是一双立足于尘世、坚韧有耐力的腿。”他此刻的风格兴趣转向了三个目标,但它们没有一个适用于具体的作诗法——除非是以消极的方式:他渴望朝抽象的方向努力,但不是将之作为目的本身,而是当作核心的背景;他在寻找一种语言风格,那种能更好地探索分析的缝隙的语言风格;他追寻质朴无华、直接的真诚。

这些不同的目标（或者说不同的欲望，因为“目标”一词隐含着可供深思熟虑的闲逸）自然会彼此冲突。此外，新诗带来更为剧烈的冲突，所以当济慈面对将近一年前写的《海伯利安》时，冲突的结果势必会影响他下笔的流畅度。事实上，《海伯利安的覆亡》的流畅程度竟然能如此之好，已着实令我们惊讶。

十三

终于，到了九月二十一日这天，济慈明确决定放弃《海伯利安的覆亡》。他曾为第一版《海伯利安》投入许多希冀和努力，舍弃它曾令他难受不已，以至于放弃第二版诗歌所造成的失望更是成倍递增。他一点也不想详细谈论此诗，反倒专注于这样一个事实，即在《海伯利安》第一版中，他曾尝试运用弥尔顿的风格创作，但现在他不想这样做了。因此才有了他信里对雷诺兹发表的评论（9 月 21 日），他三天后写给乔治的信或多或少重复了这些话：

> 我放弃了《海伯利安》——里面有太多弥尔顿式倒装[1]——没
> 有极高的技巧或艺术家的性情，写不出弥尔顿式的诗句。我希望 605

[1] 在《海伯利安》中，名词和形容词倒装（如“宫殿明亮”）大约每十四行出现一次；而到了《海伯利安的覆亡》，则每三十三行出现一次。主语和动词的倒装（“那儿看见她”）在《海伯利安》里大约每五十二行出现一次，而到了《海伯利安的覆亡》，这个频率降至不足三分之一。正如德·塞林科特和其他研究者指出的，济慈在第二版中加入了一些新的带有弥尔顿风格的东西。可以将济慈上文写给雷诺兹的评论与他寄给乔治的书信（9 月 24 日）比较，见《济慈书信集》，第二卷，页 212。雷诺兹手头没有《海伯利安的覆亡》的诗稿，只有第一版《海伯利安》；当济慈建议雷诺兹再读一遍这首诗时，他指的是第一版《海伯利安》。但是，那并不意味着他暗示雷诺兹说自己只是放弃了前一版《海伯利安》；他放弃的是整个撰写计划（在其他信件中，他也会将《海伯利安的覆亡》简称为《海伯利安》）。

> 沉浸于其他感情。英语应该发扬光大。你可能会有兴趣从《海伯利安》中挑选出一些诗句,给源自技艺的牵强伪美打上“X”,在那些发自肺腑的情感之声边上标注“‖”。

这个解释避开了许多其他更本质的复杂问题。如今有那么多旁的事情让他感到负担沉重,他还能说什么呢?

他把这首诗搁置一旁,现在看来显然是永久地放下了。冬天临近时,他偶尔会把这首诗拿出来看看,听闻这种情况,我们难免感觉到一丝凄凉。布朗说,“到了晚上,济慈会按照自己的心意”,独自一人待在“单独的起居室”里,试着“重新改造”《海伯利安》——他的批评判断力告诉他,这是无果的差事,或者至少不如重新开始一首诗更有价值。但是,到了一八一九年冬天,一切都太晚了,无法重新开始。

第二十二章　患病(1819 年秋冬)

一

济慈见过艾比后返回温彻斯特,他知道自己不能再拖下去了,必须 606
转向其他工作,这不仅仅是为自己,也是为了乔治及其家人。他思考了数月的彻底转变,如今已迫在眉睫。

自他离开盖伊医院以来,生活的疏离感不断涌上心头——过去三年的抱负和努力,从一处到另一处的颠沛流离,遇见过的人,不可预料的发展变化,都萦绕在心间。他觉得自己很幸运,在那段时间里一直自由自在。他告诉雷诺兹(9 月 21 日):“今晚我突然想到,我过着一种非常奇特的生活——四处飘零——无处扎根——我很喜欢这样。”就是在这一天,济慈决定放弃新一版的《海伯利安》;伴随着这个决定,他体会到一种更普遍意义上的终结感,让他确信一生中相对自由的时期已经永远结束了。同时,这些天的反思充满了一种新的感觉,他重新认识了时间流逝的神秘性——它是无情又孕育希望的。想想多么奇特,每隔七年,我们体内的所有物质都彻底改变了!“七年前,不是现下的这只手紧紧抓住了哈蒙德”,那时他还在埃德蒙顿的诊所,而再往前一年他才刚刚从恩菲尔德学校来到诊所。“我们就像圣徒残遗的衣袍,一样又不一样：细心的僧侣把它补了又补，直到最初的衣物一丝不剩，但他们仍把它当作圣安东尼的布衫来展示。”因此，那些曾经推心置腹但又分隔数年的朋友

再见面时冷冷冰冰，两人都不知为何会变成这样——事实就是，他们都改变了——生活在一起的人，彼此有着潜移默化的塑造和影
607 响。他们相互同化。想到七年之后，同样的手再也不能热情相握，真是令人不安。所有这些也许能够借助我们心灵之间刻意且深入的磨炼来消除。

二

差不多同一时间，秋天给空气中带来了一丝“温和的凌厉”，冬季即将到来的想法不断浮现。济慈常没有任何明显缘由地感到莫名寒冷。他喜欢八月的酷暑（“不会被冻成红鼻子——不会冷得发抖——能够在美好的环境下思考”）；正如他写完《秋颂》后告诉雷诺兹的那般，他现在最钟意麦茬地的原因就是其秋日阳光下红棕色的温暖：“比春天寒冷的绿更好。不知怎的，这一片收割后的田野看起来很温暖 和某些画作瞧上去的感觉一样。”

黄昏迅速阴冷下来时，他会到铁匠铺前面逗留，看着里面的火光。“今晚我想要一点火，”他回房间后给伍德豪斯写信说（9月21日），“人是喜欢一点点火的——铁匠铺现在看起来多么光彩夺目——今晚我站在一家铁匠铺前面，特别渴望一堆火。”

当天晚上，他写信给乔治：“放心，我会竭尽全力来帮你……假如我不能给你寄去几百镑，那就寄几十镑，要寄不出几十镑，就寄几镑。”

乔治也不应像以前那样继续为自己的境况感到难过：济慈面对这种情形时——如他在其他许多方面一样——是个典型的英国人，认为直面“真实的”困难而不是“假想的”困难着实是一种解脱。[①] 可能发生的最坏情况，就是他“不得不踏上更漫长的文学朝圣之旅”。不过，那样也会有收获。写作的频率降低，速度变慢，他就能读得更多。但这也意味着，他不能履行自己的诺言——在不久的将来前往肯塔基与乔治共度一整年。由于自己的书不多，他特别希望“不要离图书馆太远”。眼下最紧 608
迫的需求就是赚钱，在那样一个拓荒者的世界里，务实的乔治尚且有很多困难，他又能做些什么呢？“我该做哪些差事呢？”他现在的感受与之前六月摇摆于犹豫和决心之间的状况大不相同，他当时曾想签合约，在英国与印度之间的大商船上当一名船医，或是前往南美。可现在，他对自己的健康状况十分担忧，甚至超过他愿意向任何人（包括其本人）承认的程度。

济慈已经决心后续做什么。九月二十一日晚以及第二天一整天，他都在写信——不仅给雷诺兹、伍德豪斯和乔治写信，还写给了查尔斯·布朗和迪尔克。他之所以写这些信，是想贯彻自己的决定——他故作轻松地告诉伍德豪斯，说自己要“到城里找个便宜的住处，在我们优雅的杂志行业找份工作——我不会再靠着希望生活了”。对曾经借给他许多钱的布朗，济慈说话就更坦率了。他说自己过了一年自我放纵的“堕落生活”，靠管别人借钱养活自己：

---

① 两天后，济慈在给布朗的信中进一步阐述了这个想法：“我向你保证，我远没有愁眉苦脸。假想的怨愤总是比真实的苦恼更折磨我。你很清楚这一点。真实的苦恼除了刺激我摆脱或避开它们之外，不会有任何其他效果。这很容易解释，假想的苦难是由激情幻化出来的，而且还会受到激情的助长；真实的苦恼源于其自身，并会受到抽象思维活动的抵抗。真实的苦难是激情的放逐者。假想出来的东西把人钉在十字架上受难；真实的苦恼则会激励人变成行动者。”

现在要谈谈关于我自己的话题了。我该开始做点事,别再靠着希望生活。我从来没有拼尽全力过。我陷入一种无所事事、堕落的生活方式,几乎满足于靠别人过活。这一辈子,除了放弃药剂师职业外,我从未按照自己的意愿行事,但这件事我一点都不懊悔。

济慈会尝试去报纸或杂志社找工作,(只要对方提供钱)就做任何雇佣文人需要做的事:

谁愿意付钱给我,我就为他挥笔。到现在为止,我还不知勤劳为何物。我打算到城里找个便宜的住处,努力给报纸写点戏剧方面的东西作为开始。等我有时间精力字斟句酌地写诗时,我会的。

若济慈住在城里而不是汉普斯特德,就能更便捷地接触到出版商和剧院——万一有机会写剧评,也能更好地抓住机会——同时还可以方便地使用大英博物馆和其他图书馆的书籍。他提到了另外一个原因:如果他
609 住进温特沃斯寓所,范妮·布劳恩就在隔壁,这可能会让他分心摇摆。①

在济慈看来,过去的一年里,他已经"养成了一种习惯,期待[布朗]在所有困难中给自己提供帮助。这种习惯会滋生[更进一步的]懒惰和困难。你将注意到,我把扼制这种习惯当成第一要务"。他希望朋友认可自己,是"出于举止品行,而非诗歌"。海兹利特曾帮助雷诺兹在《爱丁堡评论》上发表了一篇文章。济慈打算向他求助,"他对市场的了解不亚于任何人,我希望他能尽快帮我找到能挣几镑的活计。我决不会让

---

① 布朗为撰写回忆录收集了一些书信,并谨慎地删去了仍在世人员的姓名,特别是范妮·布劳恩的名字(他曾向后者做出过许诺)。但济慈上下文的所指很明显:"我喜欢 x x x x x x x x x,情不自禁。因此,我最好不要住在那里[汉普斯特德]。趁手里还有些现钱,我最好悄悄地安顿下来。"(《济慈书信集》,第二卷,页 177)

自尊心碍事”。他不能再“像个死疙瘩”，但这正是迄今为止的情况。等他开始给迪尔克写信时，“死疙瘩”的表述仍留在脑海里，这封信又明明白白地表了遍决心，仿佛是把经验教训读给自己听：

> 一幕戏有三个部分——行动、模仿和表演——我的意思是，我必须为解决温饱**做**点什么——即便会像起居室里的蜘蛛那样被扫掉，我也要吐丝结网——家里纺些土布出去卖。是的，我会交换的。只要不把我的脑袋抵押给《布莱克伍德爱丁堡杂志》，其他怎么样都行。我已经下定决心不再像个死疙瘩。

做出这个决定很不容易。因为他悍然违背了某种文学理想主义，对他来说，过去三四年间，这种理想主义一直在最大程度上处于健康有益、助其成长的状态。然而，结合过去一年左右的痛苦经历，他开始对商业和杂志写作——特别是评论文章——产生了一种隐秘且困惑的怀疑，并将这种写作与敌人联系起来——与时髦、虚伪以及无数利用文学行虚荣、奉承、嫉妒之实的行为联系起来。他很幸运，此前从没被逼“去向俗人贩卖”——也就是，成为一个文学娼妓。一年前他太天真，但现在有机会变得更世故。“你也许会说，我缺少圆通手腕——但那并不难。”“只消斗上三场”，随便什么人都能很快学会“斗鸡场里的黑话”，他很快就能 610
“在不太了解主题的情况下，就任何话题，比如一只橘子，写出篇耀眼夺目的文章来”。随后，他自认为愤世嫉俗的虚张声势减退了。事实上，他真的想尝试些别的工作，但现在的处境是，他觉得自己做不到：“除了文学，我干什么都不合适”；就生计而言，他“对诗歌全不抱希望——这不奇怪——我惊讶的是人们怎么会读那么多诗”。既然准备住到城里去，他便向迪尔克询问，“你愿意我再做你的邻居吗？来吧，直说吧，我不会脸红发窘的”。假如迪尔克乐意的话，他就想让后者看看能否在威斯敏斯特附近帮他找两间便宜的房间？

同往常一样，济慈做出牵扯激烈内心辩论的决定后，其幽默感又探出了头。只是它们现在给人的感觉有点勉强。他这些天写给乔治的长信（9月17日至27日）里充斥着各种笑话和滑稽速写——当然是为了自我宽慰（“我很高兴你说自己士气高昂……仍保持着好精神——因为我们都还年轻”）。他写给沉稳的伍德豪斯的书信（9月22日）也流露出类似的语气，伍德豪斯此时正同家人一道在巴斯附近度假，而巴斯在斯摩莱特的《亨佛利·克林克历险记》中占据重要场景。济慈讨论了自己的诗之后，告诉伍德豪斯，“我拄着拐杖思考，就像泵房里的老家伙一样”；接着，他话锋一转——“你见过老布兰博尔吗——他们说他已经奄奄一息了”，他突然间开始讲起《亨佛利·克林克历险记》的滑稽续编，说到了马修·布兰博尔、他的老处女姐姐以及她的狗乔德尔。

济慈写给乔治的信里夹杂了一些即兴诗句，嘲讽时髦的爱情和求偶方式，没有什么比这些更能说明他将事物安排进恰当关系的渴求，也说明他本能地想要减轻负担，把各种杂乱的事情变得可控。因为除了金钱带来的其他问题之外，经济上的窘迫也让他意识到，在未来很长一段时间里婚姻都是奢求；一想到毫无定数的未来，他心里就充满忧虑——担心范妮可能会厌倦等待，布劳恩夫人不知会有怎样的反应，他自己的健康状况也并不乐观。他谈到了自己的朋友威廉·哈斯拉姆。“我觉得恋爱中的男人是世界上最可怜的形象——即便我知道某个可怜的傻瓜真的为爱受尽折磨，我也会当着他的面笑出声来。”济慈接着就写了一些诗句嘲讽现代情人，“他们若有所思地坐着，转动慵懒的眼眸 / 轻咬面包，用声声叹息吹凉茶水”。这里的想法是将现代人的求爱与中世纪
611 浪漫传奇的联想相对比。可突然间，他厌倦了滑稽模仿。“你瞧，我要不像学校里的顽童那样瞎写几句歪诗就过不去——我一下笔，但还不到六行，异想天开的念头就消失了。”然而第二天，他在给乔治的信里加入

了一段冗长且沉闷的文字，那是他从伯顿的《忧郁的解剖》里抄录下来的（“你肯定会觉得很有趣”）：“每个情郎都迷恋自己的情妇，尽管她长得十分丑陋……一张瘦削、干瘪的脸……脑袋歪着……黝黑的皮肤，腐烂的躯壳”，如此等等，他记录了丰富的解剖学细节，带有典型的十七世纪淫秽散文的特点。济慈接着评论道，“这是给你们的一剂灵丹妙药”，并表示自己愿意从伯顿那里借这样一大段话当作“戏剧台词”。

随后，书信的整体基调发生了变化，表现出本杰明·贝利曾提到的济慈典型的“透明”特质，我们不由得想起他实际上还那么年轻。尽管他的成长、思想水平和颇有经验的勇气，都令人感觉我们面对的是一个仿佛更年长十到二十岁的头脑——不仅务实且有同情心，但现实状况是济慈再过一个月才满二十四岁。由于他在伦敦遇到的一些人对他礼遇有加，他若有所思地推测，“我觉得，肯定有人说过我的好话”，就算不是普遍情况，也至少是“在某一群人里，我得到了不错的口碑”。

三

然而，仅仅一个月之后，所有的决心——无疑和他曾经下定的决心一样坚决（且必要）——还是迅速削弱了，并且伴随着某种压抑的绝望，这对他来说是没有先例的。十月十九日，济慈给范妮·布劳恩写了封短笺，结尾处有一句话令人感到心惊——我们想当然地认为（正如我们现下的感受），济慈一生的坚毅已成习惯，他有能力昂首阔步地挺过这段困顿期；但是他此时写道，“我的心在战栗，我不知自己写了些什么”。

四月下旬到九月下旬历时五个月的努力——其成果令济慈在诗歌史上享有崇高的地位——但这段劳作从几个方面深深地消耗了他的精力。尤其是，他总觉得这根本不是写诗的方式。他曾真挚地渴望自己能

612 至少以更“从容”、更缜密周到的状态创作。济慈衡量自己的意图和相对贫瘠的资源,将之与他从两千多年来最伟大的创作(从古希腊作家到但丁、莎士比亚、弥尔顿和他自己的同时代人)中所提炼的理想相抗衡,由此产生了不断积累的阻力。而被迫转向其他工作之前,他的最后一搏所面对的残酷且短暂的时间表,在他不断积累的阻力之上又增添了一层十分有害的压力。个人损失、金钱以及身体状况(从某种意义上说,他不允许自己多想)都使问题变得更加复杂。几个星期后(11 月 12 日),他终于向乔治吐露心声:“没有什么能比过去的一年对我更不利,或是更加抑制我的诗歌天分了。”事实上,这个秋天似乎带来了异常丰富的收获——苦恼、压抑、复杂,以及——他势必会反感的一个词——恐惧。

从济慈撰写那些表达决心的信件(9 月 21 日至 22 日)到他返回伦敦(10 月 8 日或 9 日)之间,共有两个星期。这段时间里,查尔斯·布朗与他在温彻斯特重逢。看到这相对沉默的两个星期,我们不能不得出结论——他开始感到非常不适。十月十日,济慈前往汉普斯特德短暂地看望了范妮·布劳恩几个小时——晚上他或许是在隔壁布朗家过的夜——很可能就在这天夜晚,济慈写下了温柔、略带哀伤的十四行诗《“白天消逝了,甜蜜的一切已经失去!”》。第二天上午,他动身前往威斯敏斯特,迪尔克夫妇带他去看了在学院街 25 号给他找的房子。济慈带着一些书搬进了这里的房间,后面的一两天他可能步行至弗利特街,去询问是否有为报纸和杂志撰稿的职位。约瑟夫·塞文听说济慈打算搬到城里生活和工作,某天晚上就到这处新居来拜访他,此时济慈还没有放弃寻找工作。但是他举止中的某些迹象令塞文感到担忧。他说服济慈把去年写的诗挑选一些读出来。同那个时代的许多人一样,塞文也被《海伯利安》打动了。然而,塞文用来赞美这首弥尔顿式诗歌的“措辞”恰恰“证实”了济慈自己的感觉——这首诗不合格:塞文说,济慈并不想写一首“看起来属于约翰·弥尔顿手笔的诗,他想要的是明明白白、毫无疑问出自约翰·济慈之手的诗”。这首诗的语言风格和形式“太多虚饰”，至少“对一首长诗来说是如此”。不管怎么说，济慈试着在 613
塞文的短暂拜访期间提起精神。因此，塞文离开时留下的印象是，尽管之前的夏天“没有像他预期的那样好”，但他看起来似乎“精神振奋”。[1]

但是，就济慈真正的目的而言，他在威斯敏斯特学院街25号的头三四天可谓颗粒无收。他没找到工作，在街上闲逛，这很可能令他感到极度乏力。他身陷日益严重的疲劳之中，觉得越发孤独和无助。布劳恩夫人注意到他前几日来家拜访时的状态，就邀请他周末过去休息。星期五那天，济慈希望自己能有所好转，于是他出门与布劳恩一家一直待到星期日。回到威斯敏斯特之后，他花了一两天时间，要么出门找差事，要么就在屋里徘徊，他对自己的感受产生了疑虑和恐惧之情。随后(10月19日，星期二)，他放弃了新的住所，前往迪尔克家。他为自己的无助、孤独和缺乏自立能力而感到心烦意乱。能找谁求助呢？就在这天下午，他写信给范妮·布劳恩，将周末的拜访描绘为“三天的梦境”。“昨晚我很痛苦——清晨却总令人恢复元气。我必须忙起来，或者尽量忙起来。”他告诉迪尔克夫人，说自己要返回汉普斯特德。他住在那边，范妮会有什么感觉？范妮对他来说如此重要，但是“我必须给自己套上枷锁——我无能为力”。正是在这封信末尾，他写道：“我的心在战栗，我不知自己在写些什么。”

四

不到两天后，济慈返回温特沃斯寓所，与布朗住在一起，此时他恐怕比生命中任何时候都更缺乏信心。毕竟他向乔治、其他人和自己都许诺

① 威廉·夏普，《约瑟夫·塞文生平及书信集》，页40–41。

过(“是的,我会交换的”),可最终什么都没做成。他甚至花光了伍德豪斯托泰勒和海西假装垫付的三十镑。他是有理由为自己开脱的——甚至可以说这不算是借口。但情况太严重了,不能细想,乃至无法承认:其潜在的含意太引人恐慌。他试着弄清楚方向的同时,只能先保持缄默。要放在过去,他早就向几个朋友倾诉自己的咽喉痛和其他病症了,
614 但现在,他对当下的身体状况绝口不提。他要么对回到汉普斯特德的事只字不提,要么就轻描淡写,比如他告诉妹妹,在威斯敏斯特,一个单身男人得为“琐碎的家务事”付出“许多琐碎的心思”,这叫人心神烦乱。回到温特沃斯寓所就方便多了,布朗有个女仆每天都来(正如济慈怀疑的那般,这个女仆恐怕不仅仅是个女仆)。

过去一两个星期里,济慈身上发生的变化令塞文感到震惊。他后来又一次前往威斯敏斯特学院街看望济慈,但发现后者已经回到汉普斯特德,于是他就去汉普斯特德拜访。尽管交谈间有欢乐的时刻,谈到别人时济慈也展现出惯常的同情心,但他现在

> 似乎身心俱疲,再没有一周前愉快的自信和坚定的耐力;他身上交替表现出漠然的沮丧和时断时续的快乐,这让他成为一个很难迁就的伙伴。然而,即便在那时,在塞文无法想象的苦恼情形下,济慈也表现得足够亲切、慷慨。“他谈论起任何人,都不会恶语相加,还总是愉快且巧妙地模仿他所谈论的人,来提升你对那人的好印象。”①

毫无疑问,从九月中旬直至十月,最终导致济慈去世的肺结核病严重爆发(或者说,突然进入活跃期),随之而来的是极度的疲劳感和发

① 同塞文的许多相关叙述一样,我们只有威廉·夏普对他书信文集的扼要概括作为佐证。(《约瑟夫·塞文生平及书信集》,页41)此处的引号部分表示夏普直接引用塞文的话。

烧。雪上加霜的是一种心理影响（他现在近乎确信自己得了这种病）以及沮丧痛苦的感觉，因为这病竟然挑他几乎身无分文且面临沉重压力的时候缠上身。过去四十年里，济慈的病史得到了详尽研究，人们一直渴望确定其肺结核的染病时间和发展阶段。维多利亚时代的人倾向于认为此病始于一八一九至一八二〇年冬末，也就是济慈于一八二〇年二月三日严重咯血之前。由于人们对济慈从一八一九年九月到十月的情况了解不多，这就助长了一种感伤观念的传播，即济慈放弃了寻找其他工作的打算（甚至搁笔不再写诗），因为他对范妮·布劳恩的迷恋削弱了他的意志：就像他笔下滑稽诗句里的情人（"他们若有所思地坐着，转动慵懒的眼眸"），他满足于放弃一切，从而回到汉普斯特德，在布劳恩的 615
门前徘徊。这种印象再加上济慈情书里的话语，造就了有关范妮·布劳恩的传说——将她指控为一个硬心肠的调情者，说她对济慈产生了糟糕的影响。

从一九二五年艾米·洛厄尔的传记开始，人们的观念发生了逆转。洛厄尔使用（我们必须承认）非常有限的医学论据，得出结论说济慈的病是双重的：他至少早在德文郡照顾汤姆时（1818 年 3 月至 5 月）就已经患上了喉结核——因此他那时候才会经常出现咽喉痛，肺结核只是一八一九年秋冬之际的进一步发展。[①] 正是洛厄尔小姐的论断给人留下一种印象，而这种印象至今挥之不去，即济慈在创作生涯最重要的阶段一直患有结核病。之后，威廉·黑尔-怀特爵士在关于这个议题最详尽且权威的研究中有力地否定了这一论断。[②] 假如济慈真的患上了喉结

① 洛厄尔，《约翰·济慈》，第一卷，页 512–516；第二卷，页 359。

② 威廉·黑尔-怀特，《作为医生和病人的济慈》，尤见页 43–51。沃尔特·A. 威尔斯的《医生视角下的约翰·济慈传》（*A Doctor's Life of John Keats*, 1959）更为关注济慈的失望所造成的心理影响，其对肺结核的讨论主要集中于济慈人生的最后一年。威尔斯没有深入探讨咽喉痛的问题，但似乎怀疑其为喉结核，因为"喉部受到牵连几乎总是晚期并发症"。

核和肺结核，由于他本人了解解剖学，那么他就不会说“咽喉痛”（因为喉咙通常指的是上喉部，也就是口腔后部），而会提及下喉部。[①] 更重要的是，喉结核是一种非常晚期才出现且罕见的恶化：从肺部咳出的结核杆菌感染了下喉部。但是，济慈在咽喉痛出现之前并没有长时间的咳嗽史——喉结核至少会表现出一年的咳嗽症状；如果说一八一八年夏天济慈咽喉痛突然发作时，他的肺结核已经发展到这种程度的话，那么他绝没可能完成苏格兰之旅中高强度的步行和攀爬。除此之外，声音嘶哑乃至失声是喉结核的典型症状，但济慈从未表现出任何类似状况。最后，如果济慈确实患上了喉结核，那么他生命最后几个月里症状会表现得非常明显。但现实情况远非如此，在他生命的最后一年，咽喉痛似乎彻底
616 消失了。我们显然忘记了十九世纪末之前，复发性咽喉痛是多么普遍的现象（也忘记了在北方国家，尤其是英国，牙齿问题间接引发了多少痛苦）。慢性扁桃体炎、鼻黏膜感染或从牙齿蔓延到喉咙的炎症——一种不如肺结核浪漫的疾病——更有可能是造成济慈反复咽喉痛的原因。黑尔-怀特强调了感染从牙齿弥漫至咽喉的可能性，他提醒人们，济慈第一次严重的喉痛发作伴随着剧烈的牙疼，济慈在给妹妹的信中（1818 年 8 月 19 日）同时提到牙痛和咽喉痛——“我得了该死的牙痛……一直不停，弄得我没法愉快地写作”。

不用说，咽喉痛是某种身体状况的征候或结果，济慈的抵抗力受其影响逐渐削弱。正如威廉·黑尔-怀特爵士指出的那般，济慈没有十九世纪人们通常认为结核病患者应有的长相——他不像汤姆那样瘦弱：他的体格更像父亲，比较健壮，若到中年可能会变得很结实。至一八一八年六月为止，乔治照顾汤姆的时间比济慈长得多，如果说他能够成功

---

① 同理，济慈从 1818 年末到 1819 年末的信件都提到吞咽清凉饮品或水果时感觉舒适愉快，这都表明其不适感出现在喉咙口，而非下喉部。

地避免感染，那么我们可以假设济慈也有同样的几率能够做到这点。但是，他一八一八年夏天穿过马尔岛沼泽时患上了严重的感冒，并可能导致扁桃体炎，此外还有八月份的牙病，以及长期积累的疲劳，这些显然都造成他体质变弱，而这时他恰恰回到汤姆身边，照顾后者长达三个多月（8 月 18 日至 12 月 1 日）。当时没有人知道结核病是会传染的。他们紧闭窗户，空气不流通。连续几个星期，济慈在其他方面也心烦意乱，他每天待在汤姆身边，自己的身体颇为虚弱，而汤姆此时的传染性比以往要强得多。济慈有可能在十二月一日之前就感染了肺结核，而这个病到一八一九年九月初开始进入爆发期。

五

查尔斯·迪尔克在济慈返回汉普斯特德之前见过他，获得的印象是他"整个思想和心灵都在相互角力的情感漩涡中挣扎——他没法冷静、客观地看待任何事"。同时，他带着绝望的心情跟范妮·布劳恩联系， 617
这几乎肯定令她心惊，自从七月份以来，布劳恩已经习惯了济慈信中那些无法解释的感情波动。济慈现在试着用以往书信的语气来让她心里有所准备，谈起"我那前途渺茫的人生初年"，以及他如何让自己对每一件事都抱着最坏的打算。他想让她知道，自己现在已不像以往感受和表现的那样有所保留，而是对她和盘托出。他告诉布劳恩这一切，并声言"我现在不对我的爱设任何桎梏"，但就在同一封信里（10 月 13 日——也就是他刚搬进威斯敏斯特学院街的时间），济慈又写道：十月十日"见到你之前我还能抗拒"，甚至在那之后他还试着"用理性来反抗"爱情。六天后，他告诉布劳恩，说会"给自己套上枷锁"，然后突然又带着莫名的疲惫和绝望补充道："我愿意为爱情或死亡赌一把。"

正是在这几个星期里，他写下了至少三首，也可能五首献给范妮·布劳恩（或直接与她相关）的诗。[①] 有一些是所谓“写给范妮的诗句”——略显杂乱无章、疲倦和单调——公开表达了信中同样表露出的情感矛盾：

我要怎么做，才能
把记忆从眼中赶走？
…………
我要怎么做，才能
杀死它，重享以前的自由？
…………
我要怎么做，才能
换上新的羽毛，再次
上飞，上飞
碰到扑棱振翅的爱……？

然后，一些比较阴郁的指涉出现了——它们可能意指美国以及乔治在那里遭受的厄运[②]——接着就突然过渡到令人想起十四行诗《明亮的星》的诗句：

618 哦，让我再一次把

---

① 略去了如下诗句“这只活生生的手，此刻温暖”，它们可能不是写给范妮·布劳恩的。（参见本章第九节）

② 我该到哪里学会重获平静？
不再想起那令人憎恶的土地，
它囚禁了我的朋友，那罪恶的海滩
让他们遭难，过着难耐的生活。

灵魂安放在眩目的胸膛！
让我再一次把疼痛的臂膀放好，
做你腰间的温柔枷锁！
让我感受那和暖气息……

济慈还写了两首莎士比亚体十四行诗（几个月前，他就不再使用十四行诗的形式进行严肃创作；但境况今非昔比，这种形式自然就浮现出来）：包括我们前面已经提到的那首平静的十四行诗《“白天消逝了，甜蜜的一切已经失去！”》，以及它疯狂、近乎焦急的对立面——其开头是这样写的：“我恳求你疼我，爱我！是的，爱！/ 仁慈的爱，决不卖弄挑逗。”

第三首莎士比亚体十四行诗便是著名的《明亮的星》，它可能写于此时或是初冬时节。[①] 从查尔斯·布朗为这首诗标注的创作时间来看，我们只知道它写于一八一九年；但它可能创作于这一年的任何时期。

---

① 这首诗的第一版如下：

亮星！但愿我像你一样坚持！
不是在夜空高挂着孤独的美光；
不要像大自然虔诚无眠的隐士，
睁着一双眼睑，永远在守望。
清晨的海水如教士那样工作，
绕地上人类的涯岸作涤净的洗礼；
或是凝视着白雪初次降落，
面具般戴上高山和大地；
不是这样——但依然坚持不变：
脸颊枕在我爱人洁白成熟的胸脯上，
永远触碰它温暖的起伏，
永远清醒地感到那甜蜜的动荡；
聆听，感受她温柔的呼吸，
半无激情，就这么昏醉而死。*

* 与修订版相同的部分使用屠岸先生译本。

十九世纪后期，人们通常称之为“最后一首十四行诗”，因为济慈在一八二〇年初秋，也就是与塞文乘船前往意大利的途中，在一本莎士比亚诗集空白页上写下了此诗的修改版（有明显的改进）。自从人们得知这首诗较早的版本以及布朗对其创作年份的确定，就有人提出不同的创作日期之论，并为之争执不休——得到关注最多的是一八一九年七月或更早一些的月份。在没有任何真凭实据的情况下，我们当然有理由认为从十
619 月到十二月之间的几个月也同样有可能。[1] 当然，济慈十月份回到汉普斯特特德之前，书信里从未流露出要为爱情放弃其他抱负的意向，但这首十四行诗却表达了出来。放弃是痛苦的；不论对最后一行诗有什么别的评价，我们都会注意到其中隐含的绝望情绪。诚然，诗末尾前的总体基调要比他在这年秋天所写的狂热诗句冷静（另外一首爱情十四行诗《“白天消逝了”》也很平静）。但这不是争论点，因为不管他从颂歌到《海伯利安的覆亡》之间的创作显得多么平静、自信，他对范妮·布劳恩的态度（这才是问题的本质）——正如我们一直论及的那样——在十月之前远比之后要矛盾得多。就算其中真有一处接近于真正的论点，即《明亮的星》这首十四行诗创作于此时，但问题是，济慈在其他时候也可以轻易地写出这种作品。我们的争论无助于理解济慈一八一九年的生活，以及是什么使他那年的诗歌成就不同凡响。

无论这首十四行诗创作于何时，我们都应该注意到它的一些特质，

---

① 科尔文（《约翰·济慈：生平、诗歌、其友、其批评者及身后名》，页 335）认为这首诗可能创作于 1819 年 2 月的最后一个星期，因为当时下了一场大雪，诗里的第七、八行可能与此相关。洛厄尔（《约翰·济慈》，第二卷，页 202–206）认为这首诗写于 1819 年 4 月中旬，理由是济慈当时正在翻看他于苏格兰之旅期间写给汤姆的信，其中有一些表达在这首十四行诗里复现了（但是他已经在几个月前将相关信件寄给了乔治）。基廷斯（《约翰·济慈：生年》，页 25–26）支持洛厄尔的观点，认为济慈看过自己于 1818 年 6 月 26 日写的信，但是他把这首诗的创作时间推定为 1818 年 10 月下旬（也就是济慈将这封信寄给乔治之前），并由此认定此诗是写给伊莎贝拉·琼斯的。但这个观点似乎缺乏说服力（参见前文，页 359）；德·塞林科特和 A. 沃德小姐有关此诗创作时间为 1819 年 7 月的推定也不够有力（参见前文，页 539）。

它在缩微的规格上让人联想起两首伟大颂歌的结构——其一是《夜莺颂》,另外一首在结构上更有相近之处,那就是《希腊古瓮颂》——不管《明亮的星》是这两首诗的前瞻,还是回顾。我们应该注意到象征性论辩的过程,在这个过程里,一个主导的象征符号或概念开篇就被提出,然后在对位的回缩、限定和部分回归中成为诗歌的主旨。[①] 就像以往一样,星星不仅被构想为"永恒"的隐喻,而且还是"无我"、根本秩序和静止的隐喻。星星的"坚持"又因这个象征所产生或容纳的联想而变得更为丰富。因为其孤独和无我的"守望"——"睁着一双眼睑,永远在守望"——也属于隐士的注视,暗示着某种最终以宗教为目的的回缩;于如此耐心、无休无眠的注视中,"清晨的海水"被想象为"如教士那样工作,／绕地上人类的涯岸作涤净的洗礼"。这个象征着超然的符号似乎 620
充分回应了内心的渴望(正如希腊古瓮和夜莺的歌声起初在两首颂歌中表现出来的一样),然而,它毕竟做不到真正、完全的充分。对此象征的限定——部分抽离——几乎立刻就开始了,尽管这种否定是以沉思留恋的方式提出来的,甚至还带有某种羡慕之情——就像诗人观赏希腊古瓮上的人物时所产生的感情一样:

不是在夜空高挂着孤独的美光;
不要像大自然虔诚无眠的隐士,
睁着一双眼睑,永远在守望。

毕竟,他真实的渴求并不是这个象征符号变幻成真正的超然时所暗指的东西。(我们不禁记起他在撰写颂歌之前,曾在十四行诗《咏声名》前

① 参见前文第十九章,第六节。我在此处的探讨与颂歌主题的探讨一样,受益于大卫·珀金斯的《对永恒的追求:华兹华斯、雪莱与济慈的象征主义》,尤见页229–233。

添加一句谚语:“你不能既吃糕,又有糕。”)他渴求的是拯救心灵,使之获得人类所缺乏的永恒和超脱,并在获得它们的同时免除一些必然的局限:像星星一样“依然坚持,依然不变”,但不要“超凡入圣”(重回《希腊古瓮颂》中的诗句)。[①]

六

回到汉普斯特德后,济慈拼命想让自己的头脑镇静下来。他急切地抓住当时的一个流行观念,即肉食会使大脑混沌。他远离肉食,并给妹妹写信——当时他没钱乘马车去看她,也没有体力走到沃尔瑟姆斯托——信里说:“我已经不吃肉了,这样我的大脑就不会像动物天生的脑子那样陷入更浓的迷雾。”不过,他还有另外一层考虑。结核病患者通常——且非常不幸地——被限制只吃素食。济慈当然知道这一点
621 (汤姆人生的最后一年一直保持这样的饮食),也正盲目地采取自己能想到的任何措施预防结核病。

济慈的精神状态令布朗感到困惑和忧虑:这与他以前在济慈身上看到的情况都不大相同。“他心不在焉,有时显得无精打采”,最重要的是,“他装出来的泰然自若让我十分不安,他不愿意谈论这个话题”。布朗想到济慈最需要的也许是重新开始工作,于是四处搜寻他可能会感

① 除了上文提到的四首诗之外,济慈可能还在十月到十二月之间的某个时刻写下了《范妮颂》(“抚慰心灵的自然!让我的精神焕发活力”)。诗里提到“冬天凛冽的空气”,可能暗指时间是十一月或十二月,这一点有利于将此诗的创作时间定位为十二月。诗中的场景是范妮参加了一场舞会,但济慈因病无法前往。洛厄尔和科尔文认为这首诗创作于1819年1月或2月。在一首至少是半严肃的作品中,写出松弛无力的诗句,这很不像一二月份的济慈,反倒更像他现在写的爱情诗,尤其肖似《写给范妮的诗句》。不过,对于如此质量的一首诗,我们无须在确定创作日期问题上花费太多工夫;可以想象,此诗最迟写于1820年7月或8月。

兴趣的主题。布朗本人刚刚完成《奥托大帝》的整理事宜,准备将之送往德鲁里巷皇家剧院,看看是否有人会多少感点兴趣。显然,恰是在这个时候,布朗向济慈提出了一个英国历史悲剧的题材——尽管他可能最早于八月份就聊到过这个建议。无论如何,济慈正是在此时尝试就这个题材写点东西。布朗告诉他,这部历史悲剧的背景可以设定于

> 斯蒂芬统治时期,即从他被莫德皇后打败开始*,到他的儿子尤斯塔斯去世、斯蒂芬把王位继承权交给年轻的亨利结束。各种必须介绍的事件和人物给他留下了很深的印象;像以往一样,我提出帮人物设计戏剧行动。我说道:"这出戏必须从战场开始,当时斯蒂芬的军队正在撤退——""停!"他制止道,"打住! 我已经靠着牵引带走了太久了,这次我要自己来。"①

至少十一月的部分时间里——也许是前两周——济慈试着撰写这出戏剧,写了三场半(将近两百行)。虽然他很疲惫,但还是尽量做好系统的准备。他以霍林希德的《英格兰、苏格兰、爱尔兰编年史》(*Chronicles of England, Scotland and Ireland*)为基础,还弄到了一本约翰·塞尔登的《荣誉头衔》(*Titles of Honour*),正如 J. L. 洛斯所推测的,他无疑想要把这本书作为确定封建头衔和习俗的参考书。② 他仔细阅读了有关英格兰头衔的一章,并开始在扉页上制作一份他认为可能有帮助的详细索引。同时,他还依循自己一直以来的习惯,试着用一个开场猛地向前冲,制造出一些势头,并希望在这个过程中能够发展或找到

---

* 莫德皇后即亨利一世的女儿玛蒂尔达,神圣罗马帝国皇帝亨利五世的妻子。

① 布朗,《约翰·济慈生平》,页 56。

② 参见洛厄尔,《约翰·济慈》,第二卷,页 361-362。

某种合适的风格。他写出来的这几场具有《奥托大帝》所缺少的明快节
622 奏和情节变化;其语言风格更彰显出口语的活力,同时也偶尔带有某种措辞的稳健,令人想起《海伯利安的覆亡》中的段落。

然而,他还没有准备好迎接一部诗体悲剧,他自己也知道这一点:他状态仍不足,除非有几个月的空余时间来悉心琢磨,且身体状况比现在感觉要好得多才行。如果像眼下这般强行创作,他充其量只能写出一部莎士比亚早期历史剧的平淡模仿之作。"我近来一直努力写作,"他告诉乔治,"但收效甚微。"他第一次承认自己若不能"心无旁骛",就没法好好创作,所以"我需要一点鼓励"。几天后,他搁置了《斯蒂芬王》,并告诉约翰·泰勒(11 月 17 日)说他"决心不出版现在写就的任何东西"。想要"解除幻想的桎梏,让其自行发展"的话,最简捷的方法就是再创作一首叙事诗。他正在考虑一部历史浪漫传奇的题材,涉及伊丽莎白女王治下莱斯特伯爵的故事。两到三首这样的诗能够帮他学会"一些恐怕尚未掌握的戏剧技巧"。

但所有这些都需要花费几个星期的时间。尽管体裁比较局限,他还是决心把这首诗打磨成"精品"。他还需要向泰勒借些书,让自己沉浸在这个主题中。

七

查尔斯·布朗注意到《斯蒂芬王》作为一部作品几乎已经溃败,于是他开始鼓励济慈创作一些尽可能远离这部戏剧,甚至与济慈曾写过的任何东西相去甚远的作品——比如一首能够同时嘲弄几样事物的讽刺诗,其嘲讽对象包括拜伦式的讽刺诗、摄政王的偷情以及他与不

幸妻子的争吵(这是全英国人都知道的闲谈之资)*,还有诗歌中运用的稀奇古怪或超自然的“文学手段”。这首诗很可能大卖:拜伦随便写的东西里摘几个诗节,都比济慈迄今为止的全部创作从出版商那里赚的钱多。此外,这种创作根本不费时间。稍微写得流利一点的人都可以永远写下去,只要(用约翰逊谈论莪相的话来说)“将头脑放纵于其中”。

济慈确实很缺钱。过去几个月积下来的账单已不能再拖欠。他紧急写信给哈兹拉姆,借款三十镑(11月2日),信里只是疲惫地重申了一下他惯常的局促不安。他告诉塞文,说去了趟萨里学院,提交了一首诗“争取讲堂里的奖项”。“众多对手”里“最具竞争力的”包括某首《卡斯尔雷勋爵颂》(“An Ode to Lord Castlereagh”)。不管他递交的是哪首诗——可能是《希腊古瓮颂》,因为《夜莺颂》已经出版——他都没有获奖。济慈没抱什么希望。递交了诗之后,他立即强迫自己去拜访艾比(11月11日),后来显然弄到了几镑——这是他十个月来第一次从艾比手里拿到钱。艾比还利用这个机会跟济慈说,他应该试着进入书籍销售业。可是艾比并没有打算以任何具体的方式提供帮助。一个月后,他再次劝告济慈改行做其他事,这次他提到了茶叶经销——也就是艾比的主要业务——济慈有意接受,且自然认为艾比会乐意收留他到自己的店里。但是“他的想法很奇怪,等我主动追求时,他又扭扭捏捏不肯表态了。他似乎不怎么想帮助我”。 623

如果说济慈对写不写布朗心目中的那种诗举棋不定,那也只是一两天的事。有关该做什么的直觉陷入无助的矛盾中,以至于他愿意听从任何善意的建议。推测这样一首诗能够赚钱的想法是决定性的。他至少可以努力几个星期尝试一下:难道他还有别的选择吗?钱是

* 这里的“摄政王”指在其父患精神病期间(1811年至1820年)统治英国的乔治四世。

必须挣的,而他现在也没有以任何其他方式赚到钱。撇开少年时代幼稚的诗句和诸多即兴诗不谈,这番努力的结果产出了济慈诗作中最糟糕的作品——《帽子与铃铛:或曰嫉妒者》。这是一首未完成的诗,差不多有八百行,以斯宾塞诗节写成。一切因素都对此诗不利:济慈的健康状况堪忧,金钱短缺让他焦虑不已,未来几年内都无法结婚造成他心情沮丧,对自己以前作品的质量也信心动摇,更重要的是,他对这首诗本身缺乏真正的兴趣。按照布朗的说法,此诗是"在没有计划的情形下开始"的,他们寄希望于济慈能在撰写过程中获得灵感。然而他对全诗的构想都很陌生。这倒不是说此诗与他迄今为止所写的作品格格不入——一年多来,他的创作都不断开辟新视野,加入新考量,
624 开创新风格。但是,对于充满同理心的天性来说,篇幅特别长的讽刺诗(不同于讽刺瞬间的释放)是难以持续的,不管其创造者多么受到失望情绪的困扰。

一开始,济慈在与布朗的交谈中,自然而然地想到了一些适合这首诗的点子。摄政王对任何自由主义者来说都不是讨喜的人物,实在是个能激发讽刺攻击的源泉。此外,为何不把拜伦本人也囊括进来呢?范妮·布劳恩过去很崇拜他,或许现在仍然如此。济慈将用拜伦一位女性崇拜者"露西·沃恩·罗伊德"(Lucy Vaughan Lloyd)的假名创作,这位虚构的露西住在兰贝斯区的瓷器步道(China Walk)。当然,诗中的讽刺主角是埃尔菲南皇帝(Emperor Elfinan),他既像拜伦,又像摄政王。诗里有一处,(正如拜伦本人对其他诗人所做的一样)济慈用直接引用来诙谐模仿。他选取了拜伦写给拜伦夫人的感伤诗,此诗写于她离开拜伦两个月后("永别了!永远,/永远,祝你幸福!")。埃尔菲南像虫子一样在屋里跳来跳去,看着他那受人轻慢的未婚妻贝兰纳妮(Bellanaine),说道:"可怜的贝尔!"(这里用的是拜伦对妻子安娜贝尔的爱称),"'永别了!永远!/永

远！祝你幸福！'——然后他就地躺倒 / 一阵大笑！——打了几个响指……"还有一些诗句不仅戏仿了拜伦，也揶揄了济慈自己。在一个令人困惑的片段里，这位拜伦式的皇帝爱上了身居坎特伯雷的"伯莎·珀尔"(Bertha Pearl)。济慈以对自己早期作品近乎野蛮的滑稽模仿，再度启用了《圣马可节的前夕》里描绘的"伯莎"，她曾温柔地看着绘有插图的手抄本出神。但在《帽子与铃铛》一诗中，皇帝的随从胡姆(Hum)给了他一本神秘的"传奇之书"，只要看到这本书，伯莎保证会"昏头转向"。济慈有一个朦胧的愿望，就是将《圣亚尼节的前夕》那种多愁感伤推到一旁，于是他专门选择了同样的斯宾塞诗节，但是这种诗歌形式对讽刺诗来说完全不合适。此乃该诗失败的原因之一。只有一心一意追求滑稽讽刺的渴望，才能把斯宾塞诗节那种缓慢、庄严的节奏扭转到完全相反的用途上去。[①]

在十一月最后几个星期和十二月的头一两个星期里，济慈快速地写了一节又一节。布朗说，一般在早上"他能极其流畅地写出很多"——事实上，某天上午，他总共完成了十二个诗节(一百零八行)。到了夜晚，济慈"会按照自己的心意，独自一人待在单独的起居室"。 625
他在这里试着从第一版《海伯利安》中挑选出一些诗句去改写，用于他九月份已经放弃的修改版。可是，他对这首诗虽十分上心，却几乎无能为力。十一月和十二月这几个星期里，他只誊抄了约五十行，略微做了一点改动。

天气渐凉；虽然济慈几乎负担不起，但"按照医生的建议"，他告诉妹妹，"我做了一件暖和的衣服，订了一双厚实的鞋"。

① 关于这首诗素材来源的简要概括，参见芬尼，《济慈诗歌的演进》，第二卷，页733–736。

八

到了十二月底,或许更早些时候,济慈已与范妮·布劳恩订婚。我们可以将时间圈定在十月到十二月底之间,因为范妮·布劳恩写给济慈妹妹的信(1821 年 5 月 23 日)里有如下一段内容:

> 我不怎么喜欢[乔治],他也从不喜欢我,所以我不大可能出于好感说太多对他有利的话,但是我必须得说,他受到的指责比他应承受的要多。我的确觉得他奢侈浪费且为人自私,但人们在狂热中[这里可能影射查尔斯·布朗]把他形容得比那还要糟糕——你哥哥汤姆去世后,我亲爱的约翰写信给他,说愿意提供力所能及的援助和金钱。约翰那时还没同我订婚,且刚刚失去一个弟弟,他觉得自己所有的爱都投向了仅剩的那个——我敢说,乔治一开始并不打算接受约翰的提议,但是他生意失败,有妻子和孩子要抚养,且很可能再有一个孩子,这种情况下,我毫不奇怪他会优先考虑他们。由于乔治不回到英国就得不到想要的东西,所以很不幸的,他回来了——而那时候你大哥自己也想结婚了,可又不好意思说给不了钱了。①

济慈在九月二十一日写给乔治的信里表示"会竭尽全力"去帮助他("放心,我会竭尽全力来帮你……假如我不能给你寄去几百镑,那就寄几十镑,要寄不出几十镑,就寄几镑");乔治短暂回国的事情发生于一八

① 《范妮·布劳恩致范妮·济慈书信集》,页 33。

二〇年一月——那个时候，济慈自己“也想结婚了”。[①]

无论确切情况为何，至少济慈与布劳恩在这年底之前订婚了。范妮 626
的母亲得知这一情形时，全无喜色。迪尔克的孙子在他的书信文稿中，发现了一张短笺，上面写着：“济慈与——小姐之间的事已经敲定。上帝保佑他们。这对他们来说不是什么好事。她母亲说阻拦不了，唯一的希望就是这事能黄掉。”[②]然而，我们很怀疑布劳恩夫人是否这么早就知晓订婚事宜，因为两人订婚的消息似乎保密了好几个月。

九

十二月的某个时候，济慈草草写了几行诗——这也是他人生中最后的一些认真撰写的诗句。这个小片段曾被人们当作写给范妮·布劳恩的诗行。但人们现在普遍认为，这些诗句是他打算用于未来诗歌或戏剧中的段落。

不论原始意图为何，这些诗句都写在讽刺诗《帽子与铃铛》手稿的

① 范妮·布劳恩在1819年圣诞节过去几乎整十年的时候（1829年12月29日）写信给查尔斯·布朗，说了前文曾引述的话（她当时正在拟信的草稿，随后删掉了这句话）：“十年前我比现在更大方［此处指1819年12月］，如今我可不想和那种与贫困以及各种糟糕状况抗争的人联系在一起。”就在同一封信里，她又一次提到十年前这个日子。（她提及对济慈的攻击，说道：“十年前我对性格的判断很糟糕，也许高估了他的每一个优点。如果你能证明我是错的，那我会很高兴。”这封信现收藏于汉普斯特德济慈博物馆，刊载于M. B. 福尔曼编，《约翰·济慈书信集》，第四版〔1952〕，页lxii–lxiii。）范妮·布劳恩的一些话经常被人们误读，以为它们暗指两人订婚的时间是1818年12月25日——正如前面章节所谈到的，这个日期几乎不可能——会不会是她讲这些话时出了差错，头脑里真正想的是1819年12月25日？（那年圣诞节，布劳恩一家与济慈在迪尔克家相聚，可以推测，两人当天后半段时间是空闲的。）1821年12月，布劳恩给范妮·济慈的信中有句话是这样说的：“我必须记住，三年前的那天［圣诞节］是我度过的最快乐的日子。”

② 迪尔克，《一位批评家的文集》，第一卷，页11。

空白处。济慈经常通过对比的方式思考问题；出于他本能的同情心，凡是因为一部作品的基调和局限性被排除在外的东西，往往会吵闹喧嚣着要求获得同样公正的对待和平等的表达。他当时显然刚刚写完第五十一个诗节，其中包括坎特伯雷倔强的伯莎·珀尔用针线绣的小对句——

> 丘比特，我
> 蔑视你。

在如此格格不入的一首诗里，上述诗节结束以后，济慈似乎停了下来，
627 想到别的东西。这里的空白处也许空缺了几分钟，几天，甚至一个月。
总之，济慈继续往下写之前，记下了这样几行诗：

> 这只活生生的手，此刻温暖
> 能热切地紧握，天若寒凉
> 坟墓冰封的沉寂
> 萦绕你的生命，让梦夜冰冷，
> 你甚至希望自己的心血枯竭
> 让我血管里红色的生命再次流淌，
> 你的良心平静下来——看，它就在这——
> 我把它伸向你。

第二十三章　飘零(1820年1月－8月)

一

与此同时,乔治·济慈的内心变得焦躁不安。十一月初,他收到哥哥约翰从温彻斯特寄来的长信(写于9月17日至27日)——济慈在信中谈及自己匆匆赶往伦敦拜会艾比,告知他俄亥俄河上的汽船事故,以及乔治此刻多么迫切地需要资金支持。 628

乔治看得出,约翰不仅为他焦虑担忧,而且办事勤勤恳恳。五月份以来,约翰不断去找艾比理论。只要能提供帮助,他随时准备好放下自己的事,也不惜牺牲自己。然而实际情况是,汤姆的遗产(即便济慈兄弟低估了这份财产)至少有一千镑,甚至还有可能再多半倍,但约翰对怎么获取财产毫无头绪。尽管约翰有很强的紧迫感,但最近这封温彻斯特来信不出预料地又缺少准确细节。若干年后,乔治才知道艾比长期以来都谎话连篇、惯于耍花招;但他现在仍倾向于将这种含糊不清和拖拖拉拉部分理解为约翰能力上的欠缺,与自己的经验老道比起来,约翰无可救药地缺少同艾比和律师谈生意周旋的能力。乔治的需求如此迫切,以至于他只要能从艾比那儿拿到汤姆遗产中属于自己的份额,那么花上三个月时间和一百五十镑的往返旅费也是非常值得的。除去往返旅费,就算只能多拿回来两百镑,把这些钱在拓荒之地肯塔基换成美元也价值不菲。两百镑相当于一个成功的商人在拓荒地一年能赚到的钱,而且乔治有可能拿到这个数字的两倍之多。在讨钱的过程中,他还有机会弄清楚到底还剩下多少,从而为他们兄妹三人做点贡献。总之,他必须亲自解决这件事。

如果乔治打算回英国,明智的做法就是马上动身。他把妻子和孩子
629 留在路易斯维尔,于十一月底匆匆向东出发,又从纽约坐船,最终于一月七日到九日左右抵达伦敦。他寄给哥哥的信件如果真能比他本人早到,也就早几天而已。(济慈收到的书信绝少留存下来。一八二〇年夏天仍在他手头的书信,显然在他前往意大利之前就被烧掉了。)

二

兄弟俩的重聚不仅十分短暂,而且事后回顾起来,也令人遗憾地不彻底,甚至太潦草。这样的见面不是任何一方所期待的。济慈几个月之前曾说,我们紧握的手并非七年前握过的那只手,甚至我们的身体也会彻底改变。尽管人们可以靠"执意和戏剧性"地运用想象力来压制这种疏离感——尽管距离济慈和乔治在利物浦分别仅仅十七个月——但这段时间毕竟发生了那么多事。乔治如今一心扑在自己的小家上,牵挂着他所进入的那个陌生新奇的拓荒世界,惦念着自己在那儿遭受的经济损失。不难理解,在他眼里,约翰的处境比他于边疆见识的拓荒者要舒适得多。毕竟约翰身处安全稳固的英格兰,周遭似乎都是有教养的朋友。或许他还不算声名显赫,但至少他的诗歌已经出版了。

至于济慈本人,乔治回来了以后,他不好意思以任何方式打扰他。过去的一年半时间里,他始终无法开口向弟弟描述或简要暗示到底发生了什么——无论他们曾经多么亲密无间;而此前的两个月可谓令人恐惧

的经历。他本能的倾向是闭口不谈自己的景况。几年后，乔治告诉迪尔克："尽管他迎接我时极尽热情之能事，但却没能像以前那样坦率、毫无保留地与我交谈。他已经丢掉了发泄悲伤来重振活力的习惯。"济慈似乎没有提及婚约之事；正如前文指出的，他和范妮此时没有把订婚的情况告诉任何人。

兄弟俩几乎没有单独相处的时间。首先，乔治这次回来只待两个星期左右。他有充足的理由想要争取于一月二十八日前后赶往利物浦，以便搭上返回美国的船：他的家人在大洋彼岸翘首以盼；美国那边的生意 630
状况不佳；他满脑子都在想下一步必须采取什么样的行动。这段时间他一直住在怀利家——也就是他妻子的娘家——因为他想留在城里，离艾比近一些。此外，济慈也没有属于自己的地方，让乔治能够像在家里一样无拘无束。布朗那里额外有张小床，乔治至少曾经留宿过，但温特沃斯寓所的房间并不是他哥哥的。而布朗十有八九已经开始讨厌乔治了（济慈去世后，他与乔治成了势不两立的敌人）：布朗素来对钱的事疑心很重，而且随时准备带着愤怒的正义感为每一分钱而战，他认定乔治短暂回国就是为了清空遗产。

乔治一到，济慈就穿着新做的"暖和衣服"和"厚实的鞋"，匆匆赶往伦敦与乔治和他的姻亲一起用餐（这顿餐宴于一月九日在乔治安娜的姑母米勒太太家举行）。但随后乔治就被各种社交活动淹没。他置身如此迥异的世界中，为此次短暂的伦敦之旅兴奋不已。他第二天晚上就带着岳母去看戏，再后面一天晚上又参加了迪尔克家的舞会。济慈几个月前就说他已经受够了那类舞会和活动，但他还是跟乔治一起去了，不过似乎只是在角落里徘徊。乔治喜欢聚会，济慈想到朋友相聚会令他开心，于是决定为他和一些老朋友举办一场餐宴；这次正餐宴举办于一月十六日，也就是乔治返回英国后一周。假如不这样做，他几乎就没有什么机会见到乔治；兄弟俩见面的时间如此之少，竟然还规划了一场接近正式的餐宴,这无疑是对整个情形充满讽刺意味的写照。

然而,济慈觉得自己没有资格抱怨乔治奔忙于其他事务之间。因为不出几天,乔治就让艾比有所妥协,而济慈几个月来虽然反复尝试,却从未成功过。既然他满足于坐在场外观看,那乔治凭什么不该尽可能地投入到社交活动中去呢?毕竟他离开了那么长一段时间。济慈远远地待在汉普斯特德,所能做的就是尽量减少自己的麻烦,并试着以很强的接纳兴趣单纯地思考乔治的事。

631 对乔治来说,汤姆的遗产得到了满意的解决,于是他乘坐一月二十八日清晨的马车赶往利物浦,弄到一张班轮“信使号”的回程票,于二月一日离开英国。他在伦敦的时候甚至没时间去看望妹妹范妮,不过他到利物浦后给她写了一封兴致盎然但略显仓促的信。自那以后,范妮对乔治的兴趣明显冷淡了许多。

三

乔治在汉普斯特德时,利用空余时间抄写了不少济慈的诗歌,好带回美国去。其中一首就是《夜莺颂》。天寒地冻之际,乔治竟会抄写这首颂歌,这让济慈觉得很有趣——“仿佛是在冰山上阅读有关加尔各答黑洞的描绘”。此外,乔治还带回美国七百镑。这个时候,他还没有弄清楚约翰、范妮和他自己应得的全部数额。他是在很久以后才知道实情的,差不多要等到范妮成年且立即开始对前监护人采取坚决的法律措施之后——范妮是个意志坚定的女人,同时她心里也积压了十年的不快。

乔治带回美国的钱引起了无休止的争议。这些钱中有多少是属于约翰,并且在他自己急需用钱时借给乔治的?这场争议充满含糊不清的指控,它们从济慈去世三年后就开始浮现。倾向于相信最坏情形的布朗有很长一段时间都认为七百镑全部属于约翰。后来,经过详实的调查,他将这个数额改为四百二十五镑。有一些真相浮出水面。乔治劝服——也有可能恐吓了艾比,让他迅速把钱分成几份,而这笔钱指的是艾比诱使济慈兄妹信以为真的汤姆全部遗产的数额:一千一百镑。乔治自己也承认,他带了七百镑回肯塔基。那么为什么他从一千一百镑的遗产中拿走了将近三分之二?乍一看,他好像是带着自己和约翰的两份钱离开的(因为可以肯定的是范妮拿到了属于她的那一份)。乔治后来试图给出解释。他听说布朗的指控后感到很困惑,于是写了封篇幅很长、有所戒备但又杂乱无章的信给查尔斯·迪尔克(1824 年 4 月 10 日)。[①] 他说,这七百镑中,有一百六十镑是艾比给他的,部分是赠予他 632
的礼物,部分是借款,还有一部分属于艾比的个人投资或投机款项。(乔治没有告诉济慈这件事。尽管济慈努力表现得很高兴,但有些时候,他给乔治留下的印象是他如此沮丧,以至于后者害怕让他知道他们真正拥有的财产是多么的微薄。于是乔治就造成某种假象,让约翰以为那七百镑都是他们自己的钱。)[②]我们很难想象艾比竟会拿钱出来作礼物或是借款。因为就在不久前,他还拒绝这样做(济慈曾给乔治写信道:"你催促我去找艾比先生预付钱给你——他决不会同意")。但现在乔治亲自来找艾比了。后者的顽固不化可能会刺激乔治比之前更深入

---

① 有关乔治这封信,可参见《济慈社交圈》,第一卷,页 276–281。本书附录三中辑录了一部分。布朗尚未出版的笔记以及他与迪尔克的通信(汉普斯特德济慈博物馆)主要涉及这封信里的细节。有关这场复杂、最终未能解决的争论的文献资料可以参看 J. C. 斯蒂林格的细致讨论,详见《济慈-雪莱丛刊》,第十一卷(1962),页 39–45。

② "约翰本人对资金的真实状况一无所知,这个话题令他痛苦,而且在我们的私下交流中,他显得那么忧郁,所以我不得不总是向他展示事情光明的一面;我离开伦敦时,没敢告诉他我拿到的七百镑并不都属于我们;因此他以为那些钱都是我们的,然而他从未想过也绝不可能告诉任何一位朋友,说钱都是他的。我从来没觉得有必要让他知道事情的真实状况,因为我不打算限制汇款,依我的方式……我总是想让他觉得我欠他的更多。"(《济慈社交圈》,第一卷,页 278–279)

地调查家庭资金状况，而艾比为了掩盖他对资金的挪用，故意把钱财搞得混乱不清。如果说艾比给乔治礼物和借款的目的是让他放松警惕，那么他的确成功了。关于剩余部分的钱款数额，乔治表示他一八一八年六月第一次乘船去美国时，曾留给约翰三百镑，他现在从约翰那里拿回来的（据他所言，总共只有一百七十镑）属于部分还款，只不过他仍旧没有告诉或提醒约翰此事。按照乔治的说法，“我总是想让他觉得我欠他的更多”。另一方面，济慈兄弟多年没有记录过他们之间的往来账目；乔治早在一八一八年三月就预言他们兄弟很快便会“钱款状况乱七八糟”，还曾表示希望能计算出“汤姆和我大致欠你的数额”。

乔治第二次乘船去美国时，给他哥哥留下了六十镑或七十镑（至少比济慈当时偿还完债务所需的金额少十镑）。[①] 乔治可能不知道这个情况，就像他不清楚济慈身体的真实状况一样。而济慈想起自己早先曾许
633 诺将能弄到的每一镑都寄给乔治，可是过去的三个月中，他完全没能兑现任何承诺，基于此，他自然会把自己的事说得很乐观，并以乐观的态度告诉乔治他打算很快去写别的东西。

一八二〇年八月，当济慈向艾比提出想要一些钱去罗马时，艾比断然拒绝，还说了这样一句话：“你知道，我当时是很反对你把钱借给乔治的。”[②]但这并不能反驳如下情形，即乔治可能曾经借给约翰一些钱，艾比并不知情，而那一百七十镑可以被视为还款。现状只能意味着济慈天真地给了艾比一个绝佳的借口，以拒绝他后来提出的任何要求。[③]

---

① 《济慈社交圈》，第一卷，页 217–218；《范妮·布劳恩致范妮·济慈书信集》，页 33。

② 《济慈书信集》，第二卷，页 33。

③ 艾比 1822 年向布朗确认，约翰借给过乔治三百五十镑到四百镑（参见布朗 1824 年 9 月6 日写给迪尔克的书信手稿；见 J. C. 斯蒂林格文章，页 40，注释 1），但这一说法作为证据的价值不大，因为他三年后说乔治的解释是正确的。（《济慈社交圈》，第一卷，页 285–286）艾比似乎愿意承认任何可以保持事态复杂化的内容，以便把自己隐藏起来，因为他已经感觉到，随着范妮·济慈成年，他很快就会被追究责任。

不管真实的解释是什么,济慈兄弟确实如乔治预言的那样,“钱款状况乱七八糟”。若不是因为他们每个人都很需要钱,且都不知道自己还有权得到更多——一个非常可观的数字——这件事本来现在并不重要,正如之前多年它都无足轻重一般。很清楚的是,乔治带走的钱里,至少有一百七十镑在济慈的认知中属于自己借给他的;济慈也可能觉得,乔治从艾比处额外得到的一百六十镑中有一半也是自己的(他们有共识,范妮的那份钱要留在英国)。由于他本人也很需要钱,自然就希望乔治不要轻易地把钱拿走。然而,他之前提出过,或许还坚持主张乔治这么做。乔治组建了家庭,而济慈没有。尽管如此,按照范妮·布劳恩的说法,济慈垂头丧气地想了许久,最后说——“乔治不该这样做的”——对济慈来说,这已经是最强烈的谴责。

人生的困境之一便是如此:出于完全不可预见的困难,生活阻挠了我们的利他之心——不论它从根本上说有多么强烈;我们内心仍有一部分坚持着慷慨的旧习惯,而另一部分因为在全新的、不可逆料的环境中感到痛苦,于是便带着伤痛和惊讶朝相反的方向前行。令人悲伤的是,济慈在接下来难捱的几个月中,再也没有给乔治写过信;我们不禁回想起他从一八一八年秋天到一八一九年九月身处温彻斯特的几个星期里 634
寄给乔治的长信。当然,一八二〇年二月份之后,济慈的状态也不允许他给任何人写很长的信了。从那时一直到他完全无法动笔写信为止,他的信件都相对较短。

四

乔治在伦敦的时候,济慈曾勉力让自己活跃起来,因为他对身上发生的变化感到恐惧。他利用乔治去剧院或外出应酬的漫长夜晚,花费了不少力气给乔治的妻子写了一封欢快的日记信,好让乔治回美国时带过去。这封信里充满笑话、猜测和流言蜚语。他提到了爱尔兰女仆阿比盖尔·奥唐纳修,她说自己的父亲"与莎士比亚长得很像,只是比雕版画像显得更有生气",这令济慈颇为"受伤"。里面还写到一些非常不同的瞬间,比如他评论"社交活动的老套实在枯燥乏味……站在查令十字街路口,东看西看南看北看,除了单调沉闷,我什么也看不到"。乔治安娜曾向他提起路易斯维尔社交圈的乏味,那伦敦和汉普斯特德又怎样呢?济慈说自己

> 厌烦了戏院。几乎我碰巧参加的所有聚会,要发生什么我都烂熟于心——我知道不同场合的各种谈话方式:怎样打开话匣子,如何继续下去,就像排练好的戏剧,从第一幕到最后一幕——假如我去亨特家,脑袋里就会塞满一大堆听过很多遍的双关语笑话和音乐;要是去海登家,便会听到好多诗歌和音乐方面的老生常谈,我不敢跟雷诺兹小姐讲话,怕她会重复那些乏味的废话和感伤情绪。有天晚上,她们来到舞会,我鼓起男子汉的勇气坐在她们旁边,与她们说话,但是徒劳无用——要是我不过去,也一样没什么效果……在迪尔克家,我又犯了政治上的忌讳。最好的办法是远离人群,喜欢他们的优点,不要老被他们日常生活的枯燥过程所烦恼。

不过,当他玩味起朋友莱斯、雷诺兹和托马斯·理查兹的不同性格时,从前的幽默感又回来了。这几个朋友参加了他前一天晚上为乔治举办的餐宴。他说到了这几个人,又转向其他人,最终落脚于三个完全虚构的人物。照 A. C. 布拉德利所言,最后一个听起来就像福斯塔夫编造出来的人:

> 我认识A、B、C三个毫无才智的人,他们都有自己独特的过人之 635
> 处。A最蠢,B最喜欢绷着脸,C最消极——A让你哈欠连天,B令人讨厌透顶,至于C,虽然他有六英尺高,你却从来都看不见他。我容忍第一个,避开第二个,对第三个,我真不知道他究竟是什么东西。第一个人是稀粥,第二个是沟里的死水,第三个是泼出去的水——应该被揩干。A的灵感来自时钟上的人形敲钟锤——B被一个俄国军士弄得迟钝麻木——至于C,他们说他不是妈妈的亲生孩子,她从叫嚷着"卖小羊羔啊"的男人手里把他买下来。咚咚隆隆锵!

"咚咚隆隆锵"——这个表达(指乐器在副歌结尾处的拨弦声)深深地吸引了他;有好多次,他继续以各种组合的方式重复或打磨它。

这封长信写完后,济慈完全忘记交给乔治带回去,所以他不得不把信寄到美国。这段时间他内心充满困惑,想到过去曾抱有的希望,想到生活所带来的变化,想到"神秘的重负"——长期以来,这个说法对他来说都意义重大;而此刻的"重负"比他以往经历的都更沉重。

就在这段日子的某个时候,也许是乔治离开的那天晚上,布朗发现济慈悄悄地服用了几滴鸦片酊——那是柯尔律治也服用的鸦片提取物:

> 他思虑太多,或者说,太不平静了;他开始不顾自己的健康。除了其他莽撞的表现之外,他有时还偷偷服用几滴鸦片酊来振作精神。这事是无意中被人发现的,接着此人就毫不迟疑地告诉了我。济慈明知这种习惯的危险性;但我又为他的承诺感到高兴,他说决不再背着我服用一滴鸦片酊;一旦他给出承诺(这是很不容易的),没有什么事能诱使他食言。[①]

---

① 布朗,《约翰·济慈生平》,页63–64。

五

二月三日，也就是乔治前往利物浦乘船六天之后，济慈突然肺部严重出血。当时他刚从伦敦返回，像往常一样，为了省钱他又坐在马车顶上。由于天气转暖冰雪融化，他忘记穿上前一个月刚买的厚外套。那天
636 晚上十一点，他步履蹒跚地回到家，用布朗的话说，“看起来仿佛酩酊大醉”。

> 我忙问：“怎么了——你发烧了？”“是的，是的，”他回答道，“这天冷得刺骨，我坐在马车外面，冻僵了——但我现在感觉不到了。发烧了！——是的，是有点。”我让他赶紧去睡觉，他温和而迅速地答应了我的要求，这是他对待朋友的天性。我随即采取了力所能及的最佳补救措施。他跳上床时，我走进他的房间。他一接触到冰冷的床单，头还没挨上枕头，就轻轻咳嗽了起来，我听见他说：“那是我嘴里的血。”我走过去；他正仔细端详床单上的一滴血。“布朗，把蜡烛拿来，让我看看这滴血。”他认真地凝视了许久，抬头看着我的脸，脸上平静的表情我永远无法忘记，他说道——“我知道那种血的颜色；——是动脉血；——颜色骗不了我；——这滴血是我的死亡通知书，我肯定要死了。”我赶快去找医生①；我的朋友放了血；

① 此人显然是住在附近的汉普斯特德外科医生乔治·罗德。（参见《济慈书信集》，第二卷，页280注释）不久后，也许是在罗德和索里医生的建议下，他们找来了一位专家，汉诺威广场的罗伯特·布里医生（皇家学会会员，年近六十，呼吸系统疾病权威）。（参见黑尔-怀特，《作为医生和病人的济慈》，页74）

清晨五点钟，他安静地睡着好一会儿之后，我才离开。[1]

一个星期后，济慈告诉范妮·布劳恩："突然发病的那天晚上，一股血流剧烈翻涌到我的肺部，我几乎背过气去——我向你保证，当时我觉得自己可能活不成了，那一刻我什么都没想，只想到你——我跟布朗说'这太不幸了'的时候，也想到了你。"济慈的未来显然一片黯淡，他不愿意用婚约束缚住布劳恩，尽管他后来（布劳恩拒绝为此解除婚约）也承认"我觉得自己不能忍受任何一丝要失去你的念头"。或许，正如威廉·黑尔-怀特爵士所推测的，济慈在马车顶上就已经开始咯血；他咳出了血，然而"周遭的黑暗蒙蔽了他的双眼，但血腥味令他十分恐惧，因此他回到家时处于极度亢奋的状态"。[2] 由于他仍不确定那感觉意味着什么，进屋时闭口不提很像是他的风格；这也有助于解释他为什么会立即顺从地上床睡觉。

乔治·罗德和后来的布里医生的治疗方法自然与现在的处理方法相 637
反。每当济慈失血，他们就割开他手臂上的一条静脉，放出更多的血。济慈的饮食遭到限制，这导致他更加虚弱。按照黑尔-怀特的说法，整个治疗过程会让今天的医生感到"可怕，确实非常可怕"。然而，三百年来，放血几乎是治疗任何疾病的普遍做法；一七六〇至一八三〇年间，严格控制饮食也尤为常见。随着时间的推移，布里显然不太相信济慈患的是肺结核。他对济慈和布朗都说（他很可能向布朗透露真实想法），前者的病从根本上来说是神经性的，治疗的关键在于休息——应避免激动，（他更深入地了解了济慈的生活后）也建议他少费心思写诗。布朗一板一眼地接受了他的建议，不仅不鼓励济慈写诗，甚至阻止他见范妮·布劳恩——因

① 布朗，《约翰·济慈生平》，页64-65。
② 黑尔-怀特，《作为医生和病人的济慈》，页52。

为布朗和医生都认为,她的出现会进一步刺激济慈。

济慈试着认同医生的诊断和疗法,这是他想要抓住希望的表现。由于他曾与患有结核病的家人朝夕相处,自然有理由怀疑——或许大部分时候他已十分确定——自己也染上了同样的病。然而,我们发现他一直想要抓住其他的替代选项。毕竟,他的确遵照布里医生的叮嘱,放弃了创作乃至思考诗歌的努力。从此刻到其人生尽头,即便他那么热爱诗歌,也把它完全放下了——只有春天晚些时候做了一点修改工作。他再也没有谈论过死亡的吸引力——没有谈论过休憩、遗忘和死亡的"宁静"。肺出血十天后,他写信给詹姆斯·莱斯(2月14日):

> 我可以说,病倒之前的六个月里,我没过过一天宁静日子……大自然的美在我心中已经失去魅力。多么令人惊讶(我必须指出,依我的判断,疾病在如此短的时间内就使我的头脑摆脱了大量虚伪迷惑的念头和想象,让我对事物有了更真实的认识)——多么令人惊讶!人一旦有可能离开这个世界,就更加深切地感受到自然之美。就像可怜的福斯塔夫,尽管我不会喋喋不休,但我也惦念着绿色的原野。我用最最怜爱的心,冥思从孩提时就识得的每一朵花儿——它们的形状和颜色对我来说宛然如新,仿佛我刚刚用超越人类的想象力把它们创造出来一般——这是因为它们与生命中最无
> 638 忧、最快乐的时刻联系在一起——我曾在温室里见过最美艳的异域花朵,可我对它们丝毫提不起兴趣。我真正想再次见到的,是春天里质朴的花儿。

起初,济慈在寓所靠后面的一间小卧室里待了几天。他给妹妹的信里说,从窗口望出去,"草地看起来很破败,芹菜也没了,除了几兜卷心菜梗,没有什么能让人精神振奋的东西"。后来到了二月八日,他在前

厅弄了一张沙发床,这是布朗平时使用的客厅,济慈可以向外张望,见到几个路过的人——他看到威尔步道上走过来两位老妇人,带着她们肥胖的宠物狗;还看到善良的大卫·刘易斯,他与刘易斯相识两年了,此人当年对汤姆十分友好;一位法国老移民背着双手走过,"脸上写满了政治阴谋";偶尔还会走过吉卜赛人和"拿着线轴、戴着红斗篷的老妇人"。二月九日,天气晴朗而温暖,济慈在花园里散了会儿步,但他这个月剩余的日子似乎都待在室内,且大部分时间都卧病在床。

六

肺出血后的第二天(2月4日),济慈写信给范妮·布劳恩:

> 最亲爱的范妮,你一回来我就把这封信送去。他们说我必须在这个房间里关一段时间。每当想到你对我的爱,这栋紧挨着你家的房子就变成了快活的监狱。你一定要常来看我,今天晚上就来,别忘了——见面时你千万别介怀我压着嗓子说话,医生叫我这样做的,尽管我**能**大声讲话。

济慈当时不知道范妮和家里人一整天都外出了,因此他"整个下午都等着这一刻"。最后,他找人把那封短笺从布劳恩家门口拿回来,加了附笔,表示希望她当天晚上或第二天早晨就能来看望自己。

从这时起一直到三月中旬,济慈每隔一两天就给范妮·布劳恩递去一封短笺(总共有二十二封,布劳恩悉数保存了下来)。她今天会来看望他吗?如果不来,明天来吗?她会不会"给我捎来'晚安'两个字,让我放在枕头底下"?再后来,他写道:"每天早上给我送

639 一张晚安字条吧。要是六点钟左右你过来几分钟，那是最佳时间。”若是她经过窗口，他也渴望见到她。他把医生的建议告诉布劳恩：“医生叮嘱我不要读诗，更别提写诗了。多希望还能有一点点盼头。”有时，他的信也会流露出些许苦涩：“看到我很可能陷入不稳定的健康状况中，我能做的最大努力，就是为了你而尽力忘记你……我想你最好明天再来看我，因为少见到你一些肯定更好。”（此时，也就是二月底，他想到布里警告他要避免激动。）二月下旬的某一天，他写的信更详细一些：

> 等我把这封信送过来，我会在前厅里待一会儿，看着你在花园里露面。疾病是怎样一道障碍啊，挡在你我之间！即便我没生病——也得尽我所能地做个好哲人。现在我有机会夜不能寐心乱如麻，就发现别的想法闯入我的内心。“假如我死去，”我对自己说，“我没有留下任何不朽的篇章——没有让朋友们念及我时感到骄傲的东西——但我热爱一切事物中美的原则，天若假年，我定会让自己留名史册。”我身体好的时候，这样的想法非常微弱，我的每一下脉搏都为你跳动——而现在，（**我**能这么说吗？）你与这“高尚头脑最后的弱点”*分享着我的深思。①

还有一张便笺，特别强烈地表现出他的拘谨：“布朗先生在家的时候，你最好不要与我待太久——只要他走了，你就可以带着你的活儿过来。你今天要好好散会儿步，我会看着你经过……读完这封信之后，你来我窗口待一会儿吧。谢谢你母亲给我的蜜饯。”

---

* “高尚头脑的最后弱点”指对名声的渴望。

① 《济慈书信集》，第二卷，页263。

七

济慈写给范妮·布劳恩的便条以及他寄给妹妹的短笺,都充满预防寒冷的叮咛,他乐于奉献自己的同情心,这是他典型的特征。可以理解,这些叮咛现在显得有些主观(我们不由得回想起他撰写《圣亚尼节的前夕》时写下的冲动表达——这句话他立刻就划掉了——"穿上温暖甜美的衣裳"),他的信里这样写道:"你要时刻小心,不仅霜冻时分,冰雪融冻的时节,也切记穿暖。""切记我的建议,化冻时要非常小心,穿上暖和的衣服。""一定要小心敞开的门和窗,出门别忘了穿上灰呢风雪大衣。" 640 "一定要小心……这种天气需要极度小心。""你不能在严寒中停留这么久。""这种天气你为什么还要出去?"他还告诉雷诺兹,"如果到户外行走","要穿上法兰绒扛风"。

如果说布里医生仍不确定济慈的病到底是不是"神经性"的,那么二月六日发生的事进一步肯定了他的观点——至少他自己感到满意。济慈关了一个月禁闭,每时每刻都极力把诗歌——以及他关心的一切——摈除在脑海之外,突然间,(正如布朗写信告诉泰勒的)他"剧烈地心悸起来"。布朗"心情极度沮丧",即刻派人去伦敦找布里医生,也有可能他亲自跑了一趟。在这样一个有潜力变得强壮的年轻人身上,布里看不出有什么器质性的问题导致"剧烈的心悸"。济慈在这几个星期里无助地挣扎,以清空自己的思想和感觉,来应对如此巨大的挑战,而他似乎已釜底抽薪,这种无助的挣扎足以向当今的医生表明突然剧烈心悸的原因。而与此同时,布里医生劝告布朗,济慈应避免会"制造惊讶或其他情绪"的"任何情况"。如果做到这一点,布里认为"前景光明"。然而,就在布里和其他人认为济慈已经好转后,不到两个星期,心悸又出现了。

范妮·布劳恩很快就意识到济慈的病情严重恶化了。济慈自己却试图轻描淡写。他如今只能用老生常谈的调调思考;他暗示说,他已经变得像老夏洛法官。* "死亡终究会来;人总有一死,夏洛这么说的。"济慈嘲笑着自己的无助,说想象范妮坐在那儿,"穿着那套我特别喜欢的新的黑裙子",假如他"少点自私",就一定会"跑过去敲门,给你个惊喜。我真担心,作为某种濒临死亡的恋人,我是不是太过谨慎了。然而,像罗密欧那样满腔热血地离去,还是像霜冻时节的青蛙那样退场——这两者天差地别"。

这幅图景把他脑海中的想象表达得淋漓尽致,从此时到生命尽头:在所有的理想主义表达过后,出现了急剧的突降感,他很可能无法避免地"像霜冻时节的青蛙那样退场"。但他不能让这封信如此收尾。就在几天前,两人来往的信件令他不禁好奇,"要是卢梭看到我们这些小书
641 信,会怎么说?"(尽管"我更想知道莎士比亚对这事的看法")。他想用一个笑话来结束这封信。他提到约翰·默里——拜伦那位极其成功的出版商。此时济慈再次谈及"我们的书信(我建议未来某个时间,把它们送到默里那儿去)"。

八

就在二月下旬,离春天到来还有些时日,济慈已经翘首企盼了。他的思绪同时还飘回两年前的春天,那个时节满溢着对新的启程的信心——这趟启程紧随着"消极能力"的书信而来,发生于他与华兹华斯

---

* 这里指的是莎士比亚戏剧《亨利四世》和《温莎的风流娘儿们》中的人物罗伯特·夏洛(Robert Shallow)。

会面之后，伴随着他撰写《观弥尔顿一绺头发有感》和十四行诗《再读“李尔王”之前有感》而至。

两年前那时候，济慈歌唱早早到来的画眉鸟的诗似乎成了有关未来一年所有期冀的凄美象征。（他在差不多同一时间的十四行诗《致荷马》中写道：“呵，黑暗的边沿岂不是光亮！／悬崖上现出人迹不到的青绿。／子夜里有含苞待放的晨光。”）这也是《画眉鸟的话》那首优美而温柔沉思的诗的思想：即将到来的答案只是试探（画眉鸟重复的叠句是这样的——“别急于求知吧”——别急于追求确定性——“我一点没有”）；然而洞察领悟仍会渐渐到来，而且是以更加“自然不做作”的方式实现。“春天将是你丰收的季节”。当然，一八一八年的秋天以及随后的一年带来了全然意料之外的收获。的确，部分的成就在于其写作的质量，这样的质量为未来一个半世纪的诗歌建立了极高的水准。但对济慈本人来说，其结果似乎是无望的受挫和难题，果实的成熟被推迟了。

如今，这个二月，几乎一天也不差，一只画眉鸟出现在田野另一边。二月二十四日至二十六日左右，也就是济慈开始心悸前一周，他在给范妮·布劳恩的短笺中问道：

> 你听到画眉鸟在田野上歌唱吗？我看那是天气变暖的征兆——对我来说挺好。就像所有的罪人一样，我现在生病了，我从哲学高度思考我对一切事物的依恋，树木、花朵、画眉鸟、春天、夏日、红葡萄酒等等，是的，每一样事物，除了你……那只画眉鸟是个 642
> 好家伙，我祝愿他今年幸运连连。

日子一天天过去，画眉鸟似乎离温特沃斯寓所越来越近。可如今他的联想实在令人心酸，他觉得自己应该略微从中抽离出来。他想要嬉笑玩闹一番，显得不那么认真。无论画眉鸟如何歌唱，他现在都不会动笔写任何东西:“我要像知更鸟一样顽固,决不在笼子里唱歌。”再后来,他就开始心悸了。范妮为什么要顶着这么恶劣的天气出门?他不断告诫她要远离寒风和敞开的窗户。“我怀疑那扇窗是开着的。”“再给我一次机会……我不会寂寂无名地死去。”

范妮自然希望更确切地知晓最近的这次疾病侵袭到底是什么回事。济慈最终给了她答复,但只是泛泛而论。布里医生给他开了些药,用来控制动速过快的脉搏,只是济慈发现不吃药结果也差不多。(实际上,一年后人们对他尸检时发现,他的双肺完全消失了——医生们感到非常诧异,他最后一两个月的时候竟然还活着。)他关心范妮怎么样了?“我亲爱的姑娘,不要开这种玩笑:别把自己暴露在严寒中。”

之后他换了个话题(他提及的克莱曼蒂〔Clementi〕是音乐出版商,也售卖乐器,地址是齐普赛德街26号):

> 那只画眉鸟又飞来了——他要给我开一张华丽的账单,因为我听了他的音乐——我可付不起——再说,他应该知道我是克莱曼蒂的主顾。

九

去年十一月,济慈向泰勒和其他人谈及一段时间内不再出版任何诗集,他说这话时完全出于真心。但自那之后,世事变迁;他现在最起码能做的是把自己从《恩底弥翁》之后撰写的诗挑选一下,攒出一册诗集——这段创作期指的是一八一八年一月新的启程至今的两年多时间。因为他很难再有其他创作,以促使他认为真正“成熟”的诗集慢慢成形。他的出版商泰勒和海西非常乐意促成此事。事实上,显然是他们两人采取了主

动。及至三月中旬，济慈已经在修改《拉弥亚》。此前不久，诗人布莱恩·643
沃勒·普罗克特——他以巴里·康沃尔的笔名写作——请亨特带他到汉普斯特德并将他引荐给济慈。济慈对他的来访感到很高兴，几乎不太费力就表现得仿佛完全健康（普罗克特曾谈及他“坚毅的风度”）。普罗克特对他钦慕有加，并至少又见过他一两次，依据其描述，济慈

> 在举止和观点上从不装模作样。事实上，很难再找到比他的面容显得更加明朗和坦率的人。他总是乐于倾听和回答；愿意讨论、分析、接纳别人的观点……我从未见过更有男子气概、更纯粹的年轻人。
>
> 他身量不高，眼睛大而有神，有着坚毅的风度；那不是目空一切的无礼，而是很坚持。[①]

三月二十日，济慈告诉妹妹，他的“心悸又发作了几次，医生说我不能做任何费神的事”——这是为了向妹妹解释为何寄给她的信都如此简短——尽管如此，三月二十五日，济慈还是去伦敦参加了海登的《基督进入耶路撒冷》画展。这幅画作终于完成，海登在皮卡迪利大街的埃及厅租下一个大房间——埃及厅有着巨大的、谷仓式的结构，临街的正面据说是埃及风格的，这里曾是威廉·布洛克博物馆所在地，现在可以租借。画展的门票已经发售，参观者众多且身份尊贵，海登感到很高兴。海兹利特也来了——海登说，他和济慈“都站在一个角落里，尽情欢乐”。但他们更有可能只是看着这一大群人，谈论着此事。

四月二十七日之前，泰勒和海西收到了新诗集的完整手稿，后来的事证明，那也是济慈的最后一卷诗稿。有段时间，济慈认为把《圣亚尼节的前夕》放在开头是个好主意；伍德豪斯、泰勒和其他人都很喜欢这

① R. W. 阿莫尔编，《文学回忆录》（*Literary Recollections*, 1936），页104。

首诗，而他对自己的判断力早已失去信心。但最终《拉弥亚》被放在诗集的开头，所有的十四行诗都没有收录。或许是因为伍德豪斯和泰勒的极力劝说，第一版《海伯利安》被刊印在这本诗集里。济慈如今不大想同任何人争论，尤其是他信任的人。只要能够提升销量，任何改动都是可以做的。与此同时，他仍继续向布朗借钱，但内心又为不得不这样做感到痛苦和懊恼。然而，他别无选择。

十

644 济慈现在可以起身四处走动了，人们普遍认为他的身体正在迅速康复。但四月过后，新的问题出现了——这在平常本是件小事，可如今济慈感到特别无助，这件事就令他不胜烦恼。布朗同往年一样，很有规律地计划在夏天把房子租出去。布里医生向他们保证济慈的病是神经性的，而且他很快就会好起来，这种情况下，布朗不可能意识到济慈已病入膏肓。不论怎么说，布朗都很缺钱，需要把房子租出去换租金；他视之为年收入的固定组成部分。（其他难题也逐渐显现出来。阿比盖尔·奥唐纳修很快就会为布朗诞下一个孩子，分娩时间大约在六月或七月。济慈可能并不知道此事。）济慈决心不要成为别人的累赘，于是他竭尽全力让人以为他已基本痊愈或接近痊愈。有段时间，误入歧途的布里医生助长了错误的印象，甚至有人说济慈应该同布朗一起去苏格兰。

布朗坚持借给济慈足够的钱，帮助他度过未来的几周（尽管布朗自己也不得不靠借钱才能完成此事），济慈惆怅地接受了。但他该去哪儿呢？这个问题折磨着他，虽然他尽量不让任何人觉察这场危机对他来说多么严重，多么令人心忧。他不可能搬回威尔步道上本特利家的旧房间里，因为那儿萦绕着有关汤姆人生最后几个月的回忆。也许在汉普斯特德还可以找到别的房子,但离布劳恩一家太近是个好主意吗?假如他一个人住在附近,就忍不住经常过去,或者叫范妮·布劳恩来看他;可他没有权利提出这种要求。此外,布里和罗德一直告诫他要避免情绪激动。也许他们是对的,如果他照着要求做,说不准就能痊愈。与这些想法相对的是另外一个想法——纯粹是他自己的念头——除了以最迂回的方式提及之外,他从未讲起过:假如未来一年之内他死去(毫无疑问,他时常确信这必然发生),那么,出于禁欲的自我保护,他必须试着隔断一些感情——试着对他最恐惧失去的一切减少关心。

最终,他决定离开汉普斯特德,搬往两英里外的肯蒂什镇,一直住到布朗夏末回来为止。李·亨特曾频繁地出现于济慈创作生涯的初期,如今,在后者生命快要落幕之时,他又出现了。亨特本人此时正住在肯蒂什镇的莫蒂默排屋。他帮济慈在附近的卫斯理寓所 2 号找了一间起居室和卧室,每周租金为二十一先令。五月四日,济慈为数不多的行李被搬到那里,布朗预付了第一周的租金。这次搬家唤起了济慈对颠沛流离过往的回忆。随后,他又回到汉普斯特德,同布朗一道多待了两天。五月六日,布朗借给他五十镑(其实布朗自己也不得不从两人共同的朋友罗伯特·斯金纳处带息借款,斯金纳是卡文迪什广场的一名产权转让事务律师)。之后,他们乘坐单桅帆船到格雷夫森德,两人道别后,济慈回到伦敦。 645

十一

济慈独自一人留守肯蒂什镇的新住处,面对着——正如他之前预料到的——艰难局面。他需要挣钱,但却无能为力。他需要头脑忙碌起来,然而布里医生和其他人都说服他,于身体痊愈前恢复写诗是致命的短视之举。简言之,以他现在的情况,任何必要或有疗愈功能的事都应该等身体好转后再重启。

济慈在新居所住了七个星期。一些朋友来看望了他。不过,他的许多朋友都不在伦敦。住在威斯敏斯特的迪尔克越来越关注政治,他对儿子培养方面的痴迷和令人窒息的爱,只是让其他朋友感到好笑,但济慈却觉得有点癫狂。但不管怎么说,肯蒂什镇离威斯敏斯特确实不算近。贝利当然远在他乡;雷诺兹要么沉浸于法律,要么就到埃克塞特继续追求喜欢的姑娘;莱斯身体孱弱,想要见他只能自己去拜访。即便济慈与海登的关系没有任何紧张成分,后者也太过热情奔放,不能为济慈这样的病人提供合意的陪伴;而且海登自己也事务缠身。布朗才刚刚离去。济慈剩下的唯一家人范妮·济慈,也令人绝望地被艾比隔绝了起来。

646 事实上,除了范妮·布劳恩以外,他确实没有其他能倚靠的人了。布劳恩时常来看望他。诚然,两人有婚约在身。但济慈现在开始觉得,让这样一个兴趣广泛、生机勃勃的年轻女孩与一个一文不名且身患疾病(甚至可能病入膏肓)的男人绑在一起,实在有些荒唐。随后的几个星期里,他试着控制住这些想法,让它们不要太夸张。然而,这个合群的人每天大部分时间都得独处——没有工作作为有益的排遣,且陷于几乎无望的境地。他充盈的共情能力开始出现问题。他不可避免地想象自己唯一的指望——范妮·布劳恩——同别人在一起开心的场景。为了让自己恢复分寸感,济慈调动了能够运用的所有对策,但在这一周又一周的孤独时光中,这些对策终究还是无法胜任。因此,从现在到前往意大利的这段时间里,他写给范妮·布劳恩的信——数量并不多(除去两封短笺之外,总共四封)——充满了狂乱的焦虑。正是这些信——被人们脱离背景去解读——助长了如下的印象,即范妮·布劳恩要么是积习难改的调情卖俏女,要么济慈在这段著名恋情的后期变得近乎偏执。令诊断医师迷惑的判断和解读往往避开了最显而易见的事实,我们不禁想起约翰逊那句来之不易、轻蔑但又十分有益的描述——“运作于浮夸之上的想象力”。

过了段时间，也许是一两周，济慈给范妮写了一封信。他知道她偶尔会进城（通常只是去购物或拜访迪尔克夫人）。“你一个人跑到城里去了，听说这消息时我大吃一惊——可又在我意料之中”，接着他在这句话下面划了条线：“**答应我，我好起来之前，你一段时间内不会再去了**。”他继续说——她得承认，她就是喜欢时尚的世界，喜欢夸夸其谈和装腔作势。假如他们真的结婚了，那“绝不能像其他男男女女那般生活——我不能忍受时髦风气、纨绔举止和喋喋不休的毒草”。一两个星期之后，他又给范妮寄去一封信。（日期不详；济慈没有给这些信件标上日期，范妮的回信未能保存下来——济慈或许在动身前往意大利之前，连同其他书信一并焚毁了。）范妮告诉济慈，他的朋友们嘲笑她，也许她写这话时想到的是雷诺兹一家。济慈回信道：

> 我的朋友取笑你！我知道有几个人是这样的——等弄清楚他们都是谁，我决不会再把他们当朋友，甚至连熟人都不算……我们的爱 647
> 情竟被放在小圈子的显微镜下检视，真是耻辱！他们的讪笑不该影响你（也许某天我会告诉你这些人讪笑的理由，因为我怀疑有几个人假装与我交好，但其实恨我恨得牙痒痒，**我知道其中的缘由**），当你与人竞争时，假如再也不会见面，他就会把你变成记忆里的圣人……我渴望相信不朽的存在。我永远没法向你彻底告别。若我命中注定要与你幸福地在一起——再长的生命也显得短暂——我渴望相信不朽……你的名字永远不会从我唇边溜走——也别让我的名字离开你的唇——那些人不喜欢我……我身子骨足够强壮，能走去见你——但我不敢。因为再与你分别，我会痛彻心扉。

七月五日，医生告知他，要想熬过接下来的冬天，他必须去意大利。此后，他所表达的谨慎和焦虑变得更加强烈。但这种情绪只蔓延到后面的两封信中，及至那时，他确信一切都结束了。

十二

六月二十二日，也就是搬到肯蒂什镇七个星期后，济慈收到妹妹的一封紧急来信，让他去沃尔瑟姆斯托看望自己。他知道妹妹与艾比夫妇之间一直冒出新的问题，也已经写信给她说会尽力而为，但济慈的情况远比他愿意透露给妹妹的糟糕得多。

这次又会是什么新麻烦？可能很严重。他情绪激动，虚弱不堪地走出门去乘马车，完全忘记要省下每个便士的焦虑。然而，他等马车时，一股鲜血突然从肺部涌了上来。他设法回到孤独的住处，现在该怎么办？他显然没法去沃尔瑟姆斯托，应该派人找布里医生吗？但他对布里的判断失去了信心——后者曾向他保证，说他没有任何器质性问题。

出血状况平息下来后，他费力地前往李・亨特家，这是他现在唯一的去处。亨特本人此时也身体抱恙，据诊断是患上了胆汁热。济慈竭尽全力控制住自己，坐在椅子上，显然对咯血一事讳莫如深。此后不久，雪莱的朋友玛利亚・吉斯伯恩夫人顺道拜访亨特一家，她在日记中留下一
648 段记录。傍晚时分，亨特夫人端来了茶——“济慈先生被引介给我们”。吉斯伯恩夫人注意到“他最近生病了，话很少”。等他真的讲话时，声音也很低，几乎听不到。吉斯伯恩夫人和亨特夫妇开始谈论音乐，以及用意大利语和英语演唱的差别。

尽管济慈身体不适，但吉斯伯恩夫人提及卡洛・法里内利时，他本能的共情力还是被触动了。吉斯伯恩夫人说法里内利

> 拥有令人难以觉察的换气技术，能连续保持在一个音上，同时像波浪那样交替增强和减弱声音的力度。济慈说，这样肯定在某种程度上令听众感到痛苦；就像潜水者下潜到大海不为人知的深处时，你就会感到担心，怕他再也不能浮上来了。这些可能不是他的原话，因为他的声音很低。①

这天晚上，济慈回到卫斯理寓所的房间，肺部再次开始出血。此时他已经彻底动摇了，请房东赶紧派人去请乔治·达令医生。达令是约翰·泰勒的私人医生，海登早些时候也曾催济慈找他咨询（他也是海兹利特和约翰·斯科特的医生）。

达令医生智慧超群，立刻就把控住了全局。不论济慈可能发生什么样的情况，都不能继续过这种独居生活。就像一八一六年那个曾经令他感到踌躇满志的秋天一样，亨特一家再次接纳了他。第二天，济慈就搬到他们位于莫蒂默排屋的家——尽管亨特本人染病在身，这个懒散的家庭还是像许多年前一样欢乐而混乱。这让济慈感觉紧张，但至少他现在不是一个人了。此时，他写了封短笺给妹妹，向她解释为何自己没能应她的紧急请求，前往沃尔瑟姆斯托。他说自己“轻微吐血”，但相信“没什么大碍”。几天之后，达令医生叫来威廉·拉姆医生，后者是结核病专家，也是皇家内科医师学会的会员。拉姆医生住在郊区，在如今的西奥博尔德路有一间办公室，他为人慷慨，会帮助没钱的病人。他甚至比达令医生更强调济慈病情的严重程度。他确信济慈无法在英格兰熬过 649
冬天。

---

① 此处及后文从吉斯伯恩夫人日记中摘取的内容均刊载于《玛利亚·吉斯伯恩与爱德华·E.威廉斯：日记与书信》（*Maria Gisborne and Edward E. Williams... Their Journals and Letters*），F. L. 琼斯编（1951），页36-37，页40，页44-45。

当拉姆和达令考虑如何告诉济慈这一点时,济慈给范妮·布劳恩写了封短笺:“我尽量让自己更有耐心。亨特非常友好地逗我开心——我手指上还戴着你的戒指,桌上放着你的花。我不期望见到你,因为再次分别会很痛苦。”正如他告诉布劳恩的,接下来的几天,他“在斯宾塞最美好的诗篇上做了记号,想把这送给你,并安慰自己说,至少我正忙着带给你哪怕一点点快乐”。

正当他在斯宾塞的诗上标注记号时,拉姆和达令告诉他——大概也告诉了亨特夫妇——济慈唯一的生存希望就是在夏天结束之前前往意大利。更加温和宜人的气候或许会带来机会。他们的话突然间让济慈日益月累的怀疑变得确定,他的生命肯定会像汤姆一样走到尽头:他曾抱有很大期望的创作生涯已然到头(“后续多年,我的供祭必须悄无声息”,直到我对“哲学”、深思熟虑、人类心灵的理解以及技术的精通等方面有了切实的提高);(用他不久前信中的一句话来说)他恐怕真的要“像霜冻时节的青蛙那样退场”了。亨特一家的嘈杂声顺着楼梯从楼下一直传到屋内,济慈在莫蒂默排屋的房间里,写下了给范妮·布劳恩的最后两封信之一(7月5日):

> 我日日夜夜受到煎熬。他们谈论着我的意大利之行。若我同你分开那么久,我肯定永远不会康复了……我简直疲惫得要死,这似乎成了唯一的逃避办法……当你习惯性地和布朗调笑时,你本可以停下来的,你的心能感受到我一半的痛苦吗……我会怨恨我的心被当成皮球踢来踢去。你说这是疯了。我听你说过,等上几年也并不难受——你有各种消遣——你的心早就飘走了……你能等——你有上千种活动——没有我,你也可以很快乐。不管什么聚会,或是填充一天的事就行了……你不懂什么叫爱——也许有一天你会懂——你的时间还没到……假如你这个月做了什么会让我痛苦的

事，就别给我写信了。

但就在同一天，他给妹妹写了一封安慰信。“我这两三天感觉强壮了一 650
点。”两位医生都认为去意大利过冬是个好主意。“除了耐心，我们没有别的办法。”

如今，他大部分时间都陷入彻底的沉默，试着从内心深处调整自己，以适应即将来临的背井离乡——因为这对他来说实在是一场流放，就像现在一样。他没法下决心，好几天都摇摆不定——尽管有时内心也会骤然升起强烈的抵触情绪。不管怎么说，他都没有再给范妮·布劳恩写信。他尽量不去见她。他在无声的绝望中沉思，试着做出决定，最终选择与这件事和几乎所有一切都隔绝。假如他要“像霜冻时节的青蛙那样退场”，那么就得学会不再关心。一个星期后（7 月 12 日），爱闲聊且好奇的吉斯伯恩夫人又设法去亨特家喝茶，并从亨特夫妇那里得知济慈“被拉姆医生判了死刑”。他下楼同大家坐在一起，看起来“很憔悴”，“他一句话也不说”。

十三

差不多这一时间，济慈新诗集《拉弥亚、伊莎贝拉、圣亚尼节的前夕及其他》的先期预发本上市了。从许多方面来看，撇开诗人晚年出版的诗歌合集不算，这本诗集恐怕是过去一个半世纪最为出色的单卷本诗集。就在七月一日（星期六）或七月三日（星期一）这天，诗集正式出版了。六月二十二日肺出血之前，济慈曾写信给布朗，表示对此次出版抱有“很低的期望值……这将是我最后一次尝试；如果不成功，我会转去药剂师行当尽我所能”。

泰勒或伍德豪斯为这本诗集写了一段简短的说明,并作为“广告”刊印在书里。济慈看到说明的最后一句话时,自尊心受到了刺伤:

> 若有读者认为,我们需要对诗集刊载未完成的《海伯利安》一诗表达歉意,那么出版商恳请承担全责。因为这首诗是在出版商的特别要求下刊印的,与作者的本意相违背。此诗原计划与《恩底弥翁》的篇幅相当,但读者对《恩底弥翁》的反应不佳,致使作者不愿继续写下去。

651 济慈在一本赠书中划掉了这段话,并于上方写道:“这不关我的事——我当时生病了”,然后在最后一句话下面标注道:“这是撒谎。”①

一个月后,诗集开始获得一些好评。首先是查尔斯·兰姆写了篇称赞的书评(7月19日的《新泰晤士报》),接着弗朗西斯·杰弗里在八月份的《爱丁堡评论》上发表了一篇书评②,再后来九月份还出现了其他评论文章。但这些好评来得太晚了,无法再产生什么影响。济慈前两本诗集的评论文章与他的成长相关,从某种程度上说,也与他的诗歌发展相关;但针对最后一本诗集的评论文章则起不到这类作用。它们属于另一

---

① 这本书是他赠送给汉普斯特德的一位邻居伯里奇·达文波特的。参看洛厄尔,《约翰·济慈》,第二卷,页424。

② 早在1819年9月20日,济慈就曾告诉弟弟乔治,《爱丁堡评论》不敢“触碰我的诗歌[《恩底弥翁》]——他们不知该如何看待这首诗——既不想谴责,也不想赞美,因为害怕……假如我下次再出版诗集,他们胆敢称赞我并硬扯进《恩底弥翁》——我会以他们不喜欢的方式回应”。实际发生的情况正是如此。弗朗西斯·杰弗里的《爱丁堡评论》倾向于辉格党,人们通常期望它为自由派辩护,反对《布莱克伍德爱丁堡杂志》和托利党的其他季刊。但弗朗西斯·杰弗里一直拖着没有评论《恩底弥翁》。而等他评论济慈这本最新诗集时(1820年8月),又确实以最恭维的态度“硬扯进”《恩底弥翁》。不用说,济慈现在病入膏肓,无法实现当初说的话,其实他无论如何也不大可能那么做。

个更加总体性话题的组成部分,即济慈身后声誉的起点。[①]

济慈忧愁地写信给查尔斯·布朗(1820年8月),说诗集“得到了很高的评价”,但销量一直上不去。销售状况确实清淡,但原因完全是运气不佳。因为这本书出版的时候,伦敦和伦敦媒体正为乔治四世争取议会通过一项法案(《痛苦和刑罚法案》)而兴奋不已,此法案的目的是帮乔治四世摆脱妻子卡罗琳,而后者正在伦敦大声疾呼,主张自己作为王后的权利。乔治四世极力想证明卡罗琳通奸。媒体将所有版面都用于报道这个事件的细枝末节。这年整个夏天,几乎所有类型的书籍销量都惨遭下滑。

十四

济慈的首要关切不是新书,而是如何熬过接下来的几个月——不论那是不是他人生的最后几个月。如果必须去意大利,即便能筹到钱,他 652
独自一人又能否应付?哪怕过一天算一天,他也对自己处理问题的能力丧失了信心。以自己现在的状态前往异国他乡,尤其是身无分文——这个想法时时刻刻在脑海里折磨着他。

他同亨特乘马车去了汉普斯特德一两次,想看看那些自己即将告别的故地。就在三兄弟曾经居住的房子附近,济慈突然爆发出令亨特大吃一惊的情绪(不论亨特本人多么喜欢表达情感,他也没料到济慈会这样):

> 房子就在威尔步道。你知道,那儿有片榆树林。我们当时正在树林里,坐在石楠旁的长椅上,济慈突然转向我,眼里噙满泪水,跟我说,他“快要心碎而死”。他肯定情绪很激动,才会说出这样坦白

① 针对这本诗集评论文章的总体讨论,可参见休利特,《约翰·济慈传》,页334–339。

> 心迹的话；因为他是内心孤高的人，这种孤高甚至到了骄傲的程度。[1]

古物收藏家威廉·霍恩也曾看见济慈在威尔步道尽头“独坐抽泣”，拿着一方手帕捂在脸前，他抬头看看灌木和周围的房子，心中满是回忆和希冀。

济慈深陷烦乱无助之中，一个小小的意外——一个亨特家人不可能当作严重事故的意外——导致济慈离开了他们，重新回到汉普斯特德寻找别的住处。事情是这样的：邮差给他捎来了一封范妮·布劳恩的信；亨特夫人当时正忙着照看孩子，就让女仆把信给济慈送去。女仆已经被辞退，第二天就没有工作了，所以她怀恨在心。她为济慈给她造成的额外负担而恼火，于是，便刻意拖延时间，把范妮·布劳恩的信交给亨特十岁的儿子，并告诉他等自己走了之后再拿给其母亲。小男孩把信的封蜡弄开了，信里没有任何重要内容。据吉斯伯恩夫人说（她从亨特夫人夸张的叙述中得知了这件事），济慈感到无助和愤慨，哭了起来。无论真实情况为何，济慈几个小时后就决定离开亨特家，回到威尔步道他和弟弟的旧居去。或许就在这一天的某个时候（8 月 12 日），他给范妮·布劳恩写了一封信，那似乎是两人之间的最后一封信：

> 我觉得几乎不可能去意大利——事实上，我没法离开你，我体会
> 653 不到一分钟的满足感，除非有机会让我同你永远生活在一起……迪尔克先生昨天来看我，但带来的痛苦大大超过了快乐。我再也不能忍受与那些曾在榆树屋和温特沃斯寓所常见的人打交道。过去的两

① 见亨特在《如意帽文集》（*Wishing-Cap Papers*, 1873）中对汉普斯特德的描写。（页 239）

年给我的感受如同用舌头去舔黄铜一般。要是不能和你一起生活，我宁可一个人住。我不认为同你分开后，我的健康能大大好转……你微笑以对的残酷世界令我感到厌恶。我更憎恨世间的男男女女。至于未来，我只看到荆棘——不论这个冬天我在意大利还是别的穷乡僻壤，布朗都会住在你的附近，连同他那有伤风化的举止——我看不到任何让人安宁的希望。假如我在罗马——嗯，我会在那儿看到你整天往城里进进出出，就像从魔镜里见到的一样——我希望你能给我的心注入一点对人性的信念。我自己鼓不起任何信心——这个世界对我来说过于残酷——很高兴有坟墓这种东西的存在——我确信抵达那里之前，我得不到一丝安宁。无论如何，我要纵容自己一下，避免再见到迪尔克、布朗或他们的任何朋友。我祈愿要么满怀信心地躺在你的怀抱，要么就让一道雷电劈中我吧。

当晚他到达汉普斯特德，也许发现威尔步道的本特利一家都睡下了，便前往布劳恩家。更有可能的情况，是他去威尔步道的路上顺路敲开了布劳恩家的门。总之，布劳恩夫人看到他狂躁不安的状态，坚持要他与自己一家待一段时间。济慈在布劳恩家住了一个月，等到动身去意大利的前几天才离开。

第二十四章　意大利之行(1820 年 8 月-11 月)

一

654 布劳恩家的小房子如今已相当拥挤,济慈在这里尽量稳住情绪。他抵达后的第二天早晨(8 月 13 日),给约翰·泰勒写了封信:“每天早上天一放光,这趟意大利之行就把我弄醒,可怕地困扰着我。我会争取成行,但那感觉就像冲着炮台快步赴死。”如果这趟旅程势在必行,那么“第一步”就得弄清楚需要多少开销。泰勒能否找到了解这方面情况的人,帮他估算一下去意大利的旅费和居住一年的生活费?

无论“第一步”多么必要,看起来也似乎徒劳无益。事实上,他身无分文,而且随着时间的推移,他的身体也越发虚弱,在这种情况下,他又怎么能去意大利呢?第二天,他忧郁地思考了这趟旅行,给泰勒寄去一份自认为可以做遗嘱的东西。[①] 尽管他觉得再次向查尔斯·布朗求助

---

① 如果我死了,这张小纸头在你手里恐怕能派上些用场。

我所有的不动产和个人财产都寄托于已出版或未出版的书籍销售情况。现在,我希望由布朗和你作为优先支付债权人——其余的就很模糊了——万一有一大笔钱出现,就把我欠泰勒的几英镑还给他。

我那箱书请散给朋友们——

(《济慈书信集》,第二卷,页 319)

实在令人尴尬不安,但还是硬着头皮写信告诉布朗当时的情况(8 月 14 日)。然而,布朗此刻正在苏格兰各地旅行,过了一段时间才收到这封信。

由于没收到布朗的回信,济慈一周后提振精神准备给艾比写信。对他来说,跟艾比联系素来是沉重、令人不快的苦差事,而对乔治则不同,在乔治看来,与艾比打交道是一场令人兴奋的游戏。艾比于济慈人生的最后一次登场,仍保持了一如既往的风格,他在位于潘克拉斯巷的账房回信道:

> 我收到了你星期天的来信,对信中的内容感到万分悲痛——你知道,我当时是很反对你把钱借给乔治的……
>
> 过去两年的坏账,拖累我的生意利润降到了零,我都拿不出足 655
> 够的钱来满足自己的花销——因此也没有能力借钱给你——①

大约同一时间,为人慷慨的雪莱听说了济慈的情况,便从意大利写信给他。雪莱问济慈是否愿意过来同他们夫妇住在一起?济慈尽量回复得周到有礼,不过他的答信显露出骄傲之情和疲惫的宿命感。他告诉雪莱,他确实必须去意大利,但以现在的状况,前往意大利有点"像冲着炮台快步赴死"(正如他曾对泰勒所说的那般)。然而,他无法接受雪莱的好意,因为他"被内心深处强烈预感的一个状况阻止了"(或许济慈在这个模糊的借口中想到了自己的死亡)。他立刻把话题转移到诗歌上。雪莱在去信中对济慈的创作提出友好的批评。济慈本着同样的精神,提到了雪莱的《钦契》(*The Cenci*),他刚刚读过这首诗:

---

① 《济慈书信集》,第二卷,页 331。

> 我只能对其中的一部分做出判断;诗歌及其戏剧效果,如今被很多人视作金钱财富。据说,新式作品必须有一个目的,那目的可以是神——**艺术家**必须为财富服务——他得有"自我专注",也许就是自私。我相信你会原谅我真诚的评价,希望你能够抑制住过于宏大的冲动,更像个艺术家,将诗歌主题中的"每一条裂隙都填上矿砂"。这般节制的想法要像冰冷的锁链一样落在你身上,但你卷翼而坐的时间或许加起来也不超过六个月。

他不禁感到好笑,以自己现在的处境,竟还如此乐于给出建议:"这非凡的建议不也是送给《恩底弥翁》作者的吗?他的思想就像一堆散落的纸牌——我现在已经振作起来,分好了花色。"

二

八月份,日子一天天过去。济慈仍未收到布朗的回音。假如真有人肯陪他,谁会同他一道去意大利?钱的问题怎么解决?八月下旬,他又经历了一次肺出血。约翰·泰勒闻讯决定采取行动,尽管他自己的出版行也处于困难时期,书籍销售普遍比较缓慢。随后的三个星期内,泰勒提供了非常慷慨的解决办法,可以说从实质上将济慈欠泰勒和海西的债
656 务一笔勾销,并留给他一百八十镑的余额。《恩底弥翁》的版权以一百镑一次性买断,一八一七年的《诗集》和新诗集《拉弥亚、伊莎贝拉、圣亚尼节的前夕及其他》的版权另算一百镑。泰勒从一八一七年济慈开始写《恩底弥翁》起,就不时预付钱款给他。扣除这些预付款,上述两百镑还剩下三十镑。假如出版行从这些作品的销售中获得的收益超过两百镑,那么盈余的部分也会记在济慈账下。与此同时,出版行还将为他的

罗马之行筹措一百五十镑，作为他可能撰写并在泰勒和海西出版的任何其他作品的预付款。[①]

约瑟夫·塞文正是在这个阶段占据了济慈人生故事里的突出位置。泰勒已安排好济慈乘坐“玛利亚·克劳瑟号”海船前往那不勒斯，那是一艘一百二十七吨的双桅横帆船，出发时间是九月十七日。一个身患重病的人独自生活，乃至自己照顾自己，这种情况在当时比现在普遍得多。但对泰勒、伍德豪斯和威廉·哈斯拉姆来说，济慈显然不能孤身一人前往意大利。

哈斯拉姆本人不能陪济慈出行（生意上的事让他无法离开伦敦，而且妻子有孕在身），于是他在后者启程前四天去拜访了约瑟夫·塞文。没有人认为塞文是这趟旅程的理想伴侣，但至少他时间上不受约束，可以出行。作为一位有雄心抱负的艺术家，他或许会对罗马之行感兴趣，因为那是每个画家都渴望参观的地方。他的画作《山洞中的乌娜与红十字骑士》（“Una and the Red Cross Knight in the Cave”，又名《绝望的山洞》——济慈几个月前曾对他说：“你最好把我送进你的绝望山洞”）获得了英国皇家艺术院金奖。既然如此，塞文在国外时，何不再画一幅作品提交给皇家艺术院，争取获得旅行奖学金呢？假如成功了，他就可以留在罗马，继续学习三年。塞文对他与哈斯拉姆的谈话留下了两种说法，较为简短且可能性更高的一种引用如下：

> 哈斯拉姆对我说：“既然济慈除了去意大利，别无他法，**你**为什么不试着和他一起去呢？否则他就得孤身一人了，万一他死了，我们将永远得不到任何消息。你会去吗？”我回答道：“我会去的。”

---

① 泰勒认定乔治不久后就会寄来两百镑，济慈可能不会用到他与海西答应预付的全部款项。（参见《济慈社交圈》，第一卷，页218）

他补充说:"但你准备的时间恐怕很长","其实济慈现在正在收拾,你什么时候能准备好?""三四天后,"我答道,"我这会儿就着手准备。"[①]

657 塞文拜访了托马斯·劳伦斯爵士,并从他那里得到被引介给意大利艺术家安东尼奥·卡诺瓦的机会。他还去一位女士处收取了对方欠他的二十五镑微型画像酬金,随后还在其他方面为旅行做了些准备。

但真到了离别的时刻,塞文与父亲之间上演了痛苦的一幕。他父亲当时身体和精神状态都不太好。据塞文的描述,他那垂头丧气的父亲完全反对此次旅行,他从扶手椅里站起来,堵住门道不让儿子通过,并叫道"有本事就把我打翻在地"。塞文带着"狂乱不安和战栗哆嗦的情绪"离开了——显然未来几个月里,他会对这种状态感到愈发熟悉。[②] 从此时一直到济慈生命的终结,我们十分依赖塞文的描述来了解事态的发展,因此,我们需要留意塞文温和但略显歇斯底里的语气——之所以说"温和",是因为他的性格是温和的,尽管他同时还有胆小和易受惊吓的特点。某些方面,塞文跟海登一样不可靠。除非我们把大部分人排除在考虑之外,他们俩才属于我们所说的"诚实的人"——但他们确实都是好人。无论海登还是塞文,都没有牢牢把握住事实,尽管两人在这方面的欠缺是以全然不同的方式表现出来的。海登的视野所见是一个强大、富有创造性的想象力可能看到或希望体验的东西。他比大多数人更缺乏通常称之为恐惧的情感体验。塞文的夸大倾向(以及偶尔的戏剧化倾向)更可能漂浮于日常经验的波涛之上。若没有明显令人苦恼的事,那

---

① 威廉·夏普,《约瑟夫·塞文生平及书信集》,页48。在另一则记述中,塞文说船启航之前才有人问他,他答复道"给我六个小时"就能准备好。根据哈斯拉姆写给泰勒的信(《济慈书信集》,第二卷,页333),我们现在知道,塞文有五天的时间为这趟旅行做准备。

② 威廉·夏普,《约瑟夫·塞文生平及书信集》,页50–51。

么他也不会感到烦恼;他是个内心充满希望的人。但若出现了麻烦——一个海登多半不会注意到的麻烦——警报就可能立刻传遍塞文全身。意识到这一点,并将之视为理所当然,有助于我们解读这个和蔼可亲但不牢靠的人所讲述的有关济慈最后几个月的故事。

三

差不多同一时间,济慈已与布劳恩一家道别。他不想把痛苦延迟到最后一刻,于是他道别后前往伦敦,住在泰勒的居所等待登船。

塞文与父亲不欢而散后,匆匆赶往泰晤士河南岸的码头,这个码头就 658
在伦敦塔对面,"玛利亚·克劳瑟号"将从那里启航(9 月 17 日,星期日上午)。济慈、泰勒、哈斯拉姆以及其他一些塞文没有具体提到名字的人等候在码头。船的条件很一般。那是一艘非常小的商船,几乎只用于货运,乘坐环境很差。塞文上船转了一圈,注意到只有一个"局促的房舱,里面摆了六张床,一看就很不方便"。当他们的朋友被要求离船时,济慈不得不去寻找这位糊涂的同伴,把他带到船舷边跟朋友们道别。小船顺流而下,中午抵达格雷夫森德,并开进船坞停留了半天。船长托马斯·沃尔什原本打算当晚离开格雷夫森德,但航道上的天气不佳,他们只得第二天大部分时间(9 月 18 日,星期一)仍待在格雷夫森德,等待天气好转。

这两天,济慈看起来相当愉悦,甚至可以说情绪高昂。事实上,这种状态又维持了两个星期。塞文开始做简短的记录,之后寄给威廉·哈斯拉姆。他在第一天晚上写道,"济慈似乎一整天都很高兴"。[1] 他"在茶

① 后文所引用塞文针对这次航行的描述,摘自罗林斯编辑的《济慈书信集》中刊印的塞文书信(第二卷,页 338-344,页 353-355)以及夏普书中对塞文书信的摘录(页 54 及之后)。

桌上讲了许多俏皮话,已经类似于古时候的‘首脑人物’了”。塞文几乎开始把这场旅行看作一次消遣玩乐。一位名叫皮金夫人的女士与济慈和塞文同时登船,她现在执掌着小茶桌。就在第一天下午,济慈恳请塞文去格雷夫森德的岸上帮他买些药(船上基本没有备药),还特别让他买了一瓶鸦片酊。济慈乘船旅行的过程中显然没用过那瓶鸦片酊;但是他希望在手边保有一瓶鸦片酊的事实,显示出他当时的精神状态。塞文还应济慈的要求,买了几十个苹果,囤了些饼干。等他回来时,发现济慈“俏皮话讲得正欢”。

当天晚上(9 月 18 日),他们的船停泊在格雷夫森德,具有命运讽刺意味的是,查尔斯·布朗恰于此时在回伦敦的途中与济慈擦肩而过。
659 布朗在苏格兰高地跋涉期间,终于收到了济慈的信,信里的内容令他震
惊不已,于是他即刻赶往敦提,找到一艘回伦敦的船。布朗的船抵达河口时,也停在格雷夫森德附近,等待潮水的变化。正如布朗后来所言,两船彼此相距不过一箭之遥。

四

在格雷夫森德,一位十八岁左右的年轻姑娘——科特雷尔小姐——也登上了“玛利亚·克劳瑟号”前往意大利。按照塞文的描述,她是个“非常甜美的女孩”,显然也患了结核病,奄奄一息;她的出现对济慈产生了可悲的影响。几个月前,济慈陪伴生病的朋友詹姆斯·莱斯一道去怀特岛,希望能动笔写《拉弥亚》。当时,他的状态已经糟糕到一定程度,旁人的病情便可能不断挤压他的想象力,把他带回到一八一八年那个可怕的秋天——那段时间,从八月一直到汤姆去世的日子(1818 年 12 月1 日),他都与汤姆朝夕相处。

他的同情心立刻被这个虚弱、瘦得皮包骨头的年轻女人吸引住了，她表现出的非凡勇气更令他抚景伤情。很不幸，科特雷尔小姐已陷入某种状态：在那种状态下，病人会忍不住找人交换意见，而她对济慈充满了好奇，于是，在整趟旅途中她都不停地询问。塞文第一次见到她所留下的印象是——她仿佛“只是一道影子”，但“非常讨人喜欢，很有淑女风度”——她“[走上船时]犹豫地看着我和济慈，询问谁是那个快要死的人”。她一开口提出的问题就令人震惊。正如塞文在给哈斯拉姆的日记信中写到的那样，大多数病人都倾向于感觉自己比别人状态差——他引证了自己的母亲在这类争论受挫后的恼怒之情。但这位年轻女孩（几年后在那不勒斯去世）却恰恰相反；济慈也同样如此。“她坚称自己比济慈状态好——但济慈觉得她肯定不如自己。”后者那富有黏着性的移情能力被这位年轻姑娘唤醒了——这自然导致整趟航程变得复杂起来，因为他本希望且确实需要让自己的心思远离疾病——其移情力被刺激的程度，于他的坦率直言中可见一斑。出发五周后，“玛利亚·克劳瑟号”来到那不勒斯湾隔离检疫，济慈此时写给布劳恩夫人的信（10 月 24 日）这样说道：

> 对我来说很不幸的是，船上有位乘客也是个结核病人，一位年轻女士——她的鲁莽轻率让我很伤脑筋——听到她的抱怨—— 660
> 看见她脸上的潮红，以及她所有的糟糕症状都令我难受——就算我身体健康，这些情形也让我受不了。塞文现在是个很好的同伴，但他的神经太强壮了，从不会为旁人的疾病而伤神——我记得可怜的莱斯也曾以同样的方式折磨我……

几个星期以来，这一小拨乘客除了偶尔去甲板上转转，剩余时间基本被关在狭小的房舱里。第一层是济慈和塞文的铺位；第二层有船长托马斯·沃尔什的床铺,可能还有大副的位置,当然他们白天很少待在房舱里;第三层提供了可以拉起来的帘子,里面是皮金夫人和科特雷尔小姐的铺位。四名乘客中,身体健康的两位似乎特别厌恶缺少舒适感的环境,也许是因为他们的心思没被更严重的问题占据。被塞文称为“野蛮人”的皮金夫人似乎讨厌身旁的人,也讨厌周遭的一切,对科特雷尔小姐的情况更是不闻不问。要不是济慈本人对她感到“厌憎”,且明显模仿或用“热闹的机智”来打趣她,我们还可以对塞文的说法保持怀疑。“玛利亚·克劳瑟号”向西行驶,在朴茨茅斯港停了一会儿,布朗有几位朋友(约翰·斯努克夫妇)于此地见到了济慈。布朗同他们交谈后,告诉泰勒:“济慈喜欢其中的一位女士”——科特雷尔小姐——“但讨厌另一位,还用略微粗鲁的男士那种热闹的机智来嘲弄她。”

塞文对这种幽闭局限的环境毫无准备,也没料到济慈的病情如此严重(他启程时抱有的信念是,意大利之行能让济慈完全康复)。他苦恼地绞扭双手,试着全力以赴,并逐渐学会应付意想不到的要求。他在房舱里走来走去,想要帮把手;他带着点自吹自擂的味道,描绘了一些相互冲突的尴尬情形——毕竟,引发尴尬的局面对他来说是完全陌生的。“你肯定想知道,”他告诉哈斯拉姆,

> 我是怎么做到的——我碰上了最难办的差事——里面充满了矛
> 盾——我前脚做一件事——后脚又被推翻——船上的那位女乘客,
> 虽然同济慈患了一样的毛病——但他俩体质全不相同,几乎每件事
> 都要反着来——比如,假设房舱的窗户不打开,她就会昏倒,连续五
> 六个小时失去知觉——但打开窗户的话,可怜的济慈又会咳嗽(因
> 661 为受了风,咳得很厉害),有时还会吐血——我现在得不停地料理
> 这件事,因为船上另外一位乘客,是个绝顶的野蛮人——她眼看着
> 科特雷尔小姐像尸体一样直挺挺的,也不帮忙——我有时甚至以为

那位小姐死了。我复苏了她十几次，把她放在床上——有时，她一天能昏倒四次之多，但偶尔又似乎挺好——精神头儿很足——她年轻又活泼——要不是她，我们肯定会感到沉闷许多——尽管没有她的话，麻烦也会少一些。她从济慈的建议中得益不少——我曾按照他的指导施救——每次都能减少昏厥时间。[1]

五

他们的船进入外海后，天气变得格外糟糕。如此小的一艘双桅帆船别无选择，只能一路抢风调向，先绕到英格兰南部海岸，再向下穿过直布罗陀海峡。整整两个星期过后，航程才算真正开始。

九月十九日，他们刚离开多佛尔，船就开始在汹涌的大海中颠簸。济慈和科特雷尔小姐这两个病人暂时还显得比较沉着，“但可怜的我！”——塞文写道——“早餐的时候我就开始感觉胃在翻腾。”他很快就把早餐呕吐了出去；过了一会儿，“科特雷尔小姐也跟我一样——随后济慈以最具绅士风度的方式做了同样的事”。再后来，科特雷尔小姐晕倒了，尽管济慈躺在上下颠簸的床铺上也不太舒服，但他还是继续指导我该如何帮助她。当他们向布莱顿进发时，暴风雨越发摧枯拉朽。旅行箱在船舱里来回滚动，高过船顶的水从天窗涌了进来。塞文踉踉跄跄地从铺位上站起来，但立马“就因为虚弱和船身的摇晃跌倒了——济慈十分冷静”。就这样，一天过去了，所有的乘客都“像白天的幽灵一样被困在床上——只有济慈一直看起来挺好”。到了第二天，天气稍微转好，船仍在换航向，小小房舱内的乘客都感到十分疲惫。塞文被过去两

---

① 《济慈书信集》，第二卷，页 354–355。

天的情况彻底吓坏了，但反倒为两位病人感到乐观："济慈连一句抱怨的话都没有。"塞文连续用惊叹的语气写道："科特雷尔小姐脸上也有了血色。"这时，焦虑的塞文想要重振信心，记录说济慈"夸奖了我的航海
662 能力——他说我要是能在进水的船舱里站稳——那该是活的奇迹了"。

他们的船继续贴南岸航行，等待顺风，沃尔什船长偶尔一两次也会让乘客上岸稍事休息。九月二十八日这天——此时船已经行至朴茨茅斯港——济慈和塞文登岸，在附近的贝德汉普顿待了一天一夜——也就是约翰·斯努克家(斯努克是迪尔克的妹夫)，济慈之前正是在他家完成了《圣亚尼节的前夕》的大部分篇章。但在此地，他又一次与查尔斯·布朗失之交臂。[①] 当"玛利亚·克劳瑟号"停泊于多塞特海岸附近时，济慈与塞文也上岸了。"有那么一瞬间，他仿佛变回了以前的自己，身处一块已经熟悉的地方"；他领塞文去看了一些"辉煌的岩洞，心中满怀诗人的自豪感"。[②] 返回船上后，济慈在莎士比亚《诗集》的空白页上写下了十四行诗《明亮的星》，对措辞稍微做了一些改进。

六

九月三十日，这艘船停靠在怀特岛的雅茅斯港。

怀特岛缠绕了济慈太多的回想，与他曾投入那么多希望和努力的创作生涯丝缕相连。三年半前，他第一次真正的伟大尝试就于此地开启——那是在莎士比亚的庇佑下写的"长诗"(即便只是当作预备性

---

① 布朗(《约翰·济慈生平》，页72)从苏格兰回来，没有找到济慈，就去了奇切斯特，住在迪尔克父母那里。(布朗的房子仍在夏季短租客手里。)

② 他们要么去了卢沃斯湾，另一个可能性更大的情况是去了霍尔沃斯湾。(参见基廷斯，《济慈面模》，页84)

的试炼,也是一部庞大而费力的习作)。如今,船儿抛锚停泊,济慈在给布朗的信中将心里的感受倾泻而出。他开始担心,不久后自己“恐怕病得太重,再没法动笔”。他为看起来萎靡不振的语气表示歉意;船在海上颠簸了整整两个星期,却仍止步不前。接着,他的话变得很直接:“我现在活着最渴盼的东西,就是大限已至的死亡时刻。我忍不住。谁能忍得住呢?假如我现在身强体壮,这件事也会让我生病,以我眼下的状态,又怎么承受得了呢?”他此处所说的事,多半指的是“写诗”,而几个月前,他就以斯巴达式禁欲坚忍的决心,把诗歌创作搁置一边了。人们不 663
由联想到《怠惰颂》——从他面前经过的三个形象中的最后一个,“是个最不驯服的女孩……我的诗歌之精灵”。我们当然也可以认为　事实上,感伤到不可救药的人很快就会臆断——他所指的“这件事”是范妮·布劳恩。然而,他在这封信稍靠后的位置单独写到了她:

> 我想不用我说,我死后,你会看在我的分上成为布劳恩小姐的朋友。你觉得她有很多毛病——但为了我的缘故,也请把她看作完美无缺的吧——要是有什么能通过言辞或行为帮到她的地方,我相信你都会做的。以我现在状态,女人仅仅作为女人,对我的影响不会超过木块或石头,可是我对布劳恩小姐和我妹妹的感情竟有如此惊人的差异。

“我死后”——这话突然从信里冒了出来。这是他第一次公开承认死亡可能降临。同时,这封信继续写道:他注意到自己不再强烈地思念身处美国的乔治和乔治安娜。但“一想到要离开布劳恩小姐”,他就有种

> 黑暗袭来,笼罩全身的感觉——我无休无眠地看着她的身影,而她不断地消失远去。上回在温特沃斯寓所休养时,她习惯说的话老是

在我耳畔回荡——是否还有另一个世界？会不会我醒来，发现这一切都是梦？一定有的，我们不可能仅是为了遭罪而被创造出来。

塞文对济慈写给布朗的信以及信中表达的情感一无所知，反倒对济慈看起来一天好似一天的恢复程度印象深刻，后者仿佛重现“开朗的心灵和精神……这是他作为男人和诗人的典型特征”。诚然，济慈——从此时至其生命终点（事实上，从一八一九年春到其人生尽头，或者从某种意义上说，从他人生起点便是如此）——都表现出一种非凡的能力，我们经常在处于最佳状态的英国人身上留意到这种能力——随着紧急情况的出现和需求的增强，他们反而变得更加冷静，也许与大多数其他民族的人相比，在优秀英国人身上发现这种品质的几率更高。前文我们已经论及济慈本人是多么频繁地区分针对“真实的”和“想象的痛苦”做出的反应（“虚构的幻想把人钉在十字架上，当作受难者……真实却鞭策他快去行动”）。[①] 他给妹妹的临别赠言说，无论她与艾比打交道时多么气愤，真正的困难仍是那种“诱使你运用想象力的困难，而不是你努
664 力从头脑中把它们全然驱逐的困难”。以“想象的痛苦”作为养料的能力，其表象之下包藏着不安与期待，它或许会导致长期的不满和意志的迟疑不定——甚至会引发“英式忧郁”，这种忧郁曾令伏尔泰和司汤达着述，因为倘若难题仅涉及愉悦的选择，或是舒适安全环境下所考量的、与外部直接挑战毫无瓜葛的内心冲突，此种“英式忧郁”便似乎时常浮现。但是，如果需求来得十分剧烈，轻浮和抱怨反而消失了；补救式的健全或完整性就会出现——也就是内在自我朝向统一与健康的那种令人振奋的摆动——歌德就很珍视许多英国人身上的完整性。其结果便是未曾预料到的能量得以释放，时而也会唤起某种自信和振奋的平静。

---

① 可参见《济慈书信集》，第二卷，页113、181、186、210，页329-330。

这些品质都是济慈的一部分，他在许多方面充分体现出英国人的性格，就像莎士比亚及之后的其他诗人一样。若要阐明这一点，几乎相当于再次总结他一生的大部分历程。即便是塞文这种有些轻浮爱幻想的人，其笔下反复提及济慈的说法也很典型："他在茶桌上讲了许多俏皮话"；"若不是济慈给我打气，我的头脑肯定立马就不清醒了"；济慈也把早餐呕吐了出去，但却是"以最具绅士风度的方式"做的这件事；一天晚上，大家都不舒服，济慈"甚至没有显出苍白的面色"；海水灌进房舱时，塞文摔倒在地，但"济慈仍表现得非常冷静"；塞文与剩下那位健康的乘客疲惫不堪，济慈和科特雷尔小姐反倒精神饱满；他还称赞了塞文日渐增长的"航海能力"，以安慰这位感到眩晕的同伴。

七

终于，十月二日左右——也就是他们的船离开伦敦码头整整两个星期后——顺风出现了。"玛利亚·克劳瑟号"驶出英吉利海峡，经过兰兹角，向直布罗陀开去。比斯开湾上出现一场狂风暴雨。整整三天，这艘船仿佛要沉没一般。这段时间里，四位乘客没有得到任何帮助，食物也少得可怜，海水不停地灌入船舱。济慈想要振作他们几个的士气，"甚至成功地沉浸于他爱讲双关语的老习惯"。随着风势减弱，他开始阅读拜伦《唐璜》中的海难篇。显然，塞文当时把《唐璜》带在身边，二十五年后，他讲述了如下的插曲，可能略有扩充：

济慈放下书，大声说道："这让我对人性产生了最可怕的想法， 665
像拜伦这样的人竟然会如此彻底地穷尽世间所有的快乐，以至于他除了嘲弄和幸灾乐祸地看着最庄严、最令人痛心的人间苦难之外，

> 竟无其他事情可做；他写的这场风暴，是有史以来对我们的同情心施加的最邪恶的尝试之一，我毫不怀疑，它将诱使成千上万人的心陷入极端冷酷之中——拜伦诗歌的旨趣建立在一个微末不足道的创意之上，那就是'庄''艳'互替。"[①]

"玛利亚·克劳瑟号"来到圣文森特角附近，海面风平浪静；当他们漂向同样因无风而不能前行的大型葡萄牙军舰（"圣约瑟夫号"）时，突然被船舱正上方的一声炮响吓了一跳。当时的情形是这样的："圣约瑟夫号"起初向"玛利亚·克劳瑟号"发出信号，但由于没人回应（船长托马斯·沃尔什正在下面的房舱里刮胡子），便鸣炮示警。沃尔什赶紧跑到甲板上，等"圣约瑟夫号"渐渐靠近，他们听到有个声音用英语向他们打招呼：原来这艘军舰正在搜寻海盗，想知道这艘英国船是否看到过海盗。[②]

一天清晨，他们经过直布罗陀海峡，薄雾中非洲海岸在眼前慢慢展开，呈现出金色。甲板上，济慈在可以斜靠的椅子上，"躺着出神，脸上现出宁静、心不在焉的神情"。待他们回望时，清晨的阳光洒满直布罗陀，让这片地方本身看起来如同一块"巨大的黄玉"。从此时起，直到他们进入那不勒斯湾，海面都很平稳，天气和暖宜人。塞文坐在甲板上，画了一幅水彩画。他相信济慈的身体状况已大有好转——他觉得济慈很高兴，就像恶劣天气结束后，他自己感受到的一样。"我察觉济慈身上产生了巨大的变化，他正在好转。"

但实际情况是——海上最急迫的危险已经过去，港口近在眼前——

---

① 西德尼·科尔文，《约翰·济慈：生平、诗歌、其友、其批评者及身后名》，页496。

② 后来他们得知，"圣约瑟夫号"想要拦截的是前往西班牙的救援船只，西班牙此时处于内战状态，这场内战是由企图获得王位的唐·卡洛斯发动的。（夏普，《约瑟夫·塞文生平及书信集》，页58）

可济慈存蓄的力量似乎开始缩减，或是暂时消失了。他们进入徐缓宁静的地中海两天后，济慈“胃里流出了血，伴有夜间发烧，且汗流不止”。就这样，日子一天天过去，到了十月二十一日，他们终于进入那不勒斯湾。塞文为眼前的全景之美所陶醉——海湾、船只、成排的花园和葡萄 666
园，还有远处宏伟的维苏威火山，它喷出“盘绕的烟柱，阳光照耀的边缘呈现金黄色”。济慈为这样的景致而感动，盯着看了许久，“他的眼神如此悲伤，有时还带着急切渴望、令人不安的神情，让我十分困惑”。

八

塞文当然会感到困惑，而济慈脸上此刻也必然流露出“急切渴望、令人不安的神情”。早在他从埃德蒙顿的诊所沿着乡间小路走到恩菲尔德之前，这位来自伦敦东区的青年就已经读到过那不勒斯湾。一八一六年，他带着期冀前往马盖特开始初次试炼，彼时他写给克拉克的诗信便提到过那不勒斯湾。之后，一系列颂歌中的第一首——《迈亚颂》片段里，人们可以看到某种希望，即重新俘获珍贵的过去，为鲜活的想象力而拯救之，并同时展望那针对人类心灵的现代探索（“我能对你歌唱吗 / 就像你在拜亚海岸被颂赞的那般？”——这是在寻求重振古典世界的“古老活力”，同时也拓展进入艺术那未开垦的森林与未来）。济慈如今看着眼前这片景色，那是他想象已久的地方，也是此刻亲身感受到的地方，他陷入沉寂，脸上急切渴望的表情令塞文感到十分困惑。接下来的几天，由于船仍滞留在港口，塞文推断肯定出了严重的问题；而“正在吞噬其生命的悲伤令济慈痛苦不堪，以至于他没法向任何人提起”。

后来的结果是，“玛利亚·克劳瑟号”必须隔离十天，因为那不勒斯官方刚刚听说伦敦部分地区出现了小型斑疹伤寒瘟疫，这艘来自伦敦的船也必须接受监视和审查。塞文与皮金夫人急于上岸，因此很快就感到厌烦，最后甚至灰心丧气了。科特雷尔小姐此刻病得太重，无力对当前的情况做出这样或那样的思考。但济慈振作了起来，在隔离的头一两天不停地谈论“他熟悉的经典场景”。他尽力忘却那个想法——即把这次航行视作他所珍视的一切的终点——反而专注于“复活”那些他时常想象的场景——“在那古老的世界，希腊战舰和伊特鲁里亚人的单桅帆船
667 把古希腊和神秘东方发生的怪诞故事带到北方”。就连科特雷尔小姐似乎也从这样的谈话中呼吸到新的希望，就像塞文眼中的济慈本人一样——他虽身处被隔离的船只，深信自己的希望和努力都已灰飞烟灭——但在塞文看来，他仿佛“从这些秀美动人的景色中呼吸到了灵感”。

九

差不多同一时间，一些人划着小船来到“玛利亚·克劳瑟号”旁边，想要卖点桃子、无花果和甜瓜。一支英国舰队停泊在那不勒斯湾。他们看到“玛利亚·克劳瑟号”上的英国国旗，于是有六个人受沙利文中尉之命划着小船靠了过来。假如他们登上“玛利亚·克劳瑟号”，就违反了检疫隔离法，所以他们只得待在小船上。不过，沙利文中尉和他的手下很享受这强制的闲暇时光。实际上，沙利文“自己在这儿待得无拘无束”。事实证明，这反倒成为济慈的一帖良药。因为可以预料，到此时，济慈已经逐渐耗尽自己吸引其余几位乘客的才能——他之前一直尝试描绘那不勒斯湾的经典联想（它们如今都与他永远无法开口表达的终结感交织在一起——他不想表达，不愿让自己沉浸其中）。一个新来的人，一项新的要求，都会对他敏锐的同情心提出挑战，照塞文的话说，应

对挑战所产生的影响是济慈突然间“变得好多了，事实上，他简直重焕生机，仿佛昔日的他一般”。

不久后，“玛利亚·克劳瑟号”的乘客又迎来另一位访客——科特雷尔小姐的哥哥（现担任那不勒斯一家银行职员的查尔斯·科特雷尔）。当他得知济慈在途中帮了他妹妹不少忙之后，塞文写道，他“向济慈和我表达了无尽的关怀”，并安排给船上的乘客送来他能找到的所有新鲜食物——鲜果、鸡肉和鱼。“各种插科打诨接连上场，济慈说起诙谐的双关语和俏皮话一点也不落科特雷尔先生和沙利文中尉的下风。”济慈后来在写给布朗的最后一封信（11月30日）中承认，在那段检疫隔离的时光里，他“一个星期想出来的双关语比人生中任何一年想到的还要多，有点豁出去的感觉”。

济慈几周以来未给任何人写过信，当船停泊隔离时，他也想告诉朋友这段漫长的旅程是什么样的，毕竟几个星期下来，这趟航行时时刻刻从各方面影响着他。他如今没法直接给范妮·布劳恩写信。因为他确信自己已经走到了人生的终局。于是，他就给布劳恩的母亲写信，简要 668
告知路上发生的事情，也算替代性地写给了范妮。他告诉布劳恩夫人，他们一行人已经抵达那不勒斯，现在正接受隔离。海上的空气对他有好处，但这点好处又因为大部分时间得待在令人窒息的房舱里而抵消了。

> 代我向范妮问好，告诉她，要是我没生病，那不勒斯港的情况足以让我写满一叠纸——可这看起来像一场梦——每个能划船、能走路、能说话的人，似乎都与我不同……我此刻正消化不良，很不舒服……哦，假若我能再次感受到自己是这世界的公民，我会给您写下多么美妙的那不勒斯港见闻啊。

他向迪尔克一家问好，并在信上签了名。但这封信自然是写给范妮的，虽然他无法忍受直接提笔写信给她。他能说什么呢？如何能开口告诉范妮自己几个星期的感受？他在信尾加了一句附言，匆忙留下最后一句直接说给她的话，没有任何解释：“再见，范妮！上帝保佑你。”

十

“玛利亚·克劳瑟号”又在港口隔离了一个星期，随后十月三十一日，几位乘客终于获准上岸。

这天是济慈的生日；他要上岸了，就在年满二十五岁的当天，登上他曾经浮想联翩、念及许久的海岸。济慈与塞文在维科·S.朱塞佩的伦敦别墅找到房间住下来——那是英国人在那不勒斯通常选择的三家旅馆中最简陋的一家。实际上，与另外两家相比，伦敦别墅根本算不上旅馆。它当时只被列为一处饭馆（也就是小型餐厅），但是它有几间配备家具的房间供过往旅客短住。① 第二天（11月1日），济慈就在这家有少量房间的小饭馆给布朗写信。他倾诉了六个星期以来积郁的情感——讲到整个航程，谈及因天气原因在英国海岸的长时间耽搁，旅程之后漫长的隔离期，以及整段时间他如何尝试着跳脱出自己的心境，路上如何帮助
669 科特雷尔小姐，述说了“很多俏皮话”，向旁人描绘了眼前那不勒斯湾所涉及的经典场景——只是讲述的时候他心碎不已：

> 今天上午，我的状态还可以，能支撑我给你写一封简短平静的

① 英国人当时在那不勒斯最主要的旅馆是“大布列塔尼”（里维埃拉迪基亚276号），排在第二位的是胜利广场附近一家名叫“不列颠群岛”的旅舍。我要特别感谢那不勒斯与坎帕尼亚艺术馆（the Art Galleries of Naples and Campania）主席吉诺·多里亚先生为我提供上述信息以及有关伦敦别墅的信息。

信;——如果这也能叫作信的话,因为我害怕谈论心里老想着的事。既然话已讲到这个分上,我就必须再说几句;——或许能减轻压在心头沉重的痛苦。再也见不到她的想法简直要了我的命。我无法放——[布朗在这里做了一个注解:“他没法写完这句话,甚至写不出‘放弃’这个词——我是这样猜想的。上面的‘痛苦’一词是他自己大写强调的。”]亲爱的布朗,我应该在健康的时候拥有她,而且我不该生病。我能忍受死亡——却受不了离开她。哦,上帝!上帝!上帝!箱子里所有让我想起她的东西,都像长矛一样把我戳穿。她放在我旅行帽里的丝绸衬里,让我头皮发烫。我对她的想象生动得可怕——我看到她——听见她……亲爱的布朗,我该怎么办?

他能做什么?他写道:“我会尽力耐心地忍受痛苦。”济慈想起了妹妹,他一向觉得自己对她负有很大的责任。他没给妹妹写信,因为他暂时无法提笔给布朗之外的任何人写信。他问布朗能否往艾比家去信,告诉范妮·济慈说已经收到她哥哥的消息。最后他问——

有乔治的消息吗?哦,要是有什么幸运的事曾发生在我和我兄弟身上就好了!——这样我就能怀有希望——但我已经习惯了绝望。亲爱的布朗,为了我的缘故,永远维护她吧。关于那不勒斯,我一个词也讲不出来,周围成千上万的新鲜事,可我却一点也提不起兴趣。我害怕给她写信,但我想让她知道,我没有忘记她。哦,布朗啊,我胸中有一团燃烧的炭火。人类的心灵竟能容纳和承受如此多的苦难,这真让我惊讶。

济慈几乎没有对塞文流露出自己的真实感受。塞文则高兴地写信告诉威廉·哈斯拉姆,说在**饭馆**(trattoria)楼上找到了一个房间,面朝维苏威火山:"济慈变得平静——他对这里有好感。"天气"寒冷——潮湿且多雾"。塞文写下这些话的时候,济慈正在给布朗写上文所引的信。第二天,塞文信里汇报说,济慈似乎"恢复了许多"。实际上,"他今天还用了一个意大利语的双关"。塞文随身带了套塞缪尔·理查森的《克拉丽莎》,他们住在伦敦别墅时,济慈迅速读完了其中的九小卷。塞文自
670 然想要逛逛这座城市,济慈便同他一道去看了圣卡洛剧院的演出。演出场上的哨兵让济慈情绪低落。这对他来说是从未有过的体验。他跟塞文说想尽快赶往罗马,因为不愿"被湮没"于政治上如此凄苦可怜的民众之间。

就在第二天,济慈又从慷慨的雪莱那里收到一封信。然而,他们的行程已定,想马上前往罗马。因为在罗马的英国人聚居地,有一位医生正在等他;济慈此前抵达那不勒斯时,就先给他去了信。

第二十五章　罗马及人生落幕(1820 年 11 月-1821 年 2 月)

一

十一月六日或七日,查尔斯·科特雷尔为济慈和塞文举办了一场 671
小型的告别宴。不论身体感觉如何,济慈都决心参加,据塞文说,他在晚宴上“特别卖力,风趣幽默极了”。

第二天,他们乘坐一辆**维特拉**(vettura)——一种租来的小型马车——往罗马行进。他们沿着颠簸不平的路面前行,走得很慢,而这个季节的景色又如此美妙,以至于塞文忍不住下了马车,大部分时间都在马车旁步行,直到他们抵达罗马郊区。走到野花绚烂盛开的地方,塞文会摘一些放到马车里。济慈现在“变得十分倦怠,看起来很不快乐”。他强撑了七个星期,旅途的劳顿使他疲惫不堪。马车不断的颠簸让他很不舒服,由于他们想要在路上少花点钱,食物也糟糕透顶。不过有些时候,济慈仍会像往昔那般忘我地抬起头来——那是“美景展现在我们面前”的时刻,是强劲的风把欣欣向荣的植物散发出的气味送至鼻尖的时刻,又或是塞文“简直要把鲜花填满小车厢”的时刻。他们离开那不勒斯一个星期后,进入坎帕尼亚——也就是罗马城周围的大平原——见到了一位红衣主教在打鸟，旁边还带着两名身着号衣的男仆。这一幕令塞文和济慈着迷。眼前的这个国家似乎与英格兰形成鲜明的对比。他们由拉特兰门进入罗马，立刻就看到了古罗马圆形剧场，它在当时的环境下与现在显得截然不同——它被小房屋包围着，爬满常春藤——看起来就是一座巨大的废墟，位于一座小型城市的外围（罗马城当时的人口约为十三万，不到现在人口的十二分之一，面积也不到现在的四分之一）。

与此同时（11 月 8 日），乔治·济慈正从路易斯维尔给他哥哥写
672 信。“又一次，我不得不又一次送来坏消息。”他的第二艘或者说剩余的那艘汽船还没有找到买家（第一艘汽船已在俄亥俄河沉没）。他的新木材场还未及时完工，没法带来他本打算转交给济慈的收益。他每天都待在树林里，“监督树木的砍伐和锯材原木的切割”。他还开办了一家新的商行——“乔治·济慈公司”，其合伙人都是熟练的钢铁工人。钱财很快就会到来。济慈从未收到这封信，它寄到了汉普斯特德（可能是 1821 年 1 月初），而那时济慈正身处罗马，奄奄一息。这封信是在济慈给布朗去信一周后，从路易斯维尔寄出的。济慈在信中问布朗：“有乔治的消息吗？哦，要是有什么幸运的事曾发生在我和我兄弟身上就好了！——这样我就能怀有希望——但我已经习惯了绝望。”

二

早在八月份，泰勒和海西就在达令医生建议下，给罗马的一位年轻苏格兰医生詹姆斯·克拉克（也就是后来的詹姆斯·克拉克爵士）去

信，谈及济慈的情况。① “玛利亚·克劳瑟号”抵达那不勒斯后，济慈提前给克拉克医生写信，说他们已经到达，并请他帮忙寻找住处。克拉克当时三十二岁，是一个友善敏锐的男人。他喜爱音乐，有一套藏品丰富的乐谱库。他似乎试着提前了解了一下这位新病人的情况。为了尽可能离济慈近一些，他帮济慈和塞文争取到一个由两间小而舒适的房间构成的公寓，这个住处（26 号）离他在西班牙广场的居所只隔一条街，刚刚由一位英国医生腾出来。这些著名的房间，连同毗邻的另外两个房间，如今构成了济慈-雪莱纪念馆的图书馆，每年有五六千名游客来参观。②

西班牙广场附近的地区是外国人尤其是英国人最为喜爱的居住地，也是罗马最宜居的区域之一。这里相对安静，因为它位于当时罗马城的最北边。广场中心伫立着彼得罗·贝尔尼尼的船形喷泉；一天的大部分时间里，特别是夜里，周围的居民都能听见汩汩不断的水声。巨大的阶 673
梯（英国人后来称之为“西班牙阶梯”）从广场一直延伸到山上天主圣三教堂（Trinita dei Monti），这些阶梯及其底端两侧的房子（23 号和 26 号）都建于十八世纪二十年代，是法国政府的馈赠。紧靠山上天主圣三教堂的北面，就出现了乡村。阶梯右侧的 26 号房屋多年来一直是寄宿寓所；接下来的十栋房子，除了 30 号是马鞍制造商的店铺，33 号为马车和马匹的房厩之外，其余的房子都被用作公寓和出租房。

26 号房屋的女房东安娜·安吉莱蒂——一个四十三岁的女人，早先来自威尼斯——她在历史上受到了简慢的对待。因为生性胆小的塞文担心房东发现济慈疾病的属性——这病无可否认会造成严重的后果——所以塞文很恐惧这个他曾称呼为“老猫”的女人。一位名叫

① 克拉克医生于 1826 年回到伦敦，最终成为维多利亚女王的医生。女王于 1837 年封他为准男爵。1860 年，克拉克医生退休，十年后去世，享年八十二岁。

② 我要感谢济慈-雪莱纪念馆馆长薇拉·卡西亚托雷女士，她向我提供了本章涉及的许多资料。

罗伯特·芬奇的教士于一八一五年住在这所房子里，他爱好四处游历，曾在日记中写下更为友好且更充分的描述。芬奇寻找寓所时，“拜访了一位瓦西先生，他在罗马办了一本关于书籍和版画的杂志”（西班牙广场及其附近的大部分店铺都“属于书画刻印作品商或是马赛克艺术家”）；于是，瓦西先生

> 引我去找他的侄女安吉莱蒂女士，我后来就在她那儿住下了。她的房子位于西班牙广场26号，是通往山上天主圣三教堂那段阶梯的拐角处，我租下了四个陈设优雅的房间，每周付十九斯库多。这位女士周围的每样东西都很整洁，干净利落的感觉让她显得很出挑，非常迷人；在这个国家，这一点十分罕见。她丈夫在葡萄牙待了好几年，对她相当冷落。她是一个活泼、机敏、俊俏的小妇人，有两个可爱的女儿，不过她们看起来并不比母亲年轻。她对艺术、绘画和雕刻都有不俗的品味。①

从梵蒂冈每年二月或三月做的彻底人口普查中，我们可以对整体情况有更充分的了解，并获知济慈和塞文住那里时其他房客的情况。安娜的丈夫亚历山德罗（也是一名雕工）于一八二〇年早些时候去世了（他当时可能已经回到罗马）。安娜的两个女儿中，卢克雷齐娅似乎于一八
674 一九年结婚并离开了家，当时她二十一岁。比卢克雷齐娅小五岁的弗吉尼亚于一八二〇年结婚，但仍与丈夫尼科洛·帕尔米耶里一起住在家里。安吉莱蒂夫人、女儿女婿以及一名女侍者住在第一二层的后房。一位年长的英国男人托马斯·吉布森住在一楼的前屋。他楼上就是济慈

① 牛津大学图书馆，芬奇手稿，e. 15, f. 60, f. 63; e. 16, f. 60。参看伊丽莎白·尼奇，《上校教士芬奇》（*The Reverend Colonel Finch*, 1940），页47–48。

和塞文——济慈的房间在面向西班牙阶梯的角落里。三楼住着二十五岁的爱尔兰年轻人詹姆斯·奥哈拉，他那间是一套公寓，另外一套公寓里住着一位二十七岁的意大利军官朱塞佩·达利亚。①

对济慈和塞文来说，房租出乎意料地高——每月约八点五镑（相当于现在的四十一英镑）②，还不包括食物的费用。来之前，他们听说这里的物价通常比英格兰低，但是他们住在一个比较时髦的地区，就算普通房客也比他们经济条件好得多。比如说，这两个年轻人是整栋房子里唯一没有私仆的住客。③ 但正如芬奇所言，这里的陈设布置非常舒适。芬奇离开后，安杰莱蒂夫人在一封信中特别提到了济慈和塞文后来入住的房间。她当时写信的目的是感谢芬奇把她的房子介绍给一位名叫布朗的先生，她正在等待布朗先生的到来。她在信中继续写道："由于二楼……是空着的，我就想尽可能好好布置一下，现在二楼能为两个朋友或一家人提供舒适的住宿环境。"芬奇的一个朋友后来住在那里，曾愉快地谈起"玫瑰样式的垂花雕饰，还有铺了地毯的地面"，而那些玫瑰花装饰无疑是现在仍可在其二楼天花板看到的样子。④ 根据人口普查报告，安娜·安杰莱蒂到一八二五年前一直是这栋房子的主人。后来她卖掉了房子，与女儿女婿一起搬到29号四楼的公寓，三年后她不是离开了人世，就是离开了罗马。

---

① "人口状态（弗拉特的S.安德里亚）"（"Stato dell'Anime〔S. Andrea dolle Fratte〕"），摘自《梵蒂冈秘密档案》（*Archivio Segreto Vaticano*）。

② 1815年，芬奇租住四个房间，每星期支付"19s"（此处的"s"指的是意大利流通的斯库多，而非先令）。如果我们假设济慈和塞文的两个房间至少要付芬奇先生一半的房租，那么租金就要到八点一二镑（四十三斯库多）之高。所以我们才会看到，塞文对泰勒说每月需付房费四点一六镑（《济慈社交圈》，第一卷，页184），可能指的是他们各自支付的数额。不过，他们的房费略低于西班牙广场附近的平均租金，因为按照芬奇的说法，一般来说，这里一间房的月租从最低二十皮阿斯特到约七十皮阿斯特不等。

③ 吉布森有一位叫让·蒙特布兰的法国贴身男仆，奥哈拉和达利亚各有一个意大利男仆。

④ 乔安娜·理查森，《泰晤士报文学增刊》，1953年2月2日。

675 克拉克医生立即拿出所有的能耐帮助这位新病人。但是，在他看来，济慈显得疲惫不堪，而且其状态之差是多方位的，以至于克拉克一时间觉得无法做出诊断。他开始怀疑最根本的问题是不是腹部疾病——甚至是心脏的毛病——而非肺部疾病。结核病患者总是来意大利治疗——他见过很多——然而，他们通常是纤细、虚弱且孤僻的。尽管济慈病得很重，但他的情况绝非如此。似乎有种可怕的神经性疾病正在干扰他。

抓住我们兴趣点的是，克拉克医生这样聪颖的人竟也开始以罗德医生和布里医生几个月前的方式做出推断。当然，那时没有肺结核相关的身体检查手段。肺部有可能几乎完全遭到破坏，但医生在尸检之前并不会意识到问题。当时真实的情况是，济慈抵抗着正要他命的疾病，但在克拉克医生看来，他的表现与结核病患者通常的状态一点也不像。首先，济慈对从青春期以来一直熟悉的失望感如此恐慌，以至于这种感觉绕过了晚期结核病患者熟悉的倾向，变成了疲劳与厌世。同时，济慈本能地想要通过别的努力来消减恐慌感。他从一八一八年夏秋之际开始感受到压力——首先是苏格兰之旅中时常发生的咽喉痛，接着这种压力在汤姆临终前的三个月里变得愈发剧烈，且在接下来的一年中持续不断——即便我们撇开这些压力不谈，即便我们忽略这一年，那么他在放弃写诗、试着寻找其他工作但最后又被迫放弃找其他出路的过程中，担忧与决心的交替出现也成为他一八一九年秋季的日常状态，这种情绪起伏对后世医生所谓的交感神经系统造成了严重打击。一个有力的证明就是他几个月前——二月底到三月——剧烈的“心悸”，那时，他躺在床上绝望地想要把诗歌、抱负和范妮·布劳恩从脑海中抹去，突然间窗外出现了一只早来的画眉鸟，让他想起了“消极能力”一信之后的几个星期，以及对新开端的憧憬（“那只画眉鸟又飞来了——他要给我开一张华丽的账单，因为我听了他的音乐”）。按照布里医生的判断，他的心脏没有任何器质性问题；克拉克医生与布里医生一样，不熟悉如此强烈的抗争，这种抗争被压抑住了，但由此（恰如克拉克猜测的那样）也被具有男子气概的沉默而强化。事实上，克拉克医生开始用“高贵”一词来描绘他的病人。十一月二十七日，济慈来到罗马一周后，克拉克给泰勒和海西出版行的代理人写了份试探性的报告： 676

> 就我现在看到的情况，他的病症似乎主要是在腹部。我部分怀疑是心脏疾病，也可能是肺病，但这一点不要对他的朋友们说，因为下一封信里，我大概可以给出令你们更满意的诊断。我认为，他精神上的压力和专注是疾病的根源——如果我能使他精神放松，他会好一些——让泰勒先生或别的朋友写信给他。恐怕经济开支问题会影响到他的思绪，有可能的话，务必采取一些计划来消除这个影响。他远涉重洋出国是为了恢复健康，那么自明之理就是我们必须采取一切措施，以利于气候的改变……他是太高贵的生灵，我们必须做出一些牺牲来拯救他，不能让他沉沦。我多希望自己足够富有，他在这里生活不应该再花钱。有个朋友陪他在一起，对他似乎很关心，但我们私下说说，这人并不是最适合的同伴，不过我猜这个可怜的家伙别无选择。我很担心有东西在影响着他的思绪——至少在我看来如此——他要么觉得自己是在牺牲别人的利益生活，要么就是其他类似的想法。[①]

三

尽管克拉克禁止济慈外出观光——确信那会令他兴奋过度——但

① 《济慈社交圈》，第一卷，页172。

却鼓励他在居住地附近走走。紧邻西班牙阶梯北面的苹丘是罗马人和游客最喜爱的散步场所。没过几天,济慈和塞文就在那里遇到了一位年轻英国军官——皇家工兵部队的艾萨克·马默杜克·埃尔顿中尉,他也患有结核病(两年半后在瑞士去世)。[①] 克拉克认为不剧烈的马背骑行
677 对济慈的胸腹有好处。于是,他们租了一匹马,每月花费似乎过高(一个月六镑);天气允许的情况下,济慈会以蜗牛般的速度骑行一两个小时,埃尔顿中尉时常与他相伴而行。他偶尔也会沿着大街缓缓走到离住处不远的地方,看看商店。

但随着时间的推移,济慈发现自己越来越难离开临着西班牙阶梯拐角的房间。他一到意大利,就坚持用仅剩的一点钱买了几本意大利语书,包括阿尔菲耶里的一册书。他决心继续学习这门语言,到此时为止,虽然他抱病在身,读起意大利语的书还是比较轻松。也许是受到克拉克医生的鼓励,他还开始对音乐感兴趣。能不能找到一架钢琴?他们从安吉莱蒂夫人处租了一架,每月付七个斯库多(按当时的汇率算约为二十八先令,按现在的币值约为每月七英镑)。克拉克医生从自己的音乐藏品中借给他们一些书和乐谱,其中包括几本海顿的乐谱。当塞文在租来的钢琴上演奏这些乐曲时,济慈努力集中注意力,试看跟上每一个音符。随着一段又一段音乐的流逝,他有时会忘记旁的事情,为音乐提供的自由与自发的可能性而欣喜。有一次,

① 他们散步时经常遇到著名的波琳·波拿巴,她是拿破仑的妹妹,鲍格才亲王的妻子(她与亲王分居,住在附近的波琳别墅):"卡诺瓦刚刚做了她的裸体雕像,我们去看了,觉得'美丽,但品味庸俗'。正是济慈给这尊雕像起了个永恒的名字'风弦琴'。不过,这位女士的其他优点之一,便是她对俊美的身材和精致的五官有敏锐的眼光,所以每次我们遇到她时,她都会向埃尔顿中尉投去含情脉脉的目光。最后,这个行为让济慈的神经受到极大刺激,尽管他感恩戴德地表示幸亏自己不是吸引她的目标,总之我们不得不去另外一个地方散步。埃尔顿很高兴地默许了这个安排,因为,正如我之前所说,他也是个结核病患者,需要回避一切刺激;而跟我们在一起很愉快,因为他在罗马很孤单。"(威廉·夏普,《约瑟夫·塞文生平及书信集》,页82)

塞文弹奏的时候，济慈兴高采烈地说：“这个海顿，就像个孩子，因为我们不知道他接下来会做什么。”这样的瞬间令塞文深受鼓舞，但有的时候，他也会陷入绝望的深渊。差不多同一时间，塞文自然而然地开始考虑起自己的未来。他别无选择，显然他确实有能力支付自己到意大利的旅费，但现在的大部分花销则是从泰勒和海西预支给济慈的钱里出的。哈斯拉姆及其他朋友曾鼓励他陪济慈一起来罗马。他们说，他也许见到整个罗马的风景，会受到启发，有动力完成一幅画，并获得皇家艺术院奖学金，在罗马再待三年。

尽管克拉克医生对塞文有些不以为然，但他感受到了其整体处境的悲怆。如果说，塞文天赋不强，性格也有些轻浮——也许太轻浮愚蠢，在这样的紧急关头，并“不适合做[济慈的]陪伴者”——但他很“体贴有礼”，出发点也是善意的。他独自一人待在这块相对富庶的英国人聚居 678
地，手头拮据，处境只可能变得更糟，而不是更好。克拉克赶紧去找那位住在罗马的英国著名雕塑家约翰·吉布森，把塞文的情况告诉了他。吉布森为人宽厚大气，对塞文格外亲切——塞文去拜访他时，著名的英国鉴赏家科尔切斯特勋爵也正走进他的雕塑室。塞文退缩了一下，正准备离开，吉布森走上前，抓住他的胳膊，把他和科尔切斯特勋爵一起请了进去。在这次拜访全程中，吉布森特意对塞文和科尔切斯特勋爵表现出同等关注，毫无怠慢。塞文写道：“我当时想，‘如果吉布森这么伟大的艺术家，都能这般待我，那么罗马就是我该来的地方’。这个行为虽然看起来微不足道，却让我如沐暖阳。”

济慈很快就听说了这件事，他非常高兴吉布森做出了那样的善举并乐意帮助一位贫穷无名的艺术家。正如济慈告诉塞文的那般，这样的行为是“对人性的善待”。（他越来越觉得）如此远离狭隘的人实在难得一遇。除此之外，如果说塞文很担忧自己的未来，对在罗马能做什么游移不定，那么济慈也抱有同样的忧虑。他一向敏于设想别人的处境，而且他从一开始就很担心，生怕塞文出于对自己的责任感，无法利用这次机会作画。他们在西班牙广场的新房间一安顿下来，济慈就给塞文提了急迫的建议，流露出强烈的替代共情意识。“他催促我，说现在应该不失时机地抓紧与艺术上的敌人抗争，在他们能进一步伤害我之前，迎面对抗。”塞文说，济慈“从未提及”《布莱克伍德爱丁堡杂志》对他的攻击。但有一次，当塞文继续推延自己的绘画工作时，济慈便谈起无所不在、令人恐惧的嫉妒。他透露了这样一个故事：某次餐宴上，画家威廉·霍尔顿同其他人一起诋毁塞文，因为后者获得了英国皇家艺术院金奖；济慈对这样量窄狭隘的行为表示不齿，随后“愤然离场”。济慈现在提起这件事，“还带着随时就能调动起来的同情心，他把自己放在了我的立场上”，变得“非常激动”。塞文很久以后回想起这件事，仍说济慈激烈的反应“与他平静时迷人的举止形成了不可思议的对比。然而，尽管他乐
679 于谈论我那微不足道的烦恼，却很少说起自己的忧愁”。[①] 在济慈的敦促下，塞文开始给一幅包含八个人物的历史画准备草图，他曾与托马斯·劳伦斯爵士和约翰·吉布森讨论过这幅画——《亚西比德之死》（“The Death of Alcibiades”）。

四

与此同时，食物造成了一些问题。有三周左右的时间，他们不仅越来越担心钱的事，济慈也确实病得很重，塞文还要尝试做点吃的，正如他在十分痛苦的时刻之一（12 月 17 日）告诉查尔斯·布朗的那般：“这些可怜的罗马人不懂什么叫舒适——在这儿，我不得不洗洗涮涮——做点

---

① 威廉·夏普，《约瑟夫·塞文生平及书信集》，页 65–66。

吃的——整天给济慈读书——加之我还没有从家人那儿收到信——这让我很沮丧，我从来不知道他们对我竟这般珍贵。”但他们的食物经常——尤其最开始时——是从房东太太新近在楼下开的小饭馆送上来的；她可能发现餐馆很难监管，所以这地方不久就关停了。[①] 楼下端上来的正餐越来越差，可他们却付了整整一克朗——约合今天的二十二先令。塞文自己缺乏果决，但他很欣赏这一优点，当济慈最终亲自处理此事时，塞文感到很高兴。他晚年详细描述了事件经过。有一天，勤杂工提着篮子走进屋，开始摆放菜品，济慈站起来，“调皮地笑了笑”，他

> 打开前门台阶上方的窗户，一个接一个地端起盘子，静静地把盘子里的菜倒出窗外，然后把盘子放回篮里——就这样，鸡肉、米布丁、花椰菜和一盘通心粉统统消失了。这一切都让勤杂工和老板娘感到好笑。随后，济慈平静但果决地指着篮子，叫勤杂工拿走，后者遵照指示毫无疑议。济慈说：“塞文，你瞧着吧，我们会有一顿像样的主餐。”果然，不到半个小时，一桌丰盛的好菜就端了上来，之后我们每天都能受到类似的优待。此外，老板娘在账单方面也十分谨 680
> 慎，没有对扔出窗外的食物收费。[②]

十一月接近尾声时，济慈给查尔斯·布朗写了人生中的最后一封信——至少是留存书信中的最后一封；但我们可以想当然地断定，他此时写的任何东西都会被好好保管。他已在罗马逗留两个星期，只剩下

---

① 这个**饭馆**位于27号（占据房子底层的一半，另外一半则是26号的大厅和楼梯）。1820年初，27号仍是由一位石膏制模匠租赁。因此，**饭馆**肯定是在那时和济慈抵达之间的某个时间点开业的。这里的食物也许同塞文描述的一样糟糕，因为**饭馆**1821年2月就关门了——《梵蒂冈档案》的“人口状态”文件中，27号到这时已标为“空置”。1824年，安吉莱蒂夫人似乎将这栋房子变为了过往旅客的**膳宿公寓**（pensione），27号又一次被用作**饭馆**和通用厨房。

② 威廉·夏普，《约瑟夫·塞文生平及书信集》，页67。

不到三个月的生命。他写道(11月30日):

> 亲爱的布朗:
>
> 对我来说,世上最难的事就是写信了。我的胃还是很糟糕,以至于随便翻开一本书,它就更难受——不过,我现在比检疫隔离时感觉好多了。我害怕就着英国那边我感兴趣的任何事作你言我语的辩论。我时常觉得自己真正的生命已经完结,眼下过的是死后的生活。天知道事情会怎么样——但在我看来——算了,不谈论这个话题了……我(心灵上)如此脆弱,以至于看到像你这样为我所深爱的朋友的笔迹,都会难受得不得了。但我还是骑了小马——而且,我最糟糕的时刻,在隔离区的那段时间,一个星期里想出来的双关语比人生中任何一年想到的还要多,有点豁出去的感觉。有一个念头,足以要了我的命——我曾经有力、健康、敏捷地同她走在一起——可现在——两相对比,一明一暗,所有对写诗来说必不可少的信息(简单粗粝的感知)都成了治疗胃病的大敌。嘿,你这家伙,我让你受折磨了——但你得靠达观精神忍受着——就像我一样,真的——要不我怎么能活下来?克拉克医生对我关照有加;他说,我的肺没什么问题,但胃的状况很不好。我不指望从乔治那儿听到好消息了　因为我脑袋里总有这样的念头:我们都会早死。

济慈继续写道,塞文很好,"只是跟我待在一起他过得很沉闷"。他希望布朗给乔治写信,"告诉他我的情况,你能猜到多少就写多少"。信的末尾,他请求布朗:

> 给我妹妹去一封短笺——她像幽灵似的在我脑海里徘徊——她长得太像汤姆了。就算在信里,我也几乎无法向你道别。我鞠躬

时总是笨手笨脚。

愿上帝保佑你！

约翰·济慈

五

十二月十日，也就是济慈写完最后一封信过后一周半，可怕的大出
血突然爆发。他口吐鲜血，脸上带着塞文所说的备受折磨的样子，迅速
消沉下去。克拉克医生即刻赶来，但不知道还能做何补救，只好从济慈 681
胳膊上抽出更多的血。

四天后，塞文终于抽空给布朗写信①，说这次急性复发"完全在意料之外"（塞文曾确信济慈"正在康复"）。但突然间，他不得不把刚开始动笔的信搁在一旁，因为济慈的病情恶化了许多。最后，又过了两三天，塞文在凌晨四点终于得了点闲；他待在济慈隔壁的房间里，试着为布朗描述最近发生的一切：

> 我一刻也不能离开他——整日坐在他床边，给他读书——夜晚他神志恍惚，胡言乱语，我得安慰顺着他。他刚刚睡着——连着八个晚上以来，他第一次睡着，但完全是因为精疲力竭。我希望写完这封信之前他别醒过来，因为我急切地想要你知道这越来越糟的状况——但我不敢让他发现我觉得病情很危险。这次症状发作的早晨，我看到他醒来，而且表面上他心情愉悦，精神异常地好——但就在一瞬间，咳嗽袭来，他吐了将近两杯血。我赶紧找来克拉克医生，

① 《济慈书信集》，第二卷，页361-363。

他看到这种情形，立刻从济慈手臂上放了大约八盎司的血。

济慈对血液的样子“感到惊恐”（“黑色，极其浓稠”）：

> 他冲下床，叫道“我今天要死了”——要不是我阻拦得及时，肯定会这样。我冒着失去他信任的风险，从他手里夺走了所有带伤害性的东西，一分钟也不让他离开我的视线。第二天早上，他又吐了差不多量的血——医生觉得最好也放掉那么多血——血液同样是令人惊恐的状态，这一定是因为他处于可怕的绝望之中。

大出血后的第九天，病情

> 仍未见好转——有五次，他咳嗽的时候带出了血，通常早上吐血的量比较大——而且几乎整个过程中，他的唾液都混着血——但他的胃比这还要糟糕——消化不了任何食物——他整晚、白天大部分时间都遭受折磨——极度痛苦——膨胀的胃使他永远处于饥饿和渴望的状态——为了少吐血，他只能少吃，但这又加剧了胃的饥饿感——他的神志比其他问题更糟——各种各样的绝望——他的想
> 002 象力和记忆把所有形象都变得很恐怖，它们如此强大，以至于我日夜为他的精神担忧。

在一阵又一阵的绝望中，济慈“用呆滞的目光”看着前方，旧日种种如今不断回到他的脑海：“噢，他为每一件事而哀伤。”有一阵子，他的思绪尤其落在妹妹身上，范妮·济慈几乎被艾比囚禁在沃尔瑟姆斯托。塞文能不能写信请布劳恩夫人和迪尔克夫人去看望他妹妹？

他被要求遵循饥饿疗法——只吃一点点面包和牛奶，偶尔吃一口

鱼。克拉克的想法是通过严格限制食物，来抑制血液的流动。结果，塞文说，“济慈每天都在咆哮，说自己会被饿死——于是，我不得不给他超量的食物——你无法想象，这对我来说多么可怕——医生站在对立面，告诉我给他超量的食物会害死他”。总的来说，克拉克医生“话不太多——但他的关心却无微不至”。他每天都过来四五次，看望济慈。有一次，他亲自“跑遍罗马，就为找一种鱼，最终他找到了——但我刚拿到克[拉克]夫人精心烹制的鱼时，济慈就突然开始吐血”，就像十二月十日晚上那样病倒了。

济慈的病情就这样持续着，圣诞节之后略有好转；他偶尔会到户外晒会儿太阳。但到了一月三日，克拉克医生再次写信给泰勒和海西，谈到济慈肺部持续出血的症状。济慈此刻“处于可悲的境地”：

> 他的胃完全毁了，其精神状态对这种病人来说也是最糟糕的，这无疑会催生一个结果，我担心此事不会太远。即便在最好的心态下，这个结果恐怕也拖不了多久。遗憾的是，他的消化器官严重紊乱，肺部也不健全——两者中的任何一个都是巨大的灾难，他不仅都占全了，不幸的是，精神状态也很差，这肯定会很快要了他的命。我担心，他已长期被自己的想象和感情所左右，现在更没有力气和意愿去控制住它们。我真的很关心这可怜的家伙——看到他这样的头脑（本应该状态好得多）处于这样可悲的境地，真是令人痛心。他的朋友塞文先生十分体贴。假如基督教除了给病床带来安宁之外别无他用，那也算是世界上最美好的恩典。[1]

金钱再次成为令人痛苦的问题。泰勒和海西给济慈开出一百五十 683

① 《济慈书信集》，第二卷，页366–367。

镑的承诺支付信用证，济慈可以到托洛尼亚先生们那闻名遐迩的银行去支取。司汤达后来把托洛尼亚家族描绘为“所有来到罗马的英国人的银行家”，他们“将英国货币兑换成斯库多和克朗，从英国人身上赚取了巨额利润”；司汤达还提及富有的英国贵族与“冷酷而平静的银行家”亚历山德罗·托洛尼亚亲王交易后的忿忿不平。[①] 然而，无论托洛尼亚如何与英国贵族做交易（司汤达暗示，他曾举办大型餐宴和舞会来安抚这些主顾），他的银行为济慈提供了十分优惠的兑换率。[②] 不过，只有提取大笔款项时，托洛尼亚才肯提供优惠汇率。他还提醒济慈，每一笔交易都会收取费用——一笔大额转账比多次小额转账更划算。

因此，在托洛尼亚的建议下，济慈于抵达罗马当天（11 月 15 日）就提取了一百二十镑，随后将之以意大利货币的形式存入银行。然而，泰勒和海西对此全无准备。他们原以为济慈每次只会提取少量的钱，同时也盼着乔治·济慈给约翰寄钱。因此，他们一收到一百二十镑的账单，便立即去信托洛尼亚，要求停止进一步付款。托洛尼亚照做了。而塞文一听说托洛尼亚停止付款，立马变得六神无主。他们该怎么生活？他恳求克拉克医生给泰勒和海西写信，事实上，克拉克医生已经开始从自己的口袋里给他们垫钱。塞文觉得，克拉克医生去信会比他自己写信更容易得到泰勒和海西的理解。克拉克照做了，而且这封信立刻产生了效果。

泰勒一得到消息，便开始为济慈募捐，同时，他还写信给托洛尼亚，请他恢复付款。五位朋友和熟人每人即刻寄来十镑。伍德豪斯匆匆记下这些人的名字，但没有提及他自己捐的钱（五十镑）——关于此，我们可以从

---

① 司汤达，《罗马散步》（*Promenades dans Rome*），卡拉乔（Caraccio）编（1938），第一卷，页 195。

② 托洛尼亚将这一百二十镑兑换为五百五十二斯库多。参见《济慈-雪莱纪念公报》（第二卷〔1913〕）刊登的银行往来账款情况。这意味着每斯库多只收取了四先令费用，理论上其费用为五先令。

泰勒写给父亲的信中推测出来。[1] 最后，泰勒的熟人菲茨威廉伯爵寄来了 684
五十镑。募捐总额达到一百五十镑，但这些钱在二月初才凑齐；消息送到罗马还用了三个星期；而济慈二月底就去世了。与此同时，查尔斯·布朗写信给塞文，说他确信济慈的不幸主要源于"乔治对待他的方式，我要计划怎么报复他"。布朗还把他从塞文那儿得到的最新消息告诉了布劳恩夫人。他说，范妮·布劳恩清楚正在发生的事："我听说她告诉母亲，'我料想到他活不了多久了，你要是听到死讯，请立即告诉我。我不是傻瓜'。"范妮"努力以沉着"来应对这一处境，她"悲伤但不做作"。

六

塞文应济慈的要求，给布劳恩夫人写了封信（1 月 11 日），但他没法写出令人宽心的话。他此刻已彻底吓坏了，所有的事情一拥而上，压在他肩头，信中的语气令人想起乔治对他的评价——"好抱怨的塞文"：

> 三个星期了，我寸步不离——彻夜不眠——白天几乎一直为他读书，有时夜晚也是如此——我生火，给他做早餐，偶尔不得不烹饪——为他铺床，甚至还得打扫房间。我不是不能做好这些事，但从来没在应该和必须做的时候完成过——这样你就可以看到我的取舍了——最让我生气的是生火，我吹啊——吹啊——吹了一个小时，只有烟冒出来——水壶翻倒在燃烧的木棍上——没有炉子——

① 见摩根图书馆的伍德豪斯手稿。参见《济慈社交圈》，第一卷，页 207。五位提供了十镑的募捐者为莱斯、约翰·珀西瓦尔（泰勒在牛津的朋友）、威廉·希尔顿、彼得·德温特和约瑟夫·邦瑟。（《济慈社交圈》，第一卷，页 235）

> 济慈叫我去陪他——火烧到我的手，门铃一个劲地响——这些事都压在一个不习惯也没有能力的人身上——加上各种合适的材料都很匮乏，真是让人烦恼——①

那时又添上关于金钱的新恐慌。不用说，塞文此刻已经放弃作画的念头，但是，除非他能在来年夏天之前提交画作，否则就没机会竞争皇家艺
685 术院的旅行奖学金。（令人高兴的是，他最终完成画作，获得了奖学金，婚姻美满，过上了比较幸福的生活，一直活到八十六岁。）②

让事态变得更复杂的是，安吉莱蒂夫人已经猜到济慈得的是什么病，并按照规定通知了警方。如果说英国医学界仍在怀疑肺结核的传染性，意大利的医生可不这么认为；此时，在罗马乃至意大利境内的绝大部分地方，结核病患者居住过的房间里的所有物品都必须在他死后烧掉。问题是，济慈非常想换个环境，暂时离开他那逼仄的卧室，搬到隔壁稍微宽敞的房间——这里现在用作起居室、前厅和应急厨房，塞文也睡在这

---

① 《济慈社交圈》，第一卷，页189。泰勒给伊莎贝拉·琼斯看了塞文写给自己、布劳恩夫人、哈斯拉姆和布朗的信，这里引用的一段是特别令琼斯生气的段落之一。她写道："我从未见过如此言必称'我'的自私自利，却戴着感情和友谊的面具。"她嘲笑塞文无法否认的将痛苦戏剧化的倾向（比如他试着加热水壶——"最让我生气的是生火……水壶翻倒在燃烧的木棍上"），而此时此刻济慈正深受病痛困扰。（参见琼斯写给泰勒的书信，刊载于基廷斯，《约翰·济慈：生年》，页231–233）

② 该奖学金（1821年11月授予）在接下来的三年中，每年带给他一百三十镑进项，他前往罗马的旅费也可抵还。（威廉·夏普，《约瑟夫·塞文生平及书信集》，页113）塞文在意大利又待了几年，争取到威斯特摩兰女伯爵作为赞助人，并同她的被监护人伊丽莎白·蒙哥马利——已故的蒙哥马利勋爵阿奇博尔德将军的女儿——于1828年结婚。威斯特摩兰女伯爵坚决反对这桩婚事。（济慈过世几年后，塞文跟妹妹说："我特别注意不要去结识那些在财富、能力或其他方面不如我的人，这样即便在休闲娱乐的时候，我也能提高自己，改善自己。"）塞文的六个孩子中，有三个成为知名艺术家——沃尔特、阿瑟和安（查尔斯·牛顿爵士的妻子）。他在罗马生活了二十一年后，回到英国（1841年），继续绘画创作。此后，他在六十七岁时又作为英国领事再一次来到罗马，约十八年后（1879年）去世。有关塞文晚年生活的概述，可参见《济慈社交圈》，第一卷，页cxxxvi–cxxxviii。

间屋里。克拉克医生也认为换个环境是个好主意。但这间稍大的房间里，摆放着新租来的钢琴、塞文的绘画材料、他们买的书、一张沙发以及其他家具。假如有人知道济慈搬进了这间房，那些东西以后都得烧掉，其价值至少一百五十镑。济慈如何能在房东太太不知道的情况下搬进去？——同时，也不能让济慈得知其中的困难与纠葛。

塞文心生一计。这个温和的乐观主义者欠缺巧诈，但他明白，最重要的是，济慈待在大房间里时，不能让安吉莱蒂夫人和她的仆人进入。他满脑子都是恐惧和未来的不可预料，他自己在罗马身无分文，且深陷从未预想过的处境。绝望的塞文首先挪动家具，接着把东西一件件堆起来，堵住了门。为了不引起任何人（包括济慈）的好奇心，这事只能悄悄地做。假如济慈知道这一切蒙蔽手段的原因以及他死后塞文的处境，那他一定会痛不欲生。“最大的困难是向他隐瞒一切。”塞文以最小的动 686
静挪好家具，在沙发上铺了一张床，打开济慈房间的门，慢慢地把济慈抱到沙发床铺上。塞文布置家具、安排房间的时候没有吃饭，他告诉济慈有个仆人来过，按照他们的需求重新布置了房间，而他自己当时正在外面吃饭。他觉得济慈“半信半疑”，但不管到底有怎样的怀疑和想法，济慈此时缄默不言。他没有追究到底，用问题让塞文难堪。

七

到了一月中旬，济慈再次病重，克拉克医生允许他“一天吃一条鳀鱼，外加少量面包”。他的想法仍是营养摄入得少，肺部便不会大量出血。然而，济慈的肺还是出血了，这“把他抛回了最可怕的绝望”。

济慈告诉塞文，说他现在预计死亡的过程可能会拖上几个月；他的焦虑至少有一部分是担心塞文，因为他陪着自己踏上了一段无望的旅程。不过,他已经提前做了准备。他有一个"深谋远虑的慰藉"——那就是他劝说塞文在格雷夫森德帮自己买的鸦片酊。他现在想要这瓶东西,塞文惊恐万分。随后,济慈便"声称那是属于他的东西,也是他的权利"。如果他最终要死,为什么不能死得快一点?济慈继续争辩道:

> 我肯定是要死的,我只是想把你从照料我和目睹这个过程的长期痛苦中拯救出来。死亡可能会推迟,但我能看出来,你没有钱,将因此被拖入困境,毁掉你所有的前程。我导致你没法碰画笔,既然我肯定会死,为什么不让我现在就死呢?

这场争论断断续续持续了一天。后来,济慈开始绝望地对塞文发脾气,他说,自己早就预见到

> 这灾难般的前景——凄凉的夜晚——得不到任何慰藉——尤其是身体的衰弱和无助感——这些是他决心逃避的——要不是因为我——三个月前,在船上那会儿,他就吞下这鸦片酊了——他说我延续了他的生命,让他多活了痛苦的三个月——我活该被骂,被虐待,遭受贫穷。[①]

687 两天激烈的争吵后,塞文向克拉克医生求助,吐露了所发生的一切。塞文已准备好缴械投降,交出鸦片酊。克拉克默不作声地把鸦片酊拿走了。随后,济慈变得"沉默而顺从",但第二天,克拉克走进房间时,济慈探究地看着他,问道:"这活死人的日子我还要过多久?"

---

① 威廉·夏普,《约瑟夫·塞文生平及书信集》,页84;《济慈书信集》,第二卷,页372。

八

正如塞文所写,尽管济慈“对每个人——除了他自己——都有细腻的感受力”,但如今他几乎失去双肺,且饿得火烧肚肠,便不由得开始怀疑自己到底做错了什么。这种时刻越来越多,而他那么想也是可以原谅的。

他甚至开始怀疑,是不是多年来对别人的帮助反而造成了这种状态:“他自己的财富和慰藉都耗在别人身上——但全是徒劳——他将之与眼前的痛苦相对比——说这一切都是他们造成的——他的看法是对的。”①

这种与同情心背道而驰的反应,需要找到某种解释,它是济慈之死最令人难过的一件事。以前的强调和关注是否犯下了严重的错误?这漫长的几个星期里,每隔几分钟他就经历一轮无助的询问,他需要一个答案。比如眼前的塞文,为了帮助一个垂死的人,他放弃了那么多;然而他得到的回报是什么?——最终一个人留在罗马,身无分文,无依无靠。以济慈自己的经验来看,心灵和想象力对“同情”这个词(海兹利特对这个词情有独钟,他的创作是这个时代最“令人欣喜”的三件事之一)所暗示一切的全然投入:它是不是在生理和身体上让自己付出了难以承受的代价?它是否有某种道德上的偏差,或某种不符合事物秩序的东西?

当然,那种对同情开放性的投入,对自我监牢之外的事物的奉献,起初是很天真的——这段时间指的是他在恩菲尔德学校的岁月,以及后来于盖伊医院度过的时光(充满了“热爱天才的心”的想法)。他当时的

① 《济慈社交圈》,第一卷,页188。

688 想法自然是很天真的,即便随后此思想提升到另一个层次,甚至在海登的帮助下,他更加沉醉于伟大的理想之后,以及在接下来的一年多时间里,他让自己浸淫于莎士比亚的时候,他的想法依旧是单纯的。但是,再后面的一年,他尝试理解——想要更深入地思考“人”及其存续的脉络——这番尝试限定和发展了“奉献投入”的性质和困境。一八一九年的伟大诗歌(以及一八一八年和一八一九年无可匹敌的书信)是理解“神秘的重负”和“造魂谷”新颖的、极富见地的尝试。但这些是不是也有点愚蠢、过分?它当然是一种与尘世间洛克哈特和吉福德们所秉承的路数完全相左的观念与方式。而他们现在状况如何?恐怕正飞黄腾达。济慈不能让自己想这个问题:他只能敦促塞文与之战斗——那是塞文和任何一个好人都将面对的敌人。

然而,如果整个做法都是错的,那么基督教本身又如何?当然,一切都取决于个人接近基督教的途径。但其格言和训谕是相同的:凡牺牲生命的,必得着生命;爱人如己;施比受更有福。不用说,他现在很难清醒地思考。一八一九年春天,他曾给乔治写了一封有关“造魂谷”的详尽信件,在另一个层面做出精彩的玄想。没有人可以说,这些思索是轻易得来的。但现在,济慈接近神智失常,他饥肠辘辘,肺里没有足够的氧气,只能不停地向塞文抗议。(我们现在知道,长时间缺氧本身就是严重精神抑郁的诱因。)“他说,想象力的持续扭曲已经要了他的命。”任何关于他身处英国的朋友的念想,都只是“额外的负担”;“他不想听到有关他们的任何消息”。一想到他们,济慈就免不了为他们的未来疑惧忧心;而这对他来说,马上就演变成更加沉重的“对未来的担忧”。塞文说,济慈躺在那里,没有希望——空无一物——无法“填充他饥渴的想象力”。

济慈身上惯常可见的“坚韧和勇敢精神”如今都离他而去,将他抛弃于“毫无目的的思想残堆”,塞文仅仅是看到这一幕就已心乱如麻。

此外还有一个可怕的瞬间,圣诞节前几天,济慈在极度疲惫中陷入偏 689
执妄想,开始怀疑自己很久以前在伦敦就遭人下毒。塞文曾写给泰勒一封断断续续的信(12 月 24 日),这封信留存了下来,里面说最近济慈“糟糕的头脑开始妄想遭到迫害,甚至是谋杀——他现在[后续几个词残缺]……是由伦敦的一个人给他服的药”。[①]（他可能是想到了威廉·吉福德,甚至有可能是他自己的一些朋友。)不过,那只是短暂的一瞬。同样在这封信里,塞文告诉泰勒,尽管出现这种意料之外、强烈的怀疑情绪,“每个人都被他吸引,关心他”,只不过济慈还是能把这种关心“想成迫害”。圣诞节前夜,他躺在床上,目光呆滞地盯着天花板,突然转向塞文说:“我觉得,一定有个恶毒的存在对我们有影响力——而万能的上帝几乎或根本拿它没办法。”他无法完全接受圣经。但难道就没有别的书吗?他素来很信任书籍。“我极度渴望些许信念——些许希望——某种现在可以依靠的东西——一定有这样一本书。”

威廉·哈斯拉姆给塞文来信,想要了解更多情况。他问塞文为什么还没寄来之前答应的日记?塞文回信过去,提到钱的问题——他们一贫如洗——但最严重的是,

> 这个高贵的人躺在床上——在惊恐中垂死挣扎——没有仁慈的希望来抚平他的痛苦——没有哲学——也没有信仰来支撑他——但他却对之怀着最痛彻心扉的渴望——然而却没有得到它的可能。我这样想不是出于任何宗教原则——而是出于他心灵在这一点上感受到的个体痛楚——我不在乎从什么来源,但希望他能得到一点安抚——这样他就能理解自己的不幸——并缓缓地滑向他的命

① 《济慈社交圈》,第一卷,页 180。

运——哦！亲爱的哈斯拉姆，这就是我最关心的事——我祈求上帝能尽快结束这忧虑。

终于，塞文进入这样一种状态——他希望济慈的挣扎能早日结束。后者现在说话的方式令塞文深感震惊。

他说的每句话都撕扯着我的心弦——他说，“我是个可怜虫——这最后廉价的安慰——每个恶棍和傻瓜都能拥有——我却在临终的时刻被剥夺了这个权利——为什么——哦！我对每个人都以善相待——为什么会这样——我不明白”——随后他的牙关咬得咯咯作响。[①]

690 “我不明白。”过去的一年里，他一直努力去理解——而且当更伟大的诗歌开始于两年半前出现时——他确实觉得正在慢慢走向成功。从某种意义上说，他从走上诗歌道路伊始，就在尝试理解。早年，亨特一家收留他，让他躺在汉普斯特德乡村小屋的沙发上愉快地过夜，《睡与诗》中就有这样的诗句，他躺着展望未来，想象能逐步走向

更高尚的人生，
在那里我会发现人类心灵的
痛苦和斗争。

从四年前他孤身一人前往怀特岛的第一次伟大尝试开始，他便不断地重读《李尔王》，思考它对人生提出的问题。如此这般，经由一八一九年

① 《济慈社交圈》，第一卷，页181；《济慈书信集》，第二卷，页368。

四五月份的伟大颂歌,到同年秋天开启的新版《海伯利安》中他写下的诗句("我是什么人,竟会如此免于死亡?"),他的理解继续加深。但现在的情形甚至不同于温彻斯特时期那令人焦虑不安的日子,当时他企望在《海伯利安的覆亡》中开启一种新的风格和写作观念(可他只有很少的几天时间——两三个星期,中间还时常被其他需求打断思绪):彼时,寒冷的夜晚,他站在铁匠铺前看着里面的火光;他写下最后一首颂歌《秋颂》,联想到午后麦茬地温暖的色彩——比"春天寒冷的绿"好得多。那时,尽管生活中有种种妨碍,时间也很紧张,他还是开始重新思考"自我"的全部用途(道德层面,艺术上,或其他任何方面),因为那是我们道德和内在生命的主要关切。

如今,一切都结束了。济慈躺在罗马北部边缘的一个小房间里,甚至无法好好看看那近在咫尺的罗马,他身无分文,确信这就是其生命的终点。"我不明白。"济慈不再阅读收到的信。塞文写道:"他让我把两封没拆开的信放在一旁","它们令他心如刀绞"。那两封信,一封是范妮·布劳恩寄来的,一封是济慈妹妹寄来的。他身旁有个小盒子,里面存放着一些特殊物品。"他让我把[两封信]放进盒子里,不拆开。"后来,他请求塞文把这些东西同他一起埋葬。

他已不再看书,躺在那儿虚弱地咳嗽着,"由于肠子的缓泻和阵痛, 691
他仿佛要拉肚子"。"他无法忍受任何书籍"——即便是最近购买并打算阅读的几本意大利语书,他也受不了——他此前仍希望在剩下的时间里学习这门语言。对他来说,书籍与所有不朽的事物联系在一起,从一开始便是如此。它们现在本身非常遥远,与济慈终结的方式形成了无望的对比——他所做的一切还太少,但终结已经到来。他身上真正"散发出死亡味道"的东西(他此刻最后一次引用《李尔王》里的话)反而不那么令人痛苦了。

九

济慈对医学的了解加剧了最后几周的恐惧体验。他不断冒汗,肺部出血,无法进食,还有持续的饥饿感,克拉克医生推断那种引起衰退的消蚀性腹泻即将开始,这一切都被济慈留意甚至预见到了。“济慈看到了全部——他的解剖学知识使每一次变化都显得十倍的糟糕——从所有方面看,他都很不幸。”

一个多月来,济慈时常回想起与本杰明·贝利在牛津共度的日子,他当时在为《恩底弥翁》收尾,阅读《圣经》和海兹利特的《论人类行为准则》,并继续重读、思考莎士比亚。贝利一直很热爱杰里米·泰勒:济慈曾开玩笑说,贝利追求雷诺兹家的姑娘时,一只胳膊下夹着杰里米·泰勒的书,另一只下面夹着《圣经》。济慈仍然相信,“一定有这样一本书”,能带给他“些许信念——些许希望——某种现在可以依靠的东西”。塞文能不能帮他找到杰里米·泰勒的书?塞文做了尝试,但没有成功。

日子一天天过去,济慈的情况越来越糟,塞文只好向克拉克医生求助。医生亲自遍寻罗马,找到了一本杰里米·泰勒的书,里面就包括《神圣之生》和《神圣之死》。塞文开始每晚给济慈读这本书。他告诉哈斯拉姆(1 月 15 日),济慈“听我读到晚上”,“这真是个宝藏——我以为没希望的时候,它出现了——为什么没有其他好事发生呢?——怎么就没有钱呢?”有时,济慈让塞文读一点他们随身带来的其他书——达西埃夫人翻译的柏拉图、玛利
692 亚·埃奇沃思小说的片段、《天路历程》和《堂吉诃德》。又过了几天(1 月 25 日至 26 日),济慈“无法忍受任何书籍”了。但总的来说,从现在到去世的那一刻,他总会请求塞文读一点杰里米·泰勒的东西。

无论这几个星期的情况多糟糕,塞文(很久以后)仍回忆说,济慈

“从未完全失去他那令人愉快且灵活的头脑”。那些时刻在塞文的记忆里未曾磨灭，仿佛“令人窒息的风暴中时隐时现的阳光”。塞文后来写下这段描述时，努力思索“济慈那迸发出来的机智和欢乐是否出于某种特定的目的——事实上，也许是为了我，他才做出这番努力。我从很多方面注意到，他总是痛苦地觉察到我的处境，就像我自己一样，完全指望着我的绘画创作”。[①]

即便济慈步入人生的最后一个月，塞文还是被其心灵和兴趣那种“充满弹性”的力度所震撼。因为正如塞文在一月二十五日至二十六日所写的那样，济慈大部分时间躺在床上“渴望死亡”，“带着可怕的真诚——死亡的念头似乎是他唯一的慰藉”。（过去的六个星期里，塞文绝少走出房间，而且经常连续三晚不眠不休，现在他感到“脑袋昏沉——完全没有思考的能力”。这个遭罪的人以他自己或旁人都没有预料到的坚持应对了突如其来的挑战。）然而济慈就算在临终病榻上，也依然不停地发生变化（“他每日思想的奇特之处都令我惊异——每种感觉和见解都与其他人不同”）。就在此前几天，他的同情心消失了——他放弃了理想主义、书籍和任何关切。但突然间有那么一个安静的时刻，他又变回以前的自己，那种“除却其可怜的自我，能感受到每个人的敏锐”又回来了。他仔细端详疲惫的塞文，如果说后者逐渐适应、能够应对临终场景的需求，那他现在的感受也是难捱、麻木的。“济慈今天看到我几乎变了个样，十分震惊——他跟我商量——提议请个保姆。”保姆请到了，“但我担心她不行”，因为济慈“每天每分钟都想说点什么，或做点什么”。不过最终，保姆留了下来，假如留下来的不是这个保姆，那就是另外一个；因为济慈去世当晚，有一位保姆在场。一个名叫 693
威廉·尤因的英国艺术家此时也经常造访，帮助塞文。

① 威廉·夏普，《约瑟夫·塞文生平及书信集》，页69。

济慈变得更加活跃，因为他忘我地同情起不知所措的同伴塞文——他陪着自己来到罗马，如今忙前忙后疲惫不堪。他说，塞文之所以能够忍受各种谵妄发狂的要求——济慈对这些事是有记忆的——完全是出于其宗教信仰。济慈说："我现在明白你怎么能忍受这一切了——因为你的基督教信仰。"他为自己在过去一个月可能说过的胡言乱语感到羞愧，努力变得更清晰和坚定。"我在这里，带着对死亡的绝望，那能让最普通的人蒙羞的绝望。"

十

临近月底，有天凌晨，济慈睡着了（1 月 28 日，凌晨三点）。塞文给他画了幅像，下面标记了日期和时间，还有一排字"为了让我保持清醒而画——他身上冒着要命的汗"。这幅画就是如今收藏在西班牙广场 26 号藏书室里的著名素描。

克拉克医生过来时，济慈一次又一次地望向他，"用他那双大大的，越来越显出淡褐色的眼睛看过去，由于他的脸越发消瘦，眼睛显得更大了，闪耀着不可思议的光"。每一次，他都努力展露出心意已决的平静，轻声对克拉克医生说："这死后余生的日子我还得过多久？"按照塞文的描述，他的眼睛经常显出"超然的神情"，很显然从后续的事可以看出，济慈——带着他旧有的、随时将自己设想成他人的习惯——"清楚地知道克拉克医生心里想的一切，虽然后者一句话也没敢说"。这种情况持续了一周。克拉克医生相信现在做什么都太晚了，无法帮助济慈，于是放松了对他的饮食管制。但至此，济慈能消化的食物很少，只限于喝一些牛奶——大约一天一品脱。有一天，塞文试着给济慈煮了些咖啡——这在当时是很奢侈的——然而，济慈陷于梦游般的疲劳中，倒掉了两次。

当塞文第三次给他做好咖啡时，济慈从精疲力竭的任性中挣扎起来，迅速意识到塞文想要帮助他的那种哀伤感，一时间他内心充满了愧疚。“他深受震动”，“确信我之所以能忍受他的‘粗鲁无礼’，都是源于我为他做的长时间的祈祷”。

塞文精力不济，现在经常在深夜睡着。由于济慈不时于黑暗中醒来， 694
塞文就用棉线从一根蜡烛的底部接到另一根上。有一次，济慈醒来，听到前一根蜡烛发出劈啪声，火焰顺着棉线传到后一根蜡烛顶部。他叫道：“塞文！塞文！快看这有个点灯的小精灵，居然点燃了第二支蜡烛。”

当他躺在临着西班牙阶梯的角落房间里时，夜夜听见窗外喷泉无休止的水声，博蒙特与弗莱彻戏剧（《菲勒斯特》）里的一句话时常浮现在他脑海：“你所有的善迹 / 都写在水上。”最终，在去世前一两个星期，济慈告诉塞文，他不想在坟墓上留下名字，也不要墓志铭，只写一句话：“此地长眠者，声名水上书。”但塞文只兑现了一半的承诺。因为布朗和塞文（不顾约翰·泰勒的强烈反对）对墓志铭做出了感伤的润饰，其语言不仅背叛了济慈临终要求所隐含的精神，而且其改动方式恐怕会令济慈感到痛苦难堪。（布朗后来为自己的鲁莽冲动而后悔，认为自己和塞文犯下了“某种亵渎罪”，并希望他们擅自添加的内容能被抹去。）[①]当济慈盯着头顶天花板上玫瑰样式的垂花雕饰时，他的思绪也飘回至简单的英国花卉。

---

① 塞文1821年春天为济慈的墓碑做了一稿设计（上面的图案是“一把精致的希腊里尔琴，琴弦断了一半——象征着他的古典天才——因早逝而未能完全实现”），他对于是否执行济慈对墓碑上那句话的要求犹豫不决，于是写信给布朗寻求建议。布朗（按他后来的话说，“当时被一种很自然的感情所支配”）争辩道，墓志铭通常被视为逝者朋友的作为，而非逝者本人的行为。他同意略去济慈的名字——因为济慈的意愿十分强烈，但他建议在塞文绘制的断弦里尔琴图案下方，刻上这句话：“坟墓里埋着一位年轻英国诗人的遗体，他临终前，为同胞的怠慢感到极度痛苦，他希望墓碑上刻下这句话：‘此地长眠者，声名水上书。’”（威廉·夏普，《约瑟夫·塞文生平及书信集》，页112）他补充道，泰勒既反对放上塞文的图案，也反对刻上“任何超出济慈本人要求的文字”。最终版的措辞里，塞文将“为同胞的怠慢感到极度痛苦”改为“因敌人恶意的伤害，而内心痛苦”。布朗后来为自己曾经的建议而懊悔，当塞文（1836年）（转下页）

695 去世前几天，他联想到自己的坟墓，说能感觉到“雏菊在我身上生长”。他请塞文去他即将入土的地方看一看，后者赶紧出门去看了新教公墓。“聆听了我对那里的描述”，济慈“表示很高兴”——塞斯提乌斯金字塔就在公墓边上，墓园里绿草茵茵，花朵茂盛（“特别是无数的紫罗兰……紫罗兰是他最喜爱的花”）。他手里时常攥着范妮·布劳恩送的小礼物——一枚椭圆形、小小的白玛瑙。这是能让他想起两人婚约的唯一一件有形信物；他仍不愿打开她寄来的信。对他来说，言语的冲击力太大了。

十一

最终，济慈去世两周前，他对书籍短暂而绝望的怨恨完全消失了，书籍及其象征的一切曾带给他致命的“想象力的拉扯”，他对此也不再抱有怨恨。

相反，他现在希望书本近在身侧——越多越好。塞文刚刚接受济慈念叨的话——“安静的坟墓作为他能得到的第一个安歇之处”，突然间，这种“对书籍的强烈渴望又闪现在他脑海里”。不论塞文对这种变化无常的情绪感到多么困惑，当济慈不断要求在身旁摆放更多书时，他还是试着做出一些回应。“我把手头所有的书都拿给他。”济慈当然无法阅读，但整整三天，随着时间的流逝，这些书的存在就像“魔力”（用塞文的话说）一样对他产生了作用。

（接上页）开始考虑筹措资金，在新教公墓为济慈树立一座纪念碑时，布朗写信给他：“若一位垂危的朋友，一个好人，对其墓志铭的措辞留下过严格的嘱托，那人们就该听从他的要求——假如这世间仍有真诚善意的话。我为自己的错误忏悔，也必须重复我在罗马对你说的话，‘除了他自己规定的墓志铭，我希望政府准许抹去其余每一个字’。”（威廉·夏普，《约瑟夫·塞文生平及书信集》，页178）但塞文最终并未尝试改动墓志铭。

然后，他变得非常安静，认定死亡会在一周之内降临。“死亡来临的时候，他平静而坚定”，事实上，他的平静和坚定“到了令人吃惊的程度”。塞文二月二十二日写信给哈斯拉姆道：“昨夜，我以为他要走了——我能听到他喉咙里的痰声——他让我把他从床上扶坐起来——否则他就得带着痛苦死去。”克拉克医生告诉塞文，死亡随时可能降临。济慈问塞文：“你见过人死吗？”塞文的回答当然是“没有”。“好吧，那我很同情你，可怜的塞文——为了我，你陷入了多么大的麻烦和危险啊——现在你必须坚定，这不会持续太久。”既然一切都要结束了，塞文说，济慈本人也变得全然“坚定”起来。就塞文而言，尽管经历了过去数 696
周的事，他还是无法真正相信济慈的生命走到了终点。事实上，就在一两天前，塞文还给妹妹玛利亚写了一封充满流言蜚语和愉快闲聊的信。

死亡确已临近。二月二十三日（星期五）一整天，克拉克雇用的英国保姆都同他们在一起；因为塞文此时已严重缺乏睡眠而精疲力竭。后来，下午四点左右，正如塞文信中告诉布朗的，

> 死亡的大幕开始落下。“塞文——我——把我扶起来——我快要死了——我不会走得很痛苦——别害怕——要坚定，感谢上帝，死亡终于来了！”我把他扶起来，靠在我怀里。痰仿佛在他喉咙里翻滚，而且越来越多，直到十一点，他逐渐陷入死亡——如此安静——我甚至以为他睡着了。①

塞文或克拉克医生（更有可能是后者）安排了一个人，于周六来取

---

① 《济慈社交圈》，第二卷，页94。塞文把这封信寄给布朗之前，还写了一份草稿。在草稿里，他记录了济慈说的话：“塞文——S——把我扶起来……”（这里的“S”显然是“塞文”的缩写）。我们可以认为早先的一版更接近真实情况。（《济慈-雪莱纪念公报》，第一卷〔1910〕，页42f）

济慈面部和手脚的石膏模型；几乎可以肯定的是，死者面部模型的摹本保存了下来。[①] 随后周日，克拉克医生、一位叫卢比的医生以及一名意大利外科医生“解剖了尸体”，正如塞文后来告诉约翰·泰勒的，“他们认为济慈遭受了最严重的肺结核折磨——双肺被彻底破坏——肺囊几乎完全消失”。医生们“无法想象他这两个月是怎么活下来的”。

济慈的葬礼安排在二月二十六日星期一清晨。非天主教徒通常被要求在晚上埋葬死者，不过他们时常能得到许可于清晨举行葬礼。周一清晨，天亮前，小型送葬队伍开始往新教公墓走去。几个英国人参加了葬礼——克拉克医生、卢比医生、艺术家威廉·尤因和理查德·韦斯特马克特、建筑师安布罗斯·波因特，或许还有其他三四个人。一位英国牧师沃尔夫先生主持了葬礼仪式。至此，时间已到上午九点。紧接着，克拉克医生请掘墓人“在坟墓上铺好雏菊草皮”。他说，“这会是可怜的济慈向往的东西——假如他知道的话”。

十二

097 与此同时，远在汉普斯特德的范妮·布劳恩正思忖如何将济慈寿命将尽的消息告诉他的妹妹。范妮·济慈的活动范围仅限于沃尔瑟姆斯托艾比的房子处。[②] 乔治远在几千英里之外的肯塔基，还未能收到消息，让他意识到济慈糟糕的境况已经持续数月。

---

① 据推测，一个名叫盖拉迪的人——艺术家卡诺瓦的面部模型制作者——采集了上述模型。有关济慈死者面部模型的讨论，参见休利特，《约翰·济慈传》，页 383–384；基廷斯，《济慈面模》，页 1–4。这两本书都翻印了面部模型的照片。

② 据小说家杰拉德·格里芬说，年轻的西班牙人瓦伦丁·利亚诺斯·古铁雷斯对英国和英国作家很感兴趣，他此前偶尔拜访过济慈，后来，在济慈去世前三天，他顺道来访。（转下页）

次年初夏，查尔斯·布朗按照济慈本人离开英格兰前表达的意愿，将济慈的藏书分发给朋友们。布朗希望冷静、深思熟虑地处理此事。[①]因为这些书是济慈唯一确定属于自己的财产，且于其他方面对他意义重大。为了买下这些书，济慈除了借钱给朋友，在其余方方面面都厉行节俭。

要想认真执行济慈的要求，甚至仅仅是开始做这件事，布朗就得付出许多努力。他深受打击。事实证明，济慈对每一个认识他的人所产生的影响都是永恒的；十五年后，布朗试着用“最朴实无华、不加修饰的方式”撰写简短的济慈回忆录，（正如他向李·亨特所吐露的）粗犷、刚健的他却发现自己“始终受到头痛的折磨——这对我来说很罕见——要么我就像个孩子似的痛哭流涕”。再后来，他试着翻阅济慈的诗歌手稿，来帮助蒙克顿·米尔恩斯准备《济慈传》的素材，但他无法抉择哪些材料应该寄给米尔恩斯用于出版，哪些不该。一八四一年，布朗前往新西兰之前——那已是济慈去世后二十年——他终于在绝望中，将手头济慈写的所有东西都归拢，一并寄给了米尔恩斯：他自己无法做出选择；尽管“听起来毫无理性……若你愿意，可以称之为紧张”，但每当他想花 698
精力做这件事时，济慈仿佛“就坐在我身边，眼光认真地在我和文稿之间来回游走，注视着我的一举一动”。如何“让济慈的声名得到公正的评价”，这一点仍令布朗感到受挫——也持续困扰着所有认识济慈的人。每当他们想起济慈，“公正”的观念总是在脑海中占据最重要的位置。对他们每一个人来说，济慈都代表着一种深具人性的思想和根本的

（接上页）同年晚些时候，利亚诺斯离开罗马，前往英国。显然，他带着塞文的介绍信，拜访了范妮·布劳恩和范妮·济慈。几年后（1826 年 3 月 30 日），他与范妮·济慈结婚。

① 布朗有针对性地忽略了两个人，海登和乔治·济慈。原因也大致相同：海登曾催促济慈借钱给他，乔治则接受了济慈的借款，但当时济慈本人非常窘迫，无力借钱给他们。这一点是布朗不能原谅的。除此之外，收到赠书的十八个人（《济慈社交圈》，第一卷，页 259-260）代表从 1816 年起与济慈个人关系密切的所有朋友。

道德精神——有包容力,诚实,在成长的过程中,还获得了只有最伟大作家才能比肩的表达天赋。因此,对他们所有人来说,不论自己的性情与济慈多么不同,或是彼此之间天差地别,对济慈本质的认识——对他所珍视及其本人所代表的事物的认识——从根本上来说,是一种道德需要:它与这些朋友的信念紧紧联系在一起,即“正义”的一般可能性——不论生命给予还是拒绝给予该正义。

布朗分送济慈的藏书时,只寄了一本给本杰明·贝利——因为他几乎不认识贝利——给其余朋友都寄去不少。但他随书(《拉丁语神话作家》〔*Auctores Mythographi Latini*〕)附上了别的物件,完全是因为济慈本人离开英格兰时,跟他说起了一些事情。正是贝利最先向济慈引介其心目中“哲学”一词所意味的全部内容,也是贝利向他推介华兹华斯的伟大诗歌,向他介绍了一种“更深入地思考人”从而更接近“神秘的重负”的诗歌——尤其是,让他熟悉了一种更具哲学性的构想,而这后来成为他心中如同极轴“无我”理想,贝利还让他开始思考创造性地使用道德想象的无我潜力。贝利很久以后(济慈去世近三十年后)在遥远的锡兰写道,布朗送来的礼物是“一幅精美、有些磨旧的莎士比亚雕版画像”。

毫无疑问,那就是乔治安娜为其画框编织了流苏的莎士比亚雕版画像。乔治安娜知道这幅画像对济慈意味着什么,于是在她与乔治动身前往美国之前,他给画框编织出朴实的流苏装饰。这幅画是济慈从前在怀特岛的寄宿地找到的,当时(即去世四年前)他离开两个弟弟,开始第一次重要的“创造力试炼”,年迈的房东库克夫人后来坚持让他离开时
699 带走这幅莎士比亚肖像。济慈到达怀特岛的住处后,库克夫人允许他把肖像从走廊上取下,放在他的小书架上,当时济慈正准备开启第一部长诗。他高兴地去信海登:“我记得你曾说有这样的感觉,仿佛有天才引领着你——我最近也有同样的想法……假如想象莎士比亚引领着我,这个想法会不会太过大胆?”

附　录

一　家庭渊源

西德尼·科尔文爵士(页3-4)认为"济慈"这个名字源于中古英语的"ket"或"kete",意为英勇无畏。不那么浪漫但可能性更高的假设是这个名字("Keat"或"Keate"的所有格形式,类似于"Williams""Edwards"或"Jones";相关的名字包括"Keit""Keyte""Kett""Ketts""Kyte"等)来自于古英语的"cyte"一词(表示牛或羊的窝棚),因此它代指牧民。还有可能,这个名字起初是"Christopher"的昵称("Kitt"或"Kitts"),或者可能性稍低的一种情况是,它实属"Kate"的所有格形式,正如"Maggs"有可能是"Mag"("Margaret")的所有格形式。鉴于这些不确定性,人们或许会同情维多利亚时代故事中一位老妇人那充满困惑的问题,她一听到我们这位诗人的名字,便问:"济慈是什么?" 701

这个名字虽不常见,但至少在康沃尔郡遇到的几率比其他地方要高，不过通常是以“Keat”或“Keate”的形式出现，而不是属格的“Keats”。半个世纪前，康沃尔郡一位叫“济慈”的通信者告诉西德尼·科尔文爵士，许多康沃尔郡的乡民虽然正式签署文件时使用“Keat”这个名字，但口语会话时还是会使用属格“Keats”。毫不夸张地说，《康沃尔教区登记簿》里有数以千计的名字，但在这些名字中，以“Keats”的拼法出现的例子相当之少（尽管有好些记录为“Keat”的），而在托马斯·济慈的父母可能结婚的年份（1740 年至 1776 年）的婚姻登记簿上也没有“Keats”这个名字。

十八世纪和十九世纪初，以“Keat”为姓的人最集中的聚居地似乎是位于康沃尔郡卡姆尔福德（Camelford）附近的圣提斯（St. Teath）。圣提斯婚姻记录中能够与托马斯·济慈父母可能的结婚时间对上的，只有约翰·济特（结婚日期为 1774 年 6 月 9 日）和托马斯·济特（结婚日期为 1759 年 1 月 29 日）——前面那位约翰·济特可能是另一个名叫“约翰·济特”的人（结婚日期为 1748 年 2 月 4 日）的儿子。所有这些都列在《康沃尔教区登记簿》（第一卷，页 128-131）的“圣提斯”条目下面。由于托马斯·济慈的遗孀和岳母称他去世时（1804 年 4 月 16 日）年龄约为三十岁，我们可以假设托马斯·济慈大致出生于一七七四至
702 一七七六年间。（济慈夫人或詹宁斯夫人的说法也许不太准确；就连诗人约翰·济慈的亲密朋友也不能确定他是哪一年出生的。）一七四八年结婚的约翰·济特和一七七四年结婚的约翰·济特这条脉络，作为可行的背景似乎比其他线索更有希望是真的——前者可能是托马斯·济慈的祖父，后者则可能是他的父亲。有人提出反对意见，认为圣提斯离兰兹角距离不近，但我们应该记得，有关“兰兹角”是托马斯·济慈故里的证词来自范妮·济慈，而她很可能对康沃尔郡近乎一无所知。对一个伦敦人来说，康沃尔郡的任何地方看起来都可以位于兰兹角附近，这是可以理解的，因为那里是当时所有英国人都知道的康沃尔地名。在我所了解的范围内，

兰兹角附近所有教区的婚姻登记簿中只有一例带有“济特”这个名字,且能够与济慈祖父母可能的结婚时间相吻合。那就是马德伦教区(彭赞斯)的一条记录——一七六七年六月七日“彭赞斯的铁匠希尔森·济特与厄休拉·斯多克斯结婚”。(《康沃尔教区登记簿》,第十二卷,页 51,“马德伦”条目)

西德尼·科尔文爵士的一则猜想提出了最后一种可能性,尽管其希望比较渺茫,然而在威拉德·波普教授发现托马斯·济慈去世时的大致年龄之前,科尔文爵士的猜想得到了普遍的接受。波普教授的发现排除了这种可能性。(《泰晤士报文学增刊》,1932 年 12 月 22 日,页 972)科尔文发现,一个叫“托马斯·济斯特”(Thomas Keast)的人一七六八年出生于圣艾格尼丝,他进而推测会不会托马斯·济慈到伦敦后名字发生了改变(“一个类似的语音变化是‘Crisp’变成了‘Cripps’”)。假设托马斯·济慈被登记为“济斯特”(一个纯粹的康沃尔名字,但即便在康沃尔郡,这个名字也很罕见,而且显然不是‘济特’的同源词;可能性更高的解释是,记录员无意中调换了字母),我们就可以忽略科尔文提及的圣艾格尼丝条目,直接转到兰兹角。因为在圣森南教区登记簿中(《康沃尔教区登记簿》,第三卷,页 109)便记录有“费拉克的托马斯·济斯特与布里奇特·沃利斯”于一七七五年一月七日结婚。

除却上文勾勒的猜测外,还有另外三种可能性。济慈的两个朋友——迪尔克和布朗——认为托马斯·济慈来自德文郡。第二种猜测,一位费城的约翰·济慈先生告诉我,他的家族分支认为其祖先——托马斯·济慈的兄弟——是从威尔士来到美国的。当然,“济慈”绝不是个威尔士名字。一个康沃尔郡人穿过海峡到达更容易找到工作机会的威尔士,然后再离开威尔士来到美国,这种情况并不罕见。第三种猜测是托马斯·哈代的观点,他认为托马斯·济慈来自多塞特郡。哈代年轻时认识一家姓“济慈”的人,他们住在距离多切斯特几英里的地方,做“货物承运” 703

工作——也就是说，他们出租马匹——而且哈代感觉他们的面部特征与约翰·济慈及其家人相近。此外，他们还与住在卢沃斯附近的一个同姓家族有亲缘关系，据塞文所说，济慈对卢沃斯很熟悉。洛厄尔小姐全面介绍了哈代的推测（《约翰·济慈》，第一卷，页 6–7），罗伯特·基廷斯的《济慈面模》（页 79–87）进一步发展了这个推测。

二 济慈学徒期的时长

济慈离开恩菲尔德学校的日期以及他跟随哈蒙德做学徒的时间到底有多长一直存在争议。H. W. 加罗德提出了质疑本书前述日期(即济慈于一八一一年仲夏学期过后离开恩菲尔德学校,其学徒期只有四年)的理由。(加罗德,《济慈诗集》,页 lxxix-lxxx)在我看来,他的理由可以归纳为以下几点:(1)克拉克在一八四六年十二月二十日给米尔恩斯的信(《济慈社交圈》,第二卷,页 169)中讲起济慈"于一八一〇年夏天前往哈蒙德处"。(2)布朗(《约翰·济慈生平》,页 41)说,"济慈在哈蒙德先生处度过了惯常的学徒期[一般为五年]后,成为盖伊医院的学生"。(3)济慈一八一一年获得的学校奖励(邦尼卡瑟的《天文学导论》)可能是他离开学校后,以兼职学生的身份因独立成果而获得的。(4)药剂师公会的登记簿里,有一张表格(刊印于洛厄尔,《约翰·济慈》,第一卷,页 154)提及济慈"已进入成年期",并注明他已随哈蒙德做了五年学徒。

对我来说,唯一真正造成问题的是最后一点,而这一问题在我看来似乎也不严重。加罗德的四个论点可以通过如下的考量加以平衡：(1)克拉克之前刚刚为米尔恩斯写了一份有关济慈人生的简短总结，里面写道："他十四岁离开学校，后跟随一位医学领域的绅士学习了四年。"(《济慈社交圈》，第二卷，页 148)这句话代表了克拉克当下最直接，也可能是最切近的回忆。后来米尔恩斯询问克拉克，济慈的学徒期是否真的只有四年，因为五年是惯常标准，这显然令克拉克对自己产生怀疑。他的回信中出现了加罗德提及的陈述，他困惑地摇摆着，为自己不擅于记住日期而感到抱歉，并在他声称"知道"的两个日期中的一个上犯了错。信的开头是这样写的："我对日期的记忆是最糟糕的。我一直是这样。以前每年我都会因为忘记父亲的准确出生日期而惹母亲不快。因此，你的信让我大吃一惊，我只能猜测你需要的济慈生平准确时
704 间点。比如，我知道他出生于一七九六年[实际为一七九五年]；一八一〇年夏天，也就是他十四岁那年去了哈蒙德诊所。按照义务他需要待上五年。"最后这句话并不能说明克拉克认为济慈完成了学徒期，只是"按义务他需要待上五年"。值得注意的是，几行后，克拉克说"哈蒙德好像提前将济慈从学徒期解放了出来；**我有模糊的印象事情就是这样的**[着重标识为本书作者所加]"，但克拉克后来似乎又改变了注意，信的结尾他说很担心自己的帮助"最终会被证明很不牢靠"。(2)布朗概述济慈从出生到进入盖伊医院的两个段落中，实际的错误比真实的事实陈述要多。布朗所提供信息的可靠性始于他认识济慈之后。"济慈在哈蒙德先生处度过了惯常的学徒期"这句话中，"惯常"一词是偶然附带的次要部分，并不具有字面的精确意义。(3)邦尼卡瑟的书与先前的奖品上写有基本相似的题词("颁发给克拉克中学的约翰·济慈少爷，作为优异成绩的奖励，一八一一年")。正如克拉克所言，济慈在校的最后一年半里，每个学期都赢得了一等奖。奥维德的书肯定是济慈离开学校后获得的，上面仅仅写着"约翰·济慈，emer.，一八一二年"——按照科尔文的说法(《约翰·济慈：生平、

诗歌、其友、其批评者及身后名》,页16),“emer.”可能“代表emeritus,即已经离开学校的男孩”。当然,我们不能确定邦尼卡瑟的天文学书是济慈仍在校时得到的;但是,其概率如此之大,以至于举证的责任应该在反对者一方。(4)药剂师公会的登记簿上记载着济慈完成了惯常的五年学徒期,但这一表述很可能是例行公事;登记所要证明的重要事宜是考试;威廉·黑尔-怀特爵士认为此程序并无任何不寻常之处。(毕竟其证书上还写着济慈“已进入成年期”,但他实际上三个月后才成年。登记中使用的措辞是程式化的:仅意味着济慈要到十月三十一日之后才会收到文凭或执业许可。)此外,药剂师公会登记簿上的条目写着,济慈“在盖伊和圣托马斯医院学习了六个月”,但据我们所知,他已在那里待了将近十个月。仅提及他最初六个月的学习期这一说法很可能是常规的,或者说是例行公事,正如说他完成了惯常五年的学徒期一样。最后,无论艾比就济慈为何提前离开哈蒙德以及他同济慈谈话日期所给出的信息有多么不可靠(参见正文页42),至少他理所当然地认定济慈在五年学徒期完成之前离开了哈蒙德。许多证据都持续指向四年的学徒时长,因此我们有理由接受这一说法,除非再出现有说服力的反对证据。

三　济慈家子女的财产继承情况[①]

一

705 济慈的外祖父约翰·詹宁斯留下的遗嘱有许多模棱两可之处，即便外行人也能一眼看出。老詹宁斯和詹宁斯夫人的遗嘱（订立于1810年7月31日）如今均保存于萨默塞特府。老詹宁斯先生的遗嘱摘录刊印于休利特小姐的《约翰·济慈传》。（页375–376）弗朗西斯·济慈·罗林斯（Frances Keats Rawlings）一八〇五年提起的诉讼报告和法庭的判决书刊印于小弗朗西斯·维塞（Francis Vesey, Jr.）的《一七八九至一八一七年大法官法庭案件报告》（*Reports of Cases.... in the High Court of Chancery...1789 to 1817*）（第十二卷，页38），转载于《英国大法官法庭报告》（*English Reports*, *Chancery*, 1903），第十三卷，页209–212。约翰·詹宁斯遗嘱中的遗赠措辞如下：

① 再次推荐读者参考基廷斯先生在《济慈遗产》中的详尽分析。

（1）“我所有的正当债务得到充分偿还且丧葬费清偿后，我留给妻子爱丽丝·詹宁斯每年两百镑，这笔钱是我现存在银行担保中的部分资金，我的妻子拥有完全的使用和处置权。我去世时拥有的所有家具和任何性质或种类的物品，我妻子都拥有完全的使用和处置权。”詹宁斯夫人自然想知道本金的情况。尽管她丈夫没有提及，但他确实声明其所产生的收益“完全**交由她使用和处置**”。

（2）在接下来的遗赠措辞中出现了一个相反的难点。“我将我在东印度公司股票中的两千镑以及我在名为‘新五人’的银行担保财产中的一千九百镑，留给我的儿子米奇利·约翰·詹宁斯。”虽然这是一笔三千九百镑的直接遗产①，但父亲可能认为儿子只会用到这笔财产的收入部分。因为他接着提及，这笔遗产“供［米奇利］在其自然寿命期间使用，若他去世时没有后代，我将留给他的遗孀（米奇利去世时她仍在世的情况下）五百镑，剩余部分仍返还给我的家人”。即便米奇利去世时留有子嗣，这条遗嘱也没有讲清楚实际本金是否可以付给他的孩子。

（3）“我留给我的女儿，即圣斯蒂芬斯·科尔曼街威廉·罗林斯的妻子——弗朗西斯·罗林斯，每年五十镑，在其自然寿命期间，她享有这笔年金，她去世后，同样数额的钱将在我的外孙子女（也就是上述弗朗西斯·罗林斯的儿女，亦即约翰·济慈、乔治·济慈、托马斯·济慈和弗朗西斯·济慈）之间平均分配。”这条遗嘱没有提及本金，但可以推测其意思是，虽然孩子们的母亲只被允许使用本金带来的收入，但本金将在 706
她死后分给她的孩子。没有迹象表明，年长的孩子必须等到最年幼的孩子成年后，才能分得自己的份额。

（4）“我将一千镑留给上述四个外孙子女，当他们成年时，这笔钱连同累积的利息将平分给四人，若他们当中任何人在成年前死亡，我希望这

① 实际数额为两千九百镑（见本书正文，页14，注释）。

笔同样数额的钱在存者中平分。”当然,一个可能的模糊之处在于“在他们成年时”这一表述。[①] 但是,济慈家的孩子们年满二十一岁之前从法律上无权获得任何遗产(包括此处提及的遗产)——这一普遍看法是没有真实依据的(尽管艾比如果滥用他作为受托人的职权,是可以自行决定在孩子们年满二十一岁之前不分配詹宁斯夫人本人留下的那部分财产)。显然,孩子们完全不知道额外一千镑遗产的存在——也不知道上一条中所引述的留给他们母亲的遗产——直到乔治发现了这笔钱,并要求进行结算(1823 年至 1824 年),而此时,汤姆和约翰都已经死亡。“当他们成年时”这一表述暗示着,他们每个人年满二十一岁时都能够获得四分之一。值得注意的是,当詹宁斯夫人、她的儿子和女儿在一八〇六年五月请求法庭对遗嘱做出澄清时,法庭和诉讼的参与者都认为没有必要提出这个问题。詹宁斯夫人去世后,除了艾比之外,没有人能够让济慈家的孩子们注意到这件事,并建议他们在有必要取得澄清的情况下,要求大法官法
707 庭提供澄清。艾比自己也没有去了解——假如他知道,则未通知孩子们——他们母亲留下来且一分未动的钱款。

---

① 除了休利特小姐之外,西德尼·科尔文爵士、洛厄尔小姐(她错误地以为每个孩子各可以得到一千镑,《约翰·济慈》,第一卷,页 27)以及后来的作者都认为济慈家所有孩子均成年后,才能进行遗产分割。(如果是这样的话,范妮·济慈年满二十一岁的时间是 1824 年 6 月——那时约翰·济慈已经去世三年多。)他们可能是根据迪尔克写给米尔恩斯的信(1846 年 12 月 28 日)里的一句话做出的推断,那句话说济慈“不能在妹妹满二十一岁之前强制分割遗产”。(《济慈社交圈》,第二卷,页 175)迪尔克在 1824 年范妮·济慈成年之前与她的财务事宜没有任何关联。后来,她尝试让艾比交出外祖母遗赠以及约翰和汤姆·济慈遗产中她应该分得的份额,她寻求迪尔克的帮助,后者成为她的受托人。迪尔克信中提及的钱很可能仅指詹宁斯夫人留下来的遗产——而不是她丈夫留给外孙们的直接遗赠。(迪尔克说他认为济慈家的孩子们每人应得到一千五百镑——他是在给米尔恩斯写信的二十二年前从乔治处得知此信息的[见下文]——这意味着他想到的并不是此处讨论的遗赠,而是外祖母留下的遗产。)尽管詹宁斯夫人没有在遗嘱中提及孩子们必须等到二十一岁才能拿到遗产,但作为受托人和监护人的艾比是可以按照自己的意愿行事的,除非他受到质疑。如果时隔多年后,迪尔克回忆起的是詹宁斯先生的直接遗赠,那么除了艾比作为受托人未能在更早的时候要求分配这笔钱款的辩白之外,迪尔克没有其他可用的线索。

(5)“我赠予并遗赠给我的妹妹玛丽·斯威廷伯格(她在世期间)……一年三十镑的终身年金。”她去世时(1813 年),本金(一千镑)在济慈子女的财产受托人和米奇利·詹宁斯的遗产执行人之间均分。

(6)接下来是六笔小额遗赠,每笔五镑:分别赠予老詹宁斯的妹妹玛丽·斯威廷伯格的三个孩子——查尔斯·斯威廷伯格、洛斯伯里的贝斯蒂·卡曾斯和沃尔沃斯的萨拉·鲍斯韦尔;“赠予肯辛顿的托马斯·巴克斯特五镑,同样赠予他的妻子五镑”;赠予“白金汉郡佩恩街的亨利·纳什五镑”。

遗嘱执行人是上泰晤士街的查尔斯·丹弗斯、米奇利·詹宁斯以及老詹宁斯的遗孀。

二

所有的遗赠都安排好后,仍留有一些剩余遗产。无论金额有多少,都足以让人产生担忧。老詹宁斯去世后不久,罗林斯夫人和她的丈夫提起诉讼,两人都希望能澄清一些问题。根据大法官法庭的报告,他们采取了如下立场。

弗朗西斯·罗林斯声称,她父亲“去世时对其个人财产的剩余部分没有留下明确的遗嘱确定处置方式;因此她以**弗朗西斯·罗林斯**的名义——作为受抚养人**米奇利·约翰·詹宁斯**和**爱丽丝·詹宁斯**最近的血亲——要求得到相应的分配”。

米奇利则“要求得到遗嘱中提及的东印度公司股票以及银行年金的利息和红利;并提出如下疑问:若他死亡时没有留下子嗣,上述资金的本金是否会归入遗嘱人个人财产的剩余部分;若他死亡时留有子嗣,上述本金是否属于并可支付给其子嗣;他坚持认为**爱丽丝·詹宁斯**无权获得每年能产生两百镑收入的股票本金,而仅有权终身享受每年两百镑的年金”。他也要求分得一部分未明确处置的剩余遗产。

詹宁斯夫人声称,她不仅有权终身享受每年两百镑的年金,而且有权获得产生这笔股息的本金。她还声称,詹宁斯先生全部未明确处置的个人财产剩余部分都在“财物”类目下转给了她。

两个月后的七月二十九日,法庭以“这份遗嘱非常模糊”作为开篇陈述,做出了如下裁决:(1)詹宁斯夫人有权获得“每年为她带来两百镑收入的股本所产出的绝对权益”。事实证明,给她的总额超过了每年产生两百镑所需的数额,似乎达到了约七千三百六十四镑。[①] (2)罗林斯
708 夫人要求分得一部分遗嘱未处置的剩余遗产的主张未被批准。剩余遗产在她的母亲和弟弟之间平分。(3)米奇利要求的遗赠澄清(关于他去世时若留有子嗣,遗赠本金将如何处理的问题)被推迟至问题实际发生时再解决。[②] (4)后来,法庭将1 666.13.4镑的款项留出(拉尔夫·托马斯手稿笔记,汉普斯特德济慈博物馆),为罗林斯夫人每年提供五十镑的年金,她去世后本金将转给她的子女。

---

① 拉尔夫·托马斯是一位在十九世纪八十年代调查大法官法庭记录的律师,他发现爱丽丝·詹宁斯收到了如下财产(拉尔夫·托马斯手稿笔记,汉普斯特德济慈博物馆):4 170.11.4镑的无归偿期证券,2 420.16.3镑的其他投资财产,772.12.6镑的现金。这个七千三百六十四镑的总数很可能包括了(上文提及的)“剩余遗产”的一半,法庭将剩余遗产平分给了詹宁斯夫人和米奇利;或者,如果这些钱不是全部剩余遗产的一半,那么就是未捆绑在不动产、家具和个人所有物上的剩余遗产的一半(可能是772.12.6镑现金)。考虑到詹宁斯夫人收到股票时的价值,基廷斯先生认为截至那时,她获得的遗产总价值约为八千八百零九镑。(《济慈遗产》,页32)

② 米奇利的三个(也可能是四个)孩子出生于1806年至1809年间;米奇利于1808年11月底至1809年2月20日之间的某个时候去世。“1811年7月26日的大法官令”中,总共1 690.12镑被转移至爱丽丝·詹宁斯的财产中。(拉尔夫·托马斯手稿笔记,汉普斯特德济慈博物馆)

三

济慈家子女可望继承的遗产估算如下：

（1）詹宁斯夫人从丈夫那里得到的七千三百六十四镑左右的总额。无论她在遗嘱中提及的协议契据（现已遗失）给了米奇利的孩子多少钱，恐怕数额都不大。[①] 我们可以假设（同休利特小姐的观点一致），她为济慈家的孩子们留出的金额约为六千五百镑（或每人一千六百二十五镑）。这与乔治·济慈一八二四年四月十日写给迪尔克的信中所做的估计相差不大（乔治的估算为一千五百镑）——由于那封信具有特别的防御目的，所以其估计也可能是比较保守的。（见下文注释）在济慈家孩子们的观念中（直到约翰·济慈去世两年后、汤姆·济慈去世五年后，这种情况才有所改变），这笔钱就是他们拥有的全部财产，除此之外，他们有可能知道接下来的（2）（3）项所涉及的钱款，并当作对他们外祖母信托的进一步补充。

（2）除了一八一〇年七月放入信托财产的金额外，还有一笔总额为1 690.12镑的钱款，于一八一一年从爱丽丝·詹宁斯夫人已故的儿子米奇利的遗产中转入她名下。

（3）詹宁斯先生曾将一千镑本金产生的收入分配给他的妹妹玛丽·斯威廷伯格。玛丽·斯威廷伯格去世（1813年）后，本金中的五百镑也交给济慈家孩子们的受托人保管。及至一八一七年，这笔钱加上

---

① 爱丽丝·詹宁斯接受（并保留）了米奇利原本从父亲那里得到的遗产的一半——大法官法庭于1811年将这笔钱判给了她。詹宁斯夫人接受并保留这笔钱的做法，表明她相信米奇利的家庭已经比济慈家的孩子们得到了更好的保障。正如我们前文评述过，米奇利的家庭并不贫穷；他的遗孀及其娘家可能也有一定的钱财。

累积的利息总额达到五百四十五镑。

709 (4) 到一八一七年约翰·济慈年满二十二岁时,其母亲得到的一千六百六十六镑加上累积的利息,总额约达到一千九百镑左右。

(5) 约翰·詹宁斯遗赠给济慈家孩子们一千镑,"当他们成年时"可以平分。到一八一七年,这笔钱加上累积的利息,总额达到近一千四百镑。我们对利息的估算可能偏低,因为据我们所知道的情况,当一八二三年乔治·济慈发现(4)和(5)项钱款的存在时,两者总额合计约为四千八百镑。

(6) 另外,还有一笔两百镑的应付欠款属于弗朗西斯·济慈·罗林斯,这是她未领取的年金和她去世前应得的子女抚养费(参见正文第一章第八节,第四项)。这笔钱直到一八八八年仍滞留在大法官法庭无人认领。

简言之,如果所有的本金都未被使用,那么济慈家的子女到一八一七年(也就是约翰·济慈年满二十一岁后一年)总共拥有一万两千两百三十五镑(或每人三千零五十九镑)的财产。那么,问题就在于到底有多少本金被用掉了。乔治后来声称,一八一八年之前,他和汤姆都没有超支外祖母遗产收益中他们应该分得的份额(按照布朗的说法,约为每人每年六十镑)。[1] 乔治面临的指控是他曾向约翰借了不少钱,为了反驳这一指控,他告诉迪尔克,约翰在成年前已经预支了大约一千镑。乔治的说法可能有夸张之嫌。[2] 然而,即便我们扣除掉这一千镑,以及

---

① 布朗手稿,汉普斯特德。若我们假设利率为3.7%,按照上文(1)中提及的款项,则六十镑的数额符合我们的推测。但是,如果我们假定艾比将上文(2)(3)款项产生的收入也交给济慈家的子女,那么利率则低于2.6%。

② 除了济慈付给哈蒙德的两百基尼学徒费(基廷斯先生令人信服地证明这一数额是适当且可能的,见本书正文,页30,注释),乔治还提及济慈在盖伊医院的另外一百七十镑费用。至少可以质疑的是,约翰是否每年为自己与汤姆的生活花费掉一百六十镑,而与此同时乔治(其社交生活更为活跃)却能将生活花费控制在六十镑的收入范围内。那封信的目的 (转下页)

一八一八年六月艾比放入济慈账上的五百镑，（若算上不在艾比控制之下的大法官法庭的款项）济慈仍有一千五百五十九镑的财产属于他应得但从未拿到的。

如果我们检视一下汤姆去世（1818 年 12 月 1 日）后的情况，并将他 710
可能留下的三千零五十九镑遗产的三分之一算入，那么济慈从一八一九年起（自那时到其去世，他都捉襟见肘）所拥有的总资财大约为两千五百八十镑。

只有一种可能性能够让我们的估算显著高于真实情形：那就是，爱丽丝·詹宁斯在其协议契据中没有将大部分遗产留给济慈家的子女，而是将她拥有的一切平均分配给孙辈，此孙辈不仅包括济慈家的子女，还包括米奇利的子女；而这种情况出现的可能性较低。在该情况下，济慈

（接上页）是向迪尔克证明，乔治 1820 年 1 月返回美国时没有拿走约翰的七百镑；这一措施试图表明约翰不可能有那么多钱。正是乔治的信激怒了布朗，后者为此汇编了一套详尽的驳斥文书。迪尔克站在了乔治一边，因此迪尔克与布朗之间爆发了激烈的争吵。J. C. 斯蒂林格教授详细分析了布朗的书信文件后，令人信服地指出，布朗证明了自己的论点。（《布朗-迪尔克之争》，载于《济慈-雪莱丛刊》，第十一卷〔1962〕，页 39-45）

乔治写给迪尔克的叙述如下（《济慈社交圈》，第一卷，页 276-278）："从泰勒先生[约翰·泰勒]现今住在辛辛那提的一个亲戚口中，我得知有人告诉他，我从约翰的财产中拿走了七百镑：如能表明他不可能拥有那么一大笔钱，就能解除我可能拿走他所有钱财的疑惑……当年约翰与我同时离开恩菲尔德学校，他立即支付了两百基尼和其他费用成为一名外科医生的学徒，学徒期内，他花费的钱财超过了其应得遗产的利息收入。我与我的监护人生活在一起，未有任何花费：从约翰离开那位外科医生到他成年，他与汤姆（汤姆曾与艾比先生住在一起，后来离开了）花费了两人收入的三倍之多，我成年后支付了相当大的一部分；除此之外，约翰还需要支付外科医生助手的费用、书本和仪器的费用，艾比先生预支了一些钱给他。因此，你可以发现，我两个兄弟的财产在迅速减少，而我的是固定不动的……现在总结一下，假设我们每人拥有一千五百镑，约翰给哈蒙德先生的学费是两百镑，学徒期费用三十镑，外科医生助手费用五十镑，其他**医院费用**五十镑，**书本费用**三十镑，**手术器械费用**三十镑以及**日常费用**每年一百六十镑，从拿到学徒契约到他成年（汤姆与他生活在一起），将近四年时间，他花费了一千镑——这是一个并不过分的估计。那么他只剩下五百镑，他告诉我他借出了一百七十五镑，我前往美国之前将近两年的时间里，他每年花费至少两百镑，我走时留给他将近三百镑。"

家四个孩子每人能够分到的资财为两千零七十五镑左右。[1] 如果从本金中扣除济慈本人可能用掉的一千五百镑，但再加上汤姆遗留下来的两千零七十五镑中的三分之一，济慈仍有一千两百六十七镑的财产属于他应得但从未拿到的（按现今的币值来算，至少为此数额的四到五倍）。

因此，艾比的表里不一是无可争议的。就他能控制的钱而言，他恐怕无法抵挡将那笔钱投到自己参与的产业中的诱惑，而同时他只给孩子们少量分发每人每年六十镑的收入。等到范妮·济慈年满二十一岁，她、迪尔克以及再之后她的丈夫就开始认真地向艾比施压，结果他们发现，詹宁斯夫人最初的投资以及她要求受托人所做的投资里几乎没有留存下任何遗产[2]；最终，艾比被迫抵押并卖掉了他在沃尔瑟姆斯托的财
711 产。（《济慈社交圈书信及诗歌补遗》，页 4–5）关于其他的钱款——也就是滞留在大法官法庭且应从他们母亲和外祖父的财产中直接转给孩子们的部分——艾比的行为无法解释。他根本接触不到那些钱。也许，因为他曾经靠自己的力量向上爬（属于狄更斯在《艰难时世》中以"庞得贝"的形象诙谐模仿的那类人），所以便觉得让年轻人感受到缺衣少食的苦恼也是件好事。同样可能的是，他或许打算在范妮年满二十一岁时，透露这些钱的存在，把它们当作一份意外之财，以转移范妮等人的视线，压低他们要求弄清楚爱丽丝·詹宁斯遗产本金的呼声。关于这一点，我们只能推测。

---

① 将上述（1）（2）（3）三项的数额相加，爱丽丝·詹宁斯的信托总额达到九千六百镑（或八个孩子每人一千两百镑）。仅就济慈家的孩子而言，（4）（5）（6）项的总额将增加三千五百镑（或每人八百七十五镑）。但这种可能性受制于三个因素：第一，与该家庭关系最近的人所持意见的分量；第二，爱丽丝·詹宁斯确实坚持从米奇利的遗产中拿走法庭判给她的金额——即上文第（2）项；第三，最具决定性意义的是，米奇利的遗孀 1819 年表示要起诉拿回第（2）项钱款。

② 爱丽丝·詹宁斯的遗嘱要求受托人将财产投资于"大不列颠的议会股票、公债和证券，为我孙辈的福利持有它们"。

四

如果我们把这些数额乘以五，就能够粗略估计出这些钱换算成如今英镑的购买力——此处的英镑指第二次世界大战后头十五年的币值情况，这个判断忽略因拿破仑战争而出现的普遍通货膨胀(1800年至1820年)。除了缺少具体指数之外(我们只有纺织品和某些食物的价格)，购买力估算的主要难度在于消费习惯的巨大变化。今天人们购买的东西十分不同，食物也差异很大。撇开准备食物的劳动力成本不谈，一个普遍的印象是食物的价格上涨了约两倍半。[①] 但是，劳动力价格增长的倍数更大；而且，现在食物到达消费者手中时，已有更多劳动投入到食物成本之中。操持家务的情况也很难比较(一个不住家的女仆为华兹华斯家每天工作两到三小时，一周收取两先令)。关于租金，我们没有足够的数据，只能从回忆录、信件和日记中尽量收集信息。不过，一般来说，当时租金的平均水平远低于现在的五分之一。华兹华斯以一年二十三镑的价格租下了阿尔弗克斯顿。艾比在买下沃尔瑟姆斯托那栋颇为奢华的房子之前，每年需支付八十二镑的租金。一栋中等规模(六到七个 712
房间)的房子造价约为一百五十镑到两百镑。尽管我们做了种种估计，但还是一再发现这样的事例：人们虽然不像早一代戈德史密斯笔下的

① 从可用指数来看，1820年至1953年间，食品价格上涨为二至四倍，纺织品价格上涨为三倍。(奥古斯都·索尔贝克，《商品与贵金属价格》，《统计学会学刊》，第XLIX卷〔1886〕，页581–649；贸易委员会，《批发与零售价格报告》(伦敦，1903)，页xxxiv；《经济学家》，批发价格指数，第CV卷(1927)，页977；第CLXVII卷(1953)，页693)这些指数的构成和权重各不相同，因此将它们拼接起来纯粹是模拟过程。关于1800年至1820年间通货膨胀的一般情况，以及该情况与前二十年和后三十年关系的分析，参见N. J. 希尔柏林，《1779年至1850年间英国的价格与商业周期》，《经济统计学评论》，第V卷(1923)，页223–261，尤其是页254–255。

牧师那样“每年有四十镑就过得相当富足”,但至少在一八〇〇至一八二〇年间靠四十镑生活是没有问题的,其生活水平类似于今天将此数额乘以七八倍之后所能提供的生活水准。然而,这在很大程度上取决于所考虑群体的经济水平。例如,低层和低中层收入群体比其上的较高阶层在饮食方面的变化要剧烈得多。简言之,底线比上限提升的幅度要大不少。租金的情况也是如此:与今天类似经济状况的群体相比,当时生活十分简朴的人每镑能够买到的东西比收入高的人多。考虑到济慈家庭的财力资源,我们将那时的一镑视为现在的五镑,是一个比较保守的估计。

索　引

（索引页码为原书页码，即本书页边码）